D1690438

Das große Buch

Photoshop CS4

Pavel Kaplun

DATA BECKER

Copyright	© DATA BECKER GmbH & Co. KG Merowingerstr. 30 40223 Düsseldorf
E-Mail	buch@databecker.de
Produktmanagement	Lothar Schlömer
Textmanagement	Jutta Brunemann
Umschlaggestaltung	Inhouse-Agentur DATA BECKER
Textbearbeitung und Gestaltung	Astrid Stähr
Produktionsleitung	Claudia Lötschert
Druck	Media-Print, Paderborn

Alle Rechte vorbehalten. Kein Teil dieses Buches darf in irgendeiner Form (Druck, Fotokopie oder einem anderen Verfahren) ohne schriftliche Genehmigung der DATA BECKER GmbH & Co. KG reproduziert oder unter Verwendung elektronischer Systeme verarbeitet, vervielfältigt oder verbreitet werden.

ISBN 978-3-8158-3017-8

Wichtige Hinweise

Die in diesem Buch wiedergegebenen Verfahren und Programme werden ohne Rücksicht auf die Patentlage mitgeteilt. Sie sind für Amateur- und Lehrzwecke bestimmt.

Alle technischen Angaben und Programme in diesem Buch wurden vom Autor mit größter Sorgfalt erarbeitet bzw. zusammengestellt und unter Einschaltung wirksamer Kontrollmaßnahmen reproduziert. Trotzdem sind Fehler nicht ganz auszuschließen. DATA BECKER sieht sich deshalb gezwungen, darauf hinzuweisen, dass weder eine Garantie noch die juristische Verantwortung oder irgendeine Haftung für Folgen, die auf fehlerhafte Angaben zurückgehen, übernommen werden kann. Für die Mitteilung eventueller Fehler ist der Autor jederzeit dankbar.

Wir weisen darauf hin, dass die im Buch verwendeten Soft- und Hardwarebezeichnungen und Markennamen der jeweiligen Firmen im Allgemeinen warenzeichen-, marken- oder patentrechtlichem Schutz unterliegen.

Alle Fotos und Abbildungen in diesem Buch sind urheberrechtlich geschützt und dürfen ohne schriftliche Zustimmung des Verlags in keiner Weise gewerblich genutzt werden.

	8.5	Flecken und Staub des Sensors auf dem Foto ausbessern	367
	8.6	Rettung unterbelichteter Bilder	369
	8.7	Überbelichtete Bilder mit verschiedenen Techniken optimieren	375
	8.8	Effektive Rauschunterdrückung mit Photoshop CS4	385

9 Arbeiten mit dem Textwerkzeug — 389

	9.1	Textwerkzeug in Photoshop: kein Layoutprogramm notwendig?	390
	9.2	Die Textpalette einsetzen	393
	9.3	Standard- und Mengentext in der Layoutgestaltung kombinieren	399
	9.4	Texteffekte – Texte skalieren und verkrümmen	402
	9.5	Text mit Fotos und Strukturen füllen	408
	9.6	Schatten, Spiegelungen & Co. – erweiterte Texteffekte	415
	9.7	Texte und grafische Elemente kombinieren: ein Filmplakat gestalten	426

10 Farbmanagement, Farb- und Tonwertkorrekturen — 435

	10.1	Farbeinstellungen und Einsatz der Arbeitsfarbräume	436
	10.2	Vordefinierte Farbeinstellungen in Photoshop CS4 effektiv nutzen	441

11 Adobe Bridge – perfekte Verwaltung und Archivierung — 447

	11.1	Übersicht und Funktion der Arbeitsfläche	448
	11.2	Bilder aus der Kamera importieren, verschieben, umbenennen	458
	11.3	Metadaten und Tipps zum Verwalten von Dateien	466
	11.4	Automatisierte (Vor-)Verarbeitung von Bildern	473

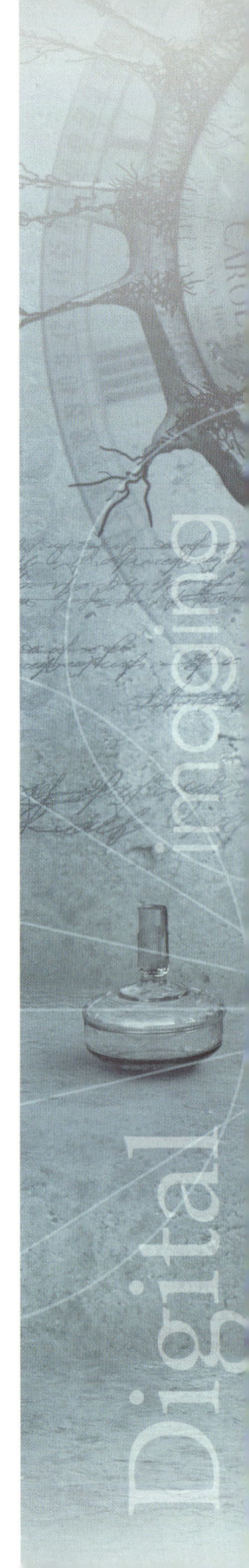

RAW-Daten aus der Kamera optimal aufbereiten — 479 — **12**

12.1 Vorteile und Eigenschaften des RAW-Formats — 480
12.2 Sicherer Umgang mit den Werkzeugen im RAW-Konverter — 482
12.3 Praktischer Einsatz der Paletten für exakte Bildkorrekturen — 502
12.4 RAW-Daten in Größe, Auflösung und Bildtiefe definieren — 544
12.5 Mehrere Bilder in Camera Raw bearbeiten — 548

Webfotogalerien und PDF-Präsentationen in Photoshop erstellen — 553 — **13**

13.1 Webfotogalerie aus einer Bilderauswahl erstellen — 554
13.2 PDF-Präsentation in Photoshop erstellen — 561

Tipps und Tricks für den optimalen Arbeitsablauf — 567 — **14**

14.1 Hilfslinien und Lineale verwenden — 568
14.2 Magnetische Hilfslinien — 582
14.3 Raster — 584
14.4 Bildschirmansichten für bequemeres Arbeiten — 586

Composingpraxis: Stilllebencomposing — 593 — **15**

15.1 Klassisches Stillleben in einer 3-D-Kulisse — 594
15.2 Stillleben im Stil einer Werbebotschaft — 628

Stichwortverzeichnis — 636

Kapitel

1

Photoshop CS4 – was gibt es Neues?

Wie bei jeder neuen Photoshop-Version hat Adobe auch diesmal einige Leckerbissen für den Benutzer parat. Die Oberfläche wurde stark überarbeitet und bietet jetzt mehr Komfort. Die Einstellungen sind noch einfacher zu erreichen und sie sind intuitiver geworden. Im RAW-Modul gibt es die Möglichkeit, schon bei der Entwicklung eine selektive Bearbeitung anzuwenden. Außerdem gibt es einige neue Funktionen, die in der Praxis gute Verwendung finden. In diesem Kapitel werden die wichtigsten Neuerungen erläutert.

1.1 Die wichtigsten Neuerungen in Photoshop CS4

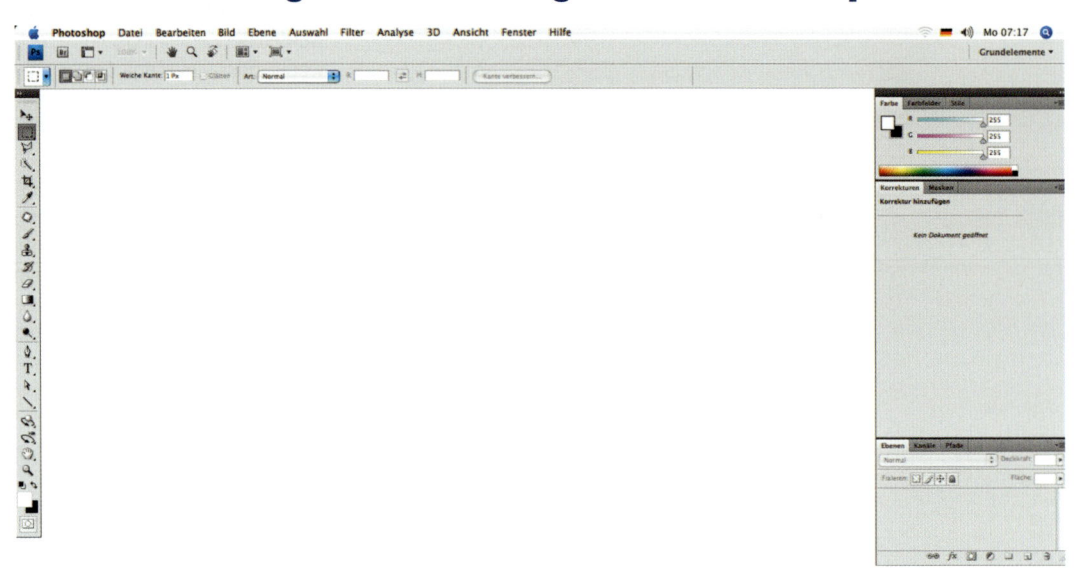

Optimierte Arbeitsumgebung

Schon beim ersten Öffnen des Programms fällt sofort auf, dass die Arbeitsfläche anders aussieht. Die Paletten erscheinen dank Andockung an die Ränder aufgeräumter. Die Werkzeuge wie zum Beispiel Hand, Ansicht-Drehen und Zoom wurden aus der Werkzeugleiste entfernt und gut sichtbar in die Optionsleiste integriert.

Rechts in der Optionsleiste finden Sie ein Aufklappmenü mit den Konfigurationen der Arbeitsfläche, die für typische Aufgaben konzipiert wurden. So hat der Benutzer immer die Paletten und Werkzeuge zur Hand, die für sein Tätigkeitsfeld von Bedeutung sind, zum Beispiel *Malen*, *Web*, *Video* oder *Erweitertes 3D* (Photoshop CS4 Extended). Es besteht auch die Möglichkeit, die Arbeitsfläche nach eigenen Bedürfnissen anzupassen und diese Konfiguration zu speichern.

Die wichtigsten Neuerungen in Photoshop CS4

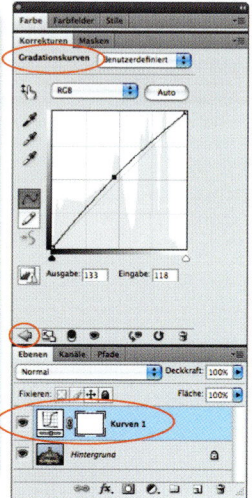

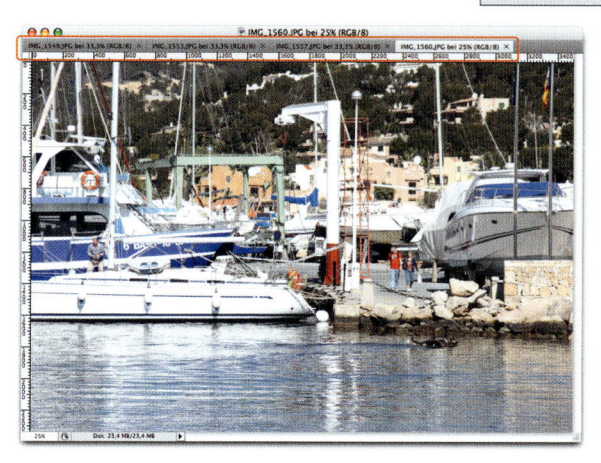

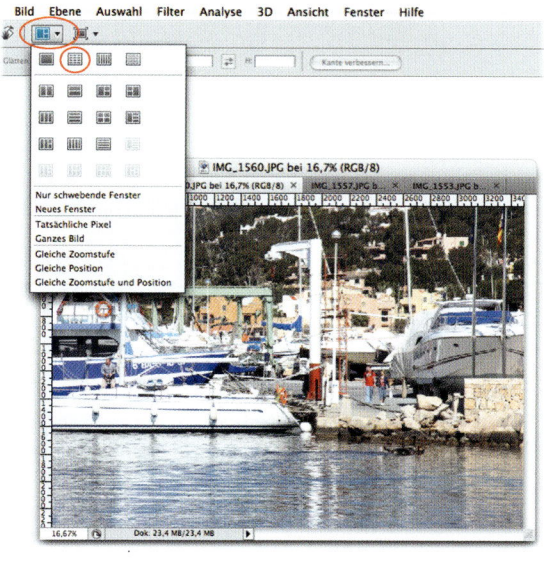

Korrekturen-Palette

In früheren Photoshop-Versionen wurden die Einstellungsebenen entweder über das Menü *Ebene* oder aus der *Ebenen*-Palette eingefügt. Für Anpassungen an bestehenden Ebenen sollten diese per Doppelklick geöffnet werden. Ab sofort ist alles viel einfacher. Die Einstellungsebenen sind in die *Korrekturen*-Palette integriert und stehen immer zur Verfügung. Die Anpassungen sind mit nachvollziehbaren Symbolen abgebildet, und diese öffnen beim Anklicken die entsprechende Einstellungsebene. Beim Anklicken der Einstellungsebenen in der *Ebenen*-Palette werden diese sofort in der *Korrekturen*-Palette angezeigt. Die Vorgaben der Einstellungsebenen können Sie entweder direkt in der *Korrekturen*-Palette aussuchen oder diese in den Einstellungsebenen auswählen. Ist eine Einstellungsebene (z. B. *Gradationskurven*) geöffnet und Sie möchten eine weitere Korrektur (z. B. mit *Farbbalance*) durchführen, klicken Sie auf den Pfeil unten in der Palette und treffen Ihre Wahl in der *Korrekturen*-Palette.

Mehr Ordnung durch Tabs

Wenn Sie mehrere Bilder in Photoshop öffnen möchten, gibt es eine neue Funktion, die für mehr Übersicht und Ordnung sorgt: die Tab-Ansicht. Die Bilder werden in einem Fenster aufgemacht und liegen wie in einem Stapel übereinander. Sie brauchen nur in der oberen Leiste den entsprechenden Tab anzuklicken – das erinnert an die Ansicht in einem Internetbrowser und ist sehr praktisch.

Natürlich können Sie auch zur klassischen Ansicht wechseln, in der alle Bilder nebeneinander auf der Arbeitsfläche liegen.

Wählen Sie dazu eine der mit Symbolen gekennzeichneten Optionen in der oberen Leiste des Programms aus.

Neue OpenGL-basierte Funktionen

Revolutionär ist die Integration von OpenGL in das Programm. Wenn Ihre Grafikkarte OpenGL unterstützt, stehen Ihnen neue Möglichkeiten zur Verfügung.

Eine davon ist das neue Ansicht-Drehen-Werkzeug (R). Auf dieses Werkzeug haben viele Photoshop-Nutzer gewartet, die oft mit der Bildretusche arbeiten.

Denn jetzt können Sie die Bildansicht drehen, um zum Beispiel die Retusche mit einem Mal- oder Zeichenwerkzeug aus einem für Sie bequemen Winkel zu erledigen.

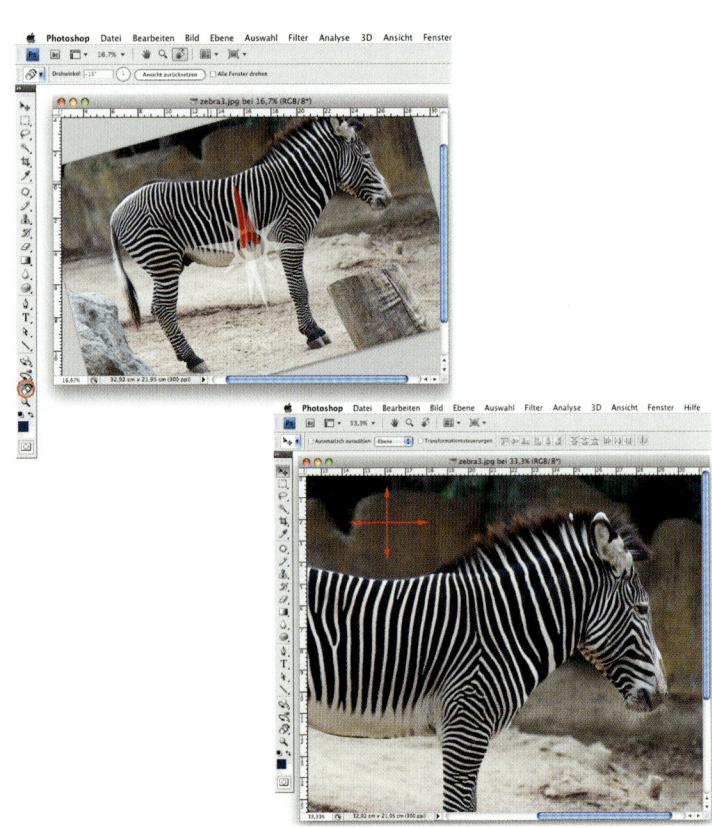

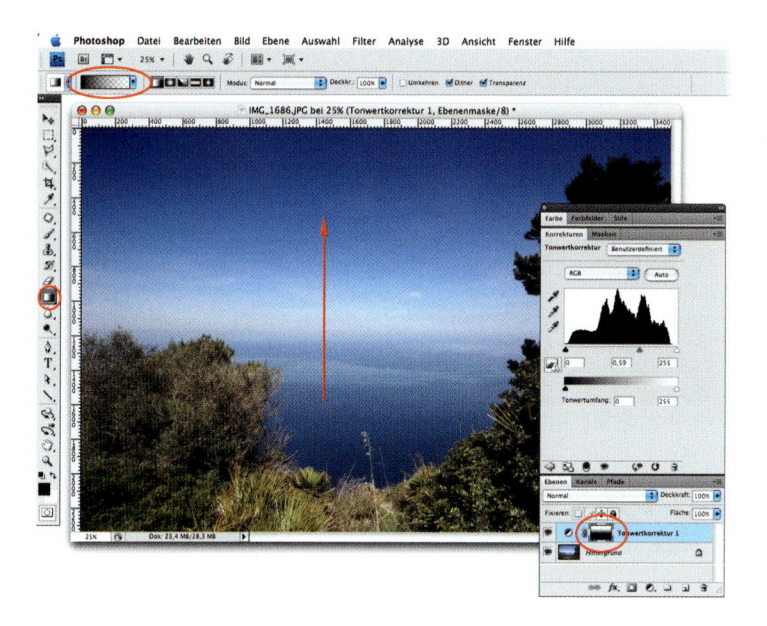

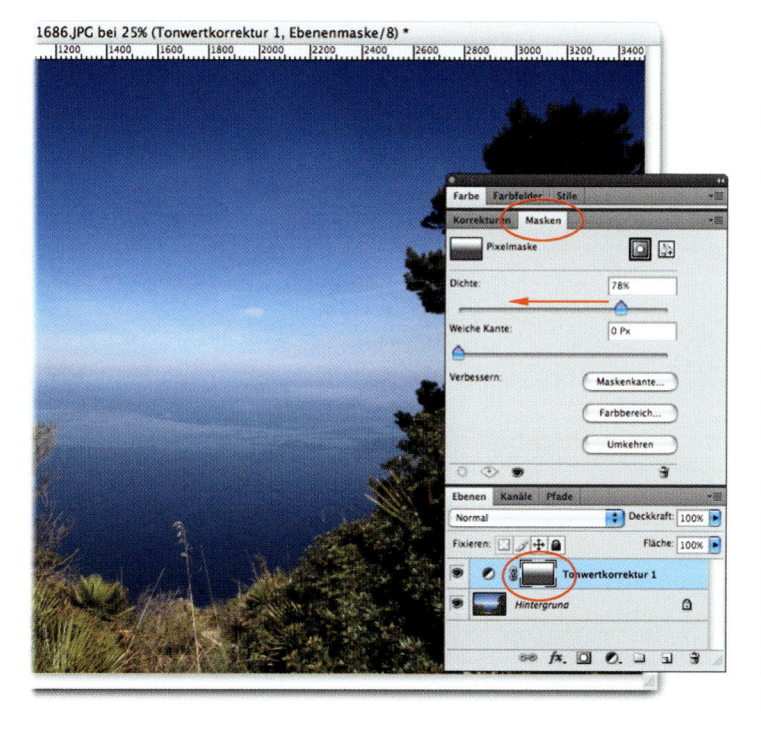

Zum Wechseln in die Standardansicht klicken Sie auf den Button *Ansicht zurücksetzen*.

Die OpenGL-Wirkung sehen Sie auch beim Verschieben der Bildansicht bei starker Vergrößerung. Nach dem Loslassen der Maustaste „schwimmt" das Bild im Fenster weiter. Ob das sehr praktisch ist, ist eine andere Frage. Beim Freistellen mit dem Zeichenstift-Werkzeug ist dieser „Luxus" eher überflüssig.

Erweiterte Korrekturen der Masken

Egal ob Sie die Masken auf einem Pixelbild oder für selektive Korrekturen mit einer Einstellungsebene anwenden, Sie können diese jetzt dank neuer *Masken*-Palette besser anpassen.

In unserem Beispiel wurde ein Landschaftsfoto mit der Einstellungsebene *Tonwertkorrektur* abgedunkelt. Die Wirkung der Einstellungsebene sollte nur für den oberen Bereich des Bildes gelten – für den Himmel. Mit dem Verlaufswerkzeug wurde auf der Maske der Einstellungsebene der untere Bereich abgedeckt, sodass nur der Himmel korrigiert wurde.

Falls Sie dann doch wünschen, dass die Einstellungsebene auch auf den unteren Bereich wirkt, aber mit geringerer Kraft, können Sie die Dichte der Maske in der Palette *Masken* verringern.

Für die Bildkorrekturen ist das sehr praktisch. Haben Sie früher womöglich zwei Einstellungsebenen für unterschiedliche Bildbereiche verwendet, können Sie die Anpassung mit einer maskierten Ebene machen und die Dichte der Maske steuern.

Skalieren ohne Verzerrung

Richtig spektakulär ist die neue Skalierungsfunktion, mit der Sie Fotos so skalieren können, dass die Personen oder Gegenstände nicht verzerrt werden.

Das ist besonders interessant, wenn Sie aus einem Bild im Querformat ein quadratisches Bild machen möchten. Duplizieren Sie zuerst die Hintergrundebene in der *Ebenen*-Palette.

Wählen Sie für die kopierte Ebene den Befehl *Bearbeiten/Skalieren (Inhalt bewahren)*. Der Transformationsrahmen wird angezeigt.

Ziehen Sie an einem der seitlichen mittleren Anfasser des Transformationsrahmens in Richtung Mitte – das Bild wird skaliert, aber die Personen und Gegenstände auf dem Foto bleiben unverändert.

Diese tolle Funktion hat allerdings eine Einschränkung. Sie können so eine intelligente Skalierung nur dann machen, wenn der Hintergrund einen ruhigen Charakter hat, wie zum Beispiel Rasen, Sand, Wasser oder Schnee.

Bei einem unruhigen Hintergrund kommt es vor, dass die Objekte doch zerstört werden.

3-D-Funktionen (CS4 Extended Version)

Die Benutzer der Photoshop CS4 Extended Version können auf die 3-D-Funktionen zurückgreifen.

Zwar sind die 3-D-Funktionen des Programms bei Weitem nicht so umfangreich wie zum Beispiel bei Cinema 4D oder anderen Programmen, aber Sie können mit den in 3-D erstellten Objekten arbeiten

Die wichtigsten Neuerungen in Photoshop CS4

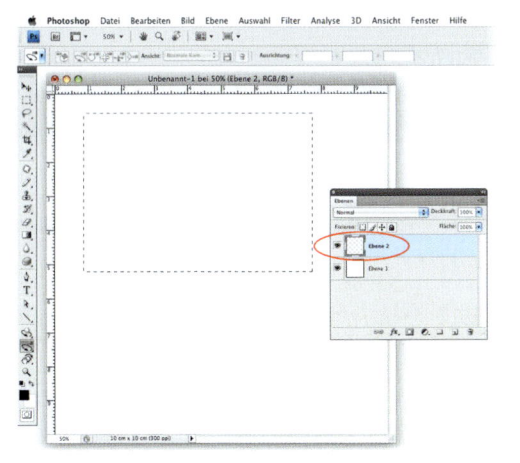

und sogar einfache Objekte selbst erstellen. Wie das geht, erfahren Sie an diesem einfachen Beispiel:

1

Erstellen Sie in der *Ebenen*-Palette eine neue leere Ebene.

Wählen Sie dann das Auswahlrechteck-Werkzeug und zeichnen Sie ein großes Rechteck in der Arbeitsfläche.

2

Die Form können Sie jetzt mit einer Struktur füllen, oder wenn Sie kein passendes Foto mit einer Struktur haben, können Sie *Filter/Renderfilter/Wolken* benutzen.

Nach dem Füllen heben Sie die Auswahl mit der Tastenkombination [Strg]+[D] auf.

3

Um ein Gefühl für die 3-D-Funktion zu bekommen, können Sie einfach ausprobieren, wie die Fläche der Ebene dreidimensional gedreht werden kann. Wählen Sie *3D/Neue 3D-Postkarte aus Ebene*.

Auf der Ebenenminiatur erscheint ein Symbol für 3-D und Sie können die Fläche jetzt dreidimensional behandeln.

In der Arbeitsfläche erscheint das Koordinatensystem, an dem Sie sich beim Drehen und Kippen des Objekts orientieren können.

Die wichtigsten Neuerungen in Photoshop CS4

Noch interessanter ist die Funktion, mit der Sie gleich eine Form erstellen können, die mit Ihrer Struktur überzogen wird.

Wählen Sie dazu *3D/Neue Form aus Ebene/Donut* – nach ein paar Sekunden erscheint eine dreidimensionale Form, die Sie beliebig drehen und kippen können.

Unten sehen Sie ein paar Beispiele für Formen, die aus einer Struktur mit der 3-D-Funktion von Photoshop CS4 Extended erstellt wurden.

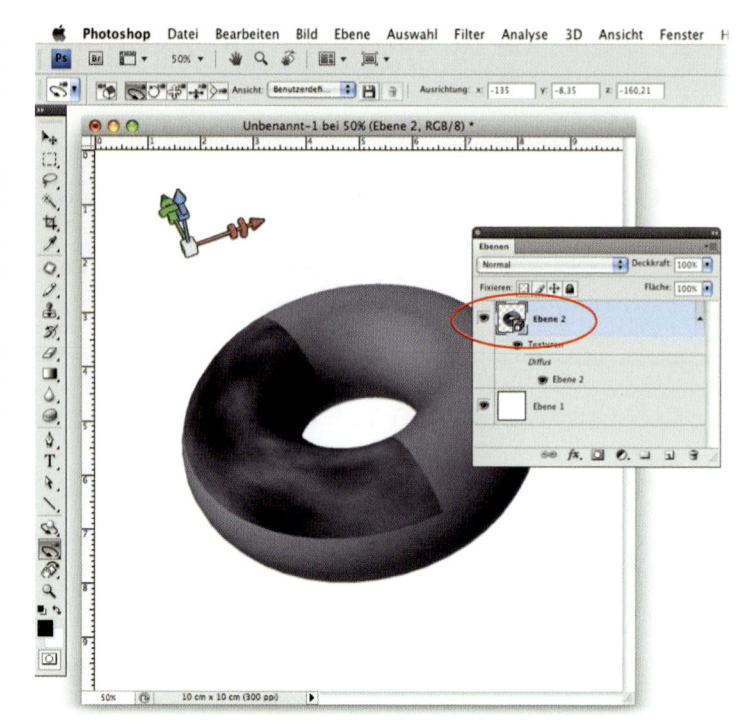

Photoshop CS4 – was gibt es Neues?

1.2 Mehr Funktionen im RAW-Konverter

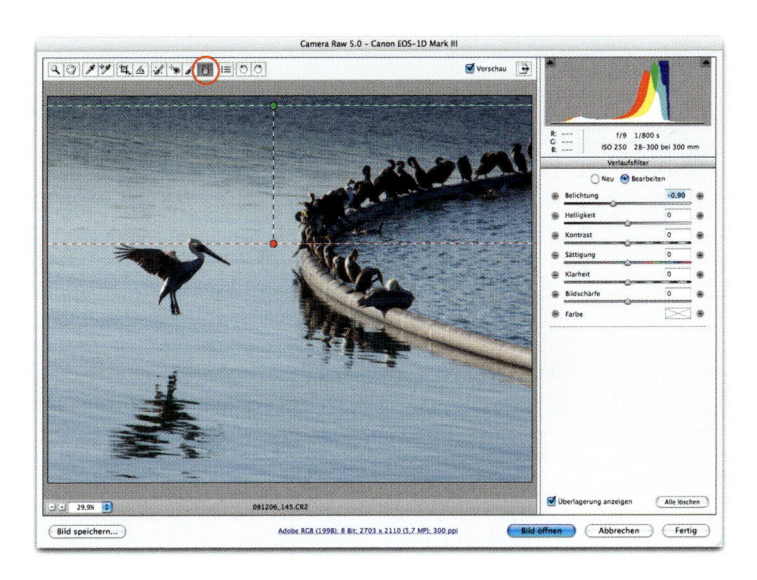

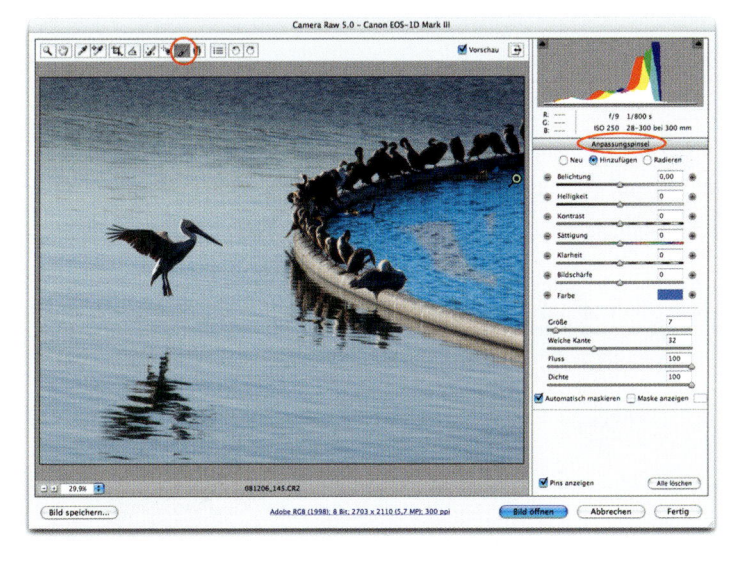

Das RAW-Entwicklungsmodul in Photoshop CS4 wurde überarbeitet und bietet neben den bekannten auch völlig neue Funktionen. Jetzt ist es im RAW-Konverter möglich, selektive Bildkorrekturen zu machen. Wenn ein Bildteil mit einem Verlauf bearbeitet werden soll, klicken Sie auf das Symbol *Verlaufsfilter* und ziehen den Verlauf im Bildfenster auf.

Rechts in der Palette können Sie die Einstellungen wählen, die der Verlauf erhalten soll. Sie können zum Beispiel Helligkeit, Kontrast und Dynamik anpassen oder einen Farbfilter (ähnlich dem Fotofilter in Photoshop) zum selektiven Korrigieren der Farben wählen.

Die Maskierung können Sie nicht nur mit dem Verlaufsfilter, sondern auch mit dem Pinsel-Werkzeug durchführen.

Beide Werkzeuge in Kombination bieten Ihnen gute Optionen für eine pixelschonende Bildentwicklung.

Kapitel

2

Voreinstellungen: Passen Sie die Konfiguration Ihrem Workflow an

Besonders bei der letzten Version von Photoshop wurde auf die Konfigurationsmöglichkeiten der Arbeitsfläche geachtet. Denn im Arbeitsalltag einer Werbe- oder Bildagentur, bei der Zeit immer knapp ist und jeder Schritt zu viel zusätzliche Kosten verursacht, wird Wert auf einen effektiven und schnellen Workflow gelegt. Jeder Griff sitzt nur dann, wenn der Grafiker alle Werkzeuge sofort zur Hand hat. Photoshop bietet Ihnen eine große Auswahl von vordefinierten Arbeitsbereichen sowie die Möglichkeit, den Arbeitsbereich Ihrem Arbeitsstil genau anzupassen.

2.1 Speichermanagement für flüssiges Arbeiten

Bevor Sie mit Ihrer Arbeit in Photoshop starten, passen Sie die Leistung Ihres Rechners an. In nur wenigen Schritten holen Sie das Maximum an Geschwindigkeit für das Programm heraus.

Wählen Sie *Photoshop/Voreinstellungen/Leistung* für Mac und *Bearbeiten/Voreinstellungen/Leistung* für Windows aus.

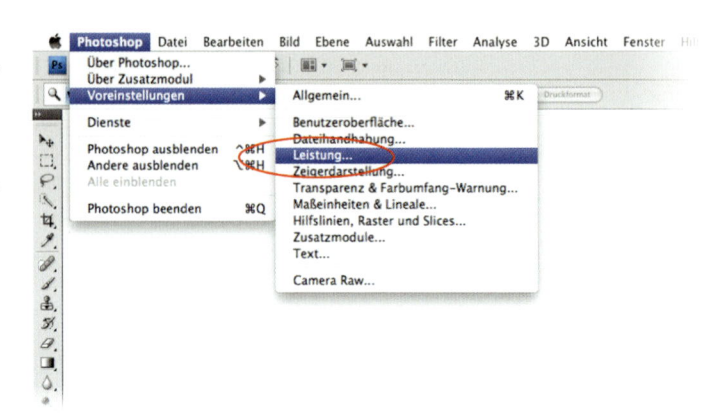

Im Dialog *Voreinstellungen/Leistung* können Sie jetzt folgende Anpassungen durchführen: Photoshop schlägt Ihnen vor, wie viel Prozent des Arbeitsspeichers Sie ihm zuweisen können.

Wenn Ihr Rechner genug Speicherreserven hat, können Sie bis zu 3 GByte Arbeitsspeicher nutzen. Ist das nicht der Fall, wählen Sie ca. 70 % der Leistung, wenn Sie neben Photoshop keine speicherintensiven Programme gleichzeitig benutzen, und ca. 60 %, wenn parallel noch andere Anwendungen wie Adobe Illustrator oder InDesign genutzt werden.

Die Speicherauslagerung ist standardmäßig auf interne Festplatten begrenzt, Sie können aber auch eine externe Festplatte hinzunehmen. Aktivieren Sie diese im Bereich *Arbeitsvolumes*. Damit Sie die neuen Funktionen von Photoshop CS4 wie z. B. das Ansicht-drehen-Werkzeug (R) nutzen können, sollte das OpenGL der Grafikkarte über die entsprechende Option aktiviert werden.

Im Bereich *Verlauf und Cache* können Sie folgende Anpassungen durchführen. „Schmerzlos" verarbeitet Photoshop bis zu 60 Protokollobjekte, das heißt, Sie können bei Ihrer Arbeit bis zu 60 Schritte zurückkehren, in den meisten Fällen reicht das aus.

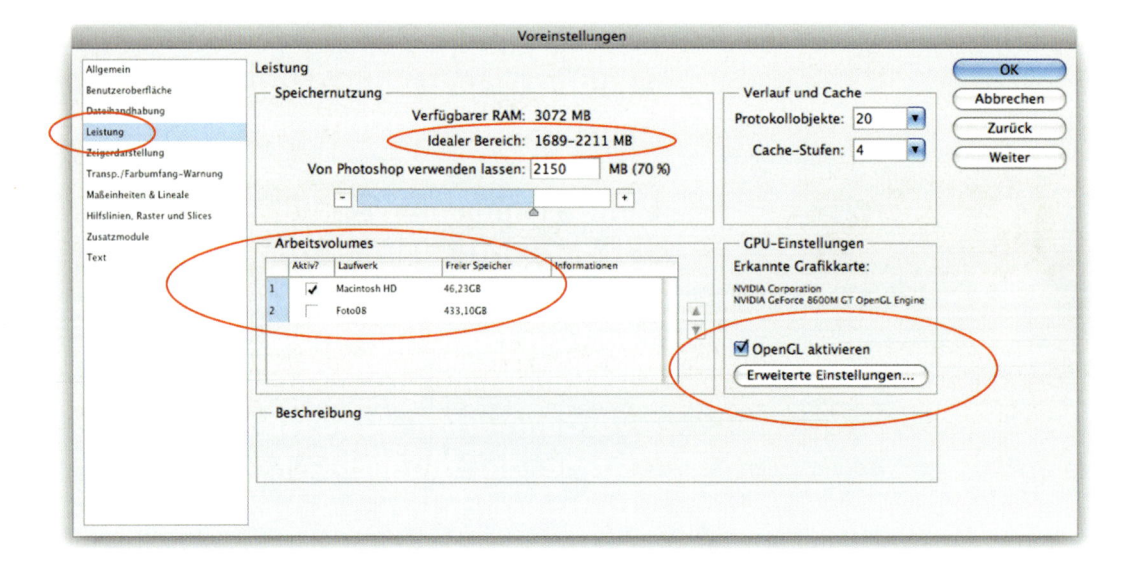

Theoretisch können bis zu 1.000 Protokollobjekte eingestellt werden, aber abgesehen davon, dass das völlig sinnlos ist, wird der Arbeitsspeicher dermaßen belastet, dass ein Programmabsturz abzusehen ist.

Cache-Stufen beeinflussen die Speichergeschwindigkeit. Wählen Sie mehr Cache-Stufen, wenn Sie große Bilddaten mit wenigen Ebenen speichern, und weniger, wenn es um kleinere Bilddaten mit vielen Ebenen geht.

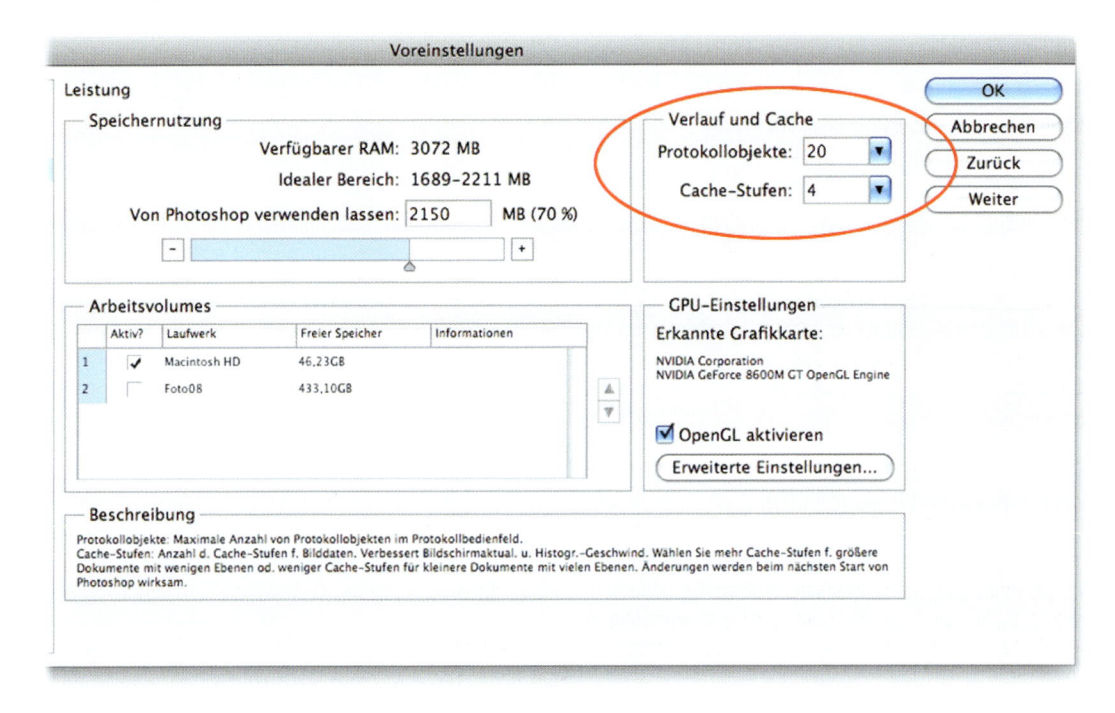

2.2 Farbeinstellungen: welche Farbräume für welche Anwendungsgebiete

Die Farbeinstellungen bei einem Bildbearbeitungsprogramm sind sehr umfangreich. In diesem Abschnitt geht es nicht um die erweiterten, sondern um die Grundfarbeinstellungen in Photoshop, die Sie an die Art Ihrer Anwendungen anpassen können.

Um zu den Farbeinstellungen zu gelangen, wählen Sie *Bearbeiten/Farbeinstellungen*, das gilt sowohl für Mac- als auch für Windows-Rechner.

Im Dialog *Farbeinstellungen* gibt es einige vordefinierte Einstellungen, die als Grundvorgaben bezeichnet werden können, schließlich decken sie die Bedürfnisse der meisten Benutzer ab.

Die Standardeinstellung, mit der Photoshop CS4 im europäischen Raum ausgeliefert wird, ist *Europa, universelle Anwendungen 2*. Diese ist an semiprofessionelle Benutzer gerichtet, die ihre Bilder am Rechner speichern, bearbeiten und für die Veröffentlichung im Internet oder zum Drucken auf Consumer-Druckern brauchen.

Dieses Gebiet deckt der sRGB-Arbeitsfarbraum ab. Die meisten Kompakt- und semiprofessionellen digitalen Spiegelreflexkameras arbeiten standardmäßig mit sRGB.

Dieser Farbraum deckt die Farbmenge, die die meisten Monitore wiedergeben können, ab und ist ausreichend für Heimdrucker. Auch das Ausbelichten der Fotos in einem Onlinelabor klappt mit dem Farbraum sRGB sehr gut.

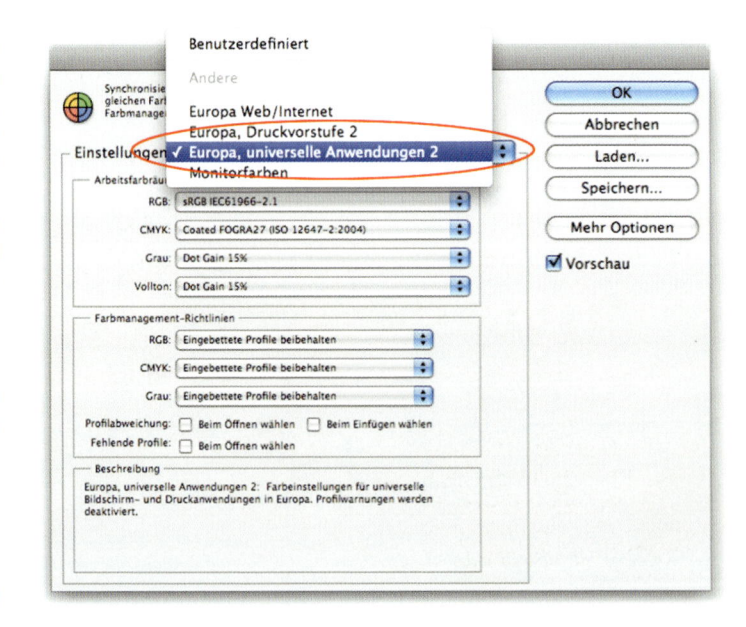

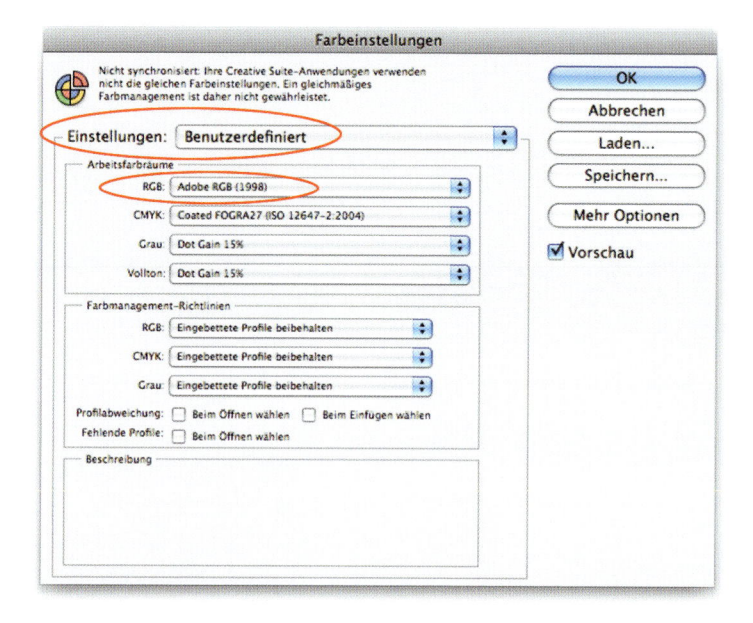

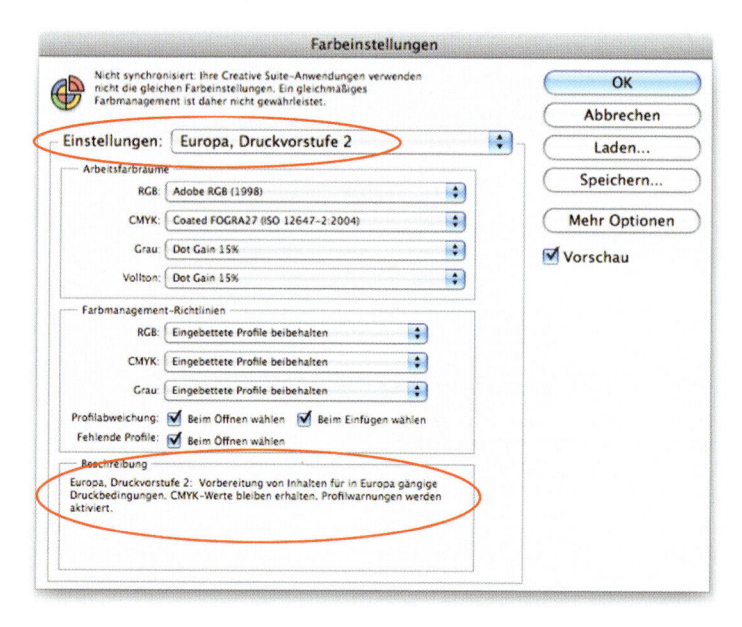

Erst beim Drucken im Offsetverfahren, bei dem die RGB-Bilder in CMYK umgewandelt werden sollen, ist es sinnvoll, diese Einstellungen zu ändern.

Ändern Sie die Einstellungen des Arbeitsfarbraums auf *Adobe RGB (1998)*, wenn Sie Ihre Bilddaten für die Druckvorstufe vorbereiten möchten.

Dabei wird die Haupteinstellung auf *Benutzerdefiniert* geändert. Falls Sie sich für die Einstellung *Adobe RGB (1998)* entscheiden, sollte Ihre Kamera auch die gleichen Einstellungen haben.

Da der Adobe-RGB-1998-Farbraum größer ist als sRGB, bringt es Ihnen nichts, wenn Sie sRGB-Daten aus der Kamera in Adobe RGB (1998) in Photoshop umwandeln.

Die Anzahl der Farbnuancen wird dadurch nicht höher.

Wenn Sie auf Nummer sicher gehen wollen, was die Voreinstellungen für den Printbereich angeht, wählen Sie die Einstellung *Europa, Druckvorstufe 2*.

Bei dieser Einstellung werden die Bilddaten so behandelt, dass diese problemlos und mit guter Qualität in CMYK umgewandelt werden können.

Alle Abweichungen von den Farbeinstellungen beim Öffnen der Dateien (z. B. Farbraum sRGB statt Adobe RGB 1998) gibt Photoshop als Warnung aus.

Wie bereits erwähnt wurde, gibt es noch mehr Optionen für die Farbeinstellungen in Photoshop. Über diese wird ausführlich in Kapitel 10 berichtet.

2.3 Typische Ansichten, Leisten und Zeigerdarstellungen

In keiner Photoshop-Version gab es so viele Voreinstellungen, was die Konfiguration der Arbeitsfläche betrifft, wie in der aktuellen. Im Folgenden finden Sie die wichtigsten Parameter, die Sie für Ihre Arbeit brauchen.

Arbeitsbereiche festlegen

Die Optionsleiste von Photoshop wurde um einen Menüpunkt erweitert, der speziell für die Konfiguration der Arbeitsfläche zuständig ist. Mit dem Aufklappmenü können Sie schnell zu den verschiedenen vordefinierten Arbeitsbereichen wechseln. Die Standardeinstellung ist *Grundelemente* und beinhaltet die Werkzeugleiste, Optionsleiste und die wichtigsten Paletten, die Sie für die Bildbearbeitung brauchen. Die Werkzeugleiste und Paletten sind an die Kanten der Arbeitsfläche angedockt, können aber aus dem Dock entfernt und frei schwebend positioniert werden.

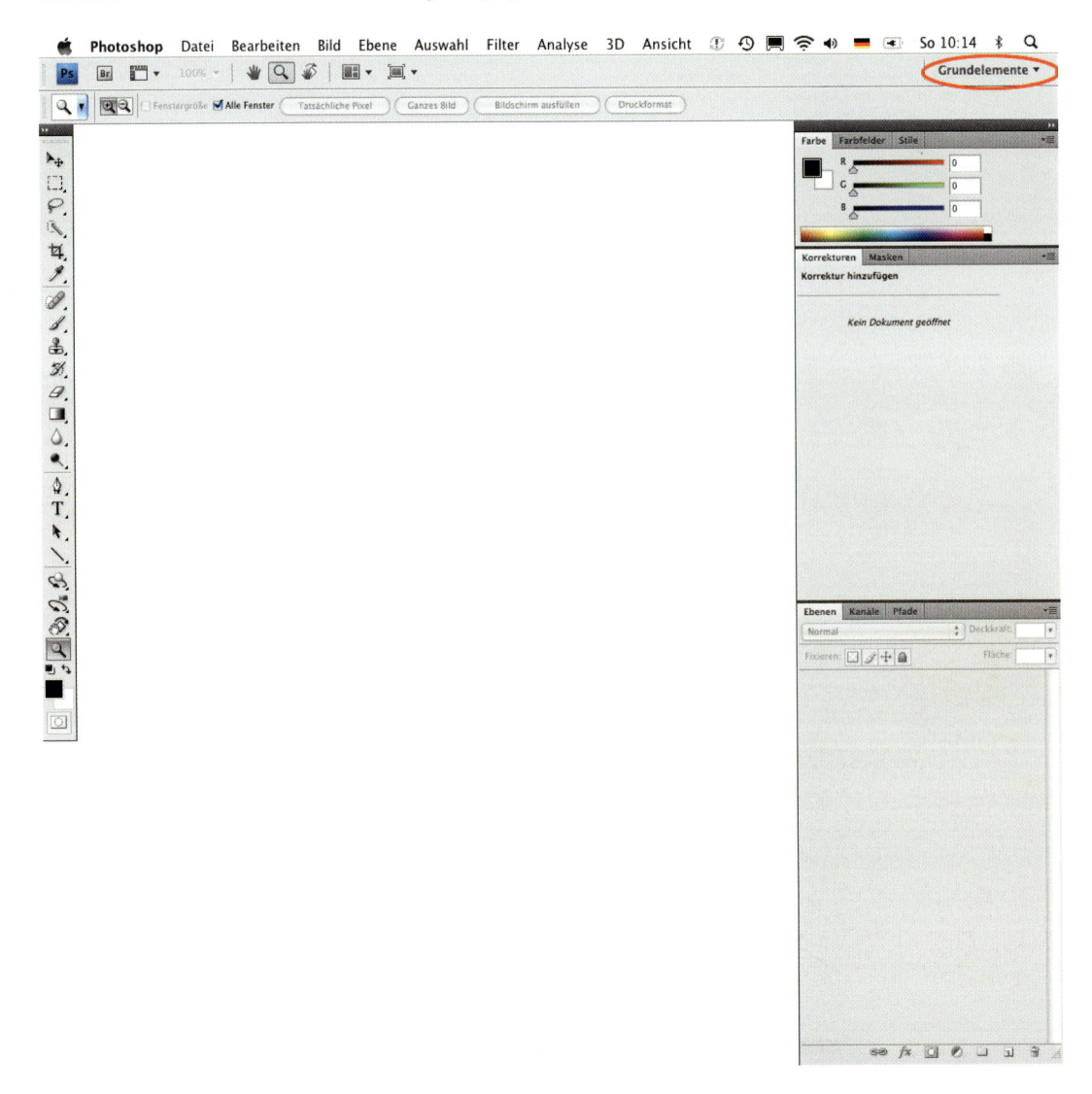

Wenn Sie im Vollbildmodus arbeiten oder mehrere Bildfenster nebeneinander positionieren möchten, können Sie zur Einstellung *Grundarbeitsbereich* wechseln, bei der Sie alle Paletten auf Symbole reduzieren und dann durch Klicken auf das entsprechende Symbol die gewünschte Palette anzeigen lassen können.

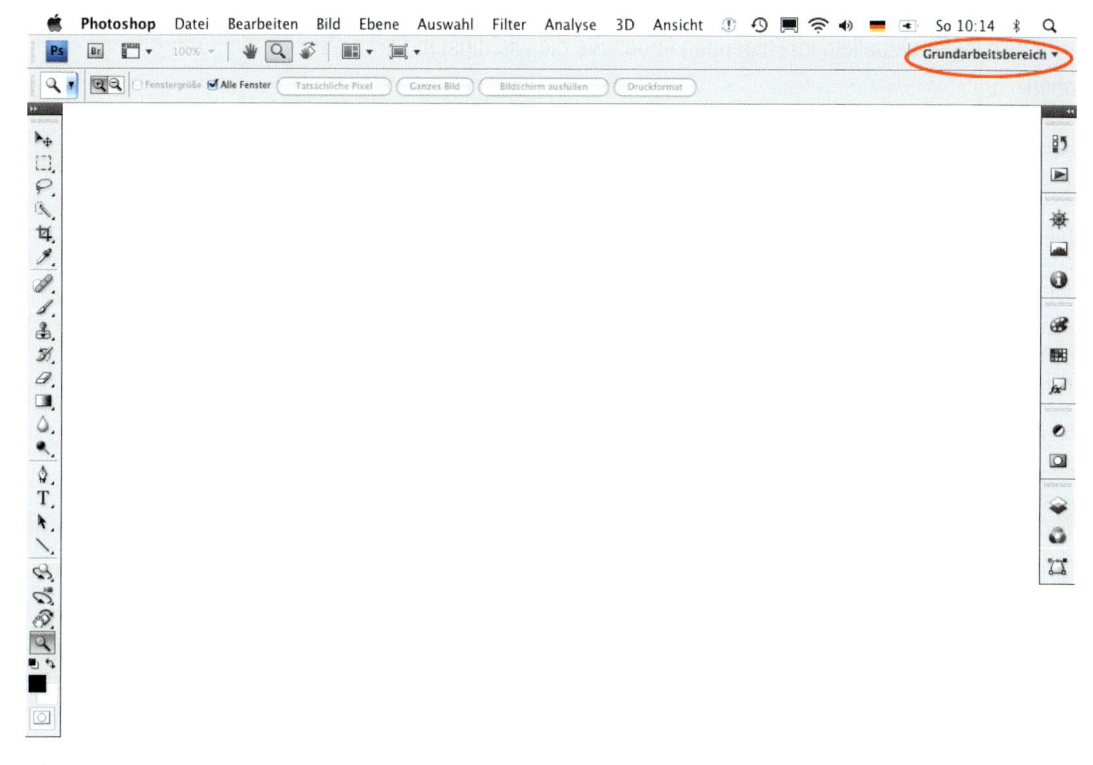

Für die meisten Aufgaben hat Photoshop CS4 vordefinierte Arbeitsbereiche.

Wenn Sie zum Beispiel ein Layout gestalten und mit den Textwerkzeugen arbeiten, wählen Sie den Arbeitsbereich *Typografie*, und alle Paletten, die Sie brauchen, werden geöffnet.

Klicken Sie die Einstellungen der Arbeitsbereiche nacheinander durch und machen Sie sich ein Bild über die Optionen und Werkzeuge, die für diese im Vordergrund stehen.

Haben Sie an einem vordefinierten Arbeitsbereich eine Palette geschlossen oder eine neue geöffnet, ist das kein vordefinierter Arbeitsbereich mehr, beim nächsten Öffnen des Arbeitsbereichs werden die Änderungen aufgehoben.

Wünschen Sie das nicht und möchten, dass die hinzugefügten oder umpositionierten Paletten so bleiben, wie Sie es eingestellt haben, können Sie den Arbeitsbereich sichern.

Dabei wird nicht nur die Position der Paletten gespeichert, sondern auch die Tastaturbefehle und Menüs, falls Sie an diesen auch Änderungen durchgeführt haben.

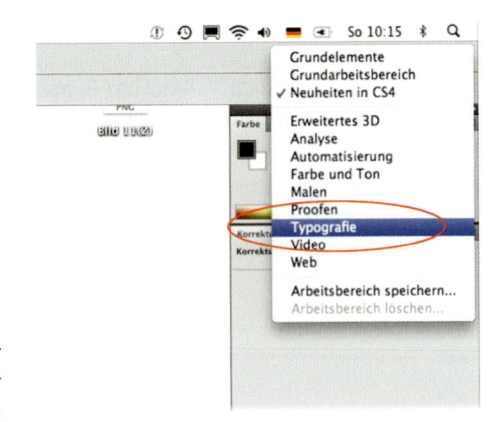

Zeigerdarstellung

Die Zeigerdarstellung können Sie ebenfalls festlegen. Die Optionen, die Ihnen zur Verfügung stehen, finden Sie über *Photoshop/Voreinstellungen/Zeigerdarstellung* (Mac) und *Bearbeiten/Voreinstellungen/Zeigerdarstellung* (Windows).

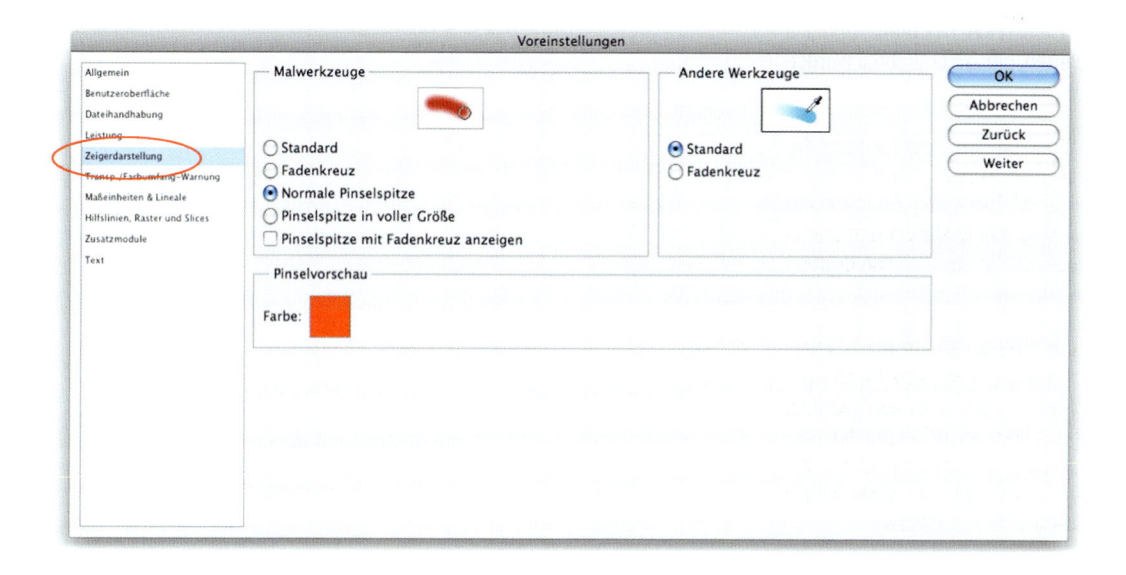

2.4 Die Arbeitsfläche individuell konfigurieren, Werkzeuge und Einstellungen effektiv nutzen

Lernen Sie in diesem Abschnitt, wie Sie die Werkzeuge und deren Funktionen optimal einsetzen und vor allem wie Sie schnell und ohne Umwege zu den gewünschten Einstellungen gelangen.

Die Oberfläche kurz vorgestellt

In der folgenden Abbildung sehen Sie die optimale Konfiguration der Arbeitsfläche für die Retusche. Diese finden Sie unter der Option *Malen* der Arbeitsbereich-Einstellungen. Generell sollte die Arbeitsfläche so angepasst werden, dass Sie schnell auf die benötigten Werkzeuge und deren Optionen zugreifen können. Das ist hier genau der Fall. Links in der Werkzeugpalette ❶ können Sie auf die Werkzeuge zugreifen und die groben Einstellungen in der Optionsleiste ❷ definieren. Zu den groben Einstellungen gehören die ersten Vorgaben, die Sie anpassen – zum Beispiel für das Pinsel-Werkzeug (B) die Größe und die Form der Werkzeugspitze, die Deckkraft und die Füllmethode. Die erweiterten Einstellungen finden Sie dann in den Paletten ❸, die zu einigen Werkzeugen gehören – wie z. B. zum Pinsel-Werkzeug, bei dem Sie die Konfiguration der Pinselspitzen justieren können. Den Rest der Arbeitsfläche füllt das Bild ❹, deren Ansicht Sie bei Bedarf vergrößern oder verkleinern oder im Fenster- oder Vollbildmodus arbeiten können. Die Standardarbeitsfläche ist ziemlich statisch. Diese Anordnung existiert seit Photoshop CS3. Fotografen und Grafiker, die mit Photoshop schon viele Jahre arbeiten, sind an eine andere Anordnung der Fenster und Paletten gewöhnt, viele bevorzugen auch heute die klassische Anordnung.

Bei der klassischen Anordnung sind die Werkzeugleiste und die Paletten frei in der Arbeitsfläche positioniert und nicht an die Ränder der Arbeitsfläche angedockt. So eine Konfiguration können Sie benutzen, wenn Sie die Paletten an den Registerkarten aus dem Dock ziehen und auf einer beliebigen Stelle in der Arbeitsfläche positionieren.

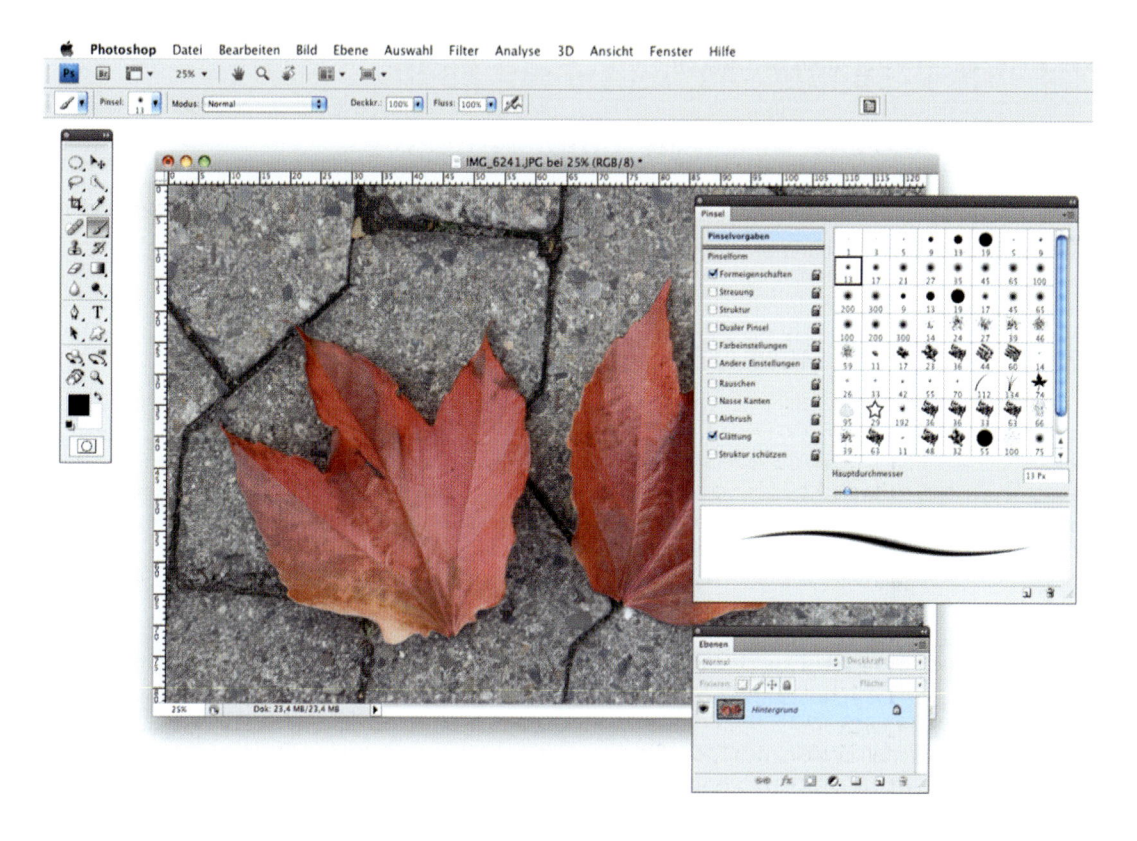

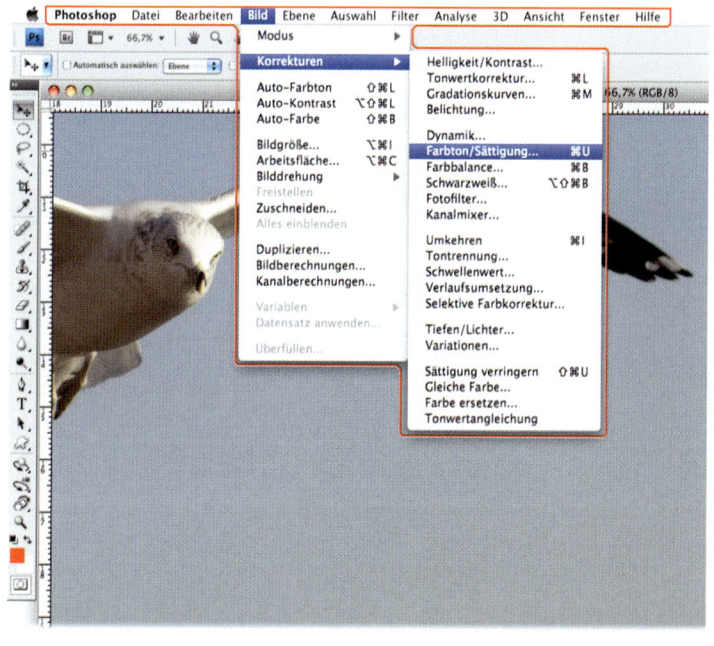

Die Arbeitsfläche individuell konfigurieren, Werkzeuge und Einstellungen effektiv nutzen

Die Menüleiste: eine solide Arbeitsbasis

Alle Funktionen, Einstellungen, Ansichten, Fenster und Hilfeleistungen finden Sie schnell über die Menüleiste. Die Menüleiste beinhaltet Aufklappmenüs mit mehreren Ebenen, in denen die Funktionen logisch und hierarchisch angeordnet sind. Neben vielen Funktionen oder Einstellungen steht eine Tastenkombination, mit der diese alternativ aufgerufen werden können. Diese Tastaturkürzel sind allerdings für die fortgeschrittenen Photoshop-Nutzer gedacht. Mit ihnen arbeiten Sie natürlich viel schneller als mit den Menüs. Es lohnt sich auf jeden Fall, die Tastaturkürzel nach und nach zu lernen. Die wichtigsten Tastaturkürzel werden Sie in diesem Buch und auch in diesem Kapitel finden.

Die Werkzeugpalette: alles griffbereit

Die Werkzeugpalette ist die wichtigste Palette in Photoshop und belegt definitiv den ersten Platz bei der Nutzung. Danach folgen Optionsleiste und Paletten.

Die Werkzeugpalette beinhaltet entweder Werkzeuge (zum Beispiel das Verschieben-Werkzeug) oder Werkzeuggruppen (wie Pinsel-, Auswahlwerkzeuge, Reparatur- und Ausbessern-Werkzeuge), die über Aufklappmenüs erreicht werden können. Die Werkzeugleiste ist standardmäßig an die linke Kante der Arbeitsfläche angedockt und hat eine Spalte. Sie können die Werkzeugpalette in zwei Spalten anzeigen sowie aus dem Dock entfernen und in der Arbeitsfläche frei schweben lassen.

Unter den Werkzeugen befinden sich in der Werkzeugpalette außerdem noch der Farbwähler und der Button, mit dem Sie vom Standard- in einen Maskierungsmodus und umgekehrt wechseln können.

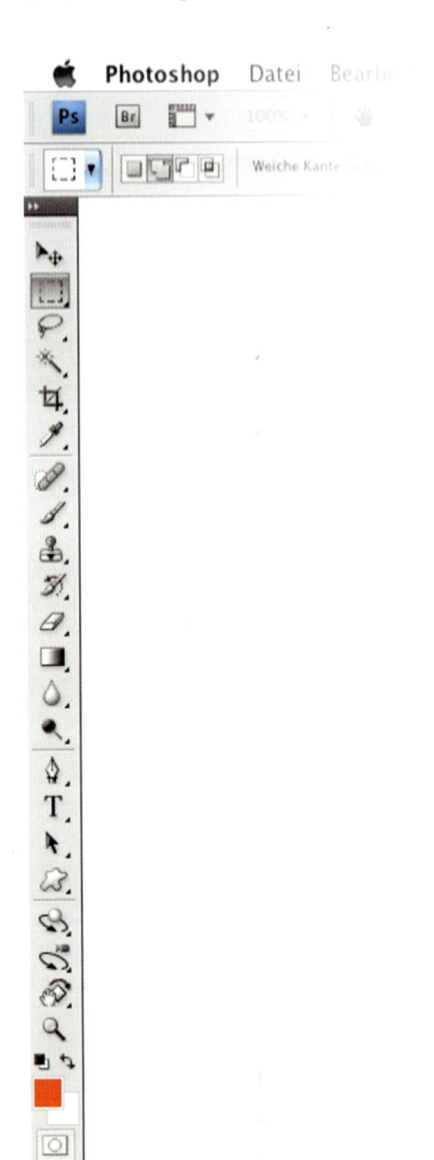

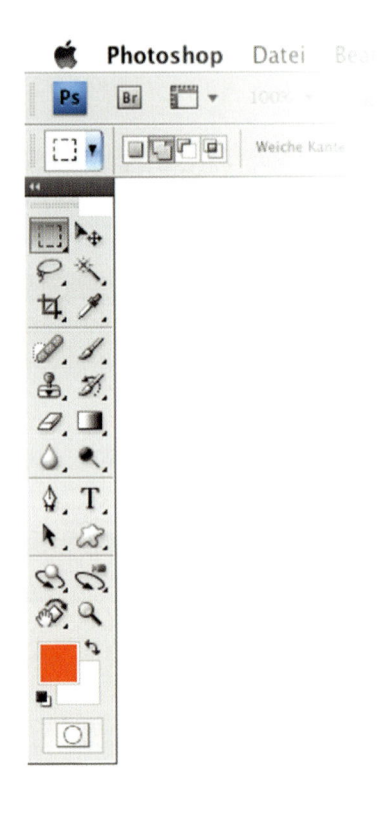

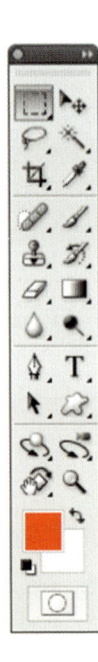

Die Optionsleiste: das Werkzeug feinjustieren

Wenn Sie ein Werkzeug, z. B. das Pinsel-Werkzeug ([B]), in der Werkzeugpalette angeklickt haben, erscheint unter der Menüleiste eine passende Optionsleiste, in der die primären Einstellungen für das aktuelle Werkzeug definiert werden können. Erweiterte Einstellungen erfolgen über die Paletten. Paletten gehören nicht zu jedem Werkzeug. Einige Werkzeuge, z. B. das Freistellungswerkzeug ([C]) oder das Verschieben-Werkzeug ([V]), haben nicht so umfangreiche Funktionen, dass eine Palette notwendig wäre.

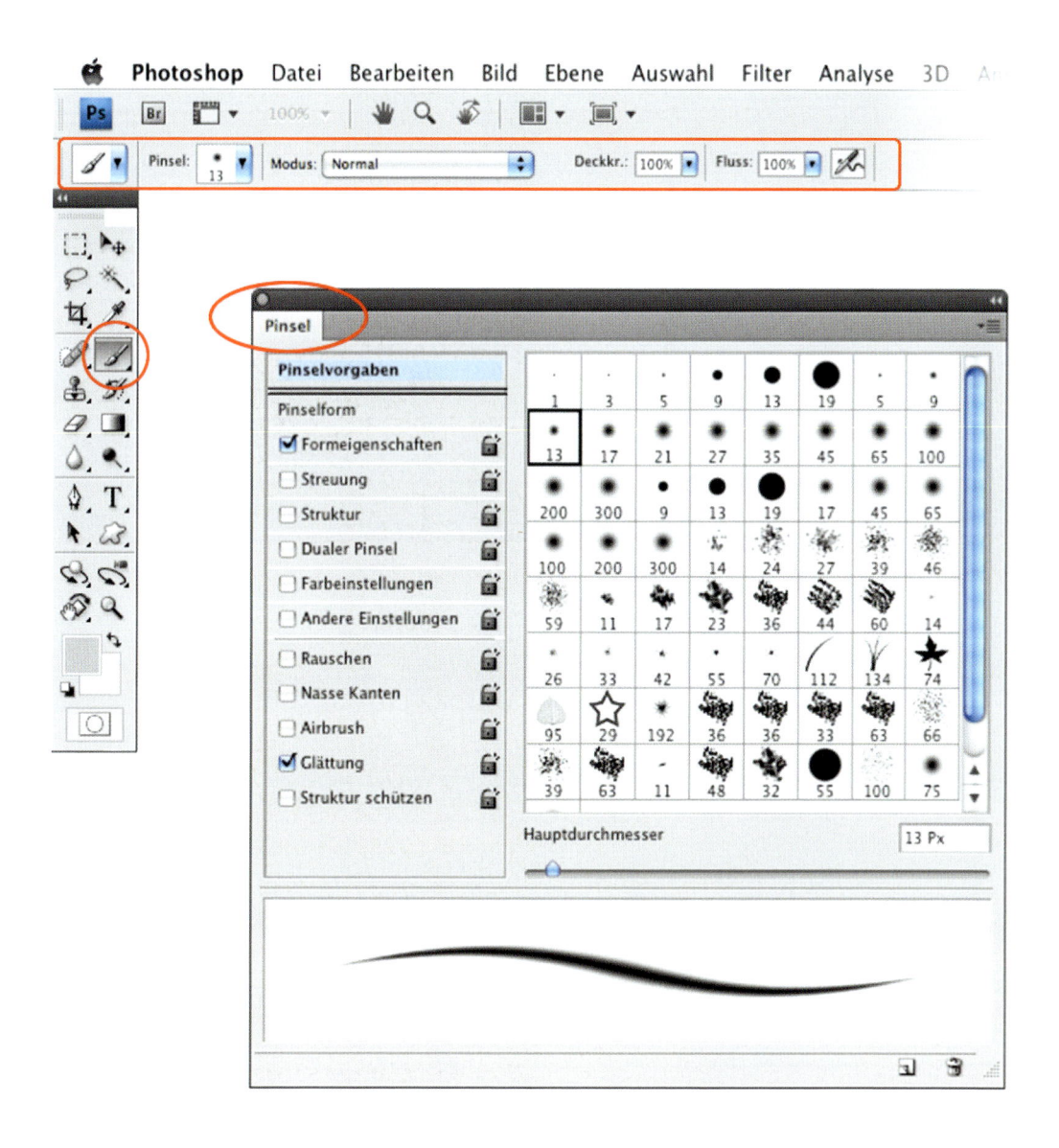

Paletten: Wichtiges handlich

Die Paletten sind in Photoshop CS4 an die rechte Kante der Arbeitsfläche angedockt, können aber vom Dock abgezogen und an einer beliebigen Stelle neben oder über dem Bild positioniert werden.

Viele Paletten sind mit dem Vorschaumodus ausgestattet, sodass Sie zwischen den Vorher/Nachher-Varianten des Bildes umschalten können (zum Beispiel bei der *Korrekturen*-Palette).

Der Wechsel zwischen den Paletten einer Gruppe, zum Beispiel Korrekturpaletten, erfolgt schnell über das Aufklappmenü oben rechts in der Palette.

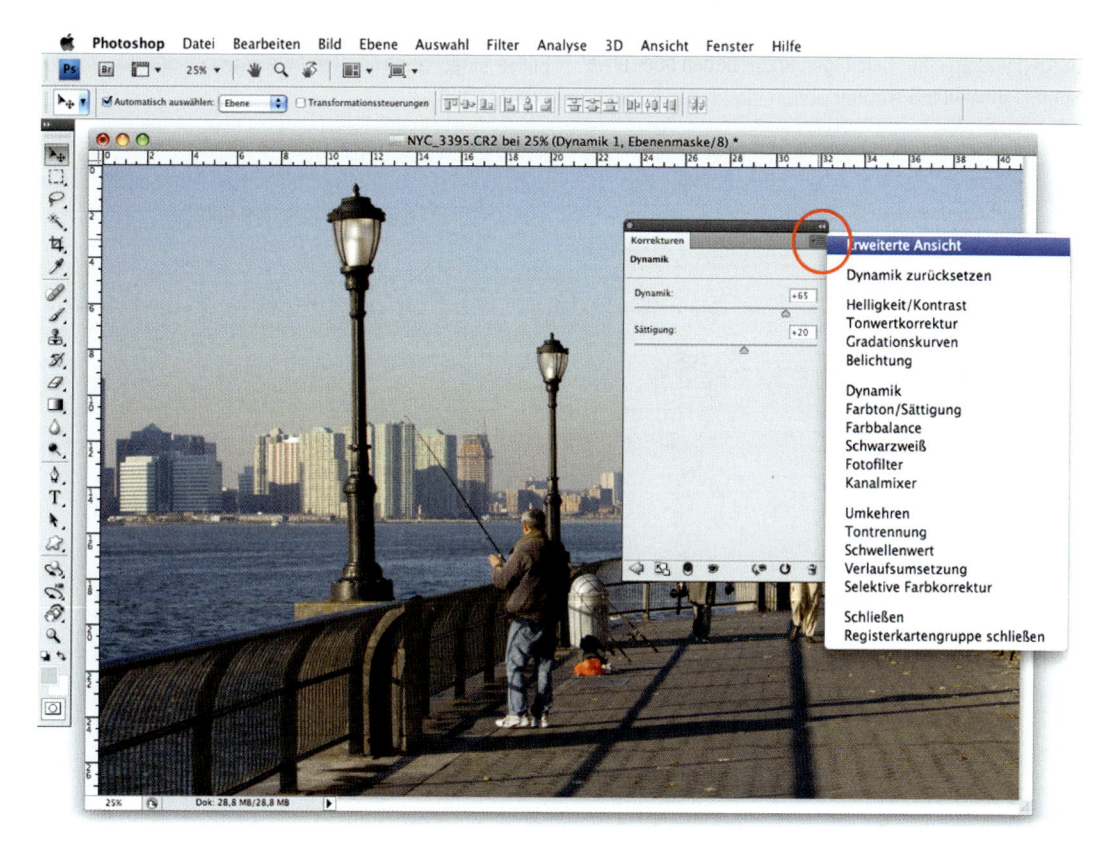

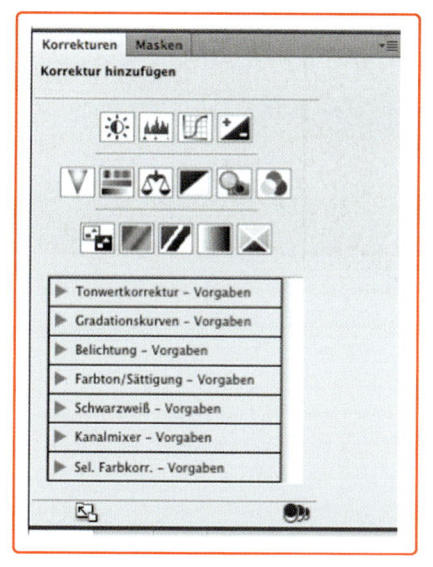

Speziell die Palette *Korrekturen* ist sehr umfangreich und beinhaltet mehrere Funktionen, die sehr praktisch in einer Übersicht zusammengefügt sind.

Beim Klicken auf eine der Korrekturoptionen (beim Halten des Mauszeigers wird die Bezeichnung des Symbols eingeblendet, z. B. *Tonwertkorrektur*) wird anstelle der Korrekturenliste eine entsprechende Palette eingeblendet.

Exakte Werte direkt eingeben

Die Werkzeuge in Photoshop können entweder freihand oder per Zahleneingabe eingesetzt werden. Besonders bei den Freistellungs- und Auswahlwerkzeugen ist es oft wichtig, genaue Maße zu erreichen, die das Bild haben soll.

Ob es sich dabei um Pixelmaße für die Darstellung z. B. auf der eigenen Homepage oder um die Zentimetermaße eines Bildes für den Druck handelt, Sie können ein Foto exakt zuschneiden oder die genaue Auswahl eines Bildbereichs per Direkteingabe der Maße vornehmen.

Beim Freistellungswerkzeug ([C]) können Sie in der Optionsleiste nicht nur die Maße des Bildes eingeben, sondern auch die Auflösung definieren. Auch einige feste Seitenverhältnisse stehen zur Verfügung.

Die Arbeitsfläche individuell konfigurieren, Werkzeuge und Einstellungen effektiv nutzen

Bildtitelleiste und Statusleiste: Welche Informationen stecken dahinter?

Die Bildtitelleiste liefert Ihnen knappe, aber die wichtigsten Informationen zum Bild: Dateityp, Farbraum und Bildtiefe.

Mehr über Farbraum und Bildtiefe erfahren Sie in Kapitel 10.

Die Bildtitelleiste und Statusleiste zeigen Ihnen die Ansichtsvergrößerung in Prozent und standardmäßig die Dateigröße an.

Statt der Dateigröße können Sie andere Werte einblenden lassen (wie z. B. *Dokumentprofil*, *Dokumentmaße* etc.).

Die Änderungen der Anzeige können Sie über ein Aufklappmenü in der Statusleiste vornehmen.

2.5 Perfekter Umgang mit den Dateien

Bei der Vielfalt der Dateiformate im Bereich Fotografie und Grafik kann die berechtigte Frage aufkommen: Welches Format ist für welche Anwendungen sinnvoll? Darüber erfahren Sie mehr in diesem Abschnitt.

Von der Rohdatei zum Bildformat

Der immer öfter in der digitalen Fotografie verwendete Dateityp ist das RAW-Format. Die Vorteile des Formats liegen auf der Hand: Die Korrekturen können im RAW-Konverter durchgeführt werden, ohne dass die Pixelstruktur des Bildes dabei verloren geht.

In der Vergangenheit nur von Profis geschätzt, wird das RAW-Format immer mehr auch von ambitionierten Amateurfotografen genutzt.

Das RAW-Format hat unterschiedliche Abkürzungen, die vom Kamerahersteller abhängig sind. Canon zum Beispiel benutzt CR2, Nikon NEF, Sony SRF.

Die Endung spielt dabei keine Rolle. Alle diese Dateien sind keine Bilddateien, sondern kamerainterne Dateiformate, die alle Bildinformationen beinhalten.

Nachdem Sie die Tonwerte, Farben und andere Werte wie Schärfe, Rauschen und Objektivfehler im RAW-Konverter angepasst haben, können Sie das Bild in Photoshop für die weitere Verarbeitung öffnen und in einem Bildformat speichern. Wenn Sie das Bild nur korrigieren wollen, ohne es für eine Ausgabe vorzubereiten, können Sie die Einstellungen speichern, indem Sie im RAW-Konverter auf den Button *Fertig* klicken.

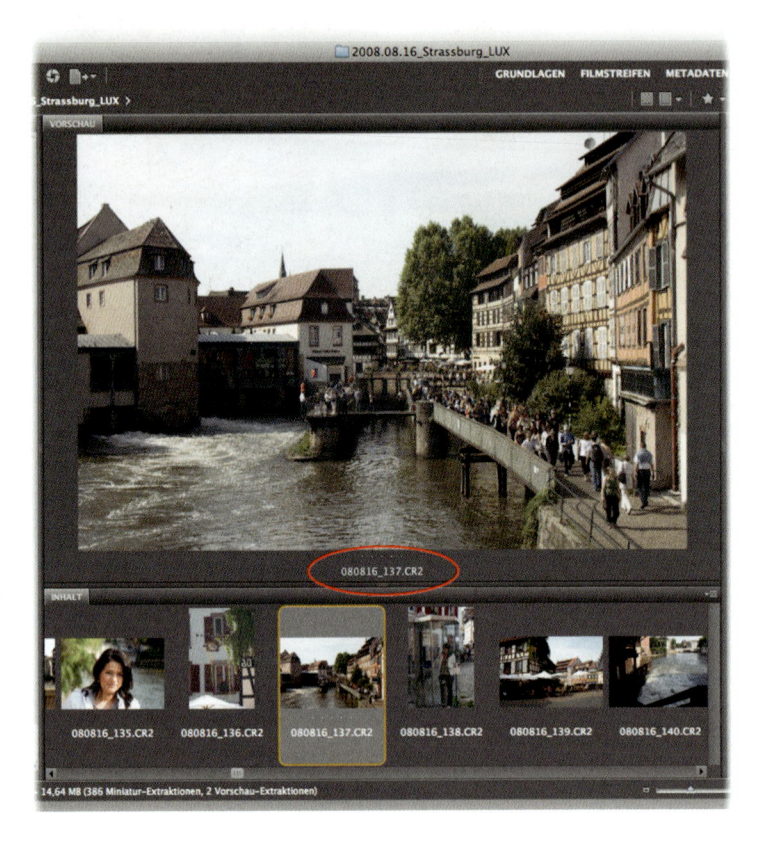

Mehr über die Vor- und Nachteile des RAW-Formats erfahren Sie in Kapitel 12 „RAW-Daten aus der Kamera optimal aufbereiten".

Perfekter Umgang mit den Dateien

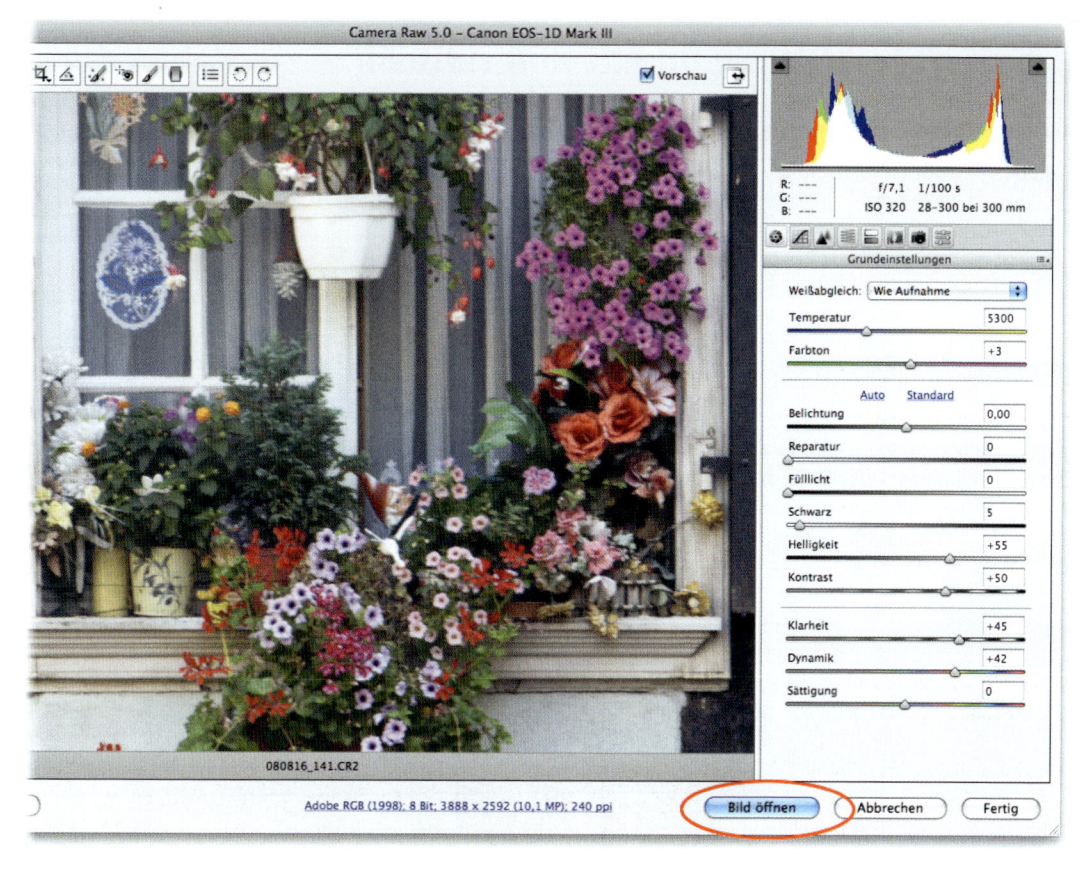

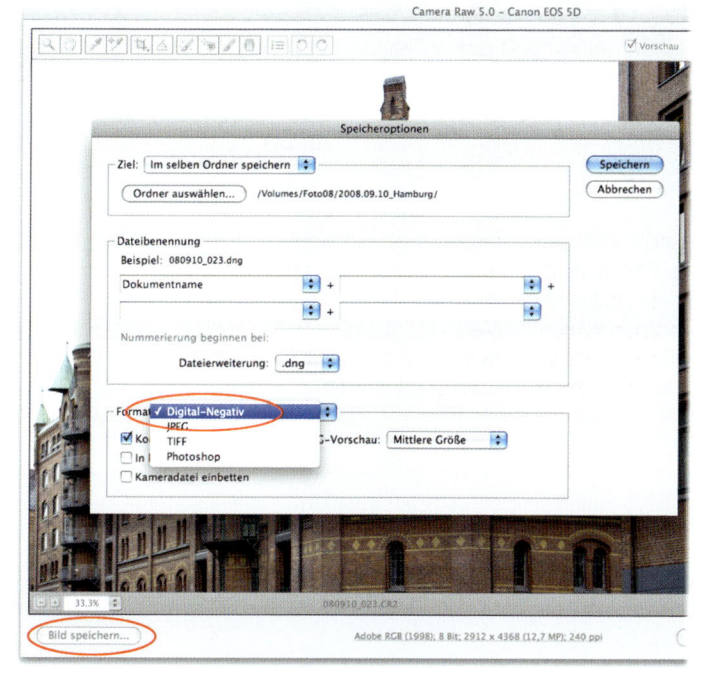

DNG – digitales Negativ

Um in die Vielfalt der RAW-Formate, bei denen jeder Kamerahersteller sein eigenes Süppchen kocht, ein bisschen Einheit zu bringen, wurde vor einigen Jahren ein neues Format entwickelt, das sich zum Standard für RAW-Formate entwickeln soll – das digitale Negativ DNG.

Einige Kamerahersteller haben DNG in ihren Kameras als RAW-Aufzeichnungsformat eingeführt (wie z. B. Leica).

Aber wenn Sie auch die Kamera eines anderen Herstellers besitzen, können Sie Ihre RAW-Datei im Format DNG speichern. Wenn Sie im RAW-Konverter auf *Bild speichern* klicken, können Sie im Menüpunkt *Format* zwischen DNG, JPEG, TIFF und Photoshop wählen.

Ob DNG sich tatsächlich zu einem Einheitsformat für Digitalkameras etabliert, ist noch nicht klar. Es wäre aber wünschenswert.

Damit wäre das Problem der Inkompatibilität gelöst und würde die Häufigkeit der RAW-Updates für die Bildbearbeitungsprogramme reduzieren.

TIFF

Zu den Formaten, die im Bereich Bildbearbeitung am häufigsten zum Einsatz kommen, zählt das TIF-Format. Es ist der Klassiker unter den Formaten, bei denen die Fotos entweder unkomprimiert oder mit einer verlustfreien Kompression aufgezeichnet werden, z. B. mit der LZW-Komprimierung.

Zwar steht auch ein verlustfreies PNG-Format zur Verfügung, aber TIFF hat sich so stark bei den Grafikern etabliert, dass es schon zum „guten Ton" gehört. TIFFs können auch mit Ebenen gespeichert werden, allerdings sind die Dateien mit vielen Ebenen sehr speicherintensiv und werden eher im Photoshop-eigenen Format PSD gesichert.

TIFF ist also ein universelles Archivierungsformat, wird von allen Bildbearbeitungsprogrammen problemlos gelesen und aufgezeichnet und eignet sich hervorragend zum Speichern und Weitergeben der Originale.

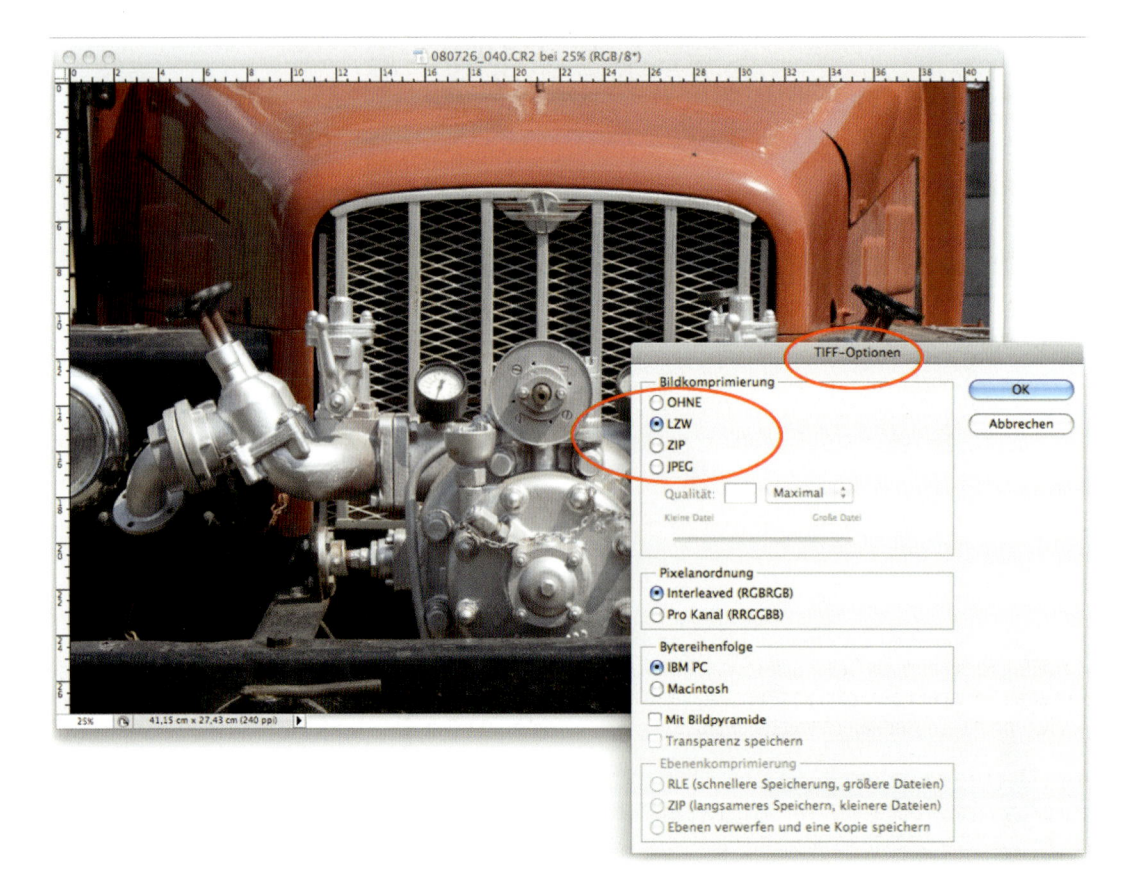

Bildformate mit Komprimierung

Es gibt eine ganze Reihe von Bildformaten, die darauf ausgelegt sind, die Dateigröße so gering wie möglich zu halten, auch wenn die Qualität darunter ein wenig leidet.

JPEG

Das JPEG-Format ist das beliebteste Format zum komprimierten Speichern der Fotos und kann mit verschiedenen Komprimierungsstufen verwendet werden.

Wenn Sie *Datei/Speichern unter* und dann das Dateiformat JPEG wählen, öffnet sich ein Dialogfenster, in dem Sie die Qualität entweder als eine Stufe zwischen 1 und 12 oder über Bezeichnungen wie *Niedrig*, *Mittel*, *Hoch*, *Maximal* oder mit einem Regler stufenlos einstellen kön-

nen. Rechts im Fenster wird die Dateigröße angezeigt, sodass Sie entscheiden können, welches Verhältnis zwischen Qualität und Dateigröße Sie wählen.

Die JPEG-Dateien mit der höchsten Qualität können problemlos ausgedruckt werden, ohne dass irgendwelche Komprimierungsmerkmale und Qualitätseinbußen sichtbar wären.

Zum Speichern der Dateien zur Anzeige im Internet kommt es wirklich auf die Dateigröße an.

Meist handelt es sich dabei um Dateien, die geringere Pixelmaße als die Bilder für die Druckvorstufe haben.

Deshalb gibt es in Photoshop die Option *Für Web und Geräte speichern*, bei der die Komprimierung sehr stark ist, sodass die Dateigröße auf das Zehnfache verringert werden kann, ohne dass die Qualität der Darstellung auf dem Bildschirm darunter leidet.

Dateien für Web und Geräte speichern

Im Dialog *Für Web und Geräte speichern* aktivieren Sie die Ansicht *2fach*, um das Bild vor und nach der Komprimierung im Vorschaufenster betrachten zu können.

Unter den Fenstern befinden sich die Angaben über Dateigröße und Übertragungsgeschwindigkeit bei angegebener Internetverbindung. Rechts oben im Dialogfenster finden Sie die Angaben zur Qualität und Komprimierung der Datei.

Für eine perfekte Darstellung auf dem Bildschirm wählen Sie die Qualitätsstufe *Hoch* bis *Sehr hoch* oder die Qualität 70 bis 80. Bei der aktivierten Option *Optimiert* (Standard) werden die Schärfeverluste etwas ausgeglichen.

Wenn Sie im Dialog *Für Web und Geräte speichern* das Menü für die Dateioptionen öffnen, werden Ihnen weitere Einstellungen zur Verfügung stehen.

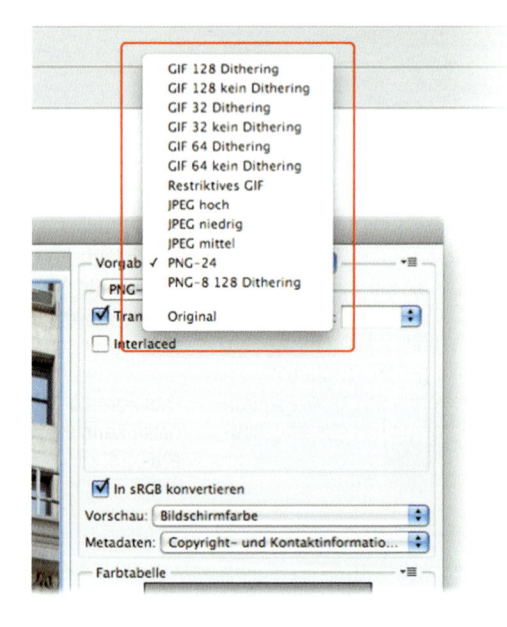

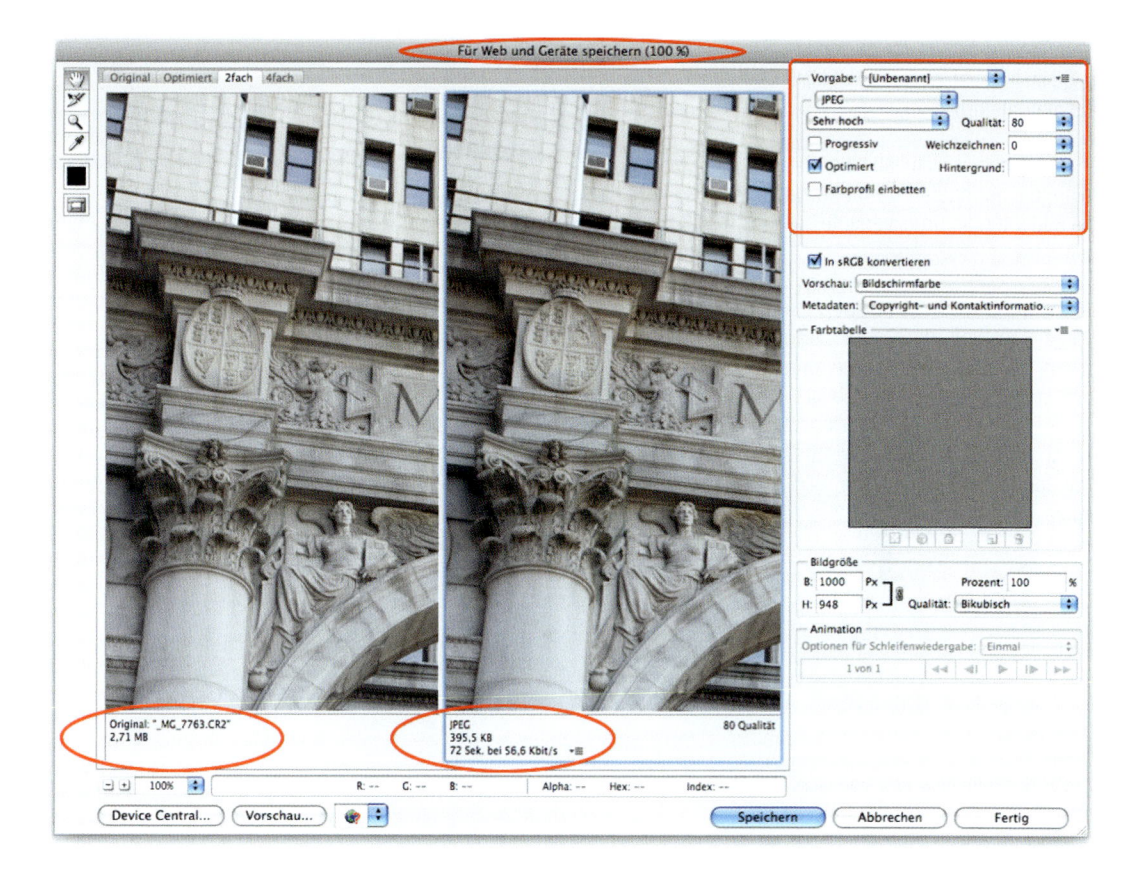

PNG

Das Format PNG hat sich mittlerweile neben JPEG und GIF als Webformat etabliert und die Kompression dieses Formats ist auf jeden Fall besser als die von GIF.

Allerdings ist PNG-8 in der Farbanzahl eingeschränkt, und wenn Sie das Vorschaubild genau anschauen, sehen Sie besonders in den Bereichen mit Farbverläufen eine Stufenbildung, die für Fotos nicht unbedingt vorteilhaft ist.

Beim PNG-24-Format sind die Dateien zwar größer, aber die Verläufe werden sehr gut dargestellt, außerdem können Sie die Datei mit einem Alpha-Kanal speichern, der es Ihnen ermöglicht, ein Objekt auf dem transparenten Hintergrund darzustellen.

Das Format GIF besitzt auch eine Option *Transparenz*, diese kann die Verläufe aber nicht so gut darstellen wie PNG-24.

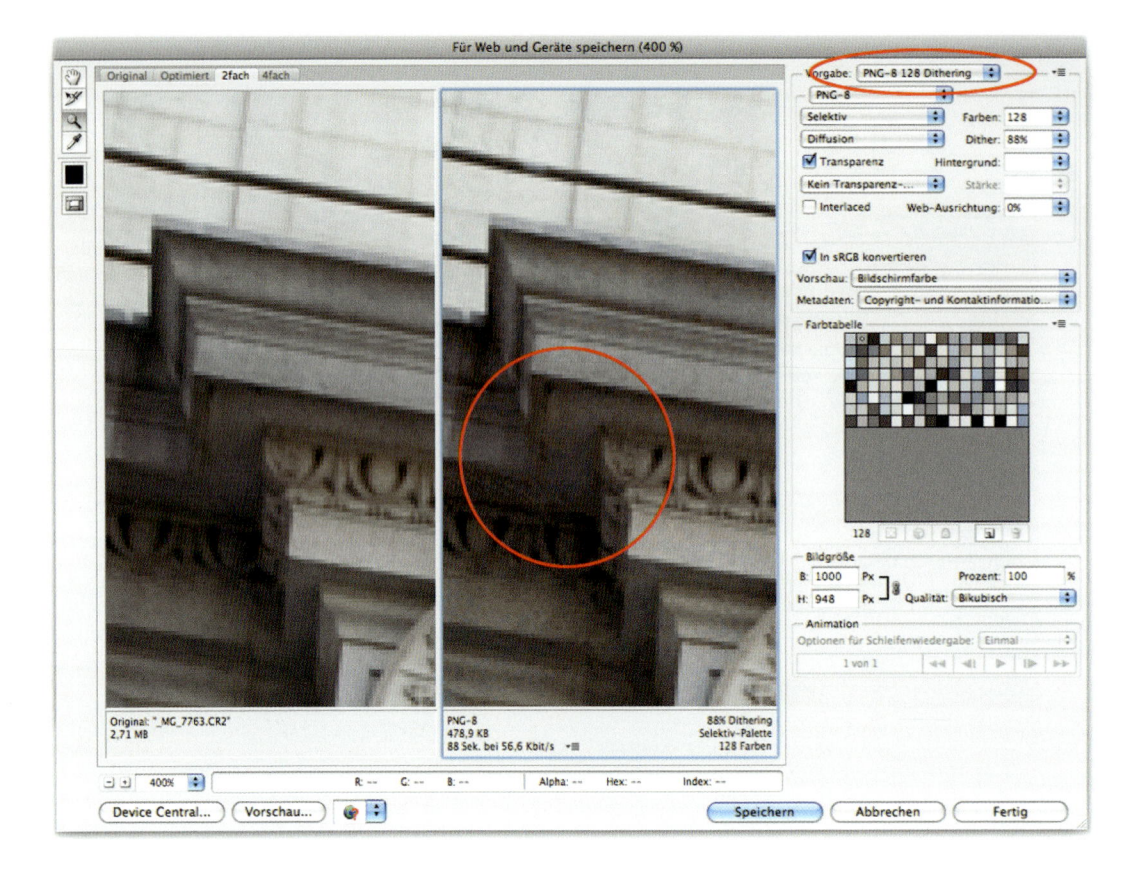

GIF

Zum Speichern von Fotos wird das Format GIF kaum verwendet, weil die Farbanzahl die Dateigröße stark beeinflusst. Das heißt, dass ein Foto im JPEG-Format bei guter Qualität eine kleinere Datei als bei GIF hat.

Wenn Sie aber eine Internetgrafik für Ihre Webseite erstellt haben, die nur wenige Farben hat (wie auf dem Screenshot auf der gegenüberliegenden Seite), können Sie durch die Verwendung des GIF-Formats eine sehr kleine Datei bekommen.

In der Farbtabelle rechts im Dialogfenster werden die Farben angezeigt, die für die Darstellung im Internet benötigt werden (indizierte Farben), und alle anderen Farbinformationen werden aus der Datei herausgerechnet. So kann die Originaldatei mit ca. 250 KByte auf ca. 3–5 KByte reduziert werden.

Das GIF-Format wird von Webdesignern gern zum Darstellen von Grafiken, Bannern und Schaltflächen auf einer Webseite verwendet.

Außerdem kann in Photoshop eine GIF-Animation erstellt werden, bei der aus mehreren Bildern ein kleiner Film erstellt wird. Andere Formate wie JPEG und PNG besitzen diese Animationsmöglichkeit nicht.

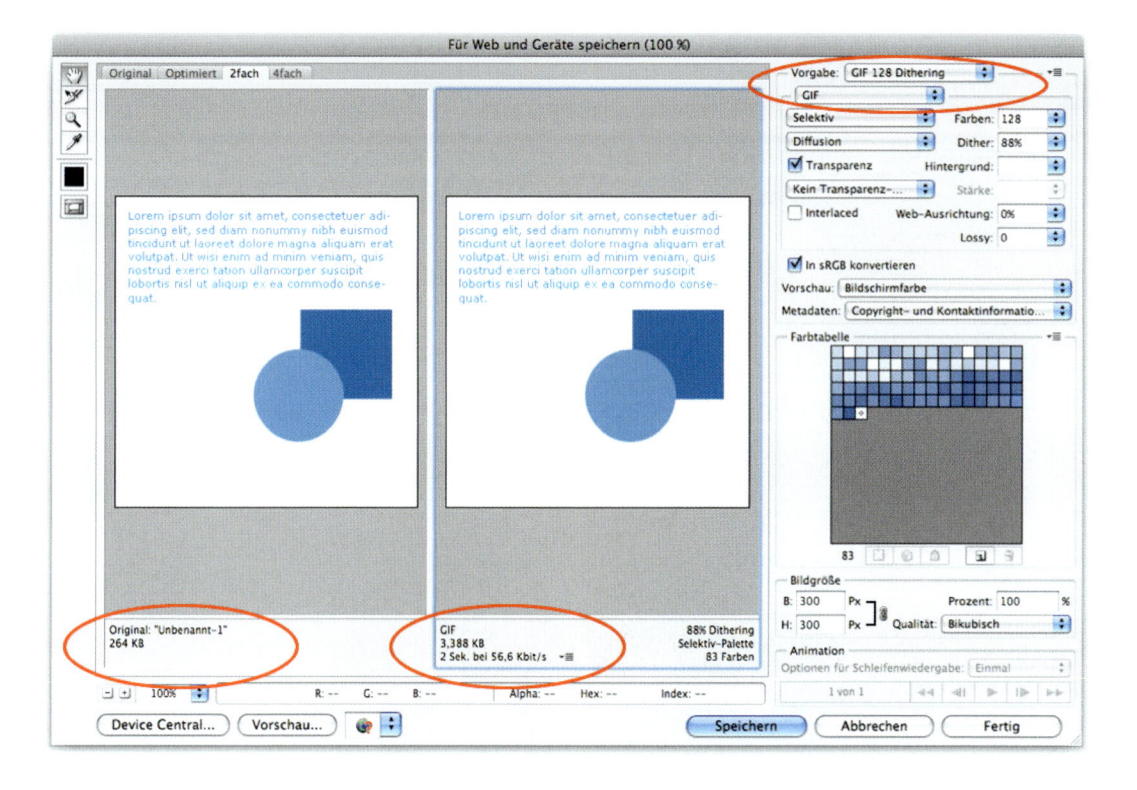

PSD – ideal für Projektsicherung

Das PSD-Format ist ein Photoshop-eigenes Format, das zum Speichern von Projekten am besten geeignet ist. Zwar kann man auch mit TIFF die Dateien mit Ebenen, Ebenengruppen, Einstellungsebenen und Masken speichern, aber wie bereits erwähnt wurde, werden die Ebenendateien in TIFF sehr groß. Deshalb hat sich das PSD-Format zum Standard für Projektdateien entwickelt und kann nicht nur in Photoshop, sondern auch in anderen Adobe-Anwendungen wie Illustrator und InDesign als Bestandteil eines Layouts integriert werden.

Wie TIFF ist PSD ein Format, in dem die Datei zwar mit eigener Komprimierung, aber absolut verlustfrei gespeichert werden kann.

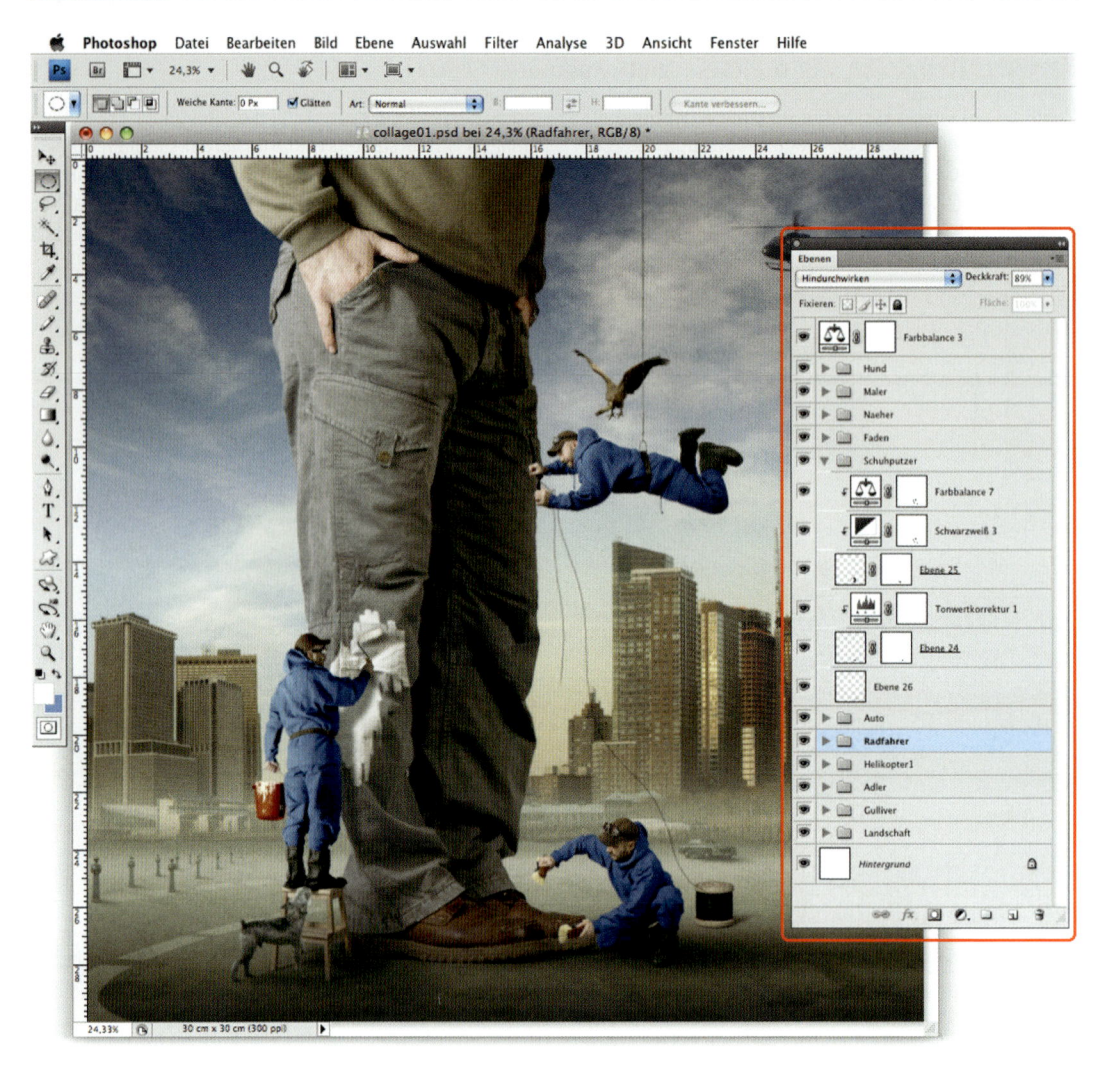

Speichern Sie eine Datei im Photoshop-Format PSD, wird die Option *Ebenen* standardmäßig aktiviert.

Beim Speichern verwenden Sie die Option *Photoshop* und nicht *Photoshop DCS*. Letzteres ist ein älteres Format, das nicht mehr benutzt wird und nur aus Kompatibilitätsgründen als eine Speicheroption vertreten ist.

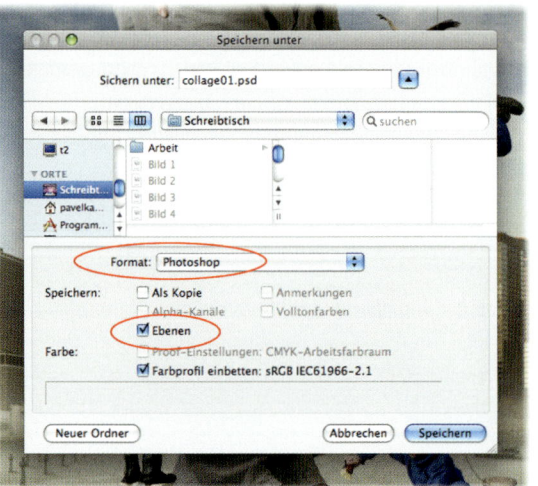

Umgang mit Dateien, die Vektorelemente enthalten

Wenn Sie an einem Logo oder an einer Illustration arbeiten, verwenden Sie in der Regel Werkzeuge, die vektorbasiert sind, wie das Zeichenstift-Werkzeug ([P]), Eigene-Form-Wekzeug oder Linienzeichnen-Werkzeug ([U]). Der Vorteil der vektorbasierten Daten ist das Fehlen der Größeneinschränkung. Das bedeutet, dass Sie die Datei beliebig skalieren können, ohne befürchten zu müssen, dass die Bildqualität darunter leidet. Die in Photoshop CS4 erstellten vektorbasierten Grafiken können Sie in Layoutprogramme wie InDesign oder QuarkXPress einbinden oder in einem Programm für Vektorgrafiken wie Adobe Illustrator oder Freehand weiterverarbeiten. Dafür sollte Ihr Projekt in dem Austauschformat EPS gespeichert werden.

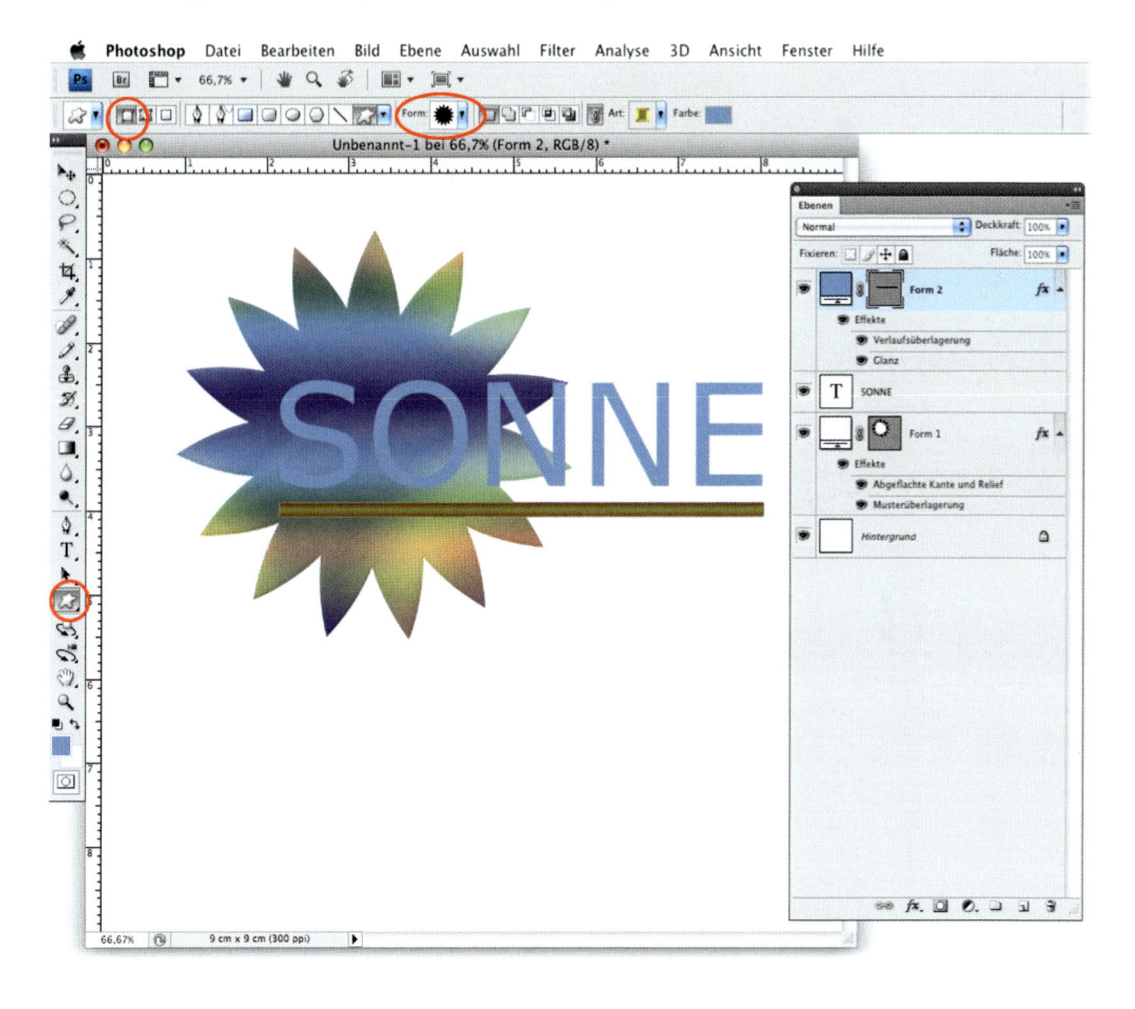

Wählen Sie *Datei/Speichern unter* und dann das Format *Photoshop EPS*. Vorsicht bei Texten: Um diese in Vektorform zu bringen, klicken Sie mit der rechten Maustaste auf die Textebene und wählen die Option *Arbeitspfad erstellen*. Zwar ist der Text dann in Adobe Illustrator nicht editierbar, er ist aber als Vektorebene in der Datei enthalten und kann verlustfrei skaliert werden.

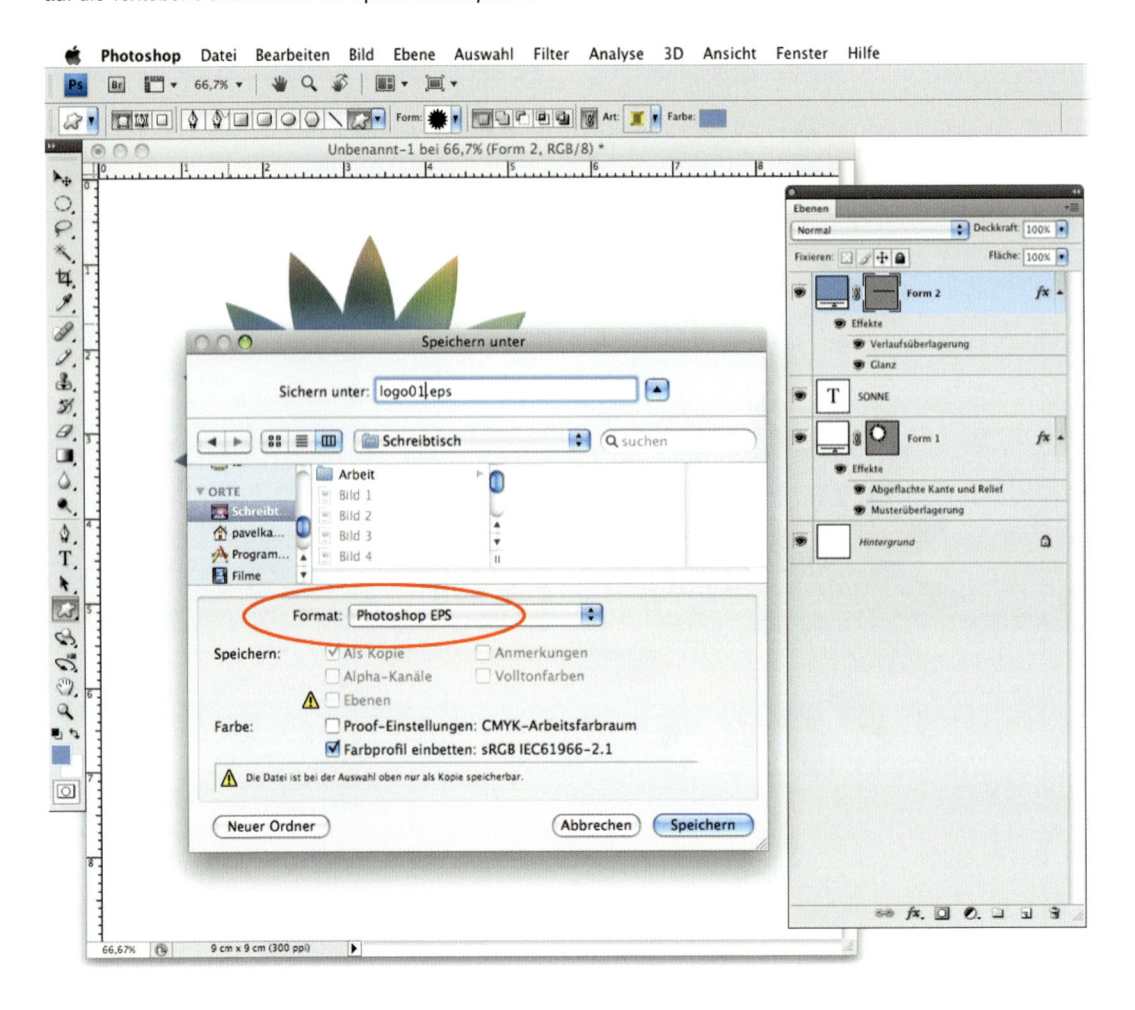

Im darauffolgenden Dialog sollte die Option *Mit Vektordaten* aktiviert werden. Die EPS-Datei speichern Sie nur für die Weiterverarbeitung in Illustrator oder Layoutprogrammen wie InDesign. Beim erneuten Öffnen in Photoshop werden Vektoren gerastert und in Pixelebenen umgewandelt. Speichern Sie deshalb Ihre Projektdatei zusätzlich im Format PSD, um diese ggf. in Photoshop weiter editieren zu können.

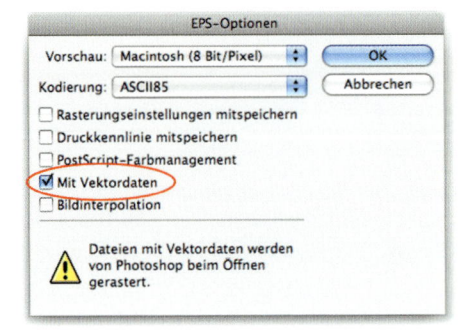

Öffnen Sie die EPS-Datei in Adobe Illustrator. In der *Ebenen*-Palette können Sie die Objekte sehen, die in Gruppen unterteilt sind. Die Pfade können für jedes Objekt bearbeitet werden. Sie können in Adobe Illustrator weitere Elemente erstellen und die Datei dann entweder im Illustrator-eigenen Format AI speichern oder beim EPS-Speicherformat bleiben. Die in Illustrator hinzugefügten Elemente können in Photoshop nicht mehr editiert werden, weil die Datei beim Öffnen die Vektorebenen in Pixelebenen rastert.

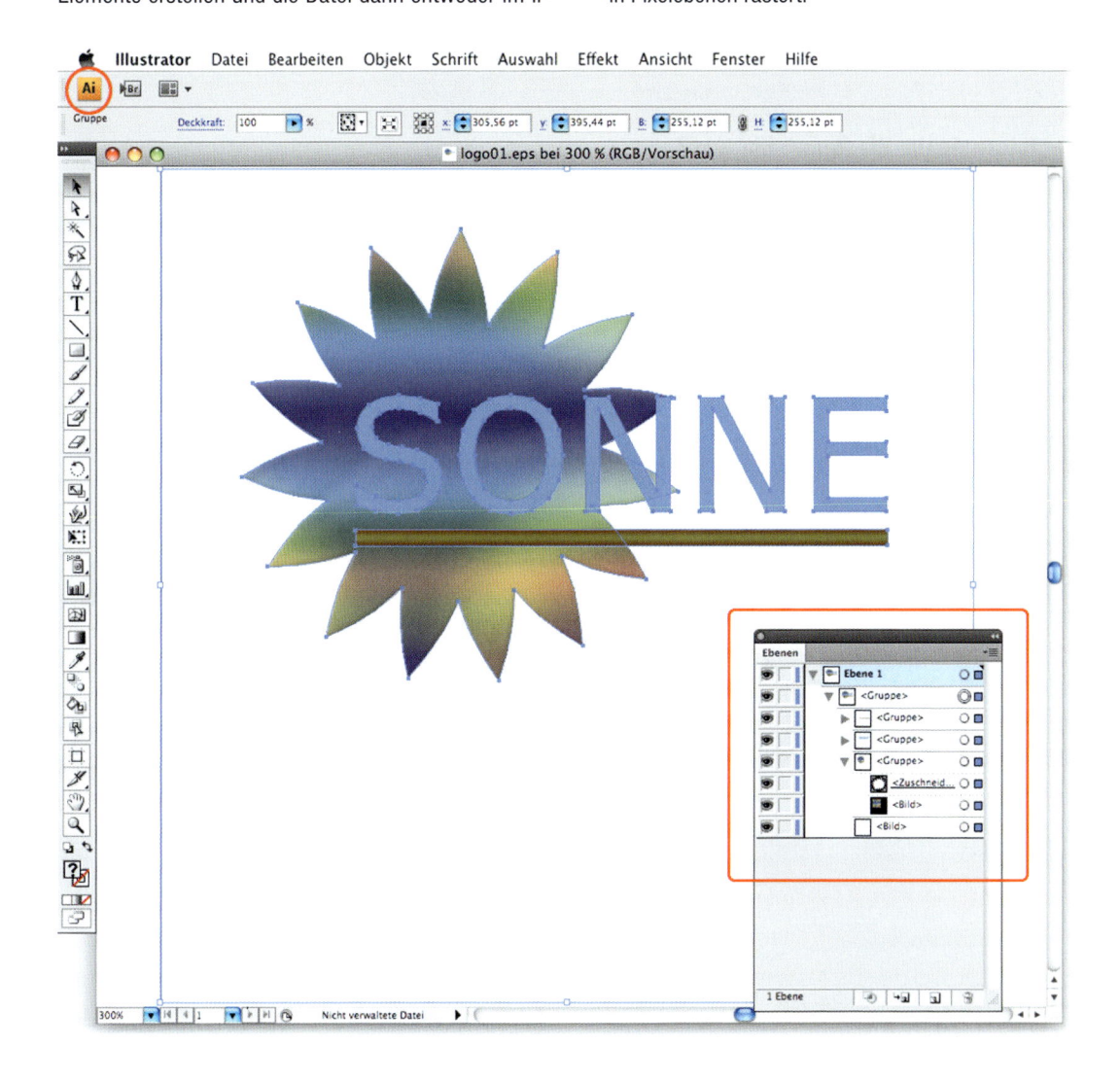

2.6 Schneller geht's nicht: praktische Tastaturbefehle

Auch wenn viele der Photoshop-Anwender sich anfangs etwas schwer mit den Tastaturbefehlen tun, kommen sie früher oder später doch zu der Erkenntnis, dass das Arbeiten mit Tastenkombinationen viel effektiver ist.

Tastaturbefehle: Wo finden Sie was?

Wenn Sie über die Tastaturbefehle noch nicht viel wissen, außer dass diese bei fast jedem Menüpunkt dabeistehen oder beim Halten der gedrückten Maustaste über einem bestimmten Werkzeug eingeblendet werden, können Sie die Photoshop-Hilfe in Anspruch nehmen.

Auf der Hilfe-Webseite finden Sie wirklich alle Tastaturbefehle, die es in Photoshop gibt, ganz egal welche Anwendungen Sie suchen. Wählen Sie *Hilfe/Photoshop-Hilfe* und dann *Tastaturbefehle*.

Natürlich müssen Sie nicht alle Tastaturbefehle auswendig lernen, den größten Teil davon werden Sie gar nicht brauchen.

Am wichtigsten sind die Tastaturkürzel zum Abrufen der Werkzeuge, einiger Korrekturen sowie einige Shortcuts für Masken, Ansichten und Ansichtswechsel. Eine Auswahl der Tastaturbefehle, die Sie täglich benötigen, finden Sie am Ende dieses Abschnitts.

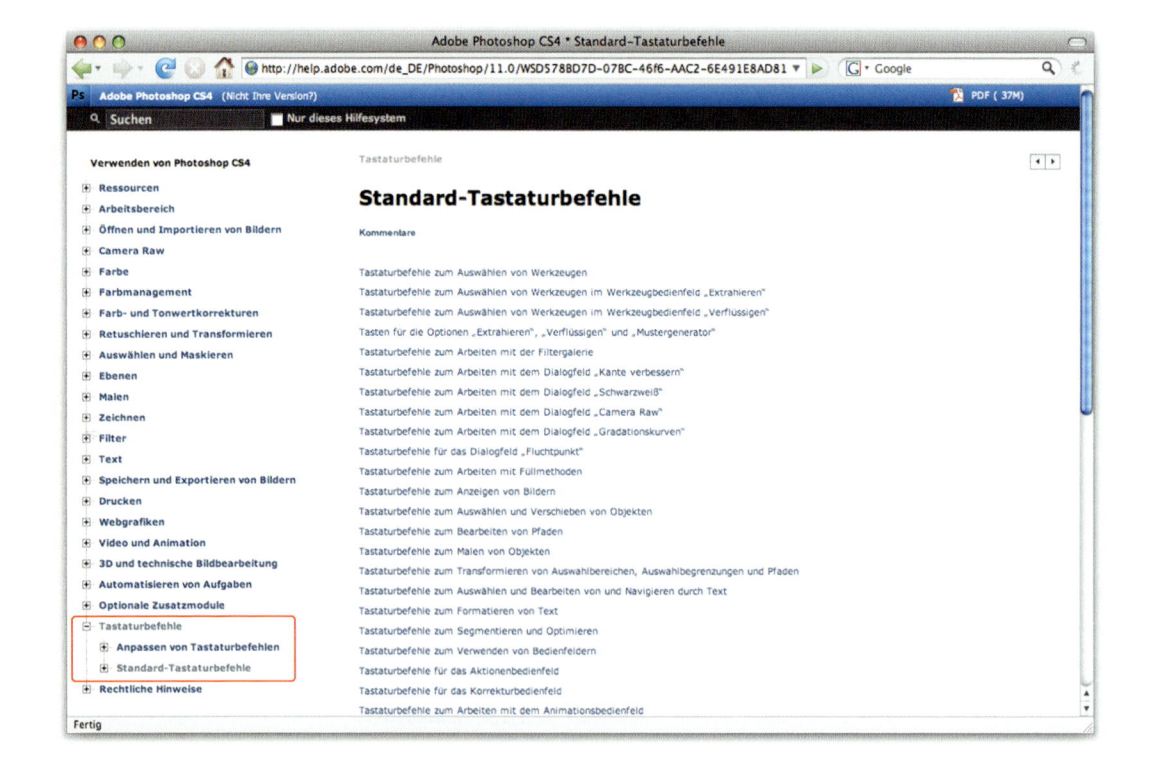

Die Tastaturbefehle sind schon optimal angeordnet, aber sie sind nicht fest programmiert und können Ihren Bedürfnissen angepasst werden.

Wählen Sie *Bearbeiten/Tastaturbefehle*. Im Register *Tastaturbefehle* finden Sie eine Übersicht über die Tastenkombinationen, zusammengefasst in dem Set *Photoshop-Standards*. Die Tastenkombinationen sind in einige Gruppen unterteilt, und zwar entsprechend den Menüeinträgen: *Photoshop* (Mac), *Datei*, *Bearbeiten*, *Bild*, *Ebene* etc.

Die Tastenkombinationen für Werkzeuge finden Sie, wenn Sie den Untereintrag *Werkzeuge* auswählen.

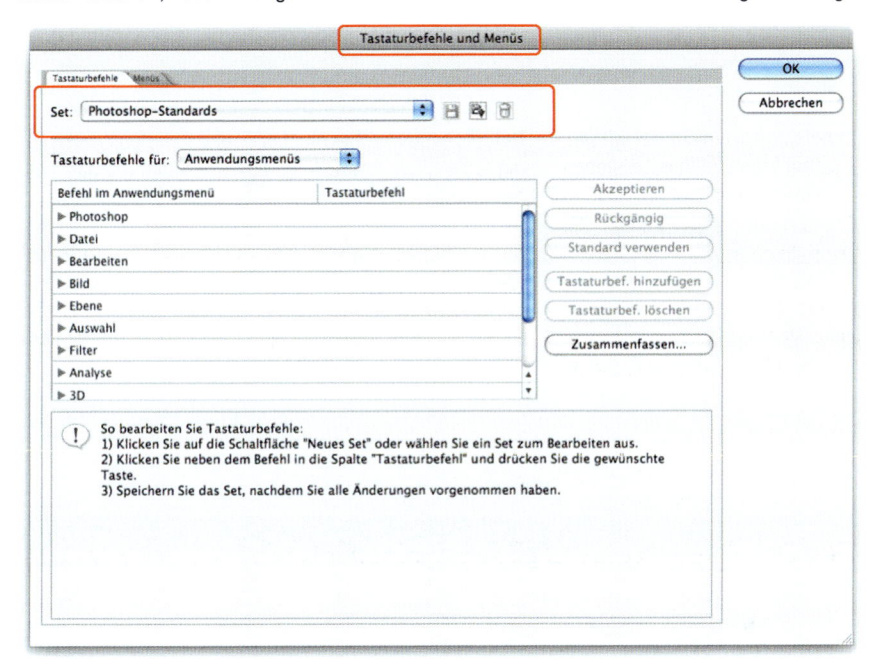

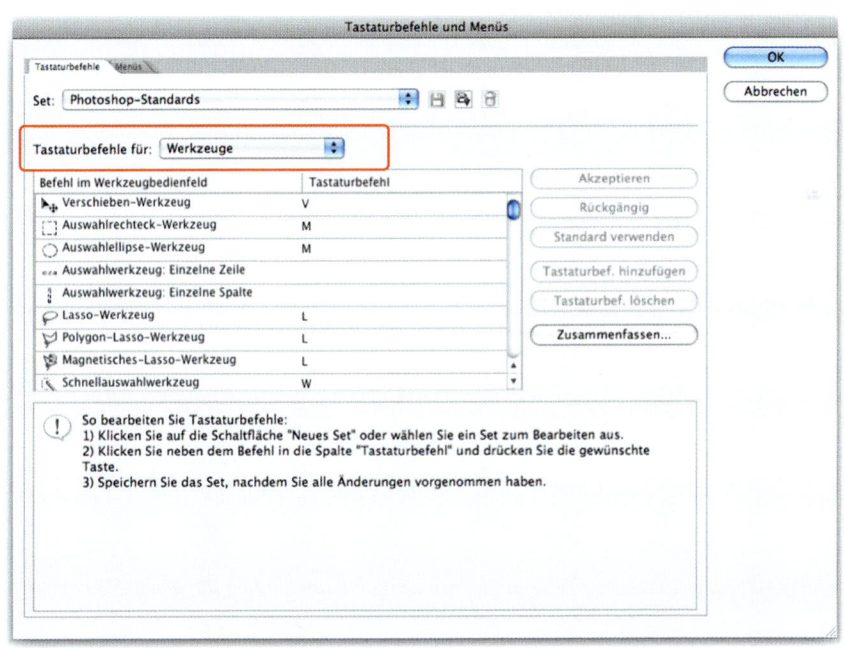

Wünschen Sie eine Änderung des Tastaturbefehls, klicken Sie auf den aktuellen Eintrag in der Spalte *Tastaturbefehl*, ändern den aktuellen Tastaturbefehl und klicken anschließend auf *Akzeptieren*. Der Tastaturbefehl ist somit gespeichert und kann verwendet werden.

Die geänderten Tastaturkürzel können Sie entweder im aktuellen Set (was nicht unbedingt zu empfehlen ist) oder als ein neues Set speichern. So können Sie zum Beispiel die individuellen Tastaturkürzel für bestimmte Projekte oder unterschiedliche Anwender als Sets anlegen.

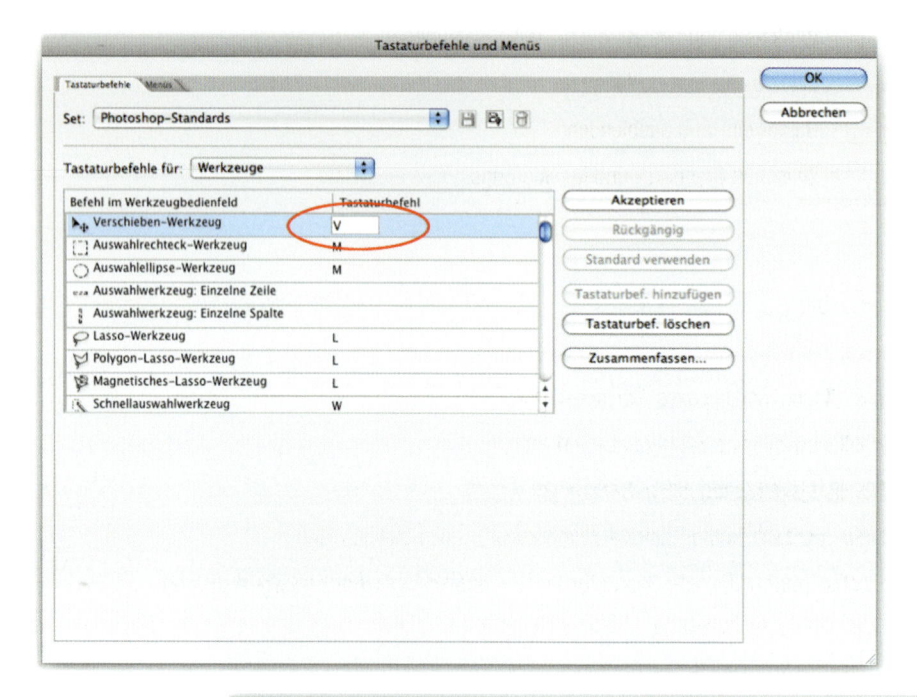

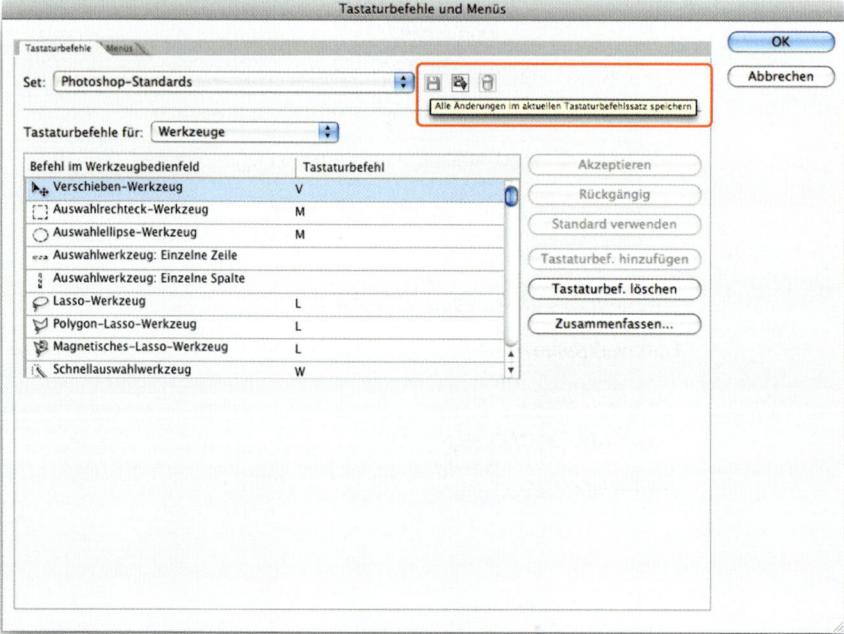

Tastaturbefehle, die Sie immer brauchen

Ansichten

F	Wechsel zwischen Fensteransicht, Vollbildmodus mit Menüleiste und Vollbildansicht
Tab	Werkzeuge und Paletten ein- und ausblenden
Strg+R	Lineale ein- und ausblenden
Strg+Umschalt+Alt+,	Raster ein- und ausblenden
Q	Zwischen Standard- und Maskierungsmodus wechseln

Werkzeuge

V	Verschieben
M	Auswahlrechteck, -ellipse, -zeile, -spalte
L	Lasso, Magnetisches Lasso, Polygon-Lasso
W	Schnellauswahl- und Zauberstab-Werkzeug
C	Freistellungswerkzeug, Slice-Werkzeuge
I	Pipette-, Farbaufnahme-, Lineal-, Anmerkung-, Zählungswerkzeug
J	Bereichsreparatur-Pinsel-, Reparatur-Pinsel-, Ausbessern-, Rote-Augen-Werkzeug
B	Pinsel-, Buntstift-, Farbe-ersetzen-Werkzeug
S	Kopierstempel-, Musterstempel-Werkzeug
Y	Protokoll-Pinsel, Kunstprotokoll-Pinsel
E	Radiergummi-, Hintergrund-Radiergummi-, Magischer-Radiergummi-Werkzeug
G	Verlaufswerkzeug, Füllwerkzeug
O	Abwedler-, Nachbelichter-, Schwamm-Werkzeug
P	Zeichenstift-, Freiform-Zeichenstift-Werkzeug
T	Textwerkzeuge
A	Pfadauswahl-, Direktauswahl-Werkzeug
U	Formwerkzeuge
H, Leertaste	Hand-Werkzeug
R	Ansicht-drehen-Werkzeug
Z	Zoom-Werkzeug

Schneller geht's nicht: praktische Tastaturbefehle

Datei

Strg+N	Neue Datei anlegen
Strg+O	Datei öffnen
Strg+W	Datei schließen
Strg+S	Speichern unter
Strg+Umschalt+Alt+S	Für Web und Geräte speichern
Strg+P	Drucken

Bearbeiten

Strg+C	Kopieren
Strg+V	Einfügen
Strg+A	Alles auswählen
Strg+T	Frei transformieren
Strg+Umschalt+Z	Schritt vor
Strg+Z	Schritt zurück
Strg+Alt+Z	Mehrere Schritte zurück

Ebene

Strg+Umschalt+N	Neue Ebene erstellen
Strg+J	Neue Ebene durch Kopie
Strg+Alt+G	Schnittmaske erstellen
Strg+G	Ebenen gruppieren
Strg+Umschalt+G	Ebenengruppierung aufheben
Strg+E	Auf eine Ebene reduzieren
Strg+Umschalt+Alt+E	Auf eine Ebene als Kopie zusammenfügen

2.7 Effektiver Workflow für unterschiedliche Ausgabemedien

Damit Sie das Bild optimal in verschiedenen Medien präsentieren können – egal ob das eine Zeitschrift, Fotoausstellung oder Ihre eigene Homepage ist –, sollten einige Schritte berücksichtigt werden, die eine Multifunktionalität des Bildes garantieren.

Eine Ebenenkopie erstellen

Wenn Sie beabsichtigen, an einem Foto mehrere Korrekturen durchzuführen, oder in das Bild Elemente aus anderen Fotos eingefügt werden (Collagen), ist es immer sinnvoll, eine Kopie der Originalebene anzulegen. So können Sie die Ergebnisse der einzelnen Schritte mit dem Originalzustand des Fotos vergleichen.

Ein Vergleich Vorher/Nachher lohnt sich immer. Dazu brauchen Sie nur bei gedrückter [Alt]-Taste auf das Augensymbol der Hintergrundebene zu klicken. So werden alle darüberliegenden Ebenen aus- und beim wiederholten Klicken wieder eingeblendet.

Einstellungsebenen verwenden

Damit die Korrekturen an dem Bild widerrufbar sind, verwenden Sie Einstellungsebenen.

Zwar können Sie die Anpassungen über *Bild/Korrekturen* machen, aber diese können Sie dann nicht mehr widerrufen, die Einstellungen verändern die Pixelstruktur des Bildes und können Qualitätseinbußen und die Verstärkung des Rauschens zur Folge haben.

Die Korrektureinstellungen finden Sie in der Palette *Korrekturen*, in der diese als gut nachvollziehbare Symbole zur Verfügung stehen.

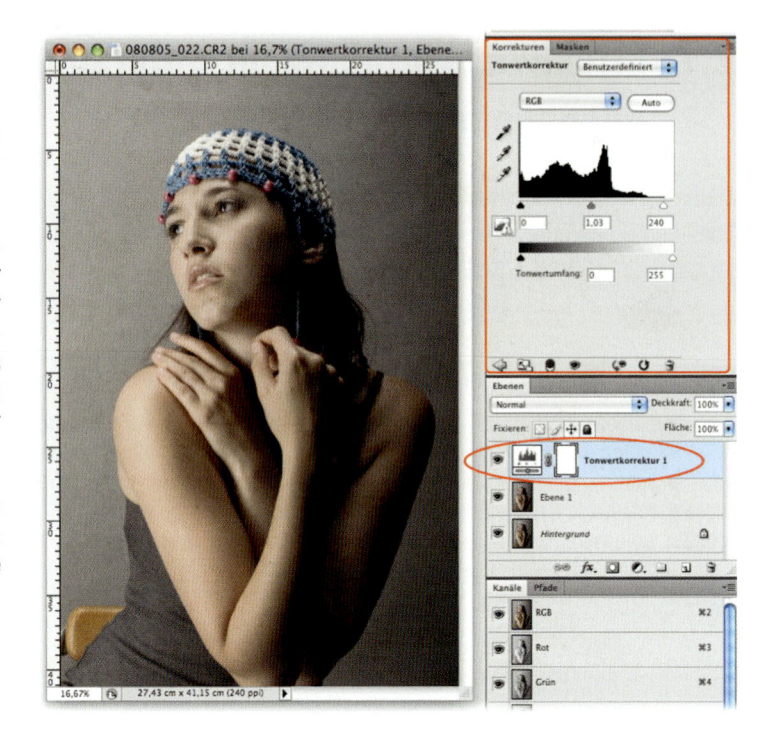

Selektive Korrekturen mit maskierten Einstellungsebenen

Selektive Korrekturen können Sie mithilfe der maskierten Einstellungsebenen durchführen. Am besten gehen Sie so vor: Erstellen Sie mit einem Auswahlwerkzeug, zum Beispiel mit dem Lasso ([L]), eine grobe Auswahl des zu korrigierenden Bereichs und klicken Sie dann in der *Korrekturen*-Palette auf die entsprechende Einstellungsebene.

Die Maske der gewählten Einstellungsebene übernimmt die Auswahl. Dabei wird alles, was außerhalb der Auswahl liegt, maskiert und nur im ausgewählten Bereich ist die Einstellungsebene wirksam.

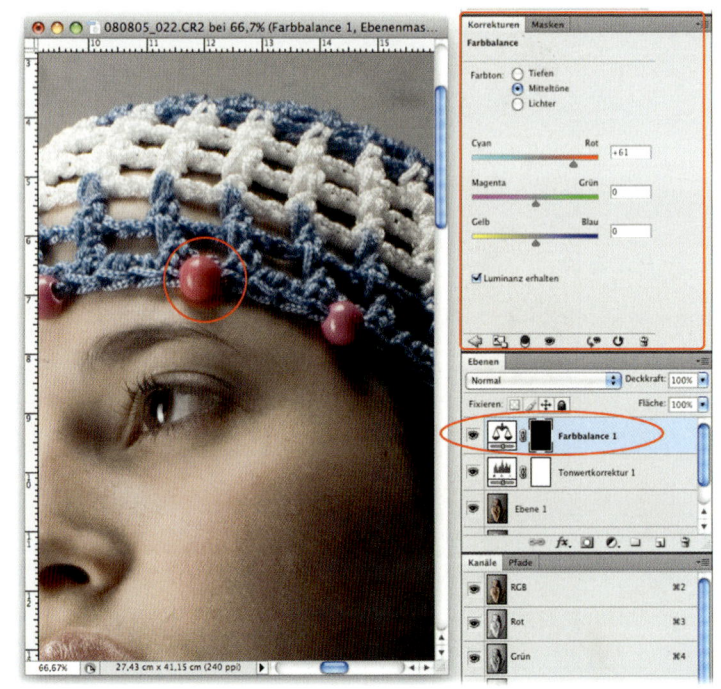

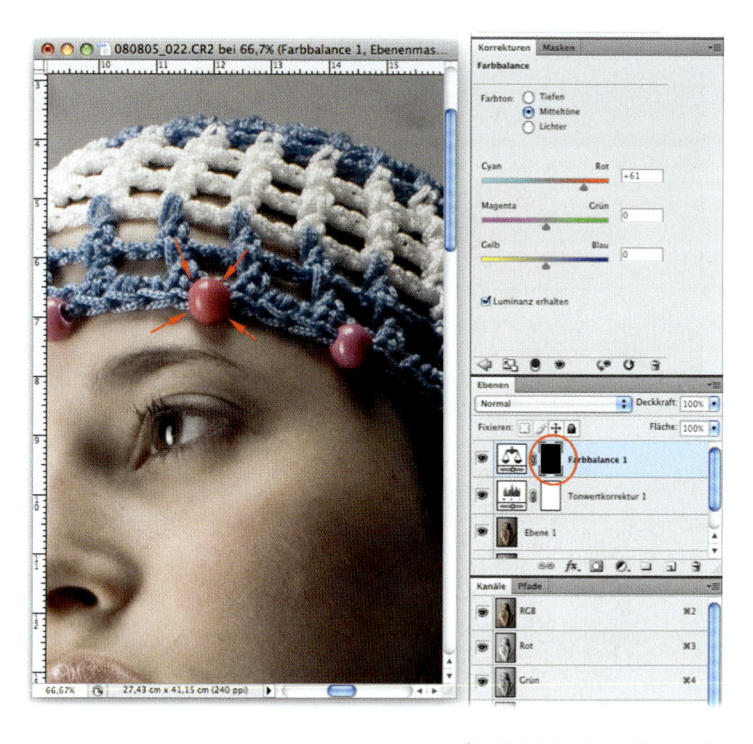

Effektiver Workflow für unterschiedliche Ausgabemedien

Nachdem Sie die selektiven Korrekturen der ausgewählten Bereiche durchgeführt haben, können Sie mit dem Pinsel-Werkzeug die Maske anpassen.

Mit schwarzer Vordergrundfarbe decken Sie die Bereiche ab, die von der Wirkung der Einstellungsebene ausgeschlossen werden sollen, und mit weißer Vordergrundfarbe können Sie den Bereich, den Sie vorher mit einem Auswahlwerkzeug grob angezeichnet haben, erweitern.

Zum Definieren der Farbe Schwarz und wie in dem Farbwähler können Sie die Taste [D] drücken.

Der schnelle Wechsel zwischen der Vordergrund- und Hintergrundfarbe geht mit der Taste [X].

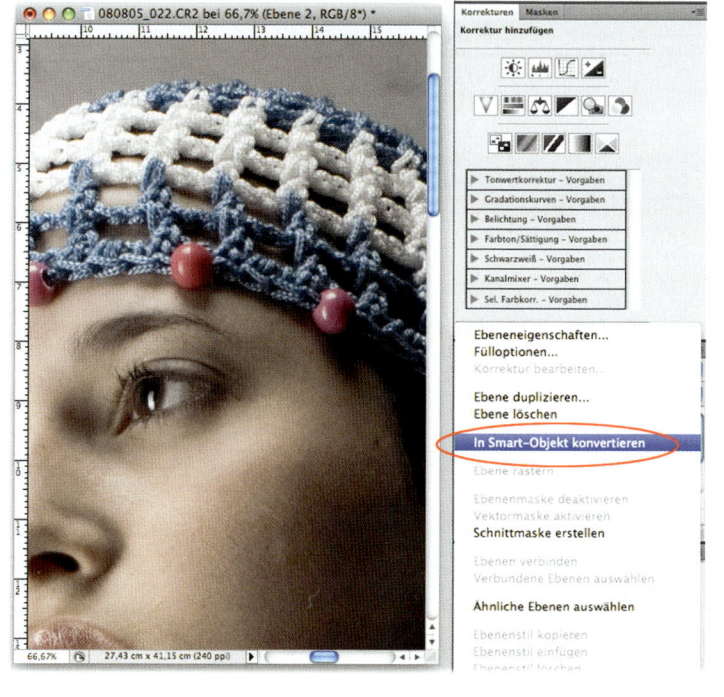

Nachschärfen für den Druck

Nachdem Sie alle Korrekturen an Tonwerten und Farben durchgeführt haben und keine weiteren Einstellungen vornehmen möchten, können Sie das Bild nachschärfen.

Das Nachschärfen erfolgt nur für ein Ausgabemedium, zum Beispiel für den Druck.

Wenn Sie das Bild im Internet veröffentlichen und für diesen Zweck nachschärfen möchten, lassen Sie diesen Schritt aus und beginnen bei dem Punkt „Nachschärfen fürs Web" weiter unten.

Mit [Strg]+[Umschalt]+[Alt]+[E] erstellen Sie eine Kopie von allen in der *Ebenen*-Palette enthaltenen Ebenen auf einer Ebene. Klicken Sie auf diese Ebene mit der rechten Maustaste und wählen Sie *In Smart-Objekt konvertieren*.

Smartfilter

Egal welchen Filter Sie jetzt zum Nachschärfen verwenden, wird dieser wie eine Einstellungsebene angewendet – die Rede ist vom Smartfilter. Sie können jederzeit die Einstellungen aufrufen und verändern.

Die Korrekturen wirken nicht destruktiv auf die Pixelstruktur des Bildes. In unserem Beispiel wird *Filter/Sonstige Filter/Hochpass* verwendet.

Im Dialog *Hochpass* stellen Sie den Radius so ein, dass die Konturen im Bild als helle Striche auf dem grauen Hintergrund sichtbar werden.

In der Regel ist eine Einstellung von *2,0* bis *3,0 Pixel* ausreichend. Bestätigen Sie die Eingabe mit *OK*.

Die Wirkung des Hochpass-Filters wird erst nach der Änderung der Ebenenfüllmethode sichtbar.

Wählen Sie *Ineinanderkopieren* für intensivere Schärfe und *Weiches Licht* für dezente Schärfe.

Projekt speichern

Ist das Bild fertig, können Sie dieses als Projekt im PSD-Format speichern. Wie bereits erwähnt wurde, bleiben beim PSD-Format alle Ebenen, Einstellungsebenen und Masken in der Ebenenstruktur erhalten und können beliebig editiert werden.

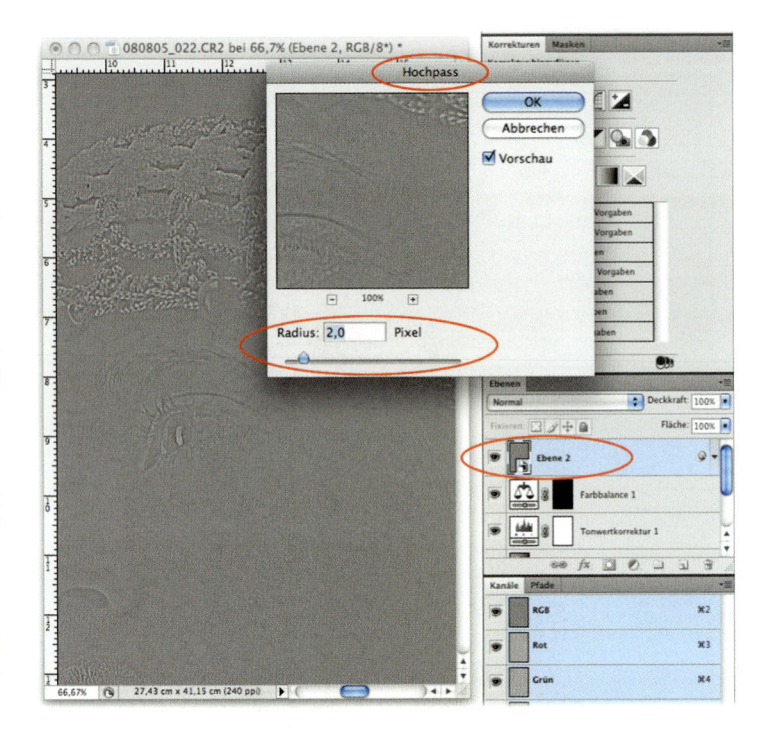

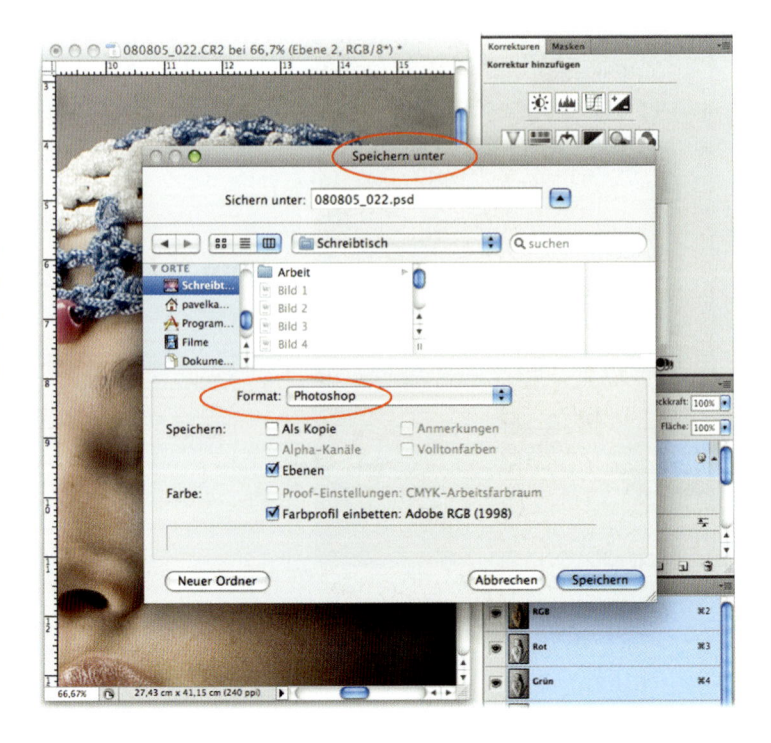

Dokument für weitere Ausgabegrößen kopieren

Das bearbeitete Bild können Sie für eine weitere Ausgabe, z. B. für die Veröffentlichung im Internet, kopieren.

Blenden Sie dazu die Nachschärfe-Ebene aus. Mit Strg+A wählen Sie die ganze Bildfläche aus. Kopieren Sie das Bild auf eine Ebene, reduziert mit Strg+Umschalt+C.

Mit Strg+N legen Sie eine neue Datei an, die so groß ist wie Ihr Bild.

Die Auflösung wird auch übernommen. Bestätigen Sie das Dialogfenster *Neu* mit *OK*. Die neue Datei wird angelegt.

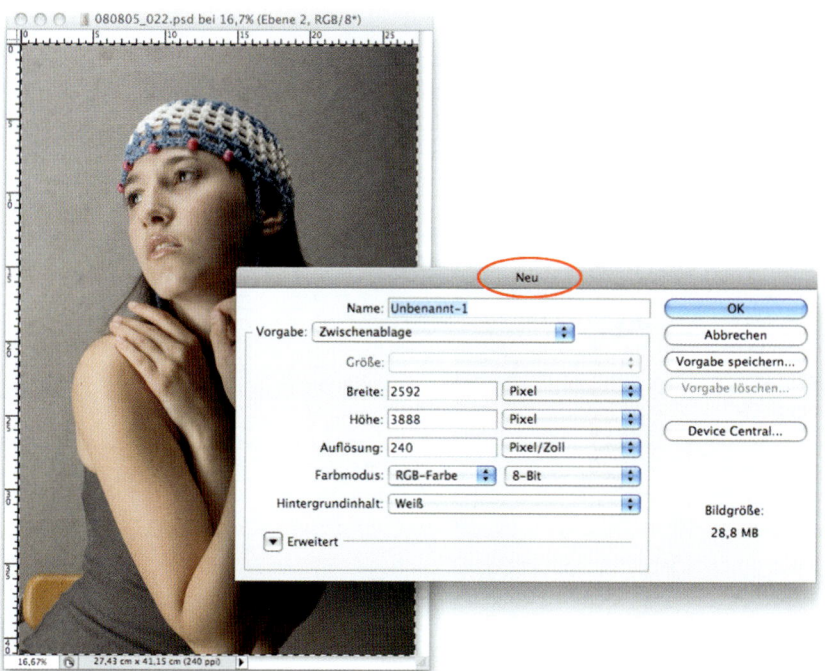

Mit Strg+V fügen Sie das auf eine Ebene kopierte Bild aus der Zwischenablage in die neue Arbeitsfläche.

Beide Bilder liegen jetzt übereinander und werden in der Registerkarte des Fensters angezeigt.

Das Bild liegt in der neuen Datei auf einer automatisch erzeugten neuen Ebene.

Die Größe des Bildes können Sie jetzt so einstellen, dass diese zum Präsentieren im Internet optimal ist.

Wählen Sie *Bild/Bildgröße*. Definieren Sie die Auflösung mit 72 Pixel/Zoll und die Größe des Bildes in Pixel. Es genügt, wenn Sie nur einen Wert angeben, zum Beispiel *Breit*e oder *Höhe*, der andere wird automatisch angepasst. Bestätigen Sie mit *OK*.

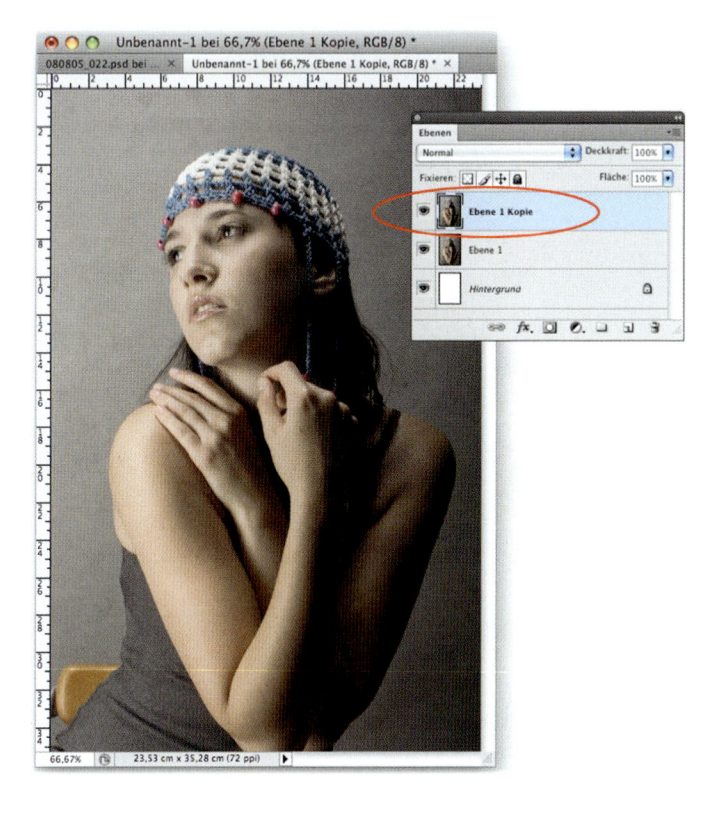

Nachschärfen fürs Web

Duplizieren Sie die Ebene mit dem Bild mit der Tastenkombination [Strg]+[J].

Verwenden Sie zum Nachschärfen der Bilder fürs Web am besten den Hochpass-Filter.

Wenn Sie den Radius zwischen 0,5 und 0,7 wählen, sind Sie immer auf der sicheren Seite.

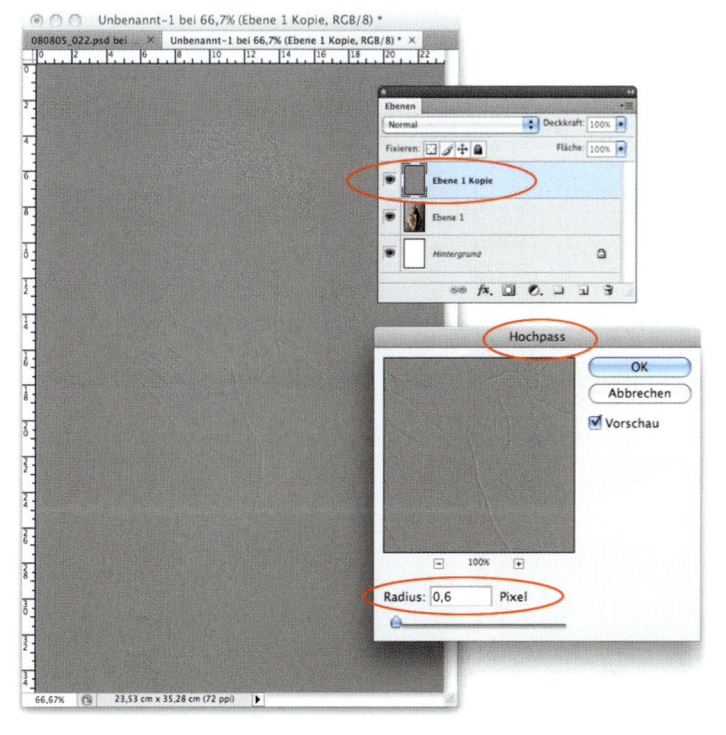

Da es bei der Bildergröße fürs Web um überschaubare Pixelmaße geht, können Sie sich auf diese Werte verlassen.

Die Ebenenfüllmethode kann beim Nachschärfen fürs Web bei *Ineinanderkopieren* bleiben.

Die Ebenenfüllmethode *Weiches Licht*, die für den Druck verwendet werden kann, würde beim Nachschärfen fürs Web zu schwach wirken.

Sollte das Nachschärfen mit der Ebenenfüllmethode *Ineinanderkopieren* doch zu schwach ausfallen, können Sie die Ebene mit dem Hochpass-Filter duplizieren.

Damit wird der Schärfegrad verdoppelt. Zum Feinjustieren können Sie die Deckkraft einer der Hochpass-Ebenen reduzieren.

Korrekturen mit Protokoll

Während der Arbeit können Sie so viele Schritte zurückgehen, wie Sie diese bei den Voreinstellungen im Bereich *Protokollobjekte* eingestellt haben.

Öffnen Sie dazu die *Protokoll-Palette* und gehen Sie die Schritte zurück von unten nach oben. Sie können die Schritte aus der *Protokoll-Palette* auch endgültig löschen, indem Sie sie in den Papierkorb ziehen.

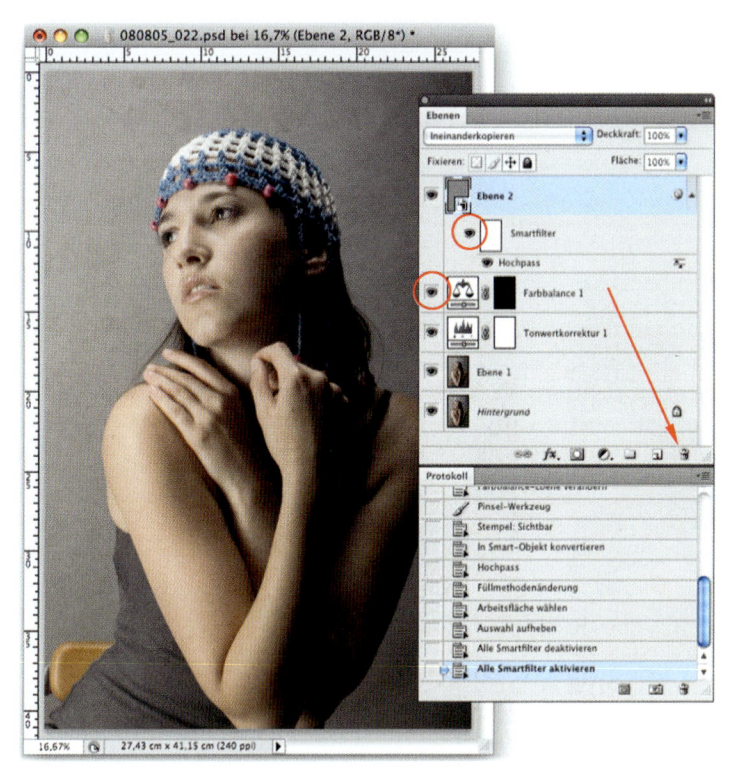

Korrekturen der Einstellungen

Wie am Anfang dieses Abschnitts erwähnt wurde, ist es sinnvoll, die Korrekturen mithilfe der Einstellungsebenen durchzuführen.

Erstens sind solche Korrekturen pixelschonend, weil sie sich in der Form von Einstellungsebenen im Schwebezustand befinden.

Zweitens können Sie die Angaben in den Einstellungsebenen jederzeit ändern.

Klicken Sie dazu auf eine der Einstellungsebenen und machen Sie neue Anpassungen in der entsprechenden Korrekturpalette.

Wird eine der Einstellungsebenen nicht mehr benötigt, kann diese in den Papierkorb bewegt werden.

Fotografie, Produktion: Kaplun & Kaplun GbR

2.8 Definitionen und Know-how

Pixel und Vektoren

Digitale Bilder unterscheiden sich in zwei Typen: pixel- und vektorbasiert. Hier sind die wichtigsten Merkmale:

Pixelgrafiken

Diese bestehen aus kleinsten Bestandteilen, den Pixeln. Die Sensoren der Digitalkameras nehmen die Bildinformationen auf, indem jeder Pixel des Sensorchips eine entsprechende Farbe aufnimmt.

Pixel werden auf einem Bildschirm wie Quadrate dargestellt, die erst bei starker Vergrößerung des Bildes sichtbar werden.

Je höher die Anzahl der Pixel auf dem Chip einer Digitalkamera ist, eine umso höhere Auflösung kann ein Bild erreichen und umso größere Ausdrucke in guter Qualität können erstellt werden.

Alle Fotos, egal ob diese mit einer Digitalkamera aufgenommen oder eingescannt wurden, sind Pixelgrafiken.

Vektorgrafiken

Bei den Vektorgrafiken sieht der Bildaufbau ganz anders aus. Diese Grafiken bestehen aus Punkt- und Linienvektoren, die entweder Linien oder Kurven sein können und so praktisch nur die Form beschreiben.

Die Form kann entweder mit einer Farbe oder mit einem Farbverlauf gefüllt werden.

Dabei handelt es sich allerdings nicht um eine Pixelfüllung. Ein Foto kann nicht als eine Vektorgrafik gespeichert werden.

Vektorbasierte Zeichnungen, die z. B. in Adobe Illustrator erstellt werden können, bestehen aus vielen Formen, die mit Vektoren beschrieben und mit Farben oder Farbverläufen gefüllt werden.

Vektorgrafiken können verlustfrei skaliert (vergrößert oder verkleinert) werden. Vektorgrafiken werden zum Erstellen der geometrischen Elemente einer Gestaltung (Logo) oder eines Textes verwendet.

Bildgröße

Öffnen Sie ein Bild und wählen Sie *Bild/Bildgröße*. Im Dialog *Bildgröße* sehen Sie zwei Bereiche: *Pixelmaße* und *Dokumentgröße*.

Der Bereich *Pixelmaße* definiert die Größe des Bildes, weil er die Breite und Höhe des Bildes in Pixel anzeigt – das ist die tatsächliche Bildgröße.

Der Bereich *Dokumentgröße* zeigt, wie groß das Bild bei einer bestimmten Auflösung ausgegeben werden kann (z. B. zum Drucken). Bei der Auflösung werden Pixel auf eine Fläche von 1 x 1 Zoll verteilt.

Je größer die Anzahl der Pixel pro Zoll ist, umso höher ist die Auflösung. Beim Ausdrucken der Bilder ist eine hohe Auflösung sehr wichtig. Für Fotoabzüge, Zeitschriften und Prospekte wird eine Auflösung ab 300 Pixel/Zoll verwendet.

Poster und Plakate können mit niedriger Auflösung, ca. 150 Pixel/Zoll, gedruckt werden.

Beim Erstellen einer Bilddatei, die ausgedruckt werden soll, wird das Bild umgerechnet. Wenn Sie ein Foto mit nur vorhandenen Pixeln ausdrucken möchten, deaktivieren Sie im Dialog *Bildgröße* die Option *Bild neu berechnen mit*.

So können Sie ausprobieren, welche Größe der Ausdruck bei 300 Pixel/Zoll einer Datei aus Ihrer Digitalkamera erreichen kann. Bei ca. 10 Megapixel ist die Größe des Ausdrucks etwa DIN A4.

Das bedeutet aber nicht, dass Sie keine größeren Ausdrucke machen können.

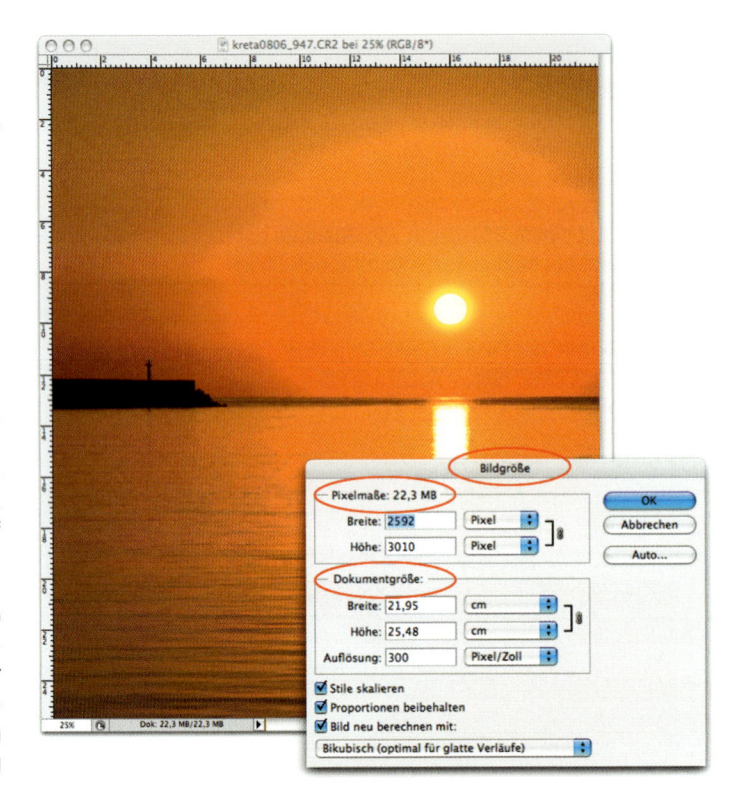

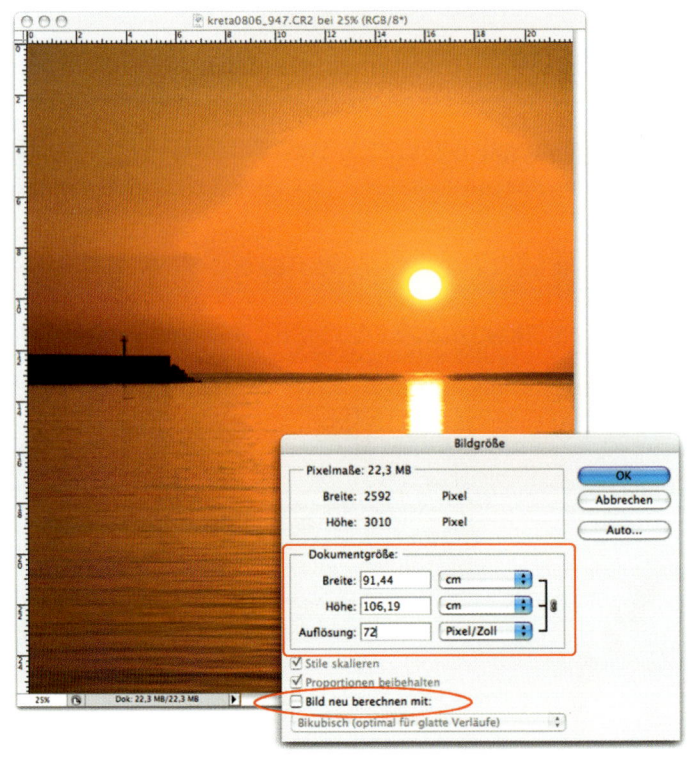

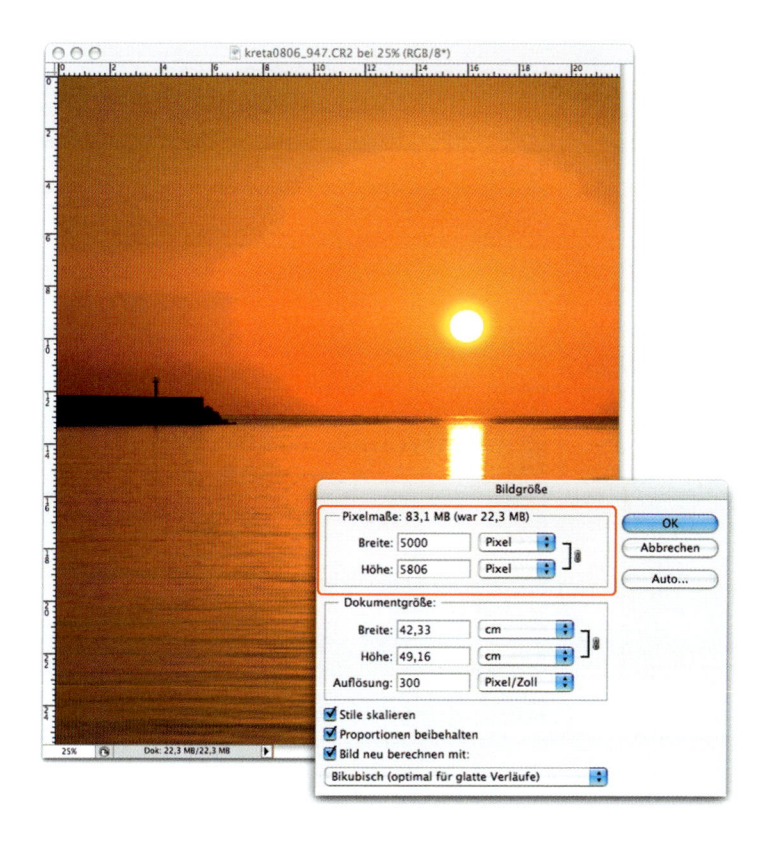

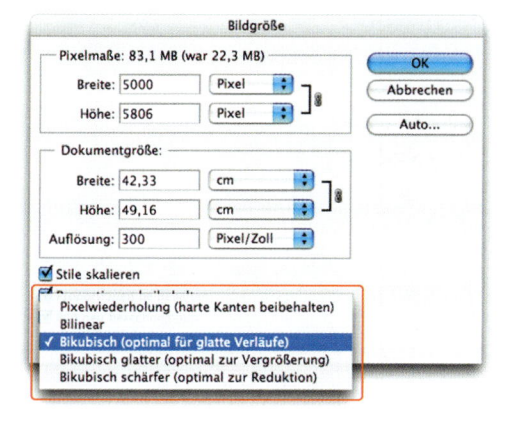

Das Bild kann interpoliert werden – die Pixel werden umverteilt, sodass ein größeres Bild bei der gewünschten Auflösung berechnet werden kann.

Die Interpolation führt zur Verringerung der Bildqualität, diese wird aber erst bei etwa vierfacher Vergrößerung leicht sichtbar.

Bildvergrößerung (Interpolation)

Wenn das Bild neu berechnet (vergrößert oder verkleinert) werden soll, aktivieren Sie im Dialog *Bildgröße* die Option *Bild neu berechnen mit*.

Wählen Sie die Option *Bikubisch glatter*, wenn Sie das Bild vergrößern wollen, und *Bikubisch schärfer* zum Verkleinern.

Geben Sie die gewünschten Maße (*Breite* oder *Höhe*, die Proportionen bleiben erhalten, solange Sie nicht das Kettensymbol deaktivieren) entweder im Bereich *Pixelmaße* in *Pixel* oder im Bereich *Dokumentgröße* z. B. in *mm* oder *cm* ein.

Bei der Neuberechnung des Bildes für unterschiedliche Projekte können folgende Auflösungen gewählt werden:

- 300–450 Pixel/Zoll für Bücher, Zeitschriften, Prospekte
- 250–300 Pixel/Zoll für Fotoabzüge in einem Fotolabor
- 150–200 Pixel/Zoll für großformatige Abzüge und Poster bis ca. 80 x 120 cm
- 100–150 Pixel/Zoll für Messestellwände, Displays
- 72–100 Pixel/Zoll für Textilbanner im Außenbereich, Lkw-Plane, Stadtwerbung

Bildtiefe

Die Bildtiefe ist die Anzahl der Bits pro Kanal und hat Einfluss auf die Farbabstufungen. Je höher die Bildtiefe ist, umso besser werden die Farbverläufe wiedergegeben und umso feinere Bildnuancen können dargestellt werden.

Adobe Photoshop CS4 kann die Bilddaten mit einer Bildtiefe (oder auch Farbtiefe genannt) bis zu 32 Bit verarbeiten. Allerdings ist die Funktionalität des Programms bei 32-Bit-Dateien stark eingeschränkt. Außerdem gibt es kaum noch Ein- oder Ausgabegeräte, die 32-Bit-Bilder verarbeiten können.

Verbreitete Werte bei der Bildtiefe sind 8 und 16 Bit. Wenn Sie Fotos im RAW-Format aufnehmen, können Sie im RAW-Konverter selbst entscheiden, welche Bildtiefe Sie einstellen. Bei JPEG-Aufnahmen sind nur 8 Bit möglich.

16-Bit-Bilder haben unumstritten eine bessere Darstellung, besonders wenn es um feine Farbabstufungen und Details geht. Leider hat der 16-Bit-Modus auch ein paar Nachteile. Besonders wenn Sie mit Fotomontagen arbeiten und Ihre Datei viele Ebenen und Einstellungsebenen enthält, kann diese sehr groß werden.

Wenn Sie ein Bild in der Größe 40 x 40 bei 300 Pixel/Zoll anlegen, kann die Dateigröße schnell die Marke von 1 GByte überschreiten. Bei solchen Größen braucht der Computer viel Arbeitsspeicher, und auch dann dauert es ziemlich lange, bis die Berechnung einiger Vorgänge abgeschlossen ist.

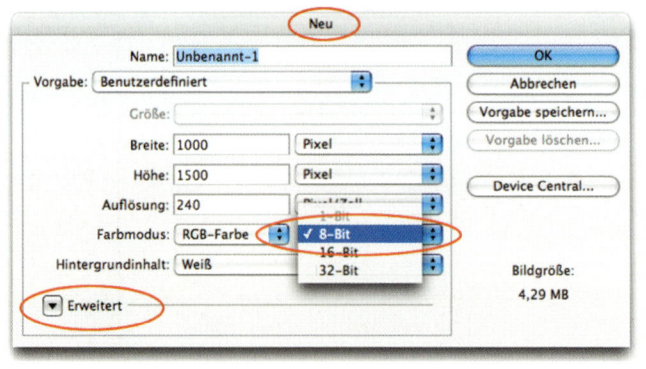

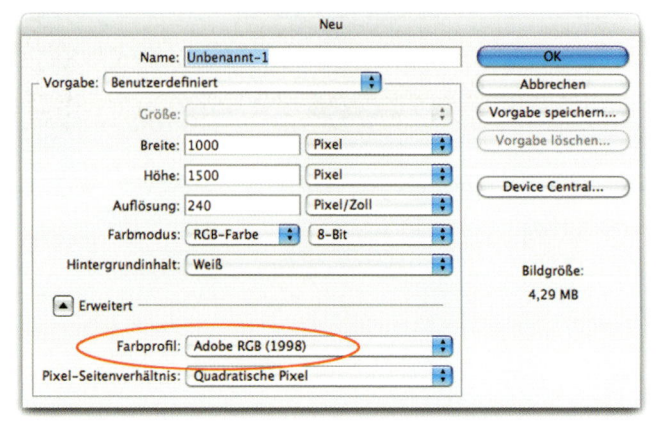

Wenn Sie nur einfache Korrekturen an einem Bild mithilfe von Einstellungsebenen vornehmen, gibt es bei 16-Bit-Bildern keine Speicherprobleme. Noch ein Nachteil bei 16-Bit-Dateien ist die Einschränkung einiger Funktionen. Filter wie Mal- und Zeichenfilter und Strukturierungsfilter können nicht eingesetzt werden.

Wenn Sie nicht genau wissen, ob Sie lieber den 8- oder den 16-Bit-Modus verwenden sollen, können Sie einer einfachen Regel folgen:

Verwenden Sie den 16-Bit-Modus, wenn Sie qualitativ hochwertige Aufnahmen für die Druckvorstufe vorbereiten wollen. Sie arbeiten nicht viel mit den Ebenen und benutzen nur für 16 Bit verfügbare Filter. Mit dem 8-Bit-Modus können Sie arbeiten, wenn Sie viel mit Ebenen, Ebenenfüllmethoden und Filtern arbeiten. Für die Druckvorstufe können Sie auch 8-Bit-Bilder gut verwenden. Es ist von Vorteil, wenn Sie den Farbraum Adobe RGB 1998 nutzen.

Wenn Sie eine neue Datei anlegen und dann die Fotos in die neue Arbeitsfläche verschieben, können Sie Einstellungen wie den Farbmodus, die Bildtiefe und das Farbprofil berücksichtigen. Zum Definieren des Farbprofils klicken Sie auf *Erweitert* und machen dann Ihre Eingaben.

Kapitel

3

Die Photoshop-Werkzeuge

Für effektives und schnelles Arbeiten sollten Sie die Werkzeuge und deren Funktionen gut kennen. Und nicht nur das. Jedes Photoshop-Werkzeug hat eigene Einstellungsoptionen und Funktionen, die nicht auf den ersten Blick sichtbar sind, sondern erst mit einer bestimmten Befehlstaste angezeigt werden. Auch die Tastaturkürzel für die Werkzeuge gehören zum Alltag eines Profis. Lernen Sie in diesem Kapitel, wie Sie die Werkzeuge schnell finden und effektiv einsetzen.

3.1 Das Verschieben-Werkzeug

Mit dem Verschieben-Werkzeug erteilen Sie dem Programm das Kommando, welche Ebene sich wohin bewegen soll. Das Werkzeug bietet Ihnen außerdem eine große Hilfe beim Auswählen, Gruppieren und Ausrichten der Ebenen.

Automatische oder manuelle Auswahl der Ebenen und Ebenengruppen

Das Verschieben-Werkzeug ([V]) finden Sie ganz oben in der Werkzeugpalette.

Wenn Sie eine Datei mit mehr als nur einer Hintergrundebene haben (wie in unserem Beispielbild), können Sie die obere Ebene mit dem Verschieben-Werkzeug ([V]) in der Arbeitsfläche und auch von der Arbeitsfläche einer Datei in die Arbeitsfläche einer anderen ziehen.

Standardmäßig soll zuerst die Ebene, die Sie bewegen wollen, in der *Ebenen*-Palette angeklickt werden, erst dann können Sie diese mit dem Verschieben-Werkzeug ([V]) umplatzieren.

Wenn Sie aber die Option *Automatisch auswählen* aktivieren – diese kann entweder für einzelne Ebenen oder für Ebenengruppen aktiviert werden –, brauchen Sie nur auf ein Bildelement mit dem Verschieben-Werkzeug in der Arbeitsfläche zu klicken und die entsprechende Ebene/Ebenengruppe wird in der *Ebenen*-Palette automatisch ausgewählt und kann verschoben werden.

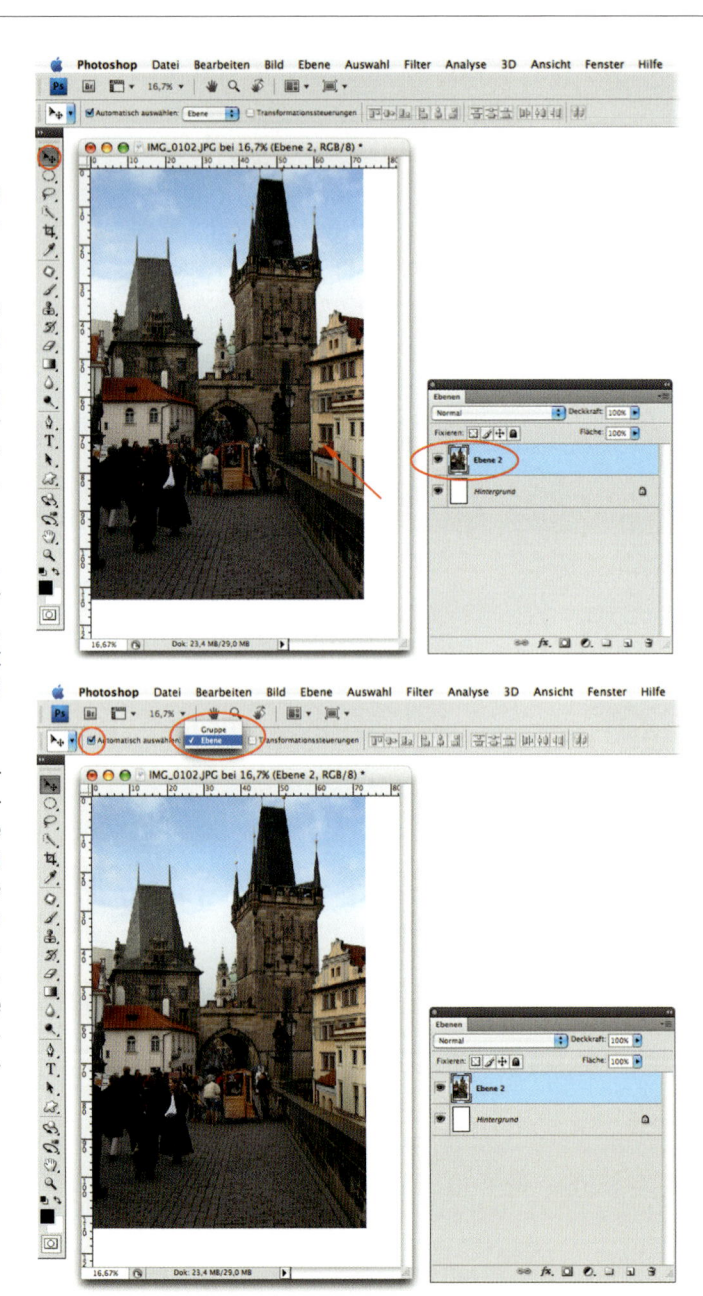

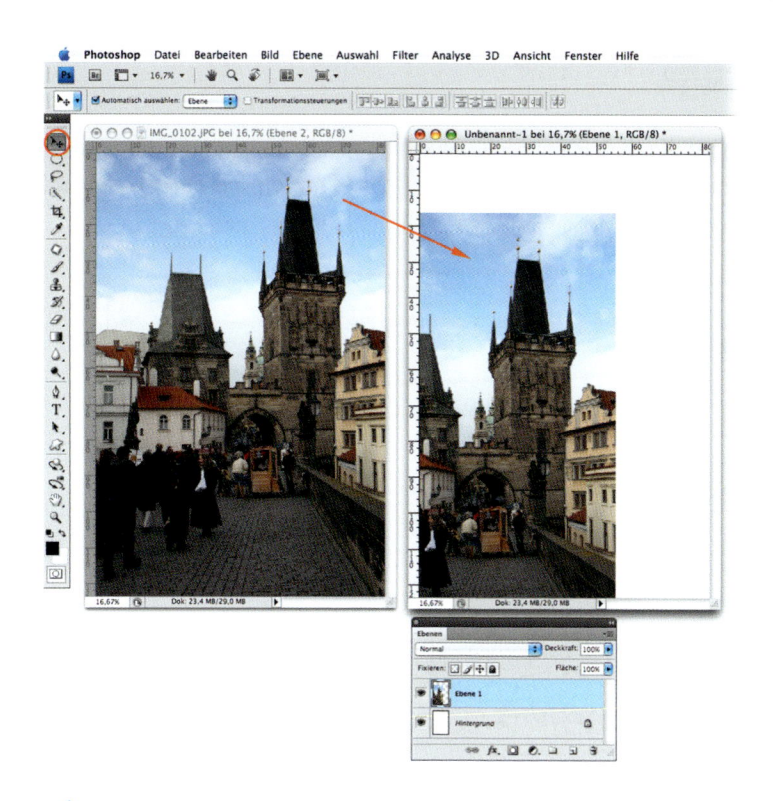

Versteckte Funktionen: das Verschieben-Werkzeug im Team mit den Tastenkombinationen

Wenn Sie die Ebene oder Ebenengruppe aus einer Arbeitsfläche in eine andere verschieben (das geht nur, wenn die Fenster der Bilder nebeneinanderliegen), landet die verschobene Ebene im neuen Bild dort, wo Sie den Mauszeiger loslassen.

Halten Sie beim Verschieben die (Umschalt)-Taste gedrückt, landet die Ebene genau in der Mitte der Arbeitsfläche. Das Ausrichten können Sie sich damit sparen.

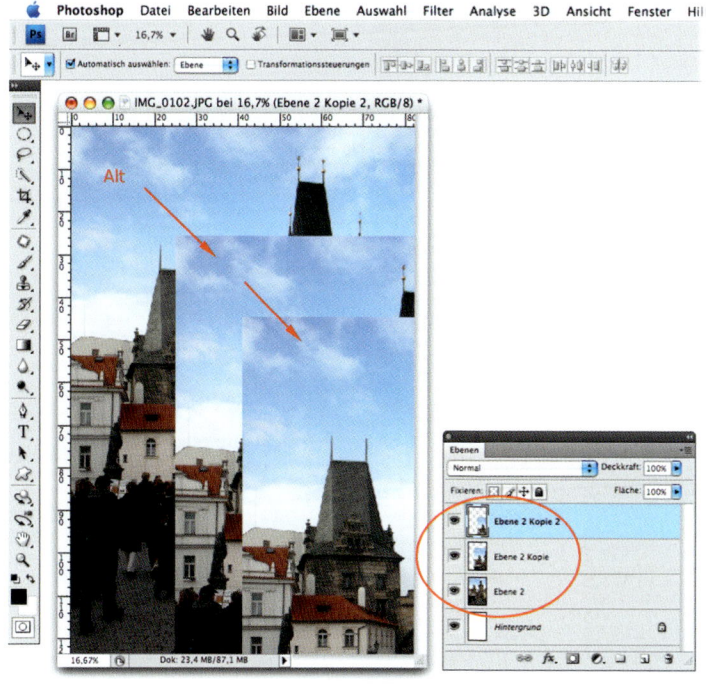

Eine andere versteckte Funktion hilft Ihnen, die Ebenen zu klonen. Ziehen Sie eine Ebene bei gedrückter (Alt)-Taste und lassen Sie sie an geeigneter Stelle fallen.

Eine Kopie der Ebene wird erstellt und kann gleichzeitig verschoben werden. So können Sie die Ebenen zuerst vervielfältigen und dann mithilfe der Ausrichten-Werkzeuge in der Arbeitsfläche verteilen.

3.2 Auswahlwerkzeuge

Mit den Auswahlwerkzeugen können Sie einen bestimmten Bereich des Bildes separieren, um z. B. eine Kopie der Ebene zu erstellen oder diesen Bereich mit einer Farbe zu füllen. Die Auswahlwerkzeuge und deren Optionen sind von den einfachsten bis zu den komplizierten Formen für alles gerüstet.

Rechteck, Ellipse und Zeile: die Übersicht

Gleich unter dem Verschieben-Werkzeug ([V]) befindet sich eine ganze Gruppe von Werkzeugen: Auswahlrechteck, Auswahlellipse und Auswahlwerkzeuge für Zeilen und Spalten.

Die ersten sind den meisten Nutzern bereits bekannt, die Auswahlwerkzeuge *Einzelne Zeile* und *Einzelne Spalte* werden seltener benutzt.

Diese machen immer eine Auswahl von 1 Pixel Stärke und können horizontal (*Einzelne Zeile*) oder vertikal (*Einzelne Spalte*) erstellt werden.

Für die Gestaltung der Homepages können Sie diese Werkzeuge zum Konstruieren des Layouts benutzen (alternativ zum Buntstift-Werkzeug).

Quadrate und Kreise

Sollen statt Rechtecken oder Ellipsen die Sonderformen Quadrat oder Kreis gezeichnet werden, genügt beim Aufziehen das Halten der [Umschalt]-Taste.

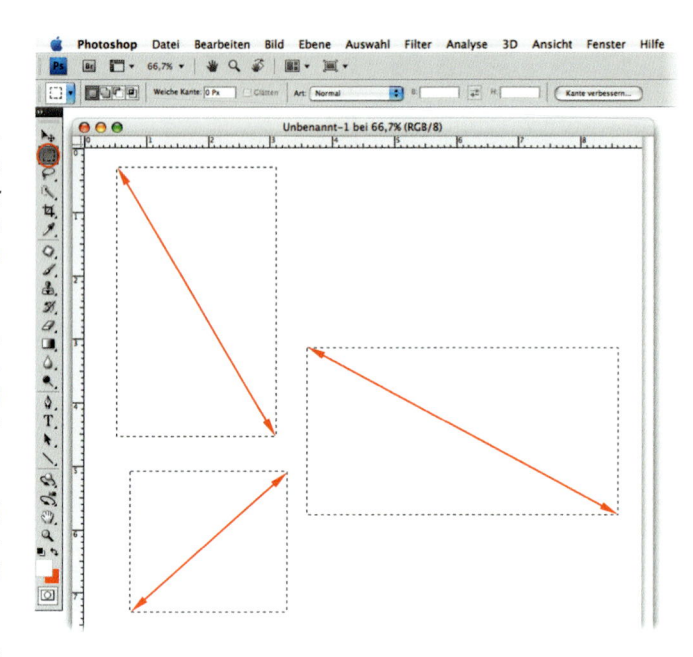

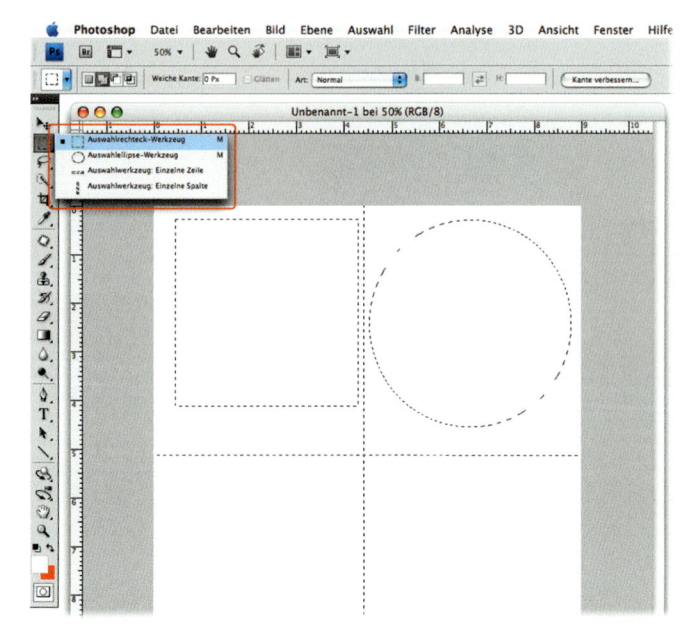

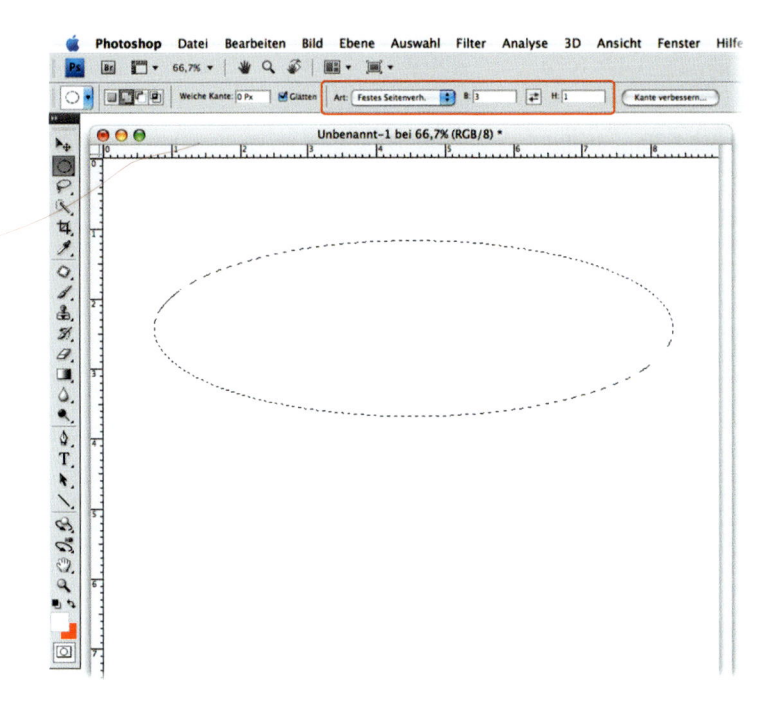

Feste Seitenverhältnisse definieren, bestimmte Größe der Auswahl erreichen

Wenn Sie vorhaben, eine Auswahl mit bestimmten festen Seitenverhältnissen außer 1:1 zu erstellen, haben Sie die Möglichkeit, in der Optionsleiste genaue Seitenverhältnisse zu definieren.

Wählen Sie bei der Option *Art* den Eintrag *Festes Seitenverh.* und geben Sie in den Feldern für Breite und Höhe entsprechende Zahlen ein, z. B. 2 und 3 oder 3 und 5. Sie können auch Zahlen mit einem Komma benutzen.

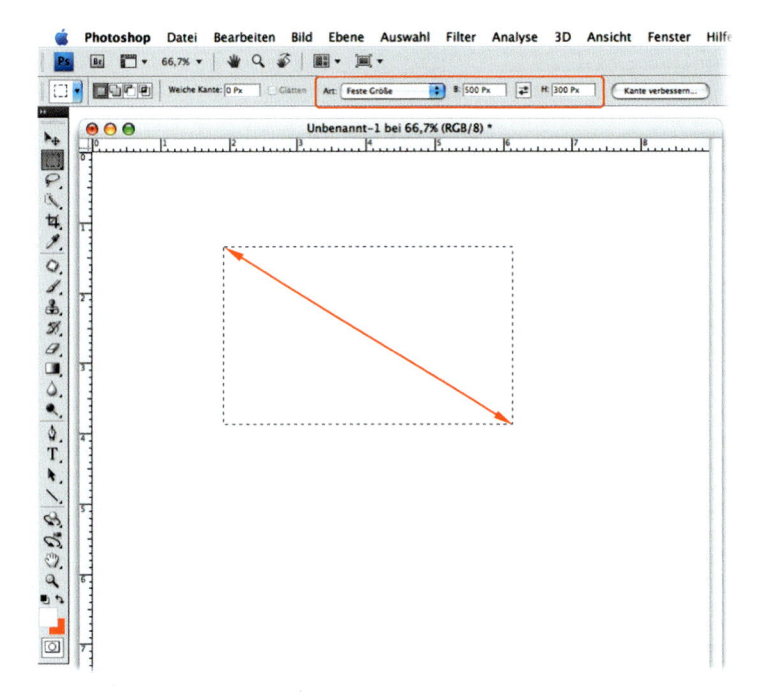

Nicht nur Seitenverhältnisse wie 2:3 oder ähnlich sind möglich. Sie können die Auswahl in Pixel oder Zentimetern eingeben, zum Beispiel 500 zu 300 Pixel.

Schreiben Sie in jedem Feld nach der Zahl die Maßeinheiten wie Px oder mm, cm oder Zoll. Die Auswahl wird dann exakt in dieser Größe erstellt.

Das ist sehr praktisch, wenn Sie eine Gestaltung aus mehreren Bildern machen und jedes Bild eine bestimmte Größe haben soll. Die Anpassungsarbeit wird dabei völlig überflüssig.

Mehr oder weniger?
Der Auswahl hinzufügen, von der Auswahl abziehen & Co.

In der Optionsleiste finden Sie die Einstellungen, mit denen Sie eine Auswahl um einen weiteren Bereich erweitern oder eine Fläche von der Auswahl abziehen können.

Mit den vier Symbolen stehen Ihnen folgende Kombinationen zur Verfügung: *Auswahl*, *Auswahl erweitern*, *Von der Auswahl subtrahieren*, *Schnittmenge mit der Auswahl bilden*.

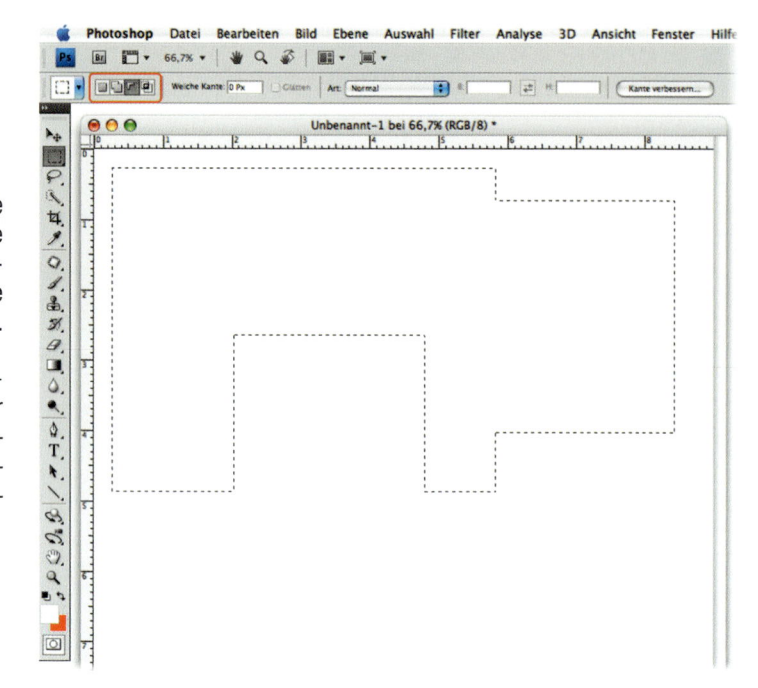

Weiche Kante benutzen

Verwenden Sie die Einstellung *Weiche Auswahlkante*, wenn die Fläche, die Sie erstellen wollen, nicht pixelgenau (scharf) abgegrenzt werden soll, sondern die Kanten mit weichen Verläufen ausgestattet werden sollen.

Die Option *Weiche Kante* können Sie entweder gleich beim Benutzen eines der Auswahlwerkzeuge im entsprechenden Fenster eingeben oder Sie definieren diese später.

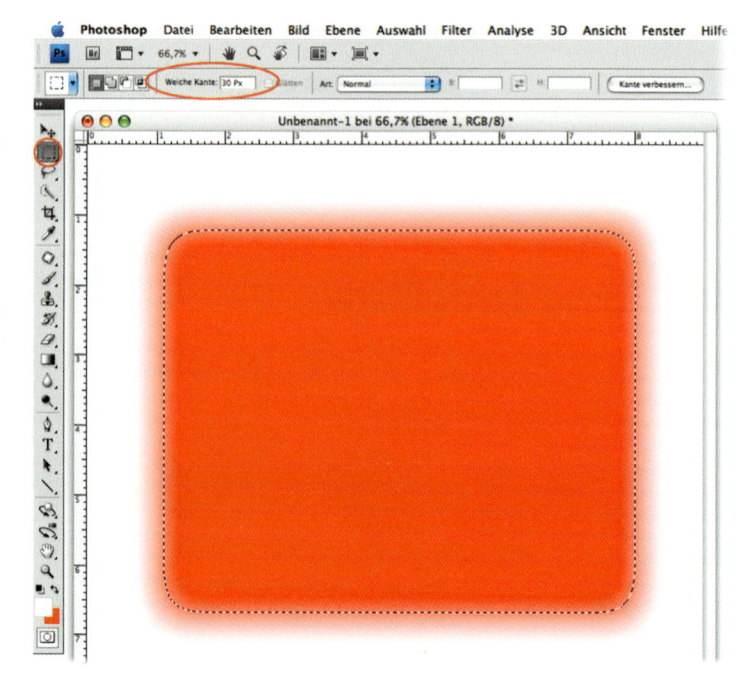

Auswahlwerkzeuge

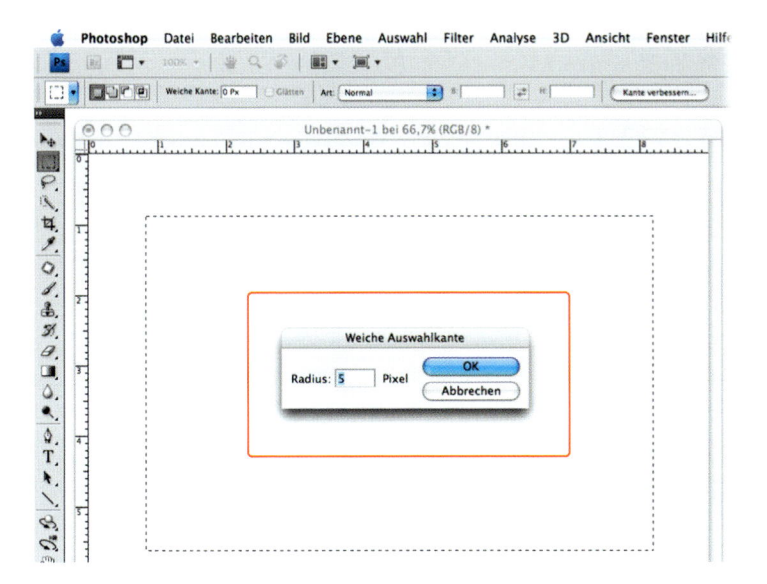

Wenn die Auswahl bereits mit einer scharfen Kante erstellt wurde, wählen Sie zum nachträglichen Verändern der Kante *Auswahl/Auswahl verändern/Weiche Kante* oder benutzen Sie die Tastenkombination ⌃Strg+⌥Alt+D.

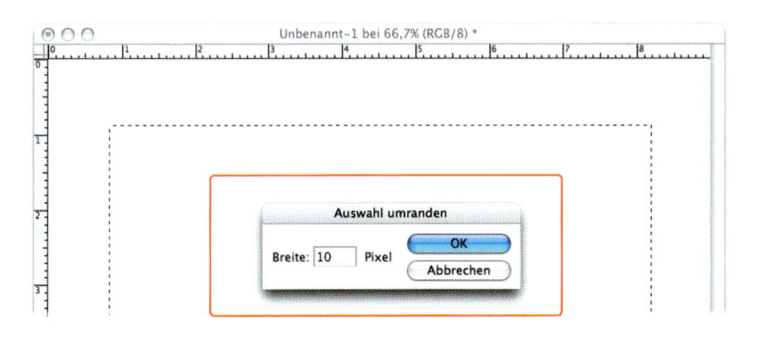

Auswahl umranden

Diese Funktion ist in Photoshop neu und bietet Ihnen die Möglichkeit, die Auswahl mit einem vordefinierten Rand zu versehen.

Wählen Sie *Auswahl/Auswahl verändern/Rand* und definieren Sie im entsprechenden Dialog die Stärke des Randes in Pixel.

Füllen Sie die geänderte Auswahl mit einer Farbe, bekommen Sie einen Rahmen um Ihre Fläche, der abgerundete Kanten hat – für die eine oder andere Aufgabe bei der Gestaltung eine durchaus sinnvolle Funktion.

Die Photoshop-Werkzeuge   KAPITEL 3   77

Auswahlwerkzeuge

Außer *Weiche Kante* und *Rand* stehen Ihnen im Menü *Auswahl* über den Befehl *Auswahl verändern* auch die Optionen *Erweitern* und *Verkleinern* zur Verfügung.

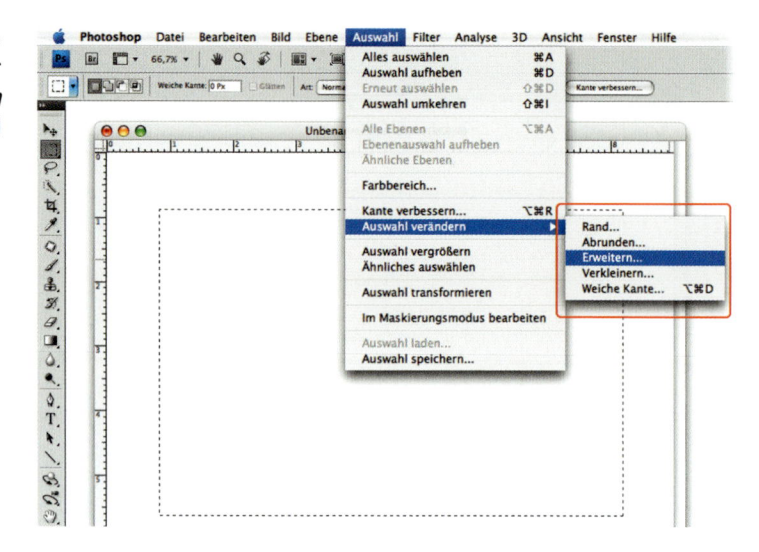

Die Auswahl transformieren

Eine sehr nützliche Funktion ist *Auswahl transformieren*. Wählen Sie dazu den Befehl *Auswahl/Auswahl transformieren* und verändern Sie die Größe des ausgewählten Bereichs freihand.

Sie können den Transformationsrahmen rund um die Auswahl entweder an den Eckanfassern oder an den Anfassern an den Kanten verformen.

Halten Sie die Umschalt-Taste gedrückt und benutzen Sie die Eckanfasser, wenn Sie die Auswahl mit den beibehaltenen Proportionen verändern möchten.

Wenn Sie an einem der Eckanfasser den Mauszeiger außerhalb des Anfassers halten, erscheint ein Drehsymbol.

So kann der ausgewählte Bereich gedreht werden. Halten Sie beim Drehen die Umschalt-Taste gedrückt, wird die Auswahl in 45°-Schritten gedreht.

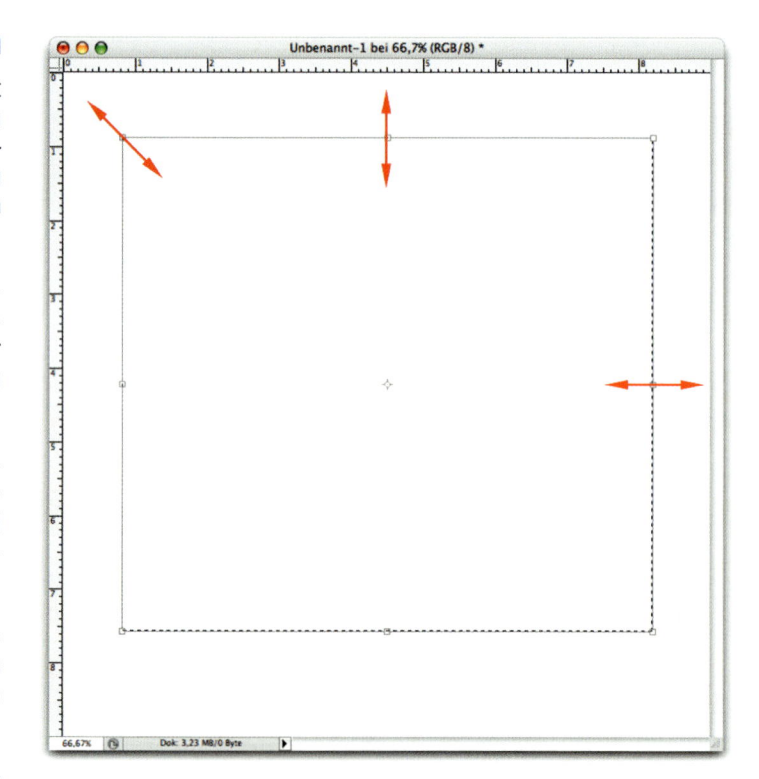

KAPITEL 3   Die Photoshop-Werkzeuge

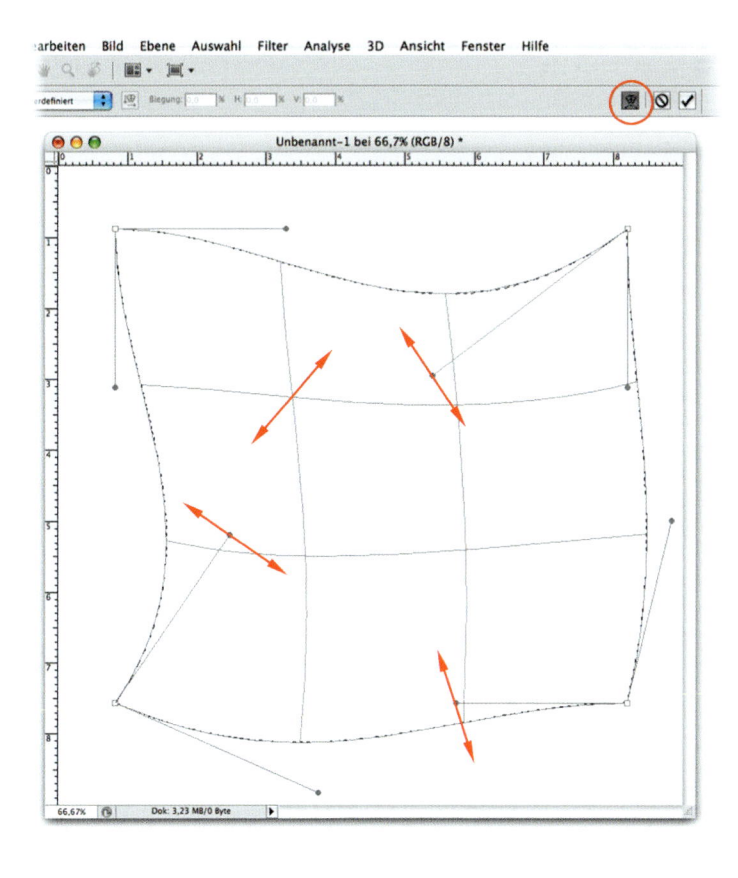

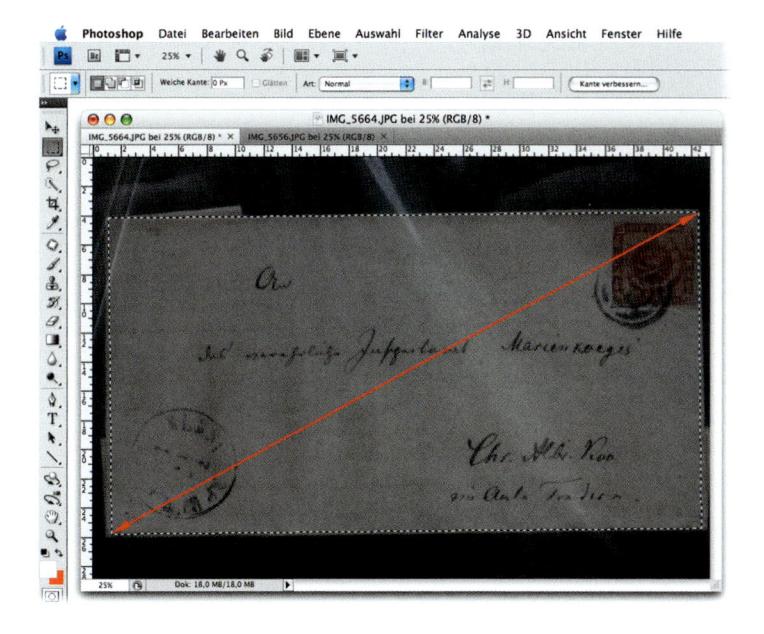

Sind die gewünschte Größe und der Winkel erreicht, bestätigen Sie die Transformation mit der Enter-Taste. Alternativ können Sie die Buttons *Auswahl bestätigen* oder *Abbrechen* rechts in der Optionsleiste benutzen. Die Auswahl kann nicht nur gerade transformiert, sondern auch verzerrt werden.

Wenn der Befehl *Auswahl transformieren* aktiviert ist, klicken Sie mit der rechten Maustaste in die Auswahl und wählen eine der Optionen, die Sie im Untermenü finden, wie zum Beispiel *Verzerren, Perspektivisch* oder *Verkrümmen*. Die Transformation des Auswahlrahmens funktioniert genauso wie die Transformation einer Pixelebene.

Auswahl laden und in die andere Datei übertragen

Wenn Sie nach dem Erstellen und Anpassen der Auswahl die Tastenkombination Strg+C drücken, landet der ausgewählte Bereich des Bildes in der Zwischenablage und kann in eine andere Datei übertragen werden.

Mit Strg+V fügen Sie das kopierte Bild in die neue Arbeitsfläche ein. Die kopierte Bildfläche landet in der Mitte der neuen Arbeitsfläche und wird in der *Ebenen*-Palette als eine neue Ebene angelegt.

In unserem Beispiel haben wir das Foto mit dem Briefumschlag über das Foto mit einer Steinstruktur gelegt und die Ebenenfüllmethode für die Ebene mit dem Brief auf *Ineinanderkopieren* geändert – eine einfache Bildcollage ist fertig.

Mehr über die Ebenenfüllmethoden lesen Sie in Kapitel 6 „Ebenen, Einstellungsebenen und Ebenenmasken".

Ausgewählten Bereich füllen

Eine Auswahl können Sie mit einer Farbe oder mit einem Muster füllen.

Erstellen Sie in der *Ebenen*-Palette eine neue leere Ebene und dann eine beliebige Auswahl.

Wählen Sie *Bearbeiten/Fläche füllen*. Im Dialog *Fläche füllen* können Sie die Farbe (oder das Muster) sowie die Deckkraft der Füllung definieren.

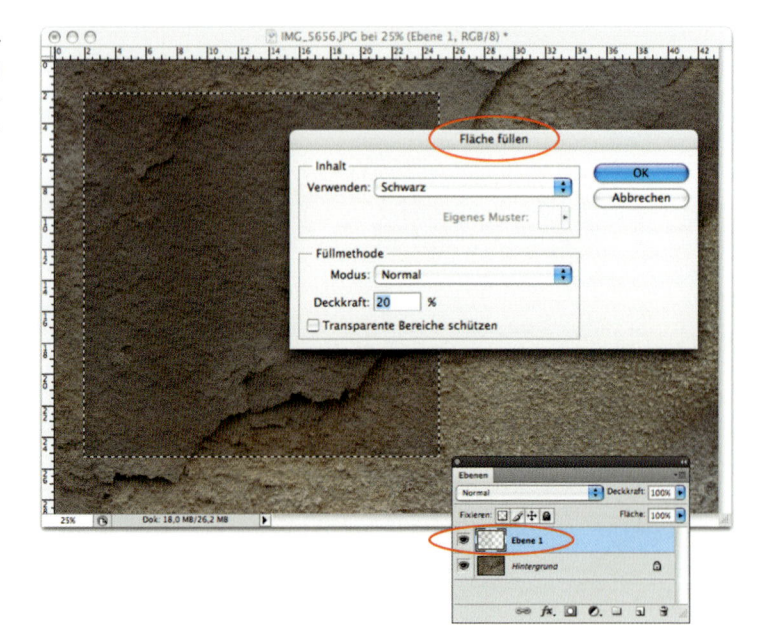

3.3 Lasso – der Klassiker unter den Auswahlwerkzeugen

Über das Lasso-Werkzeug gibt es unter den Grafikern und Fotografen sehr geteilte Meinungen. Das Werkzeug wird entweder geliebt oder gehasst. Machen Sie selbst Ihre Erfahrungen mit diesem Werkzeug. Bei gekonnter Anwendung wird Ihnen das Lasso gute Dienste leisten.

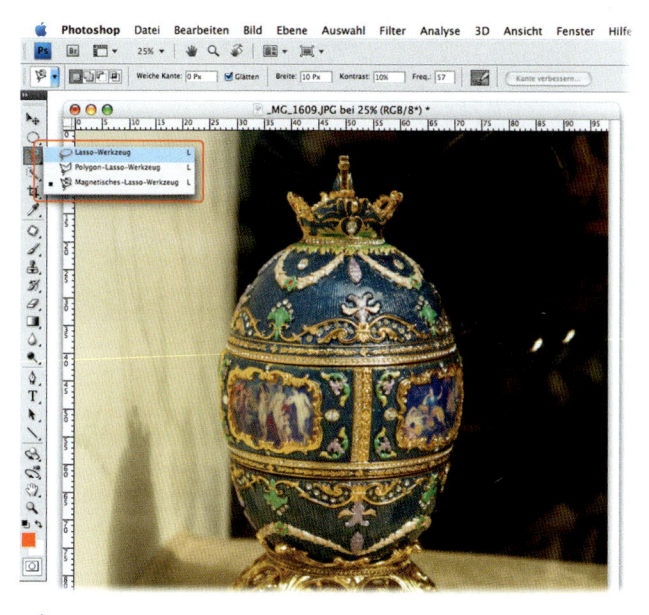

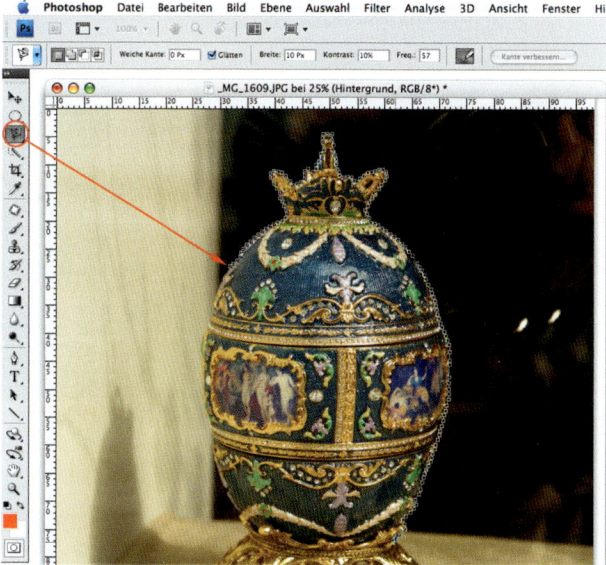

Optimaler Workflow für die Freistellung mit den Werkzeugen aus der Lasso-Gruppe

Wenn Sie die gedrückte Maustaste über das Symbol des Lasso-Werkzeugs (L) halten, öffnet sich die Palette, in der Sie drei verschiedene Arten von Lassos finden: Lasso-, Polygon-Lasso- und Magnetisches-Lasso-Werkzeug. Alle drei haben die gleiche Grundfunktion, aber unterschiedliche Optionen. Um ein Objekt optimal freistellen zu können, ist es oft sinnvoll, alle drei Werkzeuge zu benutzen.

1

Ist der Kontrast zwischen dem Objekt und dem Hintergrund hoch genug wie in unserem Beispiel, können Sie die Freistellung mit dem Magnetischen-Lasso-Werkzeug beginnen. Dieses Werkzeug erkennt die Kante des Objekts und legt die Auswahl automatisch an. Die Genauigkeit der Auswahl können Sie mit den Einstellungen in der Optionsleiste erhöhen, indem Sie die Werte für *Breite, Kontrast* und *Frequenz* anpassen. Die Auswahllinie wird wie magnetisch an die Kante des Objekts herangezogen. An den Stellen, an denen die Kontraste schwächer sind, wird die Kante nicht so genau angelegt, aber diese können Sie später korrigieren.

Lasso – der Klassiker unter den Auswahlwerkzeugen

2

Die Bereiche, die nicht automatisch vom Magnetischen Lasso erfasst wurden, können Sie mit dem Lasso-Werkzeug hinzufügen.

Aktivieren Sie das Lasso-Werkzeug (L) und wählen Sie die Option *Der Auswahl hinzufügen*. Das Lasso wird mit einem kleinen Pluszeichen erscheinen.

Wählen Sie die Bereiche wie auf dem Beispielbild freihand aus.

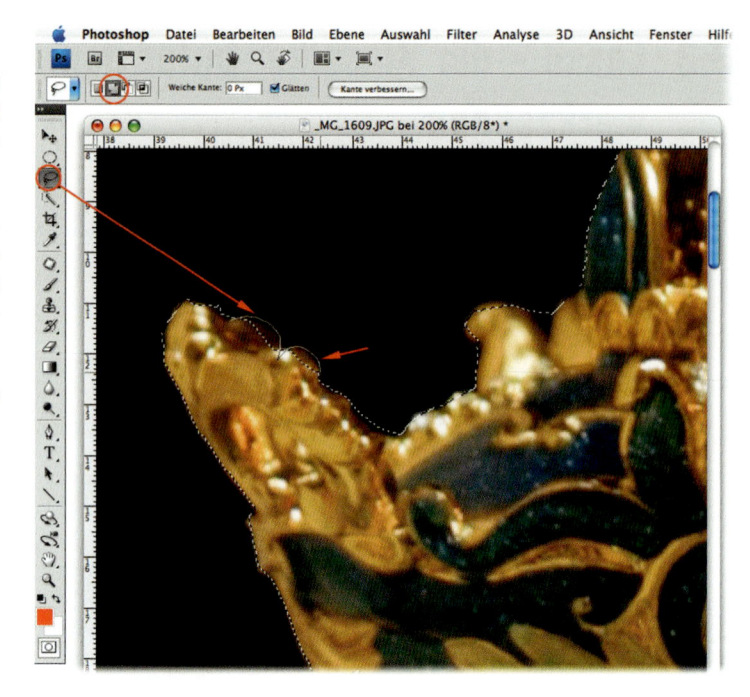

3

Die Bereiche, die an der Kante zu viel ausgewählt wurden, oder innere Bereiche, die nicht zum Objekt gehören, können Sie ebenfalls mit dem Lasso-Werkzeug (L), aber diesmal mit der Option *Von der Auswahl subtrahieren*, entfernen.

Diese Option aktivieren Sie entweder über das Symbol in der Optionsleiste oder wenn Sie die (Alt)-Taste gedrückt halten. Das Lasso-Werkzeug (L) wird dann mit einem Minuszeichen angezeigt.

Theoretisch können Sie das Erweitern oder Minimieren der Auswahl auch mit dem Magnetischen Lasso durchführen, aber in der Praxis erledigen Sie solche Arbeiten schneller und effizienter mit dem Lasso-Werkzeug. Wenn Sie mehrere Stellen aus der Auswahl entfernen möchten, gehen Sie lieber so vor, wie es in Schritt 5 beschrieben wird.

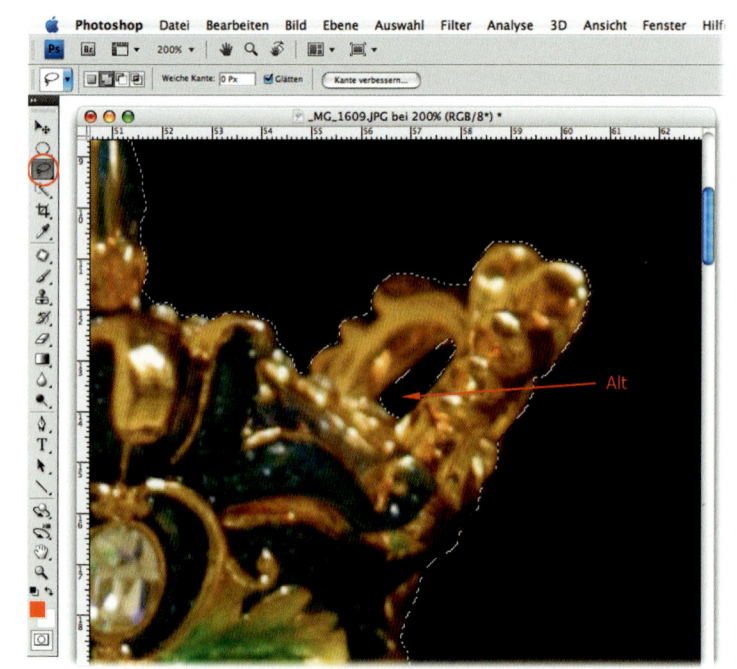

82 KAPITEL 3 Die Photoshop-Werkzeuge

Lasso – der Klassiker unter den Auswahlwerkzeugen

4

Haben Sie die Auswahl der Außenkontur des Objekts erstellt, können Sie den ausgewählten Bereich als Kopie auf eine neue Ebene legen. Benutzen Sie dazu die Tastenkombination ⌈Strg⌉+⌈J⌉.

Wie Sie vielleicht schon bemerkt haben, wurde die weiche Kante noch gar nicht definiert, und zwar mit Absicht. Dazu kommen wir etwas später.

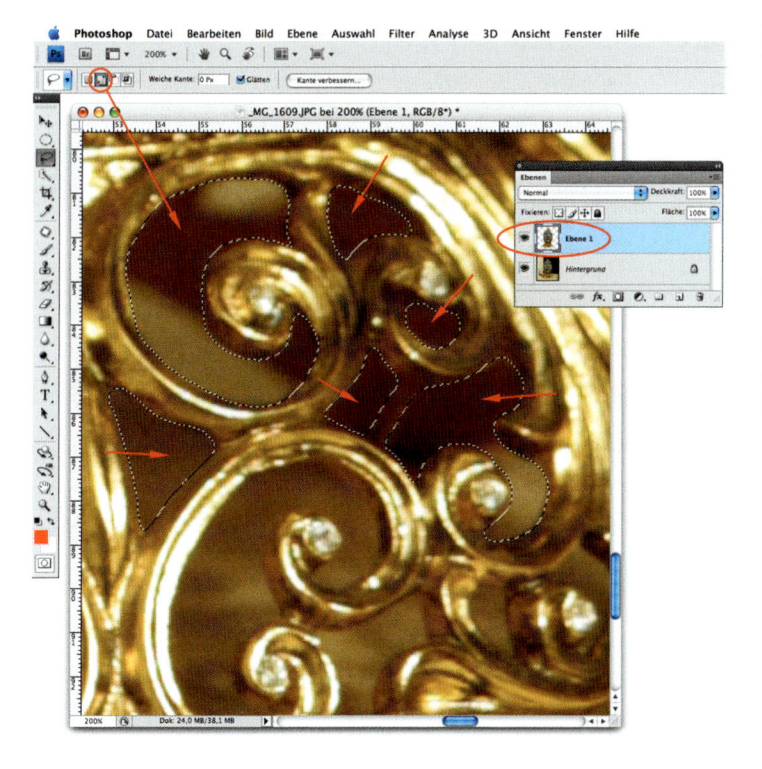

5

Aktivieren Sie jetzt die Ebene mit dem freigestellten Objekt und wählen Sie die Option *Der Auswahl hinzufügen*.

Wählen Sie alle inneren Bereiche auf dem Objekt aus, in denen der Hintergrund noch zu sehen ist. Vergrößern Sie bei Bedarf die Ansicht des Bildes auf 200–300 %. So können Sie die kleineren Bereiche genauer auswählen.

6

Nachdem Sie alle Bereiche ausgewählt haben, können Sie diese aus der Ebene mit ⌜Strg⌝+⌜X⌝ ausschneiden.

Ein kleiner Tipp: Falls sehr viele Stellen aus der Ebene ausgeschnitten werden sollen, können Sie das im Wechsel zwischen Auswahl und Ausschneiden erledigen.

Wählen Sie einige Bereiche aus, entfernen Sie diese mit ⌜Strg⌝+⌜X⌝, machen Sie dann eine weitere Auswahl und schneiden Sie wieder aus.

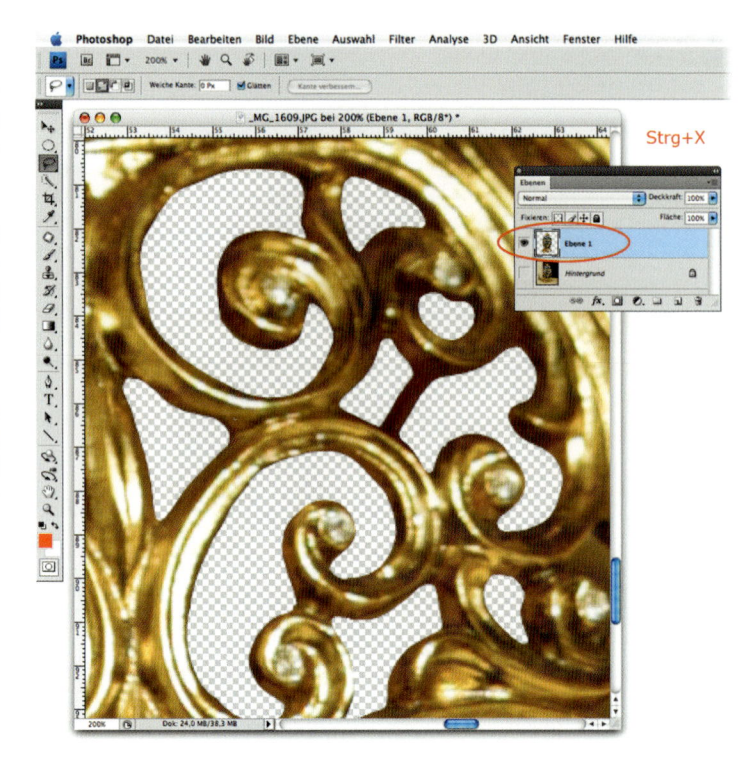

7

Ist das Objekt jetzt komplett freigestellt, können Sie noch mal die Kontrolle machen, ob Sie keine Stelle vergessen haben. Blenden Sie dazu die Hintergrundebene aus.

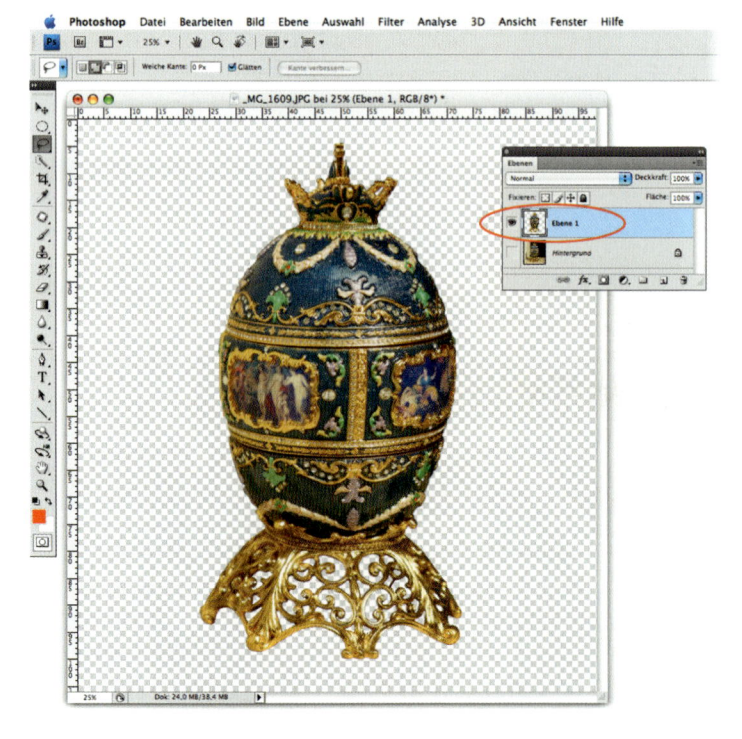

Lasso – der Klassiker unter den Auswahlwerkzeugen

8

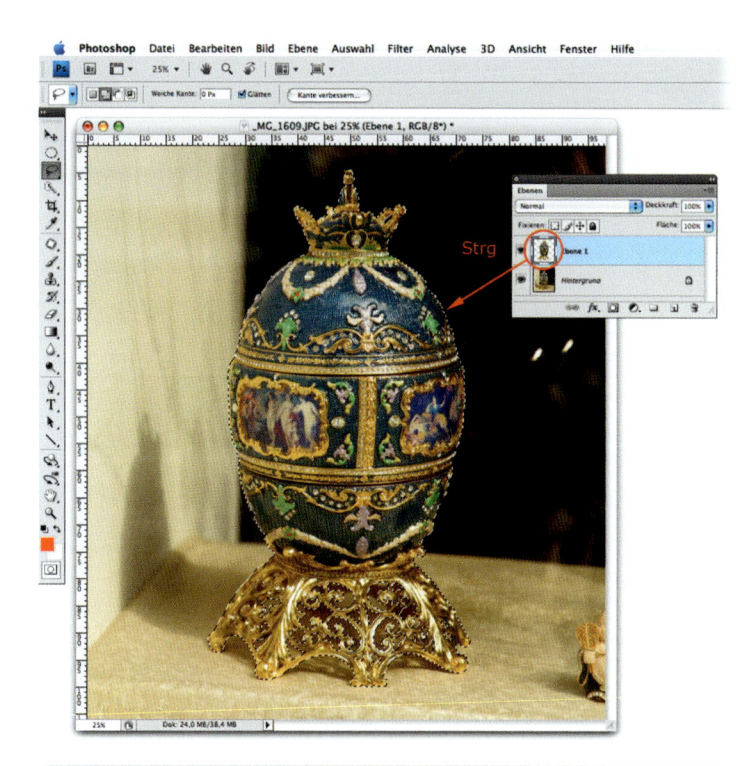

Jetzt können Sie die Auswahl optimieren. Klicken Sie bei gedrückter [Strg]-Taste auf die Ebenenminiatur der Ebene mit dem freigestellten Objekt. Die Auswahl wird geladen.

Wählen Sie jetzt *Auswahl/Kante verbessern*.

Wählen Sie die passende Maske für die Korrektur, zum Beispiel Schwarz, und optimieren Sie die Auswahl mit den Optionen, die Ihnen im Dialog *Kante verbessern* zur Verfügung stehen.

Hier können Sie auch die weiche Auswahlkante definieren. Bestätigen Sie Ihre Eingaben mit *OK*. Die optimierte Auswahl wird geladen.

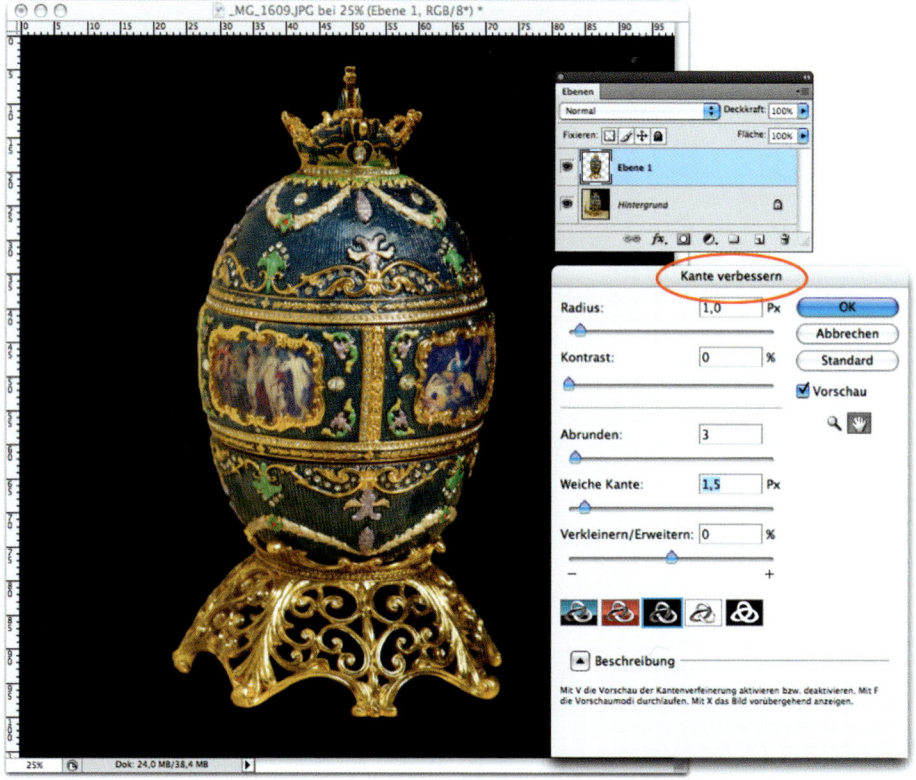

Klicken Sie die Hintergrundebene an. Mit [Strg]+[J] erstellen Sie erneut eine neue Ebene durch Kopie, diesmal mit der optimierten Auswahlkante.

Die obere Ebene, in der die Kanten noch unbearbeitet sind, können Sie jetzt entweder ausblenden oder löschen.

Die Ebene mit dem freigestellten Objekt ist jetzt einsatzbereit. Speichern Sie die Datei nun im PSD-Format.

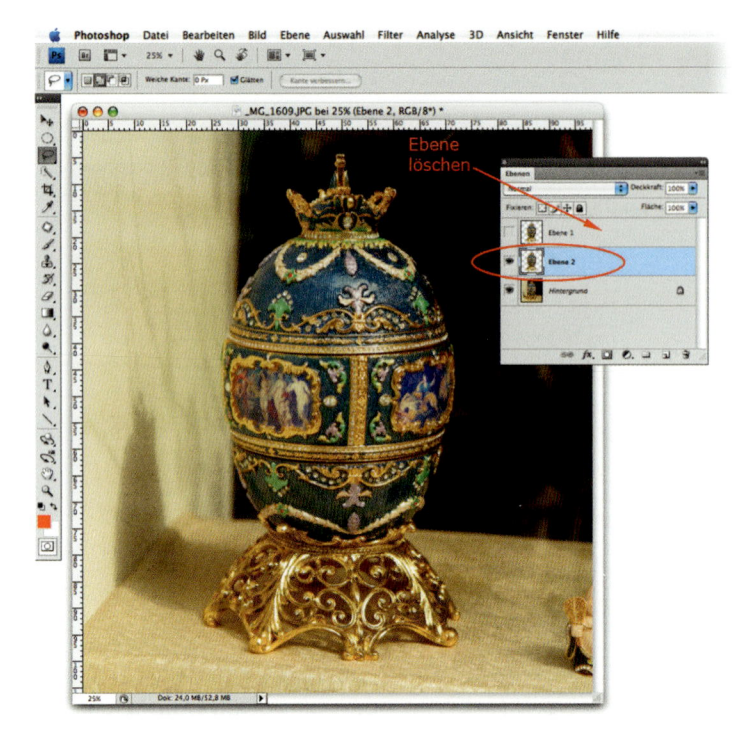

In unserem vorherigen Beispiel wurde das Polygon-Lasso-Werkzeug nicht benutzt. Das Polygon-Lasso können Sie für die Freistellung der Objekte mit geraden Linien benutzen.

Auch das Polygon-Lasso wird in Kombination mit den anderen zwei Werkzeugen verwendet, weil es bei fast jedem Objekt einige Abrundungen und Verkrümmungen gibt.

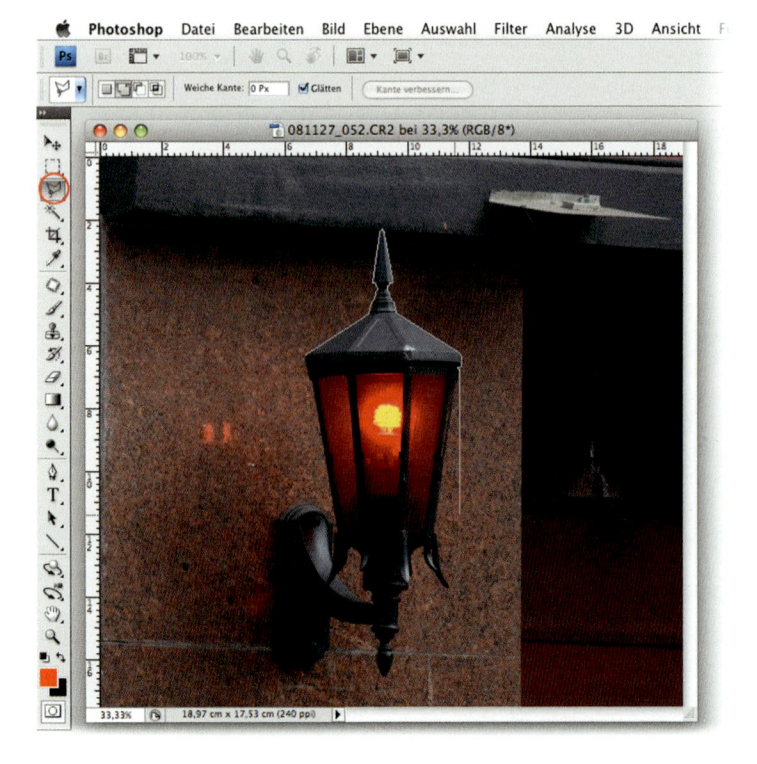

3.4 Magisch: Zauberstab und Schnellauswahlwerkzeuge

Diese Werkzeuge leisten gute Arbeit, wenn es um das Freistellen von Objekten geht, die sich auf einem ziemlich ruhigen Hintergrund befinden. „Keine große Kunst", sagen Sie. Doch diese Tools überzeugen durch leichte Handhabung und umfangreiche Optionen.

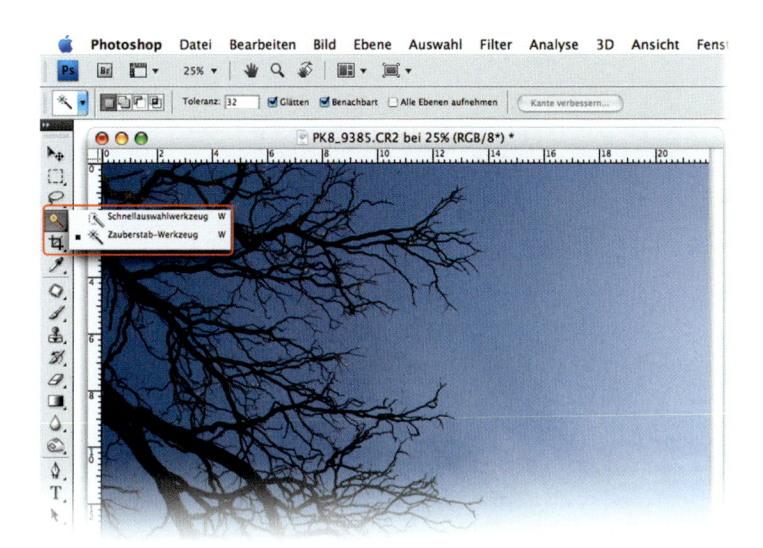

Zauberstab-Werkzeug

Das Zauberstab-Werkzeug ist ein alter Bekannter unter den Photoshop-Werkzeugen, denn dieses gibt es seit den ersten Versionen des Programms. Sie können es mit der Taste [W] aufrufen.

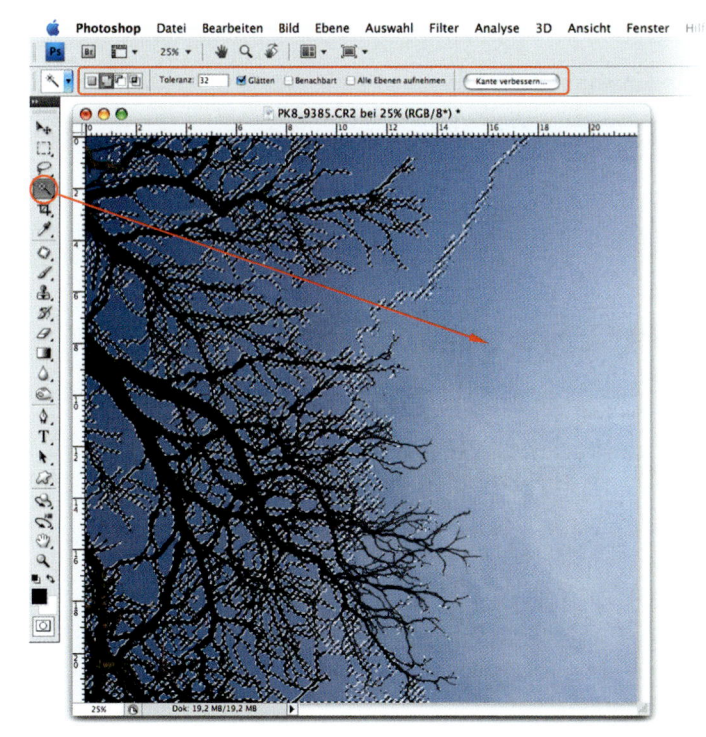

Ausgewählten Bereich erweitern oder verringern

Bei Bildern wie in unserem Beispiel klicken Sie mit dem Zauberstab-Werkzeug in die Fläche mit dem Hintergrund, der ziemlich ähnliche Farben hat – das klassische Beispiel dazu ist der Himmel.

In der Optionsleiste finden Sie vier Symbole, die Sie bereits durch das Lasso-Werkzeug ([L]) kennen: Sie können die Auswahl erweitern oder verringern, indem Sie die Optionen *Der Auswahl hinzufügen*, *Von Auswahl subtrahieren* oder *Schnittmenge mit der Auswahl bilden* verwenden.

Größeren Farbbereich auswählen

Wenn Sie es schon einmal probiert haben, mit dem Zauberstab-Werkzeug (W) den Himmel auszuwählen, haben Sie bestimmt bemerkt, dass die Auswahl nur dann mit einem Mausklick funktioniert, wenn der Himmel eine richtig einheitliche Farbe hat.

Bei den Bildern wie in unserem Beispiel, bei denen Farbabstufungen im Spiel sind, werden nicht alle Bereiche ausgewählt. Sie können das Werkzeug optimieren, indem Sie den Wert im Bereich *Toleranz* erhöhen.

Wählen Sie statt 32 (Standard) zum Beispiel 50, und die Auswahl sieht schon viel besser aus.

Vorsicht bei kontrastarmen Objekten, die sich auf dem Hintergrund befinden: Durch eine zu hohe Toleranz können diese mit ausgewählt werden, was nicht immer erwünscht ist.

Mehr Farbumfang durch die erhöhte Toleranz auswählen

Sollte es mit dem Erhöhen der Toleranz doch nicht gelingen, die Bereiche komplett auszuwählen, benutzen Sie die Option *Der Auswahl hinzufügen* und wählen weitere Farbbereiche dazu.

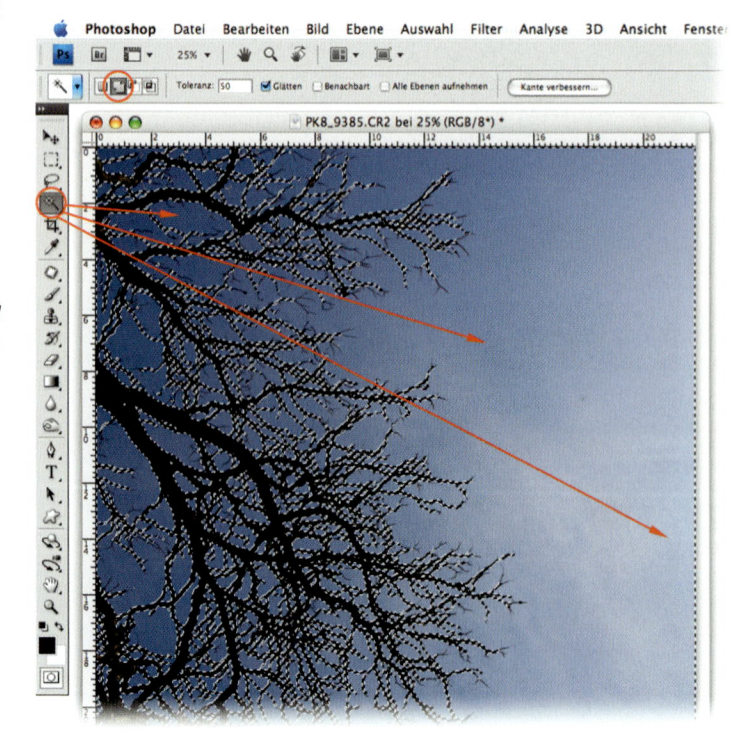

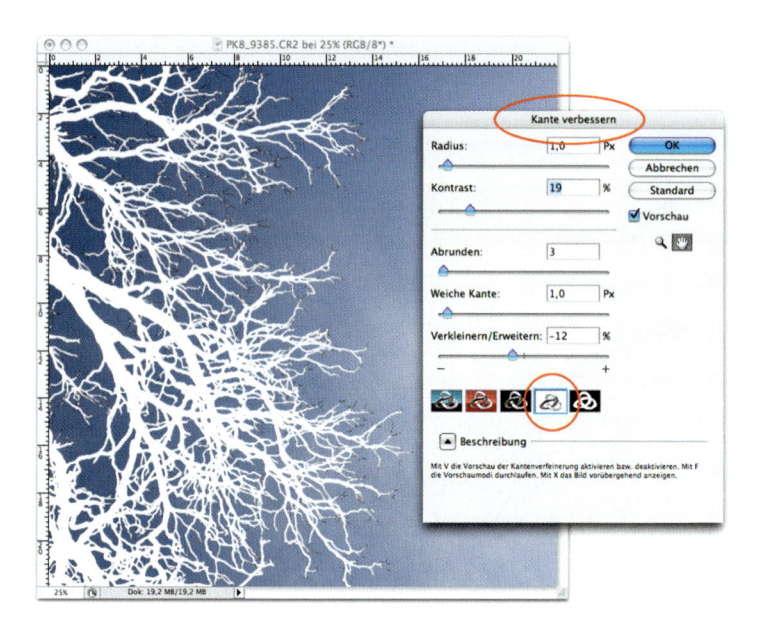

Auswahlkante optimieren

Ist die Auswahl fertig, können Sie die *Kante verbessern*-Funktion benutzen, um zu kontrollieren, welche Bereiche evtl. noch nicht ausgewählt wurden oder ob durch vielleicht zu hohe Toleranz auch die Ränder der Objekte, die sich auf dem Hintergrund befinden, in der Auswahl enthalten sind. Wählen Sie eine passende Maske dazu.

Bestätigen Sie Ihre Korrekturen mit *OK*.

Auswahl umkehren

Falls Sie die Absicht haben, nicht den Hintergrund, sondern das Objekt auf dem Hintergrund auszuwählen, kehren Sie die Auswahl um, und zwar entweder über das Menü oder mit der Tastenkombination [Strg]+[Umschalt]+[I].

Ausgewählte Objekte für eine Bildgestaltung verwenden

Mit [Strg]+[J] erstellen Sie eine Ebene mit der Kopie des ausgewählten Bereichs. Wenn Sie die Hintergrundebene ausblenden, können Sie die Qualität der Auswahl noch mal überprüfen und die eventuell zu viel ausgewählten Bereiche mit dem Radiergummi-Werkzeug ([E]) entfernen.

Öffnen Sie das Bild mit einem neuen Hintergrund und ziehen Sie die Ebene mit dem freigestellten Objekt auf den neuen Hintergrund. Passen Sie die Größe des Objekts der neuen Arbeitsfläche mit dem Befehl *Frei transformieren* ([Strg]+[T]) an. Damit beim Transformieren die Proportionen nicht verloren gehen, halten Sie die [Umschalt]-Taste gedrückt.

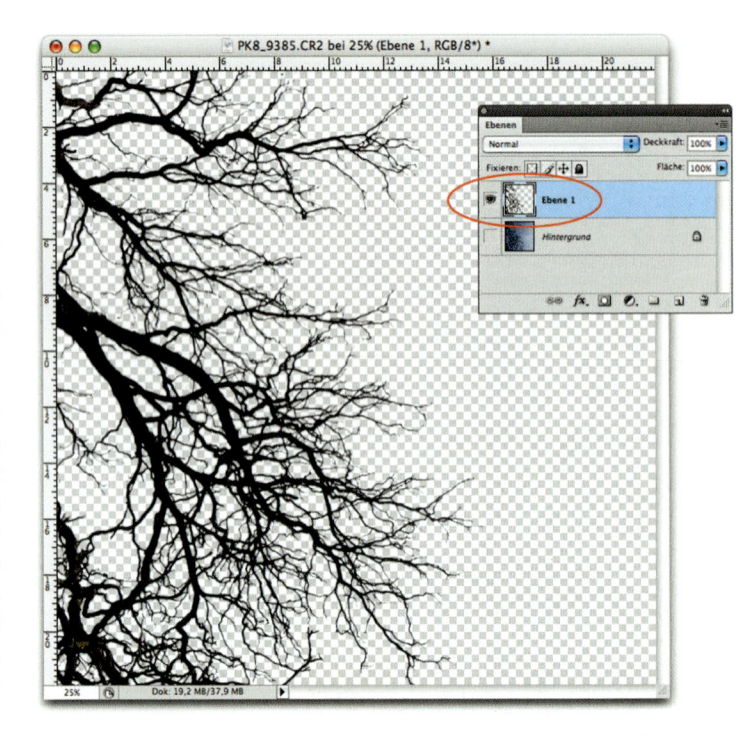

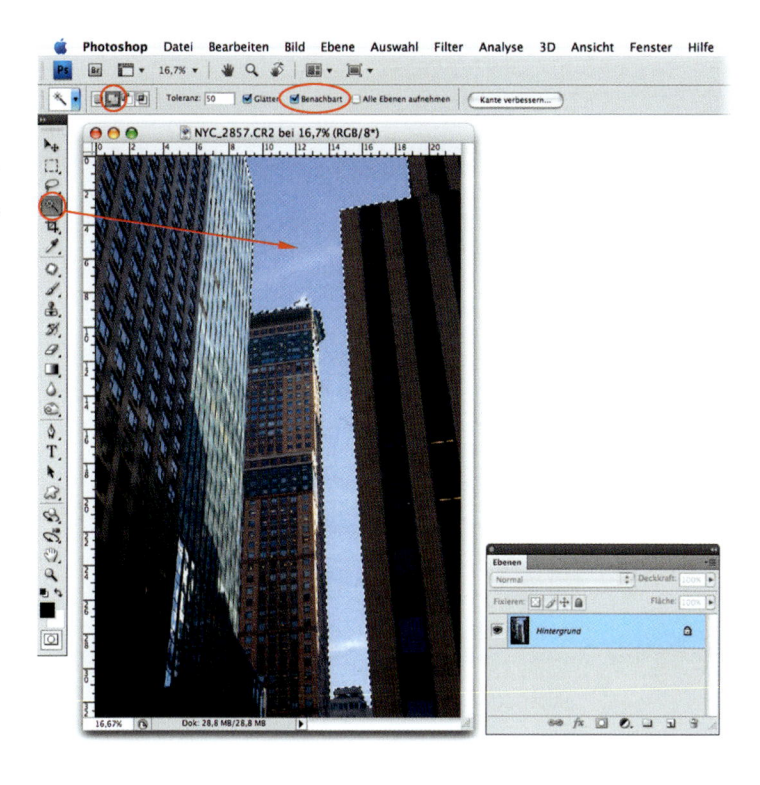

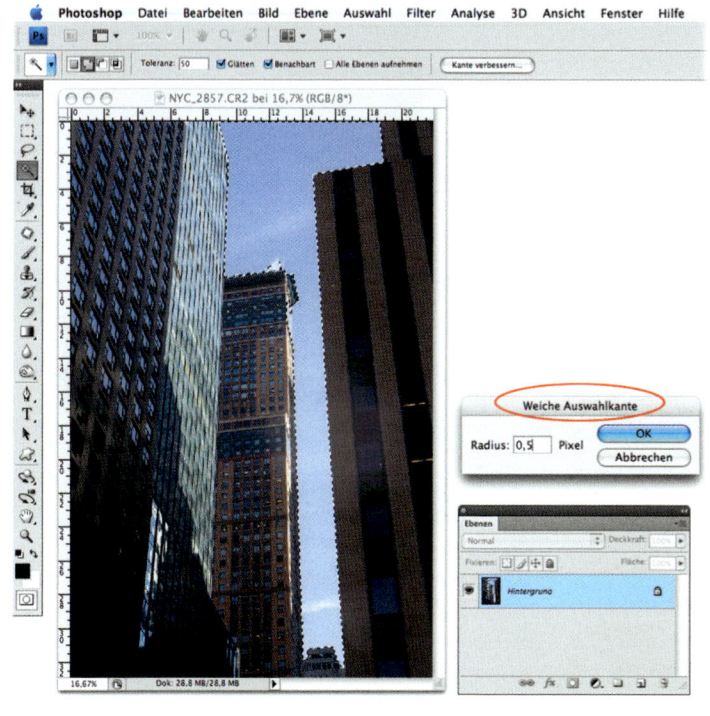

Nur benachbarte Pixel eines Farbbereichs auswählen

Schauen Sie sich genau das Beispielbild an.

Wenn Sie den Himmel auswählen möchten und ohne zusätzliche Optionen auf die blaue Farbe klicken, werden auch die Fenster im Hochhaus ausgewählt, weil diese eine ähnliche Farbe haben.

Wenn Sie nur den Himmel auswählen möchten, aktivieren Sie die Option *Benachbart*, dann werden nur die Pixel mit ähnlichen Farben ausgewählt, die sich innerhalb der mit anderen Farben abgegrenzten Fläche befinden.

In unserem Fall sind das die Gebäudekanten, die die Fläche des Himmels abgrenzen.

Nach dem Auswählen können Sie die Auswahl entweder mit der Option *Kante verbessern* bearbeiten oder Sie definieren eine weiche Auswahlkante mit [Strg]+[Alt]+[D]. Bei Fotos wie in unserem Beispiel nehmen Sie einen Radius von ca. 0,5 bis 1 Pixel.

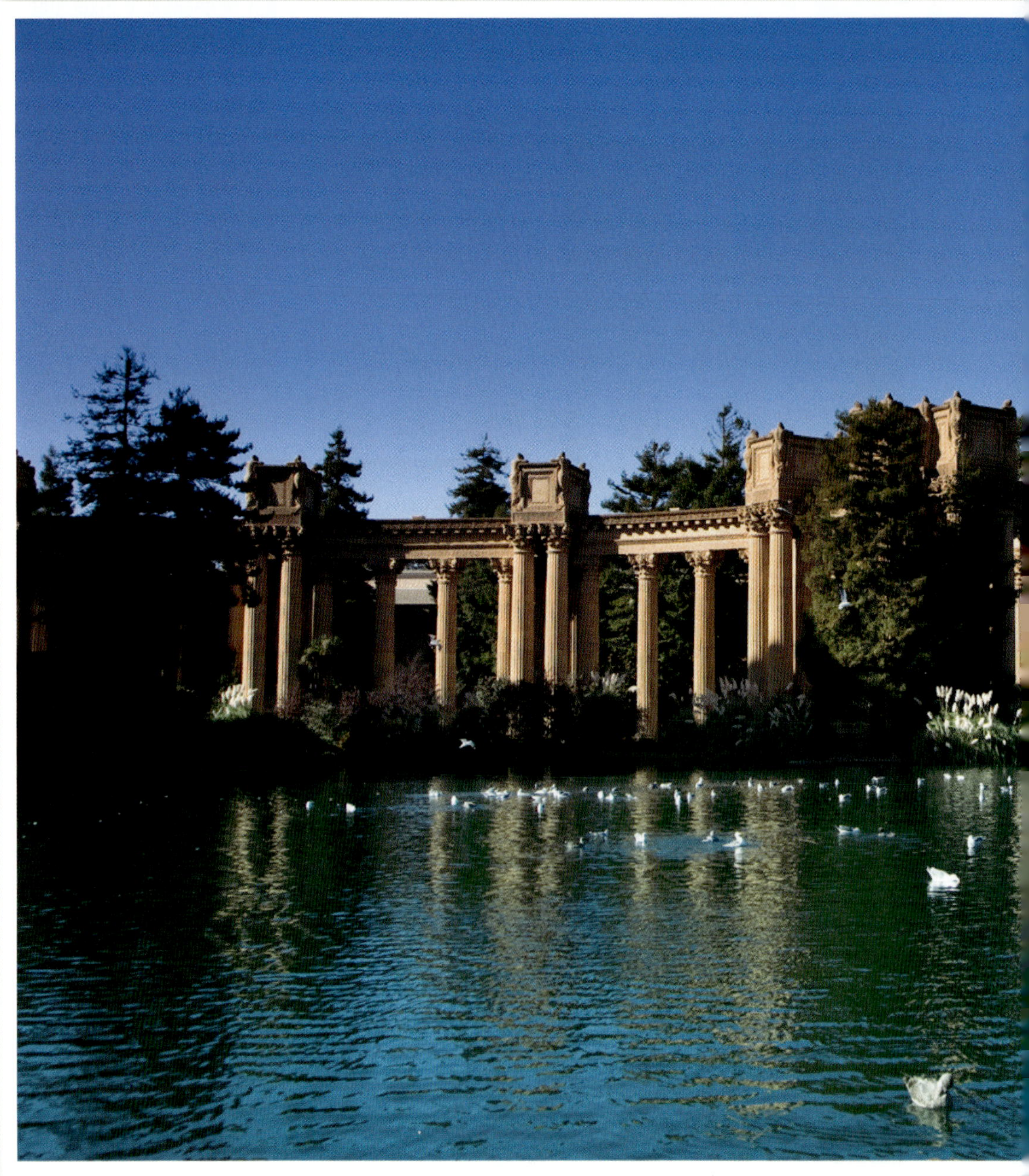

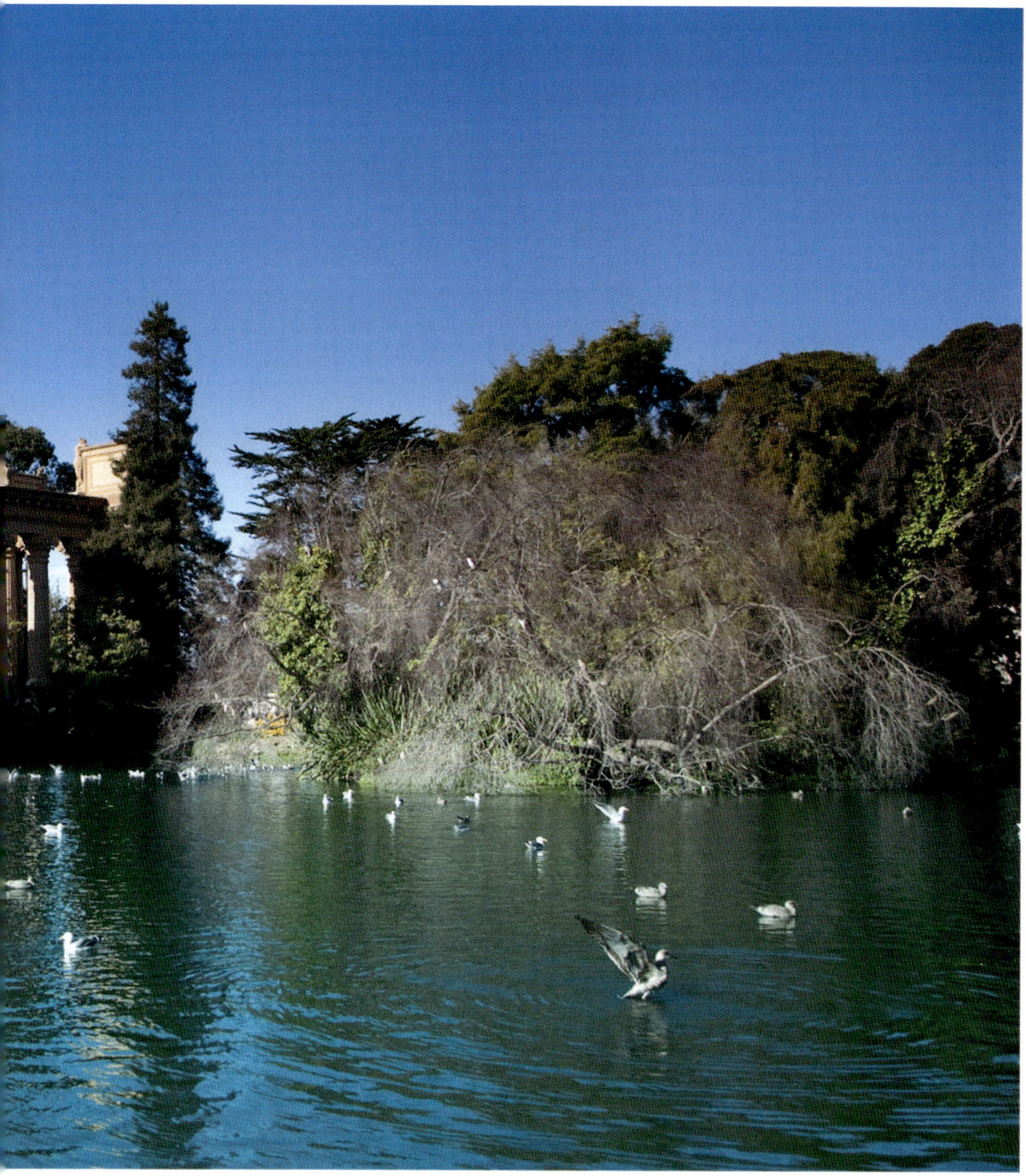

Alle Ebenen aufnehmen

Wenn Sie eine Auswahl von einem Bereich erstellen möchten, bei dem mehrere Ebenen im Spiel sind, können Sie die Option *Alle Ebenen aufnehmen* aktivieren.

Diese Option ist sehr nützlich, wenn Sie zum Beispiel eine Maske für eine Einstellungsebene vorbereiten möchten.

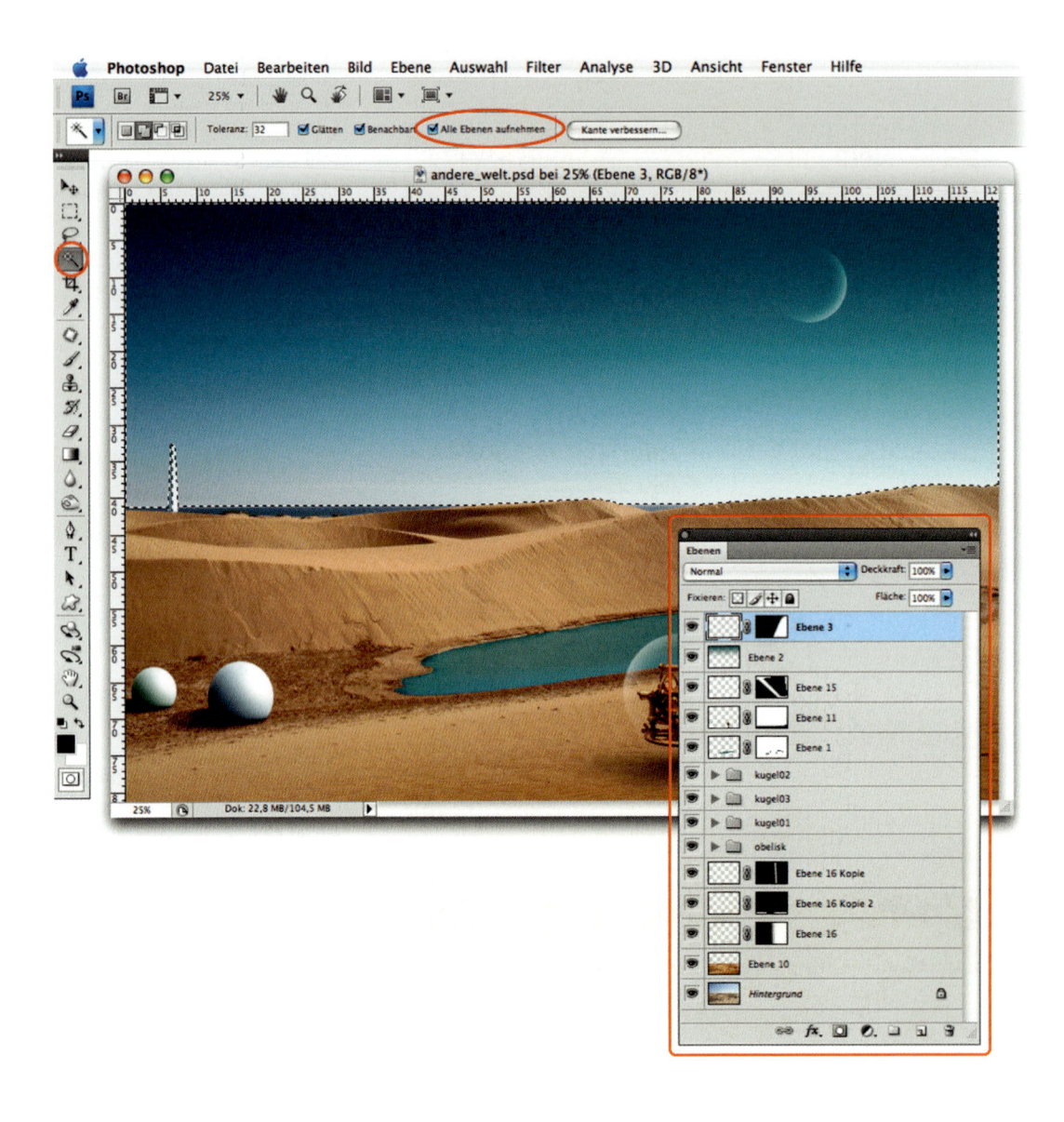

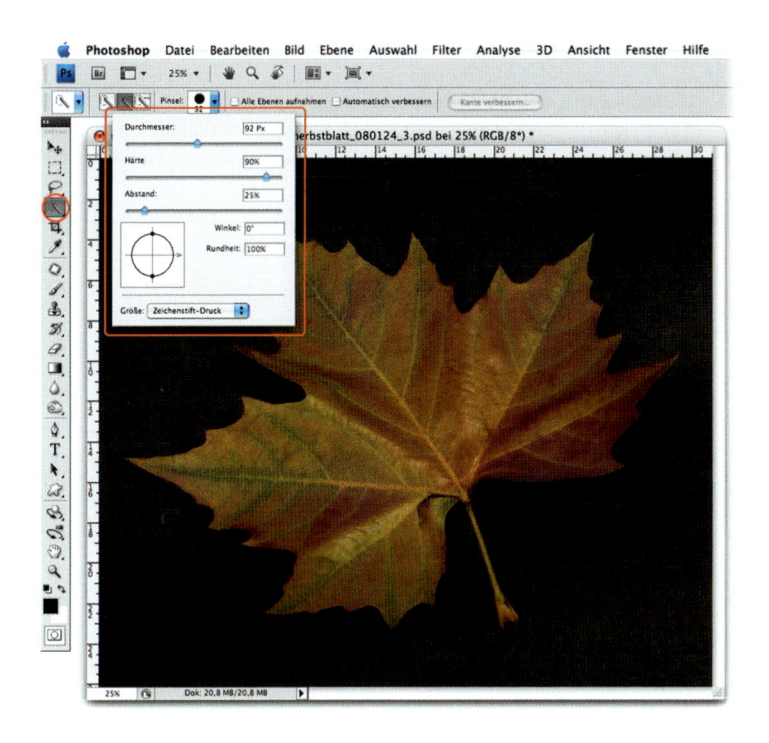

Schnellauswahlwerkzeug

Dieses Werkzeug wurde zuerst bei Photoshop Elements eingeführt und – nachdem es schnell beliebt wurde – auch in Photoshop integriert.

Das Werkzeug eignet sich ähnlich wie das Zauberstab-Werkzeug zum Freistellen von Objekten vor ziemlich ruhigen Hintergründen, obwohl beim Schnellauswahlwerkzeug mehr Optionen zur Verfügung stehen.

In der folgenden Schrittanleitung lernen Sie den optimalen Workflow beim Umgang mit diesem Werkzeug kennen.

1

Beim Auswählen eines Objekts verwenden Sie zuerst eine größere Werkzeugspitze, um möglichst schnell die Fläche des Objekts grob auszuwählen.

Malen Sie mit der Pinselspitze über die Bereiche des Objekts, und Sie werden sehen, dass ähnliche Farben schnell der Auswahl hinzugefügt werden, und zwar auch dort, wo Sie mit dem Werkzeug noch nicht waren.

2

Vergrößern Sie die Ansicht des Bildes auf ca. 200–300 %. Jetzt können Sie sich den Details des Objekts widmen. Verkleinern Sie die Werkzeugspitze, sodass diese eine passende Größe für die feineren Details hat, und fügen Sie weitere Bereiche Ihrer Auswahl hinzu.

3

Beim Auswählen kommt es oft vor, dass einige Bereiche des Hintergrunds ausgewählt werden, bei denen die Kontraste zum Objekt schwach sind. Kein Problem, diese Bildteile können Sie von der Auswahl abziehen. Halten Sie die Alt-Taste gedrückt und entfernen Sie die zu viel ausgewählten Bereiche von der Auswahl.

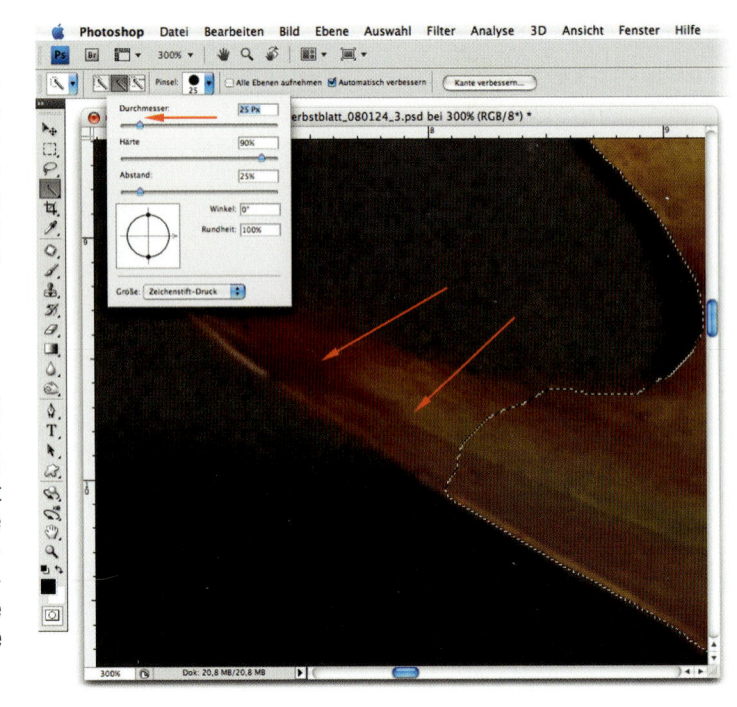

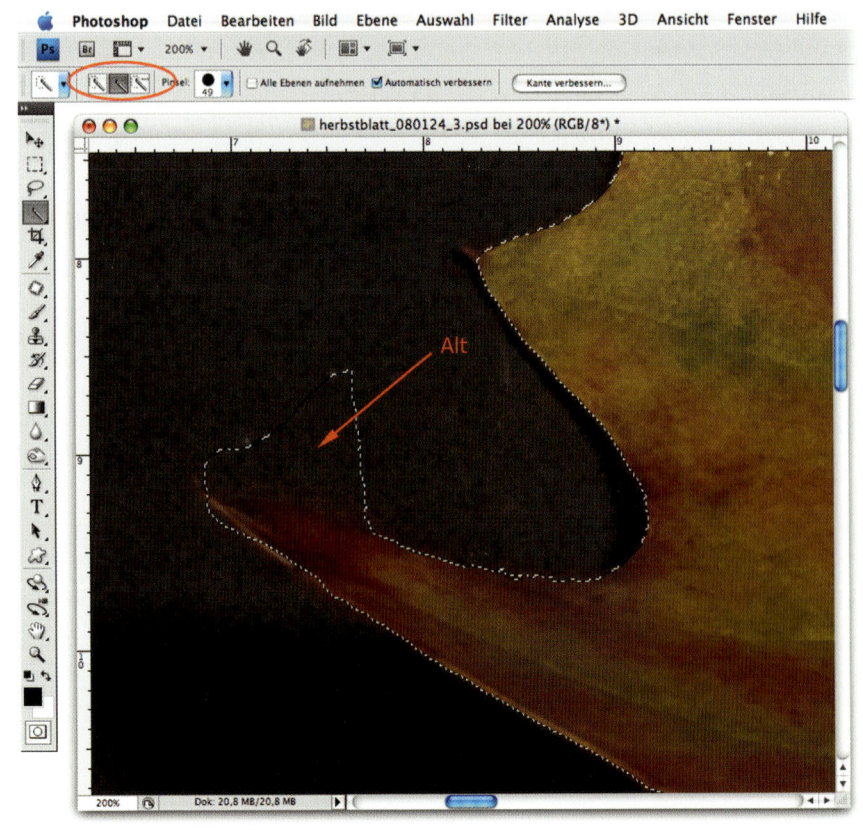

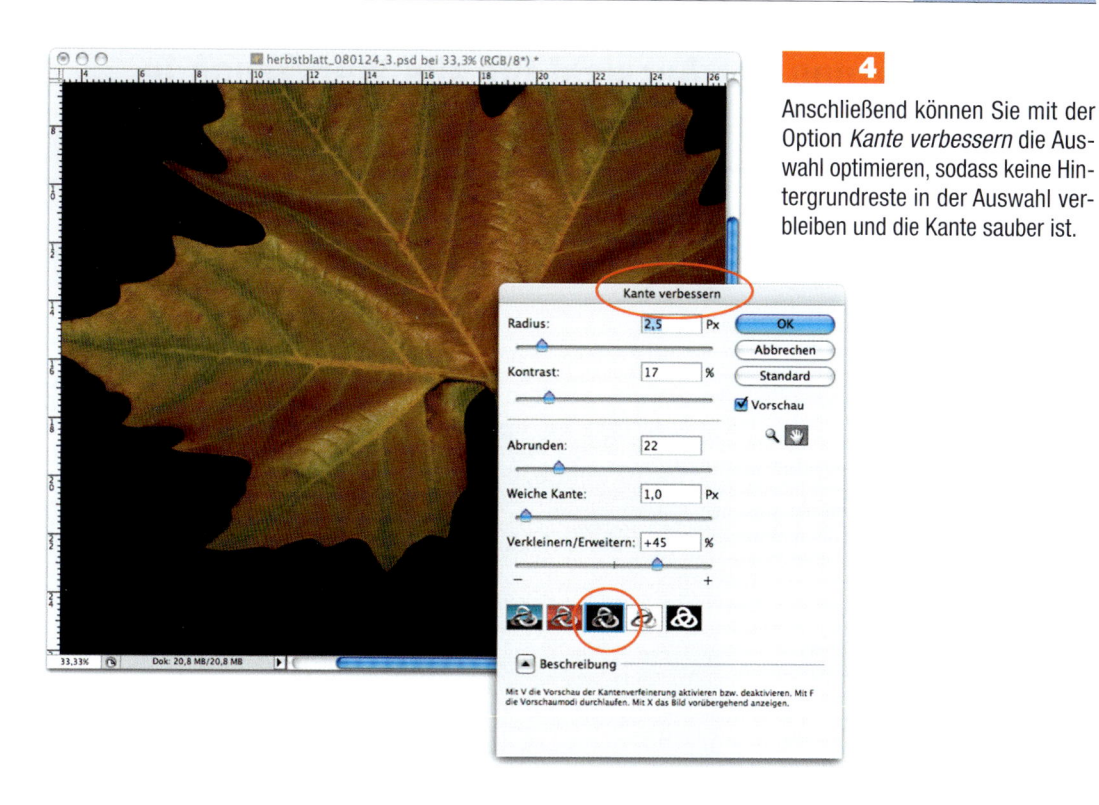

Magisch: Zauberstab und Schnellauswahlwerkzeuge

4

Anschließend können Sie mit der Option *Kante verbessern* die Auswahl optimieren, sodass keine Hintergrundreste in der Auswahl verbleiben und die Kante sauber ist.

3.5 Optimierung der Auswahl für alle Werkzeuge in Photoshop

Sie haben bestimmt schon bemerkt, dass alle Auswahlwerkzeuge eines gemeinsam haben, und zwar das Ziel, eine korrekte saubere Auswahlkante zu erstellen. In diesem Abschnitt lernen Sie einige Tricks zum Verbessern der Auswahl kennen.

Kante verbessern

In den vorherigen Kapiteln wurde die Funktion *Kante verbessern* oft genutzt. Nun wird es Zeit, die Einstellungen dieses Dialogs genauer kennenzulernen. Der *Radius* ist für die Übergänge zuständig.

Wenn Sie einen kleineren Radius wählen, sind die Übergänge härter, ein größerer Wert für *Radius* sorgt für feinere, sanftere Übergänge. Bei einem zu hohen Wert für *Radius* können Artefakte entstehen, die Sie mit einer Erhöhung des Wertes für *Kontrast* kompensieren können. Wenn Sie die Auswahl mit dem Zauberstab- oder Schnellauswahlwerkzeug erstellt haben, kann es vorkommen, dass die Ränder des Objekts zu zackig werden.

Die Unebenheiten der Auswahlkante können Sie mit der Einstellung *Abrunden* glätten. Erhöhen Sie den Wert für *Glätten* beim Benutzen der Maske, sodass Sie die Ergebnisse besser sehen können.

Die Einstellung *Weiche Kante* ist Ihnen schon bekannt. Neben der Möglichkeit, die weiche Kante schon vor dem Benutzen eines der Auswahlwerkzeuge zu definieren, können Sie die weiche Auswahlkante mit [Strg]+[Alt]+[D] aufrufen oder im Dialog *Kante verbessern* nachträglich bearbeiten. Mit der Einstellung *Verkleinern/Erweitern*

können Sie die Auswahl korrigieren, die zu klein oder zu groß geraten ist. Der Vorteil bei der Korrektur im Dialog *Kante verbessern* ist Folgendes: Die Vergrößerung oder Verkleinerung der Kante erfolgt nicht in Pixelschritten, sondern prozentual, was viel feinere Korrekturen bedeutet.

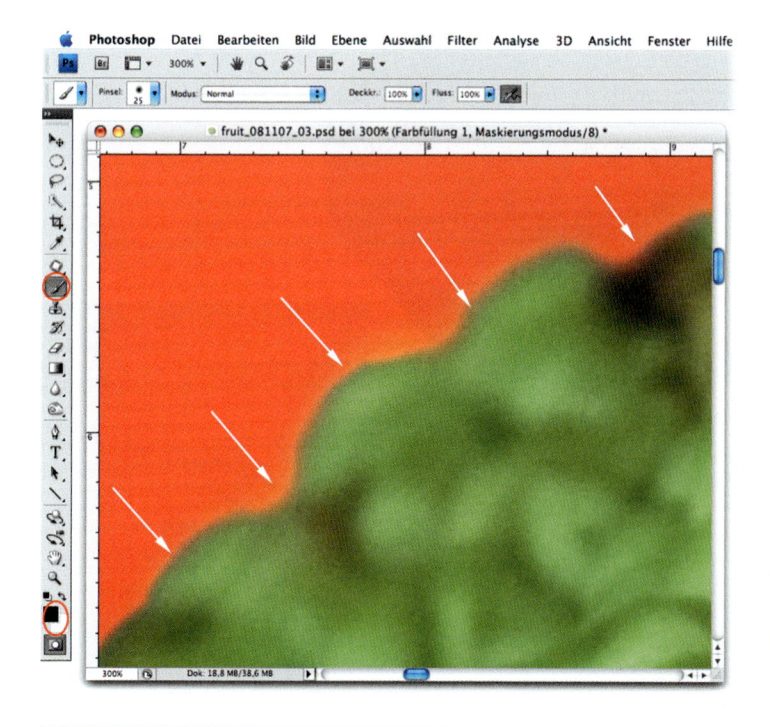

Auf klassische Art: Auswahl verändern

Bei den vorherigen Photoshop-Versionen gab es kein Kante-ausbessern-Werkzeug, deshalb wurde die Kante auf klassische Art korrigiert, und zwar über *Auswahl/Auswahl verändern*.

Viele Fotografen und Grafiker greifen nach wie vor zu dieser Möglichkeit, weil die Ergebnisse der Korrekturen gut sind und die Bedienung sehr einfach ist.

Wählen Sie im Dialog *Auswahl verändern* die entsprechende Korrektur und geben Sie dann im Dialog die gewünschte Anzahl der Pixel an, um die diese Auswahl verändert werden soll.

Maskierungsmodus: eine andere Art, die Auswahl zu korrigieren

Der Maskierungsmodus gehört zu den beliebtesten und sehr genauen Arten der Freistellung.

Beim Umschalten in den Maskierungsmodus (ihn können Sie entweder mit dem Symbol *Maskierungsmodus* in der Werkzeugpalette starten oder mit der Taste Q zwischen Standard- und Maskierungsmodus wechseln) werden nicht ausgewählte Bildteile rot maskiert und Sie können jetzt Mal-

und Zeichenwerkzeuge sowie das Verlaufs- und Radiergummi-Werkzeug für die Korrektur der Auswahl benutzen.

Um die Kante eines Objekts so zu korrigieren, dass die Schärfe (Unschärfe) berücksichtigt wird, können Sie das Pinsel-Werkzeug mit einer passenden Pinselspitze wählen, die eine entsprechende Härte hat.

Für schärfere Konturen wählen Sie einen höheren Betrag für *Härte* und für weichere einen niedrigen. Bearbeiten Sie die Kanten bei einer starken Vergrößerung der Bildansicht, ca. 200–300 %.

Haben Sie die Auswahl im Maskierungsmodus korrigiert, schalten Sie mit [Q] in den Standardmodus um und erstellen mit [Strg]+[J] eine Kopie der Hintergrundebene in der Form, die Sie als Auswahl erstellt haben.

Kontrollieren Sie die Kante des freigestellten Objekts, indem Sie einen kontrastreichen einfarbigen Hintergrund zwischen dem Originalbild und dem freigestellten Objekt einfügen.

Verwenden Sie am besten eine Füllebene mit passender Farbe. Für helle Objekte eignet sich dunkle Hintergrundfarbe und für dunkle Objekte eine helle.

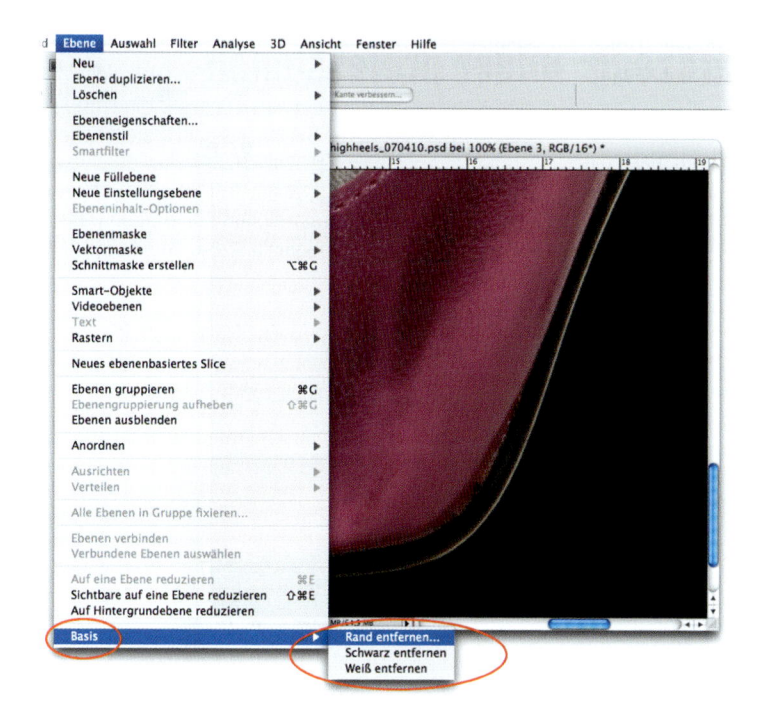

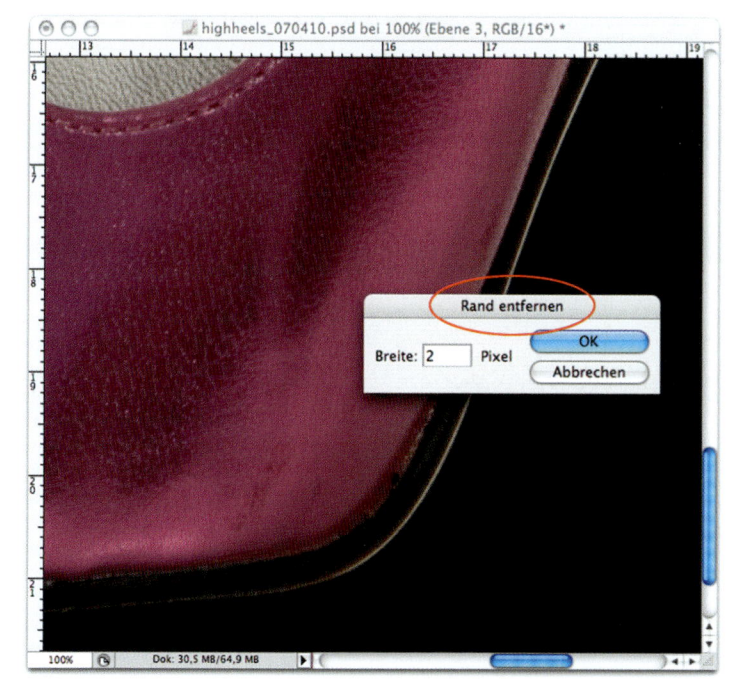

Die Funktion Basis

Eine weitere Möglichkeit, die Konturen freigestellter Objekte zu korrigieren, bietet Ihnen die Funktion *Basis*.

Beim Freistellen von Objekten bleibt meistens ein störender Rand, der 1 oder 2 Pixel breit ist und die Farbe des Originalhintergrunds hat.

Die Funktion *Ebene/Basis* ist genau dafür gedacht, diese störenden Ränder mit nur wenigen Klicks zu entfernen.

Zur Verfügung stehen drei Möglichkeiten: Sie können einfach den Rand in einer bestimmten Stärke entfernen, indem Sie die Randstärke angeben, oder Sie überlassen Photoshop die Arbeit und entscheiden nur, ob ein heller Rand (*Weiß entfernen*) oder ein dunkler Rand (*Schwarz entfernen*) gelöscht werden soll.

Wenn Sie sich für die manuelle Entfernung des Randes entscheiden, wählen Sie *Ebene/Basis/Rand entfernen* und geben die Breite ein, die vom freigestellten Objekt abgeschnitten werden soll.

Der Befehl *Basis* funktioniert ganz gut bei freigestellten Objekten mit harten Kanten.

Haben Sie eine weiche Kante zum Freistellen benutzt, sollten Sie die Funktion *Basis* lieber nicht nutzen. Eine weiche Kante wird durch diese Korrektur verändert und sieht oft ziemlich grob aus.

3.6 Freistellungswerkzeug: Bilder professionell beschneiden

Mit dem Freistellungswerkzeug können Sie auf unterschiedliche Art und Weise Fotos beschneiden. Nicht nur die Freihand-Freistellung, sondern auch die Freistellung unter Berücksichtigung einer Größe und Auflösung ist kein Problem.

Freihand freistellen

Wenn Sie von einem Foto nur einen Ausschnitt zum Ausdrucken oder zum Veröffentlichen im Internet benötigen, sind Sie mit dem Freistellungswerkzeug (C) gut bedient.

Die einfachste Möglichkeit ist es, den passenden Bildausschnitt manuell festzulegen. Ziehen Sie mit gedrückter Maustaste über den Bereich, den Sie brauchen.

Der Rest des Bildes wird dunkel eingefärbt und Sie können so gut entscheiden, ob die Auswahl richtig ist. Wenn ja, können Sie die Auswahl mit der Enter-Taste bestätigen oder, wenn Sie das Bild nicht beschneiden wollen, aufheben. Die Symbole dazu finden Sie oben rechts in der Optionsleiste.

Der Auswahlrahmen kann auch gedreht werden. Wenn der Bildausschnitt unter einem anderen Winkel als im Original präsentiert werden soll, drehen Sie an einem der Eckanfasser des Freistellungsrahmens und wählen den passenden Winkel aus.

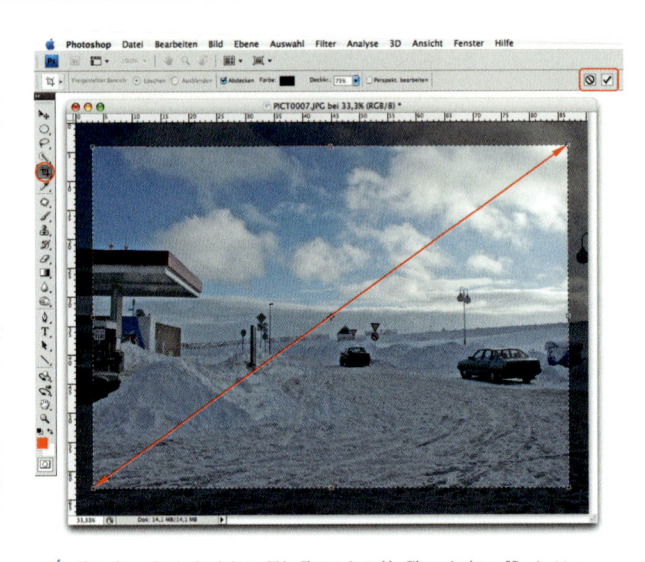

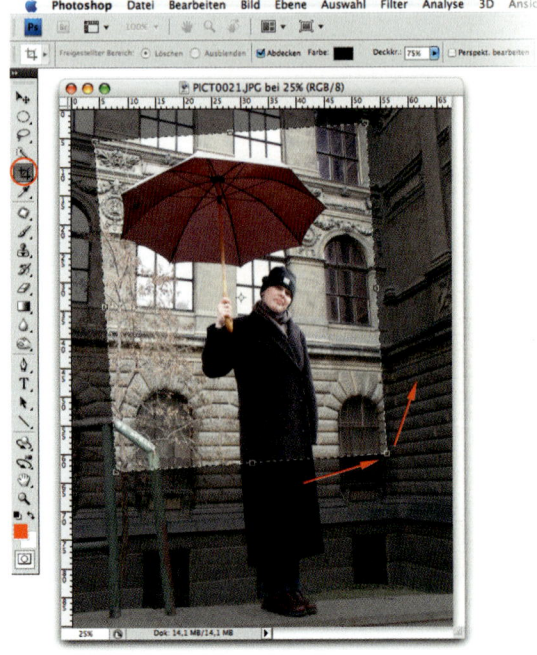

Feste Seitenverhältnisse für freigestellte Bilder definieren

Sie können zum Freistellen feste Seitenverhältnisse definieren. Das ist sehr praktisch, wenn Sie Fotos an das Papierformat anpassen möchten.

Zur Verfügung stehen einige Standardeinstellungen mit den klassischen Bildformaten – diese finden Sie in der Optionsleiste. Aber auch eigene Seitenverhältnisse können eingestellt werden.

Wenn Sie die Seitenverhältnisse selbst definieren möchten, geben Sie die Zahlen in den Feldern *Breite* und *Höhe* ein.

Wenn Sie eine bestimmte Auflösung einhalten wollen, zum Beispiel zum Drucken, geben Sie im Feld *Auflösung* eine entsprechende Zahl ein (zum Drucken mindestens 300 Pixel/Zoll).

Die Bilder werden dann unter Berücksichtigung der Auflösung zugeschnitten.

Feste Proportionen

Beim Ziehen des Freistellungsrahmens in der Bildfläche bleibt der ausgewählte Bereich immer in einem Rechteck, in dem die Seitenverhältnisse fest sind.

Egal an welchem Anfasser Sie die Größe des Rahmens verändern, bleiben die Proportionen erhalten. Auch bei festen Seitenverhältnissen kann der Rahmen gedreht werden.

Mehrere Bilder freistellen und auf eine Größe bringen

Wenn Sie mehrere Bilder, die unterschiedliche Maße haben, auf gleiche Größe und Auflösung bringen wollen, öffnen Sie diese in Photoshop.

Wählen Sie das Bild aus, das die Größe hat, die für alle anderen Bilder übernommen werden soll, und bringen Sie dieses Bild nach vorn. Wählen Sie das Freistellungswerkzeug und aktivieren Sie die Option *Vorderes Bild*.

Stellen Sie alle anderen Bilder frei. Die Größe und die Auflösung des vorderen Bildes werden auf die ausgewählten Bereiche der restlichen Bilder übertragen.

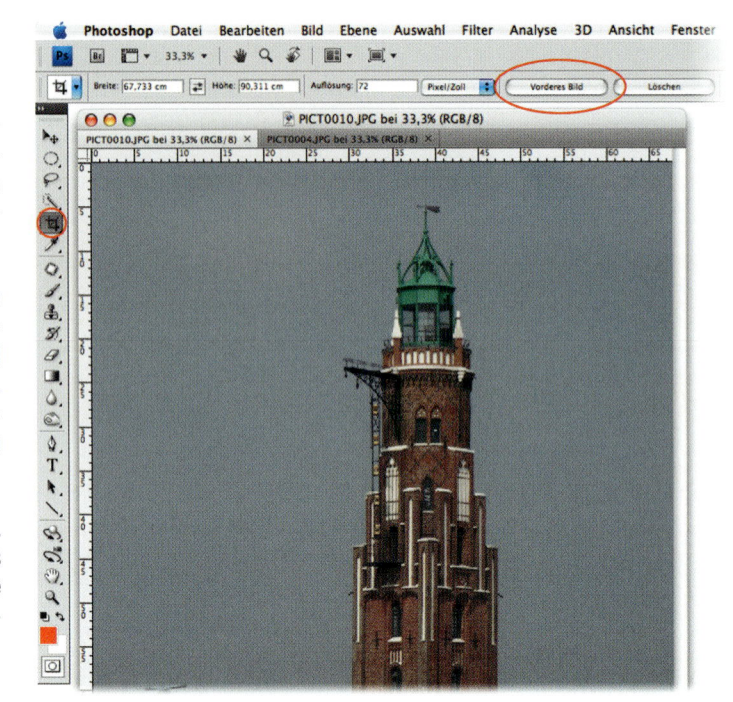

3.7 Webdesign in Photoshop: Slices

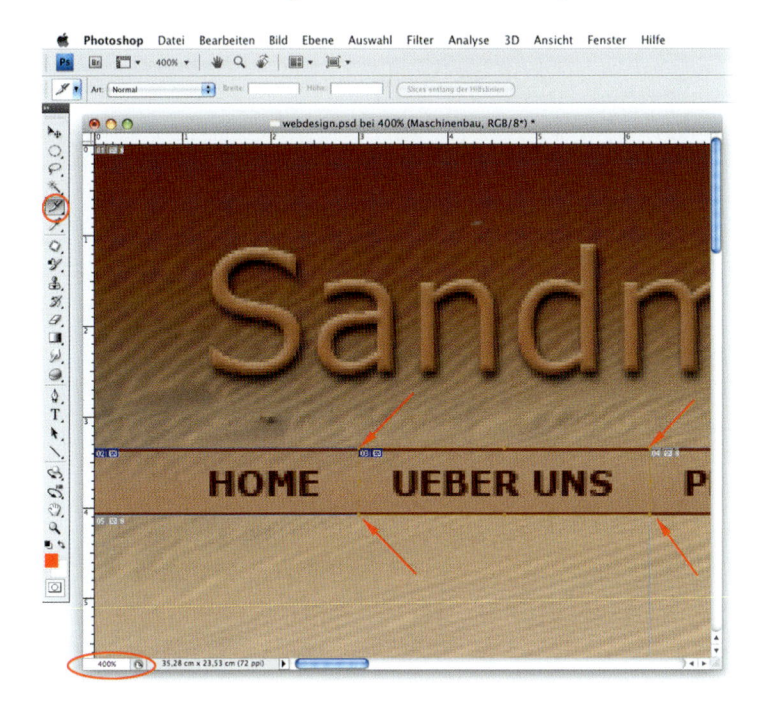

Das Slice-Werkzeug (C) ist im Prinzip nichts anderes als ein Zuschnittwerkzeug für die Bildelemente einer Homepage.

Erstellen Sie das Layout der Homepage als eine PSD-Datei, in der alle Bildelemente vorhanden sind: Hintergrundbild, Navigationsbuttons, andere grafische Elemente wie Fotos, Linien, Formen etc.

Vergrößern Sie die Ansicht des Layouts auf ca. 300–400 %, sodass Sie jede dünne Linie gut sehen können, und erstellen Sie mit dem Slice-Werkzeug (C) die Auswahl der Bildelemente so, wie diese als einzelne Grafiken in den HTML-Code eingebunden werden sollen.

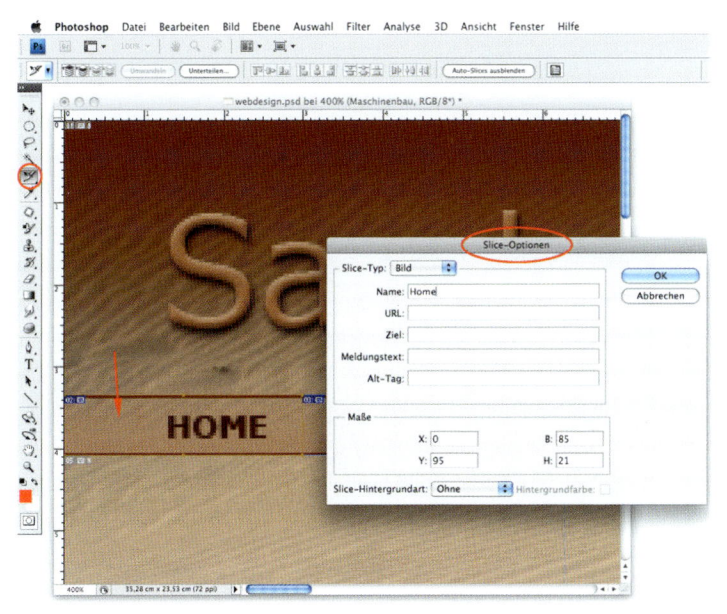

Nachdem der „Zuschnitt" fertig ist, können Sie die Optionen einzelner Bilder bearbeiten. Aktivieren Sie das Slice-Auswahlwerkzeug (C).

Klicken Sie auf eine mit Slices abgegrenzte Grafik, z. B. auf die Schaltfläche *HOME*. Dabei haben Sie die Möglichkeit zu definieren, ob es sich um Grafiken oder Schaltflächen handelt.

Die Alt-Bezeichnungen und URL-Adressen für die Grafiken können ebenfalls eingefügt werden.

Wenn Sie alle Grafiken mit den notwendigen Attributen ausgestattet haben, können Sie das Layout als eine PSD-Datei speichern und die Webseite zum Veröffentlichen vorbereiten.

Webdesign in Photoshop: Slices

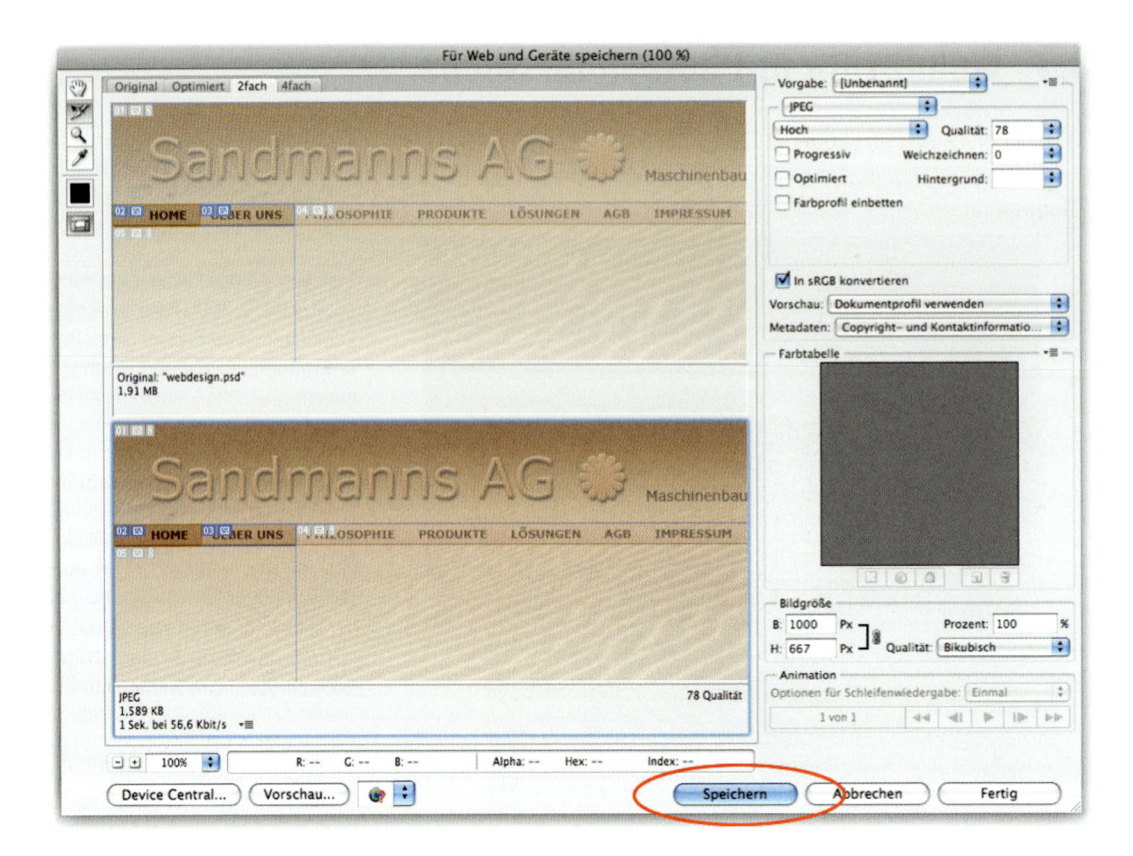

Klicken Sie auf *Datei/Für Web und Geräte speichern*. Definieren Sie im Dialog den Dateityp, also wie die Bildelemente der Webseite abgespeichert werden sollen.

Enthält Ihre Webseite überwiegend einfarbige Flächen, Linien und Text, können Sie das Format GIF zum Speichern wählen.

Die Dateien werden dadurch sehr klein. Falls das Layout Verläufe oder Fotos enthält, sollte lieber das Format JPEG gewählt werden.

Klicken Sie auf *Speichern* und wählen Sie dann im Dialog *Speichern unter* das passende Verzeichnis und im Feld *Format* den Eintrag *HTML und Bilder*. Die Homepage wird komplett im ausgewählten Verzeichnis gespeichert und kann veröffentlicht werden.

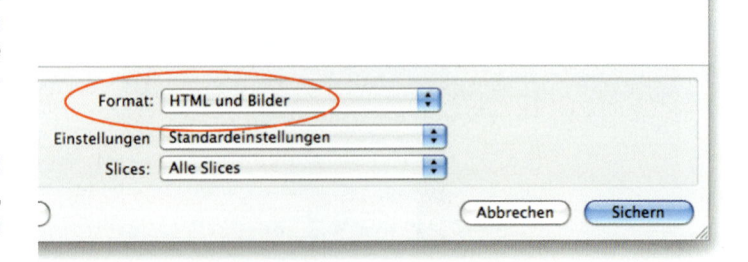

Für professionelles Webdesign reicht Ihnen das Slice-Werkzeug (C) nicht aus, auch wenn Photoshop den HTML-Code selbst generiert.

Erweiterte Funktionen und eine websichere Darstellung in verschiedenen Browsern erreichen Sie nur, wenn Sie die Webseitenprogrammierung in einem Webeditor wie Dreamweaver CS4 vornehmen, der Bestandteil der Adobe Creative Suite CS4 ist (Web, Premium oder Master).

3.8 Reparaturwerkzeuge

Ob Sensorflecken, Pickel oder andere Fehler, die Reparaturwerkzeuge mit intelligenten Funktionen leisten große Hilfe. Lernen Sie in diesem Abschnitt den sicheren Umgang mit den Werkzeugen aus der Reparaturgruppe.

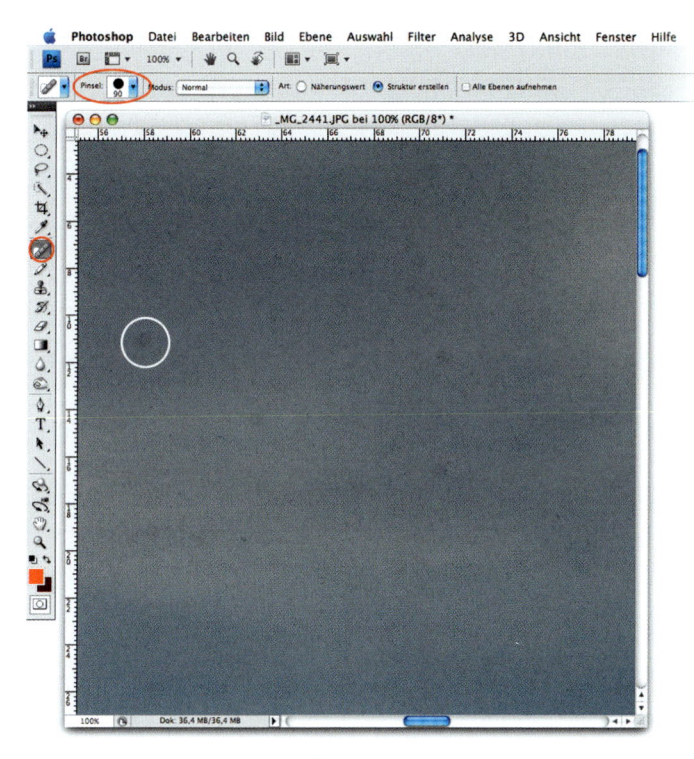

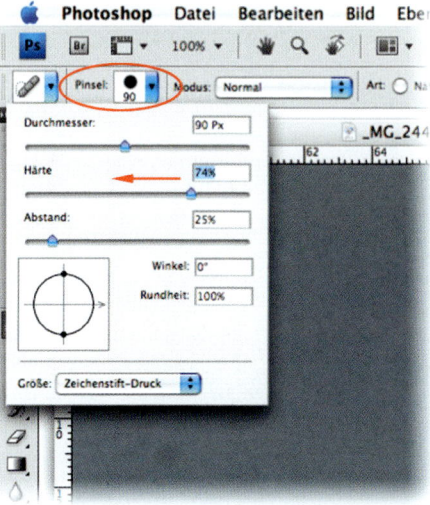

Einsatzgebiete für das Bereichsreparatur-Pinsel-Werkzeug

Das Bereichsreparatur-Pinsel-Werkzeug funktioniert völlig automatisch und entfernt Flecken, ohne dass Sie vorher eine Quelle definieren, wo die sauberen Pixel aufgenommen werden sollen. Es gibt für dieses Werkzeug keine Einstellungen, mit denen Sie das Verhalten des Tools steuern können. Sie können nur die Ebenenfüllmethode wählen und auf eine von zwei möglichen Optionen zugreifen: Entweder Sie entscheiden sich für einen Näherungswert, bei dem die Pixel der Umgebung ohne Veränderung der Bildstruktur übertragen werden (wird meistens verwendet). Oder Sie nehmen die Option *Struktur erstellen*, wenn Sie mit dem Ausbessern der strukturierten Flächen beschäftigt sind. So wird die ausgebesserte Fläche etwas angeraut, was für die Strukturen oft von Vorteil sein kann.

Das Bereichsreparatur-Pinsel-Werkzeug ist am besten für Aufgaben geeignet, bei denen kleine Flecken repariert werden sollen, die auf einem ziemlich ruhigen Hintergrund liegen, wie z. B. Sensorflecken auf dem Himmel, kleine Kratzer oder Staub auf glatten Oberflächen. Bei der Porträtretusche können Sie mit dem Bereichsreparatur-Pinsel-Werkzeug kleine Pickel und Flecken ausbessern. Vorsicht bei Grenzstellen wie etwa beim Übergang von Haut und Haaren! Dort kann es schnell passieren, dass die Flecken mit den Pixeln aus dem Bereich Haare ersetzt werden, was als Folge große dunkle Flächen hat. Die Pinselspitze für das Werkzeug verwenden Sie am besten mit einer Härte von 60–80 %.

Reparatur-Pinsel-Werkzeug: alles unter Kontrolle

Wie schon erwähnt wurde, zeigt das Bereichsreparatur-Pinsel-Werkzeug bei den Grenzstellen Schwächen. Deshalb ist es sinnvoll, bei solchen Aufgaben wie der Beautyretusche gleich zum Reparatur-Pinsel-Werkzeug zu greifen.

Das Reparatur-Pinsel-Werkzeug funktioniert ähnlich wie das vorher beschriebene Werkzeug, nur dass hier die Pixel auf die fehlerhafte Stelle übertragen werden, die Sie vorher definieren.

Halten Sie die Alt-Taste gedrückt und klicken Sie auf die Stelle mit den sauberen Pixeln. Lassen Sie dann die Alt-Taste los und tragen Sie die aufgenommenen Pixel auf die Stellen, die Fehler enthalten, auf. Wählen Sie die Option *Aufgen*.

Beim Ausbessern der Flächen können Sie entweder bei der Originalebene bleiben oder eine andere pixelschonende Art wählen. Erstellen Sie vor dem Ausbessern in der *Ebenen*-Palette eine neue leere Ebene und wählen Sie die Option *Akt. u. darunter*.

Diese Option bedeutet, dass die Pixel bei gedrückter Alt-Taste von der Ebene mit dem Originalbild aufgenommen werden und dann, wenn Sie die Alt-Taste loslassen, auf die leere Ebene übertragen werden. Das hat große Vorteile.

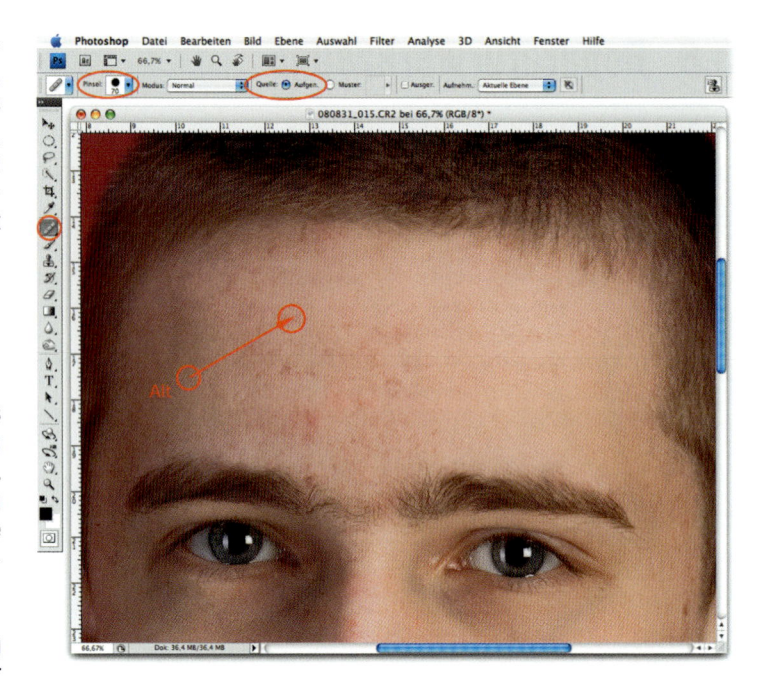

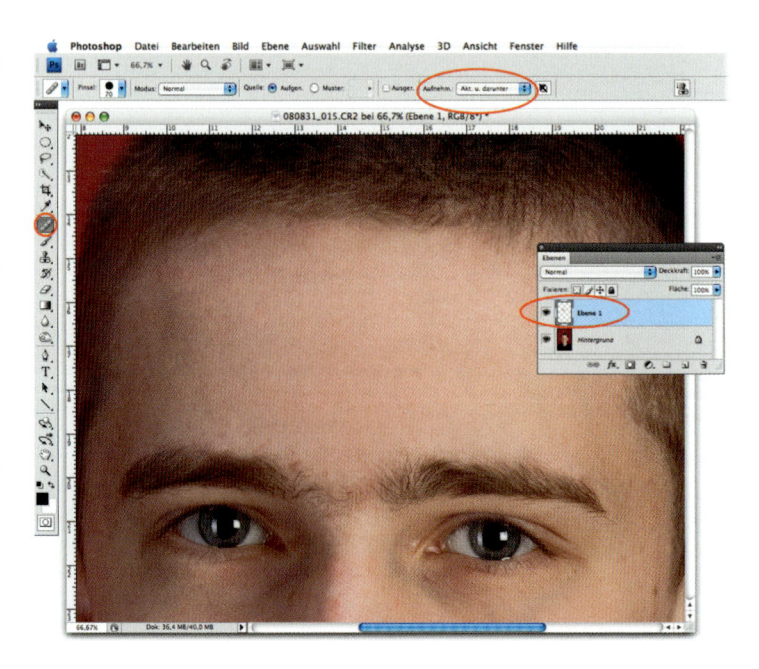

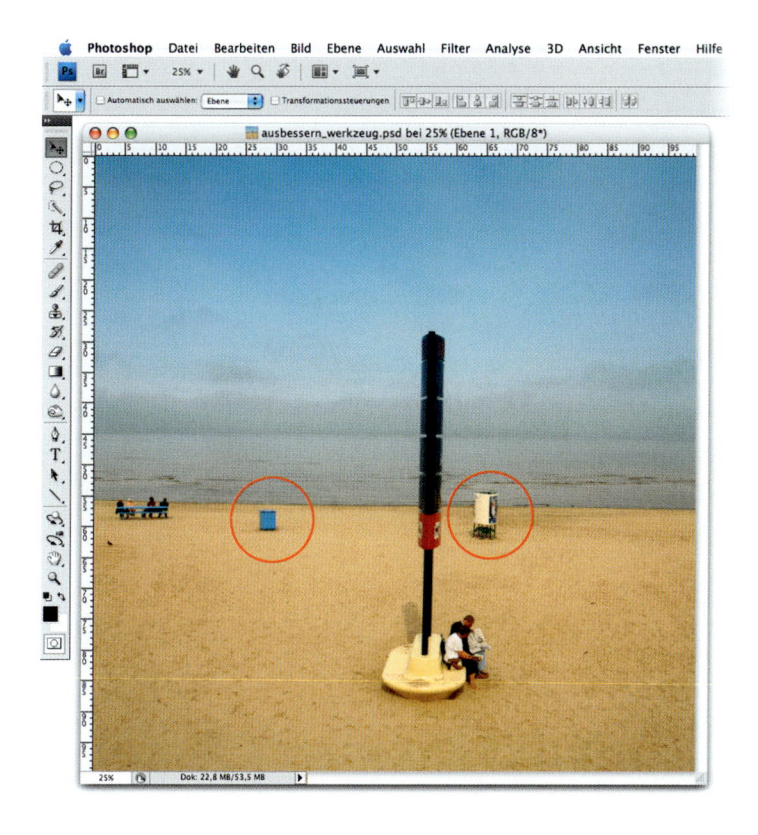

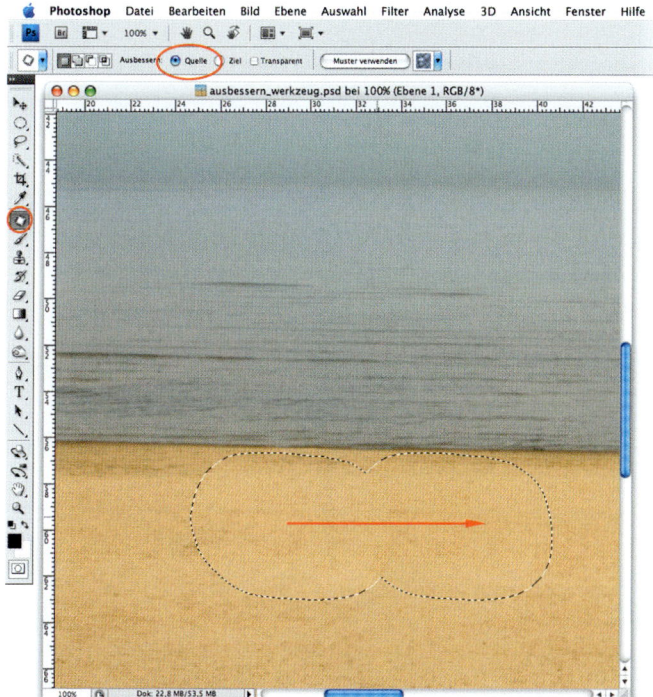

Erstens bleibt das Originalbild unangetastet, und zweitens, da die Reparaturpixel sich auf einer separaten Ebene befinden, können Sie die Dichte dieser Pixel mit dem Regler *Deckkraft* der Ebene verringern. So erreichen Sie besonders bei der Beautyretusche eine sehr sanfte Bearbeitung, die Hautstruktur bleibt nahezu unverändert.

Der optimale Workflow für das Ausbessern-Werkzeug

Das Ausbessern-Werkzeug ist eine wirklich gute Erfindung, denn damit können Sie große Flächen auf den Fotos reparieren und sogar ganze Bildteile verschwinden lassen. In unserem Beispiel wird gezeigt, wie eine Umkleidekabine und die Mülltonne vom Strand verschwinden werden. Wählen Sie das Ausbessern-Werkzeug ([J]).

Wählen Sie für das Werkzeug die Option *Quelle*. Diese ermöglicht es Ihnen, den Bereich mit dem zu entfernenden Bildelement auszuwählen und durch das Ziehen auf eine saubere Fläche verschwinden zu lassen.

Die Option *Ziel* funktioniert umgekehrt. Zuerst wird die saubere Fläche ausgewählt, die etwas größer ist als das Objekt, das verschwinden soll. Dann wird die ausgewählte Fläche auf das Objekt übertragen.

Bei den beiden Optionen bleiben die Strukturen erhalten und die Grenzen der ausgewählten Bereiche werden automatisch angepasst. Bei den Bildteilen mit kleinen Strukturen funktioniert das Ausbessern-Werkzeug nahezu perfekt, bei gröberen Strukturen sollten einige Regeln beachtet werden.

Beim Entfernen der Mülltonne gab es keine Probleme, weil diese sich komplett auf der Sandfläche befand.

Bei der Umkleidekabine wird es etwas schwieriger. Die untere Hälfte des Objekts liegt auf der Sandfläche und die obere auf der Wasseroberfläche.

Sie können die Umkleidekabine genauso wie die Mülltonne mit dem Ausbessern-Werkzeug ([J]) auswählen und auf die saubere Fläche ziehen.

Nur eines sollten Sie beachten: die Trennlinie zwischen dem Sand und dem Wasser. Diese darf nicht nach oben oder unten verrutschen.

Es ist deshalb sinnvoll, die Ansicht vor der Korrektur so zu vergrößern, dass Sie die Linie korrekt weiterführen können.

Das Ausbessern-Werkzeug ([J]) liefert überzeugende Ergebnisse. Auch bei schwierigeren Situationen mit komplizierten Strukturen können Sie mit ein wenig Übung saubere Korrekturen durchführen.

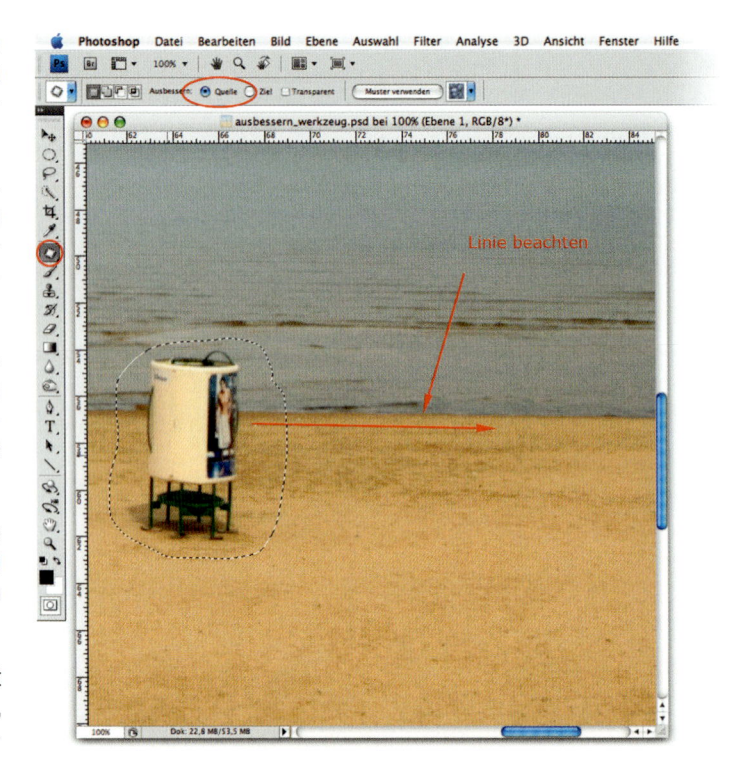

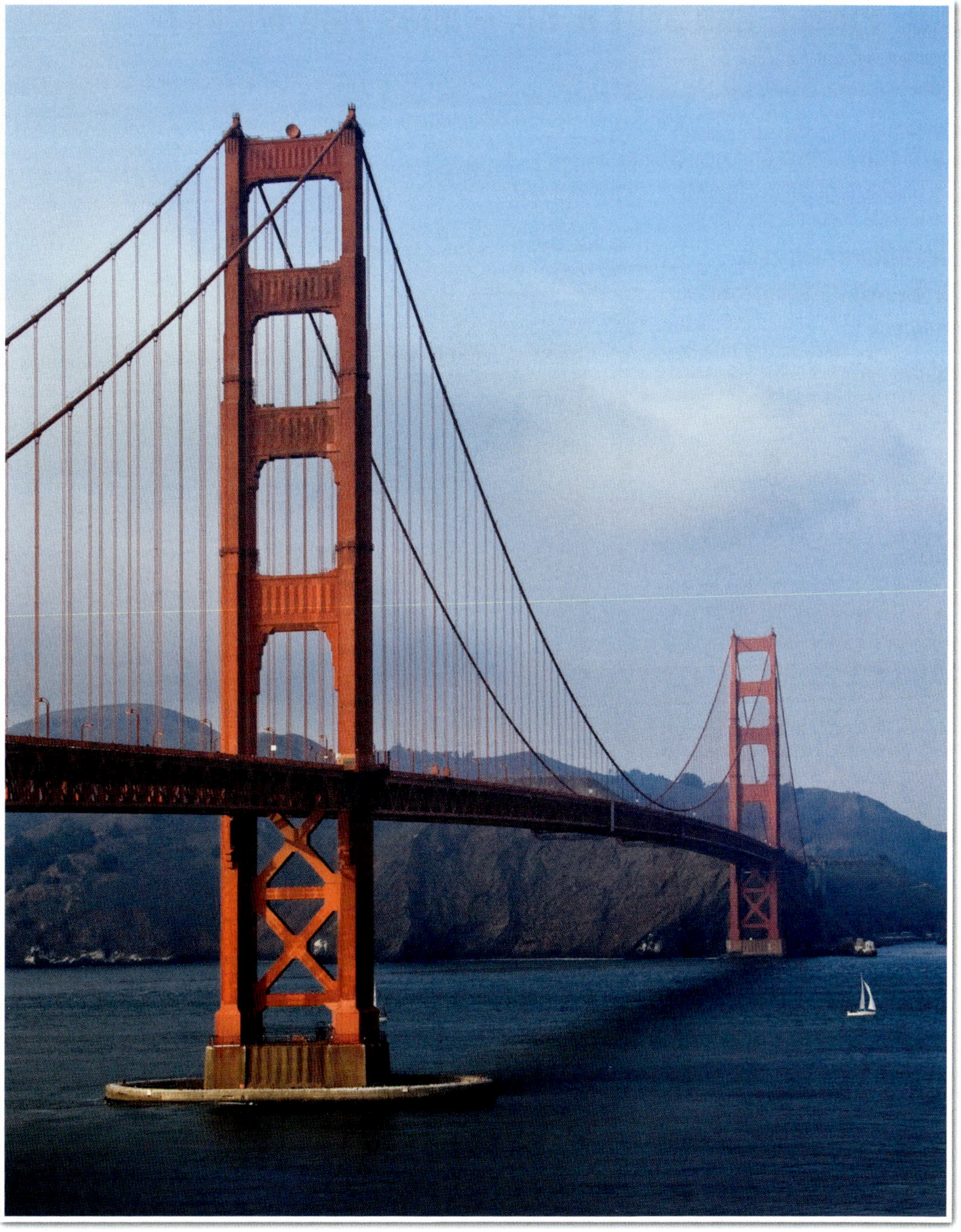

3.9 Pinsel, Buntstift & Co. – alles zum Malen?

Nicht nur zum Malen können Sie diese Werkzeuge benutzen. Das Pinsel-Werkzeug hält einige Überraschungen für Sie bereit. Lernen Sie in diesem Abschnitt, wie Sie die Malwerkzeuge in einfacher Form und mit erweiterten Optionen effektiv nutzen.

Pinsel-Werkzeug zum Malen und Retuschieren benutzen

Das Pinsel-Werkzeug (B) in seiner Standardform verhält sich tatsächlich wie ein Pinsel.

Wenn Sie mit dem Werkzeug tatsächlich malen möchten, können Sie das fast wie mit einem richtigen Pinsel tun.

Nehmen Sie am besten gleich ein Grafiktablett, denn mit der Maus zu malen, ist ziemlich umständlich.

Wenn Sie die Palette der Werkzeugspitzen in der Optionsleiste öffnen, finden Sie viele Standardwerkzeuge, die an „analoge" Malwerkzeuge wie Pinsel, Buntstift, Kreide etc. angelehnt sind.

Die Größe und die Härte der Werkzeugspitzen können Sie in der Palette anpassen. Für die Veränderung der Pinselgröße können Sie außerdem die Tastenkürzel benutzen: zum Vergrößern die Taste # und zum Verkleinern Ö.

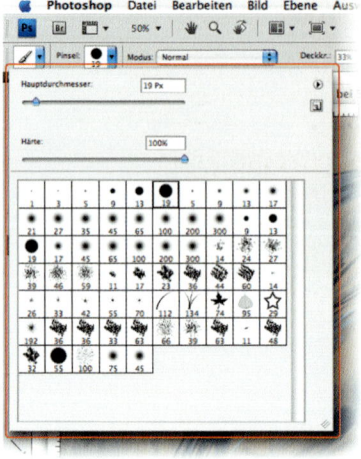

Pinsel, Buntstift & Co. – alles zum Malen?

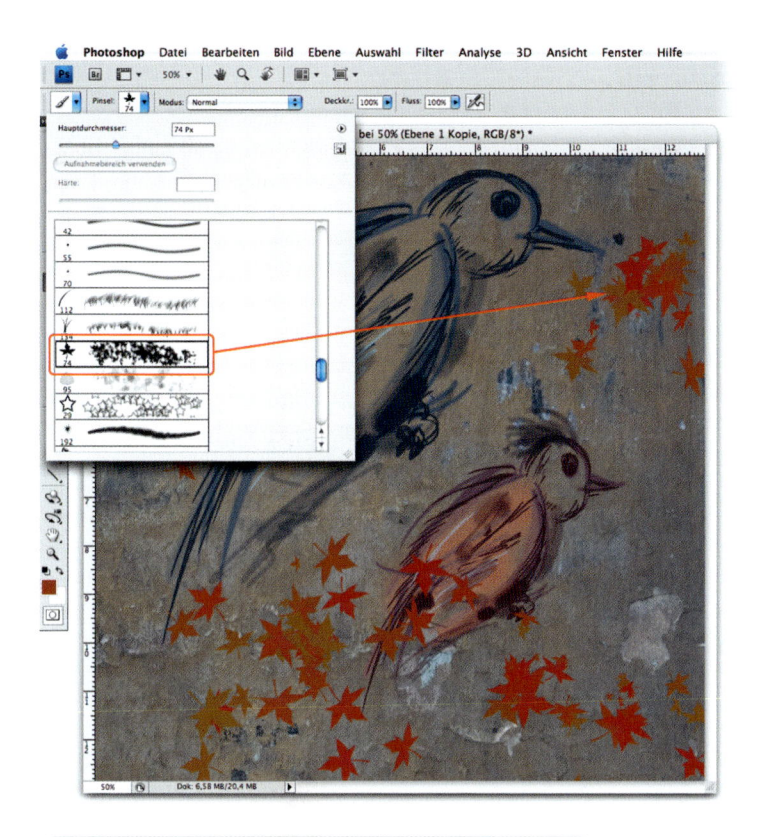

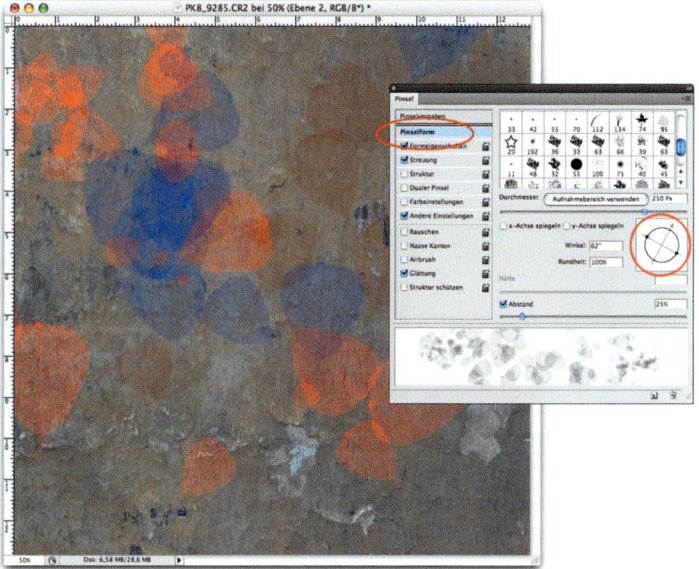

Formspitzen und zweifarbige Spitzen benutzen

Neben den Werkzeugspitzen in klassischer Form gibt es einige Pinselspitzen, die eine Musterform haben, wie zum Beispiel Sterne, Blätter, Gras.

Mit diesen Formen können Sie entweder Ornamente kreieren oder sie für die Retusche strukturierter Flächen verwenden, wie z. B. Gras. Solche Formspitzen benutzen zum Malen die Vorder- und Hintergrundfarbe.

Die Mischverhältnisse zwischen den Farben können Sie in der Palette *Pinsel* steuern – wie das geht, erfahren Sie etwas später.

Besonders wenn Sie die Pinselspitzen mit einer bestimmten Form benutzen, ist es wichtig, dass diese Form ab und zu geändert wird, damit das gemalte Muster nicht zu gleichmäßig aussieht.

Öffnen Sie die Palette *Pinsel* und klicken Sie links auf den Eintrag *Pinselform*. Rechts im Feld finden Sie ein Steuerungsrad, mit dem Sie die Pinselspitze drehen können.

Fassen Sie das Drehrad am Pfeil an und machen Sie die Drehung um eine gewünschte Gradzahl. Sie können die Gradzahl auch direkt im Feld *Winkel* eingeben. Außerdem können Sie die Pinselspitze verformen. Fassen Sie einen der schwarzen Punkte auf dem Drehrad an und bewegen Sie diesen zu den Achsen.

Aus dem Kreis wird eine Ellipse – entsprechend verändert sich auch die Pinselform.

Die Photoshop-Werkzeuge — KAPITEL 3

Pinsel, Buntstift & Co. – alles zum Malen?

Eigene Pinsel-Werkzeugspitzen erstellen

Wenn Ihnen die Werkzeugspitzen, die in Photoshop standardmäßig zur Verfügung stehen, nicht genügen, können Sie in nur wenigen Schritten eine eigene Werkzeugspitze kreieren. Im nächsten Beispiel lernen Sie, wie Sie eine Werkzeugspitze für die abstrakte Malerei erstellen können.

1

Für die Pinselspitze wurde ein quadratisches Bild mit einer Steinstruktur gewählt. Die Größe sollte 2.200 x 2.200 Pixel nicht überschreiten. Wenn Sie weiche Kanten kreieren möchten, erstellen Sie mit dem Verlaufswerkzeug ([G]) mehrere Verläufe (linearer Verlauf, Schwarz zu Transparent), wie es auf dem Screenshot zu sehen ist.

2

Gehen Sie zu *Auswahl/Farbbereich*. Klicken Sie im geöffneten Dialog *Farbbereich* mit der Pipette in die Mitte des Bildes und passen Sie die Toleranz so an, dass Ihnen die Pinselform zusagt.

Je höher die Toleranz, umso mehr Farbnuancen werden ausgewählt und umso dichter wird die Struktur der Pinselspitze.

Bestätigen Sie die Eingabe mit *OK*. Der ausgewählte Bereich wird als schwebende Auswahl geladen.

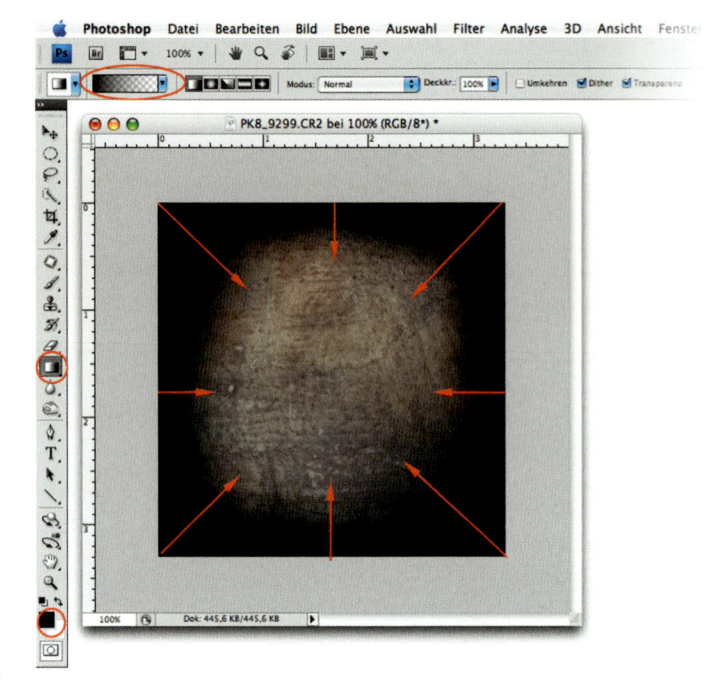

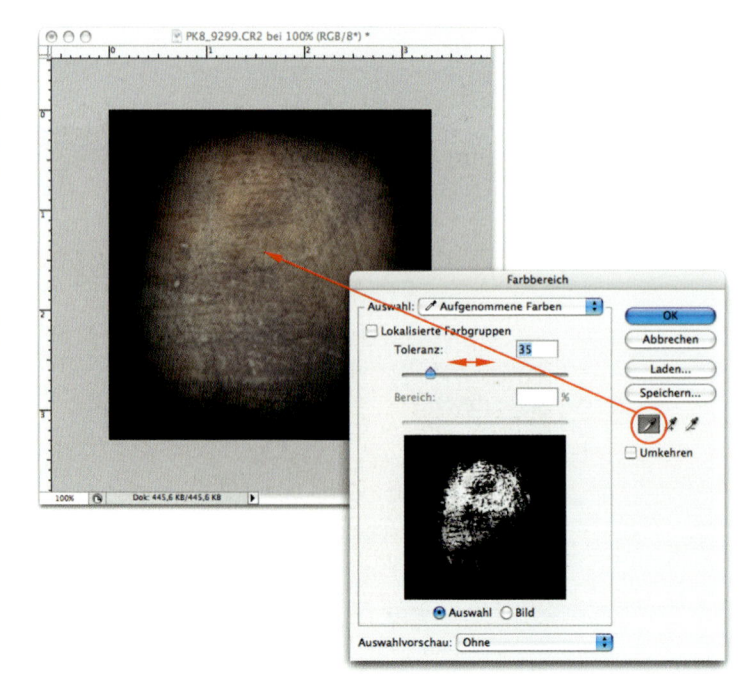

Pinsel, Buntstift & Co. – alles zum Malen?

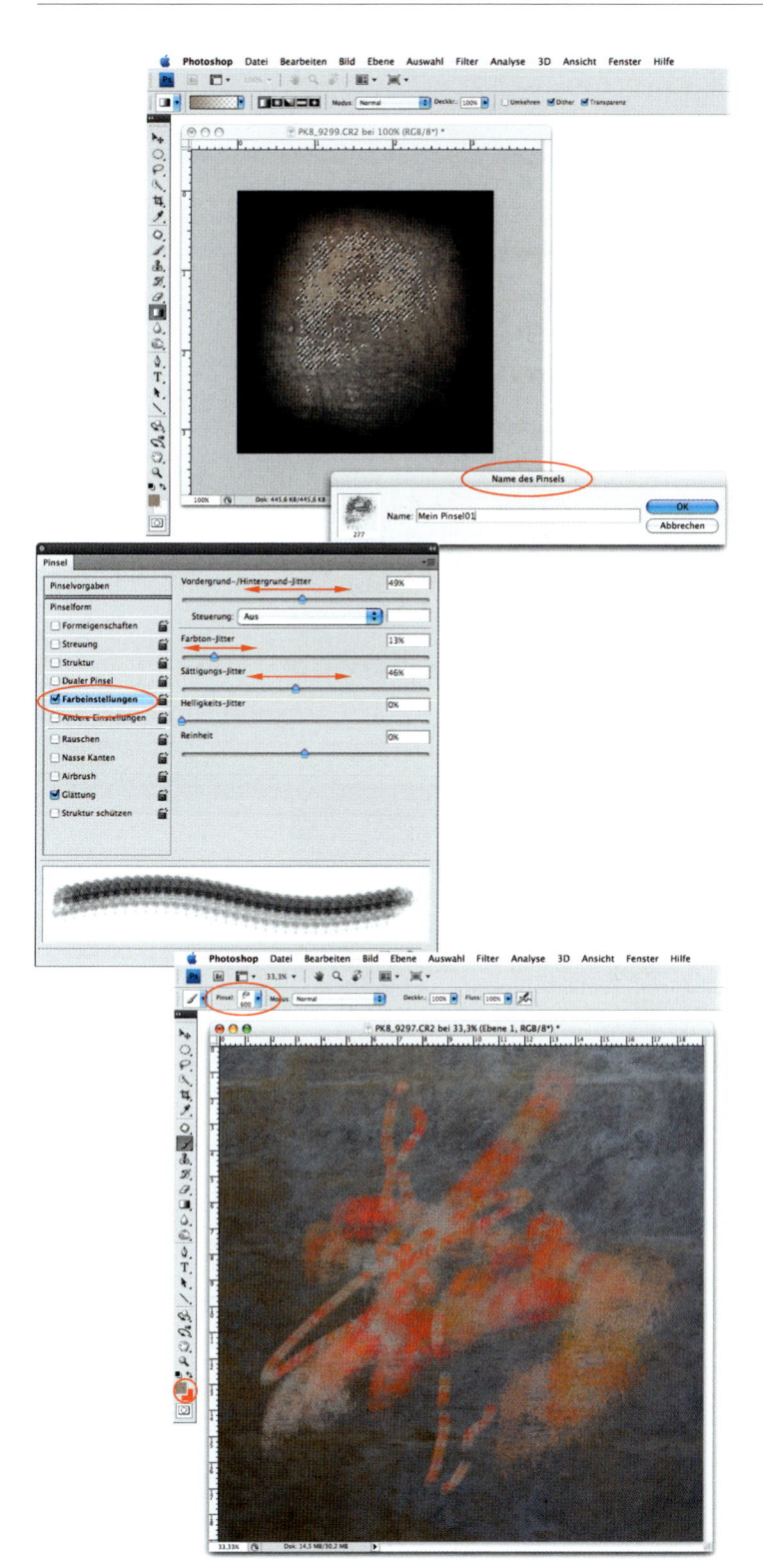

3

Mit *Bearbeiten/Pinselvorgabe festlegen* wird der neue Pinsel in der Pinselsammlung gespeichert.

Geben Sie die Bezeichnung im Dialog *Name des Pinsels* ein und bestätigen Sie mit *OK*. Die Pinselspitze ist somit fertig und liegt als Letzte in der *Pinsel*-Palette.

4

Wenn Sie den Pinsel als zweifarbigen Pinsel verwenden möchten, können Sie in der Palette *Pinsel* auf den Eintrag *Farbeinstellungen* klicken und gewünschte Änderungen vornehmen.

Wenn der Pinsel die Farben des Vorder- und Hintergrunds abwechselnd auftragen soll, bewegen Sie den Regler *Vordergrund-/Hintergrund-Jitter* nach rechts, bis das gewünschte Verhältnis erreicht ist. Mit den weiteren Einstellungen erreichen Sie Veränderungen des Farbtons, der Sättigung sowie der Helligkeit.

5

Mit dem erstellten Pinsel können Sie jetzt malen. Probieren Sie den Pinsel aus, wenn Sie verschiedene Farben und Größen benutzen. Bei den Farben sollten die Vordergrund- und Hintergrundfarbe geändert werden, weil Sie in den Farbeinstellungen zweifarbige Pinsel definiert haben. Wie Sie auf dem Screenshot sehen, können Sie mit dem selbst erstellten zweifarbigen Pinsel sehr schnell ein abstraktes Kunstwerk kreieren.

Einsatzgebiete für den Buntstift

Das Buntstift-Werkzeug (B) ist gut zum Zeichnen geeignet. Bei diesem Tool gibt es keine weichen Kanten, daher können Sie nur scharfe Konturen erstellen. Das Buntstift-Werkzeug wird häufig zum Erzeugen von Grafiken fürs Webdesign oder zum Erstellen von Schemata, technischen Zeichnungen und Symbolen verwendet.

Wenn Sie eine Grafik fürs Webdesign erstellen möchten, können Sie mit dem Buntstift Größe 1 Pixel bei starker Vergrößerung zeichnen (bis 1.600 %) – so können Sie Pixel für Pixel exakt die Formen kreieren. In der neuen CS4-Version werden die Pixel bei der starken Vergrößerung mit dünnen Linien voneinander getrennt, was das Zeichnen bequemer macht.

Pinselspitzen mit einem Strukturmuster erstellen

Die individuellen Pinselspitzen können Sie nicht nur zum Malen, sondern auch zum Stempeln benutzen.

Mit so einer Pinselspitze können Sie Bilder zum Beispiel mit nur einem Klick mit einer Struktur überziehen. Öffnen Sie ein Foto mit der Struktur und wählen Sie *Bearbeiten/Pinselvorgabe festlegen*. Das ganze Bild wird als Pinselspitze gespeichert. Im Dialog *Name des Pinsels* können Sie der Pinselspitze einen Namen geben.

Öffnen Sie das nächste Bild, das Sie mit der erstellten Struktur überziehen möchten. Erzeugen Sie eine neue leere Ebene und definieren Sie die Farbe für die Struktur. Um das Bild mit der Struktur zu überziehen,

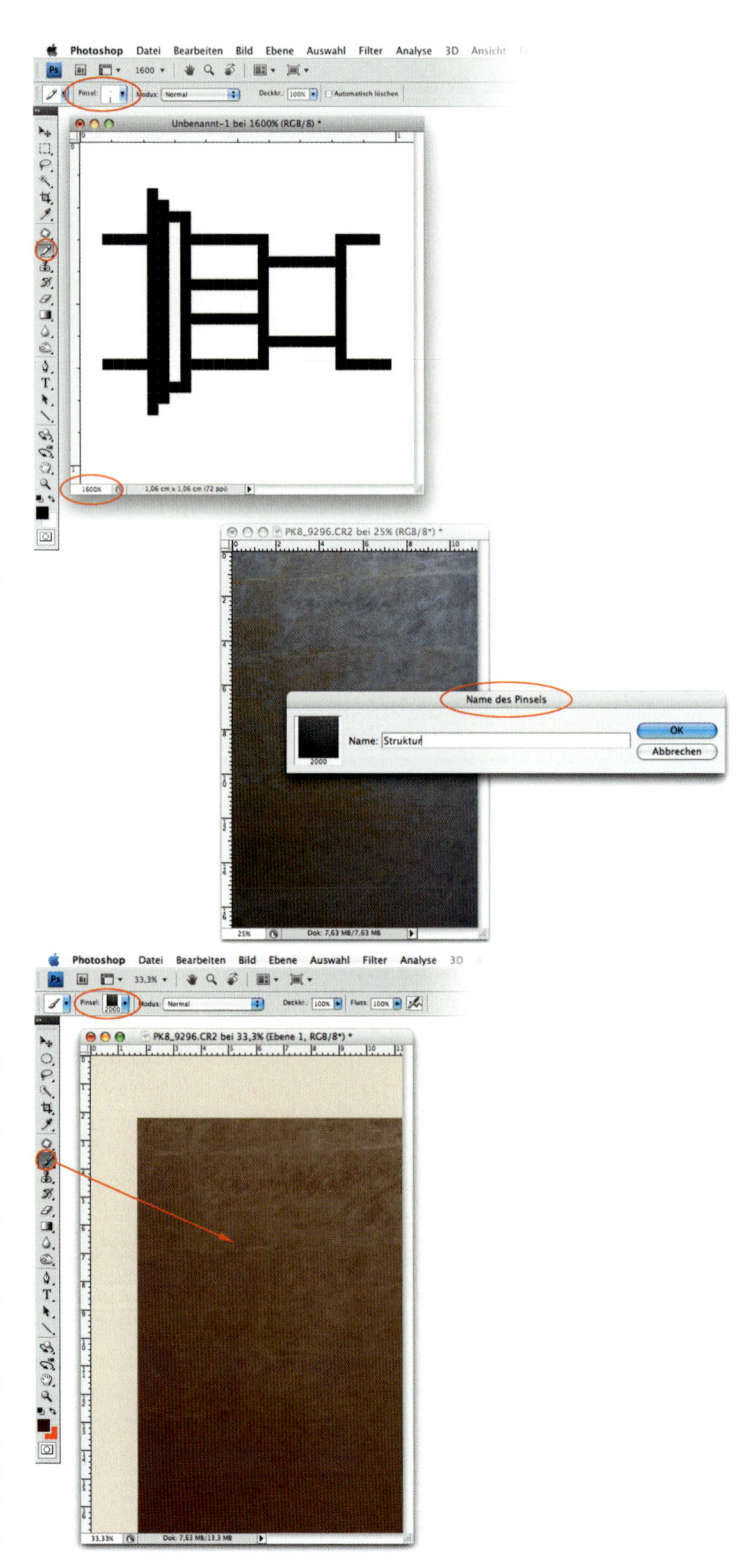

Pinsel, Buntstift & Co. – alles zum Malen?

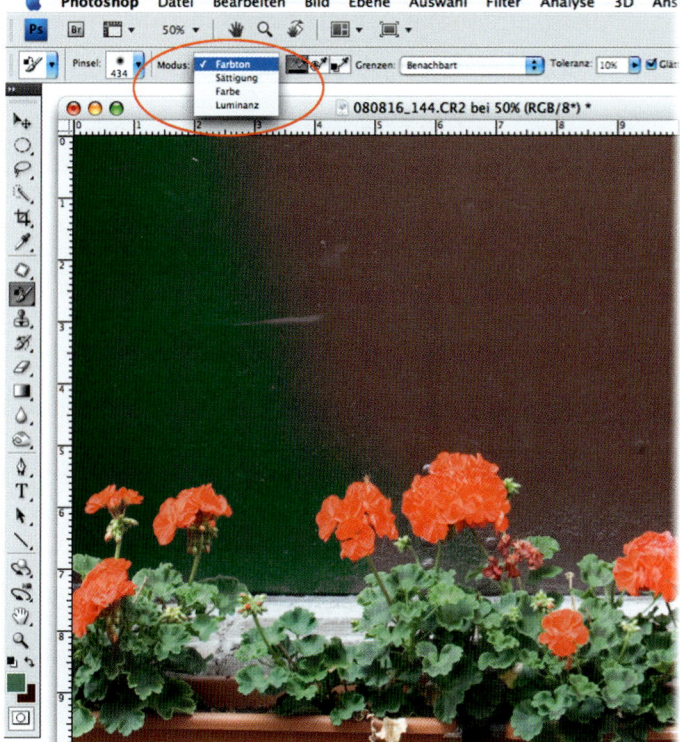

reicht es, wenn Sie nur einmal mit der neu erstellten Pinselspitze in die Bildfläche klicken. Falls die Größe der Pinselspitze nicht ausreicht, können Sie die erstellte Struktur auf der neuen Ebene skalieren. Benutzen Sie dazu den Tastaturbefehl [Strg]+[T]. Halten Sie beim Skalieren die [Umschalt]-Taste gedrückt, damit die Proportionen dabei nicht verloren gehen. Die Deckkraft der Ebene mit der Struktur können Sie reduzieren, falls die Struktur zu intensiv wirkt.

Durch die Verwendung unterschiedlicher Ebenenfüllmethoden wie *Weiches Licht* oder *Ineinanderkopieren* können Sie interessante Überlagerungseffekte erreichen.

Interessante Effekte mit dem Farbe-ersetzen-Werkzeug

Das sich auch in der Pinsel-Werkzeuggruppe befindende Farbe-ersetzen-Werkzeug ([B]) eignet sich hervorragend für die Umfärbung von Bildflächen, die ähnliche Farbtöne haben, wie es auf unserem Beispielbild zu sehen ist.

Wählen Sie die Vordergrundfarbe im Farbwähler; das wird die Farbe sein, die auf die Fläche aufgetragen wird, die Sie bemalen. Wählen Sie eine passende Pinselspitze und bemalen Sie die Bildfläche.

Die Farbe können Sie nicht nur einfach ersetzen, sondern auch in unterschiedlichen Modi verwenden (wie *Farbton, Sättigung, Farbe* und *Luminanz*).

Bei den verschiedenen Modi erreichen Sie unterschiedliche Effekte wie z. B. eine Verstärkung der Sättigung oder Abdunklung.

Pinsel, Buntstift & Co. – alles zum Malen?

Beim Ersetzen der Farben mit anderen, die keine Komplementärfarben sind, können Sie den Wert für *Toleranz* ziemlich hoch einstellen, ca. 30 %.

Die Grenzen zu den anderen Farben werden mit der neu aufgetragenen Farbe gut nachgezeichnet und es gibt so gut wie keine Ränder mit der alten Farbe.

Wenn Sie aber eine neue Farbe benutzen, die zu der Originalfarbe stark kontrastreich ist (wie auf dem Beispielbild: statt naturgrün leuchtendes Blau), sollte die Toleranz verringert werden.

In unserem Beispiel wurde die Toleranz für die blaue Farbe auf ca. 10 % gesenkt.

Auf dem Beispielbild auf der nächsten Seite wurde die Farbe des Autos von original Rot auf Ockerbraun geändert. Dabei wurde das Farbeersetzen-Werkzeug (B) mit einer Toleranz von ca. 30 % verwendet.

KAPITEL 3 Die Photoshop-Werkzeuge

Vorher

Nachher

3.10 Einsatz, Tipps und Tricks mit dem Kopierstempel

Das Kopierstempel-Werkzeug bleibt trotz ziemlich neuer Reparatur- und Ausbesserungswerkzeuge eines der beliebtesten Tools bei allen Retuschearbeiten.

Kopierstempel-Werkzeug

In den meisten Fällen wird das Kopierstempel-Werkzeug mit einer weichen Pinselspitze eingesetzt.

um Entfernen einiger Stellen aus dem Bild sollte zuerst ein Pixelbereich mit der [Alt]-Taste festgelegt werden, in dem die sauberen Pixel definiert werden.

Nach dem Loslassen der [Alt]-Taste können die aufgenommenen Pixel auf die auszubessernde Stelle übertragen werden.

Neu in Photoshop CS4 ist die Vorschaufunktion beim Kopierstempel-Werkzeug ([S]).

Wenn Sie die Pixel bei gedrückter [Alt]-Taste aufgenommen haben und die [Alt]-Taste loslassen, wird der aufgenommene Bereich an der Stelle des Mauszeigers angezeigt – so können Sie genau abschätzen, wo Sie die aufgenommenen Pixel auftragen wollen und ob die Strukturen durch neue Pixel nicht beschädigt werden.

Besonders hilfreich ist diese Funktion bei Flächen, die stark ausgeprägte Strukturen oder Kanten enthalten.

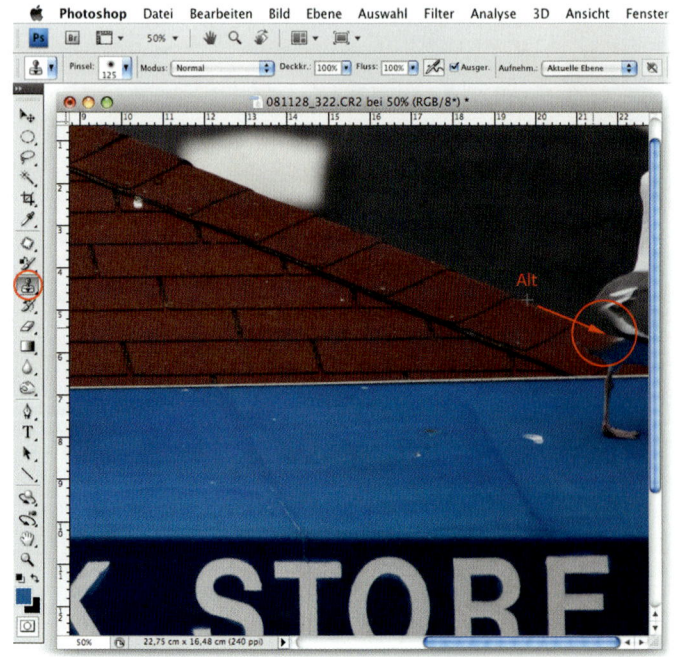

Einsatz, Tipps und Tricks mit dem Kopierstempel

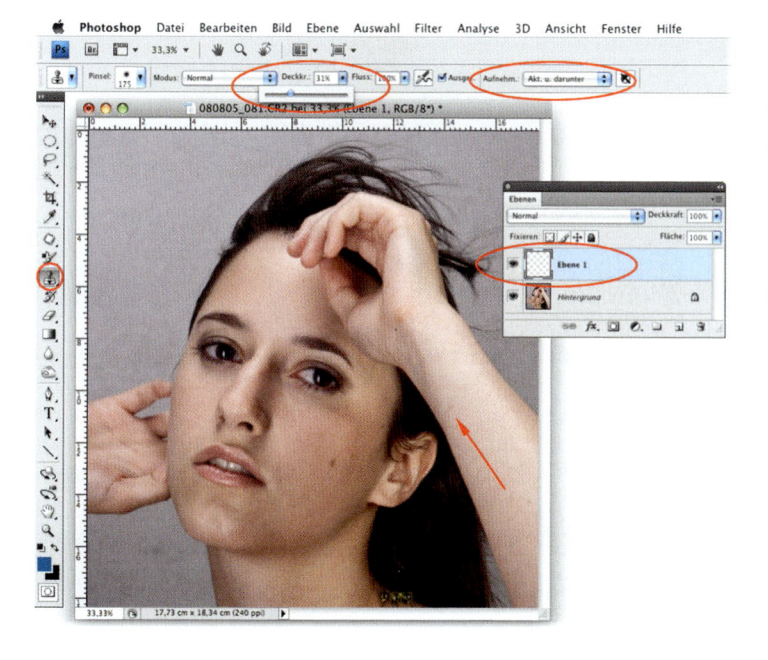

Pixelschonend arbeiten

Beim einfachen Stempeln verändern Sie die Pixelstruktur des Bildes, was nicht immer erwünscht ist. Wollen Sie das Originalbild unangetastet lassen, können Sie die Bildbereiche aufnehmen und die kopierten Pixel auf eine neue Ebene auftragen.

Erstellen Sie dazu in der *Ebenen*-Palette eine neue leere Ebene und aktivieren Sie für das Kopierstempel-Werkzeug (S) die Option *Akt. u. darunter*.

Bei gedrückter Alt-Taste nehmen Sie die Pixel von der Originalebene auf und beim Loslassen der Alt-Taste übertragen Sie die Pixel auf die leere Ebene.

Der Clou dabei ist, dass Sie neben dem pixelschonenden Arbeiten noch zusätzlich die Möglichkeit haben, die Deckkraft der Ebene mit den kopierten Pixeln zu reduzieren. Bei der Retusche haben Sie durch den Einsatz einer halbtransparenten Ebene oft Vorteile.

Stempeln mit verringerter Deckkraft

Diese Art von Stempeln ist besonders bei der Beautyretusche sehr sinnvoll. Wenn Sie die Haut mit dem Kopierstempel-Werkzeug (S) ausbessern möchten, ist eine Deckkraft zwischen 20 und 40 % optimal.

So vermeiden Sie eine Musterbildung, was bei der Beautyretusche sehr wichtig ist. Auch hier ist das Stempeln auf der zusätzlichen Ebene von Vorteil.

Einsatz, Tipps und Tricks mit dem Kopierstempel

Musterstempel-Werkzeug

Das Musterstempel-Werkzeug (S) wird oft unterschätzt, und zwar zu Unrecht. Mit diesem Werkzeug können Sie schnell und effektiv Oberflächen mit einem Muster überziehen, zum Beispiel mit einer Struktur.

Dazu brauchen Sie zuerst ein gespeichertes Muster. Zwar bietet Photoshop eigene Muster an, diese sind aber kaum zu gebrauchen, weil sie zu grob und zu einfallslos sind. Definieren Sie das Muster selbst.

Öffnen Sie eine Datei mit z. B. einer Steinstruktur und wählen Sie dann *Bearbeiten/Muster festlegen*. Geben Sie im darauffolgenden Dialog einen Namen für das Muster ein und bestätigen Sie mit *OK*.

Öffnen Sie anschließend ein Bild, das Sie entweder komplett oder teilweise mit dem Muster überziehen möchten. Damit Sie die Pixel des Originalbildes nicht zerstören, erstellen Sie in der *Ebenen*-Palette eine neue leere Ebene.

Wählen Sie für das Musterstempel-Werkzeug (S) eine passende Pinselgröße und stempeln Sie die Flächen zu, die Sie mit dem Muster überziehen möchten.

Ein kleiner Tipp: Speziell beim Überziehen der Flächen mit der Steinstruktur können Sie die Ebenenfüllmethode für das Musterstempel-Werkzeug (S) oder für die neu erstellte Ebene auf *Weiches Licht* ändern. So werden die Strukturen nicht so kontrastreich wie bei der Ebenenfüllmethode *Normal* und wirken harmonischer.

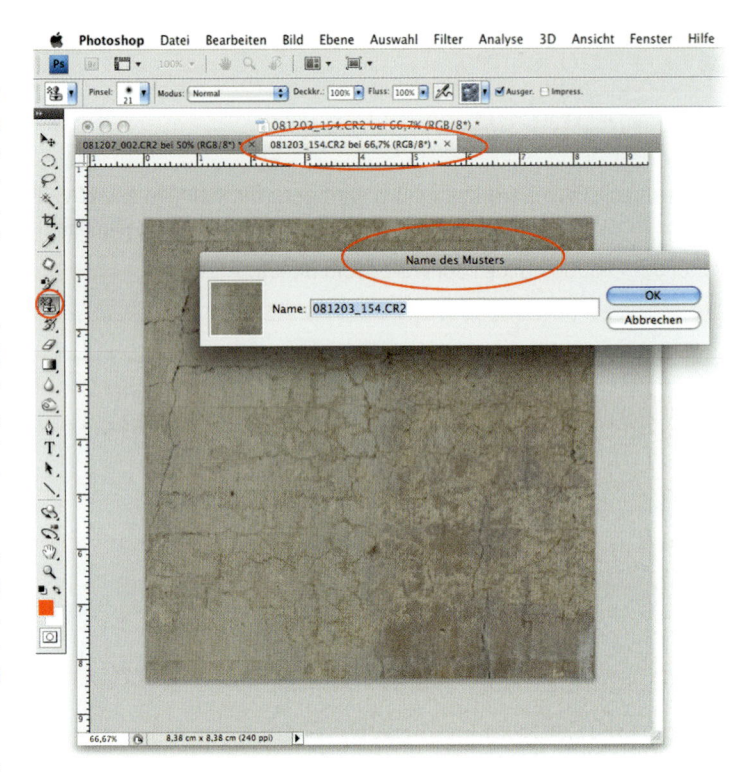

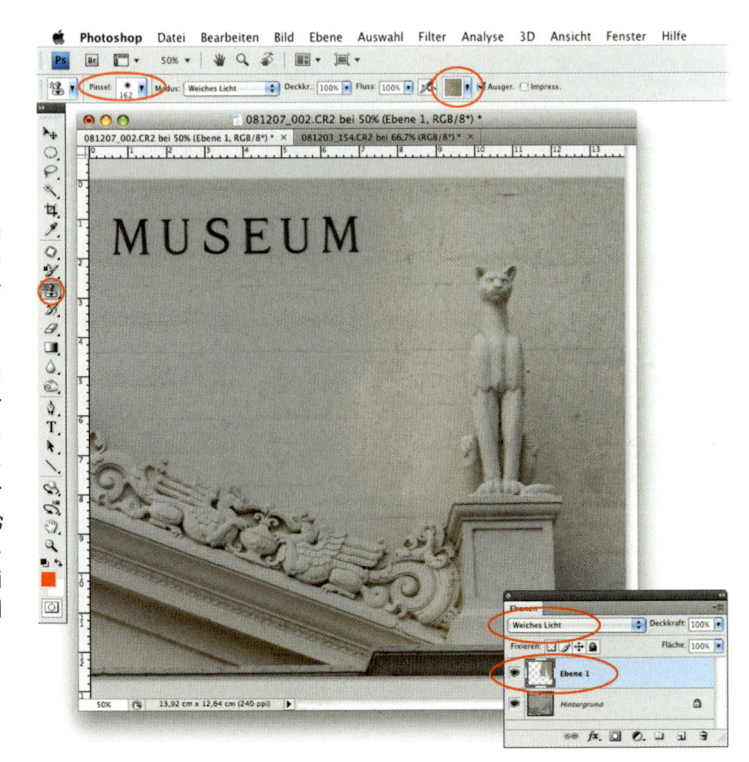

122 KAPITEL 3 Die Photoshop-Werkzeuge

3.11 Protokoll-Pinsel-Werkzeug für Montagen und Retusche

Das Protokoll-Pinsel-Werkzeug (B) wird gern für schnelle selektive Korrekturen und einfache Montagen verwendet. In unserem Beispiel wird dieses Tool für die selektive Einfärbung eines Straßenschildes benutzt, wobei der Rest des Bildes schwarz-weiß bleibt.

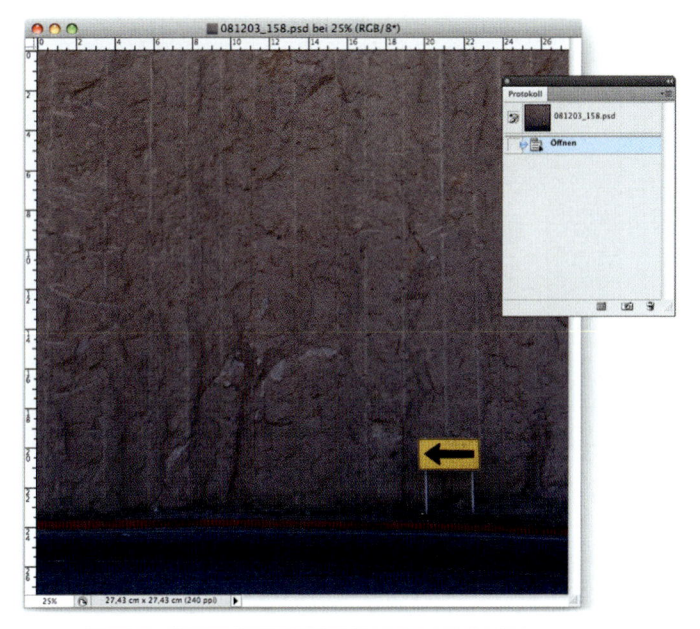

1

Öffnen Sie das Originalbild. Setzen Sie in der *Protokoll*-Palette das Protokoll-Pinsel-Symbol auf den Eintrag *Öffnen*.

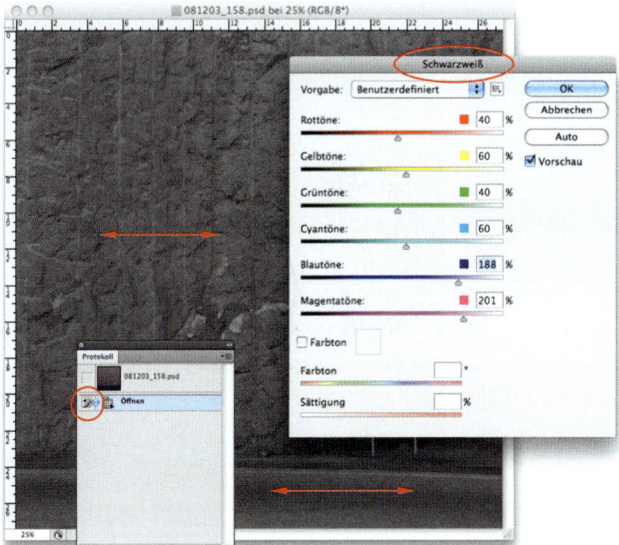

2

Wählen Sie *Bild/Korrekturen/ Schwarzweiß*. Passen Sie die Helligkeit einzelner Bildbereiche entweder im Dialog *Schwarzweiß* mithilfe der Regler an oder führen Sie diese direkt in der Bildfläche durch.

Wenn Sie mit gedrückter Maustaste im Bild nach links fahren, werden die gewählten Farbbereiche dunkler, nach rechts werden sie heller. Bestätigen Sie Ihre Korrekturen mit *OK*.

3

Wählen Sie das Protokoll-Pinsel-Werkzeug ([B]) mit der Pinselspitze, die zum Bearbeiten des Straßenschildes eine passende Größe hat. In unserem Beispiel wurde ein weicher, runder Pinsel mit Größe 20 gewählt. Wenn Sie jetzt das Straßenschild mit dem Protokoll-Pinsel-Werkzeug ([B]) bemalen, wird dieser in die „Vergangenheit" geschickt, also in den Zustand vor der Bearbeitung mit der Korrektur *Schwarzweiß*. Auf diese Art können Sie einfache, aber effektvolle Montagen erstellen. Setzen Sie jedes Mal das Protokoll-Pinsel-Symbol in der *Ebenen*-Palette bei dem Schritt ein, bei dem Sie die Einstellungen selektiv benutzen möchten, und übertragen Sie diese selektiv nach weiteren Korrekturen auf ausgewählte Bildelemente. Das Protokoll-Pinsel-Werkzeug ist für professionelle Anwendungen wenig geeignet, weil die Pixelstruktur unwiderruflich verändert wird und die Schritte nach dem Speichern und nach dem erneuten Öffnen des Bildes nicht mehr rückgängig gemacht werden können.

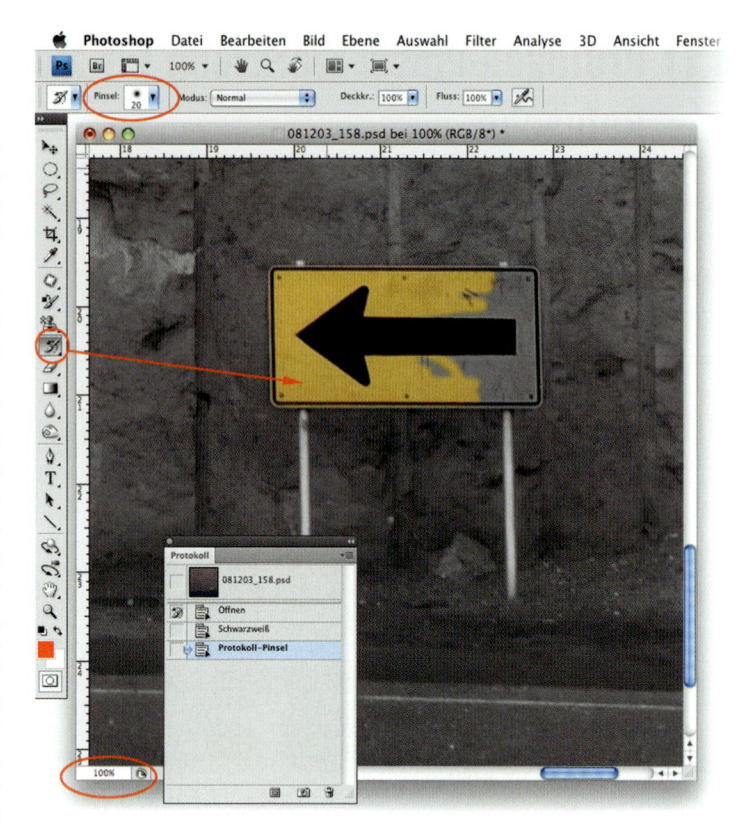

3.12 Das Radiergummi-Werkzeug

Das Radiergummi-Werkzeug (E) gehört ebenso wie das Protokoll-Pinsel-Werkzeug nicht zur ersten Wahl bei den Profis, weil die Änderungen, die damit vorgenommen werden, endgültig sind und nach dem Speichern und erneuten Öffnen des Bildes nicht mehr rückgängig gemacht werden können.

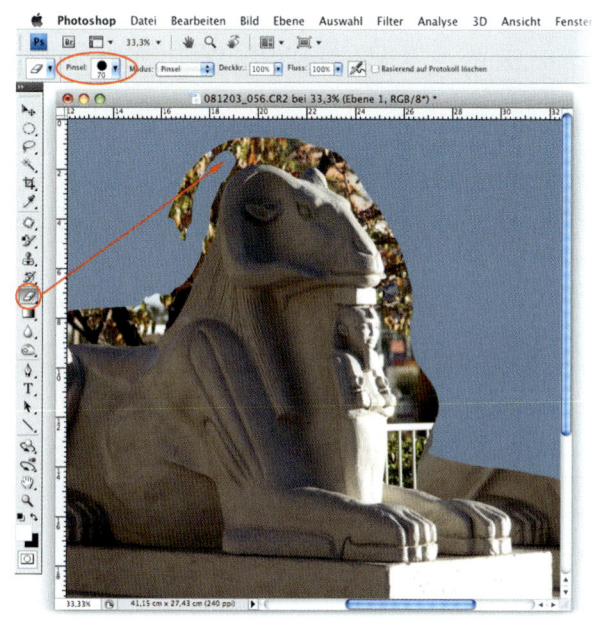

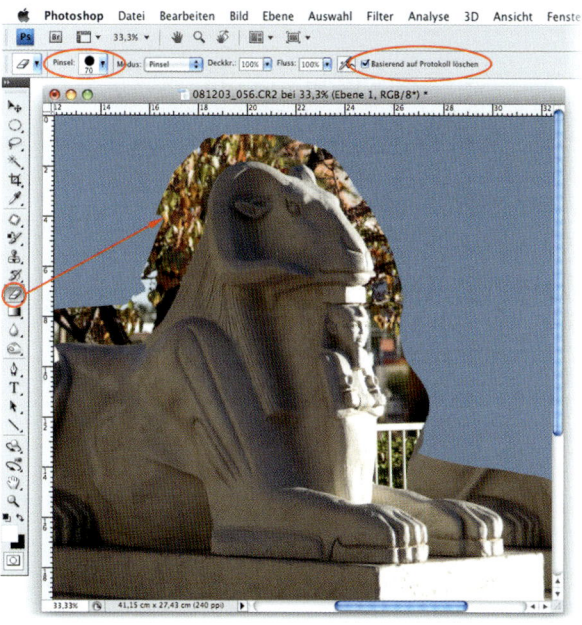

Das Radiergummi-Werkzeug (E) wird zum Löschen der Pixel einer Ebene verwendet.

Das Werkzeug kann mit unterschiedlichen Pinselspitzen verwendet werden und wird oft für die grobe Freistellung benutzt.

Zwar sind die Änderungen nach dem Schließen des Bildes endgültig, aber solange die Datei offen ist, können Sie die im Protokoll enthaltenen Schritte zurückgehen, um eventuelle Fehlschritte zu korrigieren.

Sie können auch die Funktion *Basierend auf Protokoll löschen* verwenden. Damit verwandeln Sie das Radiergummi-Werkzeug in eine Art Protokoll-Pinsel, mit dem die Bildteile selektiv in den ursprünglichen Zustand versetzt werden können.

Im Profibereich wird statt des Radiergummis das Pinsel-Werkzeug (B) in Verbindung mit der Ebenenmaske verwendet.

Mehr darüber erfahren Sie in Kapitel 6 „Ebenen, Einstellungsebenen und Ebenenmasken".

3.13 Der Einsatz von Verläufen

Das Verlaufswerkzeug (G) gehört zu den wichtigsten Werkzeugen für die gestalterischen und fotografischen Bereiche in Photoshop. Dieses Werkzeug ist sehr vielfältig und kann individuellen Vorstellungen genau angepasst werden.

Das Verlaufswerkzeug wird sowohl im Standard- als auch im Maskierungsmodus eingesetzt. Über die Verwendung des Verlaufswerkzeugs im Maskierungsmodus und auf den Ebenenmasken wird ausführlich in Kapitel 6 „Ebenen, Einstellungsebenen und Ebenenmasken" berichtet.

Standardeinstellungen für das Verlaufswerkzeug, Verlaufsarten

Das Verlaufswerkzeug (G) beinhaltet fünf Verlaufsarten: linearer Verlauf, Radialverlauf, Verlaufswinkel, reflektierter Verlauf und Rauteverlauf. Diese Arten bestimmen die Form und die Richtung.

Am häufigsten werden der lineare und der Radialverlauf eingesetzt.

Beim Erstellen linearer Verläufe in Verbindung mit der Umschalt-Taste erreichen Sie, dass die Verläufe entweder waagerecht, senkrecht oder im 45°-Winkel erstellt werden.

Die Standardpalette für die Verlaufseinstellungen ist nicht besonders umfangreich, kann aber beliebig erweitert werden.

Die wichtigsten Standardeinstellungen für die Verläufe sind *Vordergrund zu Hintergrund* und *Vordergrund zu Transparent*.

Letztere wird sehr oft bei den Maskierungsverläufen eingesetzt, da sie die mehrfache Maskierung mit

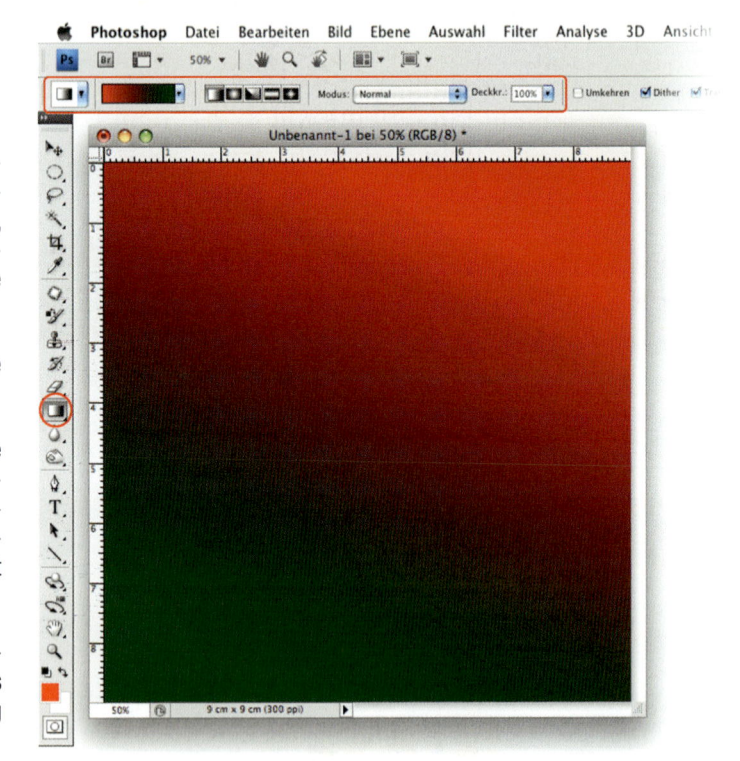

Der Einsatz von Verläufen

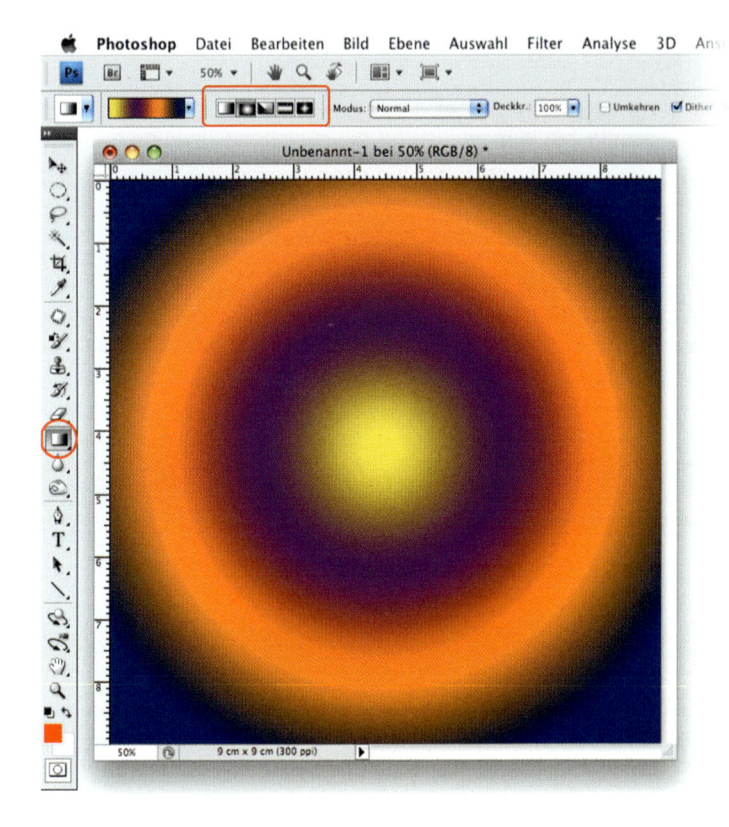

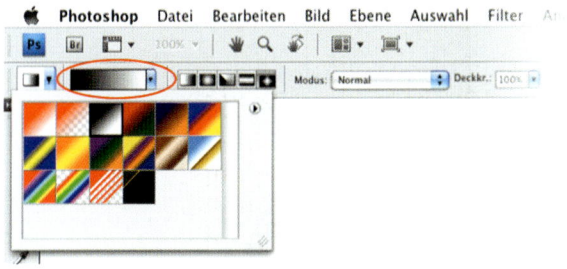

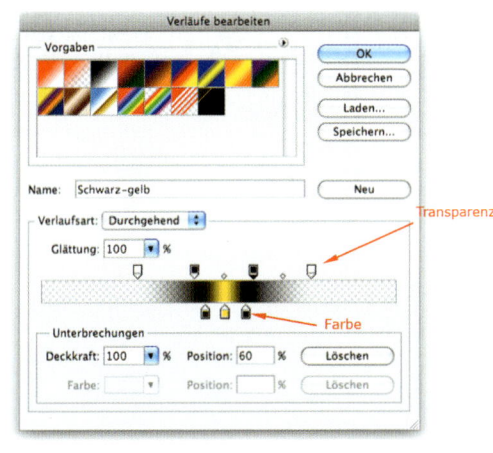

einem Verlauf erlaubt, ohne dass der erste Verlauf aufgehoben wird (wie bei den Vordergrund-Hintergrund-Verläufen).

Andere Standardeinstellungen wie mehrfarbige Verläufe, Chrom und Kupfer können gut für gestalterische Zwecke verwendet werden.

Am wichtigsten ist aber die Möglichkeit, die Verläufe selbst zu erstellen und zu speichern. Zum Öffnen der Konfigurationspalette zum Bearbeiten der Verläufe doppelklicken Sie auf den Verlaufsstreifen in der Optionsleiste.

Individuelle Verläufe erzeugen und speichern

Im Dialog *Verläufe bearbeiten* können Sie im Bereich *Vorgaben* einen Verlauf als Ausgangssituation nehmen und unten im Bereich *Verlaufsart* im Farbstreifen den Verlauf bearbeiten.

Unterhalb des Verlaufsstreifens können Sie die Farbkästchen hinzufügen oder entfernen, diese weiter voneinander weg oder näher zueinander bewegen. Beim Anklicken eines Kästchens können Sie im Feld *Farbe* den Farbwähler öffnen und die Farben aussuchen.

Mit den Kästchen, die sich über dem Verlaufsstreifen befinden, können Sie die Deckkraft an einem bestimmten Punkt des Verlaufsstreifens regulieren (Regler *Deckkraft*).

Zum Hinzufügen eines Kästchens unterhalb oder oberhalb des Verlaufsstreifens klicken Sie oberhalb oder unterhalb des Streifens. Zum Entfernen eines Kästchens ziehen Sie es vom Verlaufsstreifen weg.

Wenn Sie die Position der Kästchen sehr genau einstellen wollen, können Sie das manuell nur bis zu einem bestimmten Punkt machen.

Für die ganz genaue Platzierung gibt es für die unteren und oberen Kästchen die prozentual aufgeteilten *Position*-Felder. Klicken Sie das entsprechende Kästchen an und geben Sie die Prozentzahl für die Position ein.

So können ganz feine Verlaufsstreifen oder -muster (wie zum Beispiel Gitter) erstellt werden. Sind Sie mit dem Bearbeiten des Verlaufs fertig, geben Sie die Bezeichnung für den Verlauf im Feld *Name* ein und klicken auf *Neu*. Der Verlauf wird im Bereich *Vorgaben* gespeichert und kann sofort eingesetzt werden.

Wenn Sie die selbst erstellten Verläufe von einem Computer auf einen anderen übertragen möchten, klicken Sie auf *Speichern* und wählen ein Verzeichnis zum Sichern der Verläufe aus.

Übertragen Sie das Verzeichnis auf den anderen Computer und wählen Sie dann im Dialog *Verläufe bearbeiten* die Option *Laden*.

Probieren Sie die selbst erstellten Verläufe mit unterschiedlichen Verlaufsarten wie mit dem linearen oder Radialverlauf aus.

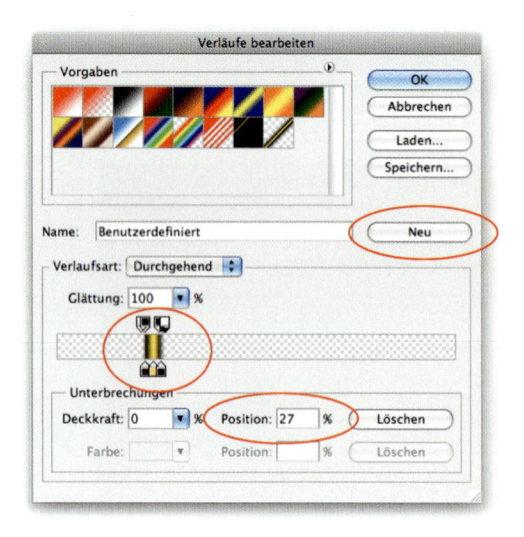

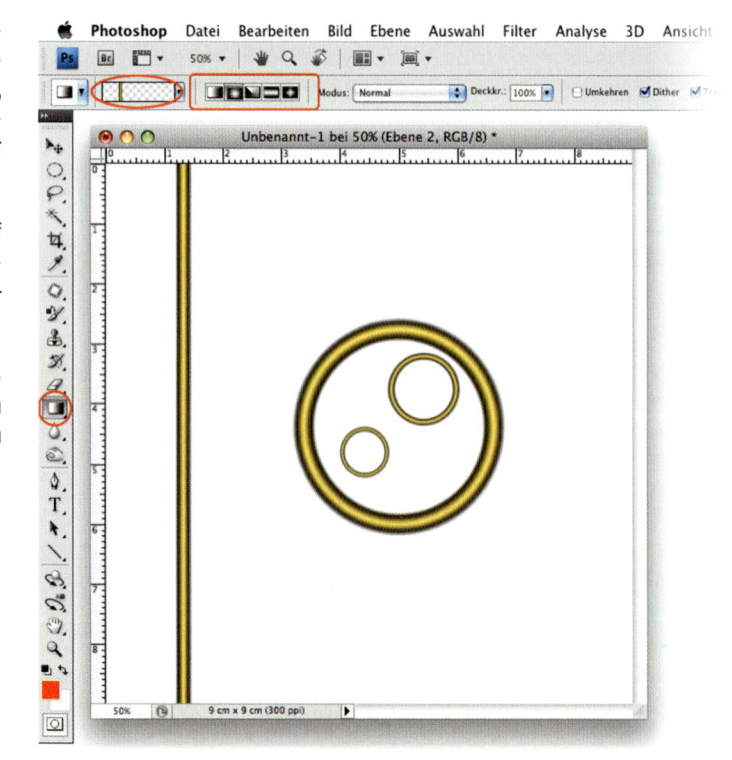

3.14 Weichzeichner, Scharfzeichner und Wischfinger

Diese Werkzeuggruppe ist sehr praktisch für schnelle Korrekturen kleiner Bildbereiche. Zwar werden bei den Korrekturen mit diesen Werkzeugen die Pixel unwiderruflich verändert, aber die Schnelligkeit und die Bequemlichkeit dieser Tools lassen viele Fotografen und Grafiker zu diesen Hilfsmitteln greifen – und das nicht ohne Grund. Die Ergebnisse sind überzeugend und Störungen kaum sichtbar. Bei allen drei Werkzeugen gilt aber das Gleiche. Zu viel Einsatz kann zum Verstärken von Rauschen und zu sichtbaren Veränderungen der Pixelstruktur führen. Deshalb gilt hier wie bei vielen Werkzeugen in Photoshop: Weniger ist mehr.

Scharfzeichner-Werkzeug

Dieses Werkzeug können Sie für das Nachschärfen von z. B. Augen, Mund und Nase in der Porträt- oder Tierfotografie nutzen. Der Schwellenwert sollte ca. 30–50 % betragen.

Weichzeichner-Werkzeug

Es kann dort eingesetzt werden, wo die Oberflächen entweder zu verrauscht oder etwas verstaubt sind. Den Schwellenwert können Sie zwischen 70 und 100 % einsetzen.

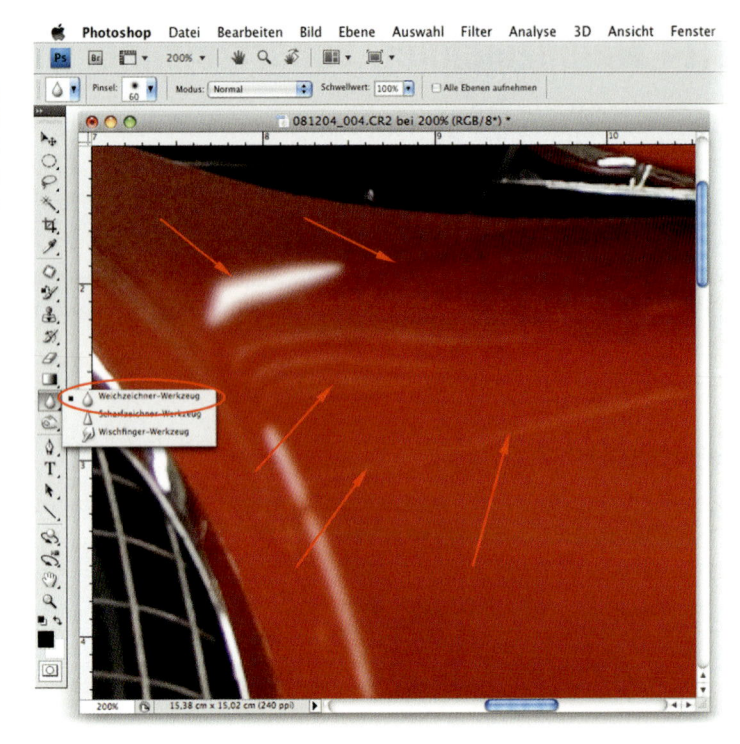

Wischfinger-Werkzeug

Das Wischfinger-Werkzeug ist für kleine Effekte zuständig. Im Grunde werden mit diesem Werkzeug nur Pixel hin und her geschoben. Bei gekonntem Einsatz können Sie dem Bild eine willkommene Abwechslung verleihen (wie in unserem Beispiel).

Mit der weichen, runden Pinselspitze wurde das Wischfinger-Werkzeug zum Verschieben der Pixel an den Wolken eingesetzt, was für eine angenehme Dynamik im Bereich des Himmels gegenüber der monoton wirkenden Fahrbahn sorgte (Schwellenwert 50–60 %). Nach der Anhebung der Tonwerte (Bild unten) sieht die kalifornische Wüstenstraße ganz schön spektakulär aus.

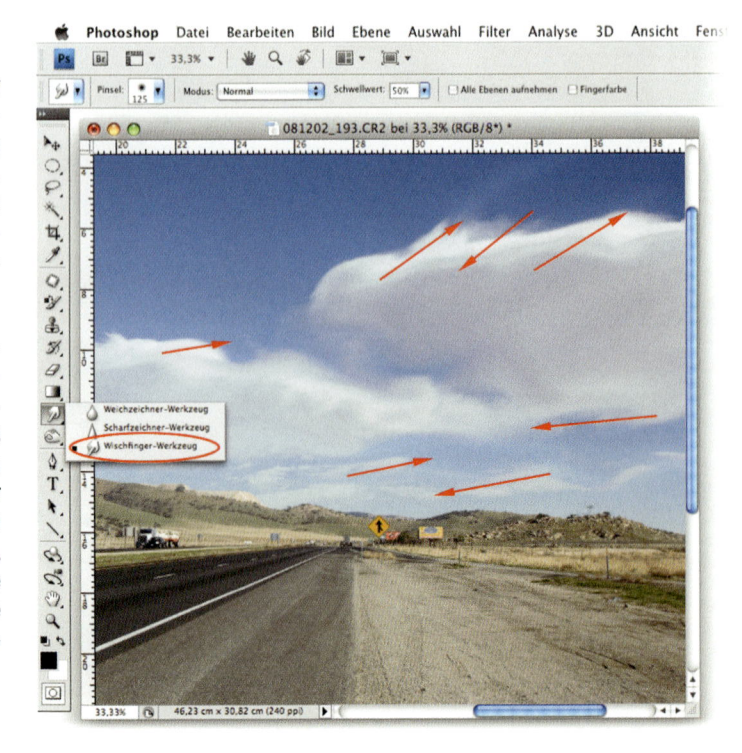

Weichzeichner, Scharfzeichner und Wischfinger

3.15 Abwedler, Nachbelichter und Schwamm: schnelle Tools für die selektive Bildkorrektur

Genauso wie bei den Tools aus dem vorherigen Abschnitt sind Abwedler, Nachbelichter und Schwamm für schnelle Korrekturen eine gute Wahl.

Abwedler

Er ist zum Aufhellen einiger Bildbereiche vorgesehen. Wer sich mit den maskierten Einstellungsebenen nicht unbedingt beschäftigen möchte, kann mit einem weichen, runden Pinsel und Abwedler mit einem Belichtungswert von ca. 30–50 % schnell selektive Korrekturen durchführen.

In unserem Beispiel wurden die linken Scheinwerfer etwas heller gemacht.

Nachbelichter

Er ist das Gegenteil vom Abwedler und zum selektiven Abdunkeln von Bildteilen gedacht. Hier liegen die optimalen Werte für die Belichtung auch bei 30–50 %.

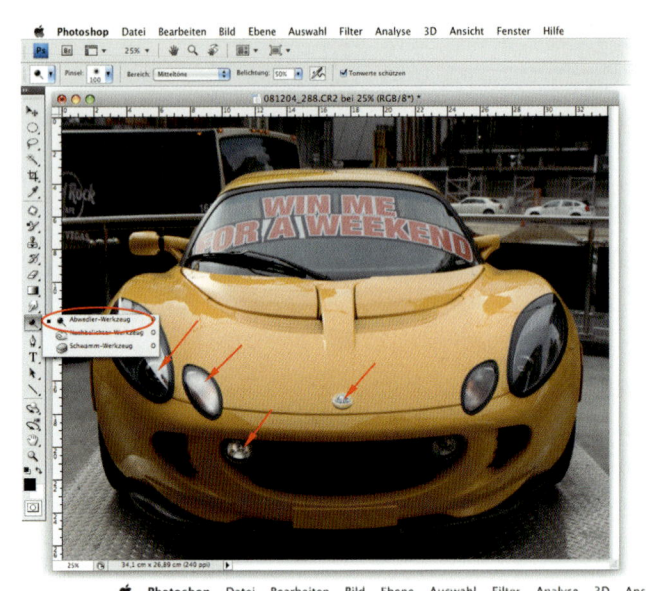

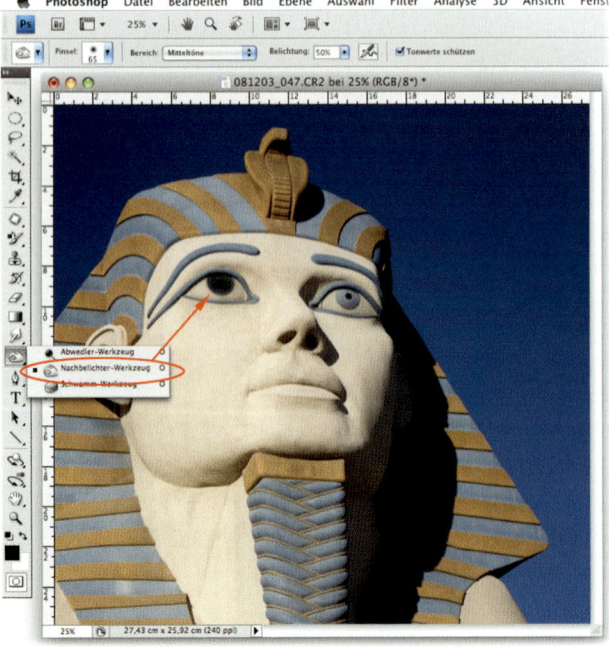

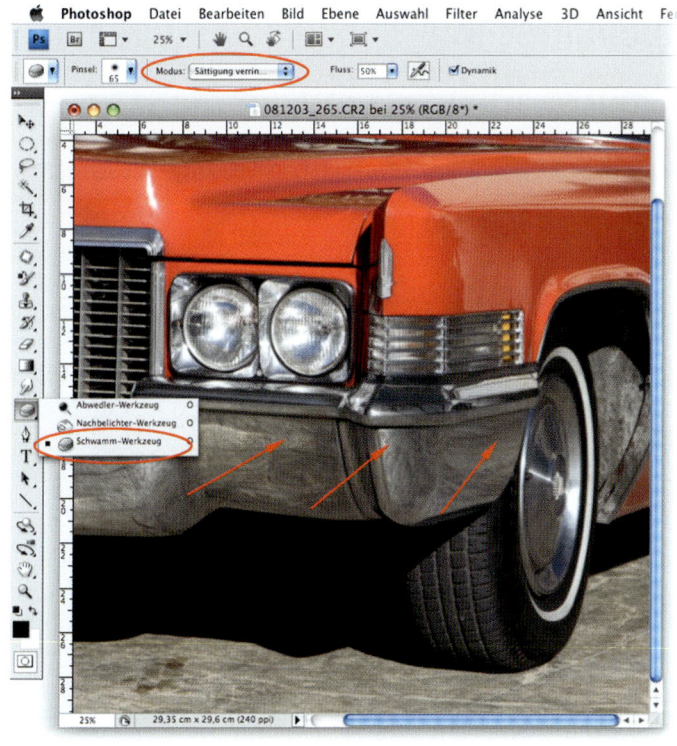

Schwamm

Mit dem Schwamm-Werkzeug können Sie die Sättigung einiger Bildbereiche verringern oder erhöhen.

Die Stoßstange des Cadillacs hatte einige Spiegelungen in verschiedenen Farben.

Damit diese von der roten Karosserie nicht zu sehr ablenken, wurden sie mit dem Schwamm und der Option *Sättigung verringern* entfärbt – ein Paradebeispiel für den Einsatz des Schwamm-Werkzeugs.

In unserem nächsten Beispiel wurden die bunten Flecken auf den Beinen des Krebses deutlicher gemacht, indem das Schwamm-Werkzeug auf die Option *Sättigung erhöhen* umgeschaltet wurde.

Bei diesen beiden Beispielen wurde *Fluss* auf ca. 40–60 % eingestellt.

Kapitel 4

Optimierung von Beleuchtung und Farben

Von schnellen und einfachen Korrekturen bis zu raffinierten Tricks – Photoshop bietet Ihnen eine breite Palette an Korrekturwerkzeugen, mit denen Sie Ihre Bilder ins rechte Licht rücken können. Lernen Sie in diesem Kapitel optimale Workflows für bessere Farben und für die korrekte Ausleuchtung Ihrer Fotos kennen.

4.1 Vorstellung der Photoshop-Werkzeuge am Praxisbeispiel

Direktkorrekturen oder Anpassungen per Einstellungsebene? Oder beides? Verschaffen Sie sich einen Überblick über Korrekturwerkzeuge und Menüanpassungen.

Die Korrekturen-Palette

Diese gehört zu den wichtigen Neuerungen in Photoshop CS4. Die Einstellungsebenen gibt es schon lange in Photoshop, aber jetzt sind sie in einer Palette ständig griffbereit, und somit gelangen Sie schneller zu Ihren Einstellungen.

In der *Korrekturen*-Palette sind die Belichtungswerkzeuge in der oberen Reihe der Symbole angesiedelt, die Farbkorrekturen und andere Einstellungen belegen die weiteren Reihen der Palette.

Zu einigen Korrekturwerkzeugen gibt es Voreinstellungen, die Sie weiter unten in der Palette finden. Zu ihnen kommen wir etwas später.

Klicken Sie auf eines der Symbole in der *Korrekturen*-Palette, erscheint das Dialogfeld der entsprechenden Anpassungen, zum Beispiel *Farbbalance*, in dem Sie die Farbrichtung Ihres Fotos bestimmen können.

Um zu den weiteren Korrekturen zu gelangen, klicken Sie auf den Pfeil unten links im jeweiligen Dialog und wählen eine weitere Anpassung aus.

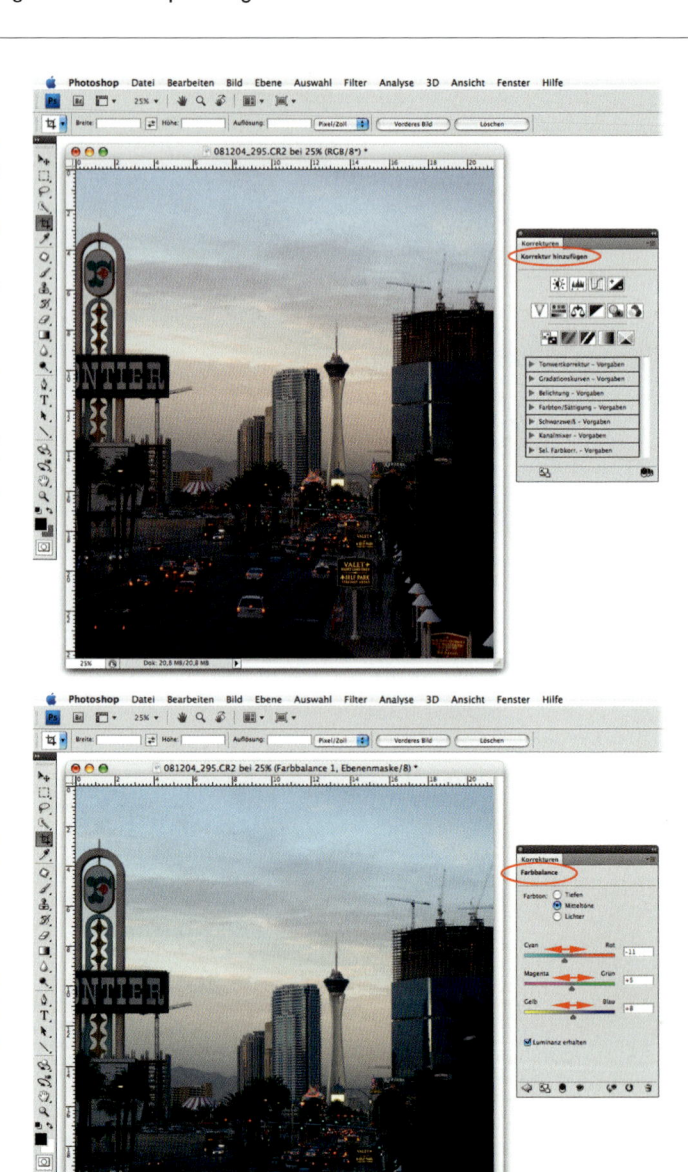

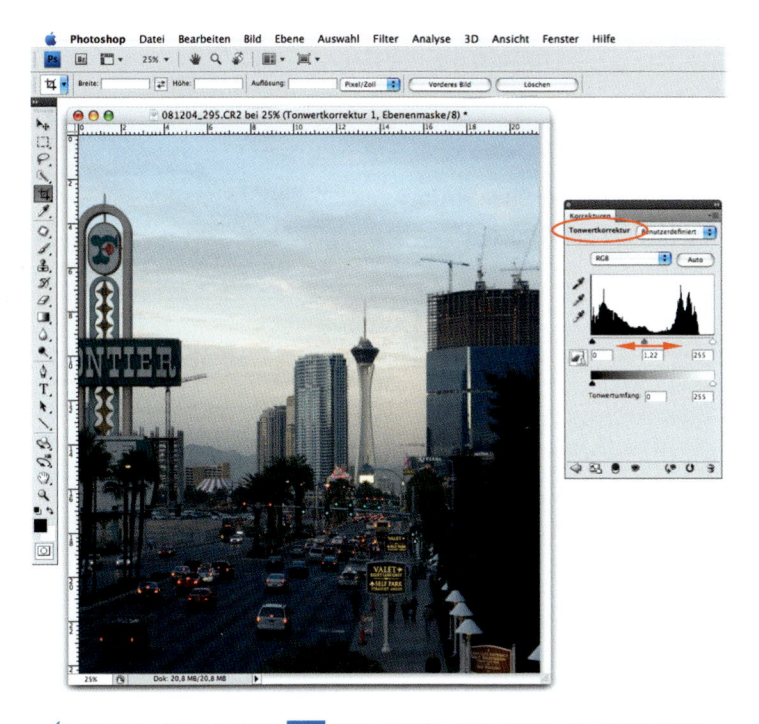

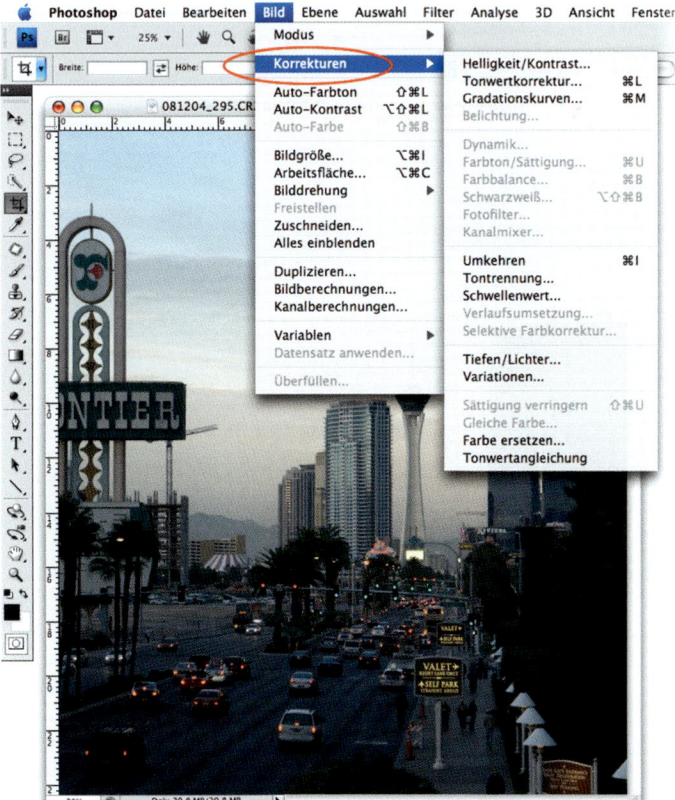

Zum Beispiel die Tonwertkorrektur – das beliebte Werkzeug, mit dem Sie Helligkeit und Kontrast eines Bildes optimieren können.

Die Palette *Tonwertkorrektur* enthält ein Aufklappmenü mit den Voreinstellungen, mit denen Sie schon mal die grobe Richtung, in die die Korrekturen gehen sollen, bestimmen können. Weitere Einstellungen führen Sie dann manuell durch.

Jede Korrektur wird als eine Einstellungsebene in der *Korrekturen*-Palette angelegt.

Beim Anklicken einer der erstellten Einstellungsebenen gelangen Sie zu den entsprechenden Paletten und können die Korrekturen weiter anpassen oder aufheben.

Alternativ zur *Korrekturen*-Palette können Sie die Korrekturen direkt anwenden.

Zu den Direktanwendungen gelangen Sie über *Bild/Korrekturen* und dann z. B. *Tonwertkorrektur*. Einige Einstellungen wie zum Beispiel *Tiefen/Lichter* oder *Variationen* gibt es nur als Direktanwendungen.

In den früheren Photoshop-Versionen konnte man diese nicht im Schwebezustand verwenden. Das hatte die Zerstörung der Pixelstruktur zur Folge.

Jetzt kann man diese Einstellungen quasi als Einstellungsebene anwenden und die Änderungen auch nachträglich anpassen oder aufheben. Möglich ist das dank der Smart-Objekt-Funktion der Ebenen, zu der wir in diesem Kapitel noch mehrmals kommen werden.

Vorstellung der Photoshop-Werkzeuge am Praxisbeispiel

So kann die Funktion *Tiefen/Lichter* in vollen Zügen genossen werden, ohne dass Sie sich Sorgen um eine unwiderruflich veränderte Pixelstruktur machen müssen.

Über *Tiefen/Lichter* und über viele Einsatzmöglichkeiten dieser Einstellung werden wir ausführlich in diesem Kapitel berichten.

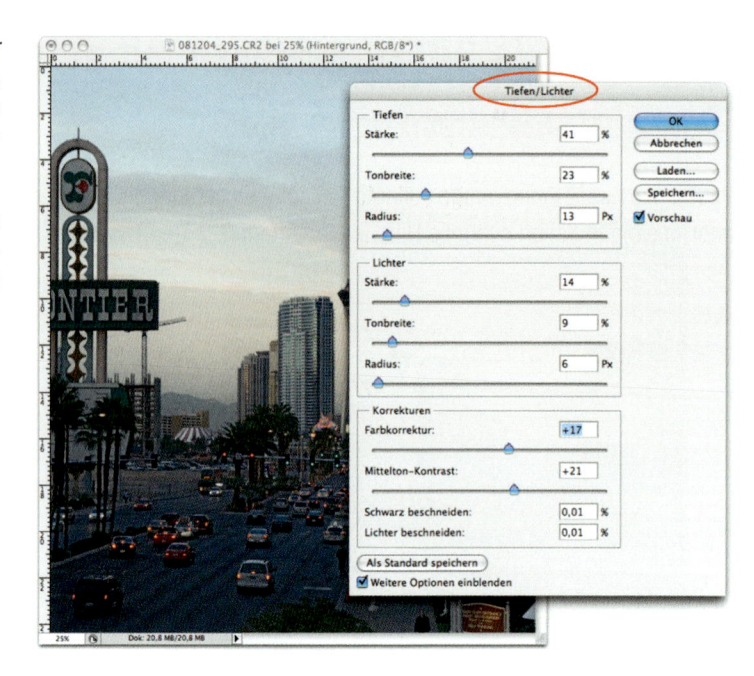

4.2 Schnelle Bildkorrekturen mit automatischen Einstellungen

Photoshop bietet Ihnen einige vollautomatische Einstellungen, die für den Profi gar nicht infrage kommen, aber in einigen Fällen schnelle Hilfe leisten können.

Auto-Kontrast

Diese Einstellung können Sie für die schnelle Ausbesserung der Beleuchtung bei flauen Fotos benutzen. Wenn Sie einige über- oder unterbelichtete Fotos in Ihrer Fotoreihe haben, können Sie mithilfe der Einstellung *Bild/Auto-Kontrast* zuerst schauen, ob es sich lohnt, das Bild mit den aufwendigen Einstellungen wie Tonwertkorrektur oder Gradationskurven zu bearbeiten.

Sehr schnell geht es, wenn Sie die Tastenkürzel für die automatischen Funktionen nutzen. Für *Auto-Kontrast* wählen Sie [Strg]+[Alt]+[Umschalt]+[L].

In vielen scheinbar hoffnungslosen Fällen bekommen Sie mit *Auto-Kontrast* eine schnelle Hilfe.

Vorher

Nachher

Auto-Farbe

Auto-Farbe hilft Ihnen, Bilder mit falsch eingestelltem Weißabgleich auf die Schnelle zu retten. Erstaunlich ist, wie präzise Photoshop die Farbstiche, die durch eine falsch eingestellte Farbtemperatur hervorgerufen werden, erkennt und ausgleicht.

Schnelle Bildkorrekturen mit automatischen Einstellungen

Bei diesem Foto sind die Korrekturen zwar nicht perfekt, aber auch nicht weit von den Ergebnissen entfernt, die mit einem komplexen Tool wie der selektiven Farbkorrektur erzielt werden können. Selbstverständlich kann *Auto-Farbe* nicht mit den Abläufen im RAW-Konverter mithalten. Aber dazu ist diese Funktion auch nicht gedacht. Ohne Ambitionen als High-End-Werkzeug liefert diese automatische Korrektur schnelle Ergebnisse, die Sie zum Vorab-Beurteilen des Bildes für weitere umfangreiche Korrekturen nutzen können.

Vorher

Nachher

4.3 Welche Direktkorrekturen sind sinnvoll?

Auf diese Frage gibt es eine eindeutige Antwort: *Tiefen/Lichter* und *Farbe ersetzen*. Um mit diesen Korrekturen pixelschonend arbeiten zu können, wandeln Sie zuerst die Ebene in ein Smart-Objekt um.

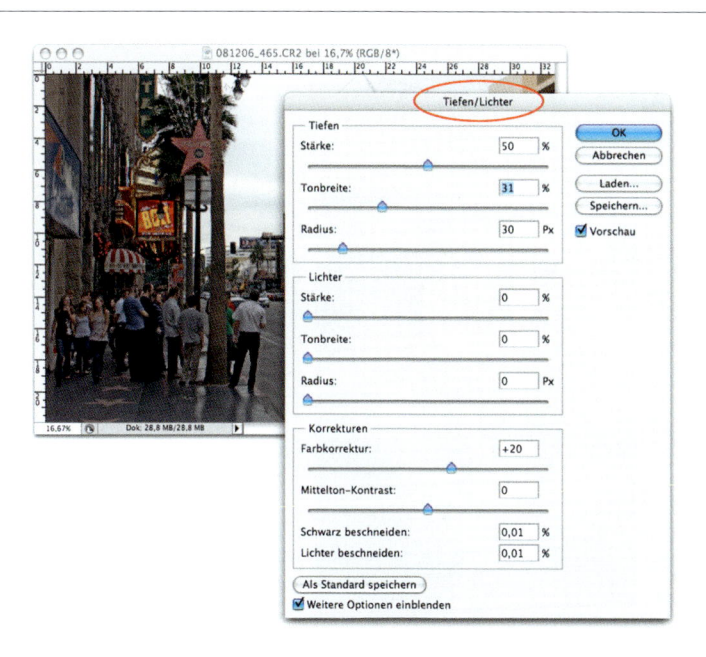

Klicken Sie die Hintergrundebene in der *Ebenen*-Palette mit der rechten Maustaste an und wählen Sie die Option *In Smart-Objekt konvertieren*. Danach können Sie die Einstellungen *Bild/Korrekturen/Tiefen/Lichter* oder *Farbe ersetzen* verwenden. Diese werden in einer Art Einstellungsebene in der *Ebenen*-Palette gespeichert und sind auch nach dem Speichern im Photoshop-Format und erneutem Öffnen des Bildes mit aktuellen Einstellungen griffbereit. Diese Einstellungen können Sie beliebig verändern, mit den Masken selektiv auf einen bestimmten Bildbereich anwenden oder löschen.

Falls Sie es noch nicht wissen: Mit der Einstellung *Tiefen/Lichter* können Sie diejenigen Bildteile retten, die in den Schatten versunken sind, oder Fotos mit Effekten wie Tonemapping oder Comic-Style ausstatten. Die Einstellung *Farbe ersetzen* bietet Ihnen die Möglichkeit, einige Bildbereiche umzufärben, ohne dabei die gewünschten Bildteile freistellen zu müssen. Die Einstellung *Farbe ersetzen* funktioniert allerdings ziemlich grob und wechselt die Farben in allen Bildbereichen, die gleiche Farbtöne enthalten. Wenn Sie nur bestimmte Objekte umfärben müssen, kommen Sie ohne Maskierung oder Freistellung nicht aus. Zu den direkten Korrekturen gehört auch die Einstellung *Variationen*, die es erlaubt, dem Bild eine bestimmte Tönung in nur wenigen Schritten zu verpassen. Dieser Einstellung ist ein Extraabschnitt dieses Kapitels gewidmet.

4.4 Voreinstellungen effektiv nutzen

In der neuen Palette *Korrekturen* sind die Voreinstellungen für einige Korrekturwerkzeuge untergebracht, die typische Anpassungsszenarien für Ihre Fotos bieten. An einigen praktischen Beispielen werden im Folgenden optimale Workflows mit Einbeziehung der Voreinstellungen gezeigt.

Tonwerte anpassen

Öffnen Sie das Bild und wählen Sie in der *Korrekturen*-Palette einen Eintrag im Bereich der Vorgaben, zum Beispiel *Tonwertkorrektur – Vorgaben*.

Zur Verfügung stehen Ihnen einige Voreinstellungen, mit denen typische Belichtungsschwächen ausgebessert werden können.

Unser Beispielbild ist ziemlich flau und überbelichtet, deshalb können Sie die Einstellung *Dunkler* wählen.

Sobald Sie eine Vorgabe angeklickt haben, öffnet sich das gewöhnliche Dialogfeld *Tonwertkorrektur*, in dem Sie Ihre Einstellungen vervollständigen können, zum Beispiel die tiefen und mittleren Bereiche des Bildes ein wenig verstärken (den mittleren und den rechten Regler im Bereich *Tonwertspreizung* nach rechts verschieben) sowie Kontraste reduzieren, indem Sie den rechten Regler im Bereich *Tonwertumfang* leicht nach links bewegen.

Farben intensivieren

Auch die Farbintensität eines Bildes lässt sich mit gezielter Anwendung der Voreinstellungen sehr gut regulieren.

Unser Foto wurde an einem sonnigen Herbsttag aufgenommen, allerdings lässt die Farbintensität des Bildes zu wünschen übrig.

Wählen Sie im Bereich der Vorgaben den Eintrag *Farbton/Sättigung – Vorgaben* und dann *Sättigung erhöhen*. Die Farben wirken sofort viel intensiver.

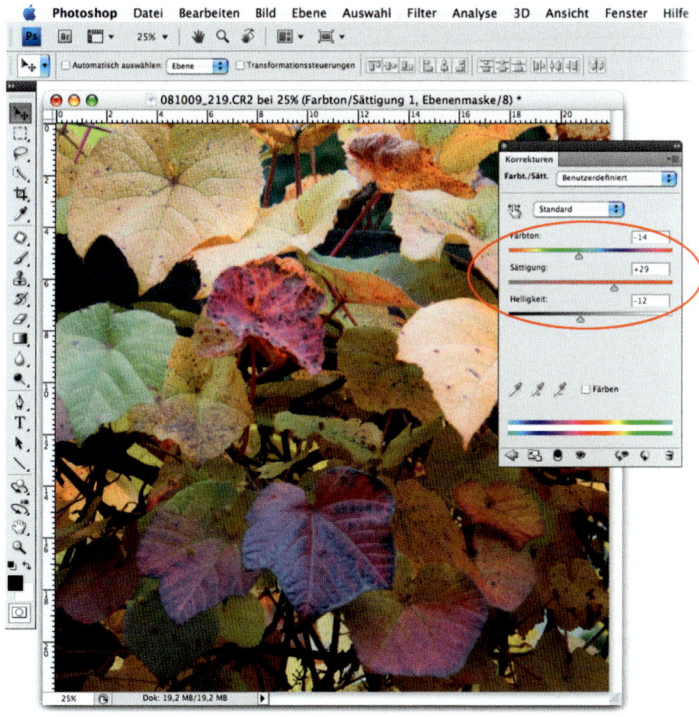

Mit weiteren Anpassungen – wie das Verschieben des Farbtons nach links, mit mehr Grün und Reduzierung der Helligkeit des Bildes – erreichen Sie viel intensivere, aber auch tiefere Farben (optimal für eine Herbstaufnahme).

Sobald Sie die Voreinstellungen verändert haben, wechselt der Eintrag im Vorgabenfeld auf *Benutzerdefiniert*. Falls Sie mit den Einstellungen nicht zufrieden sind, können Sie die Vorgabe wechseln, um die Korrekturen erneut durchzuführen.

Um die Ergebnisse vorher/nachher zu vergleichen, können Sie das Augensymbol in der *Korrekturen*-Palette ein- und ausblenden.

4.5 Helligkeitskorrekturen von schnell & einfach bis professionell

Im Folgenden werden die wichtigsten Abläufe erklärt, um die Beleuchtung des Bildes zu optimieren. Für diese Korrekturen gibt es viele Wege, und die wichtigsten Szenarien mit unterschiedlichen Werkzeugen finden Sie in diesem Abschnitt.

Tonwertkorrektur

Sie gehört zu den populärsten Techniken, wenn es um die korrekte Ausleuchtung von Fotos geht. Die Einstellung *Tonwertkorrektur* ist in einem überschaubaren, leicht nachvollziehbaren Dialog verpackt und kann entweder direkt oder über eine Einstellungsebene benutzt werden.

Im Histogrammfenster wird mit den Balken die Verteilung der Tonwerte angezeigt. Im Idealfall sind die Tonwerte von links nach rechts vorhanden und nicht so hoch, dass sie oben abgeschnitten werden. In unserem Beispiel fehlen die Tonwerte im linken Bereich, das bedeutet, dass das Bild ziemlich flau, also kontrastarm ist.

Sie können die Anpassung der Tonwerte mit der Voreinstellung *Dunkler* beginnen. Das Bild wird gleich dunkler, aber das Histogramm verändert sich noch nicht.

Um das Histogramm zu aktualisieren, klicken Sie auf das Aktualisieren-Symbol unten rechts in der Palette *Korrekturen*. Erst dann werden die Änderungen am Histogramm sichtbar und Sie können entscheiden, ob Sie weitere Anpassungen vornehmen oder mit dem Resultat zufrieden sind.

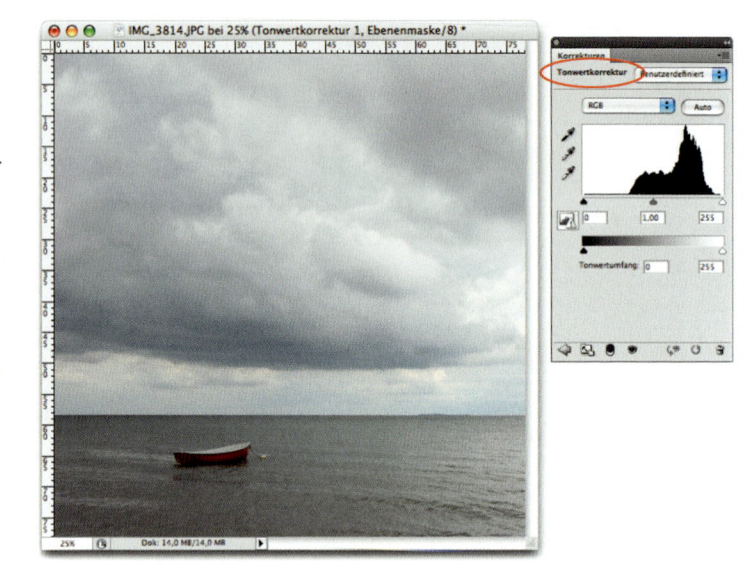

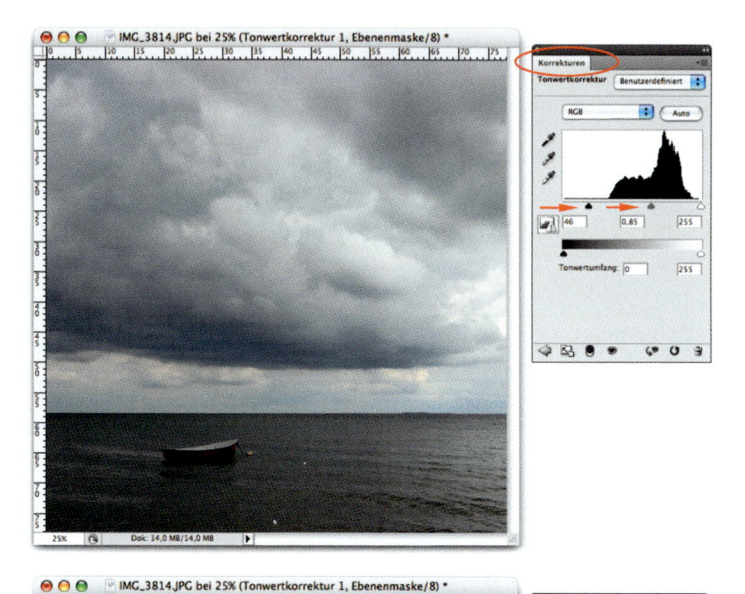

Helligkeitskorrekturen von schnell & einfach bis professionell

Falls Sie die mittleren und dunklen Bereiche des Bildes verstärken möchten, also noch dunkler machen wollen, bewegen Sie den mittleren sowie den linken Regler nach links, ungefähr so, wie das auf dem Screenshot gezeigt wird. Achten Sie darauf, dass die dunklen Bereiche durch das Verstärken des Kontrastes schwarz werden. Besonders beim Ausdrucken zu dunkler Bilder werden in solchen Bereichen die Farbinformationen komplett fehlen und nur mit schwarzer Farbe überdruckt.

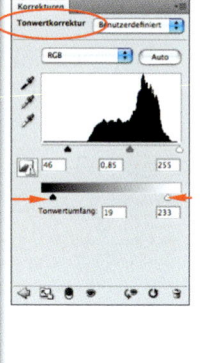

Einer zu starken Anhebung des Kontrastes können Sie im Bereich *Tonwertumfang* entgegenwirken. Bewegen Sie den weißen Regler (rechts) nach links und den schwarzen Regler nach rechts. Damit vermeiden Sie, dass im Bild zu helle oder zu dunkle Stellen entstehen, der Kontrast wird dadurch reduziert. Hier gilt das Gleiche: Weniger ist mehr.

Wenn Sie die Regler zu weit in Richtung Mitte bewegen, wird das Bild flau und Sie landen wieder dort, wo Sie angefangen haben, nämlich bei einem kontrastarmen Foto. Wenn Sie eine optimale Einstellung gefunden haben und wissen, dass Sie diese für weitere Fotos brauchen, können Sie sie speichern.

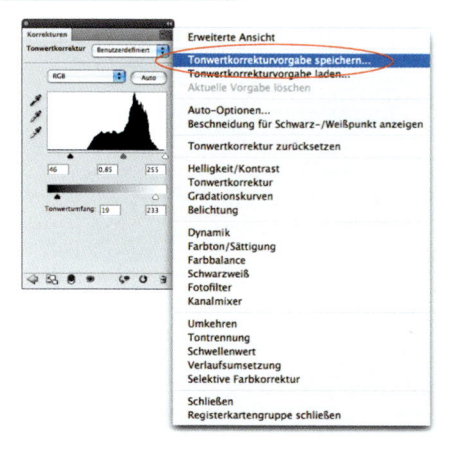

Klicken Sie dazu auf die *Optionen* (Symbol in der rechten oberen Ecke der *Korrekturen*-Palette) und wählen Sie *Tonwertkorrekturvorgabe speichern*. Diese erscheint dann im Aufklappmenü *Vorgaben*.

Die Tonwertkorrektur kann für alle Korrekturfälle verwendet werden und ist neben den Gradationskurven eines der beliebtesten Werkzeuge.

Optimierung von Beleuchtung und Farben

Helligkeit/Kontrast

Die Korrektur *Helligkeit/Kontrast* ist bei fortgeschrittenen Anwendern nicht besonders beliebt.

Die zwei Regler, die Ihnen zur Verfügung stehen, können mit der Flexibilität und Vielseitigkeit von Paletten wie *Tonwertkorrektur, Gradationskurven* oder *Tiefen/Lichter* nicht mithalten, aber trotzdem kann die Einstellung *Helligkeit/Kontrast* für einige Fotos (wie z. B. für unser kontrastarmes Bild) erfolgreich eingesetzt werden.

Verwenden Sie die Einstellung *Helligkeit/Kontrast* entweder als Einstellungsebene oder als Direktkorrektur.

In unserem Beispiel wurde die Helligkeit des Bildes reduziert und der Kontrast erhöht, was zu saftigeren Farben und zu einem besseren Himmel führte.

Falls Sie die Korrektur als Einstellungsebene benutzen, können Sie feinere Einstellungen mithilfe der Ebenendeckkraft erreichen.

Außerdem können Sie die Einstellungsebene maskieren oder in Kombination mit einer der Ebenenfüllmethoden benutzen.

Helligkeit/Kontrast eignet sich weniger für umfangreiche Korrekturen. Diese Einstellung ist für Photoshop-Einsteiger eine gute Brücke zu den komplexeren Bildanpassungen.

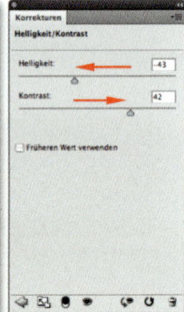

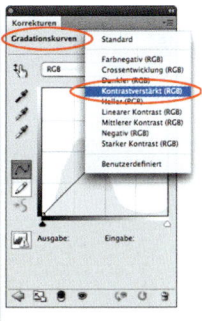

Gradationskurven

Die Gradationskurve ist die erste Wahl bei den Tonwert-Werkzeugen und das zu Recht. Denn keine andere *Korrekturen*-Palette bietet so viele Einstellungsmöglichkeiten wie *Gradationskurven*.

Zwar ist der Umgang mit den Gradationskurven für den Photoshop-Anfänger nicht ganz einfach, aber die Version CS4 macht auch ihm den Einstieg in die Gradationskurven leichter.

Vorgaben

Zuerst können Sie auf die Voreinstellungen zurückgreifen, die eindeutig benannt sind, zum Beispiel *Kontrastverstärkt*.

Bei der ersten Korrektur mit den Vorgaben wird aus der diagonalen Linie eine Kurve, die weiter bearbeitet werden kann.

Kontraste verstärken

Wenn Sie die Kontraste im Bild deutlich verstärken möchten, ziehen Sie die Endpunkte der Kurve, wie es auf dem Screenshot gezeigt wird.

Den unteren Punkt, der für dunkle Farben zuständig ist, verschieben Sie entlang der vertikalen Achse leicht nach oben und den oberen Punkt (heller Farbbereich) nach unten. Sie werden sofort die Kontrastzunahme bemerken.

Im Hintergrund des Fensters mit der Gradationskurve wird das Histogramm mit der Verteilung der Tonwerte angezeigt.

Das Histogramm kennen Sie aus der Palette *Tonwertkorrektur*. Klicken Sie auf das Symbol *Aktualisieren* unten in der Palette.

Nach jeder Korrektur können Sie so die Neuverteilung der Tonwerte beobachten.

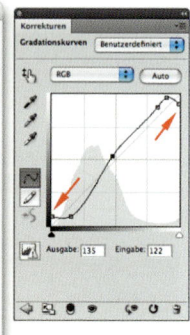

In-Bild-Korrekturen

Das, was früher nur in der Palette *Schwarzweiß* möglich war (die Rede ist von der In-Bild-Korrektur), ist mittlerweile in vielen anderen Paletten verfügbar.

Auch in der Palette *Gradationskurven* ist diese sinnvolle Funktion integriert.

Klicken Sie auf das Symbol für die In-Bild-Korrektur. Bewegen Sie sich mit gedrückter Maustaste in einem Bildbereich, z. B. auf den gelbfarbigen Flächen hoch und runter, und Sie werden feststellen, dass beim Bewegen nach oben diese Bereiche heller werden, nach unten werden sie dunkler.

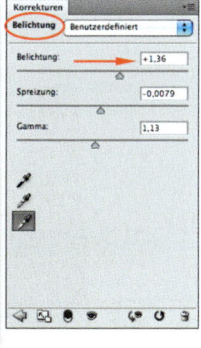

Mit jeder Anpassung verändert sich auch die Gradationskurve. Es entstehen auf der Gradationskurve immer neue Punkte und die Linien zwischen diesen Punkten werden gebogen.

Kanalkorrekturen

Wenn Sie vom Kanal RGB zu einem der Farbkanäle in der *Gradationskurven*-Palette wechseln, können Sie die Farbbereiche separat bearbeiten.

So kann zum Beispiel die rote Farbe im Bild verstärkt werden, wenn Sie im Kanal *Rot* die Punkte der Kurve horizontal Richtung Mitte verschieben. Auch mithilfe der In-Bild-Korrektur können entsprechende Anpassungen durchgeführt werden.

Die Gradationskurven-Korrektur ist unumstritten auf Platz eins bei den Tonwertkorrekturen und wird von Profifotografen und Grafikern favorisiert. Ausführliche Informationen zu den Gradationskurven finden Sie im Abschnitt 4.6.

Belichtung

Diese Einstellung simuliert die Veränderung der Belichtung (ähnlich wie in einem RAW-Konverter), ist allerdings weniger effektiv und lässt sich nicht so einfach und intuitiv bedienen wie zum Beispiel die Tonwertkorrektur. Es gibt keine In-Bild-Korrektur, alles erfolgt nach Augenmaß. Die Vorgaben lassen sich gut einsetzen, und mit ein bisschen Geschick können Sie eine optimale Beleuchtung erreichen.

Tonwertkorrekturen und Gradationskurven stellen diese Palette allerdings völlig in den Schatten. Die Korrektur *Belichtung* wird nicht so oft verwendet.

Tiefen/Lichter

Mit diesem Werkzeug können Sie viele ungünstig ausgeleuchtete Aufnahmen retten. Die Einstellung *Tiefen/Lichter* war schon in früheren Photoshop-Versionen verfügbar. Diese ließ sich allerdings nur direkt auf eine Ebene anwenden und hatte somit unwiderrufliche Änderungen der Pixelstruktur verursacht, was leider nicht so gut ist.

Seit der Photoshop-Version CS3 kann die Einstellung *Tiefen/Lichter* schonend verwendet werden, und zwar über Smart-Objekte. Im Abschnitt 4.7 finden Sie den optimalen Workflow für *Tiefen/Lichter*.

Duplizieren Sie die Hintergrundebene mit der Tastenkombination [Strg]+[J]. Die Kopie der Ebene können Sie jetzt entweder direkt bearbeiten oder Sie wandeln diese Ebene in ein Smart-Objekt um. Mit einem Rechtsklick auf die Ebene wählen Sie die Option *In Smart-Objekt konvertieren*.

Wählen Sie jetzt *Bild/Korrekturen/Tiefen/Lichter*. Standardmäßig erscheint das Dialogfeld *Tiefen/Lichter* mit zwei Reglern: *Stärke* für die Tiefen und für die Lichter. Der Wert für die Tiefen ist schon auf 50 % angehoben. Aktivieren Sie die Einstellung *Weitere Optionen einblenden*. Mit den erweiterten Optionen erreichen Sie eine optimale Darstellung der dunklen und hellen Bereiche des Bildes. Zu dem genauen Workflow kommen wir etwas später.

Das Tiefen/Lichter-Werkzeug eignet sich hervorragend zum Retten von Fotos mit komplizierten Lichtsituationen, besonders wenn die Aufnahmen im JPEG-Format erfolgen und die effektive Entwicklungsstufe im RAW-Konverter einfach fehlt.

4.6 Von Profis empfohlen: Bildeinstellungen mit Gradationskurven – optimaler Workflow

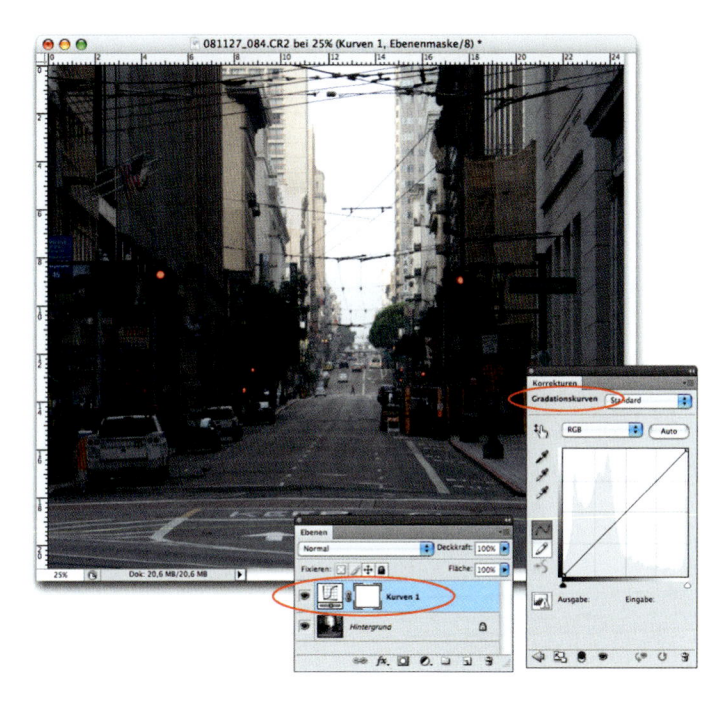

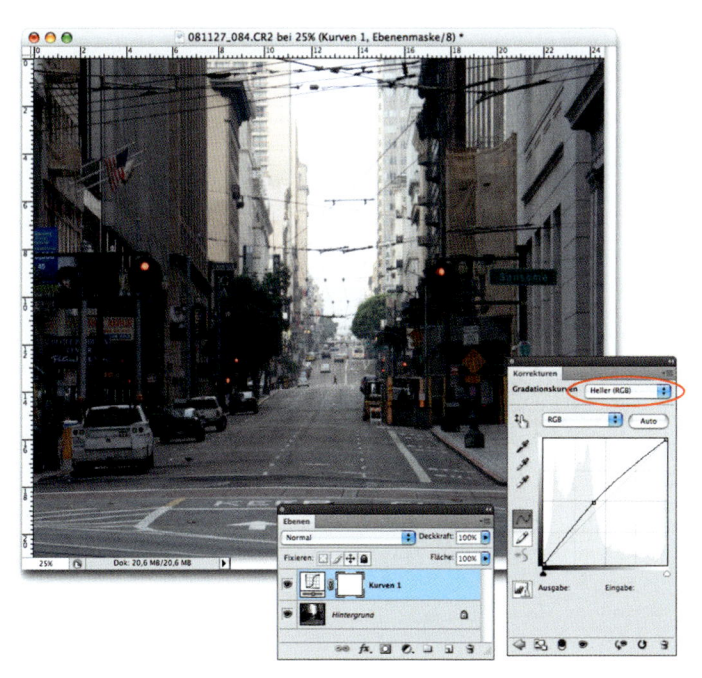

Mit der Einstellungsebene *Gradationskurven* erreichen Sie die optimale Ausleuchtung Ihrer Fotos. Ob global oder selektiv, die Gradationskurven werden von den meisten Fotografen bevorzugt.

Im Folgenden finden Sie den optimalen Ablauf für Korrekturen an Fotos mit den Gradationskurven.

An einem Bildbeispiel, bei dem ein Teil des Bildes ziemlich dunkel ist und die Strukturen nicht gut sichtbar sind, werden die Schritte mit den Gradationskurven erklärt.

1

Klicken Sie in der *Korrekturen*-Palette auf das Symbol *Gradationskurven*. Eine entsprechende Einstellungsebene erscheint in der *Ebenen*-Palette.

Noch ist diese Ebene ohne Wirkung, denn Sie haben die diagonale Linie im Korrekturenfenster nicht verändert.

2

Die ersten Vorgaben können aus den vordefinierten Einstellungen gewählt werden. Nehmen Sie für den Anfang die Einstellung *Heller (RGB)*.

Die Strukturen in den dunklen Bereichen werden besser sichtbar, aber das zieht auch die Aufhellung des restlichen Bildes nach sich, was in unserem Fall nicht so günstig ist und weitere Anpassungen nötig macht.

Bildeinstellungen mit Gradationskurven – optimaler Workflow

3

Ziehen Sie den oberen Punkt der Kurve nach unten, um helle Bereiche des Bildes abzudunkeln. Falls Sie die dunklen Bereiche des Bildes zusätzlich aufhellen möchten, ziehen Sie den unteren Punkt nach oben.

Zur Kontrolle können Sie sich immer das Histogramm anschauen, das sich auch im Kurvenfenster befindet.

Achten Sie darauf, dass die Spitzen der Balken, die Tonwerte anzeigen, nicht abgeschnitten werden.

Aktualisieren Sie nach jeder Anpassung die Ansicht (Symbol unten in der Palette), da das Histogramm erst nach der Aktualisierung die aktuelle Tonwertverteilung anzeigt.

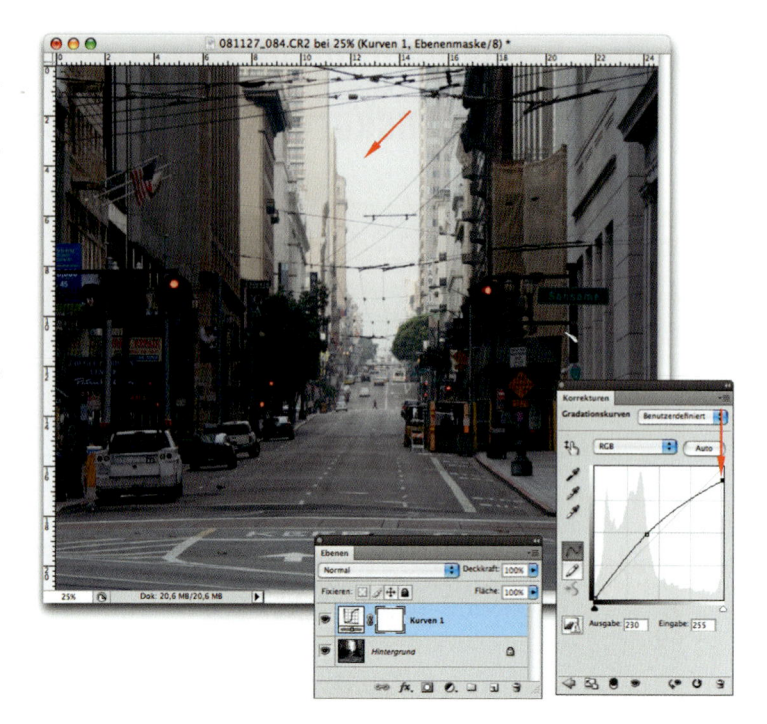

4

Durch die Veränderungen, die Sie im vorherigen Schritt gemacht haben, kann es passieren, dass das Bild allgemein flauer wirkt.

Kompensieren Sie die verloren gegangenen Kontraste mit den Reglern, die sich unter dem Histogrammfenster befinden.

Bewegen Sie die Regler leicht Richtung Mitte, und die Kontraste werden angehoben. Dies geschieht jetzt unter Berücksichtigung der in Schritt 3 veränderten Tonwertlage. Aktualisieren Sie erneut die Ansicht.

5

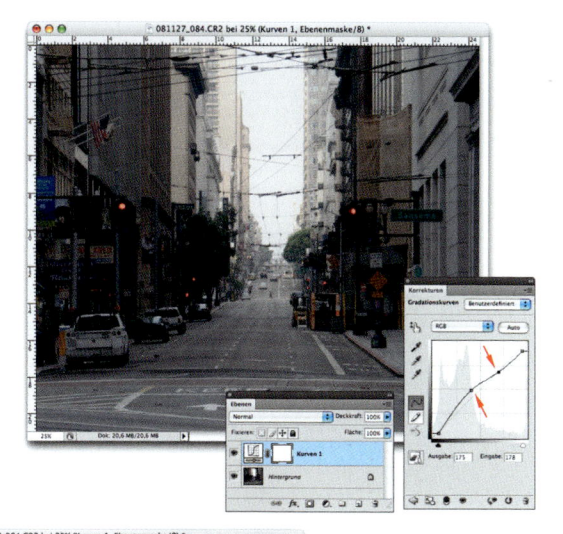

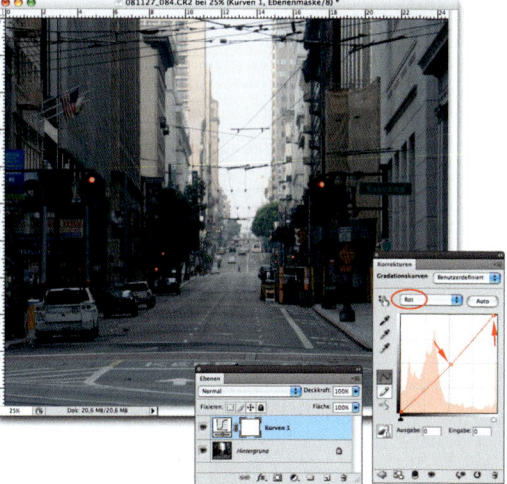

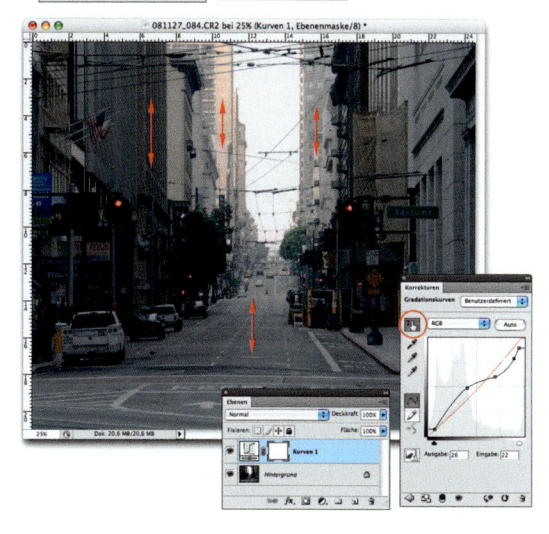

Zum Abdunkeln der hellen sowie zum Aufhellen der dunklen Bereiche wird eine sogenannte S-Kurve verwendet. Diese können Sie schnell manuell erstellen. Fassen Sie die Kurve in der linken unteren Hälfte an und ziehen Sie diese leicht nach oben. Im Gegenzug ziehen Sie die obere rechte Hälfte nach unten. Die sich in den Schatten befindenden Bildbereiche werden dadurch deutlicher sichtbar, die Strukturen werden besser gezeichnet.

6

Auch die Farben können Sie mit den Gradationskurven anpassen. Wenn Sie zum Beispiel den Kanal *Rot* wählen, können Sie dem Bild mehr rote Farbe verleihen, wenn Sie die Kurve des roten Kanals nach oben ziehen, oder umgekehrt die rote Farbe dem Bild entziehen, wenn Sie die Kurve nach unten bewegen.

7

Die bereits gewählten Anpassungen können Sie mit der In-Bild-Korrektur abrunden. Aktivieren Sie diese mit dem entsprechenden Symbol in der *Gradationskurven*-Palette und machen Sie die Bildbereiche heller, indem Sie sich mit gedrückter Maustaste nach oben bewegen. Zum Abdunkeln ziehen Sie im Bildbereich mit gedrückter Maustaste nach unten. Dieser Ablauf kann für fast alle Belichtungssituationen verwendet werden. Natürlich können Sie einige Schritte dieses Workflows weglassen und gleich z. B. mit der In-Bild-Korrektur beginnen. Im nächsten Beispiel wird die Vorgehensweise erklärt, die die Farbverstärkung einiger Bildbereiche als Ziel hat.

Vorher

Nachher

Farbkorrekturen mit Gradationskurven

An diesem Beispiel werden wir die Gradationskurven mit dem Schwerpunkt Farbkorrekturen anwenden. Die Farbe des Wassers und des Himmels im unteren Bereich wird mithilfe der Kanäle der Einstellungsebene *Gradationskurven* selektiv verändert.

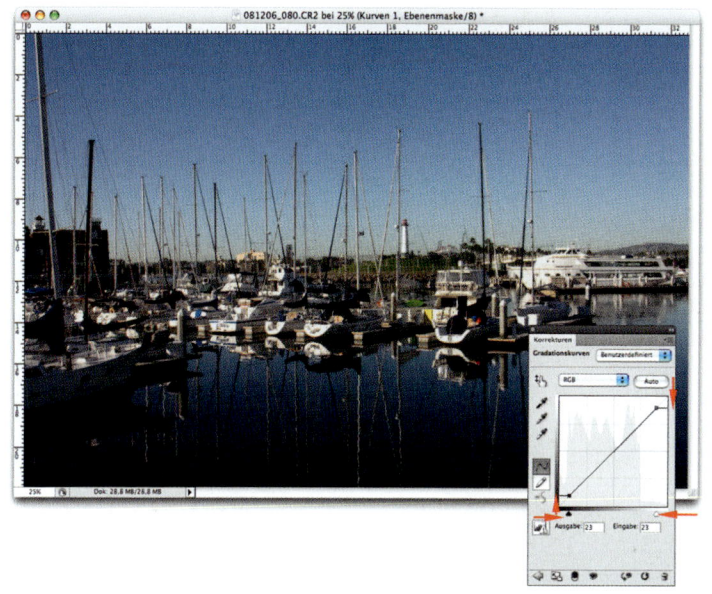

1

Zuerst können Sie wie im ersten Beispiel vorgehen.

Reduzieren Sie den Tonwertumfang, indem Sie die Enden der Kurve an der vertikalen Achse Richtung Mitte verschieben und dann den Kontrastverlust mit den Reglern unter dem Histogramm kompensieren, indem Sie diese leicht Richtung Mitte bewegen.

2

Korrigieren Sie die Kontraste mit der S-Kurve, falls diese noch nicht optimal sind.

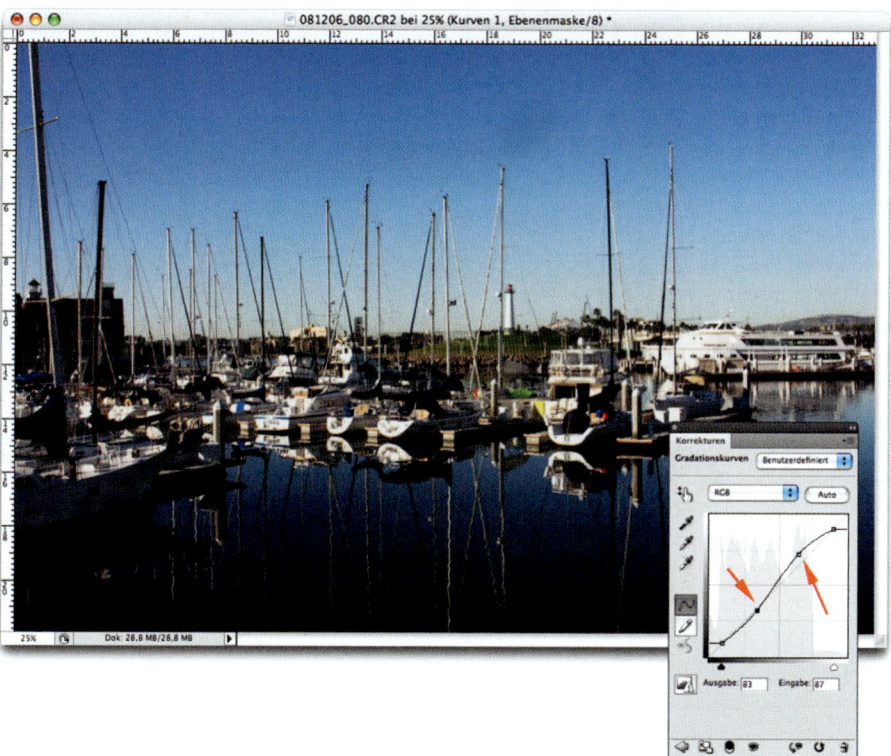

3

Verstärken Sie die Farbe im Bereich des Wassers. Das können Sie auf folgende Art machen: Wählen Sie den Kanal *Grün* und schalten Sie die In-Bild-Korrektur ein.

Bewegen Sie den Mauszeiger mit gedrückter Maustaste im Bereich des Wassers nach oben oder nach unten, bis Sie den passenden Ton für die Wasserfarbe gefunden haben.

In unserem Beispiel wurde das Wasser absichtlich etwas grüner gestaltet. Natürlich wurden dadurch auch andere Bildteile leicht verfärbt, aber das wird in den nächsten Schritten ausgeglichen.

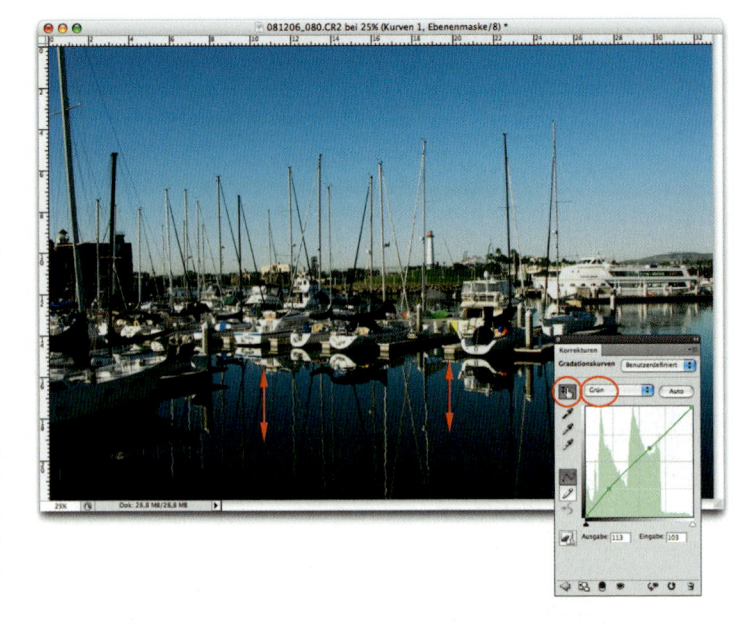

4

Wechseln Sie jetzt zum Kanal *Rot*. Bearbeiten Sie die Bereiche des Himmels über dem Horizont, bis die Farbe eine leichte hellrote Tönung bekommt. Gleichzeitig werden die grünstichigen Bereiche des Bildes, die durch die Korrekturen in Schritt 3 entstanden sind, gut kompensiert.

So haben Sie mit den Gradationskurven nicht nur die Tonwerte korrigiert, sondern auch die Farbanpassungen durchgeführt, die dem Bild eine intensivere Färbung verliehen haben.

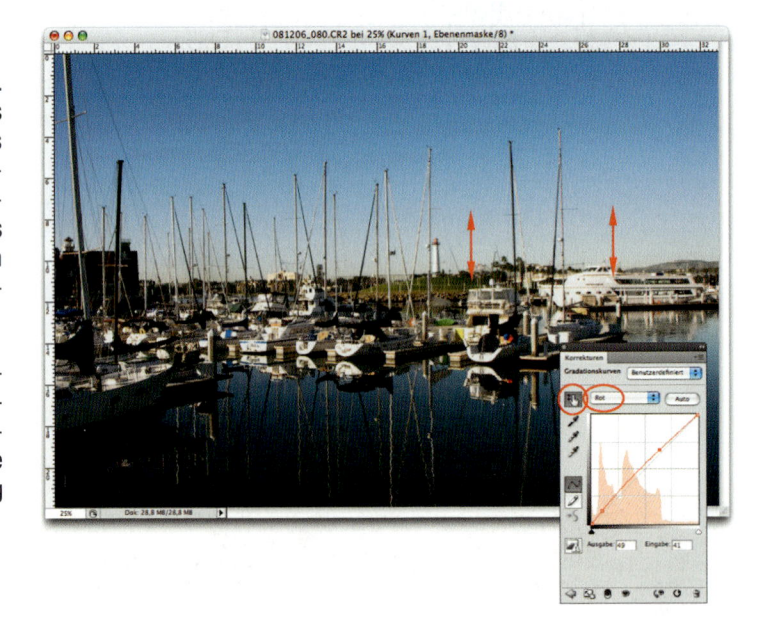

Vorher

Nachher

4.7 Tiefen/Lichter: in Schatten versunkene Bereiche retten

Bei der Übersicht über die Korrekturwerkzeuge wurde bereits erwähnt, dass die Tiefen/Lichter-Funktion ein optimales Tool zum Aufbessern von Bildern mit starken Kontrasten ist, bei denen einige Stellen stark im Schatten versunken sind. Zwar kann man solche Korrekturen auch mit den Gradationskurven durchführen, aber mit Tiefen/Lichter geht es oft schneller und die Resultate sind sehr überzeugend.

Im Folgenden lernen Sie den optimalen Workflow für diese Korrektur kennen.

Als Beispiel dient ein Bild, bei dem eine typische komplizierte Lichtsituation vorliegt und der dunkle Bereich des Gebäudes optimiert werden soll, damit die Struktur der Steine wieder zum Vorschein kommt.

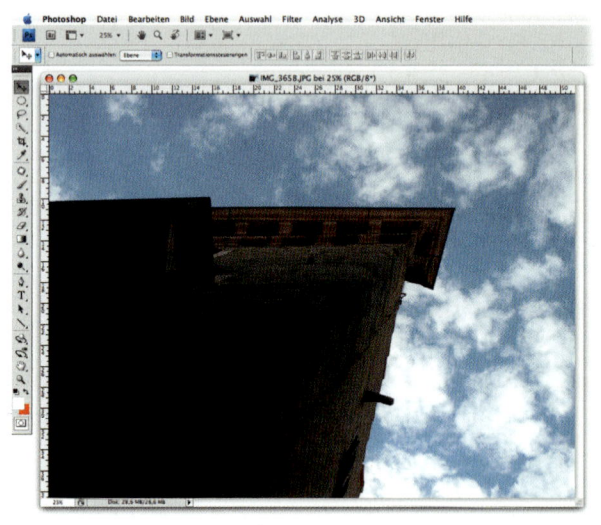

Optimaler Workflow

1

Für pixelschonende Korrekturen ist es ratsam, die Hintergrundebene mit [Strg]+[J] zu kopieren und die Kopie mit einem Rechtsklick in ein Smart-Objekt zu konvertieren.

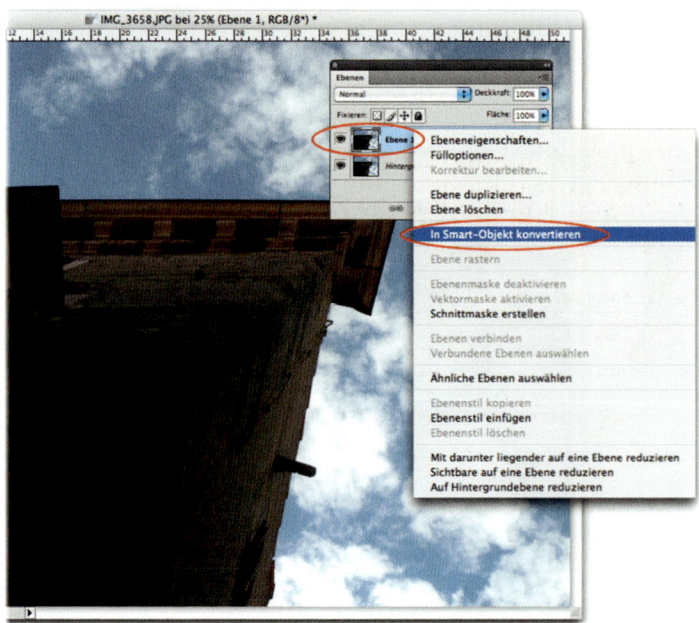

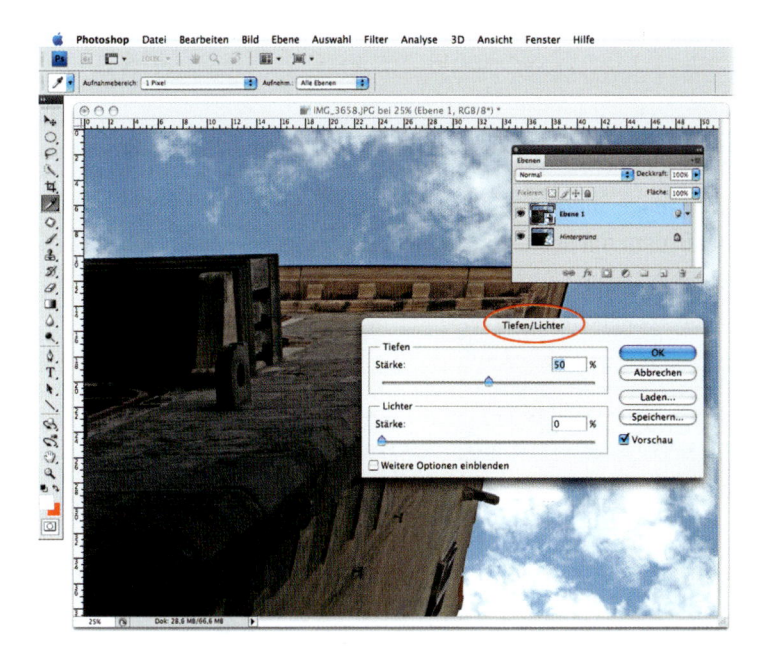

Tiefen/Lichter: in Schatten versunkene Bereiche retten

2

Wählen Sie *Bild/Korrekturen/Tiefen/Lichter*. Im Dialog sind die Standardeinstellungen schon vorgewählt.

Der Bereich *Tiefen* ist schon stark aufgehellt und das zeigt, wie effektiv das Werkzeug die unterbelichteten Bereiche retten kann. Die Korrekturen sollten jedoch meistens etwas genauer durchgeführt werden.

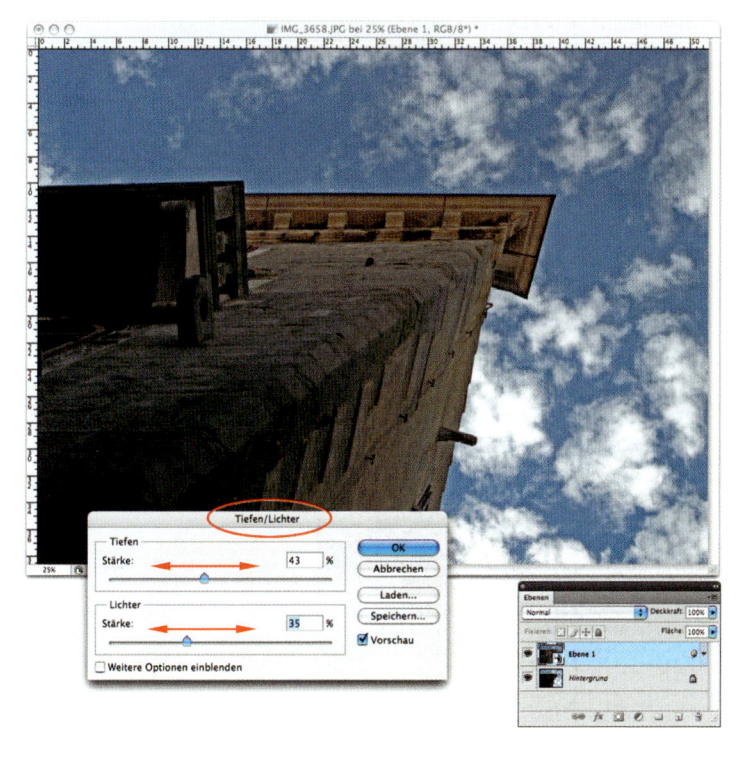

3

Finden Sie durch die Bewegung der Regler *Stärke* für die Bereiche *Tiefen* und *Lichter* eine optimale Zusammensetzung, bei der die Strukturen in den dunklen Bereichen besser sichtbar werden, aber die hellen Bereiche nicht überbelichtet wirken.

In unserem Beispiel wurden die Regler mit einer ungefähr gleichen Prozentzahl eingesetzt.

Die Verteilung der Tonwerte wirkt jetzt ziemlich harmonisch, allerdings sind einige Nebenwirkungen aufgetreten, die Sie mit weiteren Anpassungen mindern können.

Optimierung von Beleuchtung und Farben — KAPITEL 4

Tiefen/Lichter: in Schatten versunkene Bereiche retten

4

Aktivieren Sie das Kontrollkästchen *Weitere Optionen einblenden*. Die Palette *Tiefen/Lichter* wird stark erweitert und die Tiefen und Lichter können Sie jetzt mit *Tonbreite* und *Radius* genauer steuern.

Um durch so viele Regler nicht durcheinanderzukommen, können Sie einer einfachen, aber wirkungsvollen Regel folgen: Positionieren Sie die Regler *Stärke*, *Tonbreite* und *Radius* diagonal, wie das mit den Strichen auf dem Screenshot angezeigt ist.

Das ist die ideale Ausgangsposition, und aus dieser können Sie die Einstellungen perfektionieren.

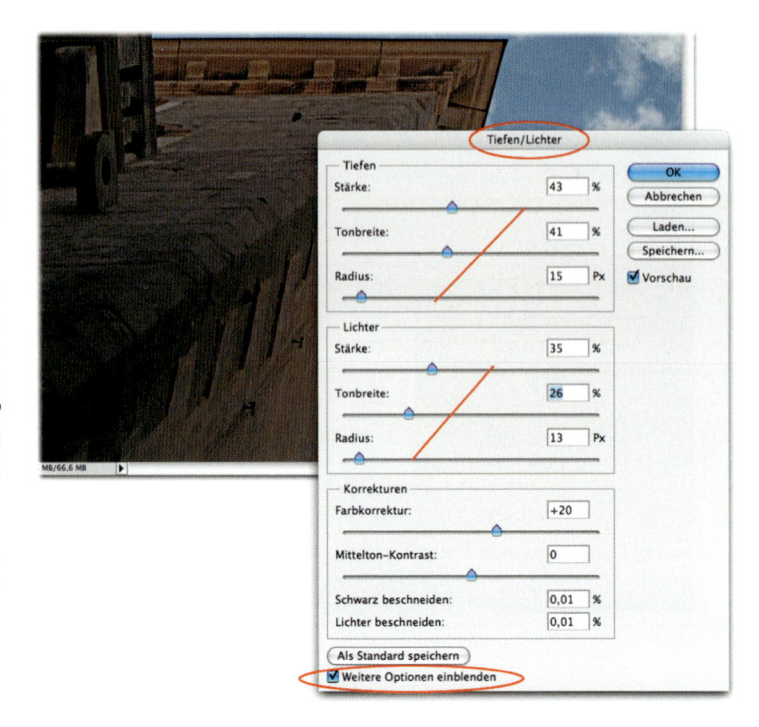

5

Durch die Korrekturen mit der Funktion *Tiefen/Lichter* entstehen oft unschöne leuchtende Ränder an den Grenzen zwischen den hellen und dunklen Bildteilen, wie es in unserem Beispiel an der Grenze zwischen dem Dach und dem Himmel zu erkennen ist.

Diese Ränder können Sie minimieren, indem Sie den Wert für *Radius* auf ca. 10–15 % reduzieren.

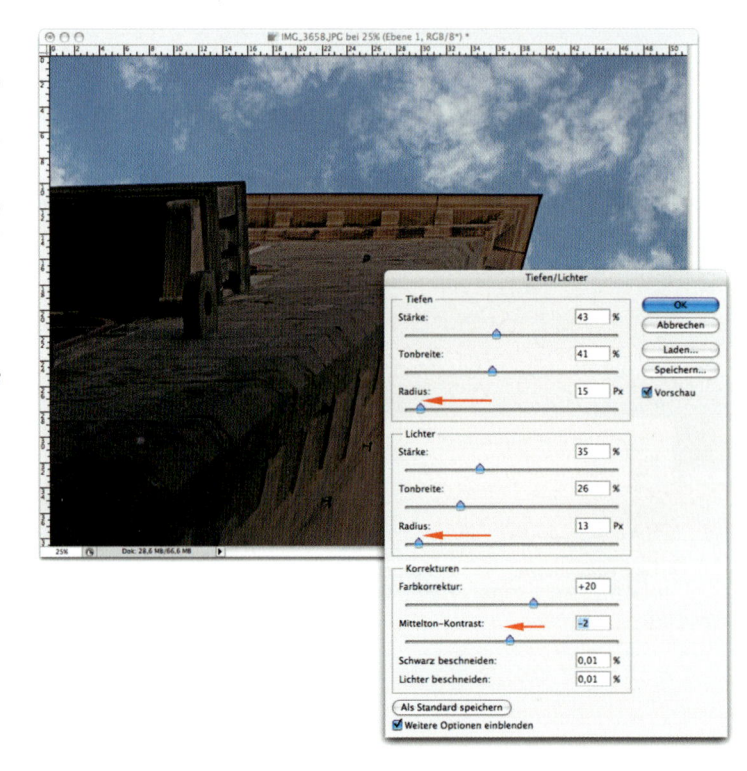

Tiefen/Lichter: in Schatten versunkene Bereiche retten

6

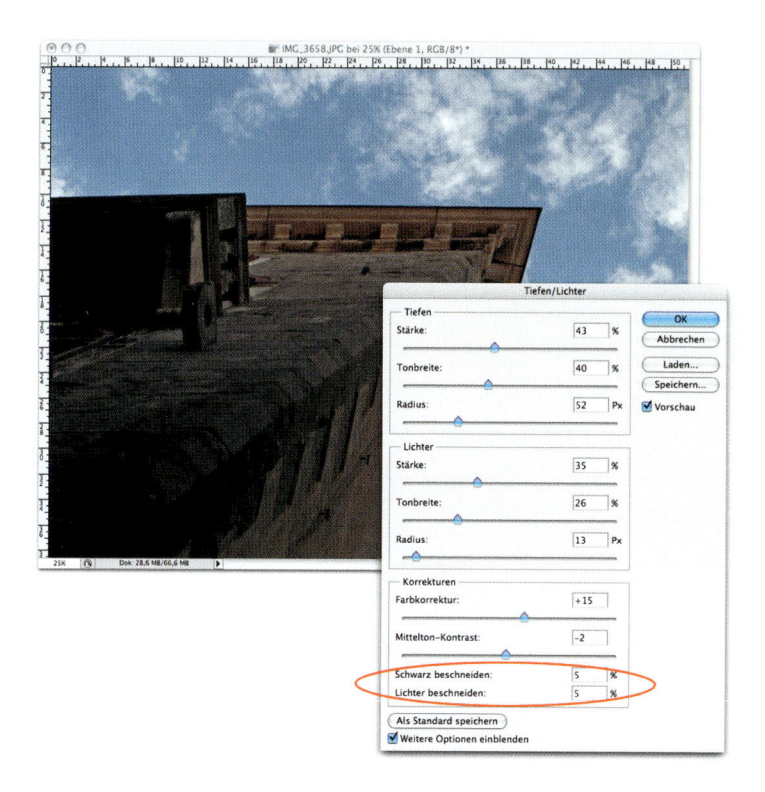

Wenn Sie mit Tiefen/Lichter schon gearbeitet haben, haben Sie bestimmt bemerkt, dass durch die Korrekturen, die zu einer besseren Verzeichnung der Strukturen führen (Anhebung der Werte für *Stärke* in beiden Bereichen), die Farben des Bildes etwas blasser wurden bzw. die Kontraste des Bildes und die Plastizität einiger Bildelemente verloren gingen.

Dem können Sie entgegenwirken, wenn Sie die Werte in den Bereichen *Schwarz beschneiden* und *Lichter beschneiden* auf je ca. 5 % erhöhen (Standard = 0,01).

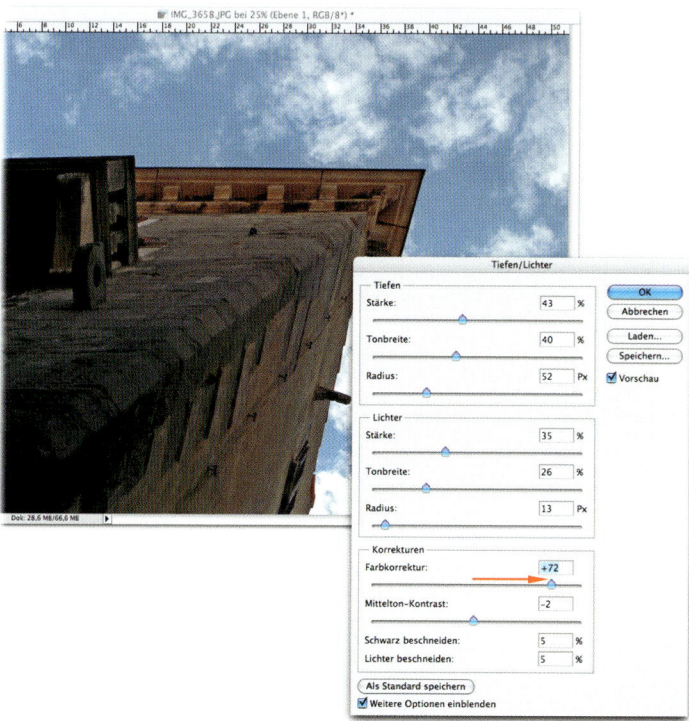

7

Auch die Farbintensität kann durch Anpassungen mit dem Tiefen/Lichter-Werkzeug etwas zurückgehen. Kompensieren Sie die Sättigung mit dem Regler *Farbkorrektur* – etwas ungünstig benannt, könnte diese Einstellung doch auch Sättigung oder Dynamik heißen. In unserem Beispiel wurde die *Farbkorrektur* mit +70 % eingestellt.

Tiefen/Lichter für selektive Korrekturen einsetzen

Durch den Einsatz der Einstellung *Tiefen/Lichter* als Smart-Objekt haben Sie die Möglichkeit, jederzeit die Einstellungen zu korrigieren.

In der *Ebenen*-Palette sehen Sie unter der *Ebene 1* den Eintrag *Smartfilter* und dann die Bezeichnung *Tiefen/Lichter*.

Bei einem Doppelklick auf diese Bezeichnung öffnet sich der Dialog *Tiefen/Lichter* mit den Einstellungen, die Sie zuletzt verwendet haben. Diese können Sie nun wieder anpassen.

Der Eintrag *Smartfilter* ist mit einer Maske ausgestattet, die Sie für den selektiven Einsatz der Funktion *Tiefen/Lichter* nutzen können. So können Sie zum Beispiel die Bereiche des Himmels mit dem Verlaufswerkzeug maskieren, sodass der Himmel ohne Tiefen/Lichter-Korrektur erscheint. Die Maske eines Smart-Objekts kann genauso wie eine Ebenenmaske behandelt werden.

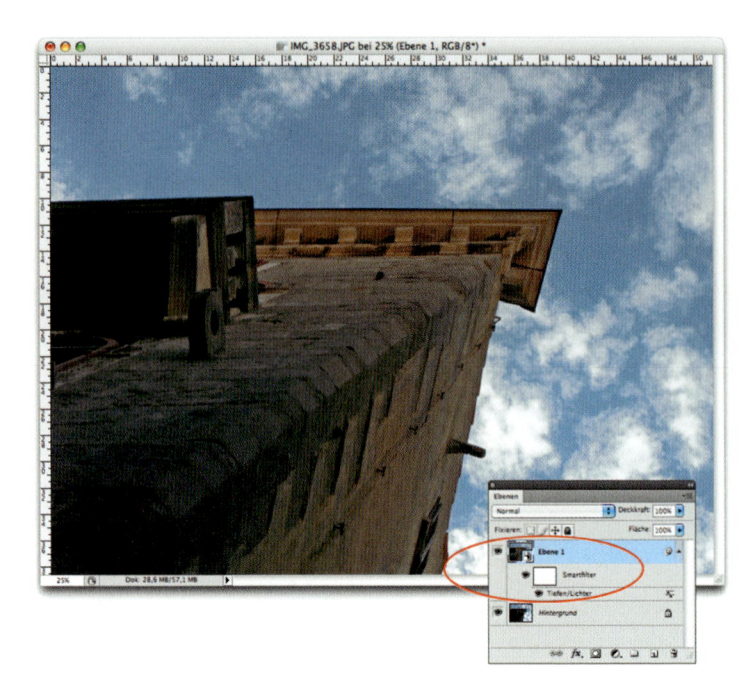

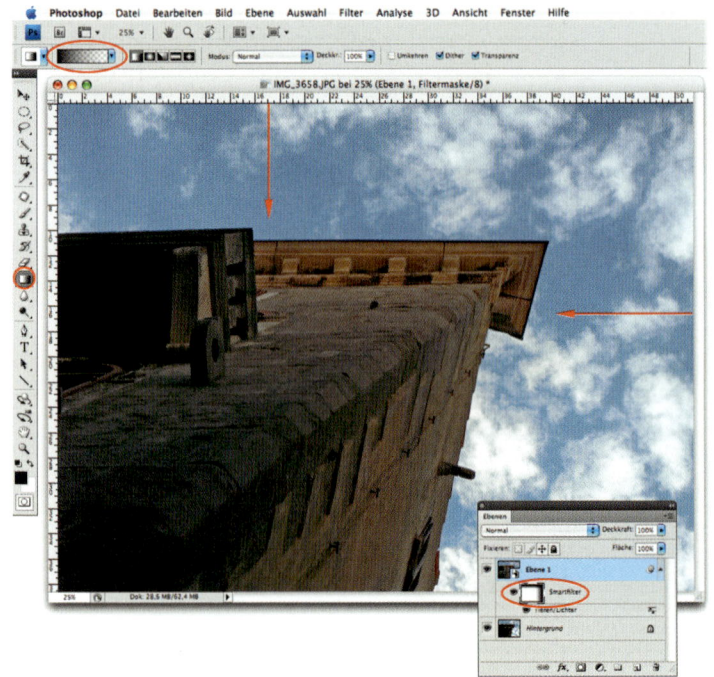

4.8 Tonemapping mit Tiefen/Lichter

Tonemapping ist seit ein paar Jahren „große Mode" in der digitalen Bildbearbeitung. Ein Tonemapping-Bild ist ein Foto, bei dem die Kontraste und die Schärfe so ausgereizt sind, dass das Bild hyperreal aussieht – manchmal realer als die Realität. Eines ist beim Tonemapping wichtig: Das Motiv sollte zu dieser Technik passen. Es gibt mehr als genug Beispiele, bei denen dieses Verfahren auf ein Foto angewendet wurde, zu dem es gar nicht passt. Am besten eignet sich Tonemapping für technische Fotos (wie zum Beispiel Autos) oder für Architekturaufnahmen.

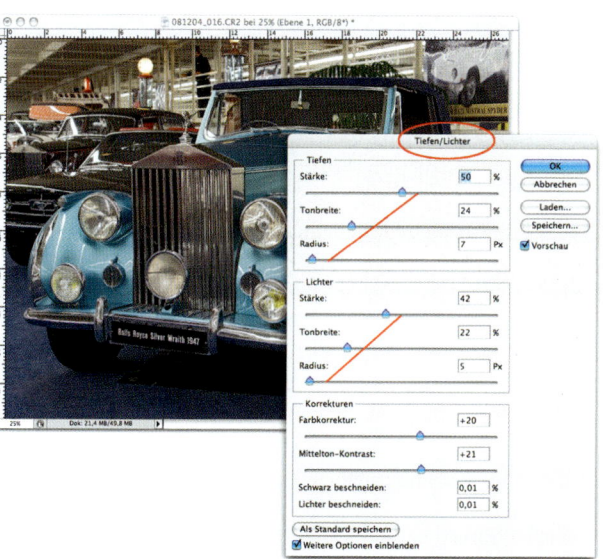

Auf dem Markt gibt es einige Programme, die es erlauben, ein Foto in nur wenigen Schritten und mit relativ einfachen Einstellungen in ein Tonemapping-Bild zu verwandeln, zum Beispiel Photomatix. Aber wenn Sie Photoshop nutzen, brauchen Sie im Grunde überhaupt keine Zusatzprogramme, weil es mehrere Möglichkeiten gibt, wie Sie in Photoshop ein Tonemapping-Bild erzeugen können. Im Folgenden lernen Sie eines der sichersten Verfahren kennen, wie Sie das Bild umwandeln können, und das geschieht mithilfe der Einstellung *Tiefen/Lichter*.

1

Öffnen Sie das Foto, das Sie im Tonemapping-Verfahren bearbeiten möchten, und duplizieren Sie die Originalebene. Mit einem Rechtsklick wandeln Sie diese Ebene in ein Smart-Objekt um.

2

Wählen Sie *Bild/Korrekturen/Tiefen/Lichter* und aktivieren Sie im Dialogfeld gleich das Kontrollkästchen *Weitere Optionen einblenden*. Positionieren Sie die Regler *Stärke*, *Tonbreite* und *Radius* für *Tiefen* und für *Lichter* nach dem Diagonalprinzip, das im Abschnitt 4.7 erklärt wurde. Die *Stärke*-Werte sollten in ei-

Tonemapping mit Tiefen/Lichter

nem Bereich von 40–50 % bleiben. Wie Sie auf dem Beispielbild sehen, wurden die Kontraste im Bild stark verändert.

3

Die Ebene mit der als Smartfilter angewendeten Einstellung *Tiefen/Lichter* brauchen Sie insgesamt dreimal.

Duplizieren Sie die *Ebene 1* also zweimal und benennen Sie die oberen zwei Ebenen um. Damit Sie später auch wissen, was Sie gemacht haben, ist es sinnvoll, die Ebenen nach dem angewandten Filter zu benennen, in unserem Fall wird das der Hochpass-Filter sein. Nennen Sie eine der Ebenen *hochpass grob* und die andere *hochpass fein*.

4

Die obere Ebene können Sie vorerst ausblenden (es ist übrigens egal, ob die obere Ebene *hochpass grob* oder *hochpass fein* ist, in unserem Beispiel ist es *hochpass grob*).

Wählen Sie für die Ebene *hochpass fein* die Menüfolge *Filter/Sonstige Filter/Hochpass*. Im Dialog *Hochpass* wählen Sie einen Radius von ca. 2 Pixeln.

In der Vorschau sollten die feinen Strukturen des Bildes deutlich sichtbar werden, und das erreichen Sie über das *Hochpass*-Dialogfeld mit einem kleinen Radius. Bestätigen Sie den Dialog mit *OK*.

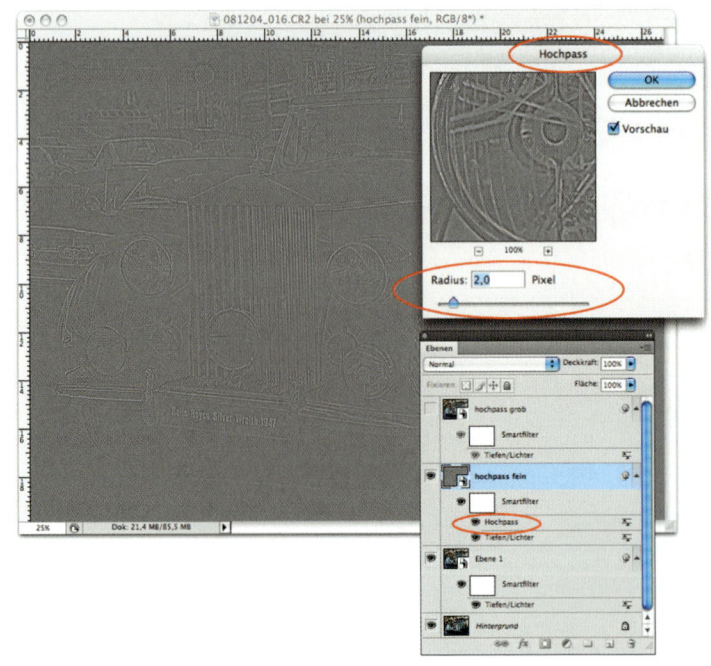

164   KAPITEL 4   Optimierung von Beleuchtung und Farben

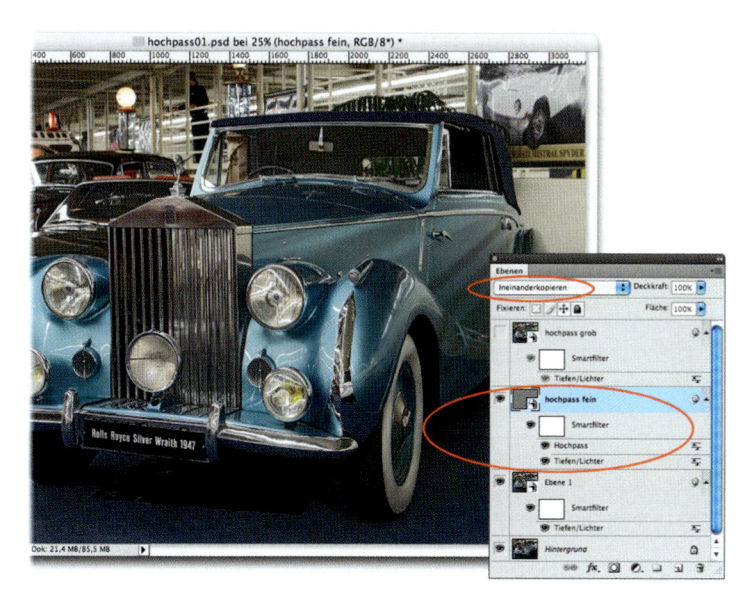

Tonemapping mit Tiefen/Lichter

5

Ändern Sie die Ebenenfüllmethode für die Ebene *hochpass fein* auf *Ineinanderkopieren*. Im Bild werden Sie sofort feststellen, dass die Schärfe zugenommen hat.

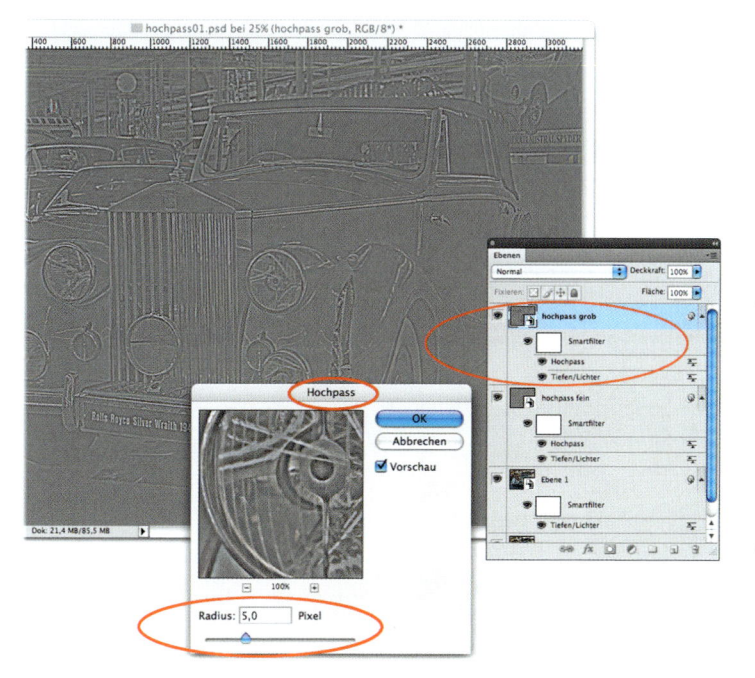

6

Blenden Sie jetzt die Ebene *hochpass grob* ein. Wählen Sie für diese Ebene ebenfalls *Filter/Sonstige Filter/Hochpass*.

Wählen Sie diesmal im Dialog *Hochpass* einen Radius von mindestens 5 Pixeln. Die groben Strukturen im Bild werden deutlich sichtbar. Mit dieser Einstellung werden die Formen im Bild plastischer gemacht.

Bestätigen Sie die Einstellungen mit *OK* und ändern Sie die Ebenenfüllmethode für die Ebene *hochpass grob* auch auf *Ineinanderkopieren*.

Optimierung von Beleuchtung und Farben — KAPITEL 4

Tonemapping mit Tiefen/Lichter

7

Jetzt kommt ein Verfahren ins Spiel, mit dem Sie die Kontraste des Bildes verstärken können. Erstellen Sie über alle in der *Ebenen*-Palette enthaltenen Ebenen eine Einstellungsebene *Verlaufsumsetzung*.

Wählen Sie im Dialog *Verlaufsumsetzung* die Einstellung *Schwarz zu Weiß*. Das Bild wird in Graustufen angezeigt.

Bestätigen Sie mit *OK*. Ändern Sie die Ebenenfüllmethode für die Einstellungsebene *Verlaufsumsetzung* auf *Weiches Licht*. Falls die Kontraste im Bild zu stark werden, reduzieren Sie die Deckkraft der Einstellungsebene auf ca. 40–50 %.

8

Die Ebene *hochpass grob* ist für die Plastizität der Formen im Bild verantwortlich. Sie haben einen Radius von 5 Pixeln gewählt, aber da Sie alle Einstellungen als Smartfilter benutzen, können Sie jederzeit andere Eingaben im Dialog machen.

Doppelklicken Sie auf den Eintrag *Hochpass* unter der Ebene *hochpass grob* und ändern Sie den Radius im Dialog zum Beispiel auf 25 Pixel.

Die Formen im Bild werden dadurch noch plastischer und das könnte eine bessere Variante sein als die mit 5 Pixeln – probieren Sie unterschiedliche Radien einfach aus.

Vergleichen Sie dann die Ergebnisse vorher/nachher, indem Sie auf das Augensymbol der untersten Ebene *Hintergrund* bei gedrückter Alt-Taste klicken. Alle darüberliegenden Ebenen werden dadurch ausgeblendet und bei einem erneuten Klicken wieder eingeblendet.

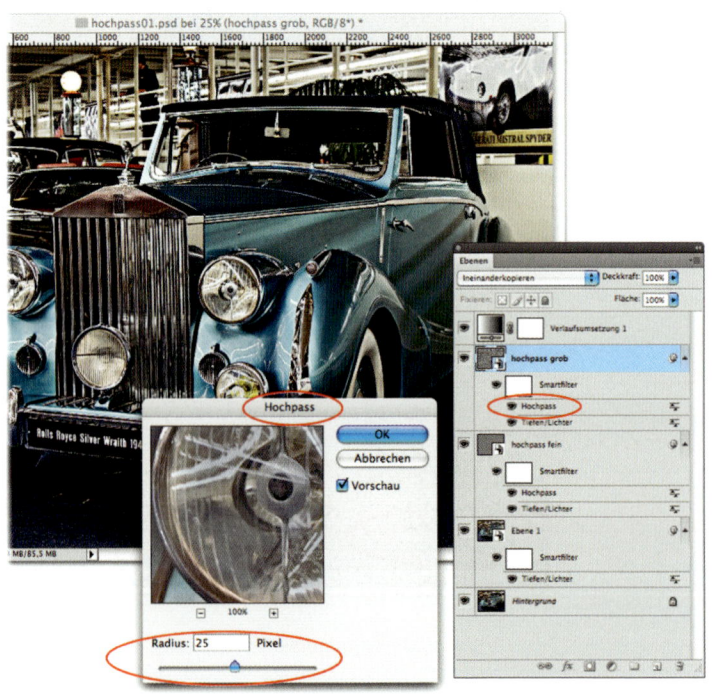

Das beschriebene Verfahren ist nicht der einzige Weg zu einem Tonemapping-Foto. Es gibt mehrere Möglichkeiten, die Kontraste und die Schärfe des Bildes so anzuheben, dass ein solches hyperreales Foto entsteht.

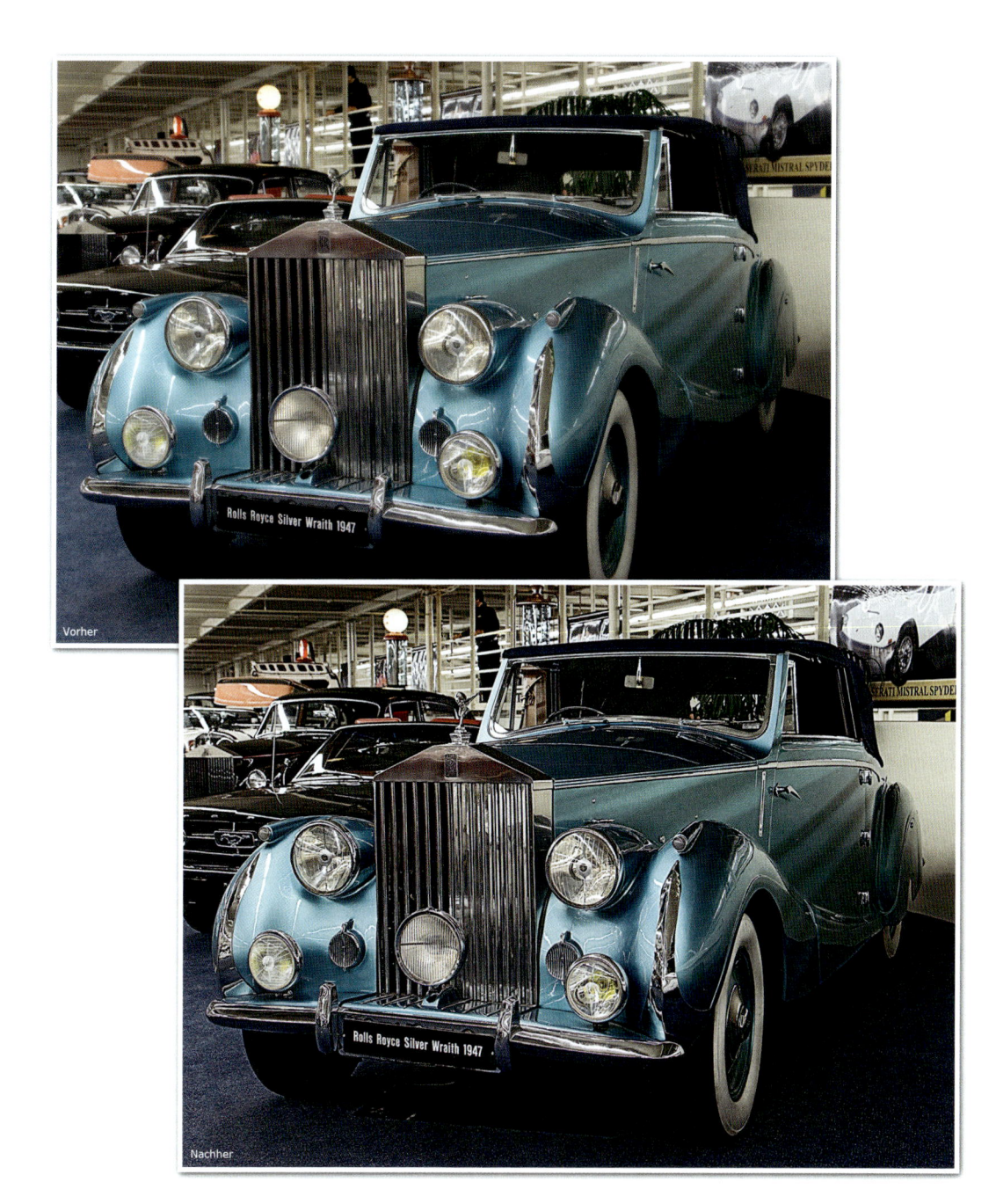

Vorher

Nachher

4.9 Farben unter Kontrolle

Werkzeuge für die Farbkontrolle

Für die Anpassung der Farben gibt es in Photoshop auch eine breite Palette an Werkzeugen, die entweder direkt oder über eine Einstellungsebene angewandt werden können.

Die Einstellungsebenen finden Sie in der *Ebenen*-Palette in der zweiten und dritten Reihe unter den Werkzeugen, die Sie im Abschnitt über Tonwertkorrekturen kennengelernt haben.

Für jede Korrekturaufgabe finden Sie das passende Werkzeug – lernen Sie nun anhand passender Beispiele die Tools etwas näher kennen.

Farbton/Sättigung

Dieses Tool gehört zu den universellen Werkzeugen, mit denen Sie „mehrere Fliegen mit einer Klappe schlagen" können.

Sinnvoll sind die vordefinierten Einstellungen bzw. Vorgaben, die Sie in der *Korrekturen*-Palette ähnlich wie bei den Werkzeugen für Tonwertkorrekturen finden können. Wählen Sie von den Vorgaben eine aus, die Ihren Aufgaben entspricht, und passen Sie die Einstellungen manuell an.

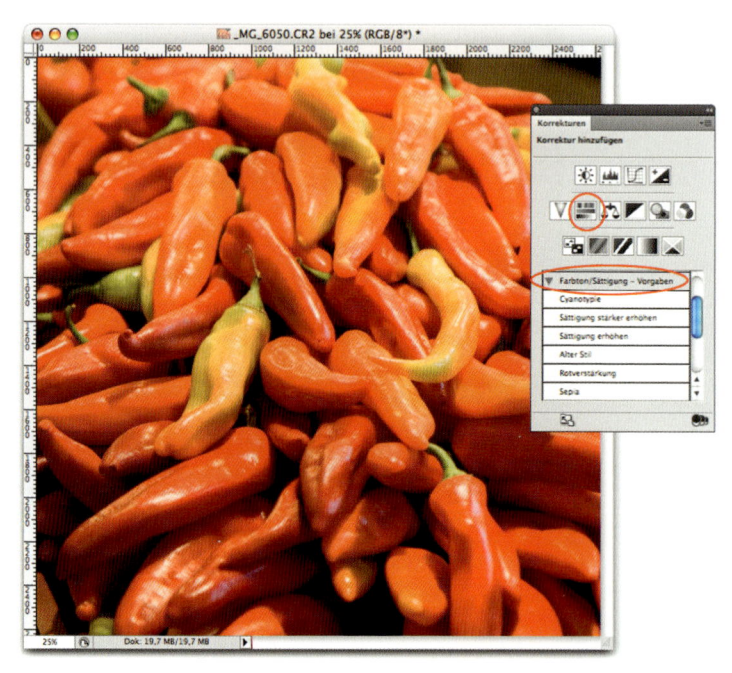

Farben unter Kontrolle

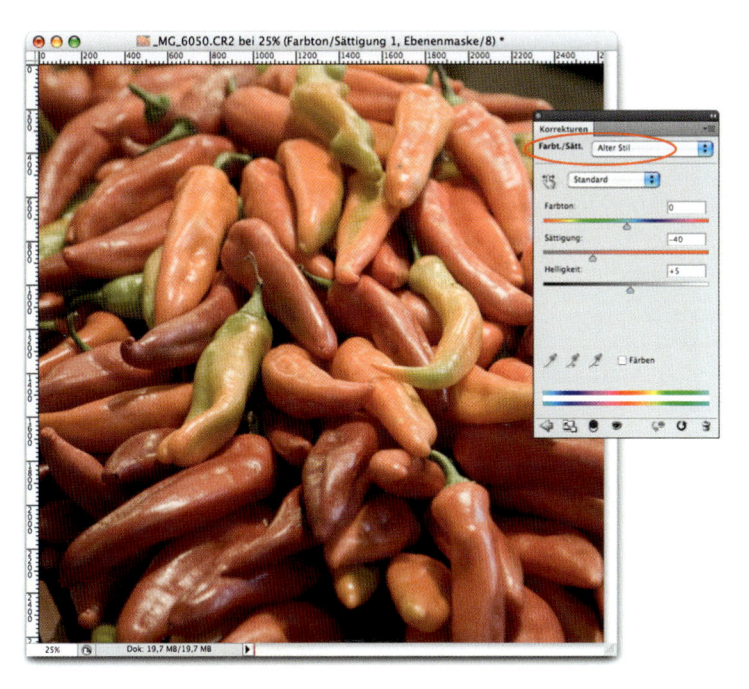

Vorgaben für Farbeffekte nutzen

Ohne große Umwege können Sie mit den Vorgaben interessante Effekte erreichen, wie zum Beispiel mit *Alter Stil* – die Einstellung, mit der Sie ein verblasstes Foto im DDR-Foto-Look gestalten können.

Bei der Wahl einer Vorgabe bleiben die Einstellungen nicht verborgen. In unserem Beispiel wurde die Sättigung bei gleichzeitiger Anhebung der Helligkeit stark reduziert.

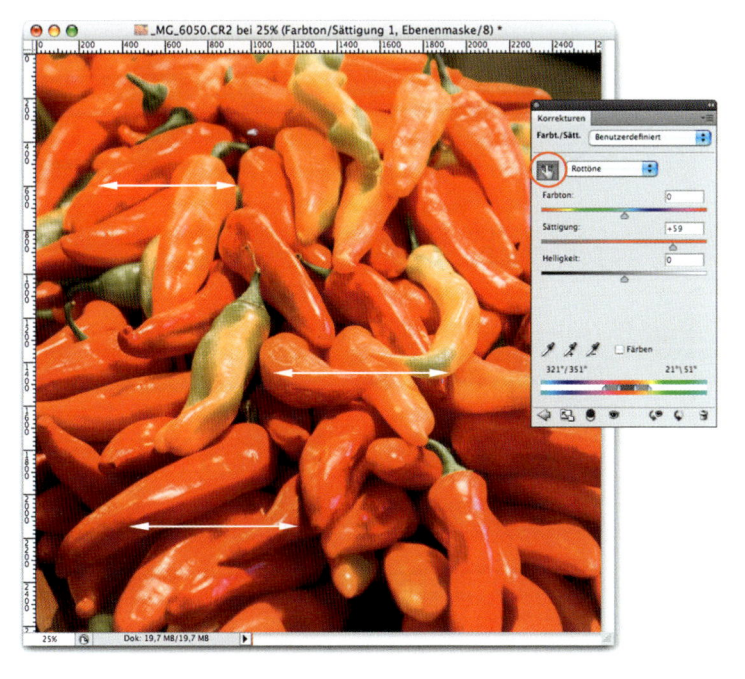

In-Bild-Korrekturen anwenden

Die Anpassungen im Dialog der Einstellungsebene *Farbton/Sättigung* können Sie entweder mit den Reglern oder direkt im Bild machen.

Wie bei einigen Werkzeugen für die Tonwertkorrekturen, wie zum Beispiel Gradationskurven, können Sie das Symbol für die In-Bild-Korrektur aktivieren und die Sättigung der Farben an bestimmten Bereichen im Bild erhöhen oder verringern.

Ziehen Sie bei dem gewünschten Farbbereich mit gedrückter Maustaste nach links, wenn Sie die Sättigung verringern möchten, und nach rechts, wenn die Farben intensiviert werden sollen.

Optimierung von Beleuchtung und Farben

Farbbereich festlegen

Unten im Dialog *Farbton/Sättigung* befindet sich eine regenbogenfarbene Leiste, in der Sie nach der ersten Korrektur einen Schieberegler finden, mit dem Sie die Farbbereiche, in denen Farben angepasst werden sollen, definieren können.

Ziehen Sie die Begrenzungsrahmen des Schiebereglers auseinander, wenn bei der In-Bild- oder Regler-Korrektur der Farbbereich z. B. von Magenta bis Gelb mit eingeschlossen werden soll, dann werden auch feine Farbabstufungen in die Anpassungen mit einbezogen. Wenn Sie die Begrenzungsrahmen des Schiebereglers eng zusammenziehen, wird nur ein genau ausgewählter Farbbereich für die Veränderungen freigegeben.

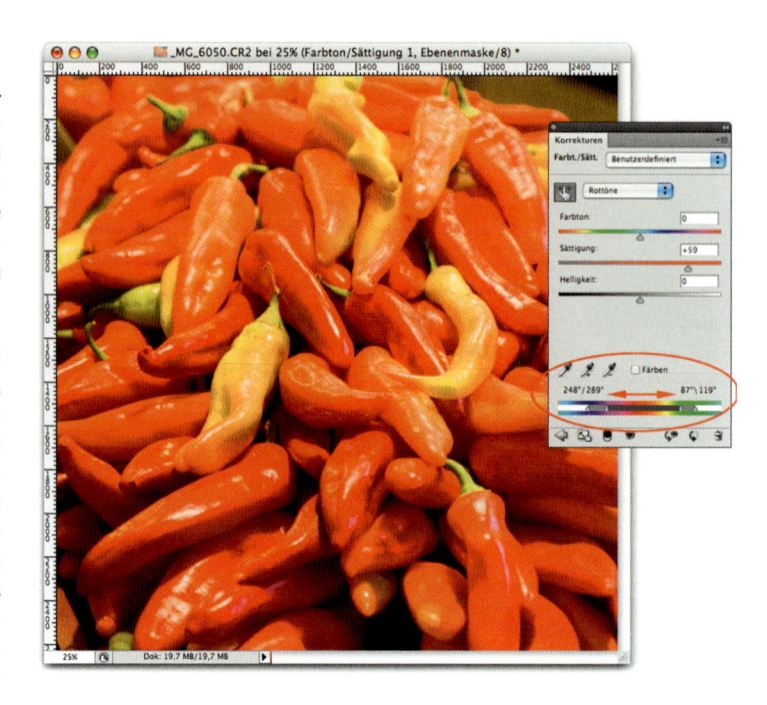

Bild monochrom einfärben

Wenn Sie ein Foto in Monochrom umwandeln und gleichzeitig mit einem Farbton ausstatten möchten, wählen Sie die Option *Färben*. Mit dem Regler *Farbton* definieren Sie die Farbe, die dem monochromen Bild als Zusatzfarbe beigemischt werden soll, zum Beispiel Blau.

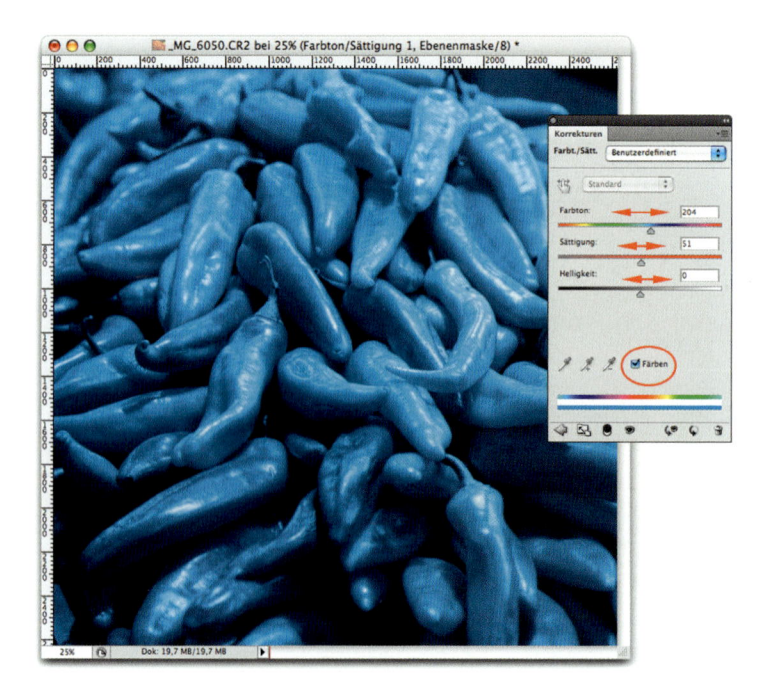

Mit selektiver Farbkorrektur Farbstiche entfernen

Die Funktion *Selektive Farbkorrektur* ist für die Entfernung von Farbstichen unumstritten die erste Wahl. Lernen Sie an einem Beispiel den optimalen Workflow für die Entfernung von Farbstichen kennen.

1

Öffnen Sie das zu korrigierende Bild und wählen Sie in der *Korrekturen*-Palette die Einstellungsebene *Selektive Farbkorrektur* mit der Vorgabe *Standard*.

Die Korrektur von Farbstichen beginnt immer mit einer Bildanalyse. Stellen Sie fest, welche Farben im Bild fehl am Platz sind. In unserem Beispiel ist ein Farbstich mit gelben und roten Farben vorhanden.

Also sollten in diesem Bild diese Farbbereiche behandelt werden. Bei dieser Korrektur arbeiten Sie nach dem Prinzip der Komplementärfarben. Ist zu viel Rot vorhanden, sollte es reduziert und dafür Blau und Cyan verstärkt werden.

2

Im Feld *Farben* erscheint standardmäßig zuerst der Eintrag *Rottöne*. Das muss nicht geändert werden, weil die Rottöne zuerst bearbeitet werden sollen.

Verstärken Sie mit einem Wert von ca. +20 bis +30 den Bereich *Cyan* und den Bereich *Magenta* mit ca. +5 und reduzieren Sie den Wert für *Gelb* deutlich auf ca. −40 bis −60. Sofort ist sichtbar, dass der rote Farbstich verringert wurde.

Farben unter Kontrolle

3

Eine weitere Korrektur erfolgt im Bereich *Gelbtöne*. Hier ist die Umpositionierung der Regler ähnlich wie bei den Rottönen.

Die Werte für *Cyan* und *Magenta* werden erhöht und für *Gelb* verringert. Der Farbstich wird dadurch noch weiter abgeschwächt.

Im Dialog *Selektive Farbkorrektur* finden Sie die Optionen *Relativ* und *Absolut*. Diese stehen für die Schrittlänge der Regler. *Relativ* bedeutet größere Schritte und *Absolut* kleinere.

4

Mit dem Regler *Schwarz* bearbeiten Sie dunkle Bereiche des Bildes. Durch die Verringerung des Wertes für die Farbe Schwarz erreichen Sie eine Abnahme der Kontraste in Bildbereichen wie bei dem Sofa in unserem Beispielbild. Die Struktur des Stoffs ist dadurch wesentlich besser zu sehen.

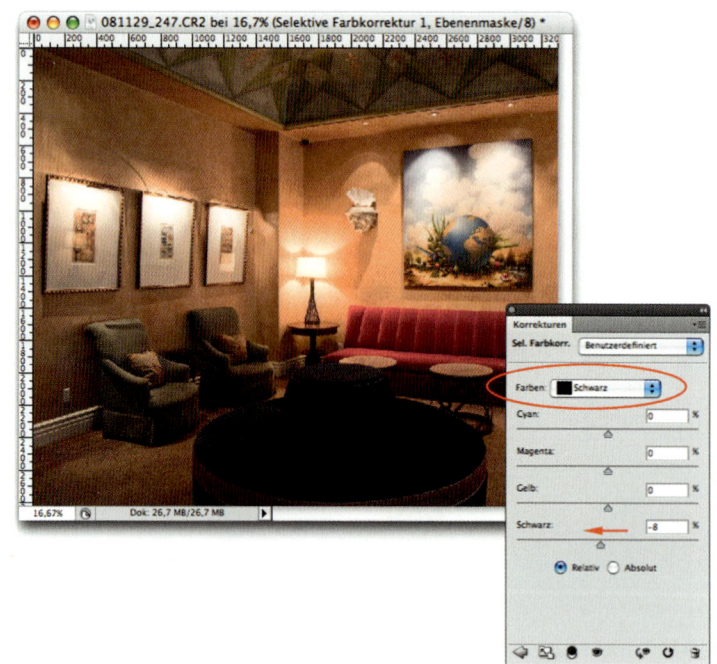

Optimierung von Beleuchtung und Farben

Farben unter Kontrolle

Variationen – den Fotos schnell einen Farbakzent verpassen

Mit der Einstellung *Bild/Korrekturen/Variationen* können Sie den Fotos schnell einen leichten Farbton verleihen, mit dem Sie die Stimmung des Bildes verstärken oder sogar verändern können. Da es die Einstellung *Variationen* nicht als Einstellungsebene gibt, Sie aber die Änderungen nicht endgültig auf die Pixel des Bildes anwenden möchten, ist es sinnvoll, die Hintergrundebene zu duplizieren und diese für die weitere Bearbeitung in ein Smart-Objekt umzuwandeln.

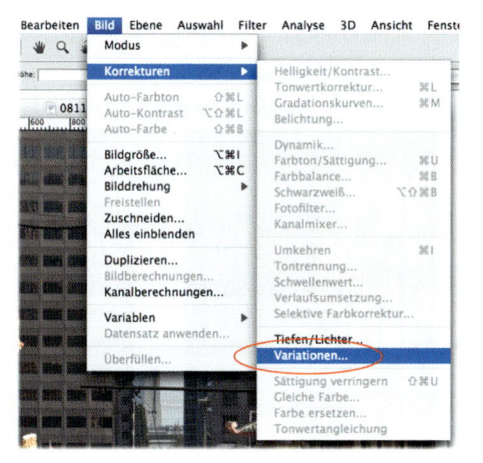

Wählen Sie *Bild/Korrekturen/Variationen*. Im Dialog *Variationen* können Sie durch Klicken auf die Vorschaubilder mit den Farbbezeichnungen dem Bild entsprechende Farbtöne hinzufügen.

Die Vorschaubilder können Sie einfach oder mehrfach anklicken. Durch mehrfaches Klicken wird die Farbe immer mehr verstärkt.

Optimierung von Beleuchtung und Farben — KAPITEL 4

Farben unter Kontrolle

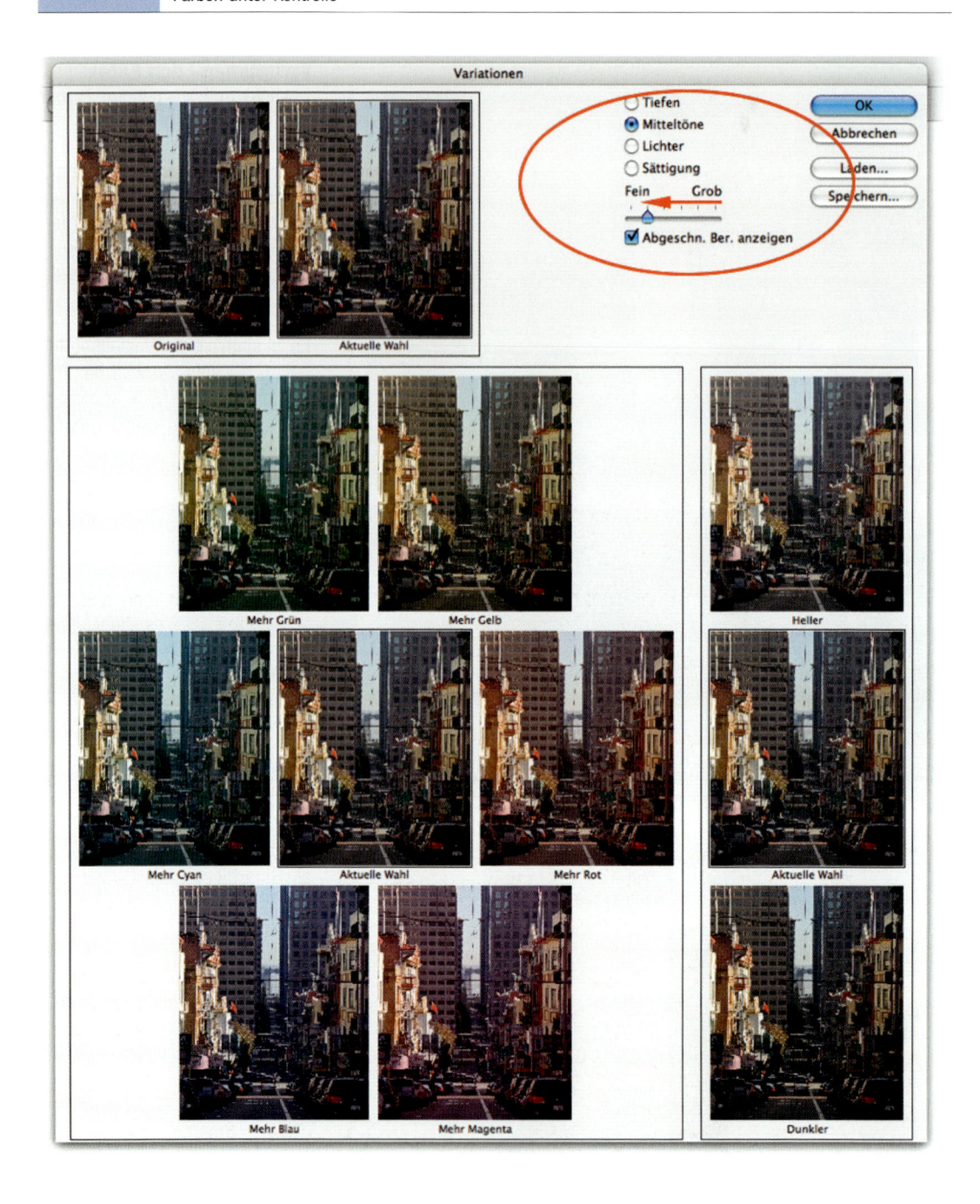

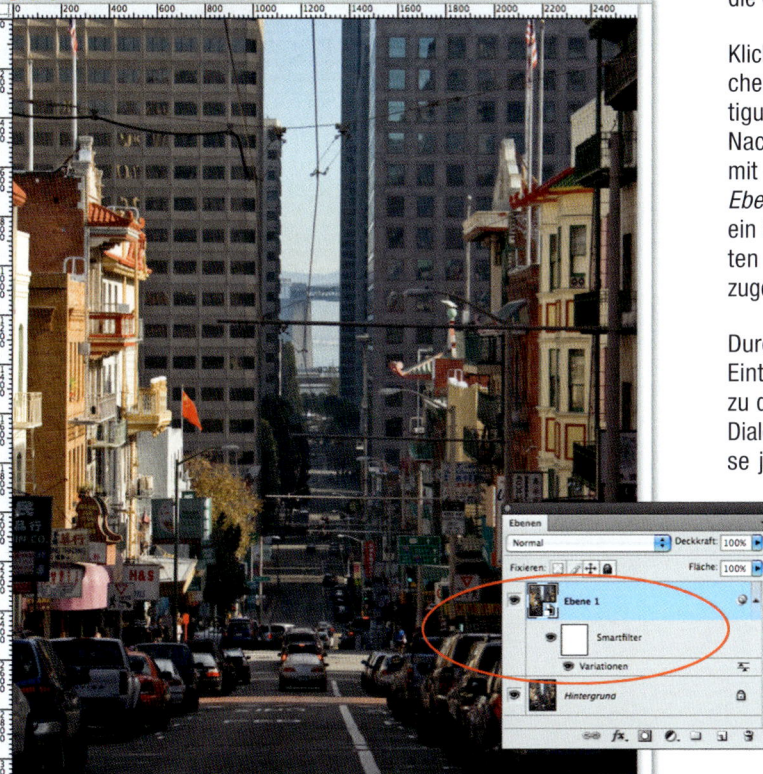

Auch mehrere Flächen können angeklickt und zusätzliche Farben dem Bild hinzugefügt werden.

Die Farbveränderungen können in den Bereichen *Tiefen, Lichter und Mitteltöne* durchgeführt werden. Die Intensität der hinzugefügten Farben können Sie mit dem Regler *Fein – Grob* dosieren.

Es ist sinnvoll, die Einstellung feiner zu machen. So wird das Bild nicht mit einem Klick stark verändert. Rechts im Dialog *Variationen* können Sie die Helligkeit des Bildes steuern. Klicken Sie auf die obere Bildminiatur zum Aufhellen und auf die untere zum Abdunkeln des Bildes.

Die Farbintensität können Sie zusätzlich mit der Einstellung *Sättigung* steuern. Wählen Sie zuerst die Option *Sättigung*.

Klicken Sie dann auf das entsprechende Bild: links – weniger Sättigung, rechts – mehr Sättigung. Nachdem Sie die Einstellungen mit *OK* bestätigt haben, wird in der *Ebenen*-Palette der Ebenenkopie ein Smartfilter mit der angehängten Einstellung *Variationen* hinzugefügt.

Durch das Doppelklicken auf den Eintrag *Variationen* gelangen Sie zu den aktuellen Einstellungen im Dialog *Variationen* und können diese jederzeit verändern oder aufheben. Die Maske des Smartfilters können Sie entweder mit dem Pinsel-Werkzeug oder mit dem Verlaufswerkzeug bearbeiten, wenn Sie die Einstellung *Variationen* selektiv nutzen möchten.

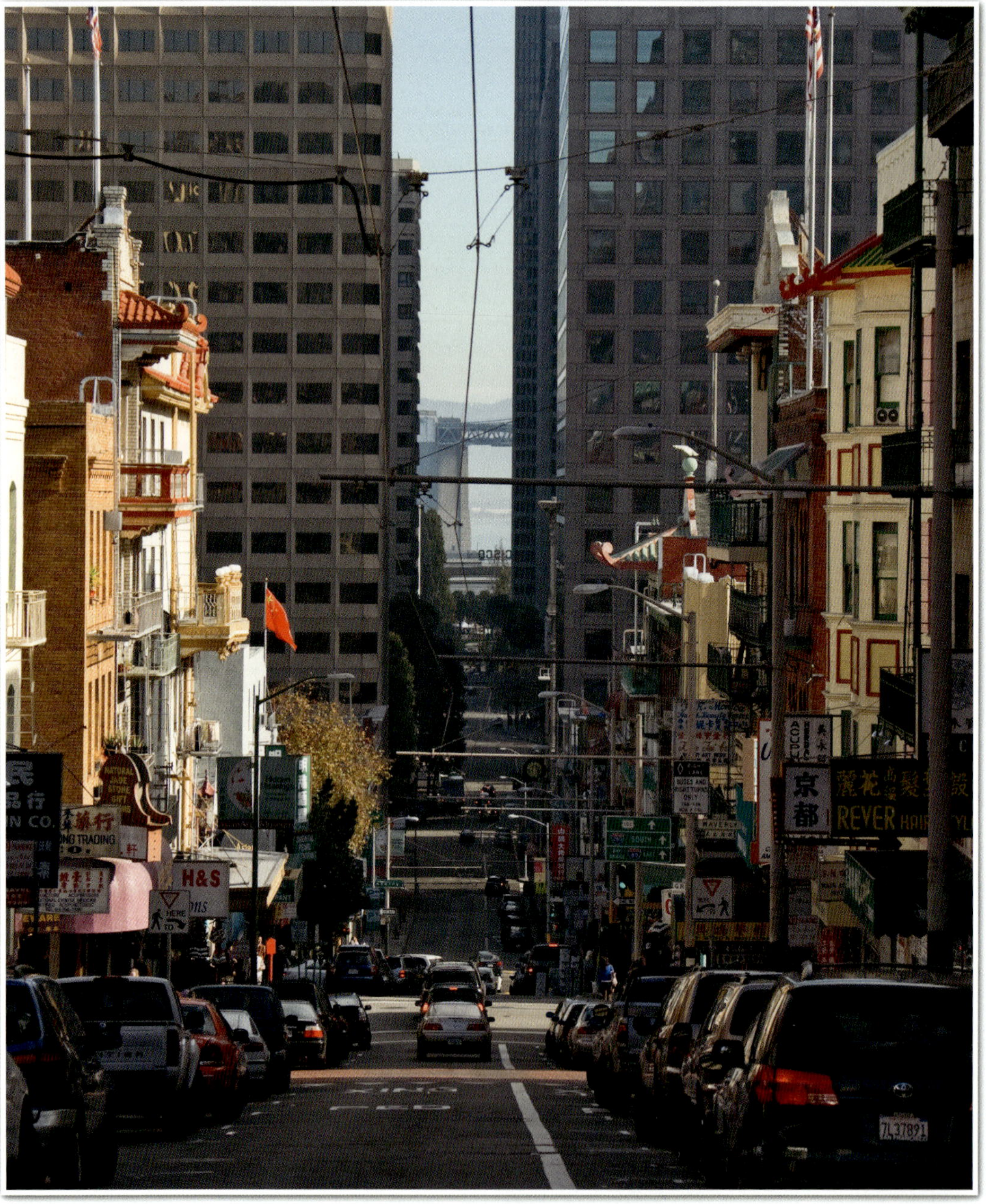
H&S
京都
REVER

Fotofilter: analog meets digital

Die Einstellungsebene *Fotofilter* ist für Fotografen sehr angenehm, die die Zeiten der analogen Fotografie voll mitgemacht haben. Denn die Farbanpassungen mit dem Fotofilter sind an die „analogen" Filter angelehnt, die vor die Linse geschraubt wurden. Auch die Bezeichnungen der Filter kommen den erfahrenen Fotografen sehr bekannt vor: Warmfilter, Kaltfilter. Wählen Sie nun eine Einstellung, die für Ihre Korrekturen passt.

Wenn Sie ein Foto mit einem leichten blauen Farbstich haben, benutzen Sie einen der Warmfilter wie in unserem Beispielbild. Die Filter werden mit einer voreingestellten Dichte von 25 % eingesetzt, das entspricht der Dichte einiger analoger Glasfilter.

Die Dichte können Sie aber stufenlos anpassen. Bewegen Sie den Regler *Dichte* nach rechts, um die Verfärbung des Bildes zu erhöhen, und nach links zum Benutzen des Filters mit weniger Dichte.

Standardmäßig ist im Dialog *Fotofilter* die Option *Luminanz erhalten* aktiviert. Diese Einstellung verhindert, dass durch die Erhöhung der Farbintensität das Bild dunkler wird. Sie können testweise die Option *Luminanz erhalten* ein- und ausschalten.

Bei der Einstellung *Fotofilter* sind Sie nicht zwangsläufig auf die vordefinierten Filter an-

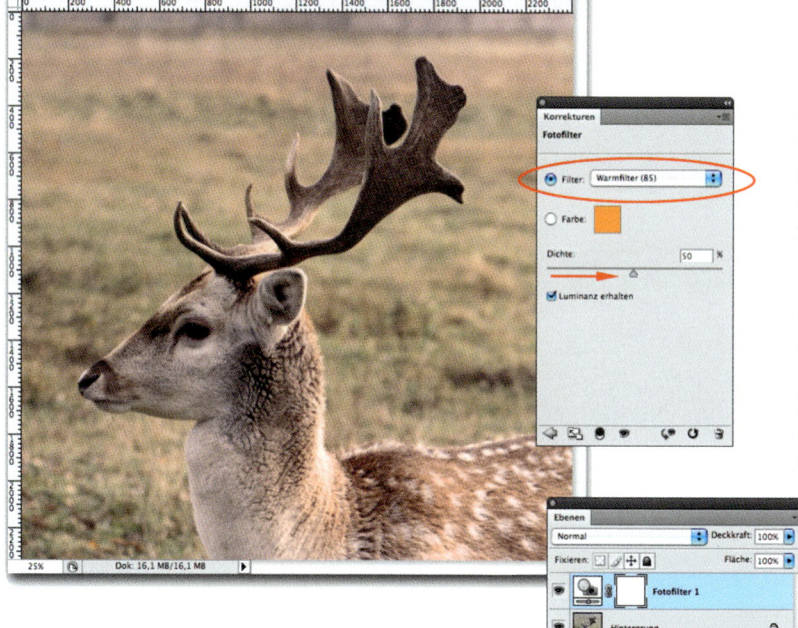

Farben unter Kontrolle

gewiesen. Sie können die Farbe des Filters frei wählen.

Wählen Sie statt der Option *Filter* die Einstellung *Farbe* und klicken Sie auf das Farbkästchen. Der Farbwähler wird geöffnet und Sie können die gewünschte Farbe auswählen. Bestätigen Sie diese Wahl mit *OK* und wählen Sie dann die Dichte des Filters genauso wie bei den Einstellungen mit den vordefinierten Farben aus.

Wie jede Einstellungsebene können Sie auch die Einstellungsebene *Fotofilter* maskiert verwenden, um die Korrekturen selektiv anzuwenden. Bei unserem Beispielfoto wurde ein Maskierungsverlauf erstellt, mit dem nur der obere Teil des Bildes eingefärbt wurde. Solche Verlaufsfilter können Sie sehr gut bei Landschaftsfotos verwenden, um z. B. dem Himmel eine intensivere Farbe zu verleihen.

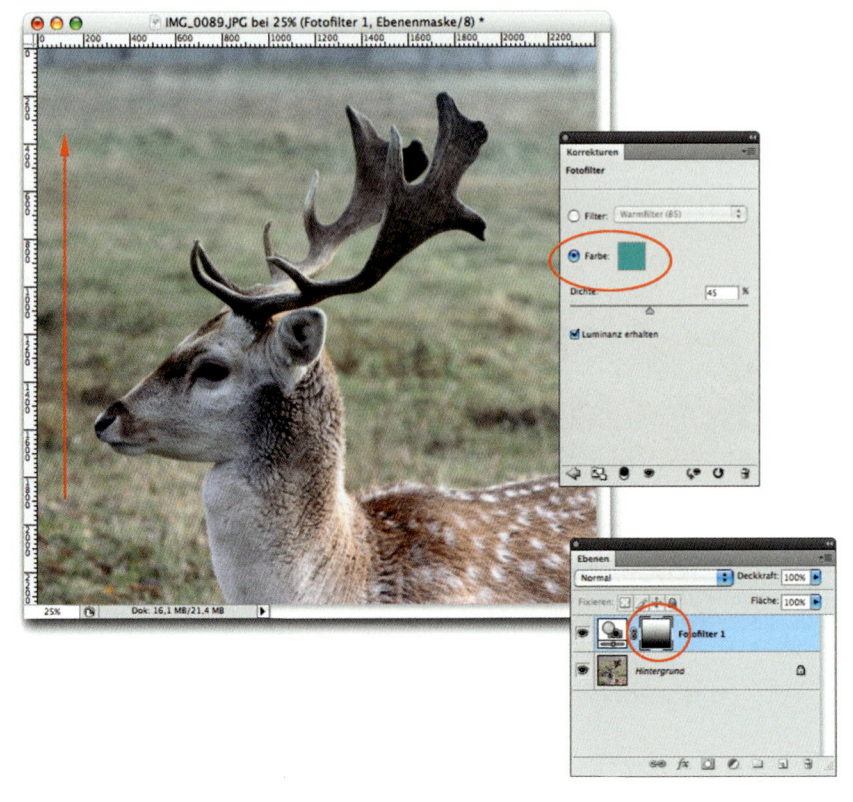

Farben unter Kontrolle

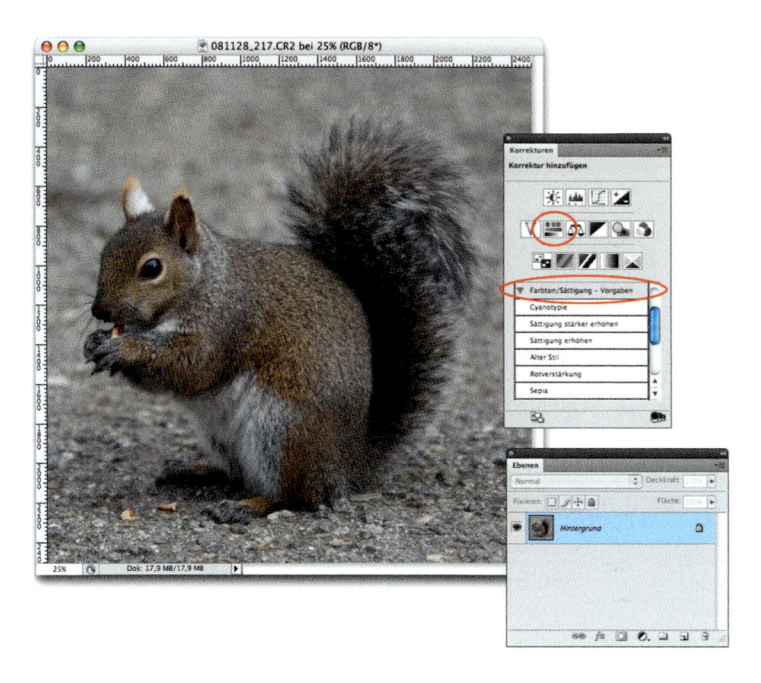

Mehr Aussage durch gezielte selektive Farbkorrekturen

Wie bereits bei den anderen Beispielen geht es bei diesem Beispiel um die selektive Anpassung der Farben.

Bei unserem Beispielbild werden einige Teile des Fells des Eichhörnchens in der Farbe intensiviert. In der Palette *Korrekturen* können Sie als Einstellungsebene entweder *Farbbalance* wählen oder die Ihnen bereits bekannte Einstellung *Farbton/Sättigung* verwenden.

Es ist auch sinnvoll, sich die Voreinstellungen daraufhin anzuschauen, ob die eine oder andere für Ihre Korrekturen infrage kommt – diese können Sie als Ausgangsbasis für weitere Anpassungen benutzen.

Im Dialog *Farbton/Sättigung* wurde die Sättigung des Bildes auf ca. +40 geändert. Damit haben wir eine intensivere Fellfarbe des Tieres erreicht, aber auch andere Bildteile haben eine intensivere Farbe bekommen, was vielleicht gar nicht gewollt war. Kein Problem, zur Hilfe können Sie die Ebenenmaske verwenden. Zuerst wird aber die Einstellung ausgewählter Bildbereiche mit der gezielten In-Bild-Korrektur angepasst.

Optimierung von Beleuchtung und Farben KAPITEL 4

Farben unter Kontrolle

Aktivieren Sie die Option zum Korrigieren der Einstellungen in der Bildfläche und passen Sie die Sättigung der Farben in den Bereichen an, in denen Sie kräftigere Farben wünschen, z. B. beim braunen Fell.

Danach können Sie die selektive Arbeit mithilfe der Ebenenmasken fortsetzen.

Füllen Sie die Maske der Einstellungsebene *Farbton/Sättigung* zuerst mit schwarzer Farbe und blenden Sie dann mit dem Pinsel-Werkzeug und weißer Farbe die Bildbereiche ein, in denen die Farbanpassung mit der Einstellungsebene wirken soll (Fell).

Jetzt können Sie die In-Bild-Korrekturen noch genauer an den gewünschten Stellen fortsetzen.

Einstellungsebenen und Ebenenfüllmethoden zum Einfärben von Bildern einsetzen

Zum Einfärben von Bildern können Sie auch andere Methoden einsetzen.

Eine beliebte Technik, um einem Foto zum Beispiel ein Kino-Feeling zu verleihen, ist die Einfärbung des Bildes mit einer Füllebene *Volltonfarbe* in Kombination mit einer Ebenenfüllmethode.

Öffnen Sie das Bild und wählen Sie in der *Ebenen*-Palette die Füllebene *Volltonfarbe*.

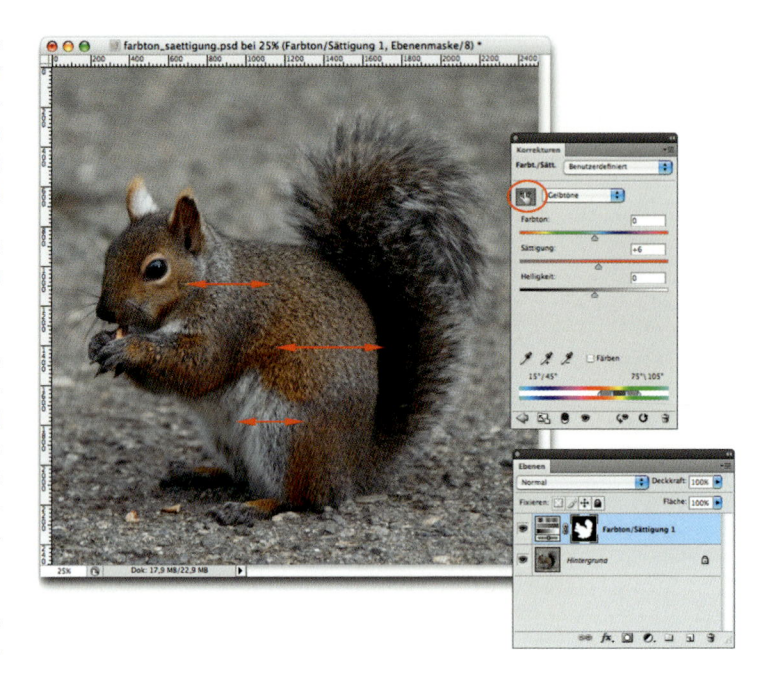

KAPITEL 4   Optimierung von Beleuchtung und Farben

Farben unter Kontrolle

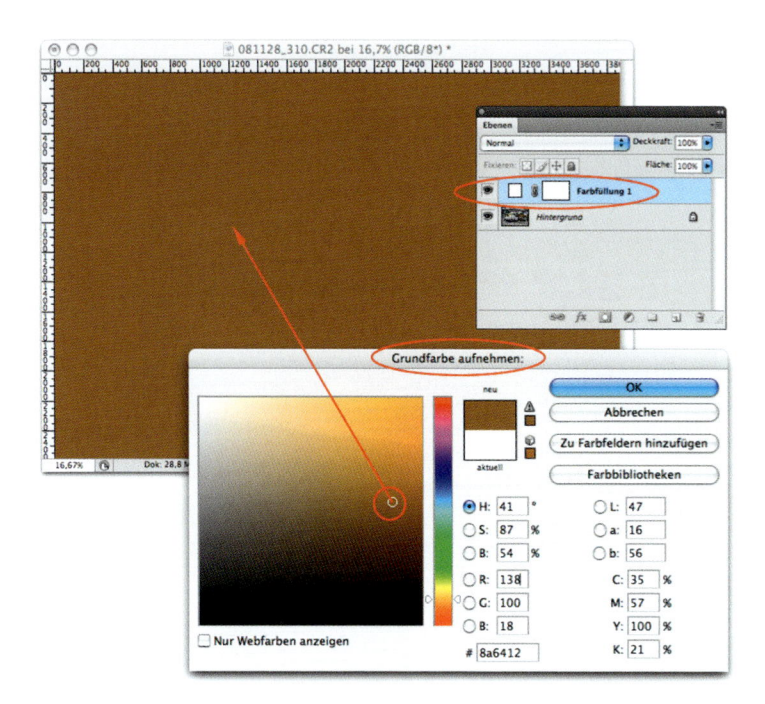

Im Farbwähler definieren Sie die Farbe, die dem Foto beigemischt werden soll.

Es handelt sich im Prinzip um nichts anderes als die Anpassung mit dem Fotofilter, aber die Einstellungen werden auf einem anderen Weg durchgeführt, wobei Sie die Auswahl der Farbe für manch einen Geschmack genauer treffen können.

Für die erste Einfärbung wurde eine Ockerfarbe gewählt, die dem Foto eine Sepiatönung verpassen soll.

Die Wirkung der Einstellungsebene wird erst nach dem Ändern der Ebenenfüllmethode sichtbar.

Im Grunde können Sie mehrere Ebenenfüllmethoden ausprobieren.

Wirklich sinnvoll sind aber nur einige Ebenenfüllmethoden wie zum Beispiel *Ineinanderkopieren* oder *Weiches Licht*.

In unserem Beispiel wurde die Ebenenfüllmethode *Weiches Licht* eingesetzt.

Optimierung von Beleuchtung und Farben KAPITEL 4

Farben unter Kontrolle

Wie Sie sehen, ist die Wirkung ziemlich überzeugend.

Das Bild bekam eine angenehme Tönung, die man mit Aufnahmen auf einem bestimmten analogen Film oder mit dem Kino-Feeling alter Filmstreifen vergleichen kann.

Auch andere Farben sind für die Tönung durchaus geeignet, zum Beispiel Grasgrün.

Zum Ändern der Farbe öffnen Sie den Farbwähler mit einem Doppelklick auf die Füllebene *Volltonfarbe* und ändern die Farbe, die Sie vorher gewählt haben, in eine andere.

Das Schöne dabei ist, dass die Änderungen der Farbe im Bild live verfolgt werden können.

Sie arbeiten blind nur bei der Auswahl der ersten Farbe, danach wird jede Änderung sichtbar, und zwar dank der Ebenenfüllmethode *Weiches Licht*.

Die Intensität der Einfärbung können Sie mithilfe des Reglers *Deckkraft* für die Füllebene *Volltonfarbe* regulieren.

Das untere Bild zeigt, wie diese Einfärbungsmethode ein Bild in ein älteres verblasstes und verfärbtes Foto umwandeln kann.

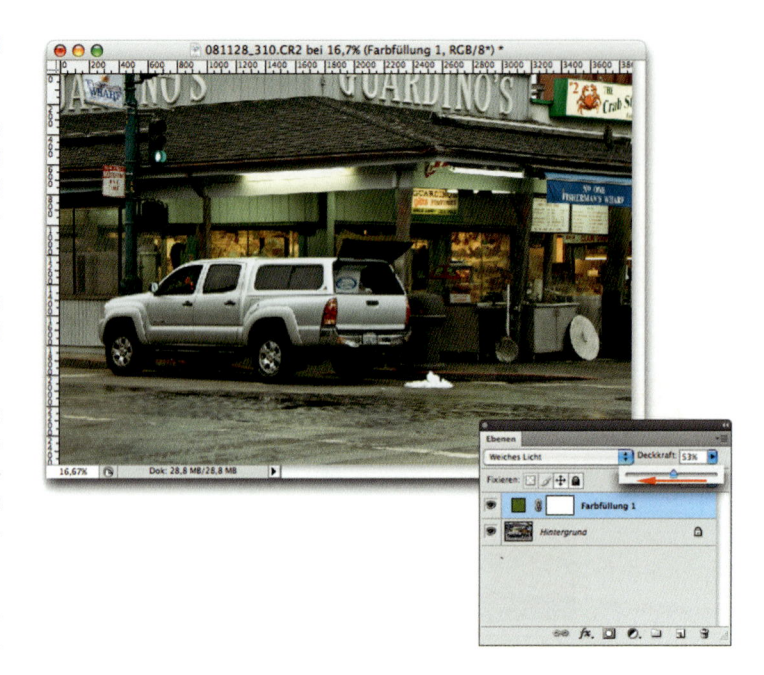

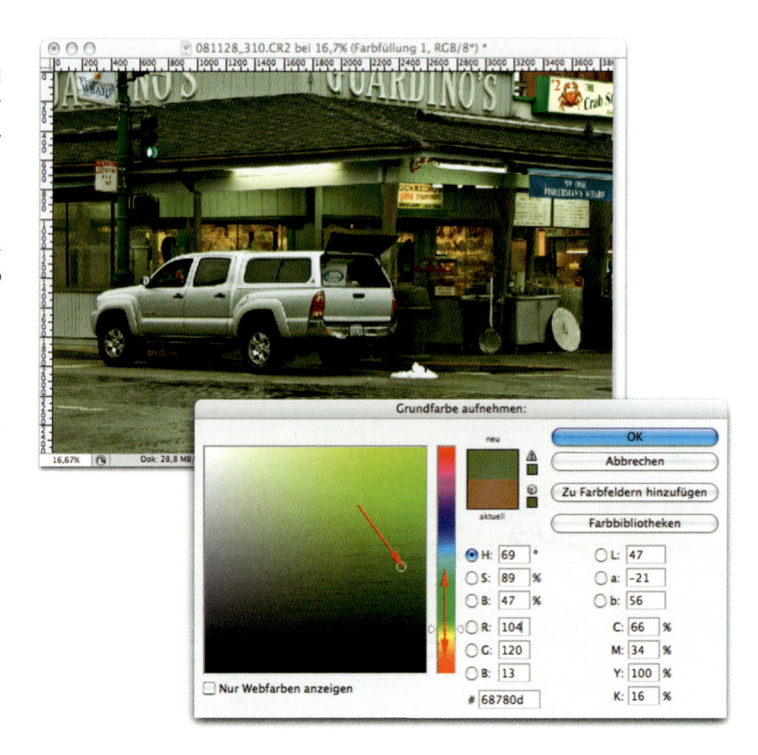

Farben unter Kontrolle

Auf die harte oder auf die sanfte Tour: Dynamik und Sättigung

In Photoshop CS4 gibt es eine neue, interessante Funktion. Wie Sie die Farben intensivieren, wissen Sie schon aus einigen Beispielen, eine komplette Erhöhung der Farbintensität erfolgt mit der Erhöhung der Werte für die Sättigung.

In CS4 wurde noch eine Palette eingefügt, die nur für die Anpassung der Sättigung vorgesehen ist: *Dynamik*.

Die Anpassung der Sättigung können Sie entweder fein oder grob durchführen. Die zwei Regler dieser Palette unterscheiden sich folgendermaßen.

Mit dem Regler *Dynamik* können Sie eine sanfte Anhebung der Sättigung erreichen. Sehr praktisch ist das für Porträtfotos, so schonen Sie z. B. die Hautfarben, die Anhebung der roten Farbanteile erfolgt sehr moderat.

Wenn Sie eine stärkere Anhebung der Farben wünschen, können Sie zu einem härteren Werkzeug greifen, nämlich zum Regler *Sättigung*.

Natürlich können Sie beide Einstellungen dieser Palette auch kombinieren sowie nur bestimmte Bildteile selektiv bearbeiten, und zwar mit den Ebenenmasken.

Optimierung von Beleuchtung und Farben

4.10 Monochrome Fine Art

Mit jeder Photoshop-Version gibt es mehr Möglichkeiten, Farbbilder in Monochrom umzuwandeln. Lernen Sie im Folgenden die effektivsten Arbeitsabläufe für die Schwarz-Weiß-Umwandlung kennen.

Die Funktion Schwarzweiß

Seit Photoshop CS3 ist diese Funktion verfügbar und begeistert Fotografen durch gute Ergebnisse und eine intuitive, leichte Bedienung.

Während in früheren Photoshop-Versionen überwiegend der Kanalmixer zum Umwandeln in Schwarz-Weiß benutzt wurde, der ziemlich umständlich zu bedienen war, ist es mit *Schwarzweiß* viel einfacher geworden.

Die Einstellungsebene *Schwarzweiß* liegt in der *Korrekturen*-Palette unter den Werkzeugen zum Anpassen der Farbe.

Wie bei fast allen Korrekturen gibt es auch bei *Schwarzweiß* Voreinstellungen, die sogar ohne nachträgliche Anpassungen gute Resultate liefern.

Fast immer treffsicher sind z. B. die Voreinstellungen *Rotfilter* oder *Infrarot*. Auch andere Vorgaben brauchen sich nicht zu verstecken.

Die Voreinstellungen zu benutzen, ist der eine Weg zum Schwarz-Weiß-Foto. Der andere geht von der Einstellung *Standard* zu individuellen Korrekturen, die Sie mit den Reglern oder mit den Korrekturen im Bild durchführen können.

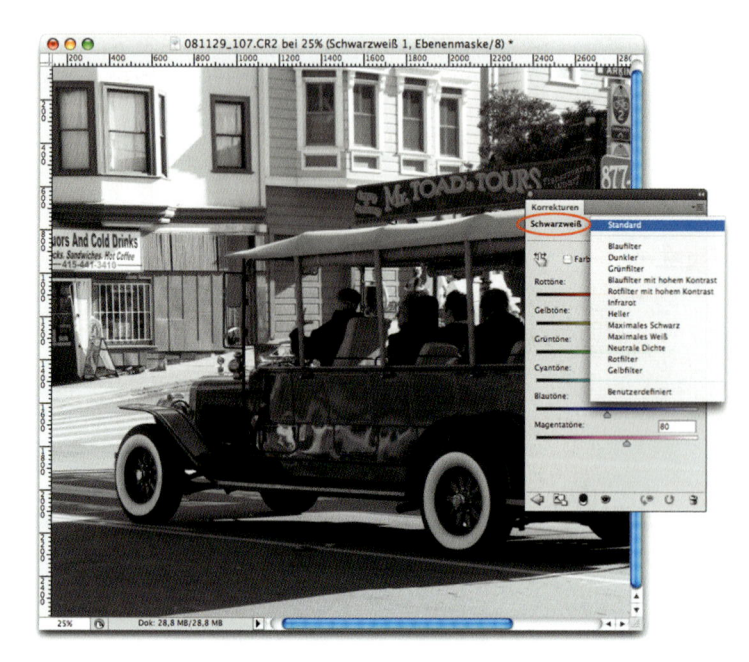

Monochrome Fine Art

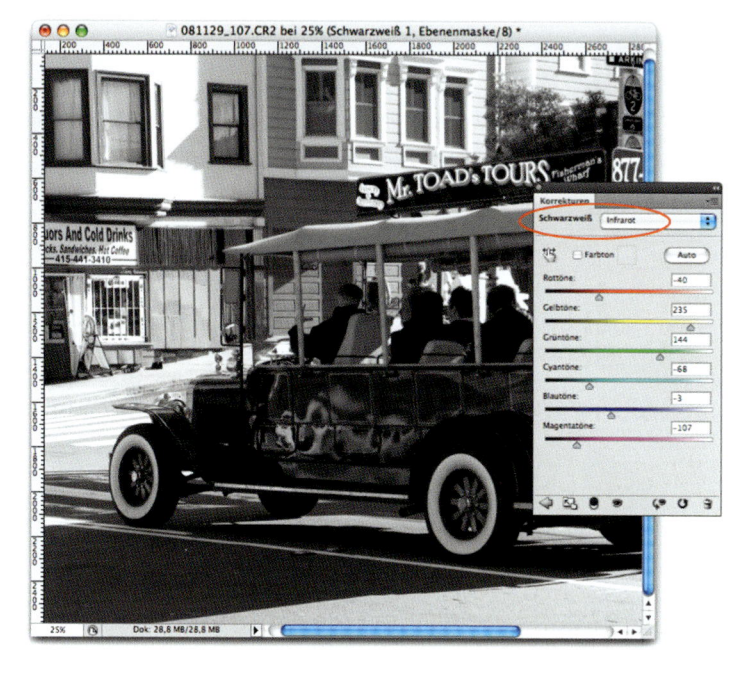

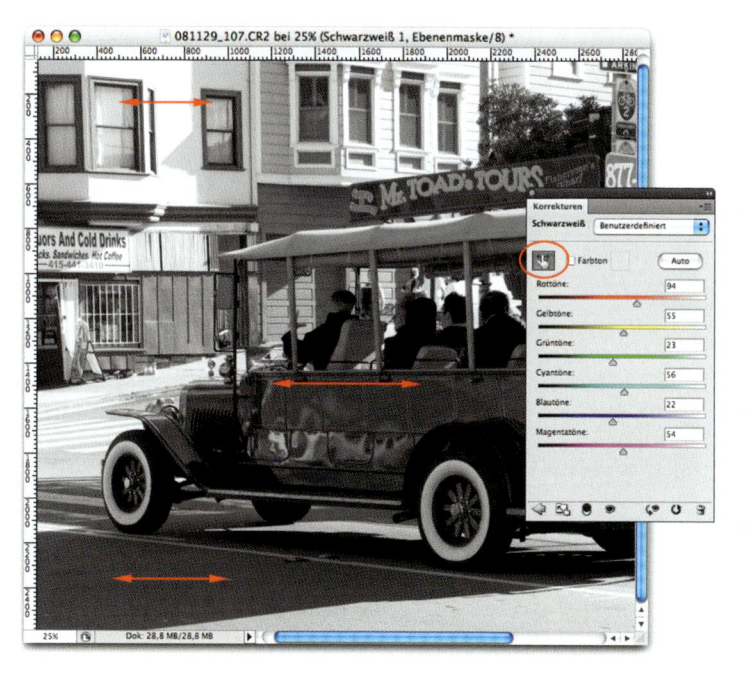

Egal für welchen Weg Sie sich entscheiden, die Korrekturen mit der Einstellungspalette *Schwarzweiß* basieren auf der Umwandlung der einzelnen Farbbereiche, die mit sechs Reglern vertreten sind, in Graustufen.

Durch die Änderungen der Farbanteile können Sie ein Farbbild in Schwarz-Weiß-Fotos mit unterschiedlichen Kontrasten umwandeln, die auch die Aussage des Bildes beeinflussen.

So können mit den Farbreglern feinste Nuancen von Graustufen erreicht werden, sodass jedes kleinste Detail zur Geltung kommt.

Das Arbeiten mit den Reglern ist wesentlich komplizierter als In-Bild-Korrekturen. Aktivieren Sie das Symbol für die Anpassungen im Bild.

Bewegen Sie sich mit gedrückter Maustaste an einem Bildbereich mit ähnlichen Farben nach links, um diesen Bereich abzudunkeln, und nach rechts zum Aufhellen.

Auf dem Beispielbild wird mit den Pfeilen gezeigt, wie einzelne Bildteile bearbeitet werden: entweder der Asphalt oder das Auto oder die Hauswand.

Die Farben, die in diesen Bildbereichen enthalten sind, werden in Graustufen aufgehellt oder abgedunkelt. So definieren Sie die Kontrastverhältnisse im Schwarz-Weiß-Bild selbst.

Zusätzlich zu den Korrekturen im Bild können Sie Feinabstimmungen mit den Reglern vornehmen.

Auch für die Umwandlung in monochrome Bilder, wie zum Beispiel Sepia, ist gesorgt. Aktivieren Sie die Option *Farbton*, und das Bild wird in Sepia umgewandelt.

Das ist eine Voreinstellung, die Sie selbstverständlich ändern können. Klicken Sie auf das Farbkästchen der Option *Farbton* und wählen Sie die Farbe aus, die als Tönung für Ihr Schwarz-Weiß-Bild verwendet werden soll.

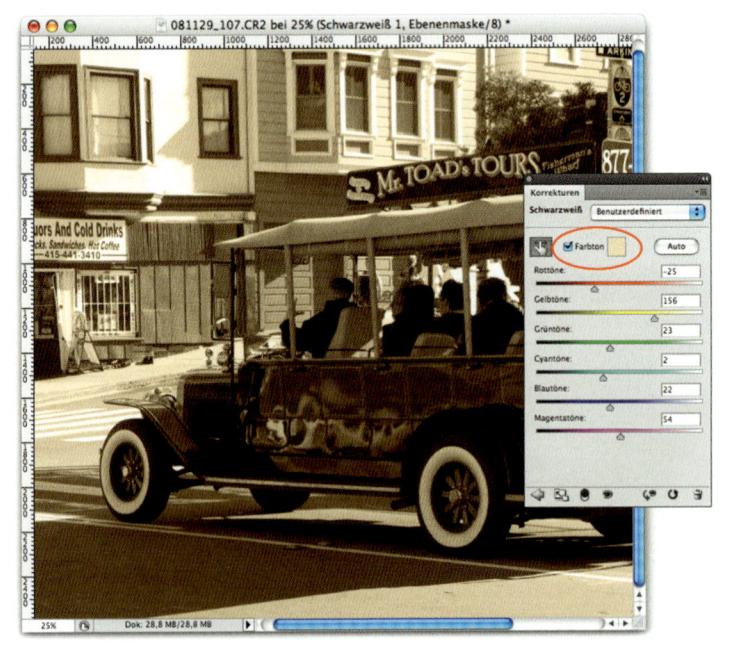

Monochrome Fine Art

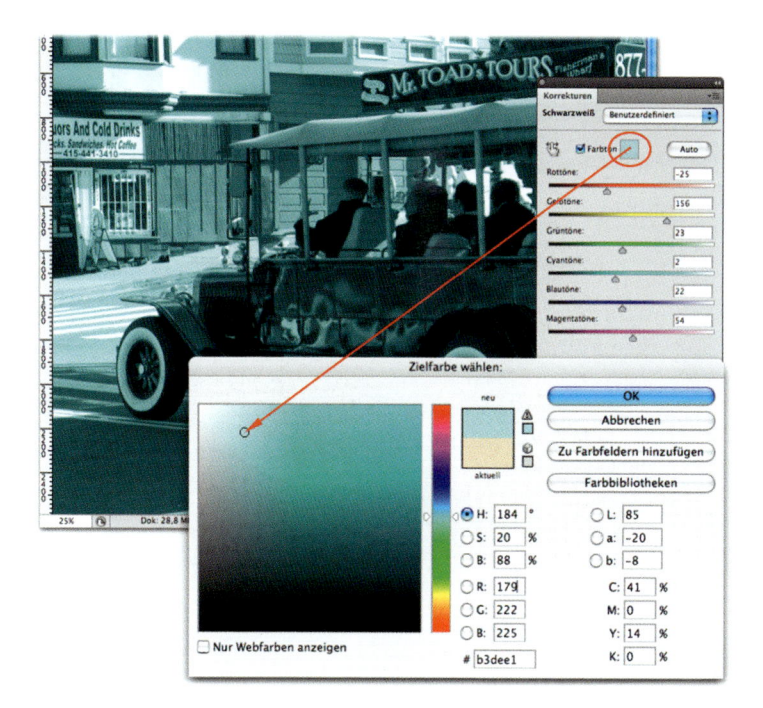

Durch die Kolorierung des Bildes werden die Kontraste verändert. Das passiert besonders schnell bei den Farbzusätzen, die einen intensiven und dunkleren Farbton haben.

Die Kontraste des monochromen Bildes können Sie reparieren. Nachdem Sie den Farbwähler mit der ausgewählten Farbe bestätigt haben, stehen Ihnen die gewohnten Korrekturen nach wie vor zur Verfügung.

Benutzen Sie zum Anpassen der Kontraste entweder die Farbregler oder die Korrekturanpassungen im Bild.

Optimierung von Beleuchtung und Farben KAPITEL 4

Kanalmixer

Seitdem es die Funktion *Schwarzweiß* gibt, hat die Einstellungsebene *Kanalmixer* an Bedeutung verloren, weil die Umwandlung von Farbbildern in Graustufen schneller und besser mit der Anpassung *Schwarzweiß* funktioniert. Trotzdem wird der Kanalmixer noch benutzt. Im Folgenden finden Sie die wichtigsten Hinweise zum Schwarz-Weiß-Workflow mit diesem Werkzeug. Wählen Sie in der Palette *Korrekturen* die Einstellung *Kanalmixer*. Nachdem die Einstellungsebene in der *Ebenen*-Palette erschienen ist, passiert erst einmal nichts (bei *Schwarzweiß* erscheint das Farbbild dagegen gleich in Graustufen).

Nachdem Sie das Kontrollkästchen *Monochrom* aktiviert haben, wird das Bild schwarz-weiß und die Kontraste einzelner Bildbereiche können mit den vier zur Verfügung stehenden Reglern angepasst werden. Der Ablauf ist nicht so komfortabel wie bei der Einstellungsebene *Schwarzweiß* – es gibt z. B. keine Möglichkeit, die Kontraste direkt im Bild zu korrigieren. Um die Regler schnell in die gewünschte Position zu bekommen, brauchen Sie ein bisschen Erfahrung. Deshalb ist es sinnvoll, erst einmal zu den Voreinstellungen mit typischen Szenarien zu greifen und diese dann fein zu justieren.

Über dem Regler *Konstante* sehen Sie den Eintrag *Gesamt*. Dieser Eintrag ist die Summe der Werte einzelner Farbkanäle, die in entsprechenden Fenstern erscheinen. Dieser Eintrag sollte nach Möglichkeit 100 % nicht überschreiten, weil das zur Überbelichtung heller Bildstellen führen kann, bei denen die Farbinformationen verloren gehen.

Verlaufsumsetzung

Diese Einstellungsebene gehört nicht zu den populärsten Schwarz-Weiß-Prozessen, ist aber auch nicht schlechter als der Kanalmixer.

Die Option *Verlaufsumsetzung* hat versteckte Funktionen, die viele Fotografen gar nicht finden, und Letztere lassen deshalb von diesem Werkzeug einfach die Finger weg.

Wählen Sie die Einstellungsebene *Verlaufsumsetzung* und definieren Sie für den Verlauf die Option *Schwarz zu Weiß*.

Das Bild verwandelt sich in Graustufen, aber in der Palette sind keine Regler sichtbar, mit denen Sie die Kontraste steuern könnten.

Mit einem Doppelklick öffnen Sie das Fenster *Verläufe bearbeiten*. Hier können Sie die Kontraste der Graustufen anpassen und das Bild auch umfärben.

Optimierung von Beleuchtung und Farben

Monochrome Fine Art

Im Bereich *Verlaufsart* sehen Sie einen Verlaufsstreifen mit den Kästchen, die darunter und darüber liegen. Die oberen Kästchen regulieren die Transparenz des Verlaufs und sind für die Anpassung uninteressant.

Mit den unteren Kästchen können Sie dem Verlauf Farben hinzufügen und Kontraste regulieren. Standardmäßig sind bei einem schwarz-weißen Verlauf nur zwei Kästchen unter dem Verlaufsstreifen.

Klicken Sie unter dem Verlaufsstreifen in der Mitte, erscheint noch ein Kästchen. Wenn Sie auf dieses Kästchen klicken, können Sie im Feld *Farbe* die dritte Farbe auswählen, in unserem Beispiel 50 % Grau. Zwischen den Kästchen erscheinen noch kleine Vierecke. Die Kästchen und die Vierecke sind beweglich.

Durch die Bewegung entlang der Verlaufslinie können Sie die Kontraste des Graustufenbildes steuern. Zwar ist das nicht die bequemste Art (verglichen mit der Einstellungsebene *Schwarzweiß*), aber die Ergebnisse sind überzeugend und es lohnt sich auf jeden Fall, diese Einstellungsmöglichkeit auszuprobieren.

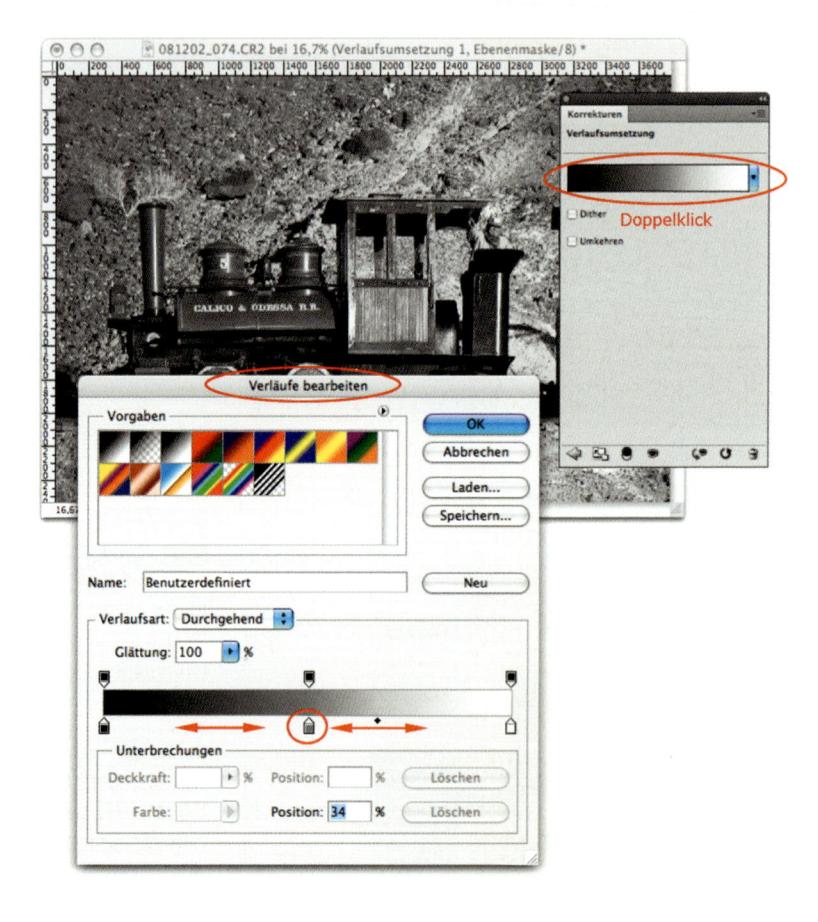

4.11 Farbbalance – die vielseitige Funktion

Zu den beliebtesten Werkzeugen für die Anpassung der Farben gehört natürlich auch die Einstellung *Farbbalance*, die so gut ist, dass ihr hier ein separater Abschnitt gewidmet wird. Nicht nur zur Anpassung von Farben, sondern auch für interessante Effekte kann diese Einstellung verwendet werden.

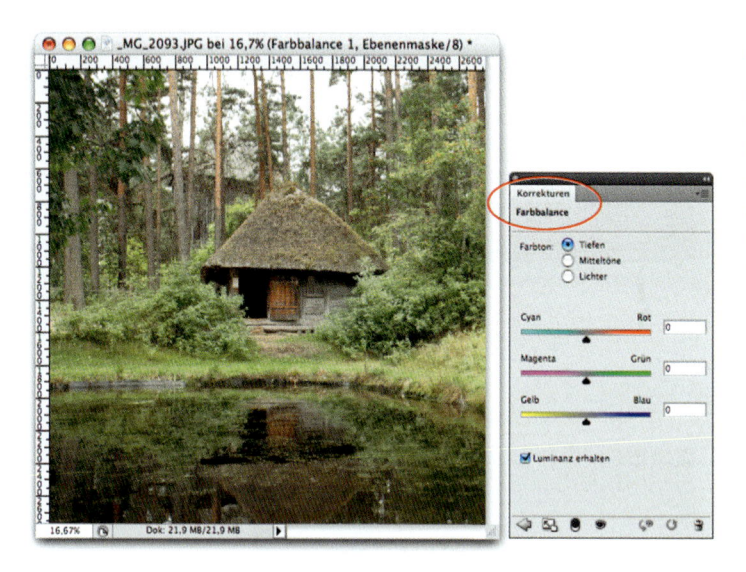

Anpassung von Farben

Die Palette *Farbbalance* ist sehr übersichtlich strukturiert. Die Farben können in drei Helligkeitsstufen und sechs Farbrichtungen angepasst werden. Eine Korrekturmöglichkeit direkt im Bild ist nicht vorhanden.

Beginnen Sie mit der Anpassung im Bereich *Mitteltöne*. Das ist der Bereich, in dem die meisten Farben und Strukturen gut sichtbar sind. In der Regel reicht die Korrektur im Mitteltonbereich für die meisten Bilder aus.

Beim Ausbessern von Farbstichen gehen Sie nach dem Prinzip der Komplementärfarben vor. Hat das Bild zu viele gelbe und rote Farbanteile, sollten die Regler in die Richtungen *Cyan* und *Blau* verschoben werden etc.

Farbbalance – die vielseitige Funktion

Fotos wie dieses haben einige Bildbereiche mit stark abgedunkelten Stellen.

Wenn Sie bei solchen Bildern die Korrekturen im Bereich *Mitteltöne* durchführen, werden Sie dunkle Bereiche nicht korrigieren. In solchen Fällen ist es sinnvoll, die Einstellung *Tiefen* für den Farbton zu nehmen.

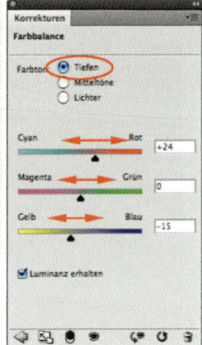

Für die helleren Stellen des Bildes können Sie den Bereich *Lichter* wählen. Gehen Sie beim „Ausbügeln" der Farbstiche nach dem gleichen Prinzip vor: Bewegen Sie die Regler von der Farbe des Farbstichs weg.

Das Interessante bei der Funktion *Farbbalance* ist, dass Sie die unterschiedlichen Helligkeitsbereiche in verschiedene Farbrichtungen verschieben können, ohne dass der nächste Helligkeitsbereich davon betroffen ist.

So haben wir in unserem Beispielbild die dunklen Stellen im Bild rotgelb eingefärbt und die hellen Bereiche leicht grünblau. Das kann sehr nützlich für die Verstärkung der Bildaussage sein.

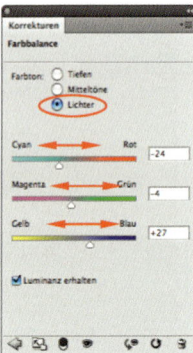

Im Dialog *Farbbalance* ist die Option *Luminanz erhalten* verfügbar. Diese verhindert, dass die Farbveränderungen das Bild in der Farbintensität beeinträchtigen.

Manchmal ist es aber sehr praktisch, die Option *Luminanz erhalten* abzuschalten, weil bei einigen Farbkorrekturen die Farben so übersättigt werden, dass eine deaktivierte Luminanz sehr willkommen ist.

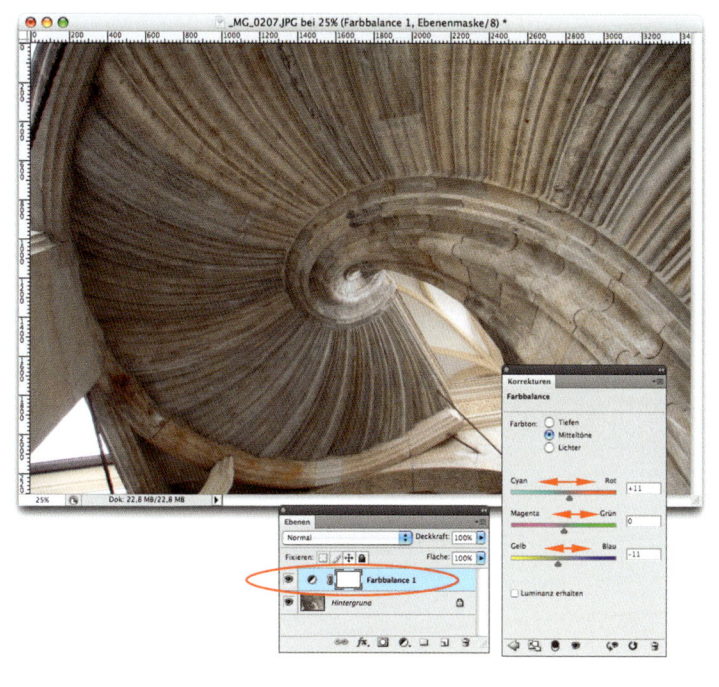

Effekte mit Farbbalance und Ebenenfüllmethoden

Besonders bei Fotos mit vielen feinen Strukturen (wie in unserem Beispiel) ist es oft problematisch, die Strukturen besser zur Geltung zu bringen, ohne dass die Kontraste des Bildes überreizt werden.

In solchen Situationen können Sie in die Trickkiste greifen und die Einstellungsebene *Farbbalance* etwas anders als vorgesehen einsetzen.

Wählen Sie in der Palette *Korrekturen* die Einstellungsebene *Farbbalance* und machen Sie eine leichte Verstärkung der Bereiche *Rot* und *Gelb* im Bereich *Mitteltöne*.

Ändern Sie die Ebenenfüllmethode für die Einstellungsebene *Farbbalance* auf *Weiches Licht*. Die Kontraste des Bildes werden stark verändert.

Nachdem Sie die Ebenenfüllmethode geändert haben, können Sie die Farbbalance fast ausreizen. Probieren Sie eine ganz andere Zusammensetzung aus, die rein theoretisch für dieses Bild gar nicht passen würde (zumindest nicht ohne geänderte Ebenenfüllmethode): Verstärken Sie die Bereiche *Blau* und *Cyan*.

Speziell bei Bildern mit Steinstrukturen bekommen Sie eine sehr interessante Kombination: Die Steine werden nicht besonders stark verfärbt, eher minimal, dafür sind die Strukturen viel aussagekräftiger geworden. Selbstverständlich können Sie das Gleiche auch für die Bereiche *Tiefen* und *Lichter* ausprobieren, die Resultate werden aber nicht so verblüffend wie im Bereich *Mitteltöne* sein.

Bei Bildcomposings eignet sich diese Methode hervorragend für die Endkorrektur des Bildes.

Vorher

Nachher

Kapitel

5

Filtertechniken in Photoshop einsetzen

Egal ob Korrekturen wie Scharf- oder Weichzeichnung oder interessante Effekte, die Ihr Foto in ein Kunstwerk verwandeln, die Palette der Filter in Photoshop ist sehr umfangreich. Trotz vieler Plug-ins, die es auf dem Markt gibt, brauchen die Photoshop-Filter sich nicht zu verstecken. Seit der Photoshop-Version CS3 können die Filter auch als Smartfilter verwendet werden, was einen großen Vorteil gegenüber dem direkten Einsatz von Filtern hat: Smartfilter schonen die Pixel. Lernen Sie in diesem Kapitel die wichtigsten Filtertechniken sowie einige Tipps dazu kennen.

5.1 Filter, die Sie im Arbeitsalltag ständig brauchen

Die Filter in Photoshop haben unterschiedliche Einsatzgebiete, doch einige von ihnen werden ständig benutzt, andere nur ab und an. Hier finden Sie eine Übersicht über die Filter, die Sie für Ihre Arbeit ständig brauchen.

Alle Photoshop-Filter erreichen Sie über das *Filter*-Menü. Gleich zu Beginn bietet Ihnen Photoshop die Option *Für Smartfilter konvertieren*, die Sie für pixelschonendes Arbeiten benötigen. Jeder Filter als Smartfilter verhält sich ähnlich wie eine Einstellungsebene und Sie können auf die Filtereinstellungen immer zugreifen, um diese zu verändern oder aufzuheben. Die Filter sind im Menü in thematisch geordnete Gruppen zusammengefasst, wie z. B. *Weichzeichnungsfilter*, was die Suche nach dem passenden Filter erleichtert. Neben den Standardfiltern können Sie auch „fremde" Filter benutzen, die Sie im Internet finden können. Dafür gibt es im *Filter*-Menü extra den Unterpunkt *Filter online durchsuchen*.

Rauschfilter

Für die Optimierung von Fotos, die mit hohen ISO-Zahlen oder mit einer etwas einfacheren Kamera aufgenommen wurden, die die Rauschunterdrückung nicht besonders gut beherrscht, gibt es eine ganze Gruppe von Filtern, die sich mit diesem Problem befasst – die Rauschfilter. Über die Techniken und den Einsatz dieser Filter wird ausführlich in Kapitel 8 „Digitalfotos perfekt nachbearbeiten" berichtet.

Scharfzeichnungsfilter

Egal ob die Anpassung eines ganzen Bildes oder selektives Nach-

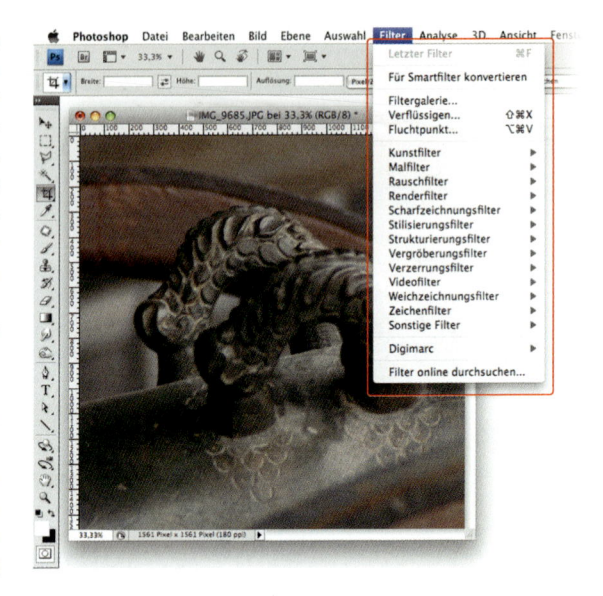

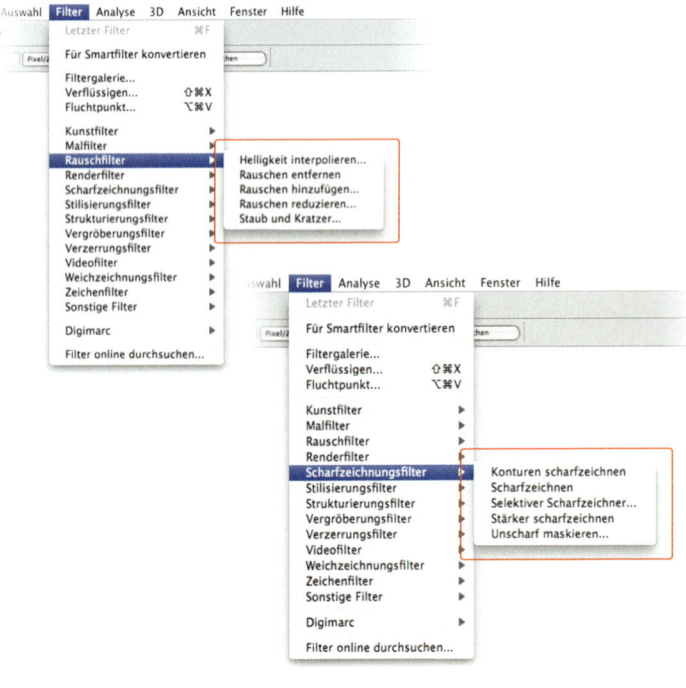

Filter, die Sie im Arbeitsalltag ständig brauchen

schärfen einzelner Bereiche, zum Beispiel für die Beautyretusche, die Scharfzeichnungsfilter bieten Ihnen eine passende Lösung. Die Palette der Scharfzeichnungsfilter ist seit der letzten Photoshop-Version gewachsen und bietet Ihnen einen neuen effektiven Filter (*Selektiver Scharfzeichner*), mit dem Sie Ihre Fotos in puncto Schärfe perfektionieren können. Auch ein „alter Hase" wie *Unscharf maskieren* kommt bei den Profis täglich zum Einsatz.

Weichzeichnungsfilter

Mit den Weichzeichnungsfiltern können Sie viele Aufgaben erledigen. Im Bereich der Porträtfotografie kommen die Filter *Gaußscher Weichzeichner* oder *Matter machen* häufig zum Einsatz, wenn es um die Glättung der Haut auf People-Fotos geht. Das Universalwerkzeug Gaußscher Weichzeichner ist auch dann gefragt, wenn eine offene Blende bei Fotos simuliert werden soll, bei denen die Schärfe durchgehend ist. Diese und andere Filter bietet die Palette der Weichzeichnungsfilter.

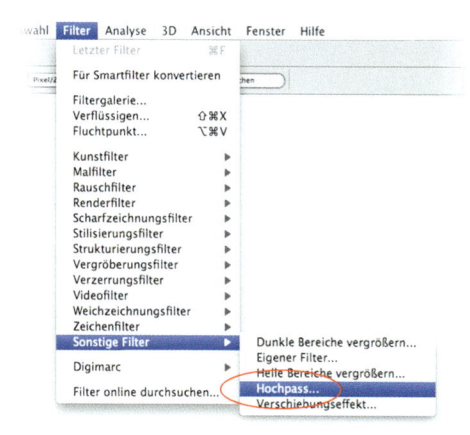

Geheimtipp Hochpass-Filter

Für Photoshop-Anfänger eher unbekannt, wird *Filter/Sonstige Filter/Hochpass* von Profis sehr geschätzt. Mit diesem Filter können Sie nicht nur die Schärfe von Fotos detailbezogen erhöhen, sondern auch interessante Effekte wie das Tonemapping beeinflussen. Dieser Filter funktioniert in Kombination mit verschiedenen Ebenenfüllmethoden und ist dadurch sehr vielseitig und für unterschiedliche Zwecke einsetzbar.

Filter im Schwebezustand: Smartfilter

5.2 Filter im Schwebezustand: Smartfilter

Wenn Sie beim Bearbeiten von Fotos pixelschonend vorgehen möchten, machen Sie alle Bildanpassungen mit den Einstellungsebenen. Diese stehen schon seit vielen Photoshop-Versionen zur Verfügung. Nun ist seit der vorletzten Version auch ein schonender Einsatz der Filter dank der Smartfilter-Funktion möglich.

1

Der Smartfilter kann für jeden Filter als Option hinzugeschaltet werden. Um den Filter im Schwebezustand anwenden zu können, können Sie die Hintergrundebene oder eine normale Ebene mit einem Rechtsklick in ein Smart-Objekt konvertieren.

2

Jetzt können Sie den Filter Ihrer Wahl wie gewohnt einsetzen.

Wählen Sie zum Beispiel *Filter/Scharfzeichnungsfilter/Unscharf maskieren*.

200 KAPITEL 5 Filtertechniken in Photoshop einsetzen

3

Führen Sie im Dialog *Unscharf maskieren* die Einstellungen durch, die Ihrem Foto die gewünschte Schärfe verleihen.

Mehr über den Einsatz des Filters *Unscharf maskieren* erfahren Sie später in diesem Kapitel. In der *Ebenen*-Palette sehen Sie auf der Ebenenminiatur das Symbol für den Smartfilter – die Einstellungen, die Sie gerade durchführen, können später geändert oder aufgehoben werden.

4

Nachdem Sie die in ein Smart-Objekt konvertierte Ebene mit dem Filter bearbeitet haben (besser gesagt mit dem Smartfilter), sehen Sie in der *Ebenen*-Palette die Maske des Smartfilters und darunter die Bezeichnung des verwendeten Filters. Die Maske können Sie jetzt mit einem Malwerkzeug Ihrer Wahl bearbeiten, um die Wirkung des Filters auf einen bestimmten Bildteil zu beschränken.

So können Sie zum Beispiel erreichen, dass die Schärfe nur für das Objekt in der Mitte des Bildes angewendet wird und die Bildkanten die Schärfe des Originals behalten. Verwenden Sie in diesem Fall die Maskierung mithilfe des Verlaufswerkzeugs.

Wenn Sie die Einstellungen des Filters ändern wollen, doppelklicken Sie auf die Filterbezeichnung unter der Maske und machen im Filterdialog die Einstellungen neu. Beim Speichern im Photoshop-Format (PSD) bleiben die Einstellungen des Filters erhalten und für weitere Anpassungen verfügbar.

5.3 Weichzeichner

Hier finden Sie die typischen Szenarien für den Einsatz der Weichzeichner: von Korrekturen bis zu Effekten.

Gaußscher Weichzeichner

1

Das Paradebeispiel für den Einsatz des Gaußschen Weichzeichners ist die Weichzeichnung der Haut in der Porträtfotografie.

Beim Anpassen von Fotos mit den Filtern ist es immer ratsam, die Hintergrundebene zuerst als Kopie auf einer neuen Ebene mit der Tastenkombination [Strg]+[J] anzulegen. Nicht nur um das Original zu behalten, sondern auch zum besseren Vorher/Nachher-Vergleich.

2

Erstellen Sie mit dem Lasso-Werkzeug eine Auswahl des Hautbereichs, den Sie weichzeichnen möchten.

Damit Sie größere Bereiche nicht auf einmal auswählen müssen, halten Sie die [Umschalt]-Taste gedrückt (oder schalten die Option *Der Auswahl hinzufügen* ein) und erstellen die Auswahl in mehreren Schritten, also einen Bereich nach dem anderen.

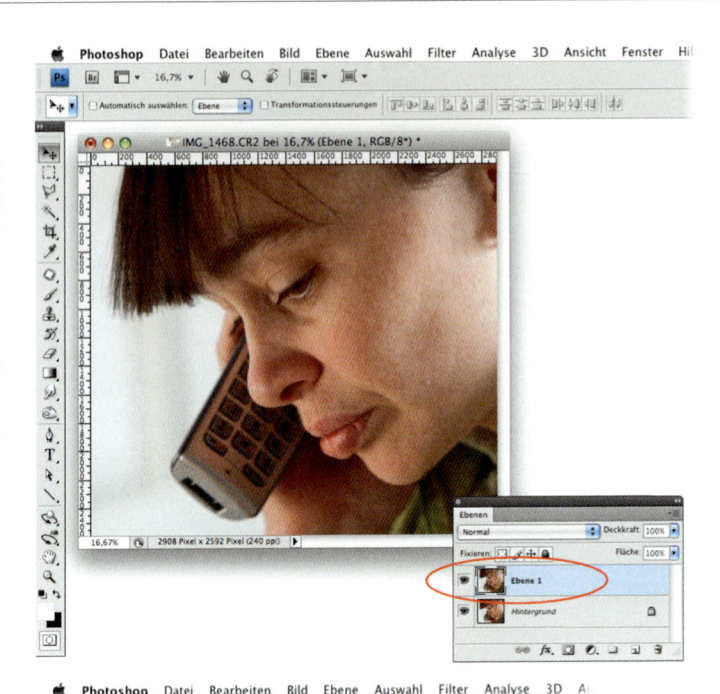

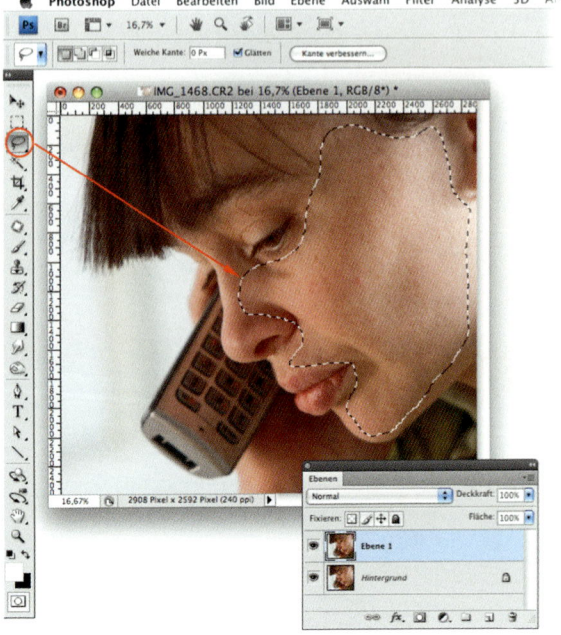

Weichzeichner

3

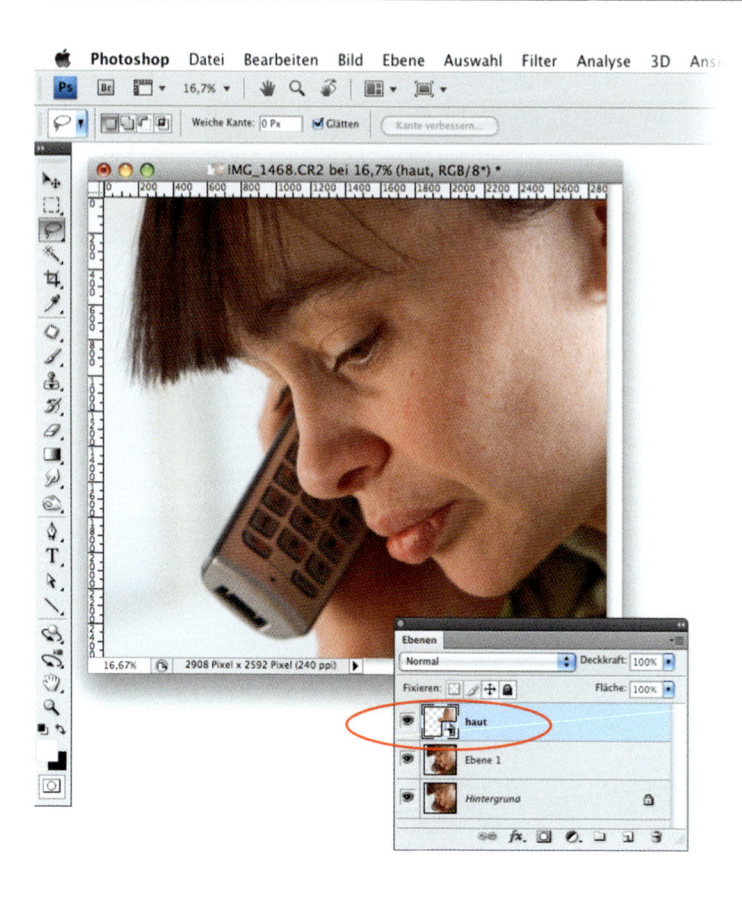

Mit der Tastenkombination [Strg]+[J] legen Sie die Kopie des ausgewählten Bereichs auf eine neue Ebene. Benennen Sie die Ebene z. B. in *haut* um und konvertieren Sie die Ebene in ein Smart-Objekt.

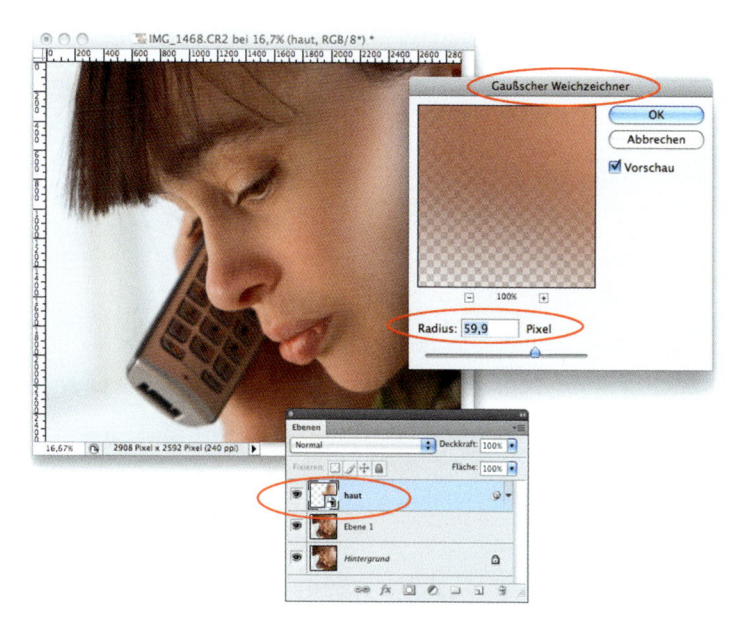

4

Wählen Sie für die Ebene mit der Haut *Filter/Weichzeichnungsfilter/ Gaußscher Weichzeichner*. Im Dialog *Gaußscher Weichzeichner* wählen Sie einen großen Radius von ca. 40–60 Pixeln, damit die Fläche stark weichgezeichnet wird.

Dass die Hautstruktur jetzt gar nicht mehr sichtbar ist, sollte Sie nicht beunruhigen, das bleibt nicht so. Bestätigen Sie die Weichzeichnung mit *OK*.

Filtertechniken in Photoshop einsetzen

Weichzeichner

5

Damit die verloren gegangene Hautstruktur wiederhergestellt wird, können Sie die Deckkraft der Smart-Ebene mit der weichgezeichneten Haut auf ca. 50 % reduzieren.

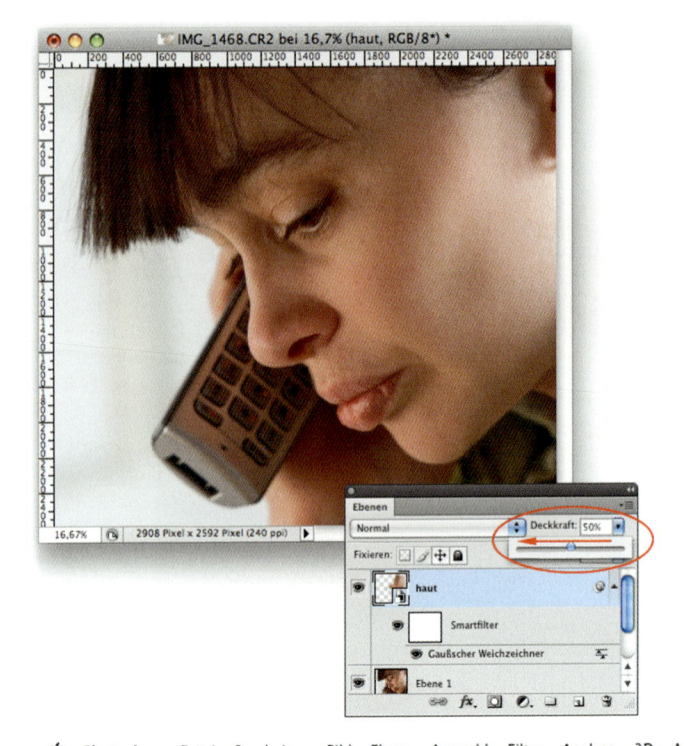

6

Durch die Weichzeichnung der Ebene wurden die Pixel zerstreut und bedecken jetzt Flächen, auf denen sie überhaupt nichts verloren haben, zum Beispiel auf den Haaren, Augen, Augenbrauen etc. Diese Nebenwirkungen können Sie schnell wieder beheben.

Wählen Sie das Pinsel-Werkzeug mit dem runden, weichen Pinsel (Härte = 0), Größe ca. 300–500 Pixel und schwarzer Vordergrundfarbe und bemalen Sie die Stellen mit den zerstreuten Pixeln auf der Maske der Smart-Ebene. Störende Pixel werden ausgeblendet (bzw. die Wirkung des Filters wird auf den bearbeiteten Stellen aufgehoben).

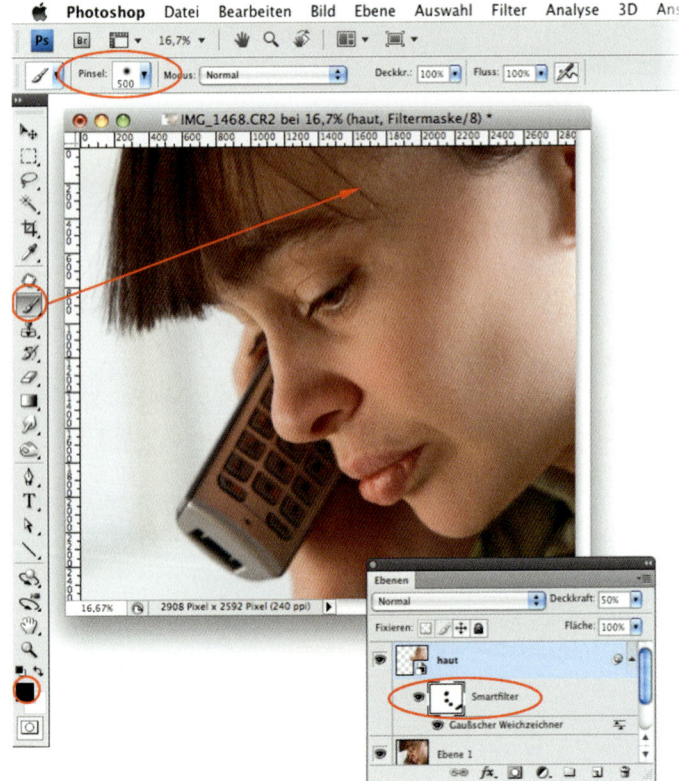

204　KAPITEL 5　Filtertechniken in Photoshop einsetzen

Matter machen

Seit Photoshop CS2 hat der Gaußsche Weichzeichner einen starken Konkurrenten bekommen – den Filter *Matter machen*, der extra für die Beautyretusche konzipiert wurde.

Zwar wurde der Filter als eine Komplettlösung für die Anwendung auf der ganzen Ebene gedacht (Stellen wie Augen, Mund, Haare etc. sollten vom Programm erkannt und von der Weichzeichnung ausgeschlossen werden), es ist trotzdem sicherer, die Wirkung des Filters manuell auf bestimmte Bereiche zu beschränken.

1

Wie im Beispiel mit dem Gaußschen Weichzeichner ist es ratsam, die Ebene mit dem Originalbild zu duplizieren und die Kopie in ein Smart-Objekt zu konvertieren.

Filtertechniken in Photoshop einsetzen

Weichzeichner

2

Im Dialog *Matter machen* stellen Sie die Werte so ein, dass die Haut stark weichgezeichnet wird. Dazu können Sie den Wert für *Radius* auf ca. 50–60 und den *Schwellenwert* auf ca. 60–70 Stufen setzen.

Bei Fotos von Personen, bei denen die Haut sehr glatt ist und kaum Fehler wie Pickel oder andere Flecken hat, können Sie den Schwellenwert stark reduzieren, auf ca. 20–30 Stufen.

Anders als beim Gaußschen Weichzeichner werden die scharfen Kanten (Haare, Augen, Mund etc.) vom Filter *Matter machen* nicht angesprochen. Deshalb kann man auf die Separierung der Hautbereiche mit dem Lasso-Werkzeug verzichten und die Weichzeichnung auf die ganze Ebene anwenden.

3

Trotz gezielter Weichzeichnung kommen Sie ohne die Maskierung der einzelnen Bildbereiche nicht aus. Die Maskierung können Sie beim Filter *Matter machen* in umgekehrter Reihenfolge durchführen.

Füllen Sie die Maske der Smart-Ebene mit schwarzer Farbe, damit die Wirkung des Filters *Matter machen* komplett aufgehoben wird.

Zum Füllen mit schwarzer Farbe definieren Sie mit der Taste D die Vorder- und Hintergrundfarbe in Schwarz und Weiß und legen mit der Taste X die Vordergrundfarbe Weiß und die Hintergrundfarbe Schwarz fest.

Weichzeichner

4

Wählen Sie das Pinsel-Werkzeug mit einer Größe von ca. 300–400 Pixeln und weißer Vordergrundfarbe (haben Sie in Schritt 3 schon definiert) und bearbeiten Sie die Haut. Auf den bearbeiteten Stellen wird dadurch die Wirkung des Filters *Matter machen* wiederhergestellt.

5

Reduzieren Sie die Deckkraft der weichgezeichneten Ebene auf ca. 50 %, sodass die Hautstruktur der darunterliegenden Originalebene wieder zur Geltung kommt.

Filtertechniken in Photoshop einsetzen

Weichzeichner

Bewegungsunschärfe

Sehr beliebt bei der Actionfotografie ist der Filter *Bewegungsunschärfe*. Er wird auf unterschiedliche Art eingesetzt. Entweder wird das sich bewegende Objekt teilweise weichgezeichnet – oder der Hintergrund.

Der weichgezeichnete Hintergrund zeigt die Bewegung etwas glaubhafter, weil diese Art der Weichzeichnung der Aufnahmetechnik mit dem Nachführautofokus der Kamera ähnlich ist.

1

Duplizieren Sie mit [Strg]+[J] die Originalebene.

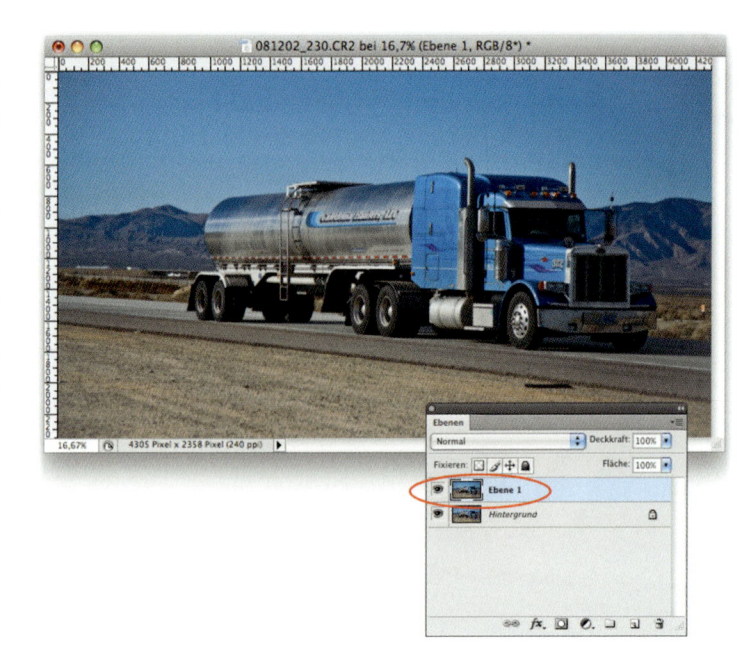

2

Erstellen Sie mit dem Lasso-Werkzeug (aktivieren Sie die Option *Der Auswahl hinzufügen*) eine großzügige Auswahl vom Lkw.

Legen Sie die Kopie des ausgewählten Bereichs mit [Strg]+[J] auf eine neue Ebene.

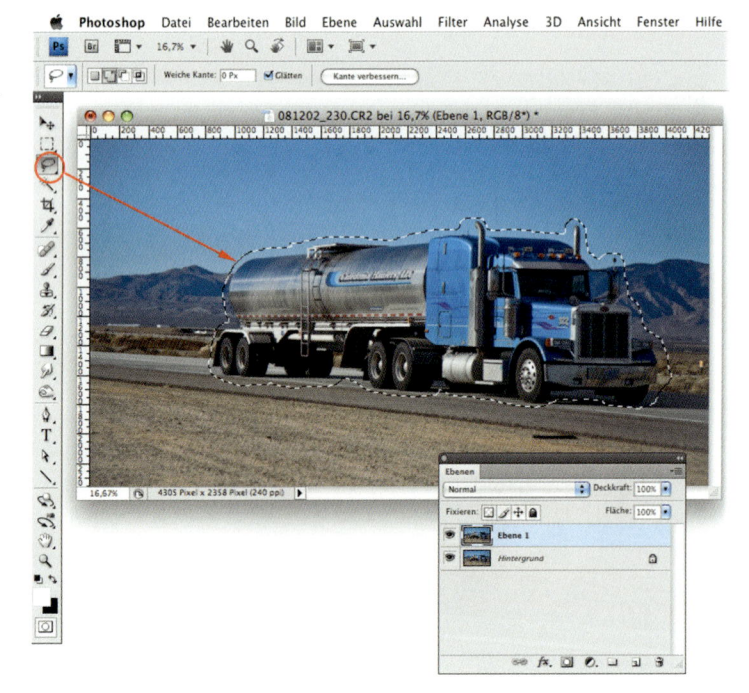

Weichzeichner

3

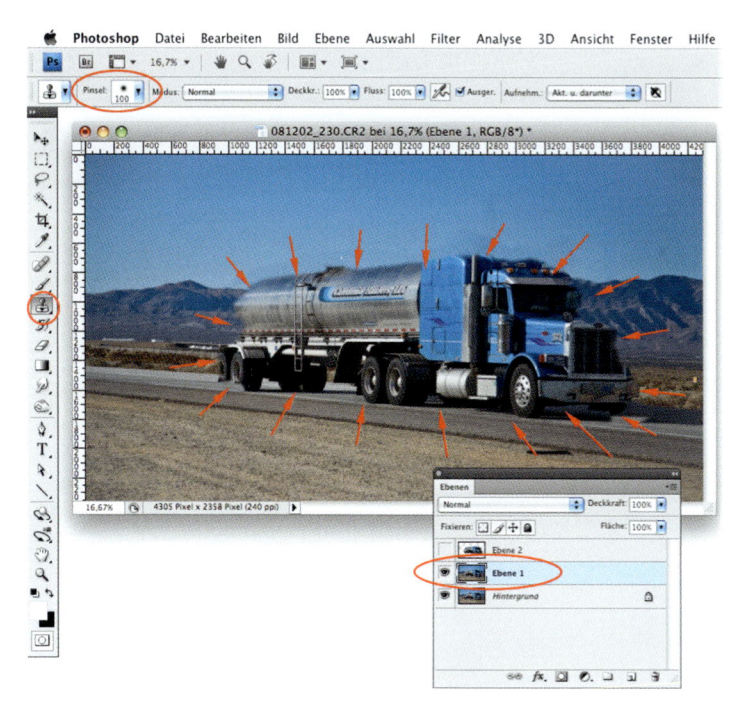

Blenden Sie die Ebene mit dem freigestellten Fahrzeug aus. Auf der darunterliegenden Ebene können Sie jetzt die Kanten des Fahrzeugs mit den Pixeln aus der Umgebung zustempeln, wie das auf dem Screenshot zu sehen ist.

Das ist nötig, weil beim Bearbeiten mit dem Bewegungsunschärfe-Filter die Pixel verschoben werden, und zwar nicht nur die der Landschaft, sondern auch die des Lastwagens – diese Pixel bilden dann einen unschönen Rand hinter der Ebene mit dem freigestellten Fahrzeug, die nicht weichgezeichnet wird.

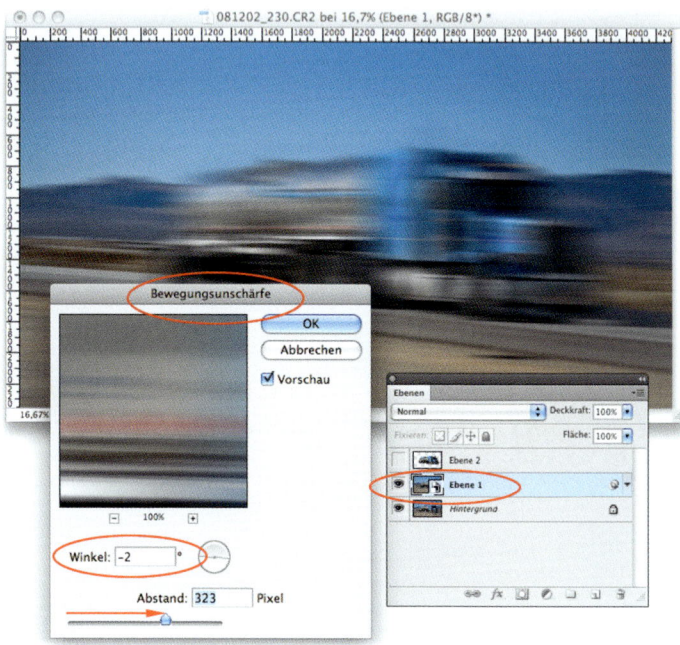

4

Konvertieren Sie die Ebene unter dem freigestellten Lkw in ein Smart-Objekt und bearbeiten Sie diese mit dem Filter *Bewegungsunschärfe*.

Wählen Sie den Winkel passend zum Winkel der Straße und nehmen Sie einen Abstand von ca. 200–250 Pixeln, sodass eine starke Bewegung simuliert wird.

Weichzeichner

5

Die Ebene mit dem Lkw haben Sie vorher nicht so genau freigestellt – jetzt können Sie die Kanten der Ebene mit dem Wagen bearbeiten.

Erstellen Sie auf der Ebene mit dem Kraftfahrzeug eine Ebenenmaske und bearbeiten Sie diese mit dem Pinsel-Werkzeug mit einer passenden Werkzeugspitze, sodass die Reste vom noch nicht scharfgezeichneten Hintergrund verschwinden. Die Bewegung des Fahrzeugs ist jetzt deutlich sichtbar.

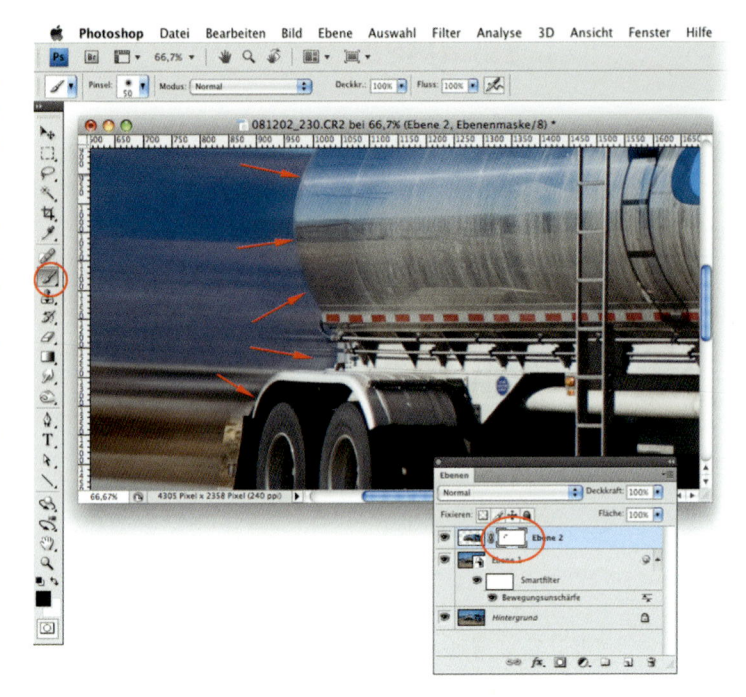

5.4 Scharfzeichnen

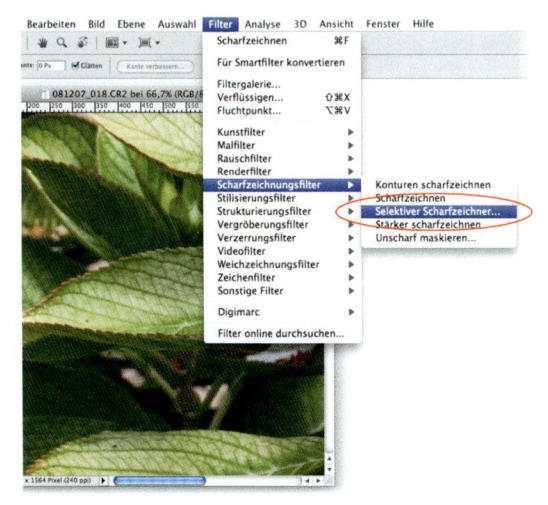

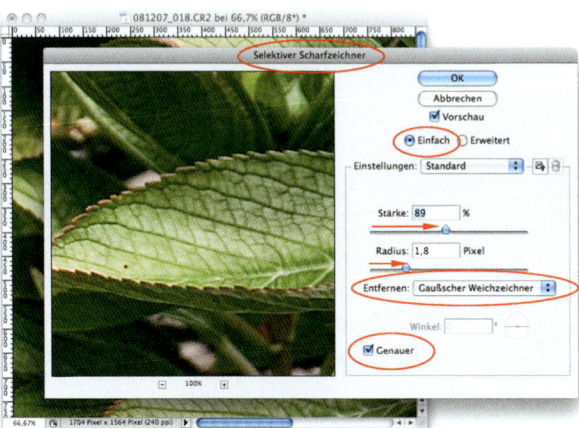

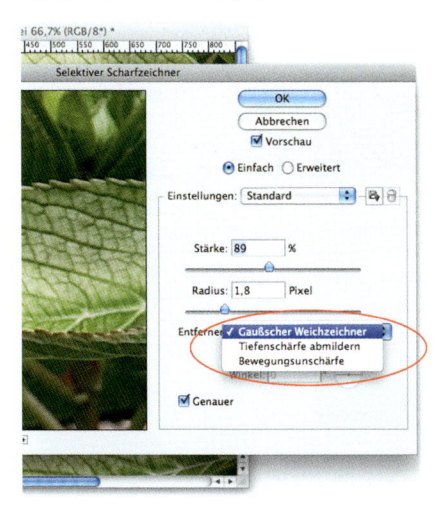

Selektiver Scharfzeichner

Dies ist eine neue Funktion in Photoshop, die eine gezielte Scharfzeichnung der Konturen erlaubt. Die glatten Flächen werden von der Scharfzeichnung ausgeschlossen. Das kommt der Schärfe des Bildes zugute – der Detailreichtum beim Scharfzeichnen mit diesem Filter ist sehr überzeugend.

1

Öffnen Sie das Bild und duplizieren Sie die Hintergrundebene mit [Strg]+[J]. Wandeln Sie die Ebenenkopie in ein Smart-Objekt um. Wählen Sie *Filter/Scharfzeichnungsfilter/Selektiver Scharfzeichner*.

2

Im Dialog *Selektiver Scharfzeichner* können Sie das Bild in zwei Modi nachschärfen: *Einfach* und *Erweitert*. Probieren Sie zuerst die Option *Einfach*. Mit dem Regler *Stärke* definieren Sie in Prozent die Intensität der Schärfe. Mit der Einstellung *Radius* legen Sie fest, ob feine oder gröbere Konturen im Bild scharfgezeichnet werden sollen.

Je nach Motiv können Sie sich entscheiden, welche Art Schärfekorrektur durchgeführt werden soll. Sie können die allgemeine Unschärfe reduzieren, wenn Sie die Option *Gaußscher Weichzeichner* wählen, verwackelte Bilder aufbessern mit der Option *Bewegungsunschärfe* oder die Tiefenschärfe mit der entsprechenden Option abmildern. Wenn Sie das Kontrollkästchen *Genauer* einschalten, wird die Wirkung des Filters für feinere Details verstärkt.

Scharfzeichnen

3

Im Modus *Erweitert* können Sie die Bereiche *Tiefen* und *Lichter* separat behandeln.

Das hat den Vorteil, dass die Kontraste des Bildes durch eine selektive Behandlung angehoben werden und die Schärfe der Kante dadurch intensiver wirkt. Speziell bei den dunkleren

Stellen im Bild können Sie mit den Einstellungen in der Palette *Tiefen* eine optimale Schärfe erreichen. Probieren Sie als Ausgangseinstellung folgende Kombination: *Verblassen um* ca. 40 %, *Tonbreite* ca. 20 %, *Radius* 15–20 Pixel.

Diese Einstellungen sind natürlich nur ein Beispiel für das konkrete Bild, abhängig von der Größe des Bildes werden auch die Einstellungen verändert.

4

Wenn Sie die Einstellungen, die Sie zum Nachschärfen verwendet haben, auf weitere Bilder anwenden möchten, können Sie die Vorgaben speichern.

Klicken Sie auf das Diskettensymbol im Dialog und geben Sie den Einstellungen einen Namen, zum Beispiel *Nachschärfen Pflanzen*.

Die Einstellungen sind ab sofort verfügbar und können als Ausgangssituation für die Bearbeitung weiterer Bilder ausgewählt werden.

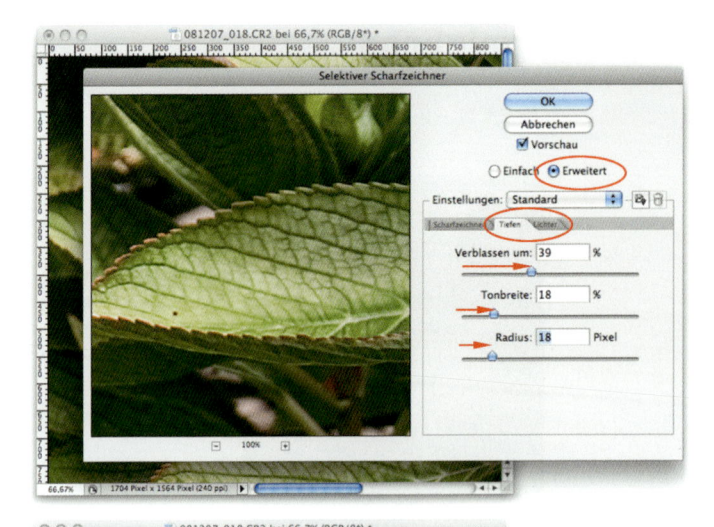

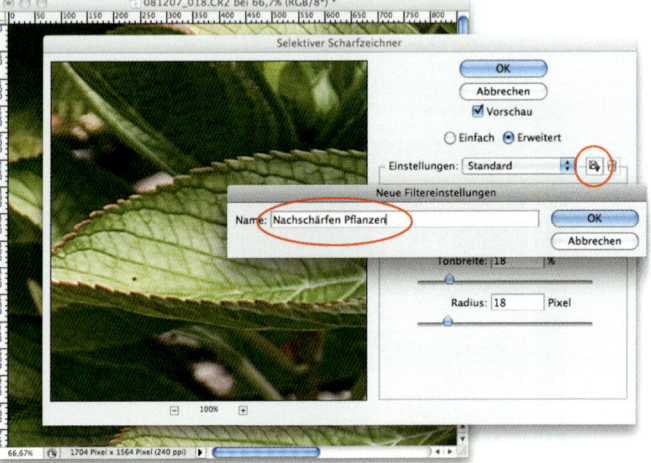

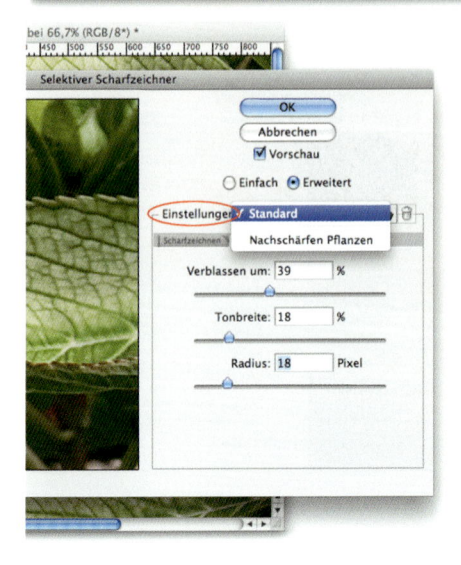

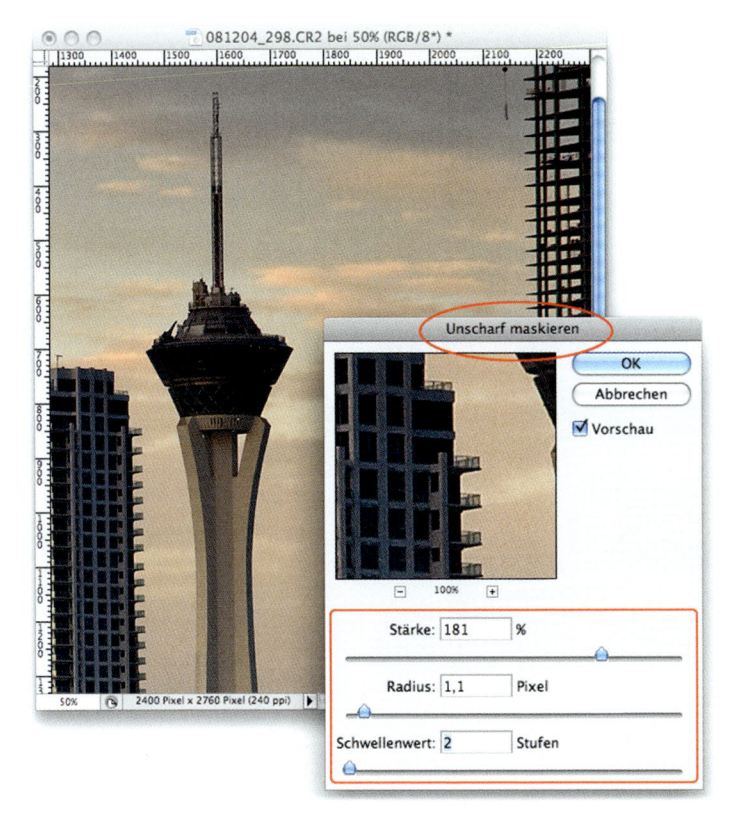

Unscharf maskieren

Die Bezeichnung *Unscharf maskieren* verwirrt niemanden, denn dieser Filter steht an erster Stelle, wenn es um das Nachschärfen von Fotos geht.

Mittlerweile haben sich schon Zirkawerte für verschiedene Motive etabliert, die Sie als Voreinstellungen für weitere Anpassungen benutzen können.

Es folgen typische Szenarien für den Einsatz des Filters *Unscharf maskieren*.

Porträt- und Tierfotografie

Für „kuschelige" Motive verwenden Sie die moderate Schärfe. In unserem Beispiel konzentrieren wir uns beim Nachschärfen auf das Fell des Tieres. Dazu sind die Einstellungen *Stärke* ca. 60–70 %, *Radius* 1,5 bis 3 Pixel und *Schwellenwert* 1 Stufe optimal. Auch für die Porträtfotografie können Sie diese Einstellungen nutzen – damit erreichen Sie eine optimale Schärfe für die Haut. Die Hautstruktur bleibt sichtbar, ist aber nicht überschärft.

Architektur und Technik

Für solche Motive wird die Schärfe großzügiger angewendet. Wählen Sie für Motive, bei denen die Details besonders stark hervorgehoben werden sollen, die Einstellungen *Stärke* ca. 180 %, *Radius* 1 bis 1,5 Pixel und *Schwellenwert* ca. 2 Stufen.

Weitere Techniken zum Nachschärfen von Bildern werden in Kapitel 8 „Digitalfotos perfekt nachbearbeiten" beschrieben.

5.5 Filtergalerie einsetzen

In Photoshop gibt es eine ganze Reihe spezieller Filter, die Sie für Effekte in Bildern anwenden können. Diese können Sie über die sogenannte Filtergalerie aufrufen und anhand der Vorschaubilder entscheiden, welcher Filter für Ihr Motiv infrage kommt. Die Filter sind thematisch in Filtergruppen zusammengefügt.

Die Filtergalerie ist sehr umfangreich, deshalb präsentieren wir hier nur eine kleine Auswahl der interessantesten Filter, die Sie für die Verfremdung von Bildern nutzen können.

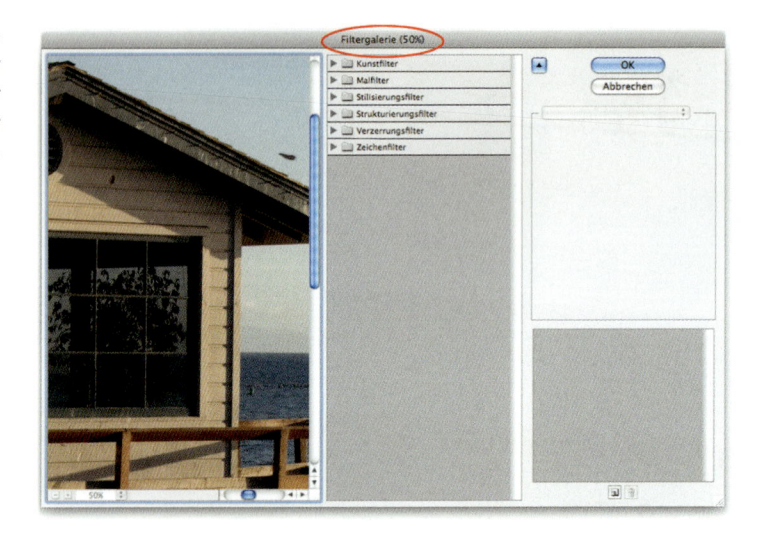

Kunstfilter

Zum Nachahmen künstlerischer Techniken sind die Filter aus der entsprechend benannten Filtergruppe gedacht. Mit diesen können Sie ein Foto mit Techniken bearbeiten, die es wie eine Zeichnung, eine Radierung oder einen Kupferstich aussehen lassen.

Die Länge der Striche, die Verzeichnung der Struktur und den Winkel des Lichteinfalls können Sie mithilfe der Regler bestimmen, die passend zu dem Filter rechts im Dialog eingeblendet werden.

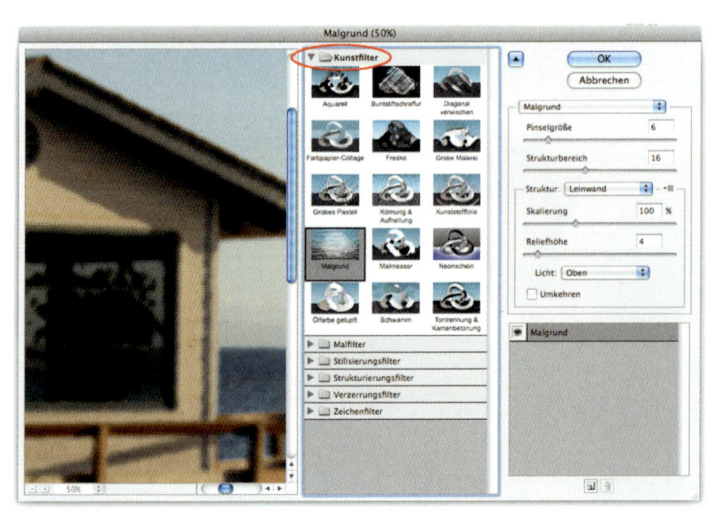

Verzerrungsfilter

Mit den Filtern aus der Gruppe *Verzerrungsfilter* können Sie Fotos „hinter Glas" stellen. Gemeint ist nicht einfaches, sondern Reliefglas.

Die Verzerrungen, die dadurch entstehen, können Sie gut zum Erstellen verschiedener Muster einsetzen.

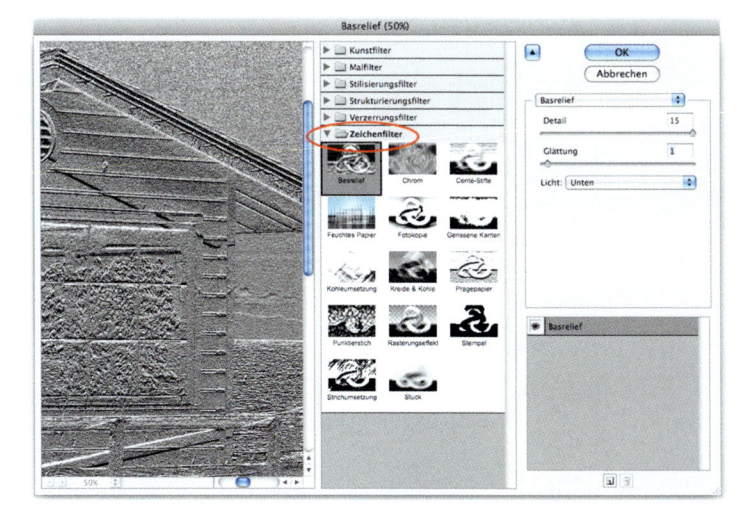

Zeichenfilter

Die Filter der Gruppe *Zeichenfilter* simulieren verschiedene Zeichnungstechniken wie Kreide, Pastell, Bleistiftzeichnung etc. Diese Techniken werden in Kombination mit verschiedenen Ebenenfüllmethoden eingesetzt.

Zum Bearbeiten mit einem der Zeichenfilter duplizieren Sie zuerst die Ebene, wandeln die Ebenenkopie in ein Smart-Objekt um und setzen dann erst den Filter ein. Ändern Sie die Ebenenfüllmethode für die mit dem Filter bearbeitete Ebene auf z. B. *Weiches Licht, Ineinanderkopieren* oder *Hartes Licht*.

Die mit dem Filter geschaffene Struktur, die wie eine Zeichnung aussieht, wird auf die darunterliegende Originalebene projiziert und lässt das Bild in einem ganz anderen Licht erscheinen. So können Sie zum Beispiel aus einem Foto eine Art Buntstift- oder Pastellzeichnung erstellen.

5.6 Das universelle Hochpass-Werkzeug

Das Hochpass-Werkzeug ist ein universeller Filter und kann für verschiedene Korrekturen sowie interessante Effekte eingesetzt werden.

Nachschärfen mit dem Hochpass-Filter

Eine sehr beliebte Technik zum Nachschärfen von Bildern ist das Nachschärfen mit dem Hochpass-Werkzeug. Erstellen Sie eine Kopie der Hintergrundebene mit [Strg]+[J] und wandeln Sie die Kopie mit einem Rechtsklick in ein Smart-Objekt um.

Wählen Sie *Filter/Sonstige Filter/Hochpass*. Das Bild verwandelt sich in eine graue Fläche. Im Dialog *Hochpass* wählen Sie den Radius so, dass die Konturen der Objekte im Bild auf dem grauen Hintergrund sichtbar werden. Ein kleiner Radius hebt feine Details hervor, ein größerer Radius zeigt stärkere Linien.

Bestätigen Sie die Änderungen im Dialog *Hochpass* mit *OK* und ändern Sie die Ebenenfüllmethode für die obere Ebene auf *Ineinanderkopieren*.

Wenn Sie die obere Ebene ein- und ausblenden, merken Sie, dass die mit dem Hochpass-Filter bearbeitete Ebene das Bild schärfer macht.

Die Werte im Dialog *Hochpass* können Sie jederzeit ändern. Zum Nachschärfen von Fotos für den Druck wählen Sie im Dialog *Hochpass* einen Radius von 2–3 Pixeln. Beim Nachschärfen von Fotos, die Sie im Web publizieren möchten, reicht ein Radius von ca. 0,5 Pixel.

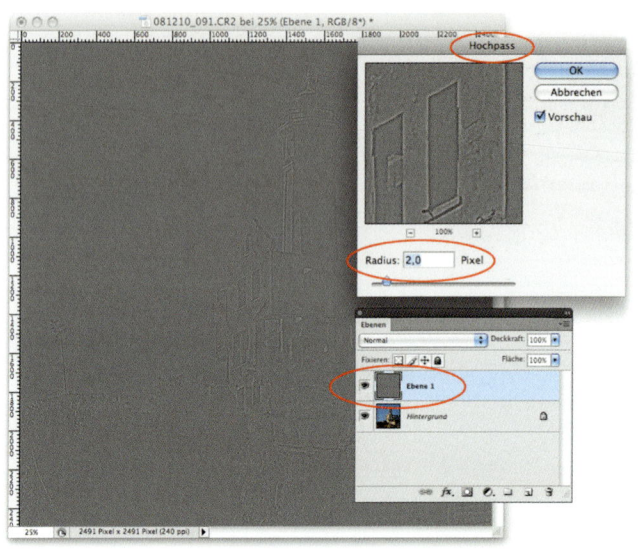

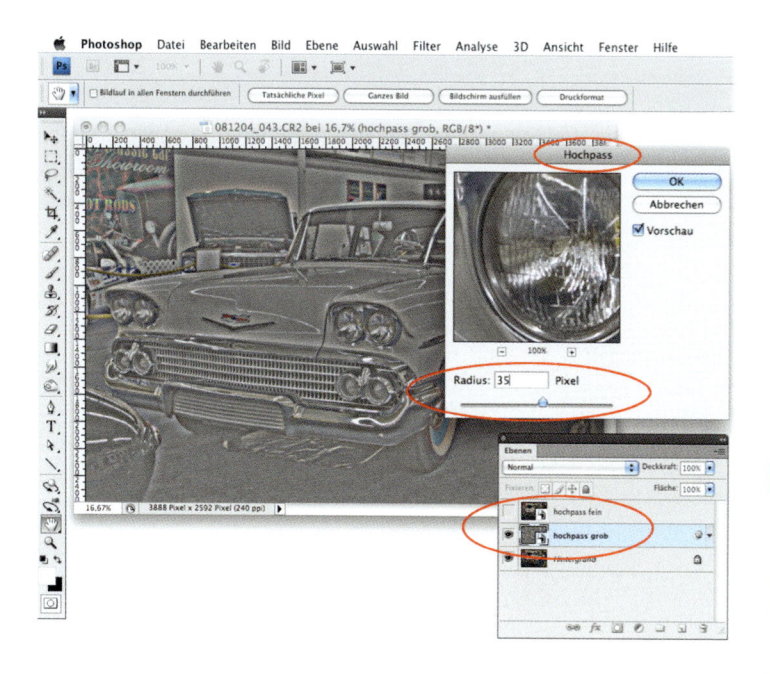

Tonemapping-Effekt mit dem Hochpass-Filter

Das Tonemapping wurde bereits im vorherigen Kapitel im Zusammenhang mit dem Tiefen/Lichter-Werkzeug erklärt.

Auch ohne Tiefen/Lichter können Sie Fotos mit starken Kontrasten erzeugen, dafür brauchen Sie nur passende Einstellungen des Hochpass-Filters.

1

Erstellen Sie mit Strg+J zwei Kopien der Hintergrundebene und konvertieren Sie diese Kopien in Smart-Objekte. Benennen Sie die Ebenen *hochpass grob* und *hochpass fein* – entsprechend den Werten, die Sie im Dialog *Hochpass* einstellen. Blenden Sie die Ebene *hochpass fein* vorerst aus. Wählen Sie für die Ebene *hochpass grob* die Menüfolge *Filter/Sonstige Filter/Hochpass* und einen Radius von ca. 35 Pixeln.

2

Ändern Sie die Ebenenfüllmethode für die Ebene *hochpass grob* auf *Ineinanderkopieren*. Die grobe Scharfzeichnung der Bilddetails ist somit fertig.

3

Blenden Sie jetzt die Ebene *hochpass fein* ein. Wählen Sie für diese Ebene auch den Hochpass-Filter, diesmal aber mit einem Radius von 5 Pixeln.

Ändern Sie die Ebenenfüllmethode ebenfalls auf *Ineinanderkopieren*.

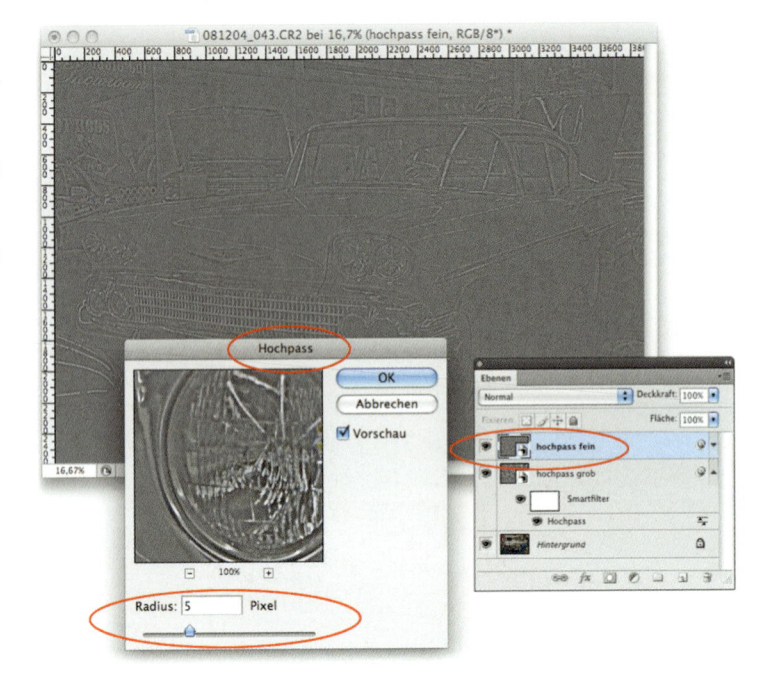

Die Kontraste des Bildes sind jetzt stark angehoben und jedes kleine Detail ist scharfgezeichnet. Falls Ihnen die Schärfe zu extrem erscheint, können Sie die Ebenenfüllmethode statt auf *Ineinanderkopieren* auf *Weiches Licht* setzen oder die *Radius*-Werte der beiden Hochpass-Filter verringern.

Vorher

Nachher

5.7 Verflüssigen-Filter statt Schlankmacher-Pille

Der Verflüssigen-Filter wird von Fotografen gern für kleine Schönheitskorrekturen verwendet. So können Personen auf Fotos schlanker gemacht werden; Fettpölsterchen, die unvorteilhaft wirken, können mit wenigen Handgriffen verschwinden. Außerdem können interessante Effekte wie zum Beispiel eine Augenvergrößerung mit diesem Filter durchgeführt werden.

In unserem Beispiel wird das Hemd des Mannes seitlich Richtung Mitte verschoben und die Augen werden leicht vergrößert.

1

Duplizieren Sie die Hintergrundebene mit der Tastenkombination `Strg`+`J`.

Die Ebenenkopie muss nicht in ein Smart-Objekt umgewandelt werden, weil der Verflüssigen-Filter als Smartfilter nicht funktioniert.

2

Wählen Sie *Filter/Verflüssigen*. Die Anpassungen erfolgen im Dialogfenster *Verflüssigen*, in dem Sie die Auswahl der Werkzeuge und deren Optionen definieren können.

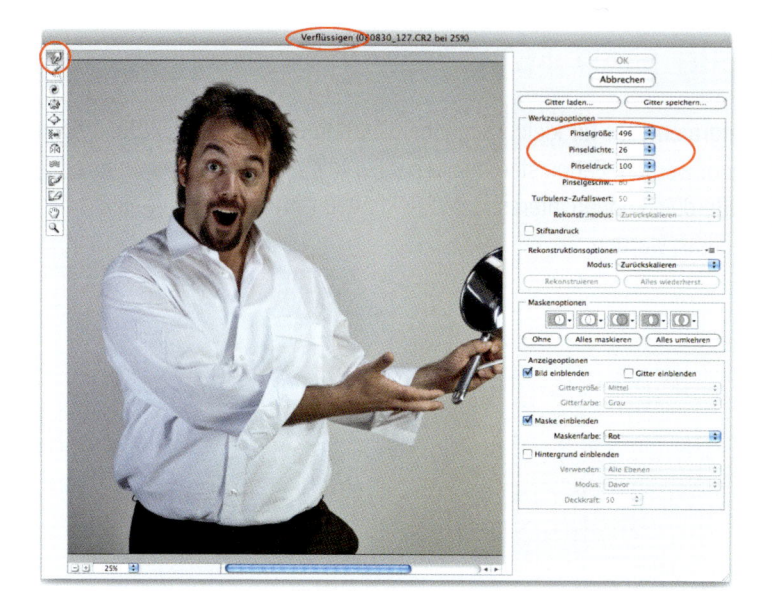

Verflüssigen-Filter statt Schlankmacher-Pille

3

Um das Hemd seitlich Richtung Mitte zu bewegen, sowie für die „Schlankmacherei" wählen Sie das Vorwärts-krümmen-Werkzeug. Die Größe der Pinselspitze, Dichte und Druck definieren Sie in den Werkzeugoptionen.

4

Die Prozedur ist sehr einfach. Sie bewegen die Pixel in die gewünschte Richtung – so eine Schlankheitskur dauert nur einige Sekunden. Um die Schritte rückgängig zu machen, benutzen Sie die Ihnen wahrscheinlich schon bekannte Tastenkombination [Strg]+[Alt]+[Z]. Alternativ können Sie das Rekonstruktionswerkzeug anwenden (zweites Symbol von oben).

Verflüssigen-Filter statt Schlankmacher-Pille

5

Weiter unten liegen die Symbole der Funktionen *Strudel* (ist in unserem Fall uninteressant), *Zusammenziehen* und *Aufblasen*. Wählen Sie *Aufblasen* und definieren Sie die Pinselgröße mit ca. 350 (ist von der Größe des Bildes abhängig). Reduzieren Sie die Geschwindigkeit auf ca. 20.

Jetzt können Sie auf ein Auge klicken und die Maustaste gedrückt halten – das Auge wird größer. Das Gleiche können Sie mit dem zweiten Auge machen.

Die Geschwindigkeit wurde vorher reduziert, weil die Vergrößerung sonst zu schnell geschieht und Sie diese schlecht kontrollieren können. Jetzt können Sie die Änderungen mit *OK* bestätigen und die Vorher/Nachher-Ergebnisse kontrollieren.

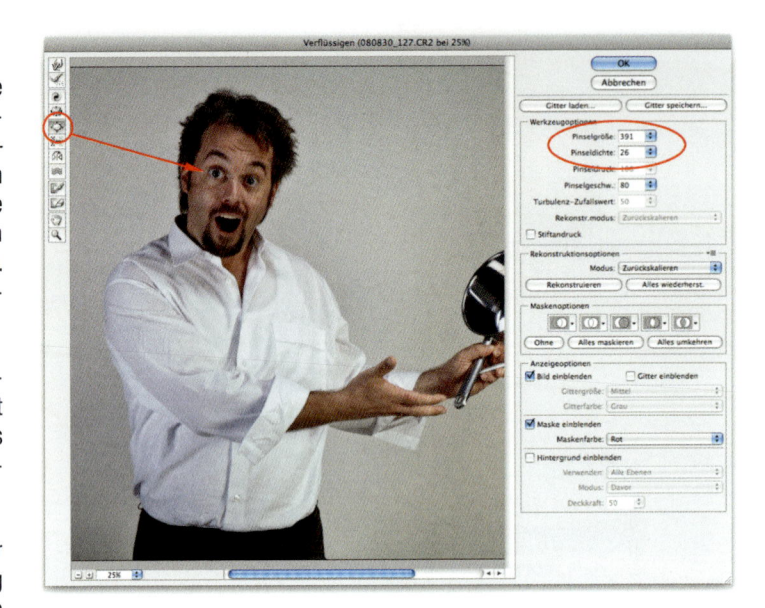

Vorher

Nachher

Kapitel

6

Ebenen, Einstellungsebenen und Ebenenmasken

Ohne Ebenen sind Sie in den Gestaltungsmöglichkeiten sehr eingeschränkt. Egal ob es dabei um einfache Korrekturen oder um komplexe Bildcomposings geht, mit den Ebenen haben Sie in Photoshop alles unter Kontrolle. Lernen Sie in diesem Kapitel den richtigen Umgang mit Ebenen, Einstellungsebenen und Ebenenmasken.

6.1 Grundlegende Ebenentechnik

Hintergrundebene und Ebene: Unterschiede, Umwandlung

Jedes Foto besteht aus mindestens einer Ebene. Es gibt aber unterschiedliche Arten von Ebenen, in diesem Fall sprechen wir von Pixelebenen.

Die Ebene, die Sie in der *Ebenen*-Palette nach dem Öffnen des Bildes sehen, ist die sogenannte Hintergrundebene.

Die Hintergrundebene eines Pixelbildes ist in der Bearbeitung stark eingeschränkt. Sie kann nicht bewegt und nicht skaliert werden. Auf der Ebenenminiatur der Hintergrundebene sehen Sie ein Schloss-Symbol – das bedeutet ganz einfach, dass diese Ebene gesperrt ist.

Um die Ebene bearbeiten zu können, haben Sie zwei Möglichkeiten: Entweder Sie erstellen in der *Ebenen*-Palette eine Kopie der Hintergrundebene mit der Tastenkombination (Strg)+(J) und arbeiten weiter mit der Ebenenkopie oder Sie wandeln die Hintergrundebene in eine Ebene um.

Klicken Sie dazu mit der rechten Maustaste auf die Hintergrundebene und wählen Sie die Option *Ebene aus Hintergrund*.

Nach der Umwandlung ist die Ebene „frei" und kann umfangreicher als die Hintergrundebene bearbeitet werden. Sie können die Ebene zum Beispiel verschieben oder skalieren.

Foto: Dagmar Gissel

Grundlegende Ebenentechnik

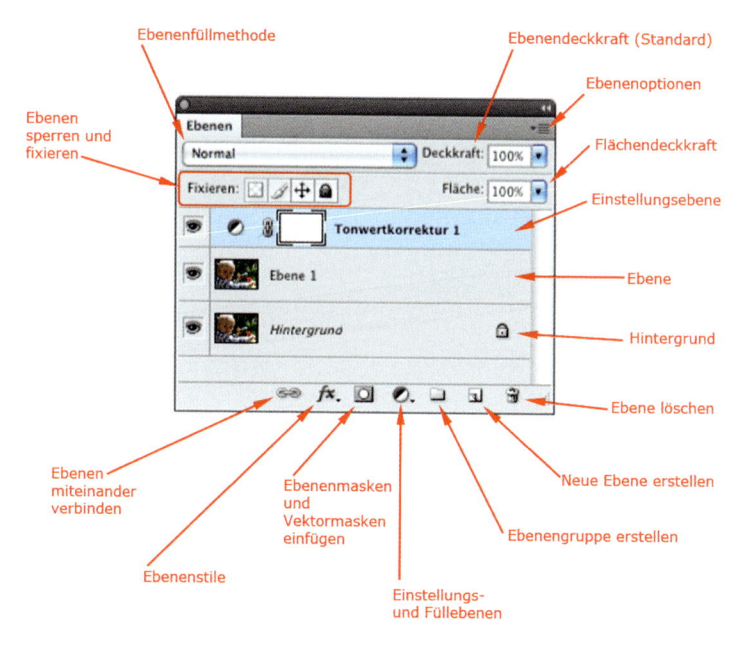

Strg+J

Die genannte Alternative mit der Ebenenkopie ist ebenfalls sehr gut, vor allem weil das Original unangetastet in der gleichen Datei liegt und Sie auf dieses immer zurückgreifen können.

Ebenen-Palette: die Übersicht

Werfen Sie einen Blick auf die *Ebenen*-Palette. Diese erscheint im ersten Moment ziemlich aufgeräumt und übersichtlich, aber es gibt trotzdem sehr viel zu entdecken. In der Mitte der *Ebenen*-Palette finden Sie natürlich das Wichtigste – die Ebenen. Diese können Sie bequem verschieben, duplizieren, umbenennen, löschen oder in Gruppen zusammenfügen. Die Ebenen können Sie per Drag & Drop umpositionieren. Wenn Sie eine Ebene mit gedrückter Maustaste anfassen, können Sie diese sogar in eine andere Arbeitsfläche übertragen.

Außer Ebenen gibt es in der *Ebenen*-Palette zahlreiche Optionen, die in diesem Kapitel detailliert beschrieben werden. Hier ist eine kurze Übersicht:

Ebenenfüllmethoden verändern den Zustand der Ebene. Wenn Sie eine Ebene mit einem Blatt Papier vergleichen, kann eine geänderte Ebenenfüllmethode aus undurchsichtigem Papier ein Diapositiv machen – die Ebene wird transparent. Neben dieser gibt es viele andere Ebenenfüllmethoden, die eine große Hilfe bei jeder Art von Gestaltung sind.

Die Ebenendeckkraft und die Flächendeckkraft lassen die Ebene halb durchsichtig wirken. Das ist sehr praktisch für Überlagerungen jeder Art. Einstellungsebenen sind diejenigen Korrekturen, die im

Ebenen, Einstellungsebenen und Ebenenmasken | KAPITEL 6 | 227

Grundlegende Ebenentechnik

Schwebezustand auf eine oder mehrere Ebenen angewandt werden. Die Einstellungsebenen können Sie jederzeit in der *Korrekturen*-Palette mit aktuellen Einstellungen aufrufen und diese verändern oder aufheben. Ebenen können Sie auf unterschiedliche Art fixieren. Sie können eine Ebene entweder komplett sperren oder zum Beispiel die Sperre nur auf das Verschieben oder auf das Bearbeiten mit einem Werkzeug einschränken.

Ebenengruppen helfen Ihnen dabei, mehr Ordnung in der *Ebenen*-Palette zu schaffen. Besonders bei komplexen Gestaltungen mit zahlreichen Details und dazugehörigen Einstellungsebenen ist es sinnvoll, diejenigen Ebenen, die thematisch zueinander passen, in einer Ebenengruppe zu vereinigen. Ebenenmasken erlauben es Ihnen, Teile der Ebene mit einem Mal- oder Zeichenwerkzeug oder mit einem Verlauf auszublenden. Sehr praktisch ist dies für die Bildgestaltung. So können Fotos randlos miteinander verschmolzen werden. Ebenfalls können Sie mithilfe der Masken die Freistellung von Objekten mit komplizierten Umrissen sehr genau durchführen.

Ebenenstile oder Ebeneneffekte sind umfangreiche Tools, die eine Ebene zum Beispiel mit einem Schlagschatten ausstatten oder dreidimensional aussehen lassen. Zahlreiche Anpassungsmöglichkeiten lassen kaum Wünsche offen. Besonders bei der Layoutgestaltung kommen Ebenenstile häufig zum Einsatz.

Ebenengruppen

Wie bereits erwähnt wurde, sind Ebenengruppen sehr sinnvoll, wenn es um die Gestaltung komplexer Collagen geht.

Jedes Element einer Collage enthält eine oder mehrere Ebenen und jede Ebene soll in den Tonwerten und in der Farbe angepasst werden – dafür sind die Einstellungsebenen zuständig.

Alles in allem ergibt sich eine sehr große Anzahl von Ebenen in der *Ebenen*-Palette und man verliert schnell den Überblick.

Deshalb ist es sinnvoll, thematisch verwandte Ebenen und Einstellungsebenen in Ebenengruppen zu vereinigen.

Eine Ebenengruppe kann jederzeit aufgeklappt werden, und Sie können die darin enthaltenen Ebenen und Einstellungsebenen bearbeiten.

Es ist oft sinnvoll, jedes Objekt als Pixelebene mit dazugehörigen Einstellungsebenen in einer Ebenengruppe zu verbinden und diese entsprechend zu benennen.

Obwohl es sinnvoll ist, die Gestaltung in einer PSD-Datei mit allen Ebenen, Einstellungsebenen und Ebenengruppen zu sichern, ist es manchmal nötig, eine Ebenengruppe auf eine Ebene zu reduzieren. In diesem Fall klicken Sie die Ebenengruppe mit der rechten Maustaste an und wählen die Option *Gruppe zusammenfügen*.

Smart-Ebenen

Smart-Objekte

Von den Ebenengruppen wechseln wir jetzt zu einem anderen wichtigen Thema: Smart-Objekte und Smart-Ebenen. Was ist eine Smart-Ebene? Sie ist ein Container innerhalb einer Ebene, der eine Gruppe weiterer Ebenen, eine Datei, die sich außerhalb der PSD-Datei befindet, oder einen Filter enthält.

Die Inhalte einer Smart-Ebene sind Daten, die jederzeit bearbeitet werden können. Und wenn es um eine Gruppe weiterer Ebenen geht, werden diese Ebenen in einer separaten Datei gesichert.

Das Gleiche gilt auch für fremde Dateien wie zum Beispiel ein Logo im EPS-Format, die außerhalb der PSD-Datei liegen.

Werden diese Dateien verändert, ändern sie sich auch in der Smart-Ebene der PSD-Datei, mit der sie verknüpft sind. Sie können eine Ebenengruppe in ein Smart-Objekt mit einem Rechtsklick über das Kontextmenü umwandeln.

Nach dem Umwandeln wird die Ebenengruppe mit einer Ebenenminiatur und einem Symbol für das Smart-Objekt in der *Ebenen*-Palette angezeigt.

Grundlegende Ebenentechnik

Wenn Sie auf die Smart-Ebene doppelklicken, wird zuerst eine Anfrage erscheinen, in der darauf hingewiesen wird, dass die Ebene erst nach dem Speichern weiterverarbeitet werden kann.

Die Smart-Ebene wird als eine PSB-Datei gespeichert, in der Sie die Ebenengruppe wiederfinden und den Inhalt dieser Gruppe bearbeiten können.

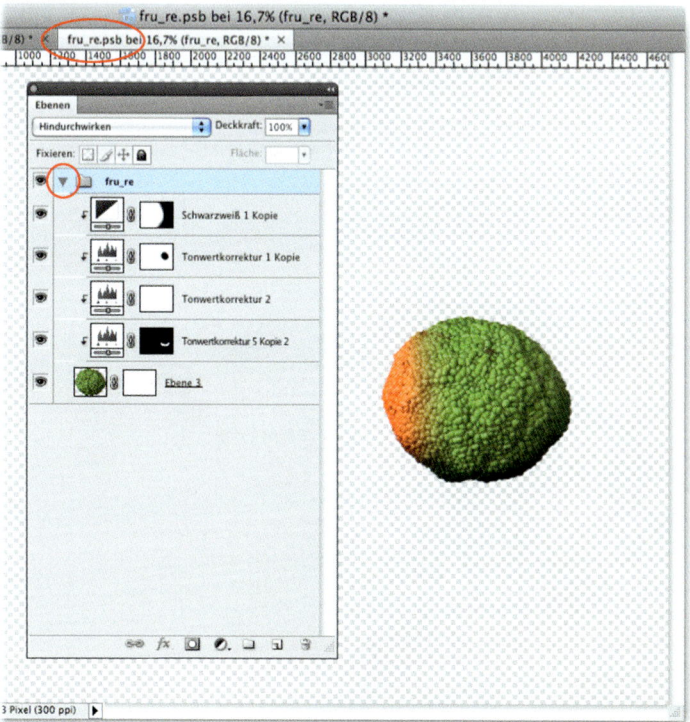

Nach dem Bearbeiten der in der Ebenengruppe enthaltenen Ebenen und Einstellungsebenen können Sie die Gruppe wieder schließen, die PSB-Datei speichern und in Ihrer Photoshop-Datei weiterarbeiten.

Was hat die Umwandlung von Ebenengruppen in Smart-Objekte für einen Sinn? Besonders bei komplexen Bildkompositionen, bei denen viele Ebenen im Spiel sind, können Sie damit die Datei „erleichtern". Die Ebenengruppen, die in Smart-Objekte umgewandelt sind, werden ausgelagert und die Hauptdatei wird kleiner und ist somit schneller zu bearbeiten.

Ebenen, Einstellungsebenen und Ebenenmasken   KAPITEL 6   231

Smartfilter

Eine weitere sinnvolle Verwendung von Smart-Ebenen ist die Kombination der Ebenen mit Filtern als Smartfilter.

Wenn Sie ein Foto mit einem Filter bearbeiten möchten, geschieht das auf dem Standardweg direkt durch die Anwendung eines Photoshop-Filters, zum Beispiel mit dem Gauß-schen Weichzeichner.

Die Korrekturen mit dem Filter können nach dem Speichern nicht mehr rückgängig gemacht werden.

Eine weitere Anpassung geschieht in dem Bild, bei dem die Pixelstruktur schon verändert wurde. Das ist nicht immer optimal. Wenn Sie die Filter pixelschonend anwenden möchten, verwenden Sie Smartfilter.

Klicken Sie mit der rechten Maustaste auf die Hauptebene oder auf eine andere Ebene, die Sie mit dem Filter bearbeiten möchten, und wählen Sie die Option *In Smart-Objekt konvertieren*.

Nehmen Sie dann einen Filter, z. B. über die Menüfolge *Filter/Scharfzeichnungsfilter/Unscharf maskieren*. In der *Ebenen*-Palette sehen Sie auf der Pixelebene bereits ein Symbol für das Smart-Objekt. Also wird jetzt der Filter als Smartfilter angewandt.

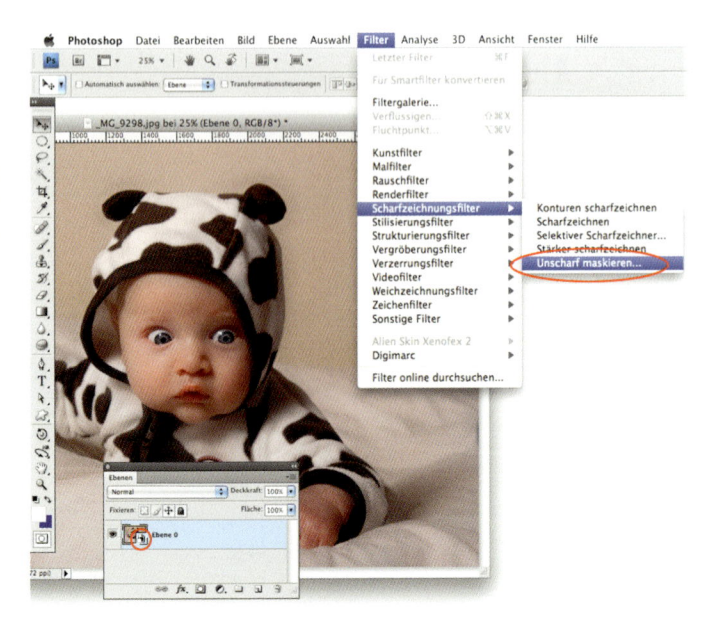

Foto: Tanja Gruber

Grundlegende Ebenentechnik

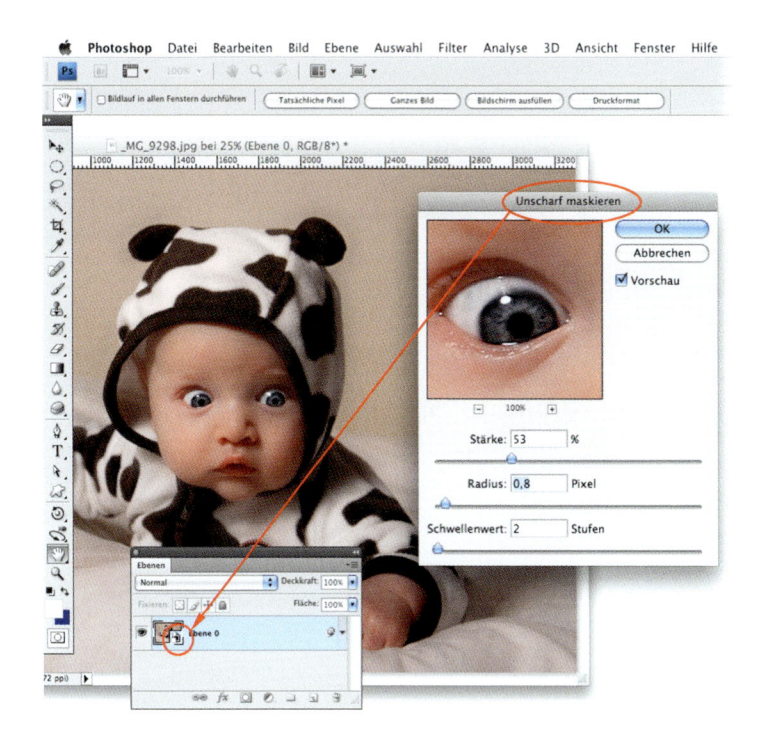

Im Dialog des Filters können Sie die Einstellungen wie gewohnt durchführen. Bestätigen Sie Ihre Eingaben mit *OK*.

Nachdem Sie die Eingaben gemacht haben, können Sie in der *Ebenen*-Palette folgendes Bild sehen: Unter der Pixelebene (egal ob es sich dabei um eine Hintergrundebene oder eine Ebene handelt) erscheinen die Maske des Smartfilters und die Bezeichnung des Filters.

Beides kann man ein- und ausblenden. Auf der Maske des Smartfilters können Sie mit einem Malwerkzeug, zum Beispiel einem Pinsel, einige Stellen von der Wirkung des Filters befreien.

Dies ist eine gute Möglichkeit für die selektive Filteranwendung, zum Beispiel zum Nachschärfen von Augen, Augenbrauen etc.

Ebenen verschieben, umbenennen, markieren, ausblenden, duplizieren, löschen

Diese Operationen gehören zum Alltag in Photoshop und sind ganz einfach. Profis machen sich über diese Funktionen keine Gedanken, aber ohne sie ist ein optimaler Ebenen-Workflow nicht möglich. Beim Bearbeiten von Fotos ist es immer sinnvoll, eine Kopie der Hauptebene zu erstellen und diese dann zu bearbeiten. Die Kopie der Ebene können Sie mit der Tastenkombination [Strg]+[J] oder mit einem Rechtsklick und der Option *Ebene duplizieren* erstellen.

Sinnvolle Markierung der Ebenen

Wenn die Ebenen in der *Ebenen*-Palette aussagekräftig benannt sind, ist es viel angenehmer zu arbeiten und Sie finden schneller die benötigten Bilddetails oder Einstellungen. Die Ebenen können Sie umbenennen, wenn Sie auf die Ebenenbezeichnung doppelklicken und den Ebenennamen eintippen. Bestätigen Sie die Eingabe dann mit der [Enter]-Taste.

Die Benennung der Ebenen können Sie auch im Dialog *Ebeneneigenschaften* durchführen, zu dem Sie mit einem Rechtsklick und mit der Auswahl des Eintrags *Ebeneneigenschaften* gelangen. Gleichzeitig können Sie die Ebene farbig markieren – das bringt zusätzlich mehr Überblick in die *Ebenen*-Palette. Sinnvoll ist eine farbige Markierung der thematisch verwandten Ebenen, die nicht in einer Gruppe zusammengefügt werden können, zum Beispiel bei komplexen Collagen.

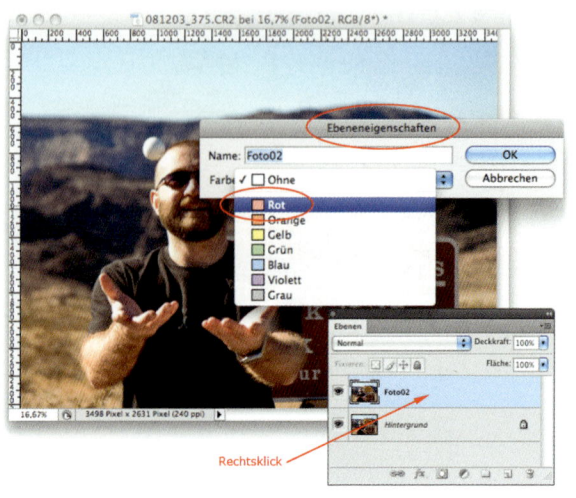

Die mit entsprechenden Farben markierten Ebenen sind sofort in der *Ebenen*-Palette sichtbar und können schneller gefunden werden.

Ebenen schützen

Gegen zufällige Veränderungen können Sie die Ebenen schützen. Dazu gibt es einige Optionen im Bereich *Fixieren*.

Wenn die Ebene in keinster Weise verändert werden darf, können Sie sie sperren. Aktivieren Sie dazu das rechte Schloss-Symbol – jede Bearbeitung bei gesperrten Ebenen ist ausgeschlossen.

Mit der Option *Bildpixel fixieren* (das Pinselsymbol) verhindern Sie die Bearbeitung der Ebene mit einem Malwerkzeug (zum Beispiel Pinsel- oder Verlaufswerkzeug). Die Ebenen können aber verschoben oder skaliert werden.

Grundlegende Ebenentechnik

Das Symbol *Position sperren* verhindert das Verschieben der Ebene, erlaubt aber die Bearbeitung mit den Malwerkzeugen.

Diese Fixieroptionen können Sie entweder einzeln oder in Kombination verwenden, d. h., eine mehrfache Auswahl ist erlaubt.

Transparenz der Ebene regulieren

Die Ebenen sind standardmäßig undurchsichtig, aber Sie können die Transparenz der Ebenen regulieren. In unserem Beispielbild wurde unter die Pixelebene eine Füllebene *Volltonfarbe* eingefügt, sozusagen als Kontrastmittel mit intensiver roter Farbe. Wenn Sie die Pixelebene anklicken und dann die Deckkraft reduzieren, wird die darunterliegende rote Farbe umso mehr sichtbar, je weiter Sie den Regler *Deckkraft* nach links bewegen. Bei einer Deckkraft von 0 % werden die Bildpixel gar nicht mehr sichtbar.

Der Regler *Fläche* reguliert die Transparenz innerhalb einer Ebene – bei dem gleichen Beispiel sieht das ziemlich ähnlich aus (wie die Reduzierung der Deckkraft), aber bei dem Beispiel auf der nächsten Seite ist der Unterschied deutlich zu sehen. Speziell dann, wenn Sie einen Ebenenstil auf die Ebene anwenden, wird die Transparenz der Ebene mit dem Regler *Fläche* reduziert, ohne dass der Ebenenstil in der Deckkraft auch verändert wird. Für gestalterische Zwecke ist diese Funktion sehr sinnvoll.

Grundlegende Ebenentechnik

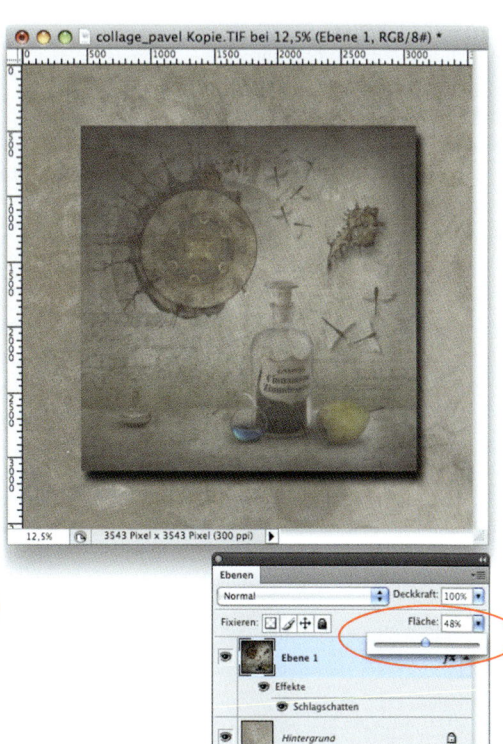

Ebenenteile kopieren und duplizieren

Nicht nur die ganzen Ebenen können kopiert und dupliziert werden, Sie können genauso gut auch Ebenenteile kopieren und duplizieren.

Dazu sollten die benötigten Teile einer Ebene zunächst mit einem Auswahlwerkzeug (zum Beispiel Lasso) separiert werden.

Sobald eine schwebende Auswahl im Bild angezeigt ist, kann der ausgewählte Teil der Ebene kopiert werden.

Ebenen, Einstellungsebenen und Ebenenmasken — KAPITEL 6

Grundlegende Ebenentechnik

Mit dem Menübefehl *Ebene/Neu/Ebene durch Kopie* können Sie den ausgewählten Bereich auf eine neue Ebene kopieren. Schneller geht das mit der Tastenkombination Strg+J.

Wie Sie auf dem Screenshot sehen können, wird der ausgewählte Bereich als Kopie auf der Ebenenminiatur angezeigt.

Es ist allerdings schwer zu erkennen, was sich auf der Ebene befindet. Sie können die Ansicht der Ebenenminiatur verändern.

Klicken Sie in der *Ebenen*-Palette auf das Optionssymbol rechts oben und wählen Sie den Eintrag *Bedienfeldoptionen*.

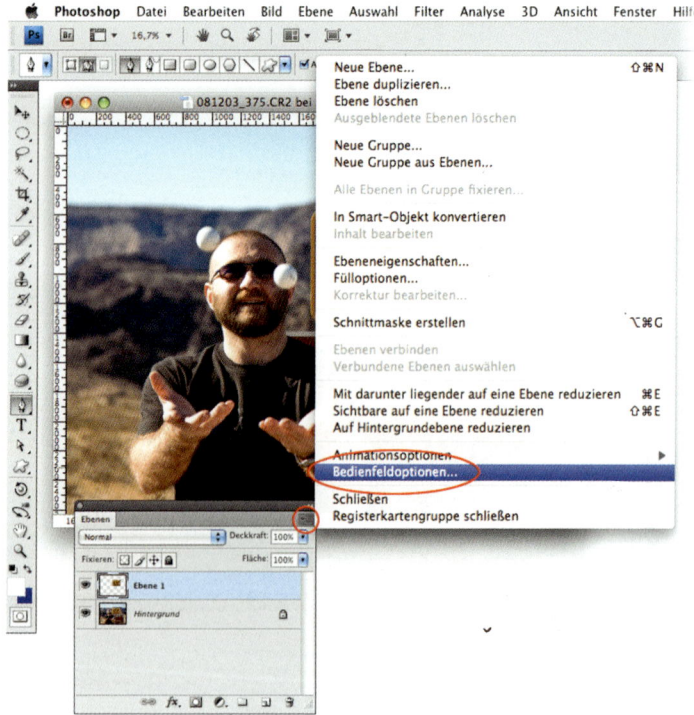

238   KAPITEL 6   Ebenen, Einstellungsebenen und Ebenenmasken

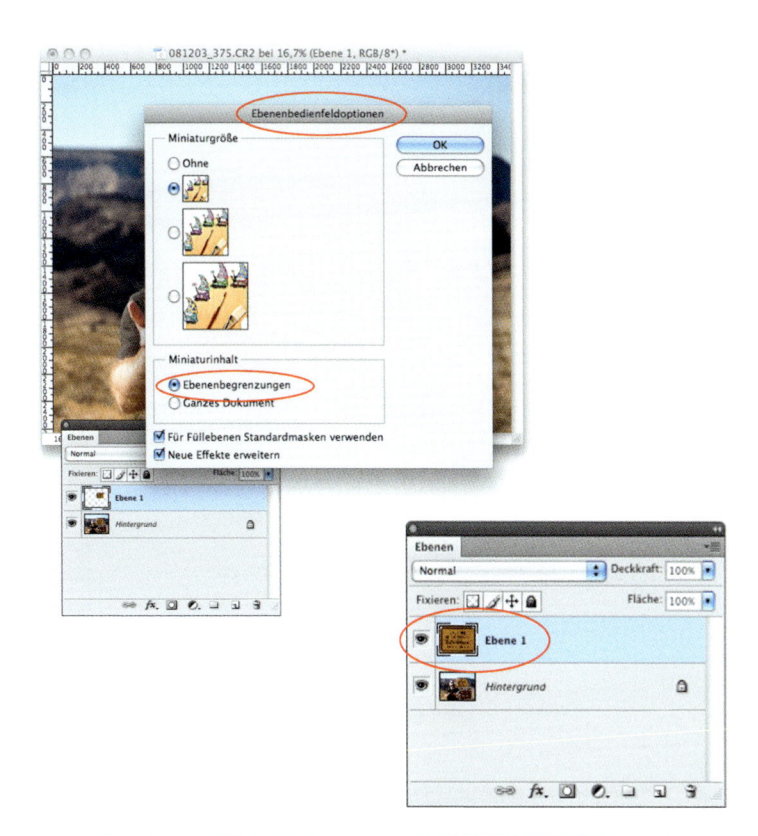

Im Dialog *Ebenenbedienfeldoptionen* können Sie im Bereich *Miniaturinhalt* die Option *Ebenenbegrenzungen* statt *Ganzes Dokument* wählen.

Ab sofort wird in der Ebenenminiatur nur das angezeigt, was sich auf der Ebene befindet.

Besonders bei Bildkompositionen mit vielen kleinen Details auf verschiedenen Ebenen ist es sehr hilfreich, auf der Ebenenminiatur zu sehen, was sich auf der Ebene befindet.

Bei aktivierter Option *Ebenenbegrenzungen* können Sie sogar auf die Beschriftung einiger Pixelebenen verzichten – es ist ohnehin sichtbar, welche Details auf welcher Ebene liegen.

Ebenen, Einstellungsebenen und Ebenenmasken

Grundlegende Ebenentechnik

Die Kopien eines Teils des Bildes auf einer Extraebene können mit dem Verschieben-Werkzeug umpositioniert werden, es sei denn, Sie haben die Ebene gesperrt.

Die Ebene mit einem Objekt kann auch in eine andere Arbeitsfläche verschoben werden.

Wählen Sie dazu das Verschieben-Werkzeug, fassen Sie die Ebene entweder in der Bildfläche oder in der *Ebenen*-Palette an und ziehen Sie diese in eine andere Bildfläche.

Wenn Sie möchten, dass die Ebene mit dem Objekt in der Mitte der neuen Bildfläche landet, halten Sie beim Verschieben die (Umschalt)-Taste gedrückt.

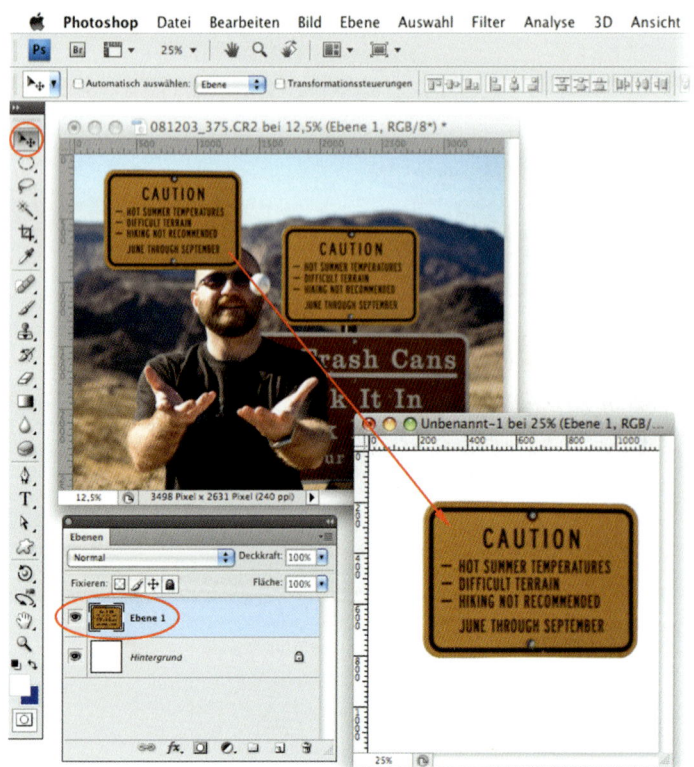

6.2 Ebenenfüllmethoden

Mit Ebenenfüllmethoden können Sie den Zustand einer Ebene verändern. Ein ganz einfaches Beispiel: Mit der Ebenenfüllmethode *Multiplizieren* verwandeln Sie eine undurchsichtige Ebene in ein „Diapositiv". Diese und andere hilfreiche Ebenenfüllmethoden erwarten Sie in diesem Abschnitt.

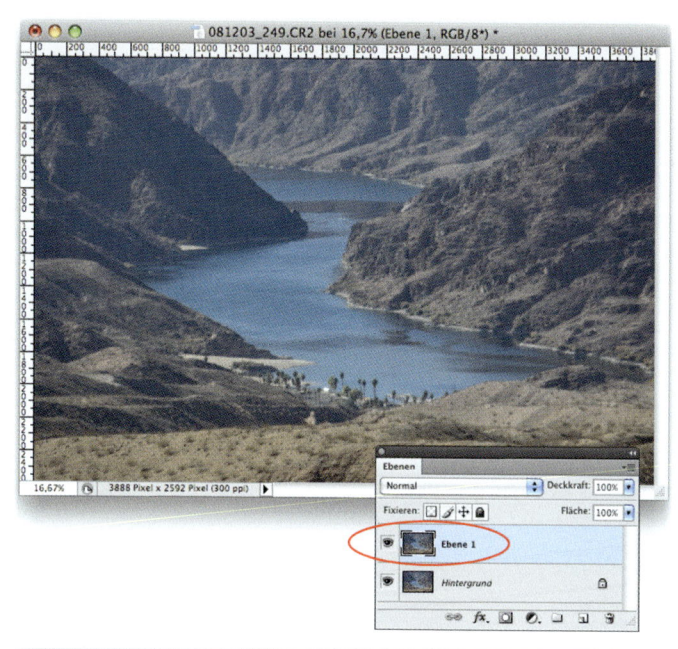

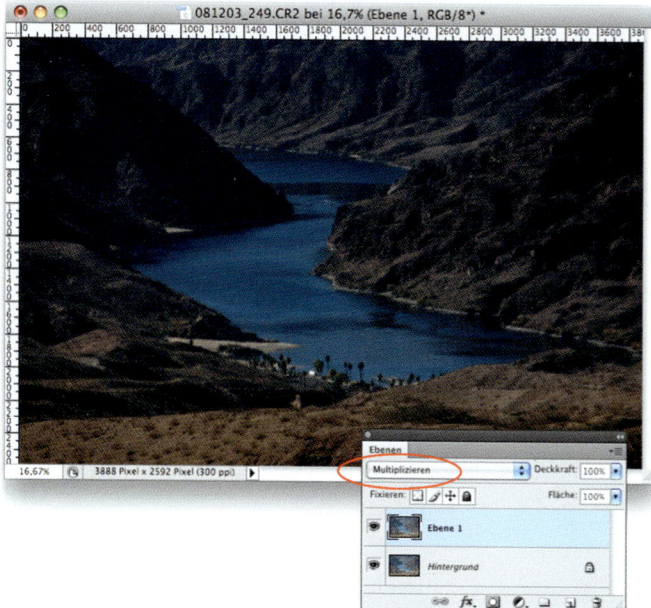

Die Ebenenfüllmethoden wirken nur auf Ebenen, Einstellungsebenen und Ebenengruppen. Die Hintergrundebene ist von der Wirkung der Ebenenfüllmethoden ausgeschlossen. Die Änderung der Ebenenfüllmethoden kann man für Bildkorrekturen verschiedener Art sowie für interessante Effekte verwenden. In unserem ersten Beispiel helfen uns die Ebenenfüllmethoden, ein flaues Bild aufzupeppen. Die Kontraste und Farben könnten natürlich auch mit Einstellungsebenen angepasst werden, aber es ist gut zu wissen, dass auch andere Techniken für diese Korrekturen zum Einsatz kommen können.

Bildkorrekturen mit geänderten Ebenenfüllmethoden

1

Wie bereits erwähnt wurde, können die Ebenenfüllmethoden nicht auf die Hintergrundebene angewandt werden. Duplizieren Sie die Hintergrundebene mit der Tastenkombination [Strg]+[J].

2

Ändern Sie die Ebenenfüllmethode auf *Multiplizieren* – das flaue Bild wird gleich viel kontrastreicher, aber auch dunkler. Das passiert, weil die *Ebene 1* durch die Ebenenfüllmethode transparent wurde. Die dunklen Bereiche überlagern sich und werden dadurch kontrastreicher.

Ebenenfüllmethoden

3

Um die Helligkeit des Bildes wieder in Ordnung zu bringen, reduzieren Sie die Deckkraft der *Ebene 1* auf ca. 50–60 %.

Zwar wird das Bild wieder etwas flauer, aber es kommen noch einige Ebenenfüllmethoden zum Einsatz, die den Verlust des Kontrastes kompensieren werden.

4

Duplizieren Sie die *Ebene 1* und ändern Sie für die Kopie die Ebenenfüllmethode auf *Ineinanderkopieren*.

Durch diese Ebenenfüllmethode werden die Farben und die Kontraste des Bildes angehoben – eine Kompensation des Verlustes durch die Reduzierung der Deckkraft der *Ebene 1*, die mit der Ebenenfüllmethode *Multiplizieren* bearbeitet wurde.

Vorher

Nachher

Selektive Korrekturen mit den Ebenenfüllmethoden

Neben globalen Korrekturen am ganzen Bild (wie im vorherigen Workshop beschrieben) können Sie die Korrekturen mithilfe der geänderten Ebenenfüllmethoden auch selektiv anwenden.

In unserem nächsten Beispiel wird die Wasserfläche heller und farbintensiver gestaltet. Der Rest des Bildes soll unverändert bleiben.

1

Duplizieren Sie die Hintergrundebene mit der Tastenkombination [Strg]+[J].

Ebenen, Einstellungsebenen und Ebenenmasken — KAPITEL 6

Ebenenfüllmethoden

2

Ändern Sie die Ebenenfüllmethode für die obere Ebene auf *Negativ multiplizieren*. Dadurch wird das ganze Bild aufgehellt.

3

Erzeugen Sie auf der oberen Ebene eine Ebenenmaske. Wählen Sie das Verlaufswerkzeug mit den Optionen Linearer Verlauf, Vordergrund-Transparent, Vordergrundfarbe Schwarz.

Erstellen Sie einen Maskierungsverlauf in die mit dem Pfeil gezeigte Richtung, sodass die obere Ebene im rechten oberen Teil der Bildfläche transparent wird.

Dadurch bleibt der Teil des Bildes mit den Felsen von der aufhellenden Wirkung der Ebenenfüllmethode *Negativ multiplizieren* verschont.

4

Für die Verstärkung der Kontraste der Wasserfläche duplizieren Sie die obere Ebene und ändern für die Kopie die Ebenenfüllmethode auf *Weiches Licht*.

Die Farbe wird dadurch intensiver. Es kann allerdings passieren, dass die Kontraste zu stark werden. In diesem Fall können Sie die Deckkraft der oberen Ebene auf ca. 50 % reduzieren.

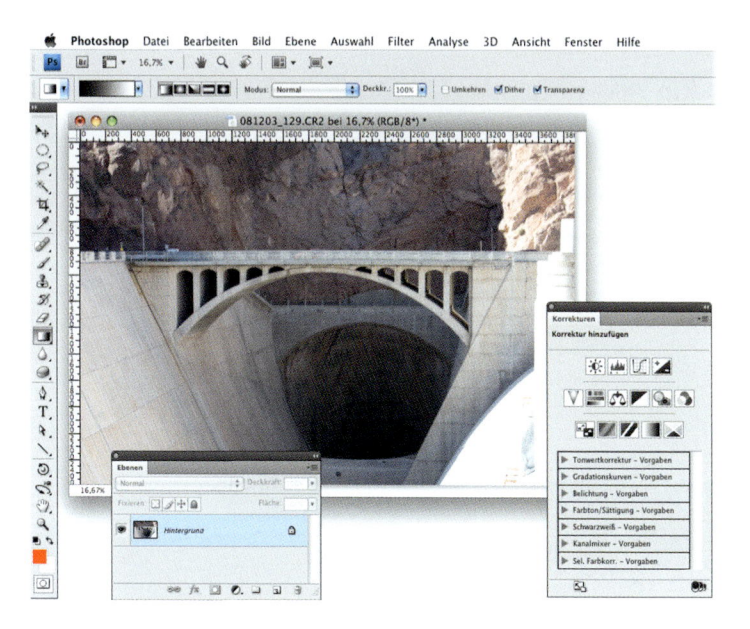

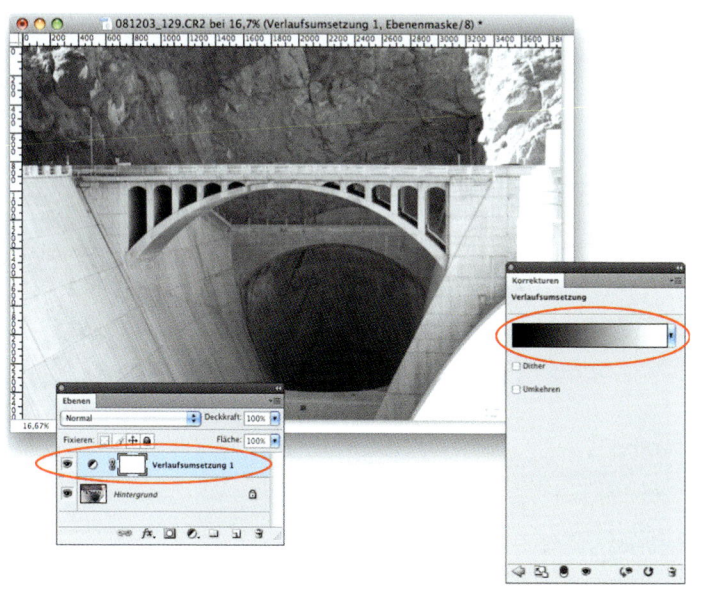

Ebenenfüllmethoden auf die Einstellungsebenen anwenden

Nicht nur die Pixelebenen können Sie in Kombination mit den Ebenenfüllmethoden für Korrekturen benutzen.

Auch die Einstellungsebenen, gekonnt kombiniert mit den Ebenenfüllmethoden, bringen interessante Korrekturergebnisse.

In unserem Beispiel werden die Kontraste des Bildes auf diese Art angehoben.

Kontraste verstärken

1

Erstellen Sie in der *Ebenen*-Palette die Einstellungsebene *Verlaufsumsetzung*.

Wählen Sie im Dialog *Verlaufsumsetzung* die Verlaufsart *Schwarz zu Weiß*.

Das Bild wird in Monochrom umgewandelt, das bleibt aber nicht so. Es handelt sich dabei um einen Zwischenschritt.

Ebenenfüllmethoden

2

Durch die Ebenenfüllmethode wurden die Kontraste des Bildes verstärkt. Speziell in den Bereichen mit feinen Strukturen sind die Kontraste deutlich sichtbar.

Einige Stellen wie rechts im Bild wurden allerdings etwas überstrahlt.

Diese können Sie auf der Maske der Einstellungsebene *Verlaufsumsetzung* mit schwarzer Farbe maskieren.

Verwenden Sie zum Maskieren entweder das Pinsel-Werkzeug mit einer großen Pinselspitze mit weicher Kante oder das Verlaufswerkzeug mit der Option *Vordergrund-Transparent*.

Interessante Farbeffekte erreichen

Durch die Kombination der Einstellungsebenen mit den Ebenenfüllmethoden können Sie auch interessante Farbeffekte erreichen. In unserem Beispiel werden die Farben des Fotos intensiviert.

1

Erstellen Sie in der *Ebenen*-Palette die Einstellungsebene *Farbbalance*. Im Dialog *Farbbalance* der *Korrekturen*-Palette werden wir die Farben im Bereich *Mitteltöne* anpassen.

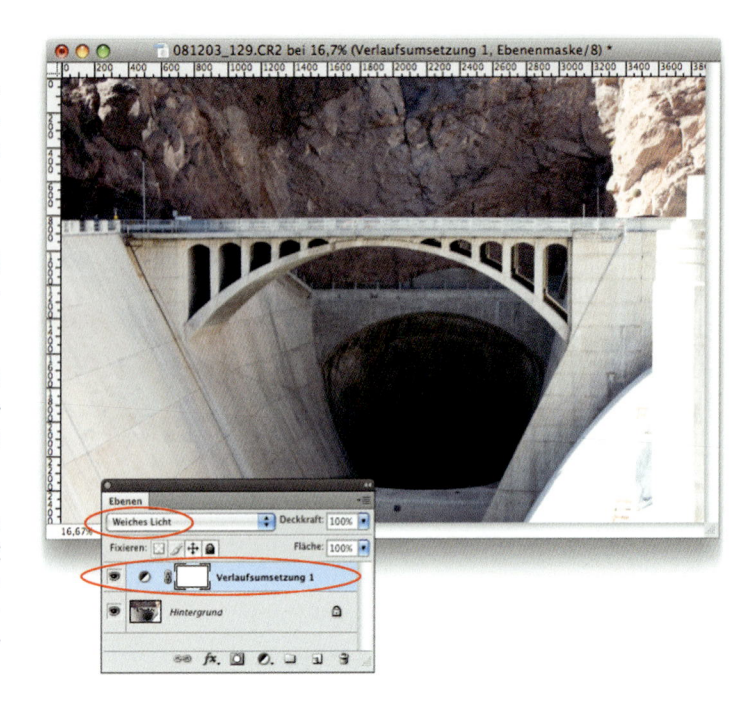

246　KAPITEL 6　Ebenen, Einstellungsebenen und Ebenenmasken

2

Verstärken Sie im Dialog *Farbbalance* im Bereich *Mitteltöne* die Werte für *Cyan* und *Blau*.

Die Werte können Sie bis ca. 25 für beide Farbbereiche anheben. Auch wenn dabei ein deutlicher Farbstich entsteht, sollte Sie das nicht beunruhigen.

Die Ebenenfüllmethode, die im nächsten Schritt angewandt wird, wird die Farbverfälschungen aufheben.

3

Ändern Sie die Ebenenfüllmethode für die Einstellungsebene *Farbbalance* auf *Weiches Licht* – der Farbstich verschwindet, die Farben werden intensiver.

Ebenenfüllmethoden

4

Alternativ können Sie die Ebenenfüllmethode *Linear nachbelichten* ausprobieren. Diese hat eine stärkere Wirkung als die Ebenenfüllmethode *Weiches Licht*, deshalb sollte die Deckkraft der Einstellungsebene auf ca. 50–60 % reduziert werden.

Sie können auch andere Ebenenfüllmethoden für die Einstellungsebenen ausprobieren, die Möglichkeiten sind nahezu unbegrenzt.

Auch wenn nicht alle Ebenenfüllmethoden sinnvoll sind, die eine oder andere kann Ihnen für die Bildkorrektur in Kombination mit den Einstellungsebenen gute Dienste leisten.

248   KAPITEL 6   Ebenen, Einstellungsebenen und Ebenenmasken

6.3 Einstellungsebenen: die feine Art, Pixel zu bearbeiten

Korrekturen an Fotos können auf zwei unterschiedliche Arten durchgeführt werden. Sie können die Korrekturen entweder direkt durchführen oder die Einstellungsebenen für die Korrekturen benutzen.

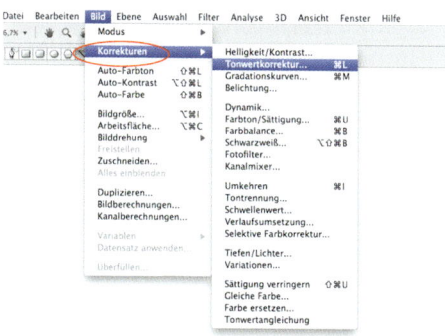

Die direkten Korrekturen über *Bild/Korrekturen* und z. B. *Tonwertkorrektur* haben einen großen Nachteil: Nach dem Speichern können Sie die Änderungen nicht widerrufen. Deshalb ist es sinnvoll, Einstellungsebenen für die Korrekturen zu benutzen.

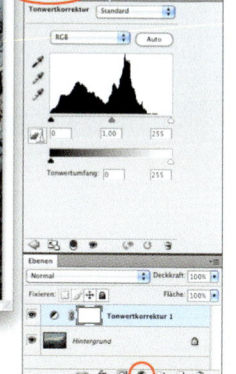

Korrekturen über eine Einstellungsebene können Sie entweder über das Symbol *Neue Füll- oder Einstellungsebene* in der *Ebenen*-Palette erreichen oder Sie wählen die gewünschte Einstellungsebene gleich in der *Korrekturen*-Palette aus, in der alle Einstellungsebenen mit gut nachvollziehbaren Symbolen abgebildet sind.

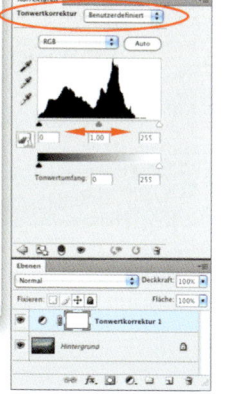

Die Korrekturen in den Einstellungsebenen können Sie entweder manuell durchführen oder auf Voreinstellungen zurückgreifen, die eine gute Basis für weitere Anpassungen liefern.

Im Dialog *Tonwertkorrektur* haben Sie zum Beispiel die Wahl zwischen einigen Voreinstellungen, mit denen Sie die Kontraste der Bilder anheben oder reduzieren können.

Einstellungsebenen: die feine Art, Pixel zu bearbeiten

Einer der großen Vorteile der Einstellungsebenen ist die volle Flexibilität, mit der Sie arbeiten.

So können Sie zum Beispiel die Wirkung der Einstellungsebene reduzieren, indem Sie die Deckkraft der Ebene verringern.

Sie können für die Korrekturen an einem Bild entweder eine Einstellungsebene oder auch mehrere benutzen – zum Beispiel die Tonwertkorrektur für die Anpassung der Kontraste und die Farbbalance für korrekte Farben.

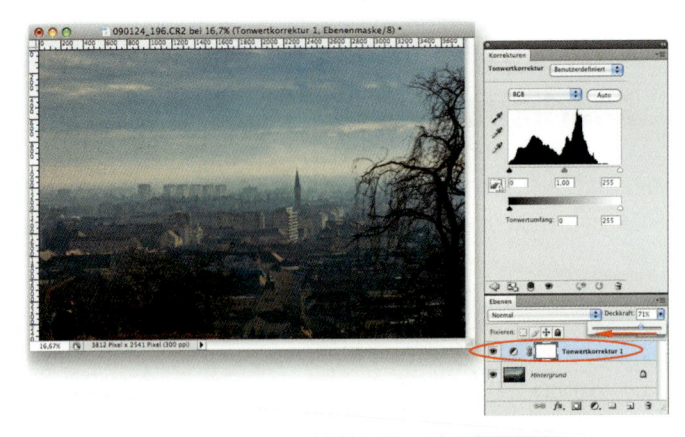

Die Werte, die Sie in den Einstellungsebenen wählen, bleiben auch nach dem Speichern erhalten (vorausgesetzt, Sie speichern die Datei im PSD-Format, bei dem alle Ebenen mitgespeichert werden). Sie können jederzeit auf eine der Einstellungsebenen klicken und die Einstellungen im Dialog, zum Beispiel *Farbbalance*, verändern.

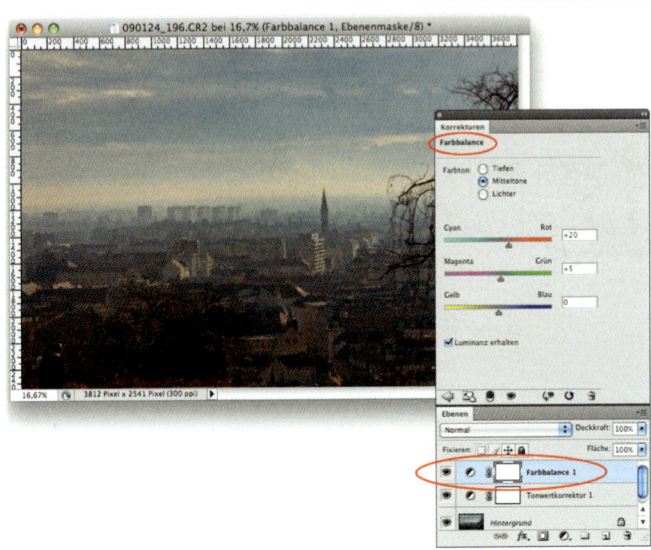

Wenn die Einstellungsebene nur auf eine Pixelebene wirken soll: Schnittmasken verwenden

Wenn in der *Ebenen*-Palette mehrere Ebenen enthalten sind, wirkt eine Einstellungsebene, die sich über allen Pixelebenen befindet, auf alle darunterliegenden Ebenen.

Bei der Bildgestaltung mit mehreren Ebenen ist es oft erforderlich, dass die Einstellungsebene nur auf eine Pixelebene wirkt. Dazu gibt es in der *Korrekturen*-Palette die Option der Schnittmaske.

Wählen Sie eine Einstellungsebene und aktivieren Sie gleich diese Option. Die Einstellungsebene wirkt dann nur auf die darunterliegende Pixelebene. Weitere Pixelebenen, die tiefer liegen, sind von der Wirkung dieser Einstellungsebene nicht betroffen.

Sie können die Schnittmaske aktivieren und deaktivieren. Klicken Sie dazu bei gedrückter [Alt]-Taste in der *Ebenen*-Palette zwischen der Einstellungsebene und der darunterliegenden Pixelebene, um die Schnittmaske ein- oder auszuschalten.

6.4 Übersicht über nützliche Ebenenstile und deren Anpassung

Die Ebenenstile, auch Ebeneneffekte genannt, verleihen den Pixelebenen einige Attribute, die Sie gut für die Gestaltung des Layouts verwenden können, zum Beispiel *Schlagschatten*, *Abgeflachte Kante und Relief*, *Schein nach innen* oder *Schein nach außen* etc.

Die Ebenenstile finden Sie entweder über *Ebene/Ebenenstil* oder durch das Anklicken des *fx*-Symbols unten in der *Ebenen*-Palette.

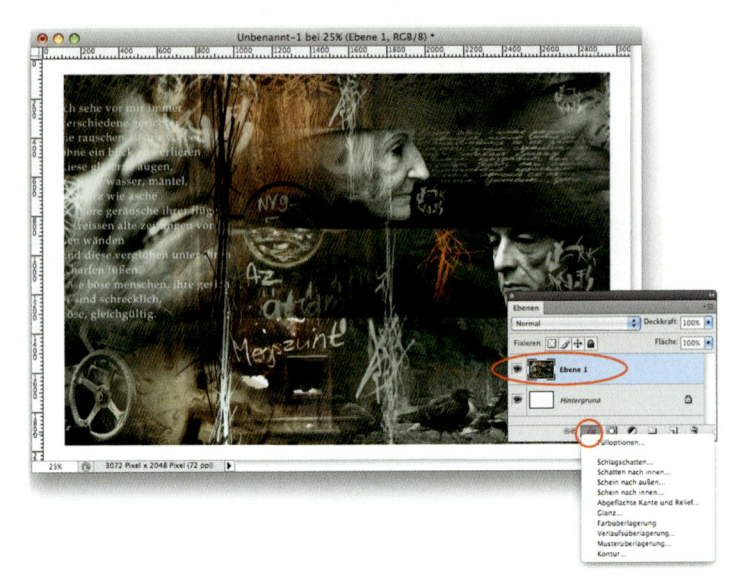

Voraussetzung für die Anwendung eines Ebenenstils ist, dass die Hintergrundebene in der *Ebenen*-Palette entweder in eine Ebene umgewandelt ist oder dass mehrere Ebenen in der *Ebenen*-Palette vorhanden sind. In unserem Beispiel ist die untere Ebene eine Hintergrundebene mit weißer Farbe und die obere Ebene ein Foto mit einem feinen weißen Rahmen.

Die Ebene mit dem Foto ist kleiner als die Hintergrundebene. Für die Ebene mit dem Foto werden wir die Ebenenstile ausprobieren.

Wählen Sie zuerst den Ebenenstil *Schlagschatten*. Im Dialog *Ebenenstil* wird links der gewählte Ebenenstil angezeigt und rechts stehen die Anpassungsoptionen zur Verfügung, zum Beispiel *Deckkraft*, *Abstand*, *Größe* etc.

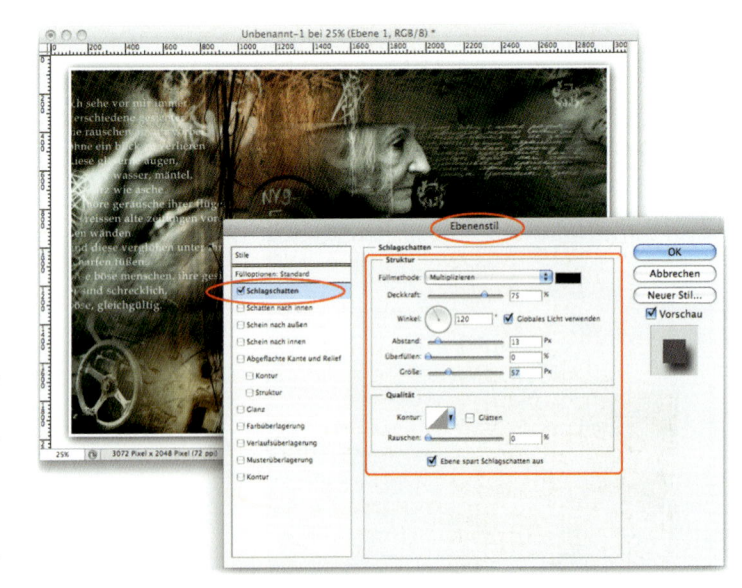

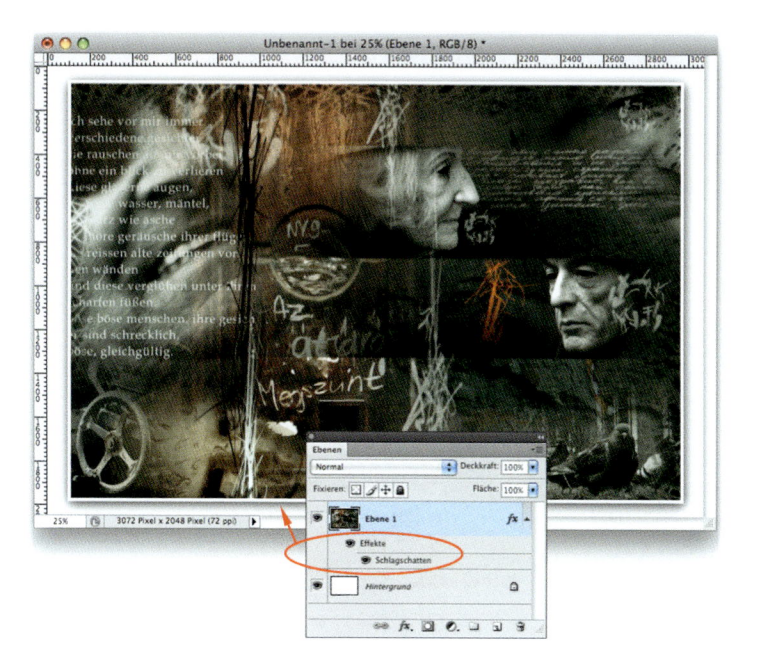

Übersicht über nützliche Ebenenstile und deren Anpassung

Der gewählte Ebenenstil wird in der *Ebenen*-Palette unter der Pixelebene angezeigt, und auf dem Bild sehen Sie die Wirkung dieses Effekts auf die Ebene. In unserem Beispiel hebt der Schatten das Foto effektvoll von der Hintergrundebene ab.

Auf eine Pixelebene können Sie nicht nur einen, sondern mehrere Ebenenstile anwenden. Klicken Sie zur Auswahl eines weiteren Stils auf das *fx*-Symbol in der *Ebenen*-Palette und wählen Sie im Dialog *Ebenenstil*, in dem der zuerst gewählte Stil *Schlagschatten* bereits angezeigt ist, einen weiteren Stil, zum Beispiel *Abgeflachte Kante und Relief*.

Nehmen Sie die Einstellungen im rechten Teil des Dialogfensters vor.

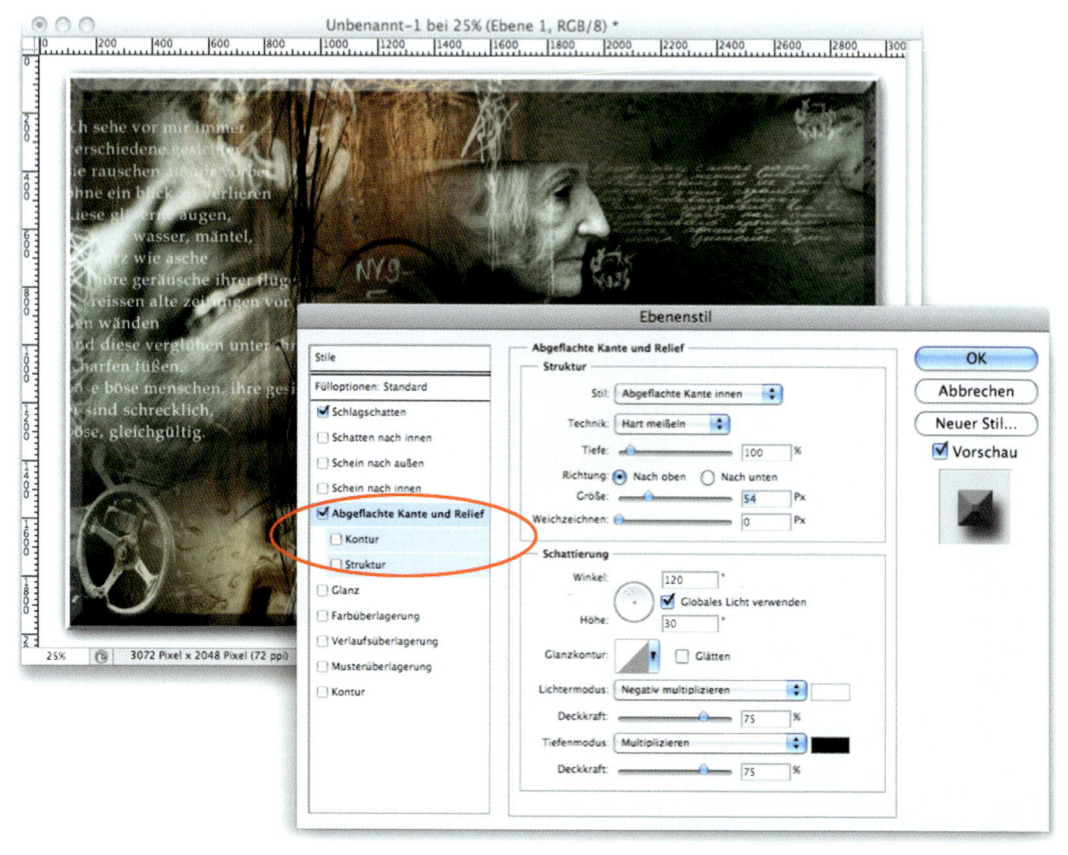

Ebenen, Einstellungsebenen und Ebenenmasken — KAPITEL 6

Übersicht über nützliche Ebenenstile und deren Anpassung

In der *Ebenen*-Palette werden die Ebenenstile unter der Pixelebene in der Reihenfolge angezeigt, in der Sie die Stile gewählt haben – in unserem Beispiel zuerst *Schlagschatten* und danach *Abgeflachte Kante und Relief*.

Mit dem Augensymbol vor jedem Ebenenstil können Sie die Stile ein- und ausblenden.

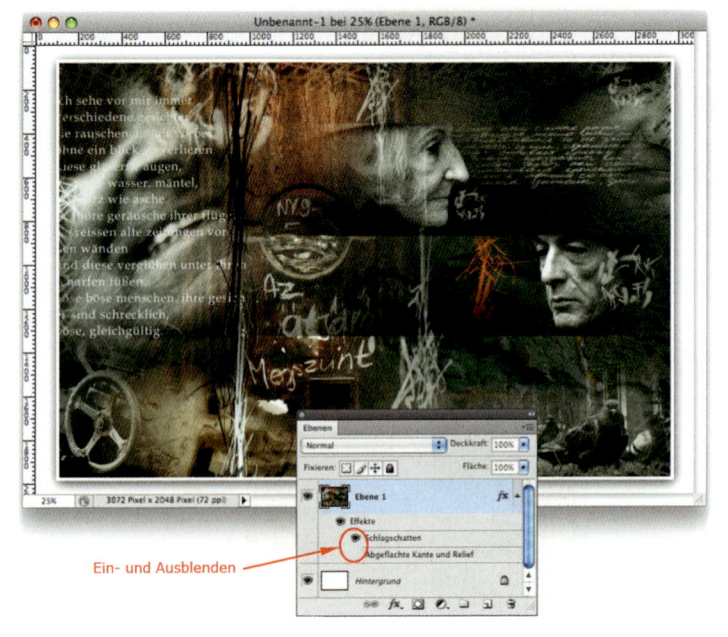

Ein- und Ausblenden

Interessante Gestaltungsmöglichkeiten für Texte mit Ebenenstilen

An diesem Beispiel lernen Sie, wie Sie die Ebenenstile mit Text kombinieren können – ein typisches Beispiel aus dem Alltag jeder Werbeagentur.

In diesem Bild wird auf der freien Fläche ein Text erstellt und mit der Struktur des Hintergrunds und mithilfe der Ebenenstile effektvoll in Szene gesetzt.

1

Wählen Sie das Textwerkzeug und schreiben Sie in der Bildfläche einen Text.

Die Textebene wird in der *Ebenen*-Palette automatisch erstellt und kann jederzeit editiert werden. Für die Überschrift wurde die massive Schriftart Stencil verwendet.

2

Die Textebene wird nicht mit den Ebenenstilen ausgestattet, sondern eine Kopie der Hintergrundebene, die eine Form wie der Text hat. Erstellen Sie eine Auswahl der Textebene. Klicken Sie dazu bei gedrückter (Strg)-Taste auf die Ebenenminiatur der Textebene.

Übersicht über nützliche Ebenenstile und deren Anpassung

3

Klicken Sie jetzt auf die Hintergrundebene und erstellen Sie eine Kopie im ausgewählten Bereich vom Hintergrund mit der Tastenkombination Strg+J.

Unter der Ebene mit dem Text erscheint eine Ebene, in der Sie die Buchstaben auf der Ebenenminiatur sehen können – dies sind allerdings keine Buchstaben, die Sie editieren können. Diese sind mit den Pixeln der Hintergrundebene gefüllt und werden jetzt mit den Ebenenstilen bearbeitet.

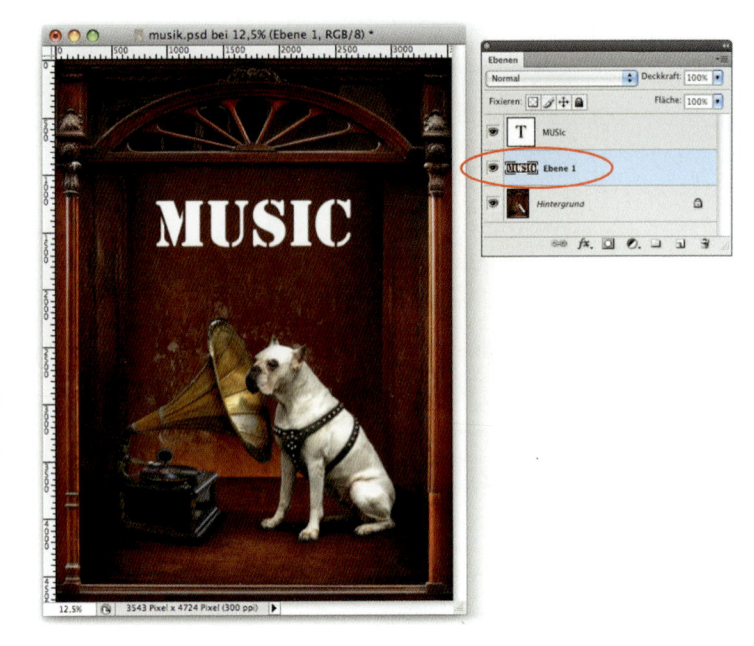

4

Blenden Sie die Textebene aus. Die Ebene mit den Pixelbuchstaben können Sie in der Bildfläche nicht sehen, aber das wird sich gleich ändern. Wählen Sie für die Ebene mit den Pixelbuchstaben den Ebenenstil *Abgeflachte Kante und Relief*.

5

Im Dialog *Ebenenstil* wählen Sie für den Ebenenstil *Abgeflachte Kante und Relief* die Option *Kontur* links unter dem Eintrag und die Option *Hart meißeln* bei den Optionen des Ebenenstils. Passen Sie die Optionen *Tiefe* und *Größe* nach Ihren Vorstellungen an.

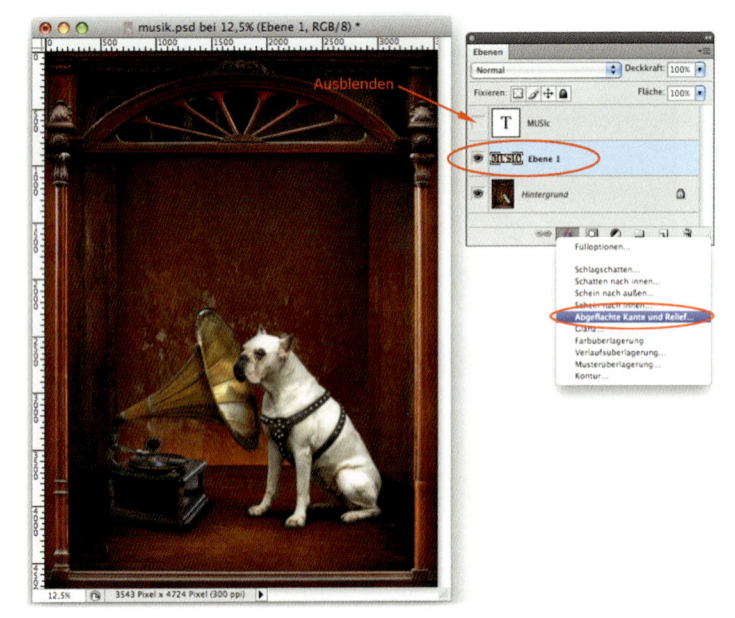

Übersicht über nützliche Ebenenstile und deren Anpassung

6

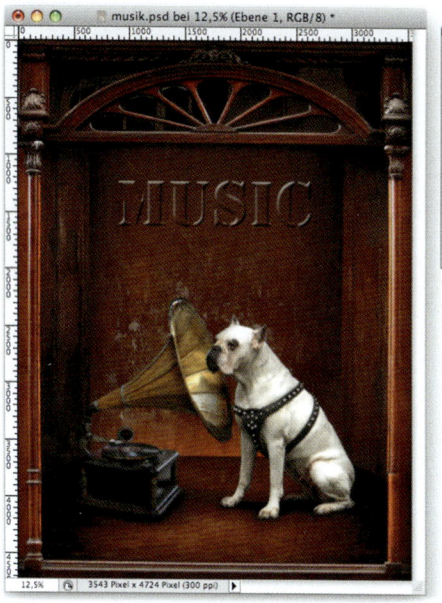

Die Buchstaben befinden sich auf dem Hintergrund mit der gleichen Struktur und der gleichen Farbe.

Durch den Ebenenstil *Abgeflachte Kante und Relief* kann man die Buchstaben schon ganz gut auf dem Hintergrund erkennen, aber die Kontraste lassen noch zu wünschen übrig.

Deshalb ist es sinnvoll, einen weiteren Ebenenstil zu wählen, der die Buchstaben vom Hintergrund noch mehr abheben kann. Wählen Sie in der *Ebenen*-Palette den Ebenenstil *Schein nach außen*.

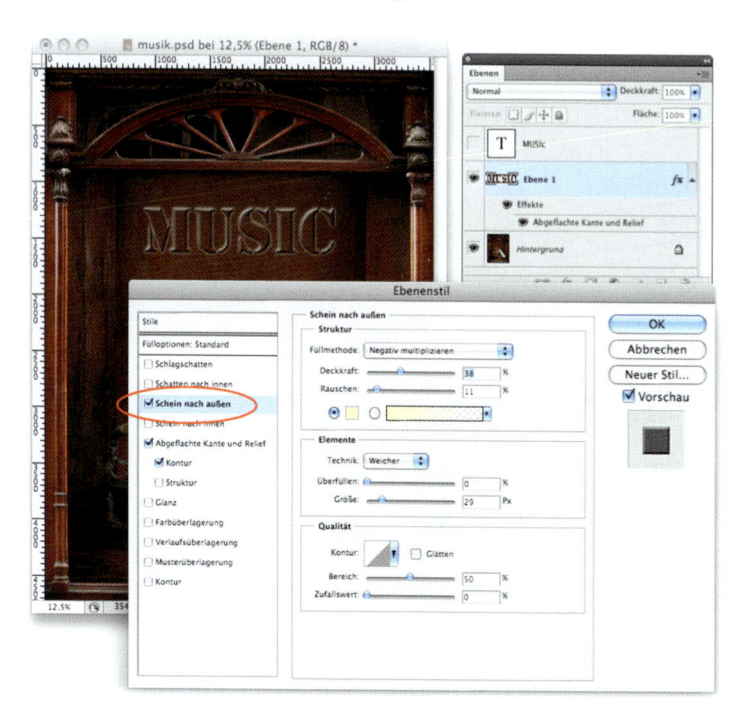

Im Dialog *Ebenenstil* können Sie die Optionen für den Ebenenstil *Schein nach außen* festlegen.

Achten Sie bei der Anpassung darauf, dass die helle Farbe hinter den Buchstaben von der Farbrichtung zum Hintergrund passt (helles Gelb zum Beispiel) und die Zerstreuung der Farbe die Buchstaben kontrastreich auf dem Hintergrund erscheinen lässt.

Ebenen, Einstellungsebenen und Ebenenmasken KAPITEL 6

MUSIC

6.5 Ebenenmasken

Die Ebenenmasken erleichtern Ihre Arbeit an den Pixelbildern, und Sie sind damit sehr flexibel. Schließlich blenden Sie beim Bearbeiten der Ebenen mit Ebenenmasken die Pixel ein oder aus, ohne diese zu löschen.

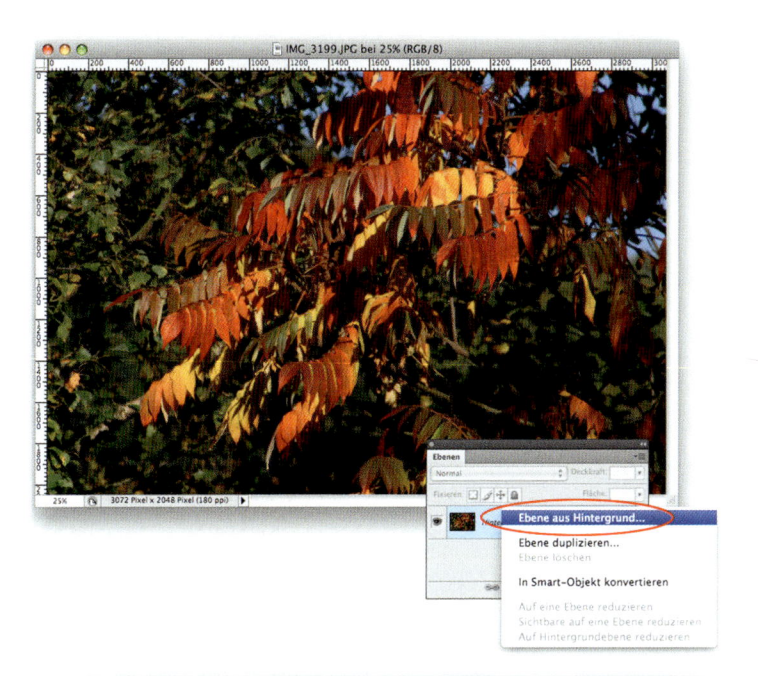

Ebenenmasken erstellen

Auch für die Einstellungsebenen gilt das Gleiche. Auf der Maske der Einstellungsebene können Sie die Wirkung der Korrekturen mit den Mal- oder Verlaufswerkzeugen ein- oder ausblenden.

Die Ebenenmasken funktionieren nur auf den Ebenen oder Einstellungsebenen, nicht auf der Hintergrundebene.

Um die Wirkung der Ebenenmasken kennenzulernen, wandeln Sie die Hintergrundebene mit einem Rechtsklick in eine Ebene um.

Klicken Sie auf das Maskensymbol in der *Ebenen*-Palette – neben der Ebenenminiatur erscheint eine Miniatur der Ebenenmaske, die Sie bearbeiten können.

Ebenenmasken

Wählen Sie das Pinsel-Werkzeug mit einer Pinselspitze Ihrer Wahl und definieren Sie die Vordergrundfarbe Schwarz.

Malen Sie auf der Maske mit dem Pinsel, und die Pixel werden mit schwarzer Farbe ausgeblendet. Wollen Sie die Pixel wieder einblenden, wechseln Sie zur Vordergrundfarbe Weiß und malen an den Stellen mit den ausgeblendeten Pixeln – diese werden wieder sichtbar.

Die Farben Schwarz und Weiß können Sie mit der Taste D definieren. Der Wechsel zwischen der Vorder- und Hintergrundfarbe erfolgt mit der Taste X.

Die Maske können Sie auch mit dem Verlaufswerkzeug bearbeiten. Wählen Sie für das Verlaufswerkzeug folgende Optionen: Linearer Verlauf, Vordergrund-Transparent, Vordergrundfarbe Schwarz.

Jetzt können Sie einen Maskierungsverlauf erstellen und einen Teil der Ebene so ausblenden, wie es auf dem Beispielbild gezeigt wird.

Dadurch entsteht eine sehr weiche Kante, die oft für Überblendungen mehrerer Ebenen benutzt wird, damit die Ebenen nahtlos ineinander übergehen.

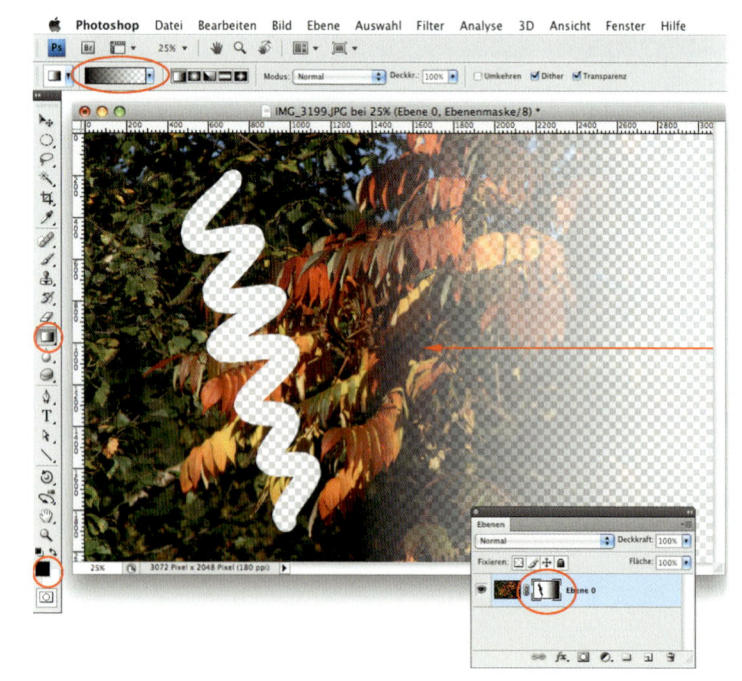

260 KAPITEL 6 Ebenen, Einstellungsebenen und Ebenenmasken

Ebenenmasken

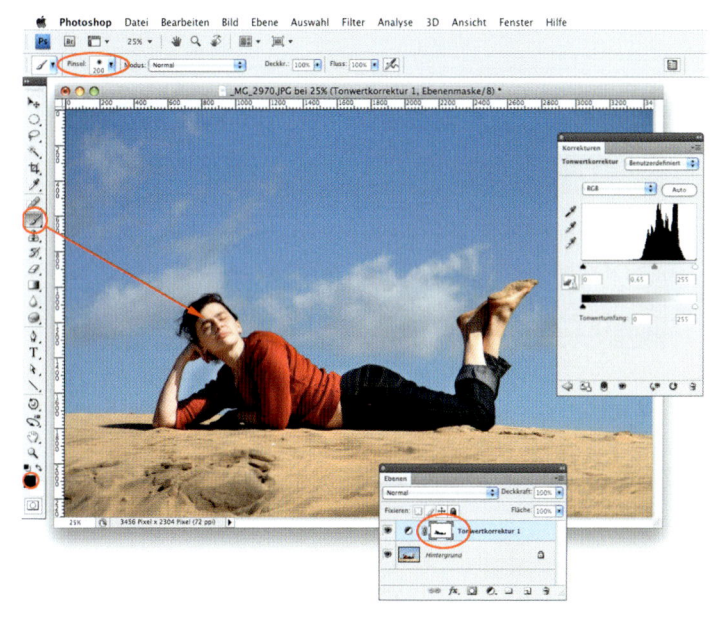

Ebenenmasken auf den Einstellungsebenen erstellen

Die Ebenenmasken sind in den Einstellungsebenen standardmäßig integriert.

Wenn Sie eine Einstellungsebene für Korrekturen am Bild benutzen, zum Beispiel *Tonwertkorrektur*, können Sie die Maske dazu verwenden, selektive Korrekturen durchzuführen.

1

Erstellen Sie über einer Pixelebene eine Einstellungsebene und machen Sie im Dialog Ihre Anpassungen. In unserem Beispiel wird das Bild abgedunkelt.

2

Wenn einige Bereiche des Bildes von der Wirkung der Einstellungsebene verschont werden sollen, können Sie die entsprechenden Bereiche auf der Maske der Einstellungsebene ausblenden.

In unserem Beispiel wurde die Figur der Frau mit dem Pinsel in Größe 200 und Härte 0 mit schwarzer Vordergrundfarbe bemalt, damit die Einstellungsebene *Tonwertkorrektur* an diesen Stellen nicht wirkt.

Ebenmasken

Im nächsten Beispiel werden die Masken der Einstellungsebenen mit dem Verlaufswerkzeug bearbeitet.

1

Zuerst wird in der *Ebenen*-Palette eine Einstellungsebene *Farbbalance* erstellt, die die Farbe des Vordergrunds anpasst. Natürlich wird dadurch auch der Himmel eingefärbt. Deshalb sollte jetzt eine Anpassung der Maske erfolgen.

Das machen Sie am besten mit dem Verlaufswerkzeug. Die Optionen sind Ihnen schon bekannt. Die Verlaufsart sollte Vordergrund-Transparent sein.

2

Ziehen Sie auf der Maske der Einstellungsebene den Maskierungsverlauf so, wie es auf dem Screenshot mit dem Pfeil gezeigt wird.

Die Wirkung der Einstellungsebene im Himmelbereich wird aufgehoben. Die Grenze zwischen den Bereichen, in denen die Einstellungsebene wirkt und in denen sie nicht wirkt, ist sehr weich und sieht harmonisch aus.

3

Zum Abdunkeln des Himmels, bei dem auch die Wolkenstrukturen besser hervorgehoben werden sollten, wird die Einstellungsebene *Tonwertkorrektur* benutzt.

Im Dialog *Tonwertkorrektur* wird der mittlere Regler im Bereich *Tonwertspreizung* nach rechts verschoben, der Himmel wird dadurch abgedunkelt und bekommt mehr Kontrast.

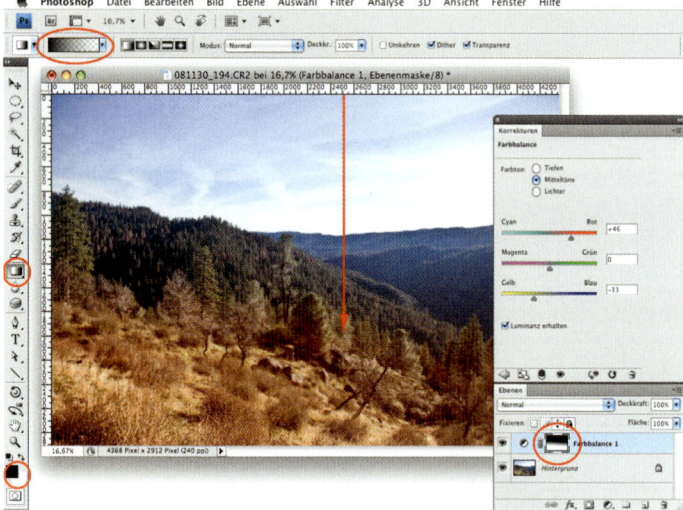

Ebenenmasken

4

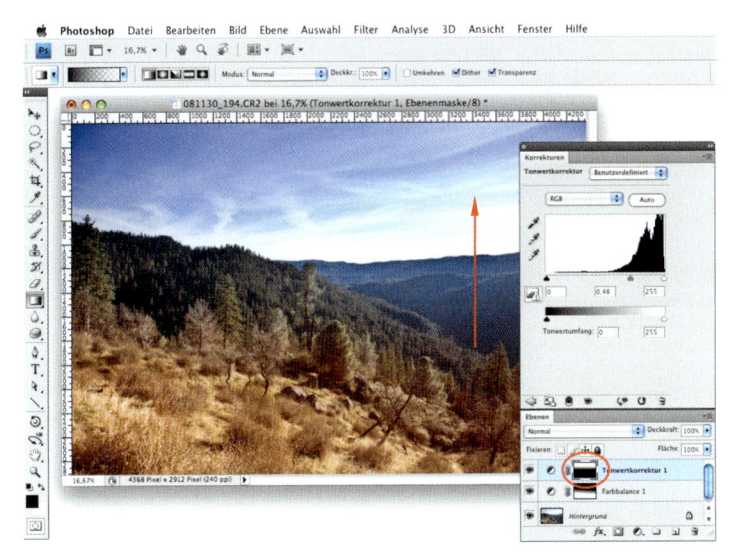

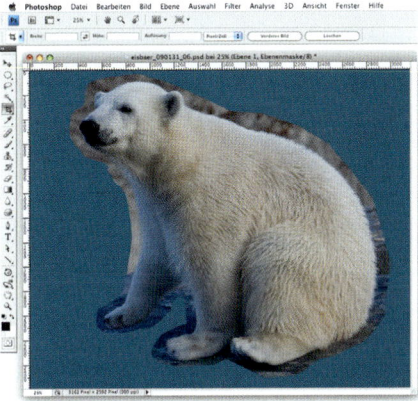

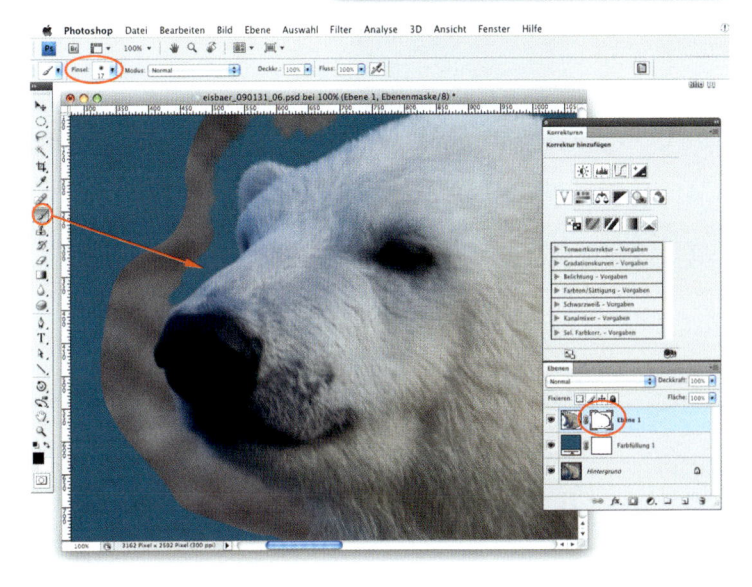

Da der untere Bereich des Bildes ebenfalls abgedunkelt wurde und die Kontraste auch hier verstärkt wurden, ist es sinnvoll, diese Bereiche mit dem Verlaufswerkzeug zu maskieren. Erstellen Sie einen Maskierungsverlauf von unten nach oben, wie es mit dem Pfeil auf dem Beispielbild gezeigt wird. Jetzt wirkt die Einstellungsebene *Tonwertkorrektur* nur auf den oberen Teil des Bildes, um nur die Kontraste des Himmels anzupassen.

Freistellung mit Ebenenmasken

Ebenenmasken können Sie auch zum Freistellen von Ebenenteilen, besonders bei denen mit komplizierten Umrissen, benutzen. In unserem Beispiel wird das Foto mit dem Eisbären sehr genau mit dem Pinsel-Werkzeug auf der Maske der Ebene bearbeitet, sodass das Fell sauber freigestellt wirkt.

1

Der Bär auf dem Foto wurde zuerst grob mit dem Lasso-Werkzeug ausgewählt und durch eine Kopie mit [Strg]+[J] auf eine neue Ebene gelegt. Zwischen der Hintergrundebene und der Ebene mit dem grob freigestellten Bären wurde eine Füllebene *Volltonfarbe* eingefügt, und zwar als Kontrastmittel.

2

Auf die Ebene mit dem freigestellten Bären wurde eine Ebenenmaske angewendet. Die Stellen, an denen die Kanten kein Fell zeigen, können weiter mit einem runden weichen Pinsel bearbeitet werden. Wichtig ist, dass die Härte des Pinsels immer bei 0 liegt, sonst wirkt die Freistellung sehr grob.

3

Bei den Stellen mit dem Fell wurde die Werkzeugspitze auf Stern gewechselt.

Diese Werkzeugspitzen werden extra zum Freistellen von „weichen" Objekten benutzt.

Wie Sie auf dem Screenshot sehen können, wirkt das auf diese Art freigestellte Fell sehr authentisch.

Bearbeiten Sie so alle Kanten der Ebene mit dem Bären, bei denen das Fell zu sehen ist.

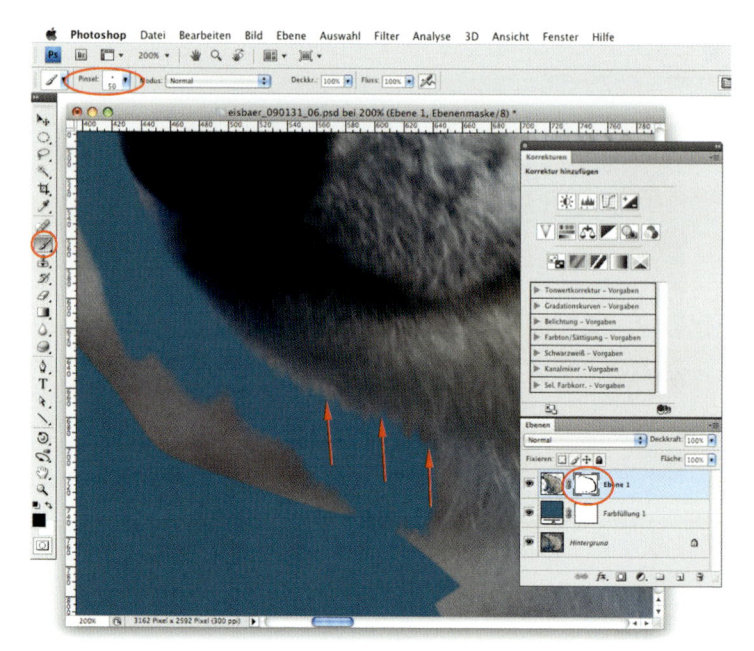

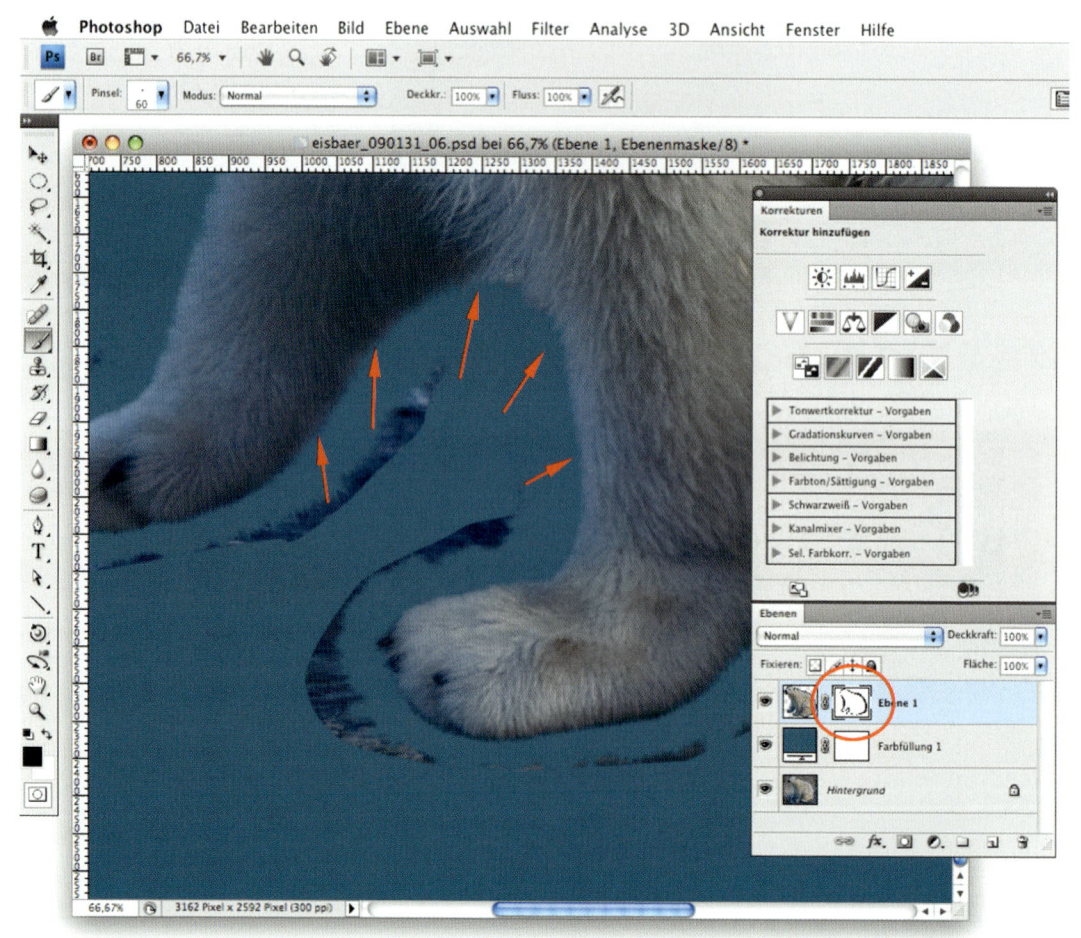

Ebenenmasken

4

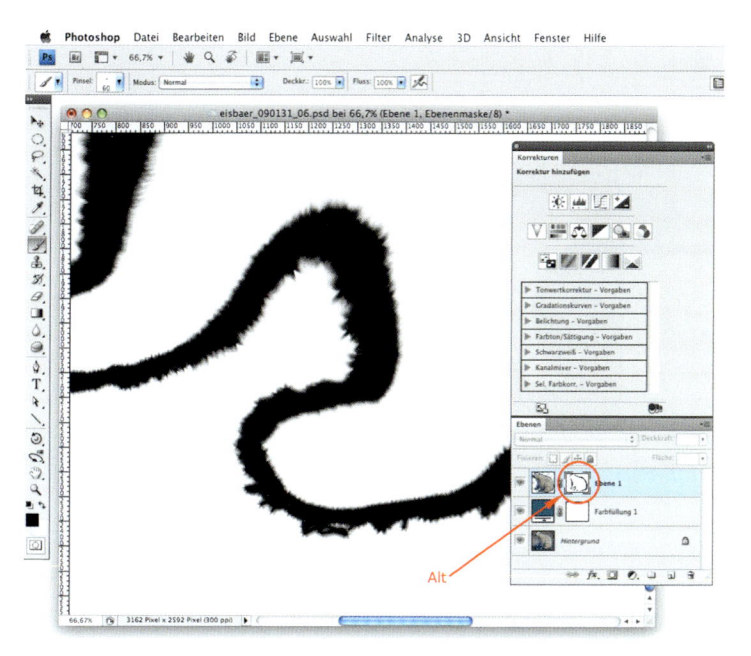

Sie können kontrollieren, ob die Maske sauber erstellt wurde und keine Lücken enthält. Klicken Sie dazu bei gedrückter [Alt]-Taste auf die Ebenenminiatur der Maske der Ebene mit dem Bären.

Die Anzeige wechselt zur Maskenanzeige. Mit schwarzer Farbe werden die maskierten Bereiche angezeigt.

So sieht eine sauber freigestellte Ebene mit komplizierten Umrissen aus.

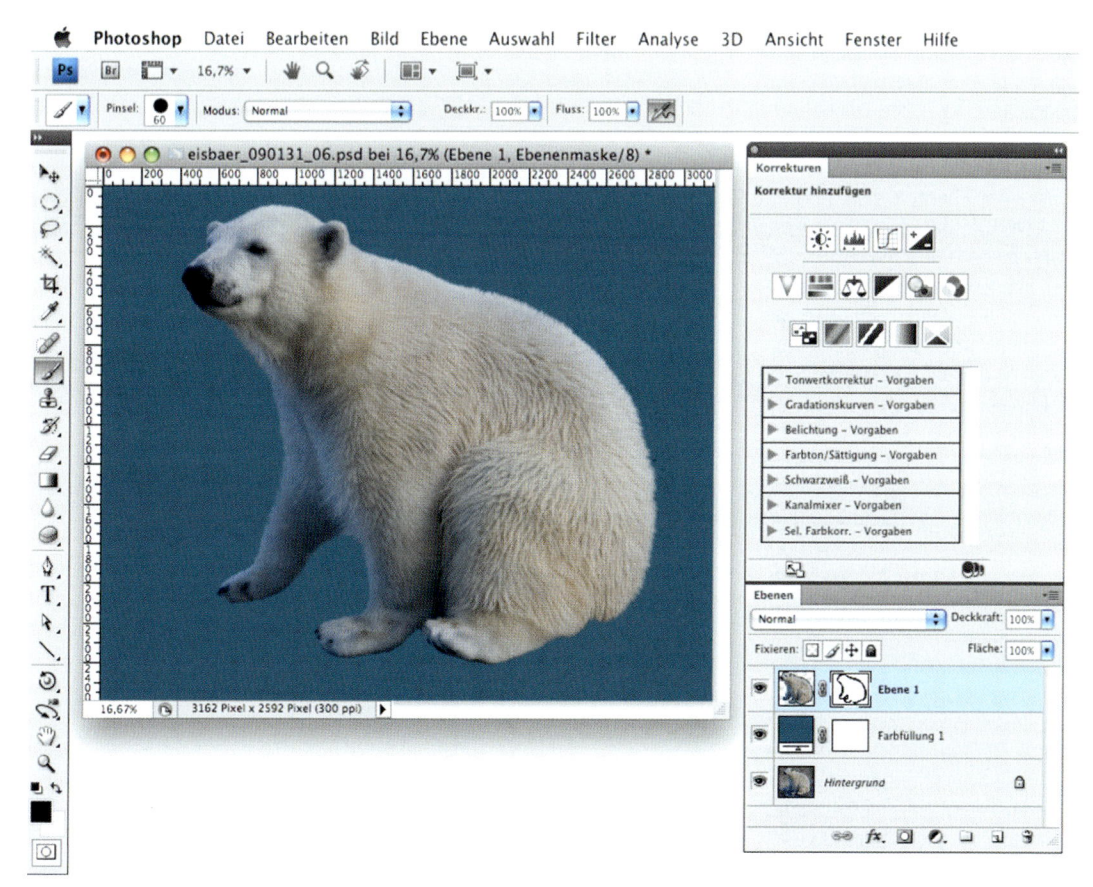

Ebenen, Einstellungsebenen und Ebenenmasken — KAPITEL 6

Ebenenmasken

5

Die erstellte Maske können Sie weiter für Anpassungen anderer Ebenen benutzen.

In unserem Beispiel wird diese als Abgrenzung zum Umfärben des Hintergrunds verwendet.

Die erstellte Maske sollte vorerst vervollständigt werden. Die Bereiche des freigestellten Bären sollten weiß bleiben und der Rest der Fläche schwarz.

Mit dem Pinsel-Werkzeug können Sie die zu maskierenden Bereiche schwarz bemalen.

6

Wenn Sie aus dem Modus, in dem nur die Maske angezeigt wird, bei gedrückter [Alt]-Taste zur normalen Ansicht wechseln, können Sie bei gedrückter [Strg]-Taste auf die Maske der Ebene mit dem Bären klicken. Die Maske wird als Auswahl geladen und kann so auf weitere Ebenen oder Einstellungsebenen kopiert werden. Blenden Sie die Ebene mit dem freigestellten Bären und die Füllebene *Volltonfarbe* aus.

Bei geladener Auswahl der Maske erstellen Sie über der Ebene *Hintergrund* die Einstellungsebene *Schwarzweiß*. Diese erscheint mit der gleichen Maske wie die Ebene mit dem Bären. Die Maske sollte jetzt umgekehrt werden – das machen Sie am schnellsten mit dem Tastenbefehl [Strg]+[I]. Aktivieren Sie im Dialog *Schwarzweiß* die Option *Farbton* und wählen Sie die Farbe so, wie es auf dem Screenshot angezeigt ist – die Farbe des Hintergrunds ist somit fertig.

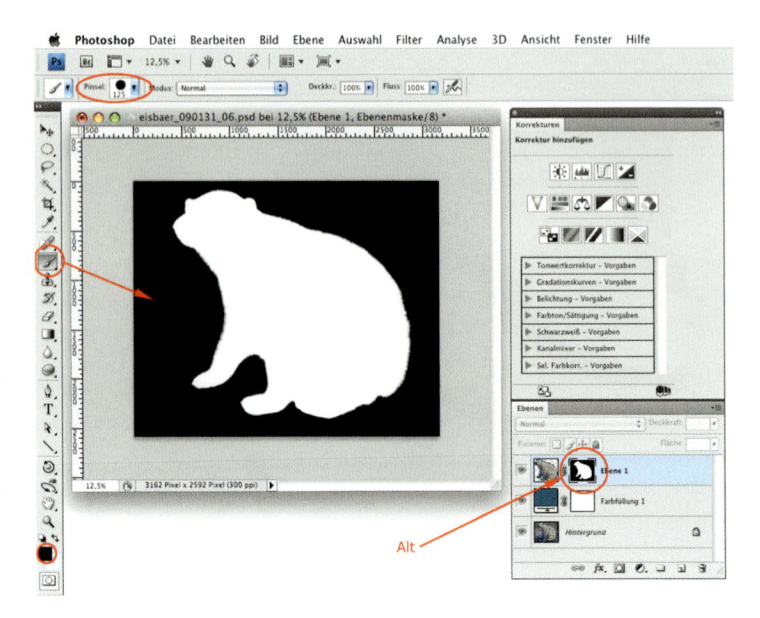

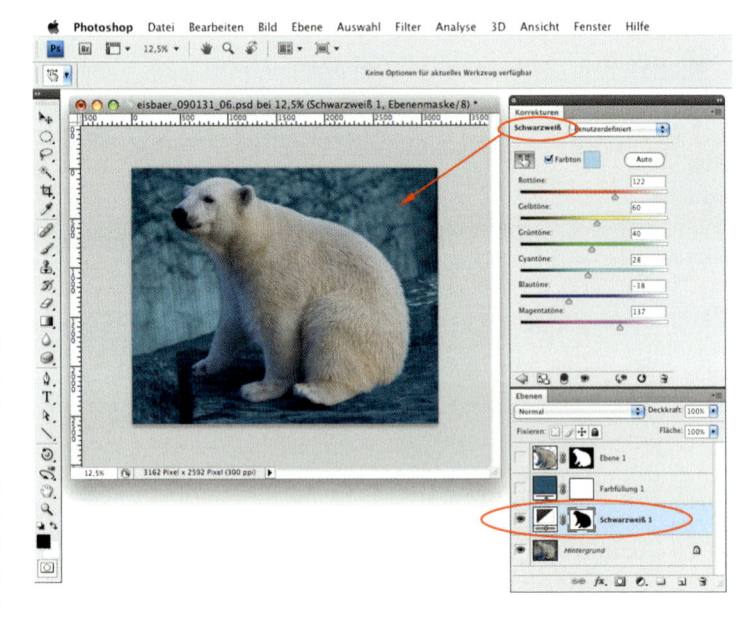

Ebenenmasken

7

Wenn Sie weitere Einstellungsebenen mit der gleichen Maske zum Anpassen des Hintergrunds brauchen, laden Sie die Maske erneut als Auswahl (Klicken bei gedrückter Strg-Taste).

Erstellen Sie eine weitere Einstellungsebene zum Anpassen der Farbe des Hintergrunds – zum Beispiel *Farbbalance*.

Die geladene Maske wird automatisch auch auf die weitere Einstellungsebene übertragen. Im Dialog *Farbbalance* können Sie jetzt Ihre Anpassungen vornehmen.

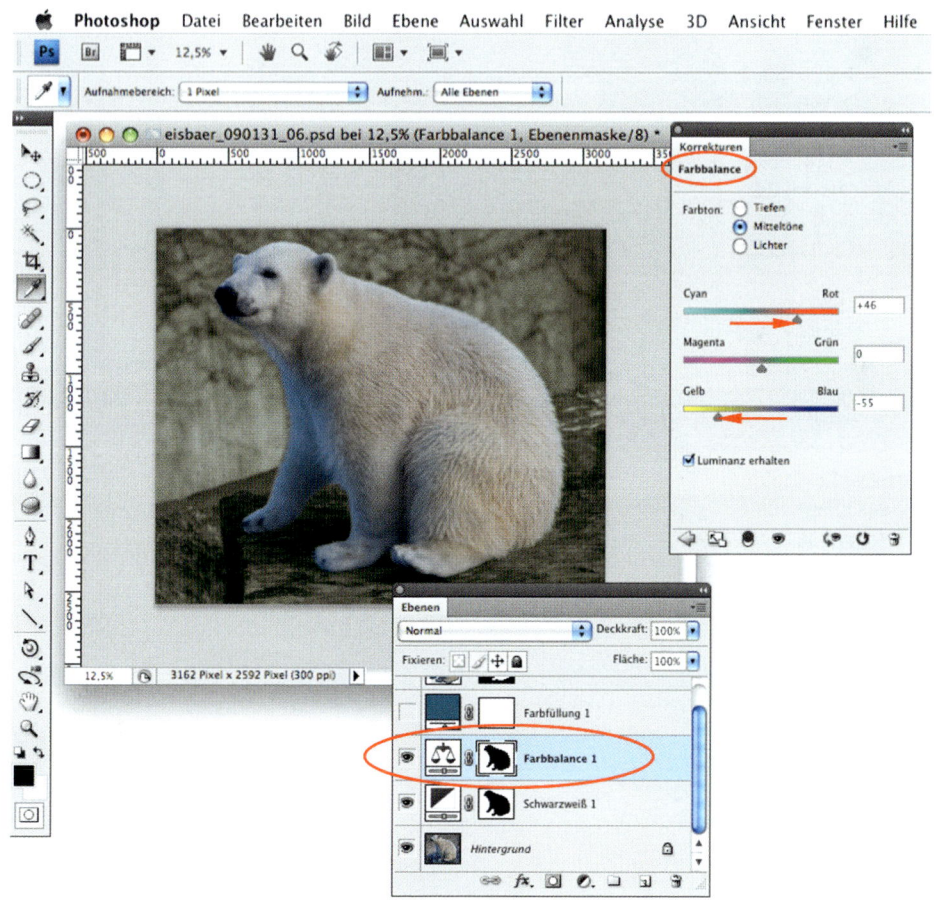

Ebenen, Einstellungsebenen und Ebenenmasken — KAPITEL 6 — 267

Kapitel 7

Freistellungstechniken für jeden Zweck

Wenn Sie mit Bildkompositionen arbeiten möchten, kommen Sie nicht um die Technik der Freistellung herum. Schließlich besteht ein Composing aus Elementen, die Sie aus anderen Bildern separiert haben, und wirkt nur dann sehr gut, wenn Sie die Freistellung sauber durchgeführt haben. Lernen Sie in diesem Kapitel Freistellungstechniken kennen, mit denen Sie so gut wie jede Situation meistern können.

7.1 Freistellungswerkzeuge in Photoshop und deren Anwendungsgebiete

Photoshop bietet Ihnen eine Fülle an Werkzeugen, die Sie zum Freistellen verwenden können. Dabei ist es wichtig, die richtige Wahl für ein bestimmtes Motiv zu finden.

Zauberstab-Werkzeug

Es gehört zu den populärsten Freistellungswerkzeugen, die zum schnellen Freistellen von Gegenständen ohne komplizierte Umrisse wie Haare oder Fell gut zu gebrauchen sind.

Allerdings gibt es für das Zauberstab-Werkzeug eine Einschränkung: Sie können damit nur Objekte freistellen, die vor einem ruhigen Hintergrund aufgenommen wurden. Hintergründe wie Wald, Stadtkulisse o. Ä. sind für die Freistellung mit diesem Werkzeug nicht geeignet.

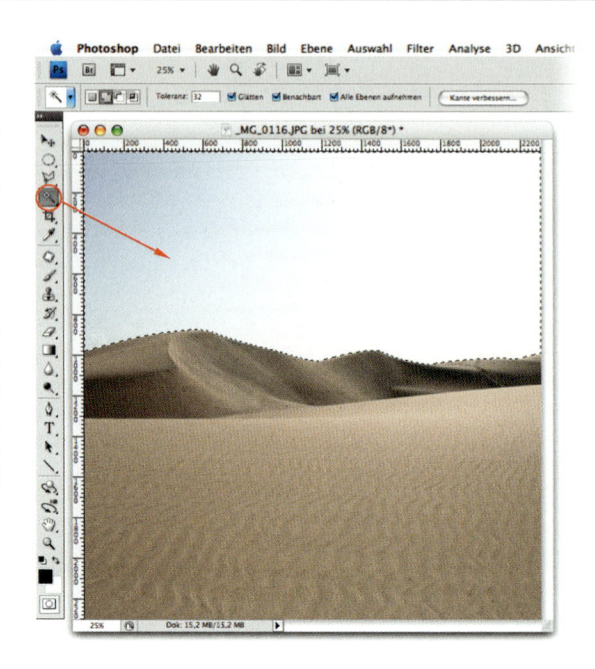

Schnellauswahlwerkzeug

Dieses Werkzeug hat Adobe zuerst in Photoshop Elements eingeführt, und das war ein voller Erfolg.

Die Nutzer waren von diesem Tool begeistert, und seit Photoshop CS3 steht das Schnellauswahlwerkzeug auch Profis zur Verfügung.

Dieses Werkzeug arbeitet präzise und bietet viele Einstellungsmöglichkeiten, die es Ihnen erlauben, die Auswahl sicher zu treffen.

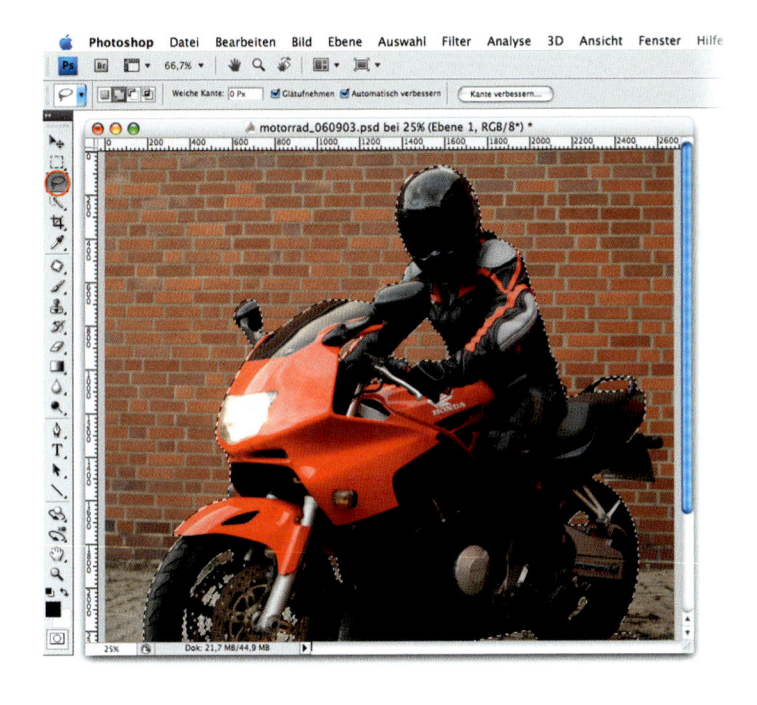

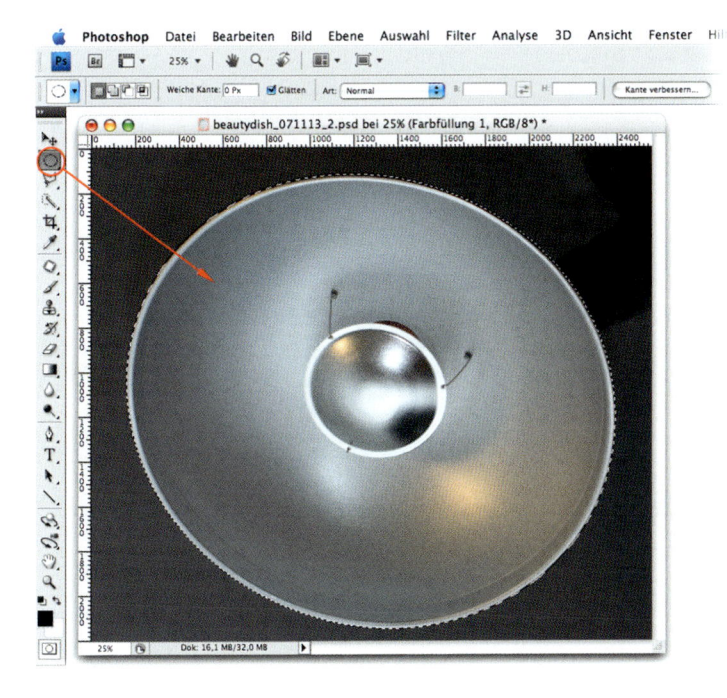

Lasso-Werkzeuge

Die Lasso-Werkzeuge gehören zu den Photoshop-Klassikern. Zur Gruppe der Lasso-Werkzeuge gehören das Lasso-Werkzeug, das Polygon-Lasso-Werkzeug und das Magnetische-Lasso-Werkzeug. Durch die Kombination dieser Werkzeuge gelingen Ihnen Freistellungsarbeiten auch an Objekten mit komplizierten Umrissen.

Die Optionen, die bei diesen Werkzeugen zur Verfügung stehen, erhöhen die Präzision und machen Ihre Arbeit schneller.

Lasso-Werkzeuge sind für die Freistellung von Objekten mit gut erkennbaren Umrissen bestens geeignet. Die Beschaffenheit des Hintergrunds, vor dem das Objekt fotografiert wurde, spielt dabei keine Rolle.

Formauswahl-Werkzeuge

Für klare Formen wie Kreise, Ellipsen, Rechtecke gibt es Formauswahl-Werkzeuge wie das Auswahlrechteck- oder das Auswahlellipse-Werkzeug.

Mit diesen können Sie zuerst eine grobe Auswahl erstellen, die Sie dann mit dem Befehl *Auswahl transformieren* anpassen können.

Falls einige Details noch dazu ausgewählt werden sollen, können Sie das mit einem anderen Auswahlwerkzeug (zum Beispiel Lasso) machen. Aktivieren Sie dazu die Option *Der Auswahl hinzufügen* für das Lasso-Werkzeug.

Zeichenstift-Werkzeug

Dieses Werkzeug ist die erste Wahl in vielen Bild- und Werbeagenturen. Zwar brauchen Sie etwas Zeit, um mit dem Zeichenstift-Werkzeug richtig umgehen zu lernen, aber diese Investition lohnt sich.

Eine präzisere Freistellung als mit diesem Tool ist kaum möglich. Zuerst erstellen Sie einen Pfad (den Sie übrigens auch zum Freistellen von Objekten in Satzdateien verwenden können), und danach wird der Pfad unter Berücksichtigung der weichen Auswahlkante in eine schwebende Auswahl umgewandelt. Beim Erstellen des Pfades ist die Vergrößerung der Ansicht auf bis zu 400 % sinnvoll. So kann die Grenze zwischen dem Objekt und dem Hintergrund sehr genau getroffen werden.

Freistellung im Maskierungsmodus

Sie können die komplette Freistellung im Maskierungsmodus durchführen oder diese Art der Freistellung mit anderen Methoden (z. B. Lasso) kombinieren.

Im Maskierungsmodus werden die nicht ausgewählten Bereiche rot eingefärbt. Wenn Sie mit schwarzer Farbe im Maskierungsmodus auf dem Bild malen, schließen Sie die bemalten Bereiche von der Auswahl aus.

So können Sie mit dem Pinsel-Werkzeug die Grenze zwischen dem ausgewählten Bereich und dem restlichen Bild definieren und dann zum Standardmodus zurückkehren. Besonders beim Freistellen von feinen Details ist der Maskierungsmodus eine große Hilfe.

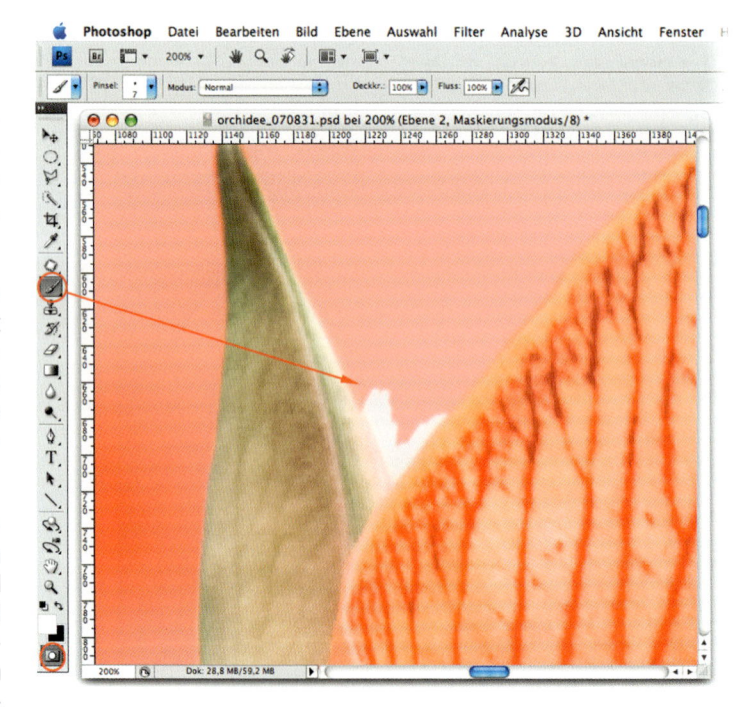

Egal für welche Freistellungsmethode Sie sich entscheiden, ist es ratsam, ein Grafiktablett zu benutzen. Es wird vielleicht ein paar Tage dauern, bis Sie das Arbeiten mit dem Stift beherrschen, aber Sie arbeiten mit dem Grafiktablett viel präziser als mit der Maus. Profis schätzen diese Eingabegeräte sehr. Grafiktabletts gibt es in verschiedenen Größen und Preisklassen. Sinnvoll ist die Größe A5 oder A6 (gemeint ist die Größe der aktiven Fläche).

7.2 Freistellung von Gegenständen mit einfachen Umrissen auf neutralem Hintergrund

Diese Art der Freistellung gehört zu den relativ einfachen Aufgaben. Aber auch hierbei sind Präzision und saubere Arbeit gefragt. Lernen Sie in den nächsten Beispielen effektive und schnelle Freistellungstechniken kennen.

Freistellung eines Objekts auf einem einfarbigen Hintergrund

1

Freistellungen dieser Art können Sie für Fotos von Objekten auf einem einfarbigen Hintergrund verwenden. Aktivieren Sie das Zauberstab-Werkzeug (W) und wählen Sie folgende Optionen aus: *Toleranz* ca. 10–15, *Glätten, Benachbart*. Klicken Sie in die Fläche außerhalb des Objekts (in unserem Beispiel der Studiohintergrund). Klicken Sie dann auf den Button *Kante verbessern*.

2

Im Dialog *Kante verbessern* können Sie entweder die Maskierung aktivieren oder eine andere Option wählen, die es Ihnen erlaubt, die Grenze zwischen dem Objekt und dem restlichen Hintergrund besser sehen zu können.

Mit den Reglern können Sie im Dialog *Kante verbessern* eine weiche Kante definieren, die Auswahl glätten, kontrastreicher gestalten, verkleinern oder erweitern. Wenn Sie mit den Veränderungen zufrieden sind, bestätigen Sie Ihre Korrekturen mit *OK*. Danach wird die Auswahl wie vorher mit einer pulsierenden Linie angezeigt.

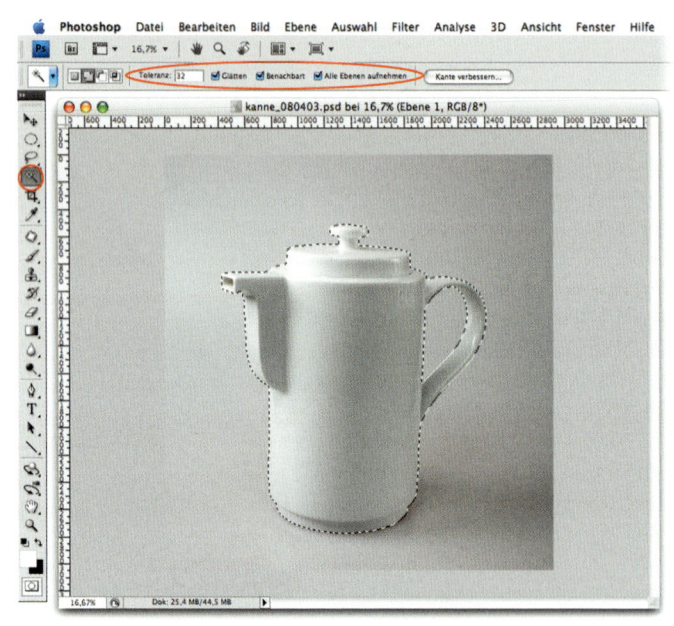

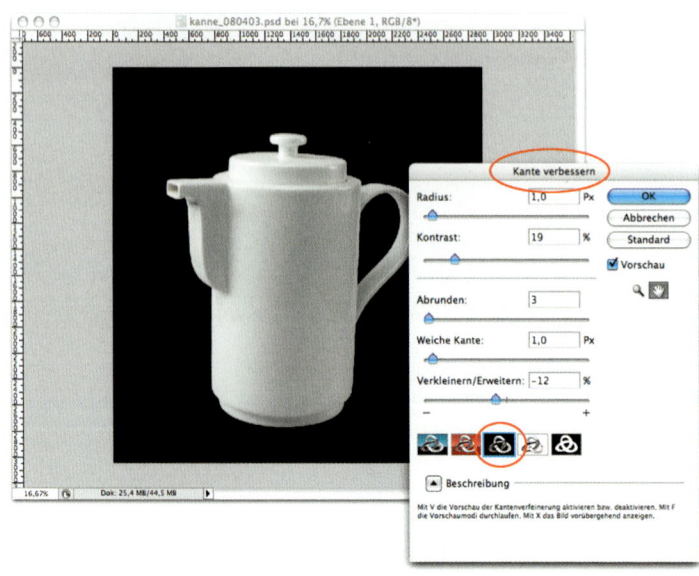

Freistellung von Gegenständen mit einfachen Umrissen auf neutralem Hintergrund

3

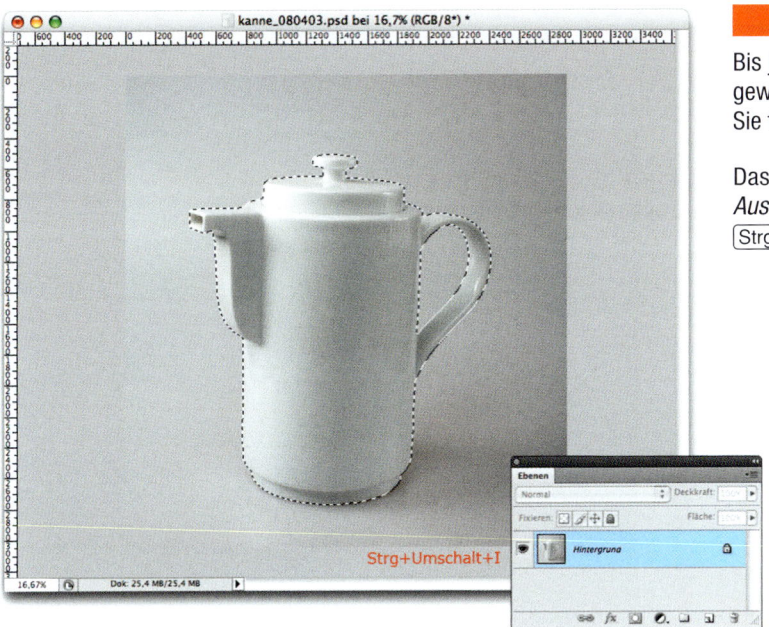

Bis jetzt war der Hintergrund ausgewählt und nicht das Objekt, das Sie freistellen möchten.

Das können Sie mit dem Befehl *Auswahl/Auswahl umkehren* oder [Strg]+[Umschalt]+[I] ändern.

4

Mit [Strg]+[J] oder *Ebene/Neue Ebene durch Kopie* können Sie das ausgewählte Objekt auf eine neue Ebene legen. Das Objekt ist jetzt zum Einsatz in einer Bildmontage vorbereitet.

Freistellung von Gegenständen mit einfachen Umrissen auf neutralem Hintergrund

Freistellung eines Objekts mit dem Schnellauswahlwerkzeug

Anders als beim Zauberstab sind Sie beim Schnellauswahlwerkzeug weniger auf die Beschaffenheit des Hintergrunds angewiesen, weil Sie mehr Kontrolle durch die raffinierten Optionen des Werkzeugs haben.

1

Öffnen Sie das Bild und wählen Sie das Schnellauswahlwerkzeug ([W]) zuerst mit einer großen Werkzeugspitze, z. B. 90 Pixel.

Bearbeiten Sie das Objekt mit dem Pinsel, bis die grobe Auswahl erstellt ist.

Beim Bearbeiten werden Sie feststellen, dass die Auswahl sich automatisch den Kanten des Objekts anpasst – zwar nicht überall, aber für die genaue Anpassung gibt es einige Optionen.

2

Vergrößern Sie die Ansicht des Bildes auf ca. 200 %. Wechseln Sie die Größe der Werkzeugspitze auf ca. 15 Pixel und nehmen Sie die Option *Der Auswahl hinzufügen*.

Bearbeiten Sie mit dem Werkzeug die Stellen, die noch nicht ausgewählt wurden.

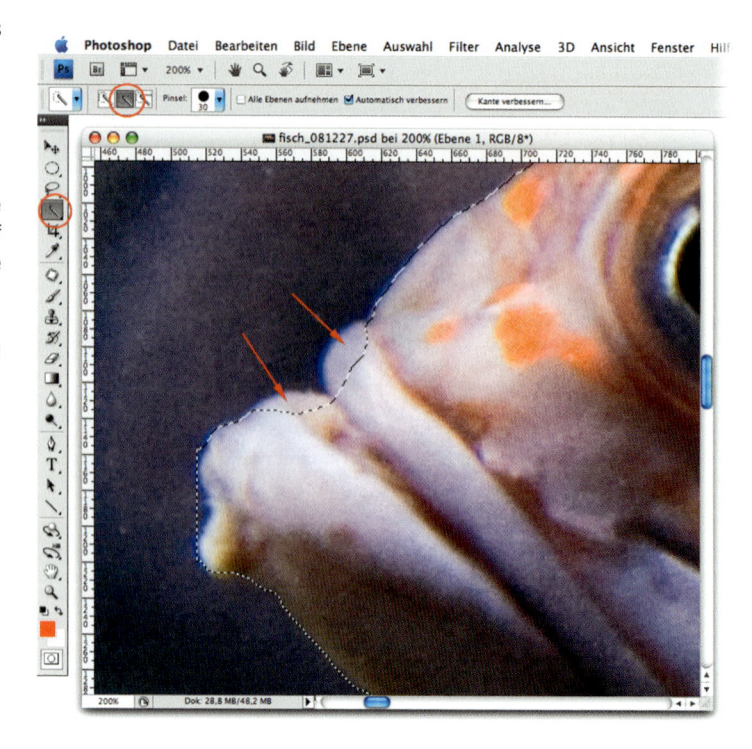

276 KAPITEL 7 Freistellungstechniken für jeden Zweck

Freistellung von Gegenständen mit einfachen Umrissen auf neutralem Hintergrund

3

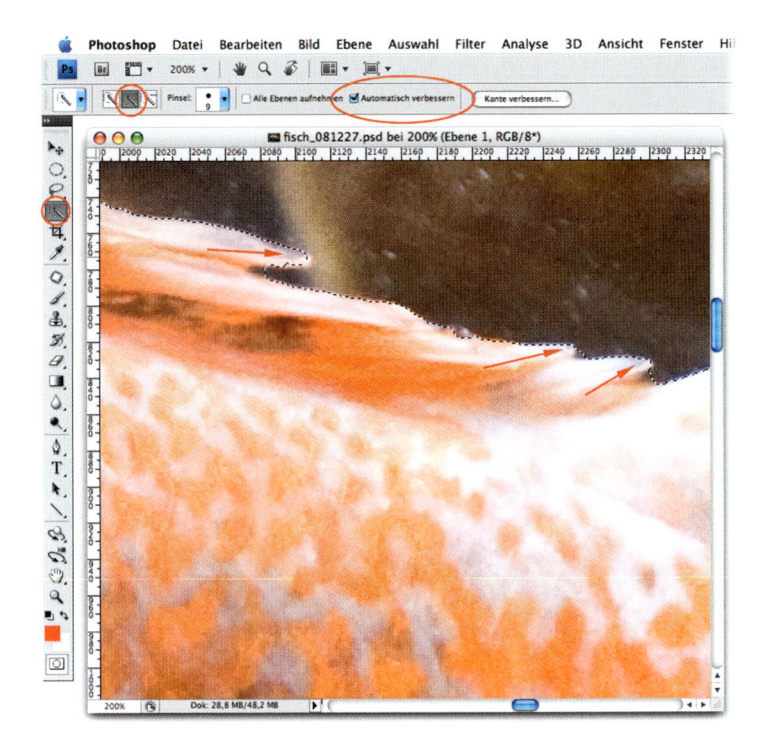

Besonders feine Details bearbeiten Sie mit einer noch kleineren Werkzeugspitze.

Speziell in den kontrastarmen Bereichen ist es für das Werkzeug schwierig, die Kante zu erkennen, weil die Option *Automatisch verbessern* aktiviert ist (standardmäßig).

Deaktivieren Sie diese Option und bearbeiten Sie die feinen Details.

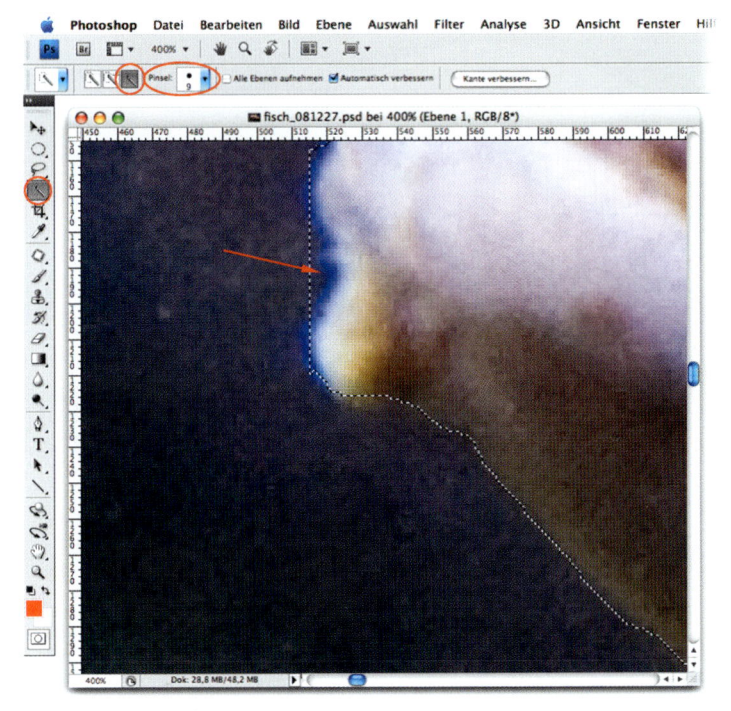

4

Beim Auswählen mit der großen Werkzeugspitze in Schritt 1 ist an einigen Stellen bestimmt auch der Hintergrund ausgewählt worden.

Das kann besonders an Stellen passieren, an denen der Kontrast zwischen dem Objekt und dem Hintergrund zu schwach ist.

Wählen Sie die Option *Von Auswahl subtrahieren* und entfernen Sie die Auswahl an solchen Stellen.

5

Schalten Sie die volle Ansicht mit Strg+0 ein und kontrollieren Sie, ob die Bereiche des Objekts komplett ausgewählt und keine Teile des Hintergrunds in die Auswahl mit einbezogen sind. Klicken Sie dann auf den Button *Kante verbessern*.

Bei der Freistellung von Objekten mit starken Farben (wie in unserem Beispiel) ist es optimal, wenn Sie bei der Option *Kante verbessern* den schwarzen Hintergrund wählen.

Bei Objekten mit ziemlich scharfen Kanten können Sie den Wert der Option *Kontrast* erhöhen.

Falls das freigestellte Objekt unregelmäßige, zackige Kanten hat, kann ebenfalls der Wert *Abrunden* erhöht werden.

Der Wert *Weiche Kante* ist von der Schärfe des Bildes und der Objektkante abhängig. Wenn Sie mit der Kante zufrieden sind, bestätigen Sie mit *OK*. Mit Strg+J legen Sie das freigestellte Objekt als Kopie auf eine neue Ebene.

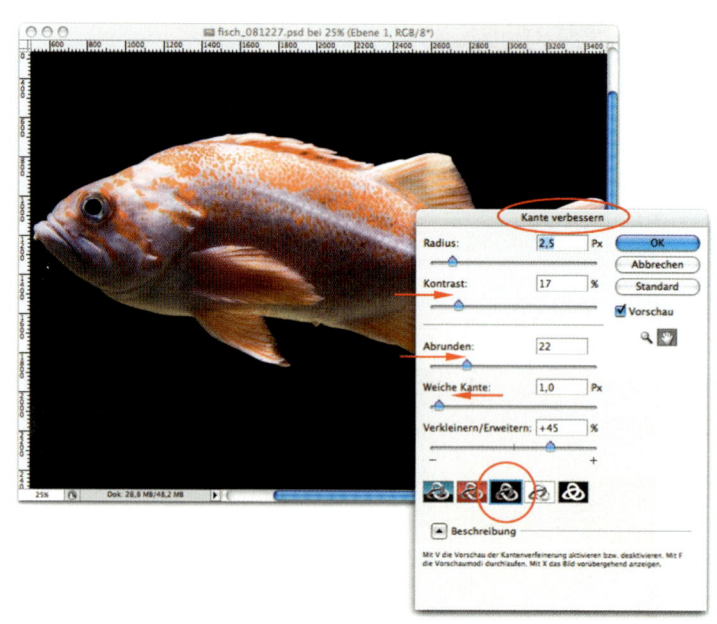

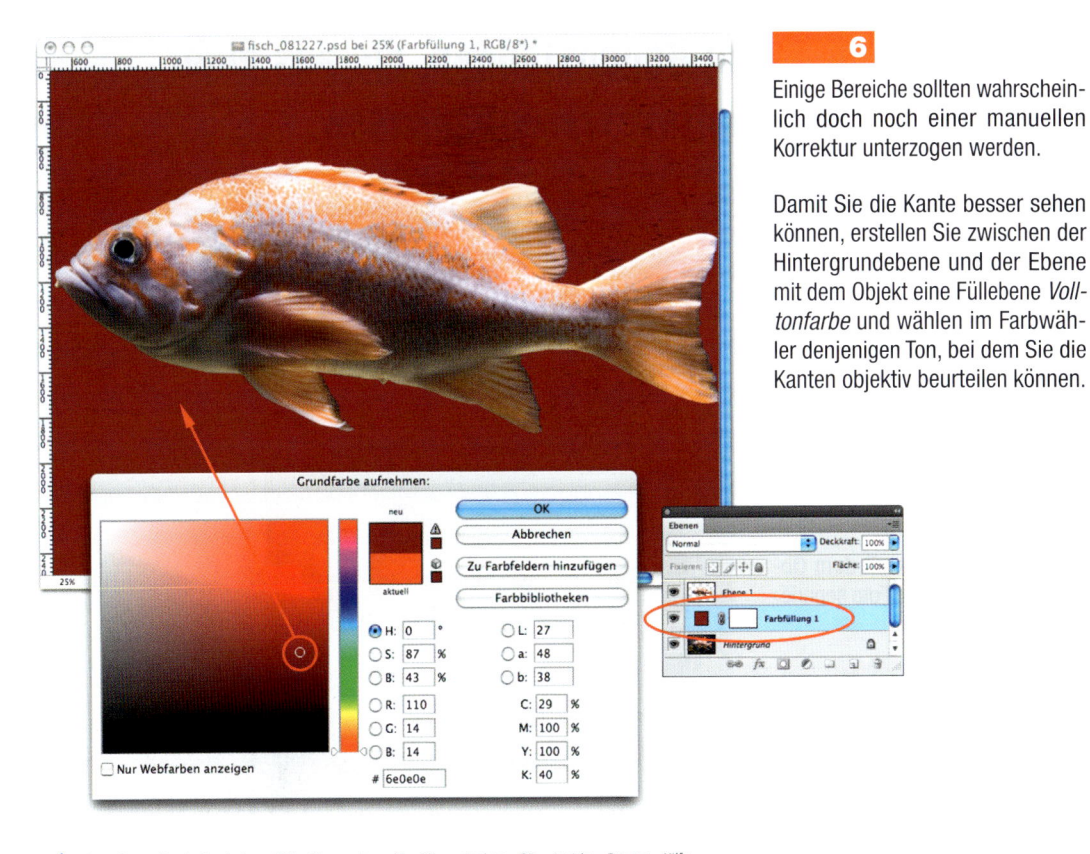

Freistellung von Gegenständen mit einfachen Umrissen auf neutralem Hintergrund

6

Einige Bereiche sollten wahrscheinlich doch noch einer manuellen Korrektur unterzogen werden.

Damit Sie die Kante besser sehen können, erstellen Sie zwischen der Hintergrundebene und der Ebene mit dem Objekt eine Füllebene *Volltonfarbe* und wählen im Farbwähler denjenigen Ton, bei dem Sie die Kanten objektiv beurteilen können.

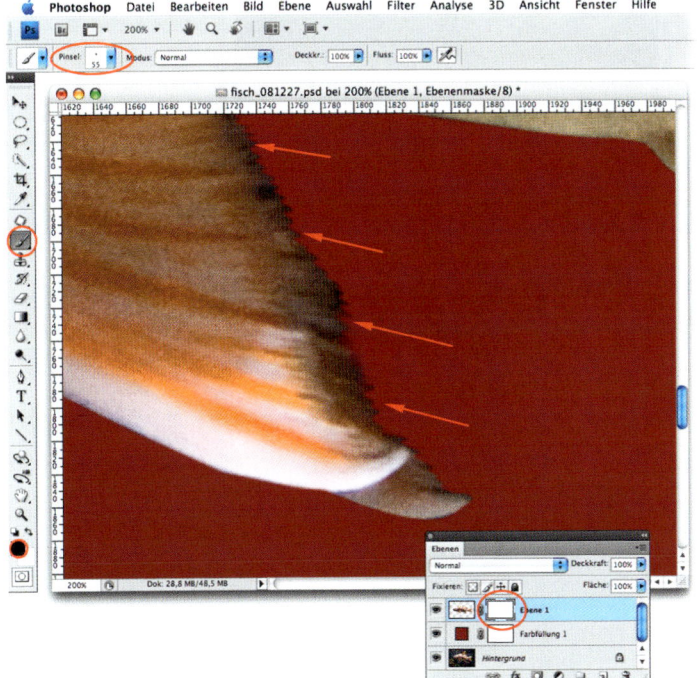

7

Erstellen Sie auf der Ebene mit dem freigestellten Objekt eine Ebenenmaske. Vergrößern Sie die Ansicht des Bildes auf 200–300 %.

Bearbeiten Sie die Kanten des Objekts mit dem Pinsel-Werkzeug (B) mit kleiner Werkzeugspitze (8–10 Pixel) und schwarzer Farbe.

So können Sie alle Unebenheiten, die noch vorhanden sind, glätten.

Freistellungstechniken für jeden Zweck   KAPITEL 7

Freistellung von Gegenständen, die aus einer Umgebung separiert werden müssen

5

Sind Sie so weit mit der Auswahl, können Sie zur Option *Kante verbessern* wechseln.

Mit dieser wird die Auswahl genauer und glatter und Sie können eine weiche Auswahlkante hinzufügen.

Im Dialog *Kante verbessern* wählen Sie einen passenden Hintergrund, auf dem Sie die Kante des Objekts besser sehen können, und korrigieren Ihre Auswahl mithilfe der Regler *Radius* und *Kontrast*.

Sollte die Auswahl zu zackig sein, erhöhen Sie die Werte für die Option *Abrunden*. Definieren Sie *Weiche Kante*. Sollten am Rand des Objekts noch einige Pixel des Hintergrunds sichtbar sein, verkleinern Sie die Auswahl. Übrigens, alle Regler haben eine Beschreibung, die beim Betätigen angezeigt wird. Bestätigen Sie mit *OK*.

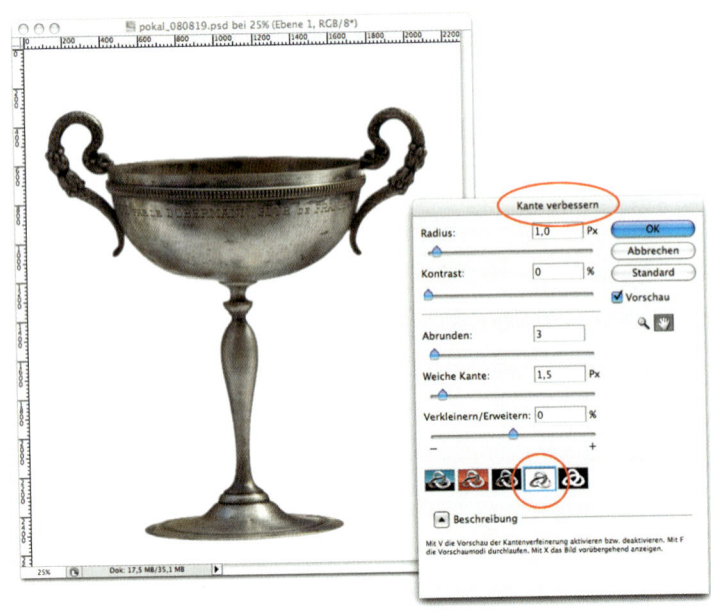

Freistellung von Gegenständen, die aus einer Umgebung separiert werden müssen

6

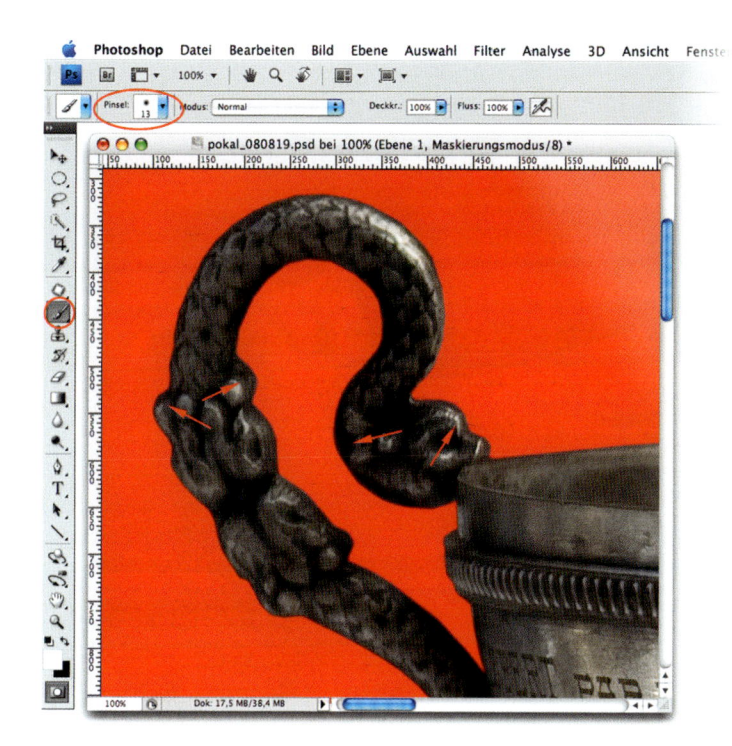

Die Feinkorrekturen erledigen Sie im Maskierungsmodus. Drücken Sie einmal auf die Taste (Q) und der Maskierungsmodus wird gestartet.

Wählen Sie das Pinsel-Werkzeug (B) mit einer passenden Größe und mit einer weichen Kante. Bearbeiten Sie die Grenzen, die noch nicht die passende Auswahl haben, mit schwarzer Farbe.

Drücken Sie anschließend wieder auf die Taste (Q), um zum Standardmodus zurückzukehren.

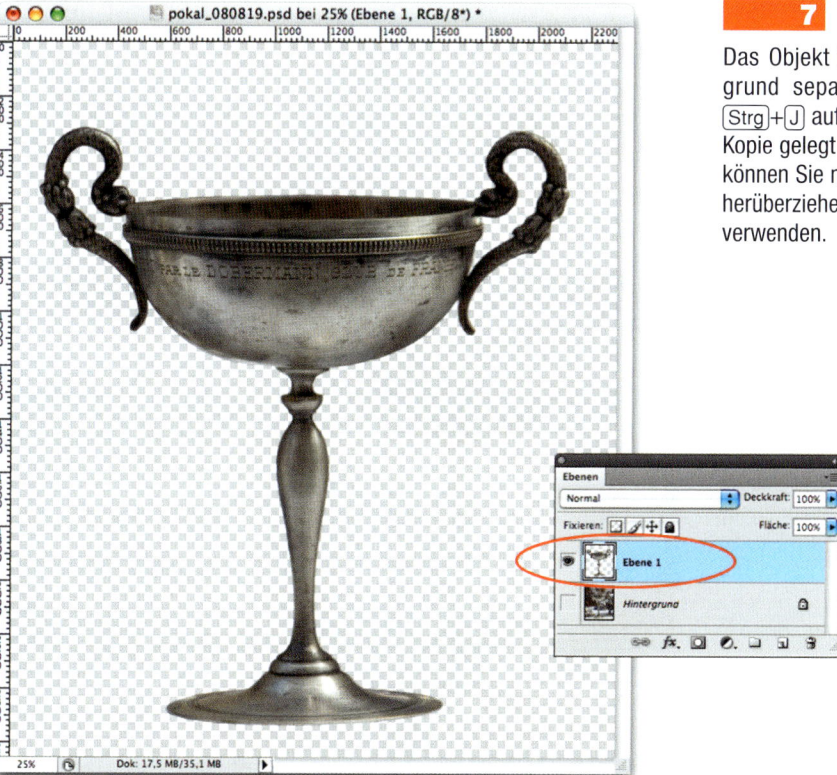

7

Das Objekt ist jetzt vom Hintergrund separiert und kann mit (Strg)+(J) auf eine neue Ebene als Kopie gelegt werden. Diese Ebene können Sie nun in eine Gestaltung herüberziehen und für eine Collage verwenden.

Freistellungstechniken für jeden Zweck — KAPITEL 7

Freistellung von Gegenständen, die aus einer Umgebung separiert werden müssen

Freistellen mit dem Zeichenstift-Werkzeug

1

Genauso wie mit den Werkzeugen der Lasso-Gruppe können Sie mit dem Zeichenstift-Werkzeug ([P]) Objekte freistellen, die auf jedem beliebigen Hintergrund fotografiert wurden.

Die Kontrastverhältnisse im Bild spielen keine Rolle, weil Sie die Kante zwischen dem Objekt und dem Hintergrund selbst definieren.

Öffnen Sie das Bild mit dem Objekt, das Sie freistellen möchten. Aktivieren Sie das Zeichenstift-Werkzeug ([P]) mit folgenden Optionen: *Pfade/Pfadbereich erweitern*.

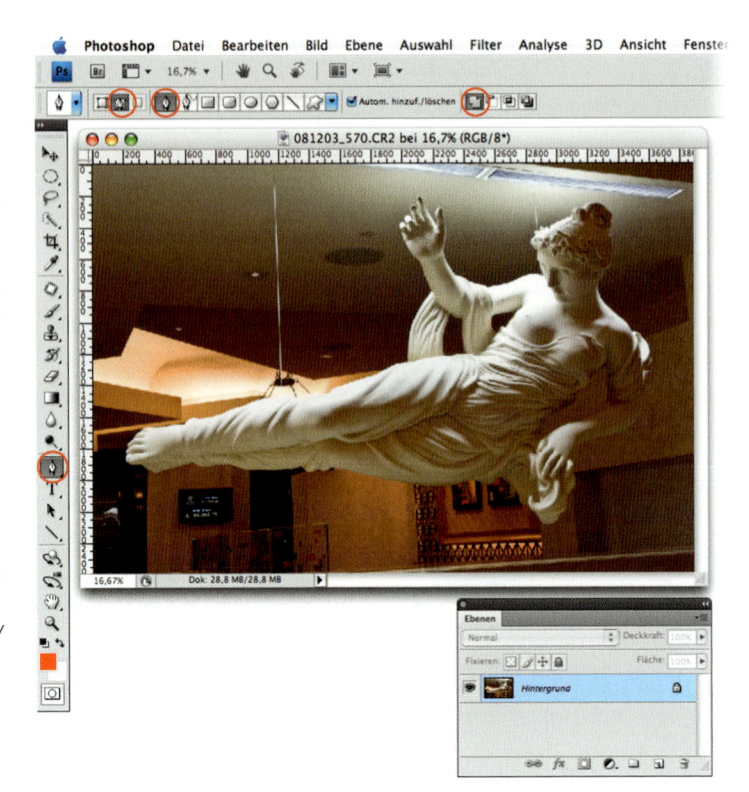

2

Aktivieren Sie die Option *Gummiband*. Mit ihr können Sie die Entstehung des Pfades besser verfolgen. Vergrößern Sie die Ansicht des Bildes auf 200–300 %, damit Sie die Kante des Objekts besser sehen können.

Erstellen Sie den Pfad so genau wie möglich an der Kante. Um die Ansicht des Bildes zu verschieben, halten Sie die [Leertaste] gedrückt – das Pfad-Werkzeug ([P]) verwandelt sich beim Drücken der [Leertaste] in das Hand-Werkzeug ([H]).

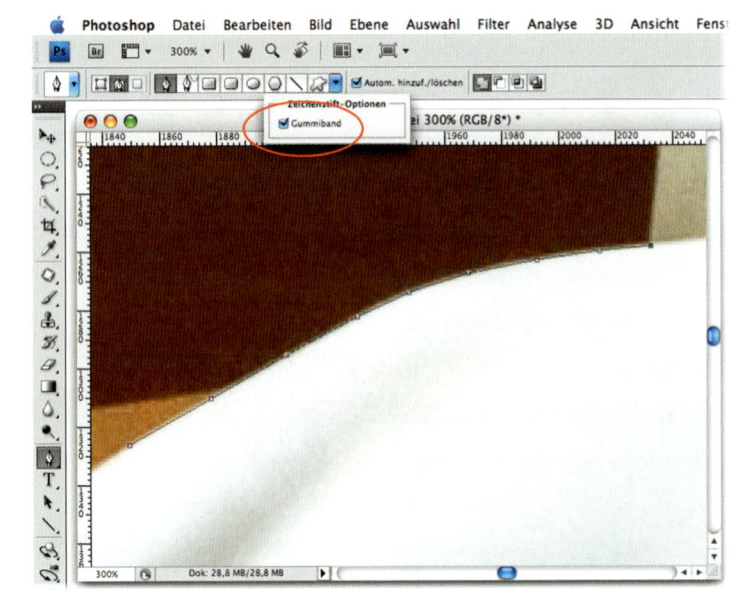

Freistellung von Gegenständen, die aus einer Umgebung separiert werden müssen

3

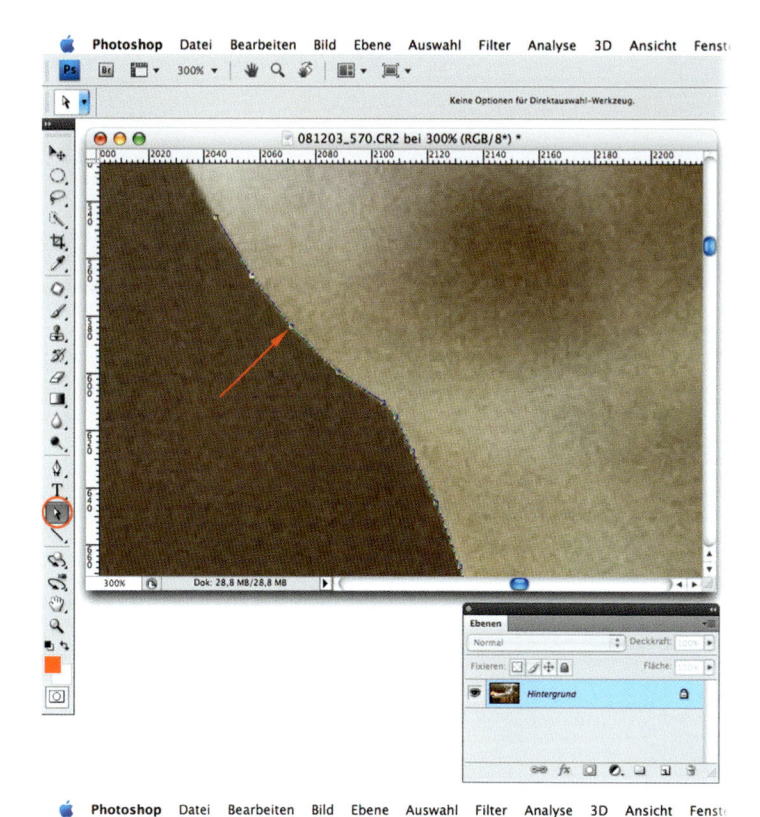

Falls Sie einige Punkte des Pfades falsch angelegt haben, haben Sie zwei Möglichkeiten, diese zu korrigieren.

Sie können mit [Strg]+[Alt]+[Z] mehrere Schritte zurückgehen und den Pfad erneut anlegen oder Sie benutzen das Direktauswahl-Werkzeug ([A]). Mit ihm können Sie die Punkte des Pfades verschieben.

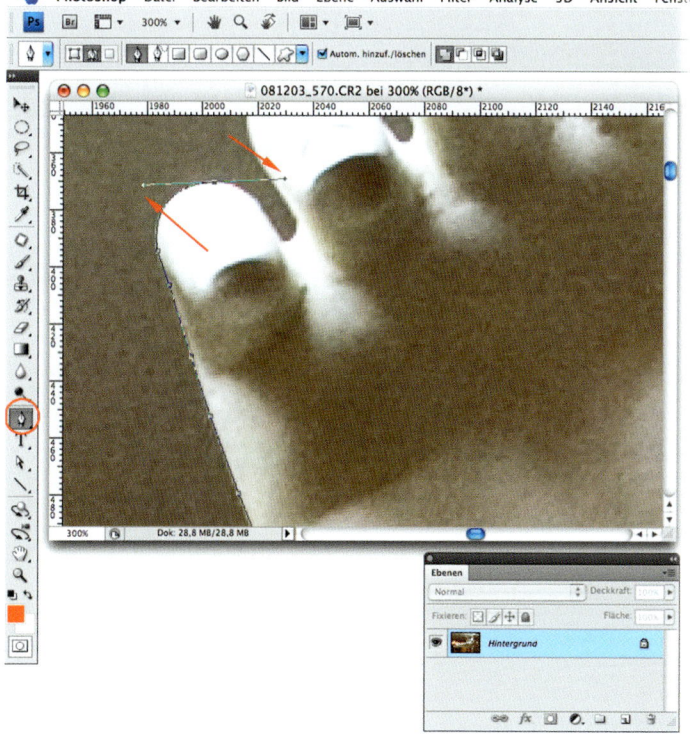

4

Bis jetzt wurde gezeigt, wie Sie den Pfad Punkt für Punkt anlegen. Bei den Rundungen können Sie die Linie zwischen den zwei Punkten eines Pfades in eine Kurve verwandeln.

Halten Sie die Maustaste gedrückt und ziehen Sie an dem Pfad. Der letzte Punkt des Pfades bekommt die Anfasser, und die Linie zwischen dem vorletzten und letzten Punkt des Pfades verbiegt sich. Mithilfe der Anfasser können Sie die Kurve anpassen.

Freistellung von Gegenständen, die aus einer Umgebung separiert werden müssen

5

Wenn Sie den Pfad um das Objekt fertig haben, verkleinern Sie die Ansicht des Bildes so, dass Sie das ganze Objekt im Blick haben (Strg)+(0)).

Vergewissern Sie sich, dass der Pfad korrekt angelegt ist, und korrigieren Sie gegebenenfalls den Pfad mit dem Direktauswahl-Werkzeug ((A)).

Klicken Sie dann mit der rechten Maustaste bei aktiviertem Zeichenstift-Werkzeug ((P)) in die Mitte des Pfades und wählen Sie die Option *Auswahl erstellen*.

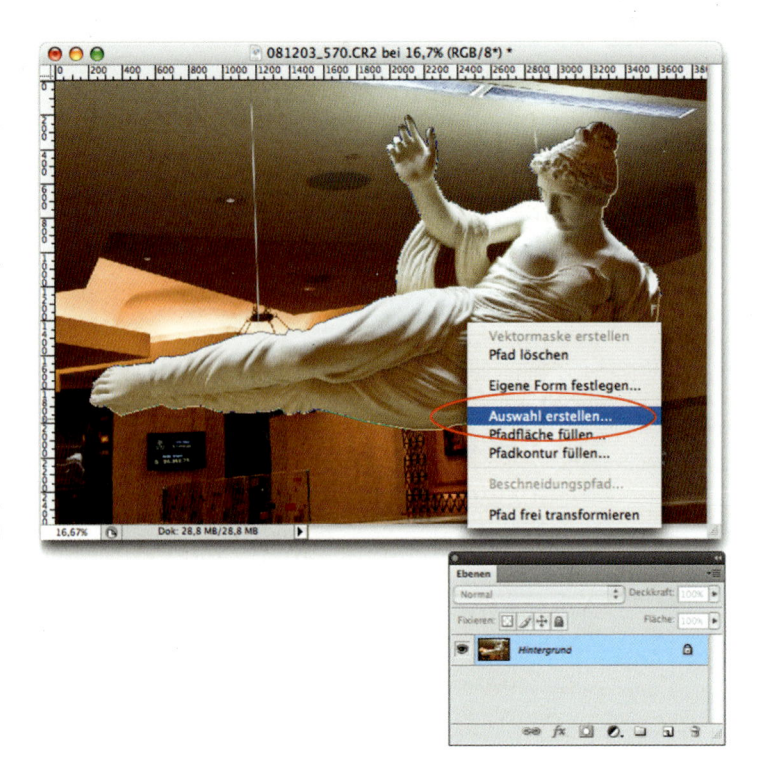

Im Dialog *Auswahl erstellen* definieren Sie im Bereich *Rendern/ Radius* eine weiche Auswahlkante. Sie kann abhängig von der Schärfe des Bildes gewählt werden. Ist das Bild sehr scharf, können Sie 0,5 Pixel wählen.

Bei weniger scharfen Bildern nehmen Sie 1,0 bis 1,5 Pixel. Die Option *Glätten* sollte aktiviert sein. Bestätigen Sie mit *OK*, und mit (Strg)+(J) legen Sie das ausgewählte Objekt auf eine neue Ebene.

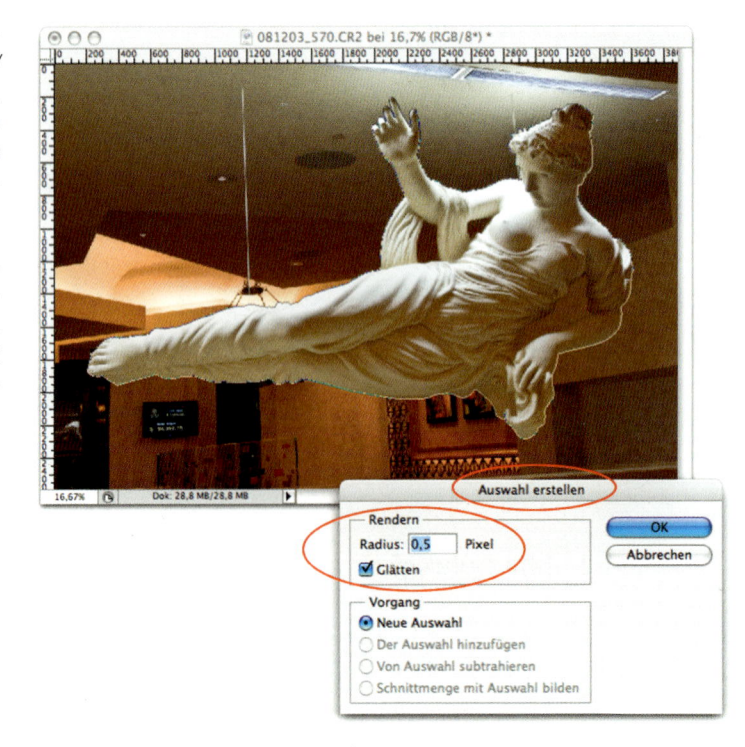

286　KAPITEL 7　Freistellungstechniken für jeden Zweck

6

Wenn das freigestellte Objekt Innenräume hat, durch die der Hintergrund zu sehen ist, können Sie auf der neu erstellten Ebene diese Räume ausschneiden.

Erstellen Sie zuerst den Pfad um die Kante des Innenbereichs und wandeln Sie diesen Pfad dann in eine Auswahl um.

Anschließend können Sie den Innenbereich mit der Tastenkombination [Strg]+[X] ausschneiden.

Das Objekt ist als freigestellte Ebene zum Einsatz in einem Bildcomposing fertig.

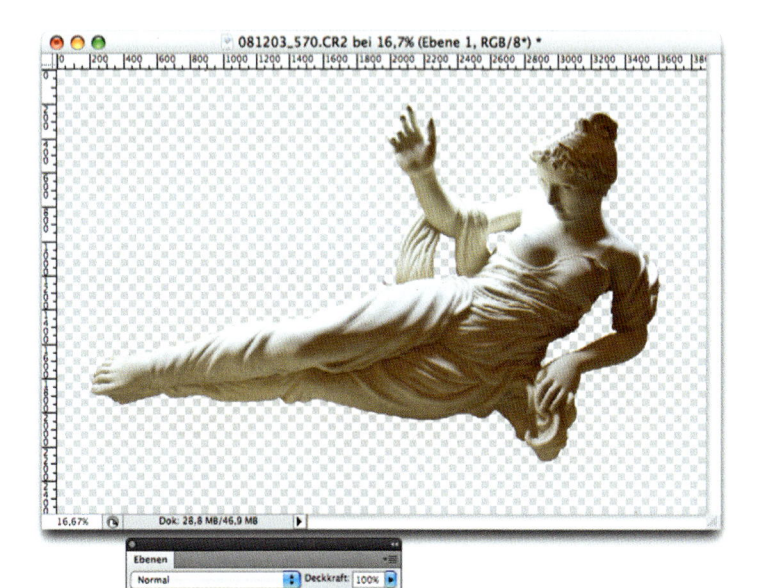

Sie können auch Personen oder Tiere teilweise mit dem Zeichenstift-Werkzeug ([P]) freistellen. Bei Tieren wie Katzen, Hunden etc., bei denen die Auswahl wegen des Fells ziemlich kompliziert ist, können Sie mit dem Zeichenstift-Werkzeug zuerst eine grobe Auswahl erstellen. Wenn das Objekt auf einer neuen Ebene als Kopie liegt, können Sie die Kanten zusätzlich bearbeiten. Wie das geht, erfahren Sie im Abschnitt 7.6.

Beim Freistellen von Personen können Sie eine gut erkennbare scharfe Kante (Haut, Kleidung) mit dem Zeichenstift-Werkzeug genau freistellen. Den Bereich um die Haare stellen Sie grob frei und lassen viel Platz rund um die Haare. Die Freistellung von Haaren bei Studiofotos lernen Sie im Abschnitt 7.7 kennen.

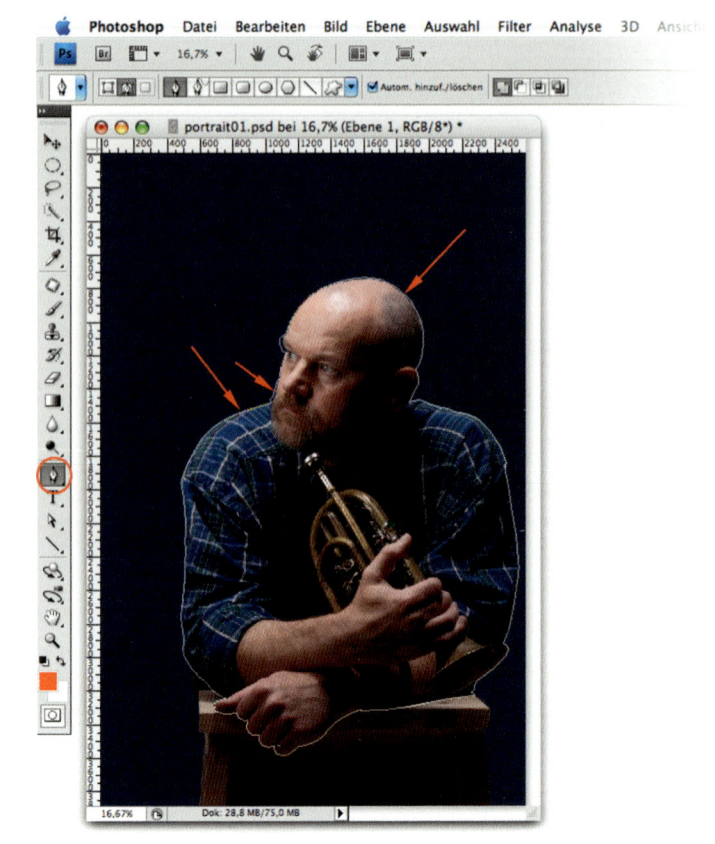

7.4 Transparente Gegenstände wie Glas freistellen

Das Freistellen transparenter Gegenstände ist eine komplizierte Aufgabe, weil Oberflächen wie Glas nicht einfach mit einem Freistellungswerkzeug (wie Lasso, Extrahieren etc.) vom Originalhintergrund separiert werden können. Zur Hilfe kommen Ihnen die Ebenenfüllmethoden, mit denen Sie die Transparenz an den neuen Hintergrund anpassen können.

Im Folgenden lernen Sie, wie eine Flasche aus ihrer Originalumgebung separiert und auf einem neuen Hintergrund platziert wird, sodass die Transparenz erhalten bleibt.

1

Öffnen Sie zuerst die Datei mit der Flasche und stellen Sie die Flasche mithilfe des Zeichenstift-Werkzeugs (P) frei. (Sie können auch das Lasso-Werkzeug (L) zum Freistellen benutzen.) Natürlich versteht sich hier unter Freistellen nur der Umriss der Flasche. Legen Sie die freigestellte Flasche als Kopie auf eine neue Ebene.

Transparente Gegenstände wie Glas freistellen

2

Öffnen Sie das Bild mit dem neuen Hintergrund. Ziehen Sie die Ebene mit der freigestellten Flasche mit dem Verschieben-Werkzeug (V) in die neue Arbeitsfläche.

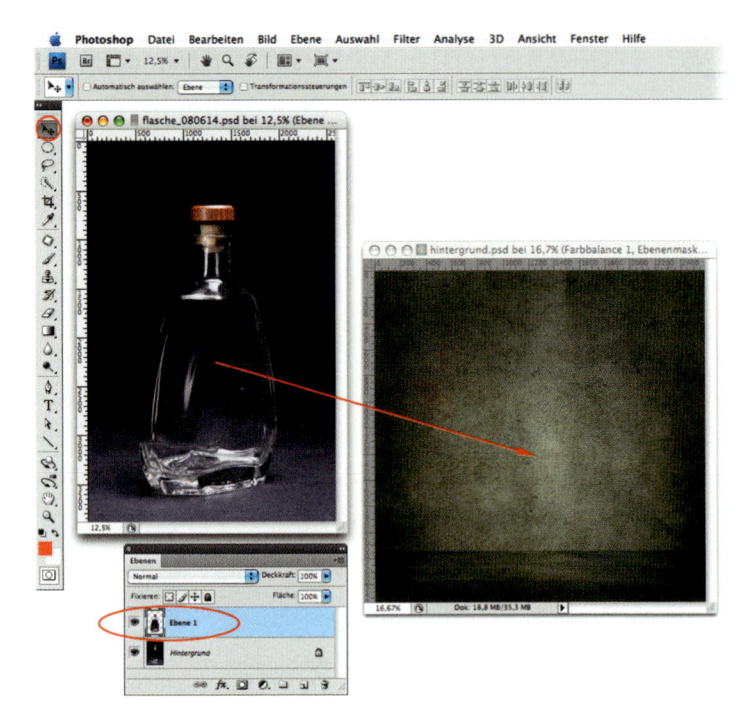

3

Damit die Flasche von der Größe und von der Lage her in die neue Umgebung passt, aktivieren Sie den Transformationsrahmen mit Strg+T, stellen die Flasche gerade und verkleinern diese, falls gewünscht, durch Ziehen an einem der Eckanfasser. Halten Sie dabei die Umschalt-Taste gedrückt, damit die Proportionen erhalten bleiben.

290   KAPITEL 7   Freistellungstechniken für jeden Zweck

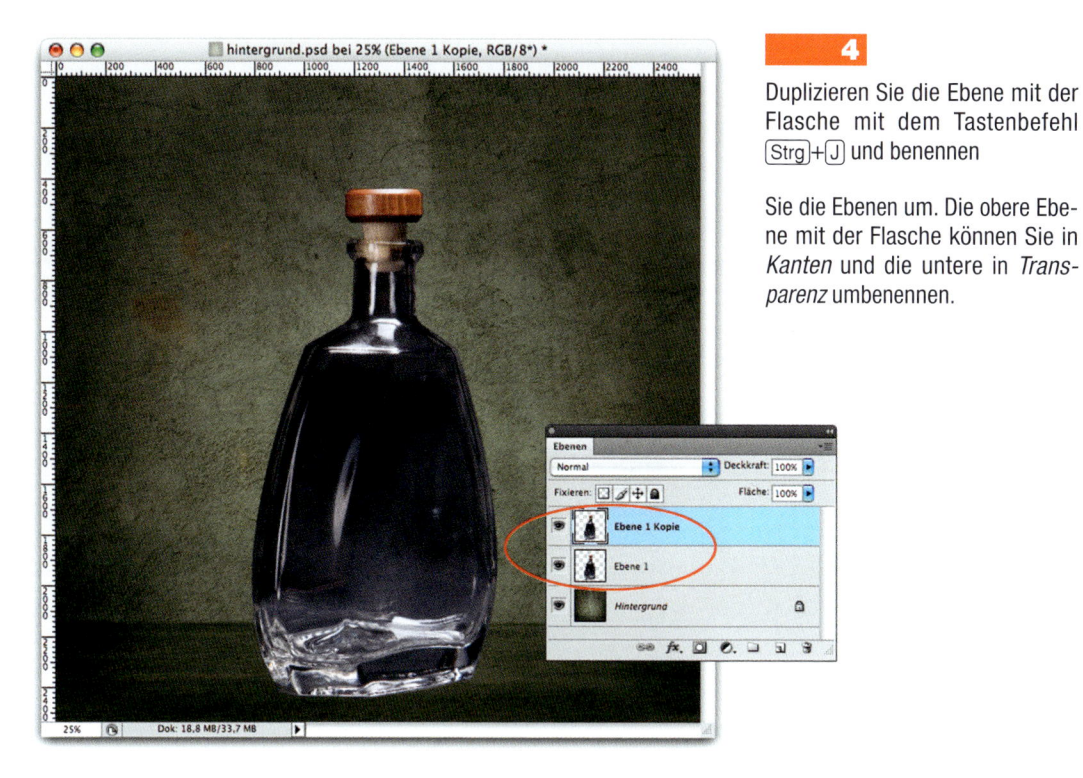

Transparente Gegenstände wie Glas freistellen

4

Duplizieren Sie die Ebene mit der Flasche mit dem Tastenbefehl [Strg]+[J] und benennen

Sie die Ebenen um. Die obere Ebene mit der Flasche können Sie in *Kanten* und die untere in *Transparenz* umbenennen.

5

Blenden Sie die Ebene *Kanten* vorerst aus und ändern Sie die Ebenenfüllmethode der Ebene *Transparenz* auf *Weiches Licht*. Die Flasche auf dieser Ebene wird durchsichtig.

Transparente Gegenstände wie Glas freistellen

6

Blenden Sie die Ebene *Kanten* wieder ein und erstellen Sie auf dieser Ebene eine Ebenenmaske.

Definieren Sie im Farbwähler mit der Taste [D] die Farben Schwarz und Weiß. Wählen Sie Weiß als Vordergrund und Schwarz als Hintergrund – am schnellsten geht das mit der Taste [X].

Mit [Strg]+[Entf] füllen Sie die Maske der Ebene *Kanten* mit schwarzer Farbe – die Ebene wird vorübergehend unsichtbar.

7

Wählen Sie das Pinsel-Werkzeug ([B]) mit einer runden weichen Spitze (Größe ca. 150 Pixel). Bemalen Sie den Korken der Flasche und die Kanten, sodass diese wieder sichtbar werden.

Zum Bemalen verwenden Sie die Vordergrundfarbe Weiß, die Sie bereits im vorherigen Schritt eingestellt haben.

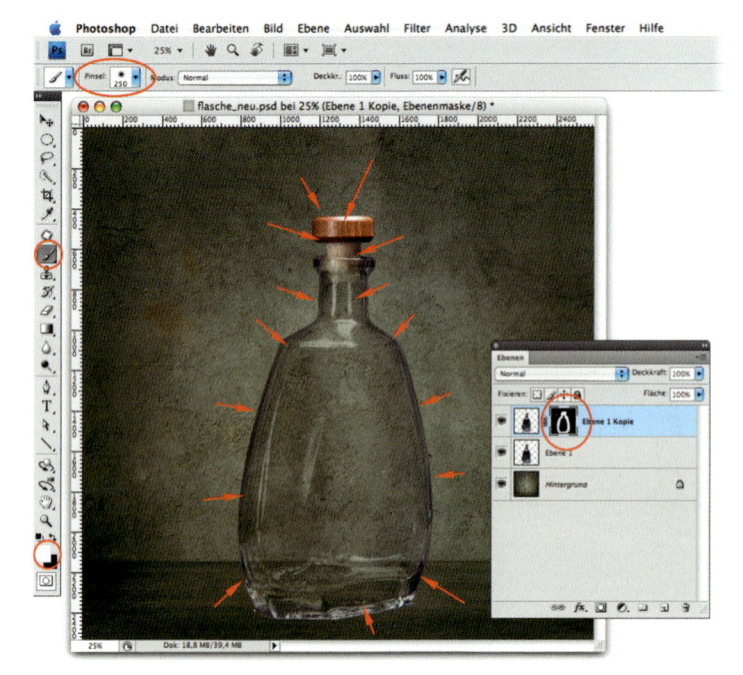

8

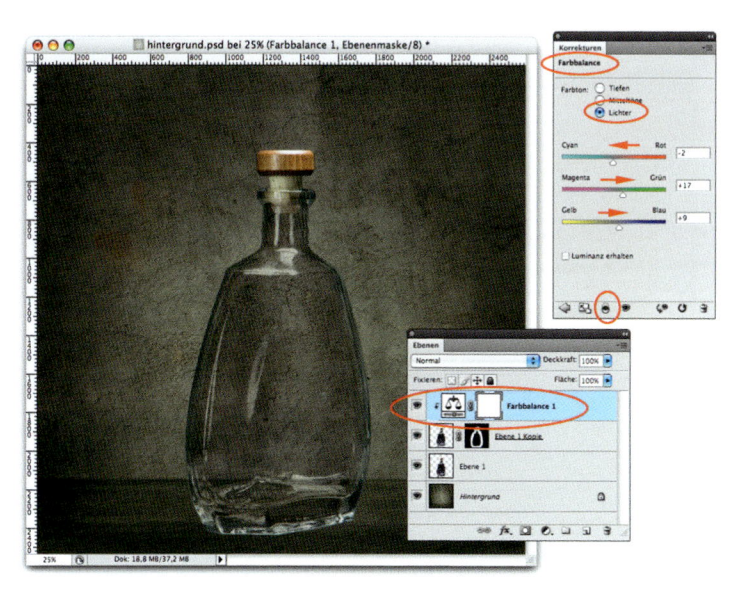

Die Farbe der oberen Ebene hat noch einen leichten Farbstich vom Original. Das können Sie ändern. Klicken Sie die Ebene *Kanten* an und halten Sie die [Alt]-Taste gedrückt. Wählen Sie eine Einstellungsebene *Farbbalance*. Im Dialog *Neue Ebene* aktivieren Sie die Option *Schnittmaske aus vorheriger Ebene erstellen*. Wählen Sie im Dialog *Farbbalance* im Bereich *Farbton* vorerst die Option *Lichter*.

Verstärken Sie die Farbbereiche Cyan, Grün und Blau mit den entsprechenden Reglern. Wechseln Sie im Bereich *Farbton* auf die Option *Mitteltöne*. Bearbeiten Sie die Farbbalance, indem Sie die Bereiche Rot, Grün und Gelb auch bei den Mitteltönen verstärken.

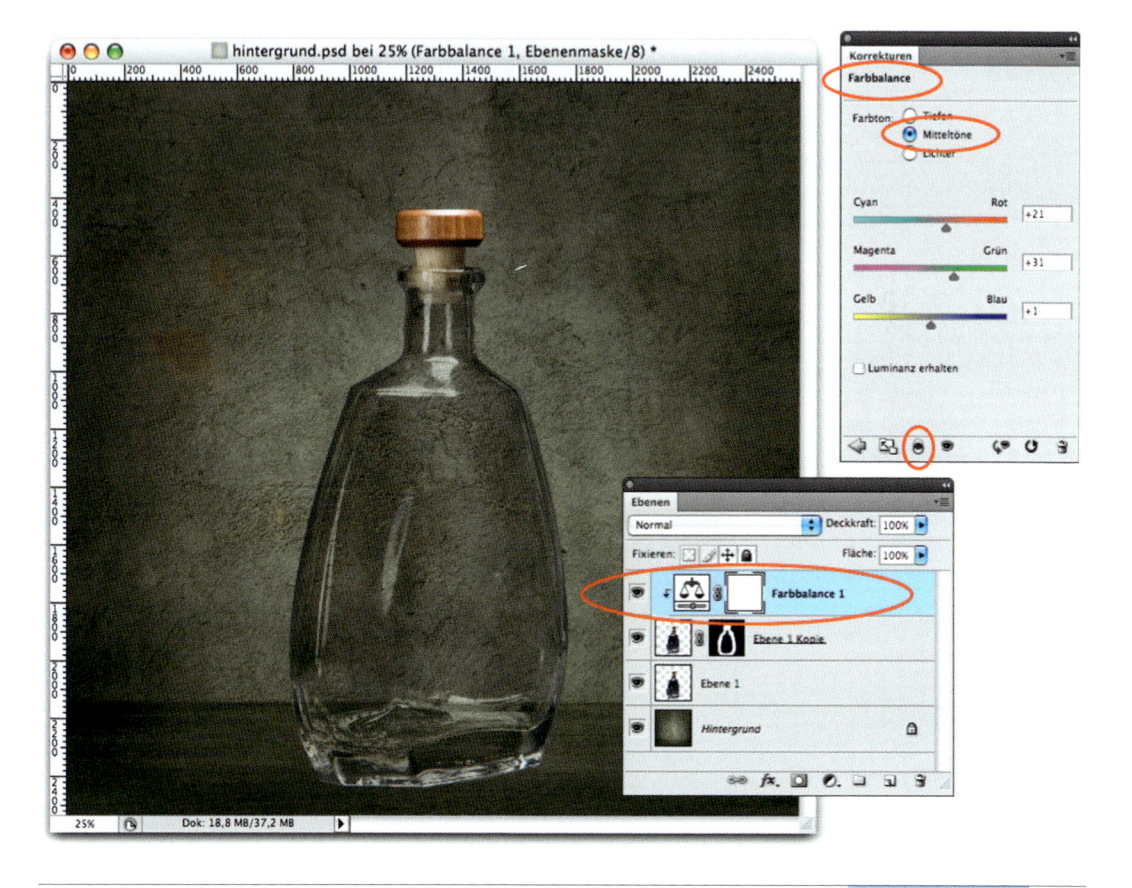

Transparente Gegenstände wie Glas freistellen

9

Wenn die Kanten der Flasche zu hell oder zu dunkel sind, was zu der neuen Umgebung nicht passt, erstellen Sie über die Ebene *Farbbalance 1* eine neue Einstellungsebene *Tonwertkorrektur* mit Schnittmaske.

Bewegen Sie den mittleren Regler nach rechts (in unserem Beispiel war die Flasche zu hell), bis die Tonwerte ausgeglichen sind und die Kanten der Flasche dunkler werden. Die Transparenz der Flasche ist somit fertig.

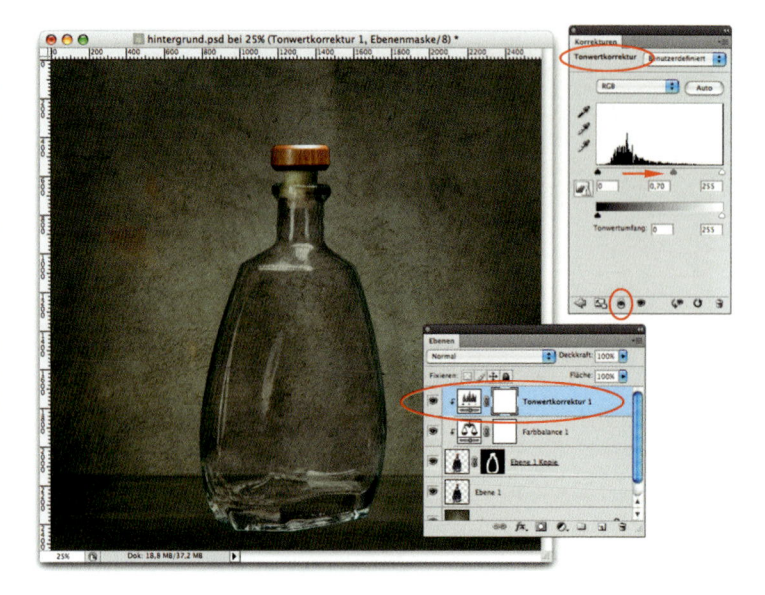

10

Damit die Flasche nicht in der Luft hängt, sollte ein Schatten unter dem Boden der Flasche erstellt werden.

Erzeugen Sie in der *Ebenen*-Palette über der Ebene *Hintergrund* eine neue leere Ebene, benennen Sie diese in *Schatten* um.

Wählen Sie das Lasso-Werkzeug (L) und zeichnen Sie eine Form wie auf dem Screenshot.

Füllen Sie diese Form auf der Ebene *Schatten* mit schwarzer Farbe. Heben Sie die Auswahl mit Strg+D auf.

294   KAPITEL 7   Freistellungstechniken für jeden Zweck

Transparente Gegenstände wie Glas freistellen

11

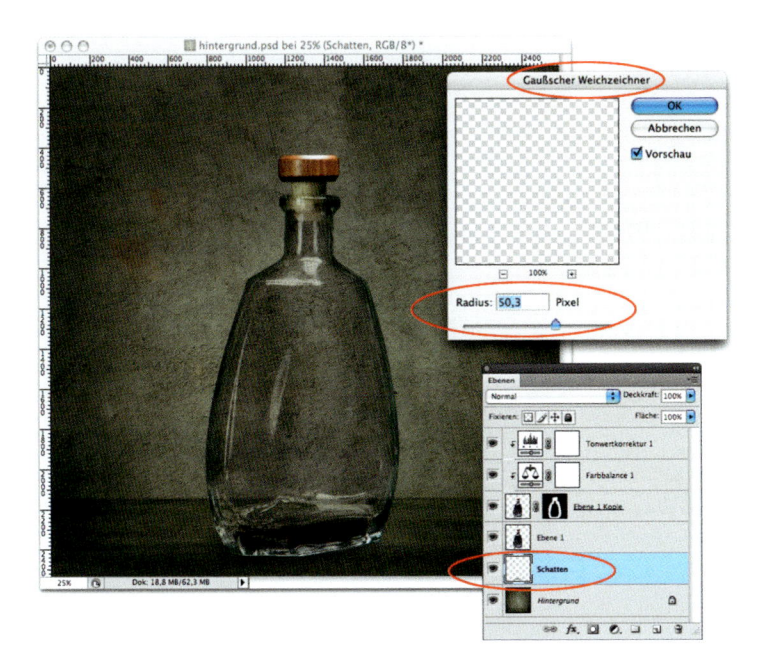

Die erstellte Form können Sie jetzt mit *Filter/Weichzeichnungsfilter/ Gaußscher Weichzeichner* bearbeiten. Wählen Sie im Dialog *Gaußscher Weichzeichner* einen Radius von ca. 40–50 Pixeln, damit die gezeichnete schwarze Form richtig unscharf wird.

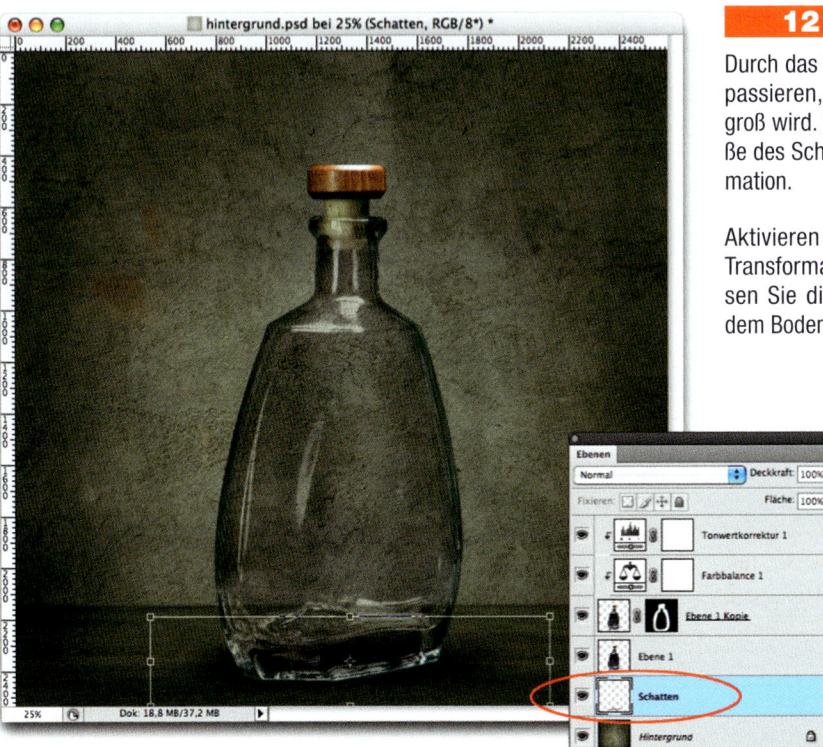

12

Durch das Weichzeichnen kann es passieren, dass der Schatten zu groß wird. Korrigieren Sie die Größe des Schattens mit der Transformation.

Aktivieren Sie mit [Strg]+[T] den Transformationsrahmen und passen Sie die Form des Schattens dem Boden der Flasche an.

Freistellungstechniken für jeden Zweck | KAPITEL 7

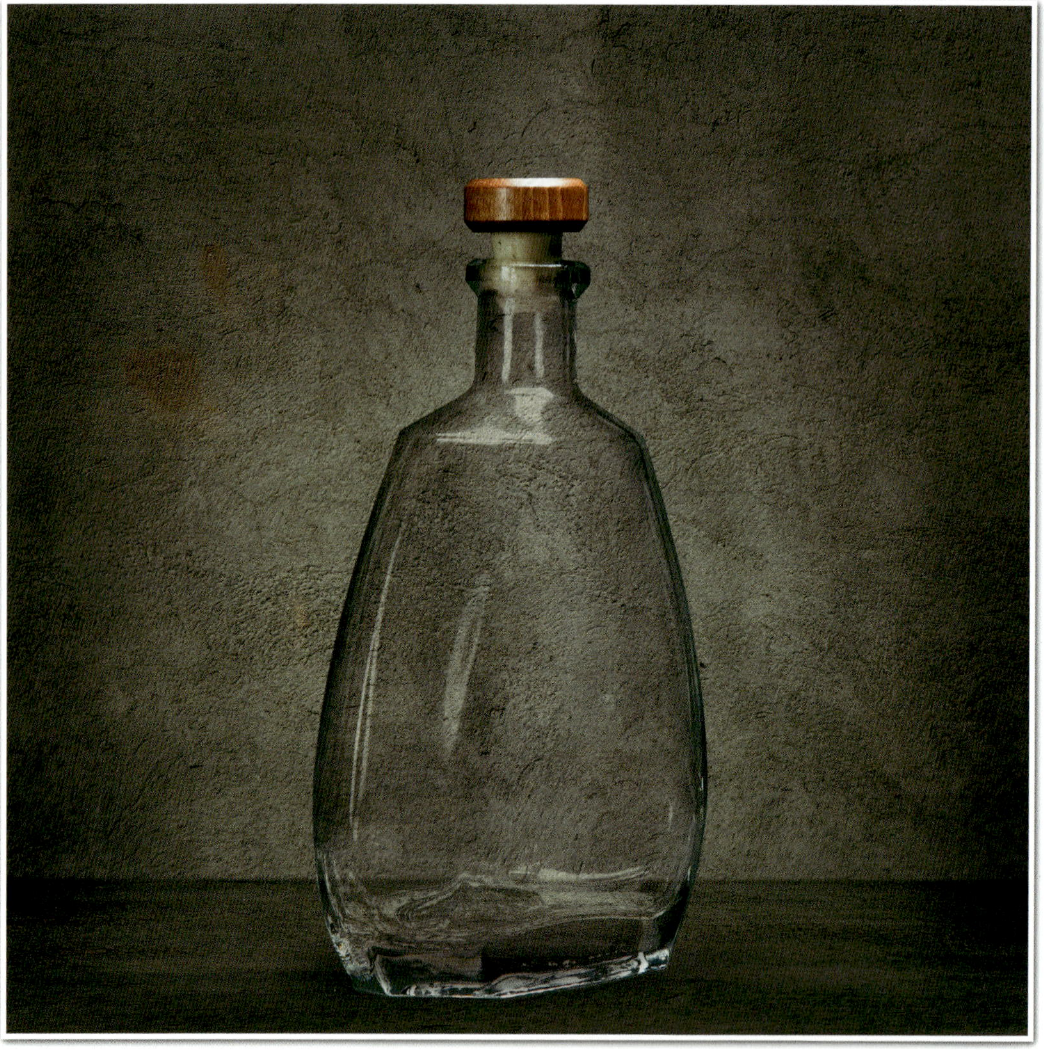

7.5 Ungreifbare Dinge wie Rauch und Wolken freistellen

Freistellung durch die Änderung der Ebenenfüllmethode

Wenn Sie die Wolken aus einem Bild in ein anderes übertragen möchten, können Sie das auf unterschiedliche Weise machen.

Entweder Sie stellen diese frei, wie das weiter unten über die Freistellung des Rauchs beschrieben wird, oder Sie führen dies mithilfe einer geänderten Ebenenfüllmethode durch.

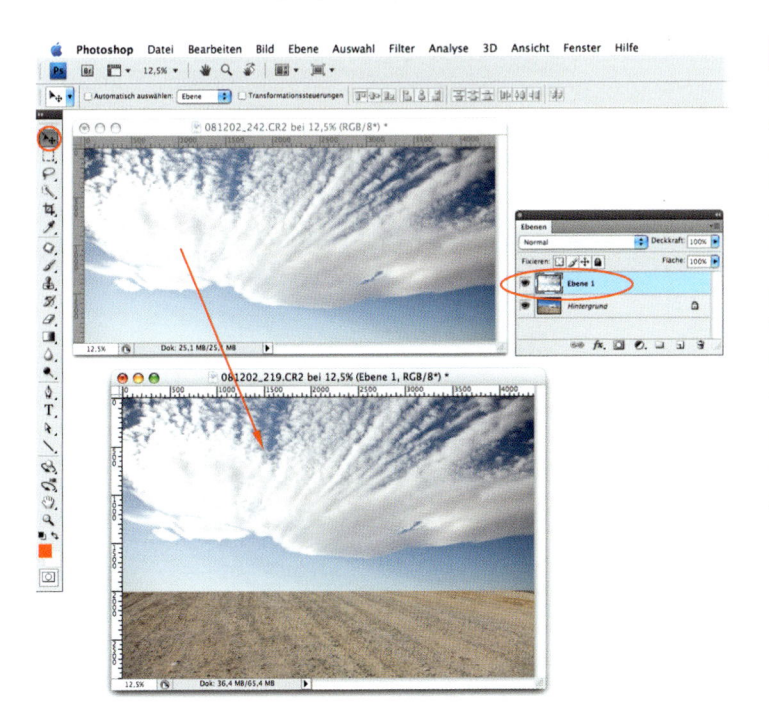

1

Öffnen Sie das Bild mit der Landschaft und das Bild mit dem Himmel. Aktivieren Sie das Verschieben-Werkzeug ([V]) und ziehen Sie das Bild mit dem Himmel in das Bild mit der Landschaft.

Halten Sie dabei die [Umschalt]-Taste gedrückt. So landet das Himmelbild genau in der Mitte der neuen Arbeitsfläche.

Richten Sie die Ebene mit dem Himmel an der oberen Kante der Arbeitsfläche aus.

Ungreifbare Dinge wie Rauch und Wolken freistellen

2

Ändern Sie die Ebenenfüllmethode für die Ebene mit dem Himmel auf *Hartes Licht*. Die Ebene wird transparent und die Wolkenformationen werden auf die darunterliegende Ebene projiziert.

3

Durch die Veränderung der Ebenenfüllmethode kann es passieren, dass die Sättigung verstärkt wird, was nicht immer gewünscht ist. Um die Sättigung einzudämmen, erstellen Sie über der Ebene mit dem Himmel eine Einstellungsebene *Farbton/Sättigung* mit Schnittmaske. Reduzieren Sie die Sättigung, indem Sie den Regler *Sättigung* auf –100 bewegen.

4

Wenn Sie mehr Kontrast bei den Wolken wünschen, können Sie die Ebenenfüllmethode auf *Ineinanderkopieren* setzen.

Die Ebene mit dem Himmel hat noch eine harte Kante. Diese können Sie maskieren, damit der Übergang zu dem Bild nicht mehr sichtbar ist.

Verwenden Sie dazu das Verlaufswerkzeug (G) mit folgenden Optionen: Linearer Verlauf, Vordergrund-Transparent, Vordergrundfarbe Schwarz.

Ziehen Sie den Verlauf von der sichtbaren Kante der Ebene mit den Wolken nach oben, wie es mit dem Pfeil auf dem Screenshot angezeigt wird.

In der Endvariante wurden die Kontraste des Bildes zusätzlich mit der Einstellungsebene *Farbton/Sättigung* angehoben.

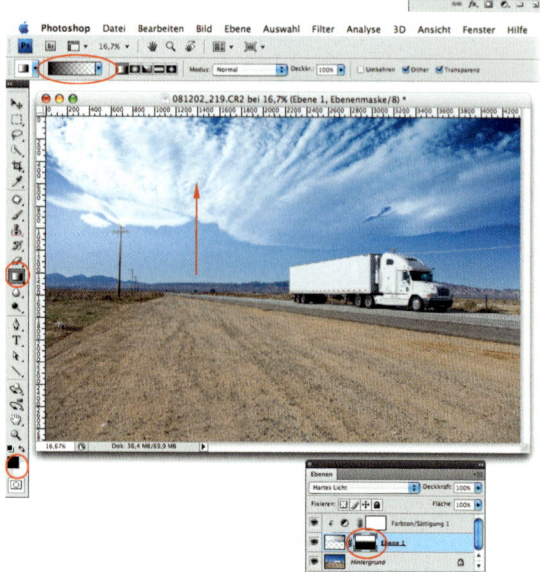

Vorher

Nachher

Freistellung durch Farbauswahl

Wenn Sie den Rauch freistellen möchten, sind Sie mit der im Folgenden vorgestellten Methode gut beraten.

Vorab ein Tipp zum Fotografieren: Machen Sie die Aufnahme vom Rauch nach Möglichkeit vor einem dunklen Hintergrund (schwarzer Stoff oder Studiohintergrund), damit erreichen Sie einen besseren Kontrast, den Sie für die Freistellung brauchen.

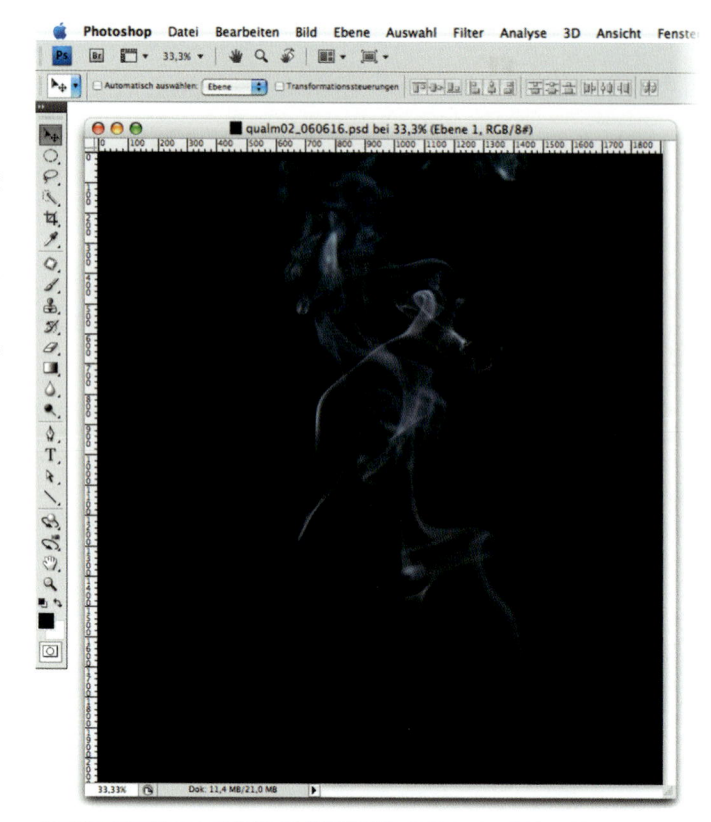

1

Wählen Sie *Auswahl/Farbbereich*. Wenn das Dialogfenster erscheint, verwandelt sich der Mauszeiger in eine Pipette, mit der Sie auf die hellste Stelle im Rauch klicken können.

Auf dem Vorschaubild im Dialog *Farbbereich* wird der ausgewählte Bereich angezeigt. Wahrscheinlich wurde noch nicht der ganze Rauch ausgewählt.

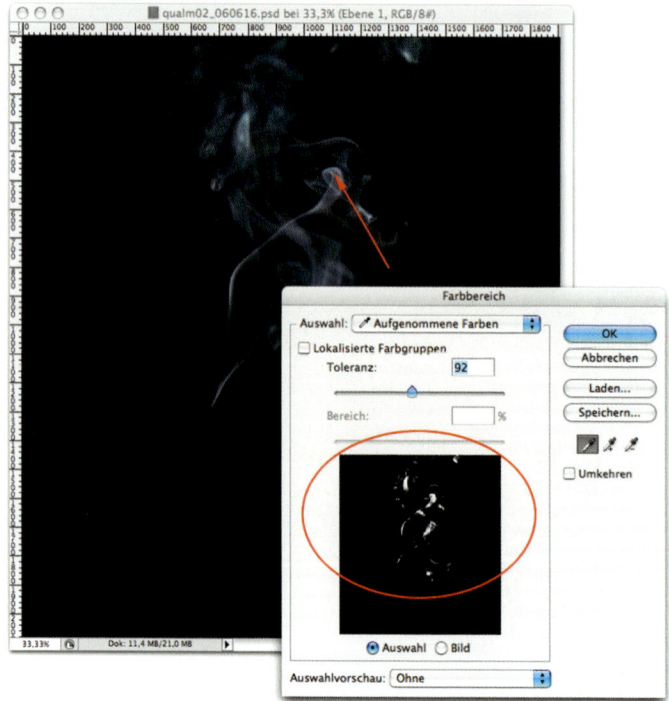

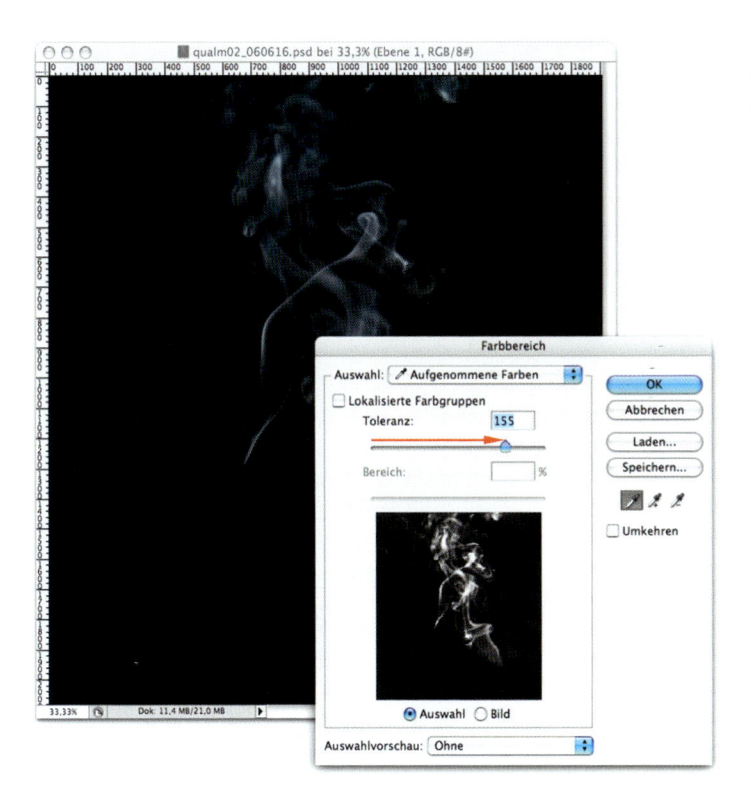

Ungreifbare Dinge wie Rauch und Wolken freistellen

Damit der ganze Rauch auf dem Negativ im Dialogfenster angezeigt wird, erhöhen Sie den Regler *Toleranz* auf ca. 150–160. Bestätigen Sie mit *OK*.

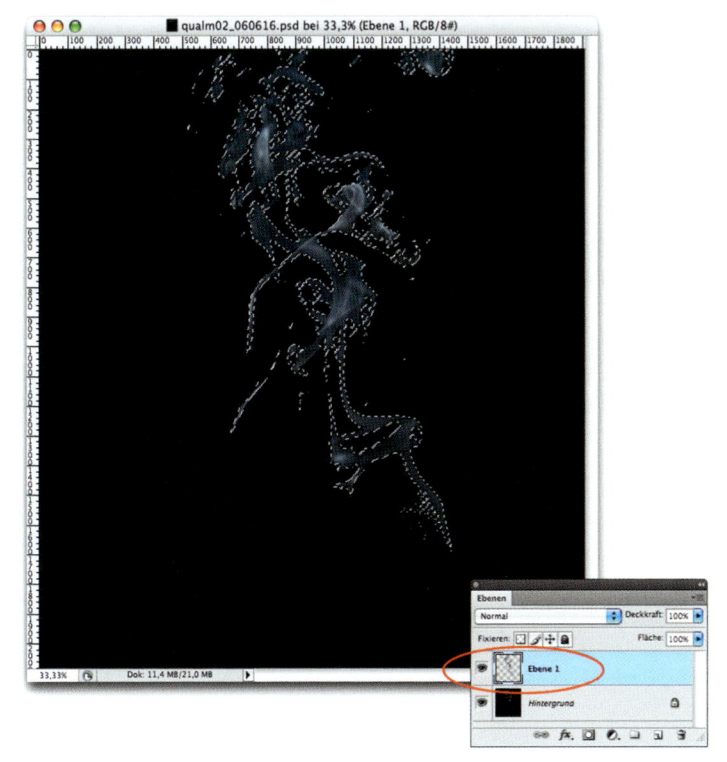

2

Der Rauch wird jetzt mit einer schwebenden Auswahl angezeigt. Die Auswahl zeigt zwar nicht alle Feinheiten, aber das spielt keine Rolle – ausgewählt sind deutlich mehr Rauchstrukturen, als es angezeigt wird. Mit [Strg]+[J] können Sie den ausgewählten Bereich als Kopie auf eine neue Ebene legen.

Freistellungstechniken für jeden Zweck

3

Den freigestellten Rauch können Sie in eine Bildkomposition übertragen. Öffnen Sie das Bild, in das der Rauch übertragen werden soll, und ziehen Sie die Ebene mit dem Rauch mit dem Verschieben-Werkzeug ([V]) herüber.

Positionieren Sie die Ebene mit dem Rauch und passen Sie, falls erforderlich, die Größe des Rauchs dem Bild an. Die Ebene mit dem Rauch können Sie mehrfach duplizieren und die Kopien verformen, sodass die Rauchebenen nicht wie geklont aussehen (spiegeln, verzerren etc.).

4

Damit der Rauch mehr Kontrast auf dem neuen Hintergrund bringt, ändern Sie die Ebenenfüllmethode für die Ebenen mit dem Rauch auf *Negativ multiplizieren*.

Dadurch verschwinden auch die eventuell noch sichtbaren Reste des schwarzen Hintergrunds, vor dem der Rauch fotografiert wurde.

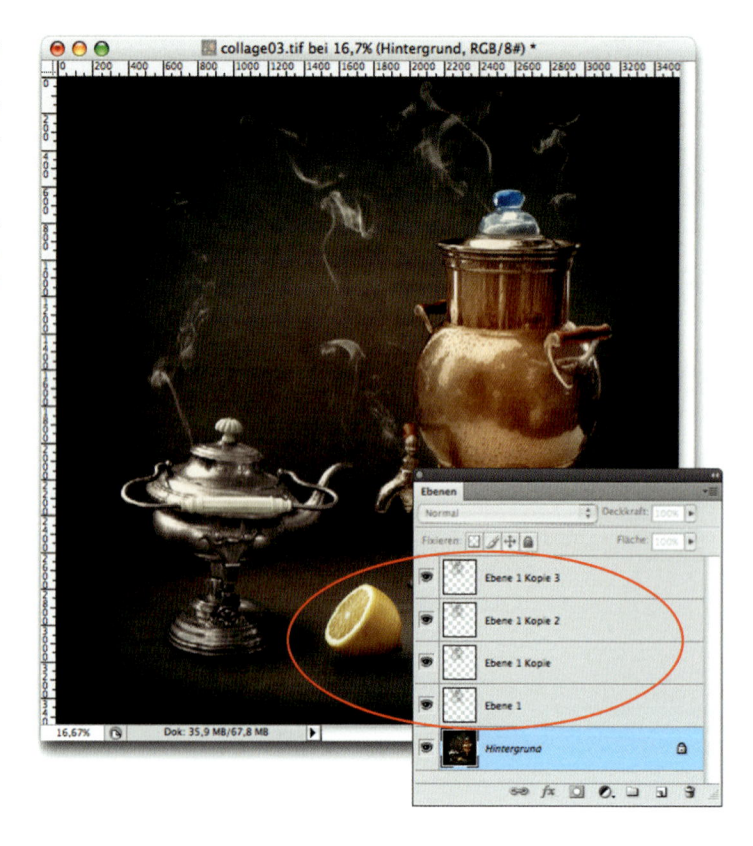

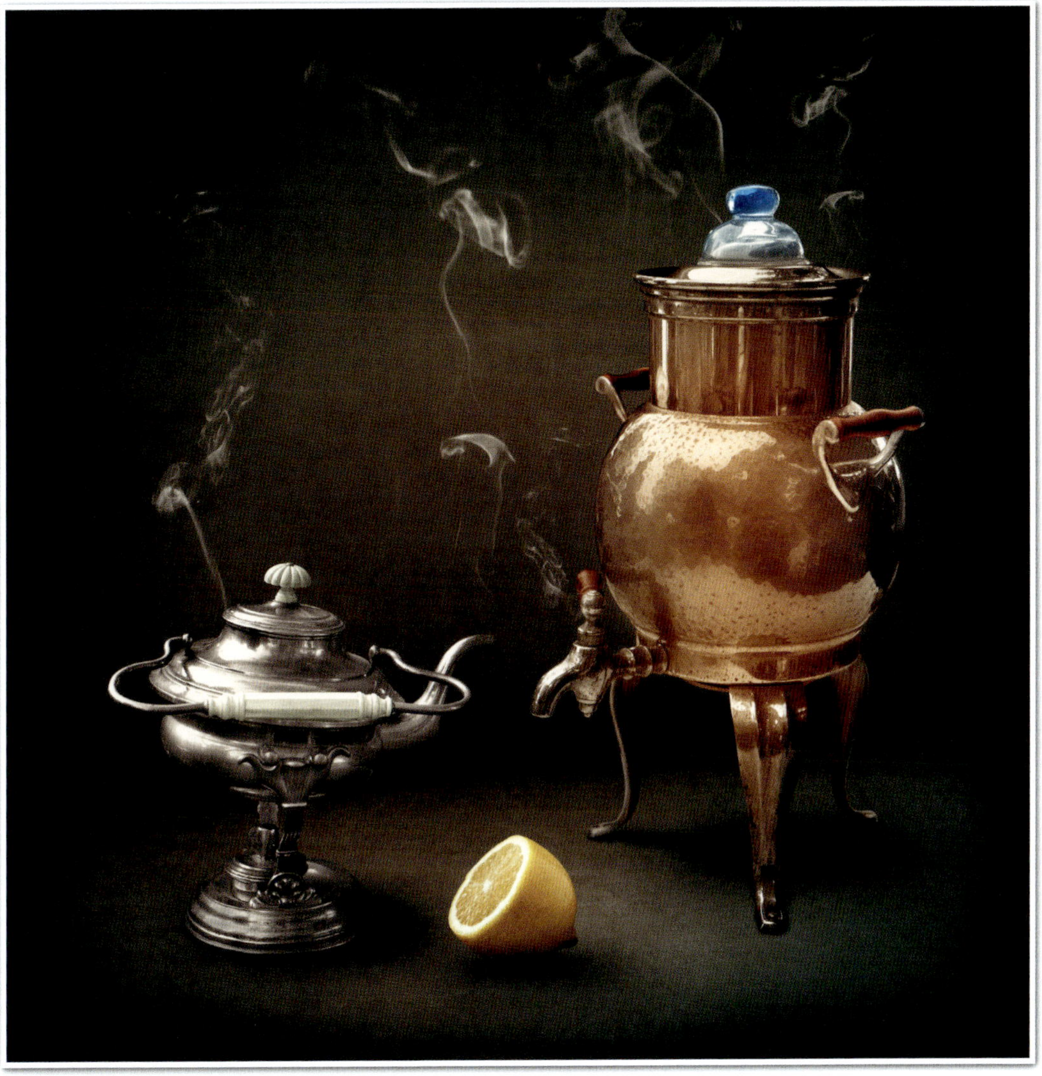

7.6 Fell von Tieren oder Gefieder freistellen

Die perfekte und genaue Freistellung von Tieren gehört nicht zu den einfachsten Aufgaben. Wenn Sie aber Wert auf Qualität legen, sollten Sie Zeit in diese Arbeit investieren.

Auf unserem Bild sieht der Bär auf den ersten Blick ziemlich glatt aus. Bei der Vergrößerung stellen Sie aber fest, dass die Haare deutlich zu sehen sind.

Mit einfachem Ausschneiden mithilfe des Lasso- oder Zeichenstift-Werkzeugs wird es nicht funktionieren.

Die Funktion *Extrahieren* können Sie hier auch vergessen, weil der Kontrast zwischen dem Bären und dem Hintergrund zu schwach ist.

Es bleibt nichts anderes übrig als die Freistellung mit einem speziellen Pinsel-Werkzeug.

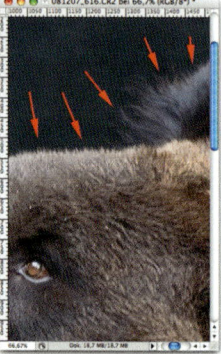

1

Erstellen Sie zuerst eine grobe Auswahl entweder mit dem Zeichenstift- oder Lasso-Werkzeug. Der Abstand zum Fell kann ungefähr wie auf dem Beispielbild sein.

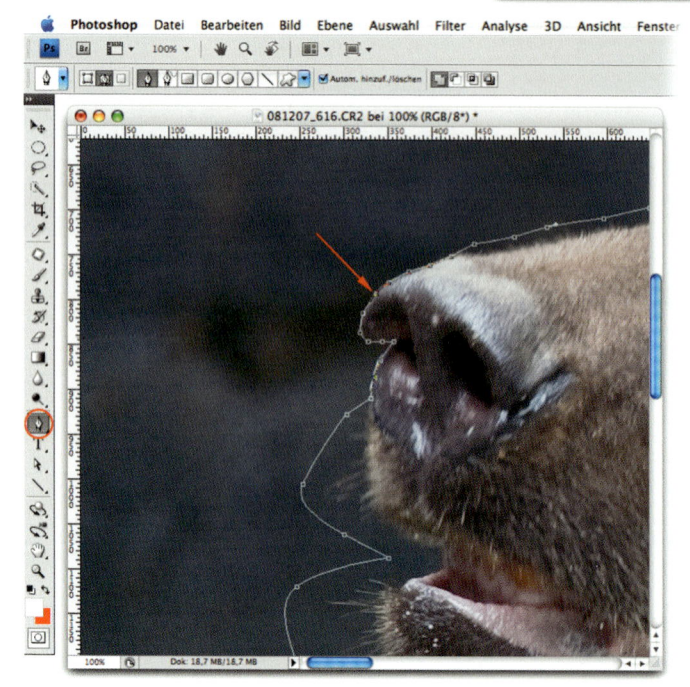

Fell von Tieren oder Gefieder freistellen

2

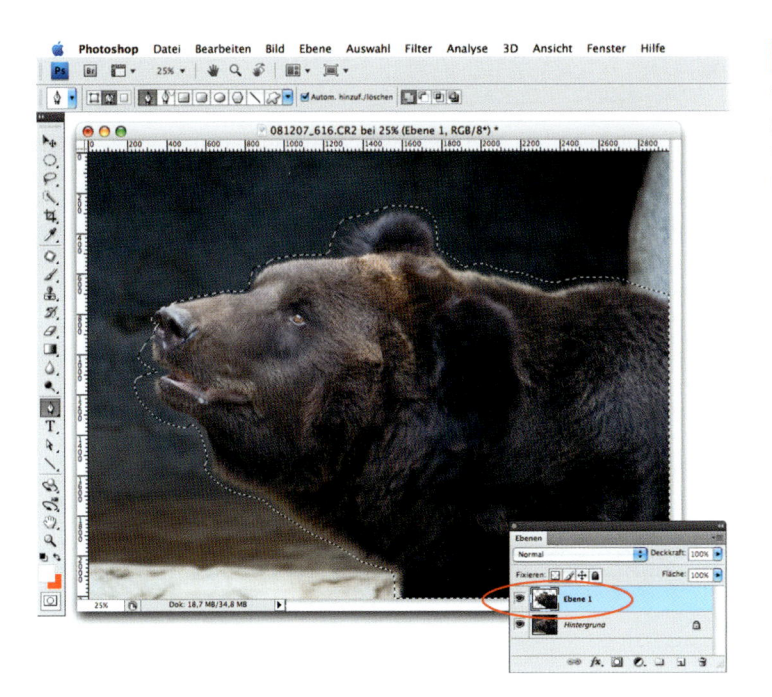

Wenn die Auswahl fertig ist, können Sie mit [Strg]+[J] den ausgewählten Bereich als Kopie auf eine neue Ebene legen.

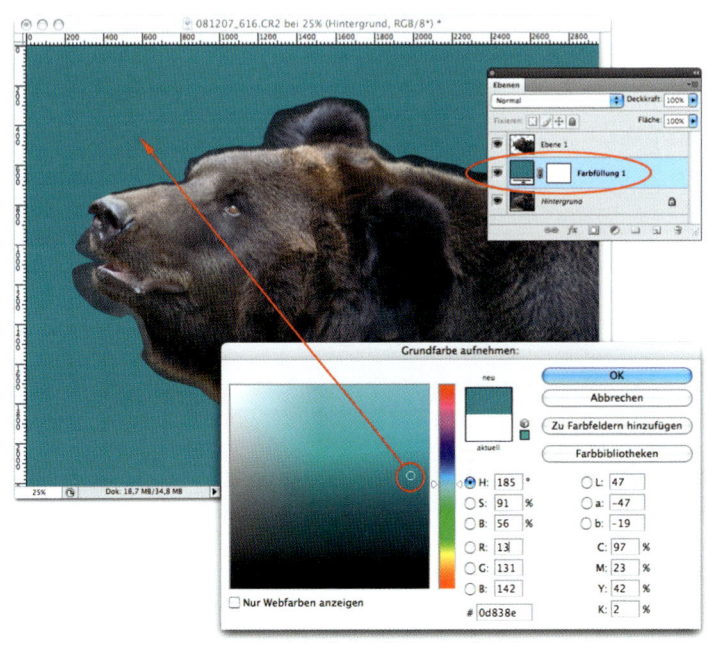

3

Um die Freistellung fortsetzen zu können, brauchen Sie eine Zusatzebene mit einer Kontrastfarbe.

Erstellen Sie zwischen der Hintergrundebene und der Ebene mit dem grob freigestellten Bären eine Füllebene *Volltonfarbe*.

Wählen Sie im Farbwähler eine Farbe aus, die es im Bild sonst nicht gibt und auf der die Kanten der freigestellten Ebene mit dem Bären gut zu sehen sind.

Freistellungstechniken für jeden Zweck   KAPITEL 7   305

Fell von Tieren oder Gefieder freistellen

4

Erstellen Sie auf der Ebene mit dem Bären eine Ebenenmaske. Wählen Sie eine Spitze für das Pinsel-Werkzeug aus der Gruppe *Stern*.

Fangen Sie mit dem Pinsel *Stern 26* an. Die Größe der Pinselspitze können Sie entweder mit dem Regler *Hauptdurchmesser* vergrößern und verkleinern oder Sie benutzen dazu die Tasten.

Nehmen Sie zum Vergrößern der Pinselspitze [#] und zum Verkleinern [Ö].

Vergrößern Sie die Ansicht des Bildes auf 200–300 %, sodass Sie die Kanten gut erkennen können.

Bearbeiten Sie mit dem Pinsel und schwarzer Vordergrundfarbe auf der Maske die Kanten der Ebene so, dass das Fell zum Vorschein kommt. Bearbeiten Sie sorgfältig die Ebenenkanten auf der ganzen Ebene.

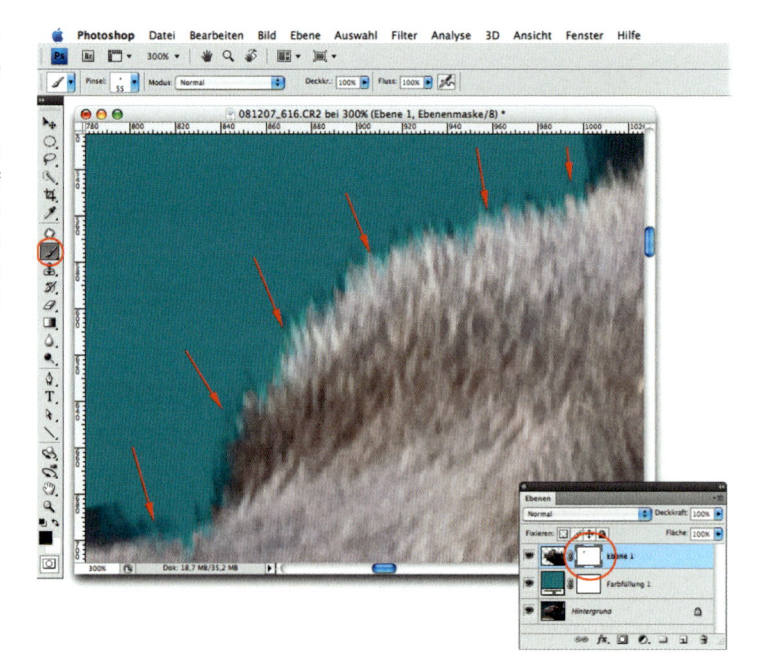

5

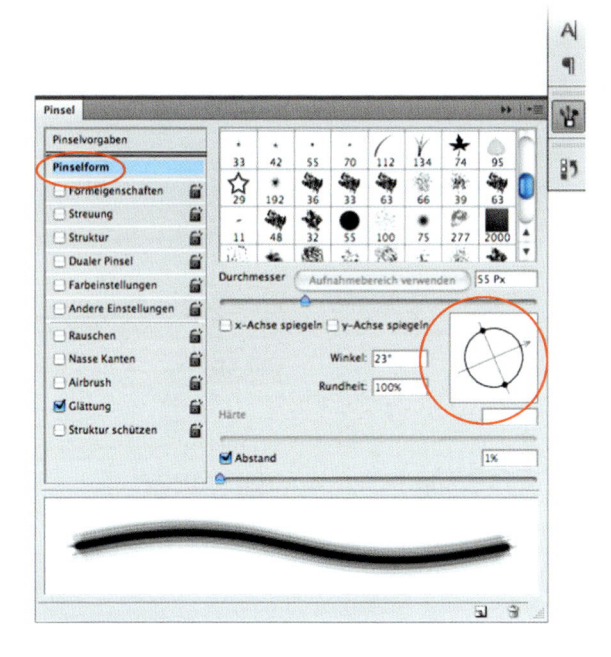

Damit das Fell unterschiedliche Kanten hat, können Sie unterschiedliche Werkzeugspitzen aus der Gruppe *Stern* der Pinselspitzen verwenden.

Sie können auch die Pinselspitzen drehen, um unterschiedlich wirkende Fellkonturen zu bekommen.

Öffnen Sie die *Pinsel*-Palette und klicken Sie auf den Eintrag *Pinselform*. Mit dem Rad rechts in der Palette können Sie die Werkzeugspitze drehen.

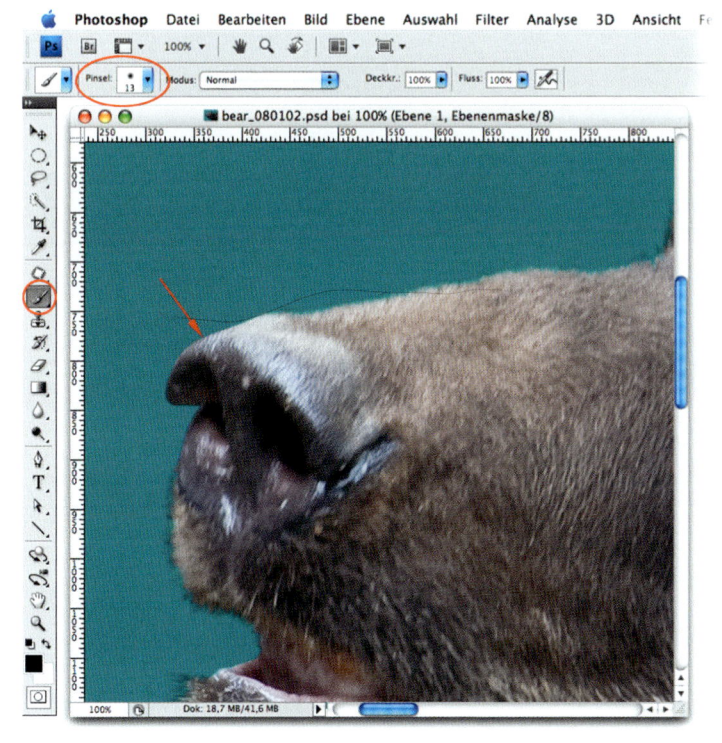

6

Zum Bearbeiten von Kanten, bei denen das Fell glatt ist, oder anderen Stellen ohne Fell können Sie den weichen, runden Pinsel verwenden. Die Größe können Sie variieren zwischen 10 und 15 Pixeln, für die Härte sollte 0 gewählt werden.

Fell von Tieren oder Gefieder freistellen

7

Kontrollieren Sie, ob alle Kanten jetzt sauber freigestellt sind, und speichern Sie die Datei im PSD-Format mit Ebenen.

8

Öffnen Sie das Bild mit dem neuen Hintergrund (Sie können zum Beispiel eine strukturierte Wand als neuen Hintergrund benutzen).

Klicken Sie die Ebene mit dem freigestellten Bären an. Wählen Sie das Verschieben-Werkzeug ([V]) und ziehen Sie die Ebene mit dem Bären auf die Arbeitsfläche mit dem neuen Hintergrund.

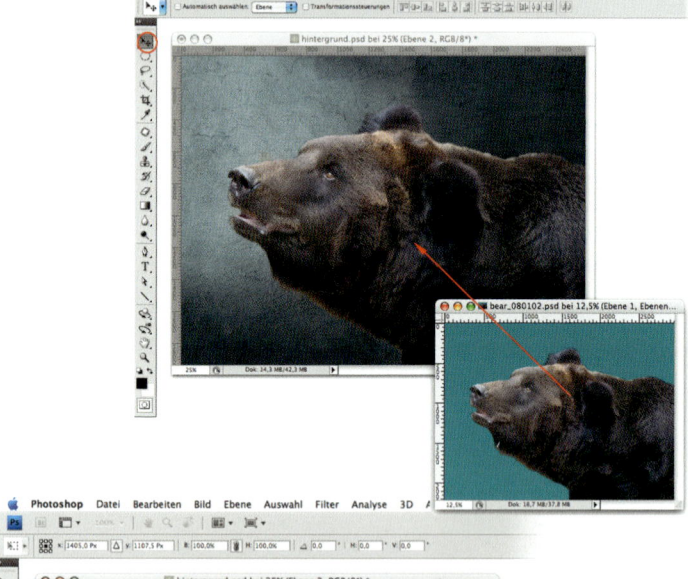

9

Mit [Strg]+[T] aktivieren Sie den Transformationsrahmen. Mit gedrückter [Umschalt]-Taste (damit die Proportionen erhalten bleiben) ziehen Sie an einem der Eckanfasser und verändern die Größe der Ebene mit dem Bären so, dass diese in der neuen Umgebung authentisch wirkt. Bestätigen Sie die Transformation mit der [Enter]-Taste.

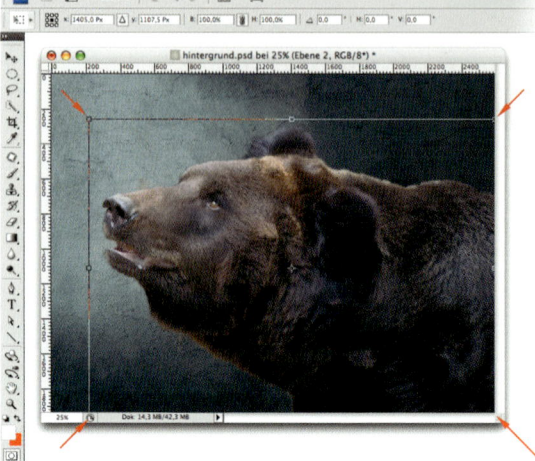

Fell von Tieren oder Gefieder freistellen

10

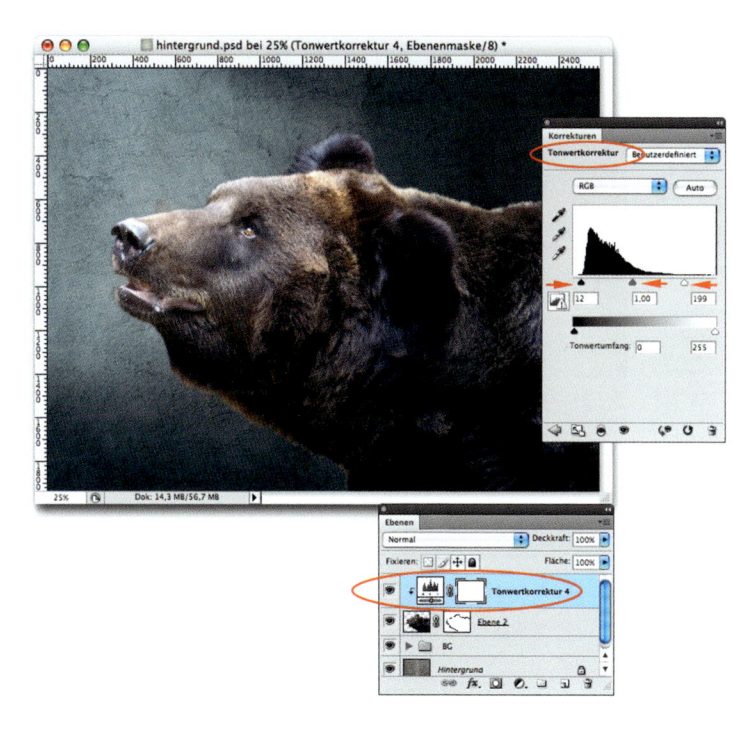

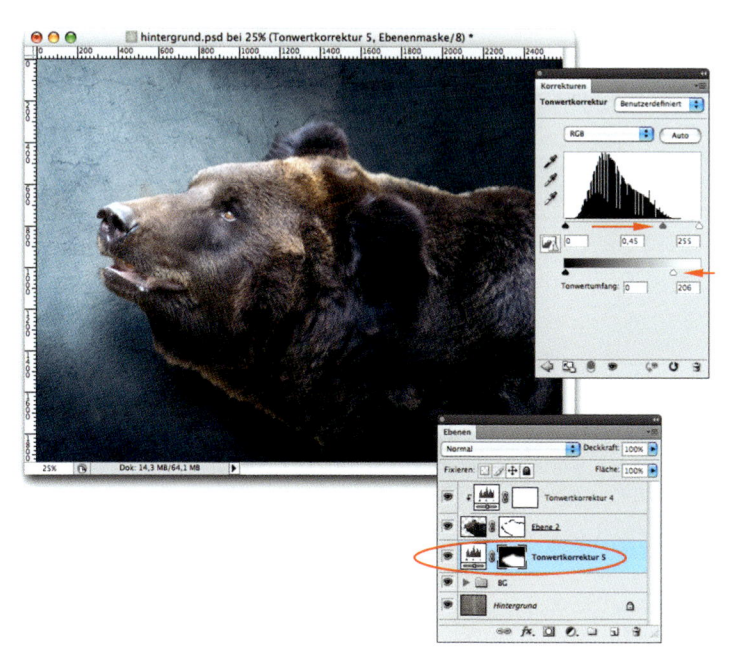

Da es immer Helligkeitsunterschiede zwischen Bildern aus verschiedenen Fotos gibt, sollten Sie diese aneinander anpassen.

In unserem Beispiel werden die Tonwerte der Ebene mit dem Bären an die Helligkeit des Hintergrunds angepasst.

Erstellen Sie über der Ebene mit dem Bären eine Einstellungsebene *Tonwertkorrektur* mit einer Schnittmaske.

Bewegen Sie in der Palette *Tonwertkorrektur* den mittleren und den rechten Regler nach links, um die Helligkeit der Ebene zu reduzieren und den Kontrast leicht zu erhöhen. Den linken Regler können Sie leicht nach rechts bewegen.

11

Damit der Bär in der neuen Umgebung realistisch wirkt, sollte noch eine Einstellungsebene mit Schatten erstellt werden. Die Schattenebene wird so erstellt, wie das im Abschnitt 7.4 über das Freistellen transparenter Gegenstände beschrieben wurde.

Oder Sie benutzen eine geladene Auswahl der Ebene mit dem Bären als Vorlage für eine Maske der Einstellungsebene *Tonwertkorrektur*, mit der Sie den Hintergrund abdunkeln.

Die Maske wird anschließend mit dem Befehl *Filter/Weichzeichnungsfilter/Gaußscher Weichzeichner* so bearbeitet, dass der Schatten realistisch wirkt. Einige Techniken über das Erstellen von Schatten werden noch in weiteren Workshops dieses Buches erklärt.

Vorher

Nachher

7.7 Komplizierter Fall: Freistellung von Haaren

Nichts bereitet Fotografen so viele Sorgen wie die Freistellung von Haaren. Mittlerweile hat jeder Fotograf oder Grafiker seine Erfahrungen mit diesem Thema gemacht und einige Techniken für sich entdeckt. Hier lernen Sie diejenige Technik kennen, die sich perfekt zum Freistellen von Haaren auf Studiofotos eignet. Wichtig ist, dass Sie schon beim Fotografieren diejenigen Voraussetzungen erfüllen, die Sie zum Freistellen brauchen.

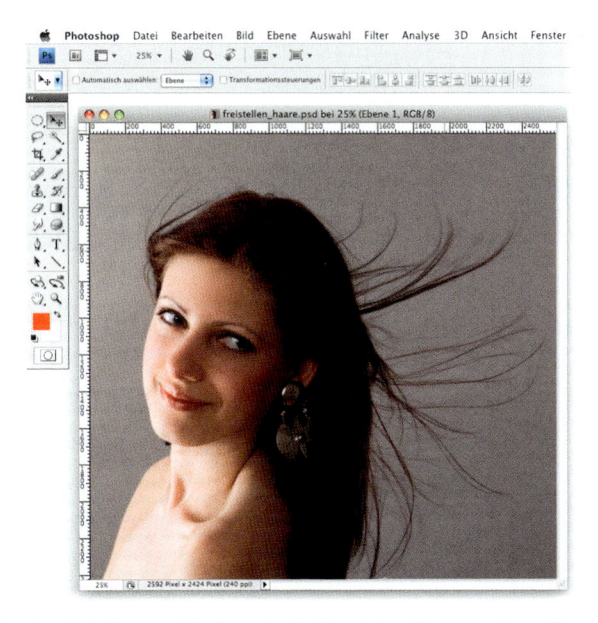

Das Wichtigste, wenn Sie auf diese Art Haare freistellen möchten, ist die Wahl des Hintergrunds beim Fotografieren. Die Person muss nicht unbedingt im Studio fotografiert werden.

Die Regel ist einfach: Personen mit dunklen Haaren sollten vor einem hellen Hintergrund fotografiert werden (weiß, hellgrau), und für Personen mit blonden Haaren nehmen Sie am besten einen schwarzen Hintergrund.

Wie Sie bestimmt schon ahnen, basiert diese Freistellungstechnik auf einem starken Kontrast zwischen den Haaren und dem Hintergrund.

1

Öffnen Sie das Bild und stellen Sie zuerst die Bereiche frei, in denen die Kanten gut erkennbar sind (Haut, Kleidung).

Verwenden Sie dazu entweder das Lasso-Werkzeug (L) oder das Zeichenstift-Werkzeug (P).

Komplizierter Fall: Freistellung von Haaren

10

Die soeben erstellte Form können Sie jetzt mit *Filter/Weichzeichnungsfilter/Gaußscher Weichzeichner* bearbeiten.

Nehmen Sie einen sehr großen Radius, ca. 230–250 Pixel, damit der Schatten diffus wird. Bestätigen Sie die Weichzeichnung mit *OK*.

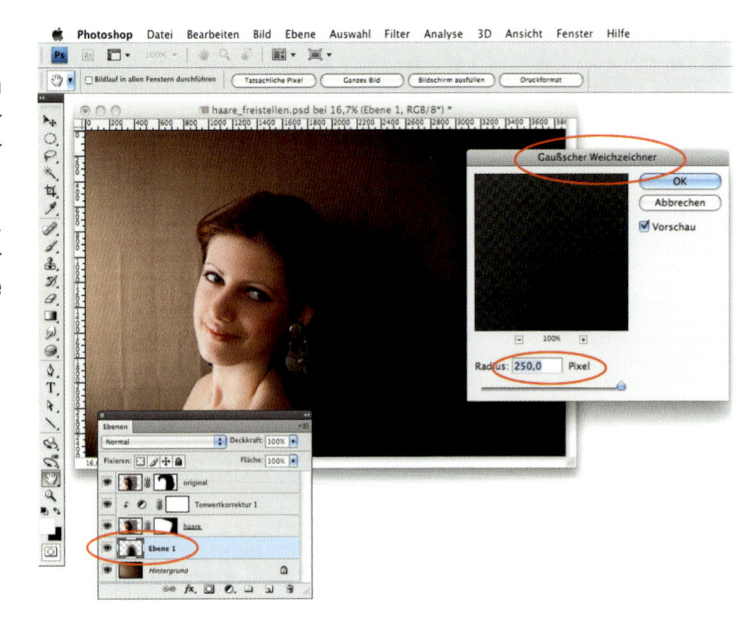

Falls der Schatten zu dunkel wird, reduzieren Sie die Deckkraft der Ebene *Schatten* auf ca. 40–50 %.

Abschließend noch ein kleiner Tipp: Wenn Sie auf einem dunklen Hintergrund aufgenommene Personen mit blonden Haaren freistellen möchten, gehen Sie genauso vor wie in diesem Workshop, verwenden Sie aber die Ebenenfüllmethode *Negativ multiplizieren*.

In der Tonwertkorrektur nehmen Sie statt der weißen eine schwarze Pipette und klicken dann auf den restlichen dunklen Hintergrund, um ihn transparent zu machen.

Vorher

Nachher

Wenn es mit dem Freistellen von Haaren nicht so richtig klappt

Nicht immer geht es wie im vorherigen Beispiel so glatt mit der Freistellung von Haaren. Oft ist der Kontrast zwischen dem Hintergrund und den Haaren nicht groß genug, um die Freistellung mithilfe der Ebenenfüllmethoden durchzuführen.

Oder es ist ganz und gar nicht möglich, eine Person sauber freizustellen, wenn diese vor einem unruhigen Hintergrund aufgenommen wurde. Dann bleibt oft nichts anderes übrig, als die Haare nachzuzeichnen.

Model: Vanessa Pichiri

1

Stellen Sie die Person zuerst frei, wie es im vorherigen Beispiel erklärt wurde.

Die Bereiche mit scharfen Konturen (Haut, Kleidung) können Sie genau freistellen, die Stellen um die Haare stellen Sie vorerst grob frei.

Komplizierter Fall: Freistellung von Haaren

2

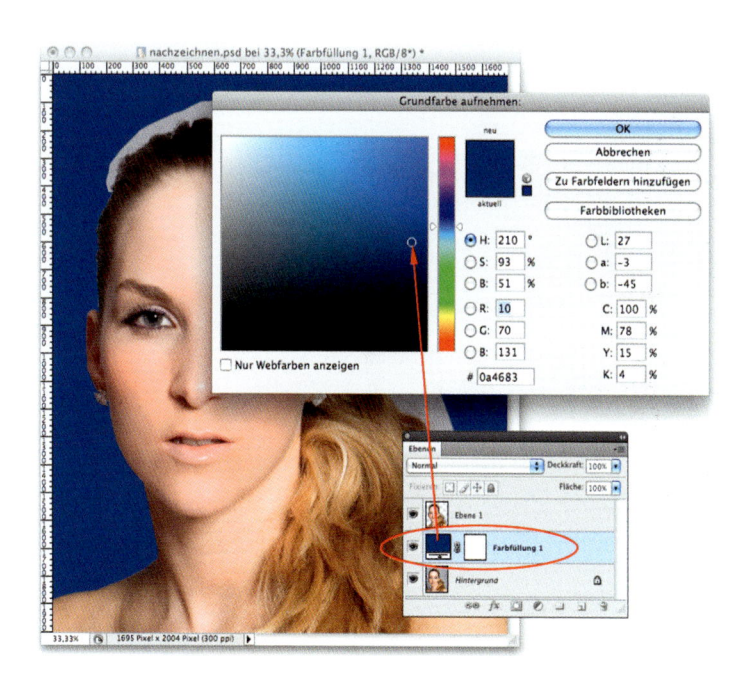

Für die weitere Freistellung erstellen Sie zwischen der Ebene *Hintergrund* und der Ebene mit der Person eine Füllebene *Volltonfarbe* mit einer kontrastreichen Farbe, z. B. Blau oder Grün.

3

Erstellen Sie auf der Ebene mit der freigestellten Person eine Ebenenmaske. Wählen Sie das Pinsel-Werkzeug ([B]) mit einer Größe von 60–70 Pixeln und mit der Härte 0.

Stellen Sie so gut wie möglich den Bereich um die Haare frei. Zwar wird das nicht eine ganz genaue Freistellung sein, aber die Grenze zwischen den Haaren und dem Hintergrund sollte eine weiche Kante haben.

Komplizierter Fall: Freistellung von Haaren

4

Über der Ebene mit der freigestellten Person erstellen Sie eine neue Ebene und benennen diese mit *haare*. Auf dieser Ebene werden die Haare nachgezeichnet. Wählen Sie das Pinsel-Werkzeug (B) mit der Stärke 1 Pixel, Härte = 0. Das ist genau die richtige Pinselgröße, um die Haare nachzeichnen zu können. Definieren Sie für das Pipetten-Werkzeug einen Aufnahmebereich von 3 x 3 Pixeln. Aktivieren Sie das Pinsel-Werkzeug. Mit gedrückter Alt-Taste klicken Sie auf eine Stelle in den Haaren, um die Farbe aufzunehmen. Malen Sie ein paar Haare auf der neu erstellten Ebene. Klicken Sie mit gedrückter Alt-Taste wieder in den Haarbereich und wählen Sie eine hellere oder dunklere Farbe aus, malen Sie weitere Haare auf der Ebene. Nehmen Sie die Farbe immer wieder auf, damit Sie die Haare mit verschiedenen Farben malen – so sieht die Nachzeichnung natürlich aus.

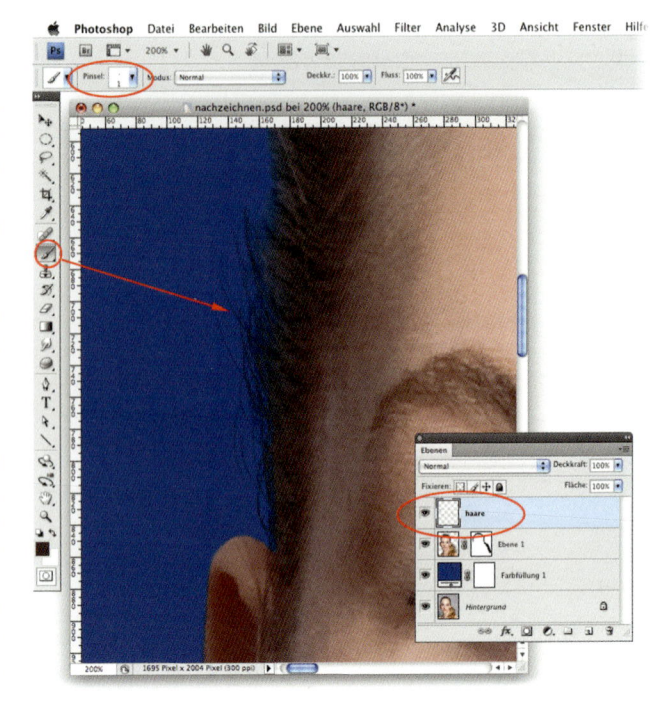

5

Wahrscheinlich befürchten Sie schon, dass Sie zu viele Haare nachzeichnen müssen. So ist das nicht. Sie können eine Ebene, auf der Sie die Haare nachgezeichnet haben, duplizieren und verschieben, um die nächste Stelle abzudecken. Damit diese Ebene nicht wie eine Kopie aussieht, können Sie diese transformieren und verkrümmen. Aktivieren Sie mit Strg+T den Transformationsrahmen, drehen Sie, falls erforderlich, die Haarsträhne und klicken Sie dann auf das Symbol *Verkrümmen*. Ziehen Sie an dem Gitterrahmen und geben Sie den Haaren die gewünschte Form. Bestätigen Sie dann mit der Enter-Taste. So können Sie viele Stellen mit nur wenigen Kopien abdecken.

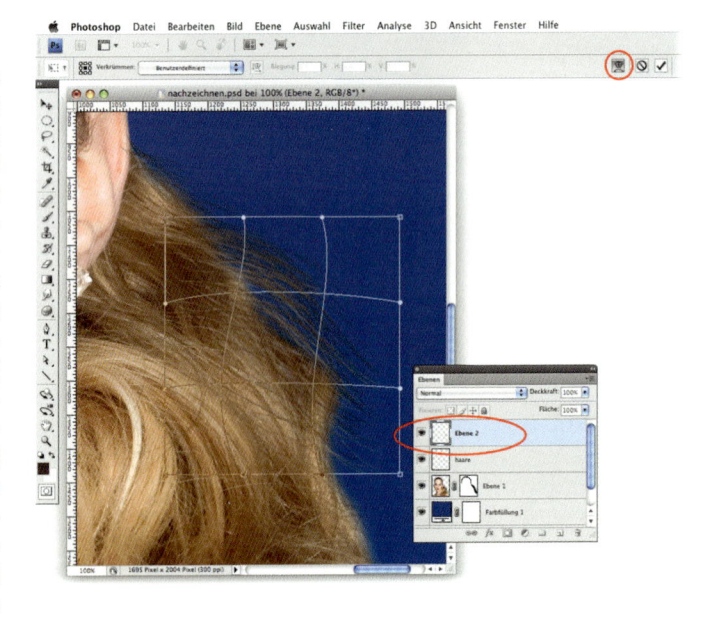

7.8 Überblenden statt Freistellung: wann sich das Freistellen nicht lohnt

Manchmal ist es gar nicht erforderlich, eine komplizierte Freistellung von Haaren durchzuführen – vor allem dann, wenn Sie nur einen strukturierten Hintergrund zu einem Studiofoto hinzufügen möchten.

Am besten funktioniert die nachfolgend beschriebene Methode auf einem grauen Hintergrund.

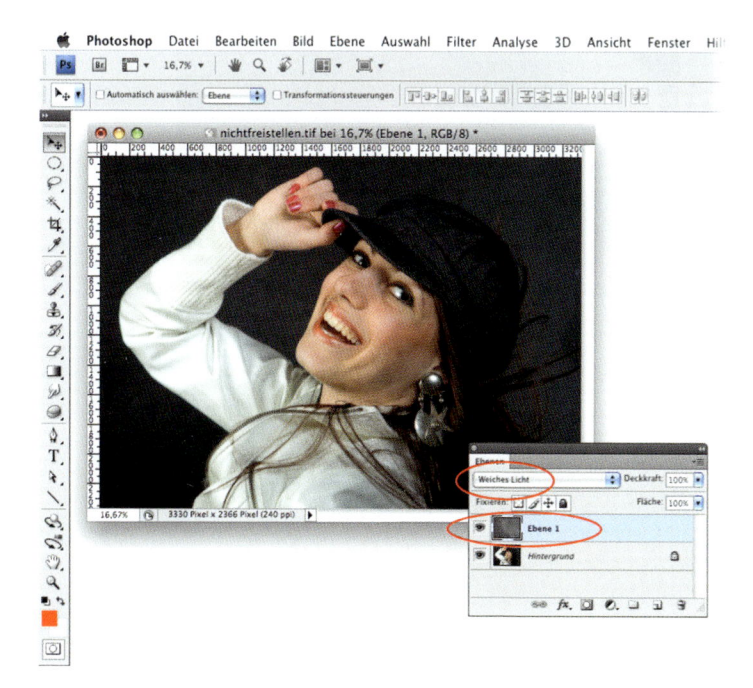

1

Öffnen Sie das Bild mit dem Model, fotografiert vor einem grauen Hintergrund, und das Foto von einem strukturierten Hintergrund, z. B. einer Betonmauer.

Ziehen Sie mit dem Verschieben-Werkzeug ([V]) das Bild mit der Struktur in die Arbeitsfläche des Bildes mit dem Model.

Halten Sie dabei die [Umschalt]-Taste gedrückt, damit die Ebene mit der Struktur genau mittig in der neuen Arbeitsfläche landet.

Ändern Sie die Ebenenfüllmethode für die Ebene mit dem Hintergrund auf *Weiches Licht*.

Überblenden statt Freistellung: wann sich das Freistellen nicht lohnt

2

Damit die Struktur auf dem neuen Hintergrund besser zur Geltung kommt, sollten die Tonwerte angepasst werden.

Erstellen Sie über der Ebene mit der Struktur eine Einstellungsebene *Tonwertkorrektur* mit der Schnittmaske.

Passen Sie die Tonwertspreizung so an, wie es auf dem Screenshot zu sehen ist.

Die Tiefen und Lichter sollten angehoben werden, damit der Kontrast stärker wird.

3

Erstellen Sie auf der Ebene mit der Struktur eine Ebenenmaske.

Wählen Sie das Pinsel-Werkzeug ([B]) zuerst mit einer großen Werkzeugspitze (z. B. 100 Pixel) und Härte = 0 und bemalen Sie die Figur der Frau, sodass die Struktur nicht mehr zu sehen ist.

Die Grenzen zwischen Kleidung und Hintergrund bearbeiten Sie mit einer kleineren Werkzeugspitze.

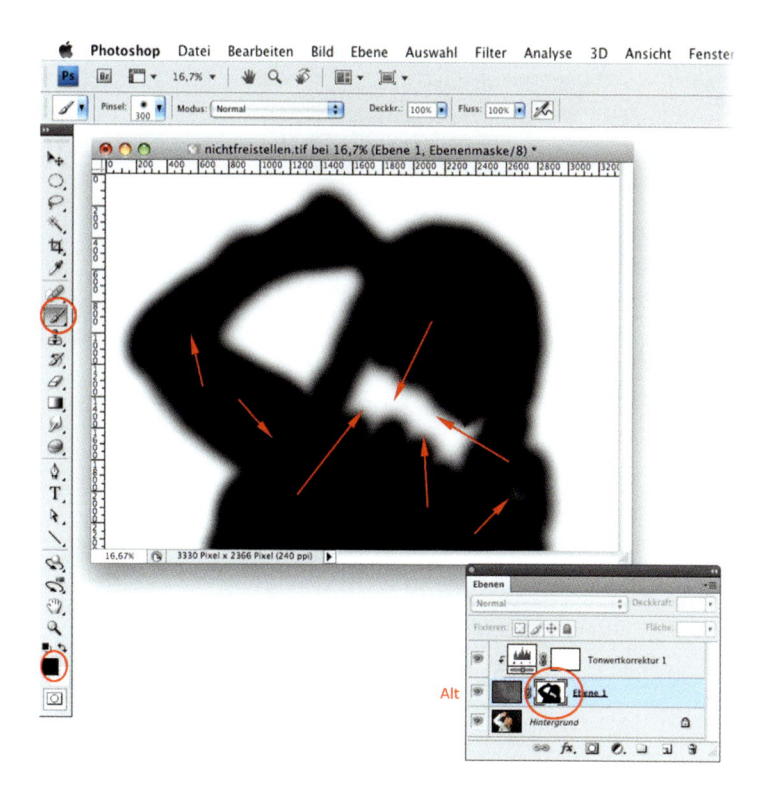

Überblenden statt Freistellung: wann sich das Freistellen nicht lohnt

4

Damit Sie sicher sein können, dass die Maske keine Lücken hat, klicken Sie in der *Ebenen*-Palette bei gedrückter [Alt]-Taste auf die Maske der Ebene mit dem strukturierten Hintergrund.

Auf der Bildfläche wird nur die Maske angezeigt und Sie können genau sehen, wo auf der Maske noch weiße Flecken sind.

Diese können Sie mit schwarzer Farbe bemalen. Klicken Sie anschließend wieder mit gedrückter [Alt]-Taste auf die Maske der Ebene mit der Struktur, um zur normalen Ansicht zurückzukehren.

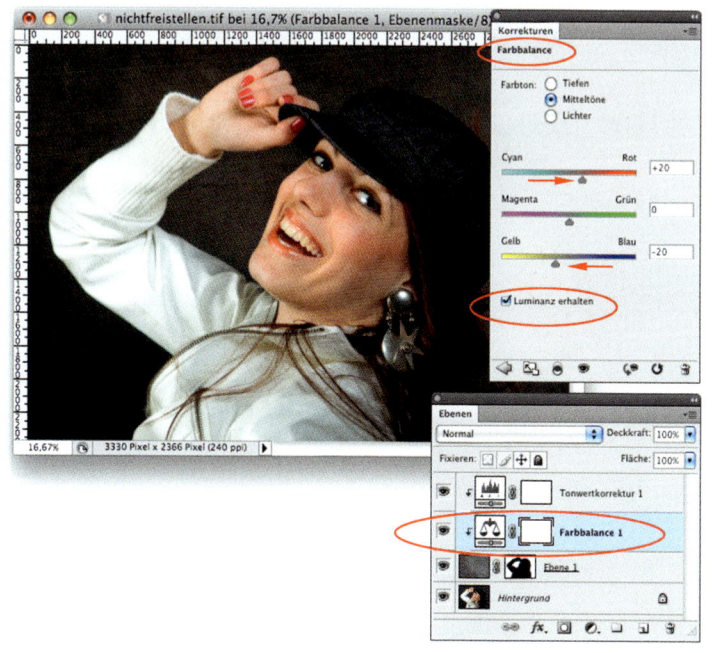

5

Um den Hintergrund zu verfärben, können Sie zwischen der Ebene mit der Struktur und der Einstellungsebene *Tonwertkorrektur* eine Einstellungsebene *Farbbalance* einfügen.

Diese wird automatisch mit einer Schnittmaske eingefügt. Verfärben Sie den Strukturhintergrund zum Beispiel leicht gelbrot.

Bearbeiten Sie dazu im Bereich *Mitteltöne* die Werte für Rot und Gelb, bis die Struktur die gewünschte Tönung bekommt.

Freistellungstechniken für jeden Zweck — KAPITEL 7

Vorher

Nachher

7.9 Lästige Ränder bei freigestellten Objekten auf unterschiedliche Art entfernen

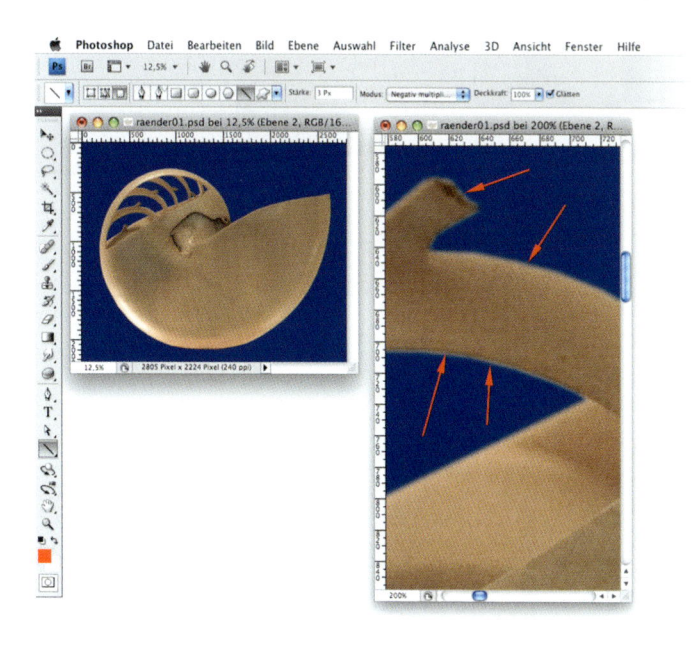

Mit der Funktion Basis

Nachdem Sie das Objekt freigestellt haben, kontrollieren Sie die Kanten bei einer starken Vergrößerung von ca. 100–200 %. Wenn Sie dunklere oder hellere Ränder feststellen, können Sie diese auf unterschiedliche Art entfernen.

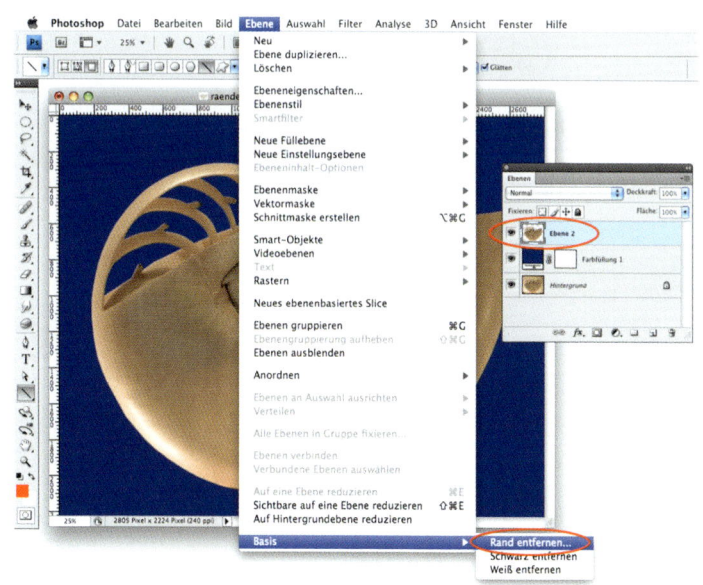

Eine ziemlich schnelle Hilfe bietet Ihnen der Befehl *Ebene/Basis*. Sie können entscheiden, ob Sie schwarze oder weiße Ränder oder einen Rand mit einer bestimmten Größe entfernen möchten.

Die ersten zwei Optionen funktionieren automatisch, für die Option *Rand entfernen* können Sie die Randgröße in Pixel eingeben.

Obwohl die Entfernung der Ränder schnell geht, ist die *Basis*-Methode nicht immer zuverlässig. Besonders an den weichen Kanten gibt es oft unschöne grobe Pixel.

Zum Freistellen feiner Ränder in qualitativ hochwertigen Fotos ist diese Methode nicht geeignet.

Lästige Ränder bei freigestellten Objekten auf unterschiedliche Art entfernen

Durch gezieltes Abschneiden der Pixel

Die bessere Alternative ist das gezielte Abschneiden der Pixel rund um das freigestellte Objekt. Diese Methode ist zwar etwas umständlich, funktioniert dafür aber wesentlich besser als *Ebene/Basis*. Die Kanten bleiben sehr sauber.

1

Klicken Sie die Ebene mit dem freigestellten Objekt und dann noch mal mit gedrückter [Strg]-Taste an. Die Auswahl des Objekts wird geladen.

2

Wählen Sie *Auswahl/Auswahl verändern/Verkleinern*. Im Dialog *Auswahl verkleinern* geben Sie einen Wert in Pixel ein, und zwar so hoch, wie Sie denken, dass vom Rand abgeschnitten werden sollte. Meistens ist das nur 1 Pixel, aber wenn der Rand besonders gut zu sehen ist, können Sie auch 2 Pixel eingeben. Bestätigen Sie mit *OK*.

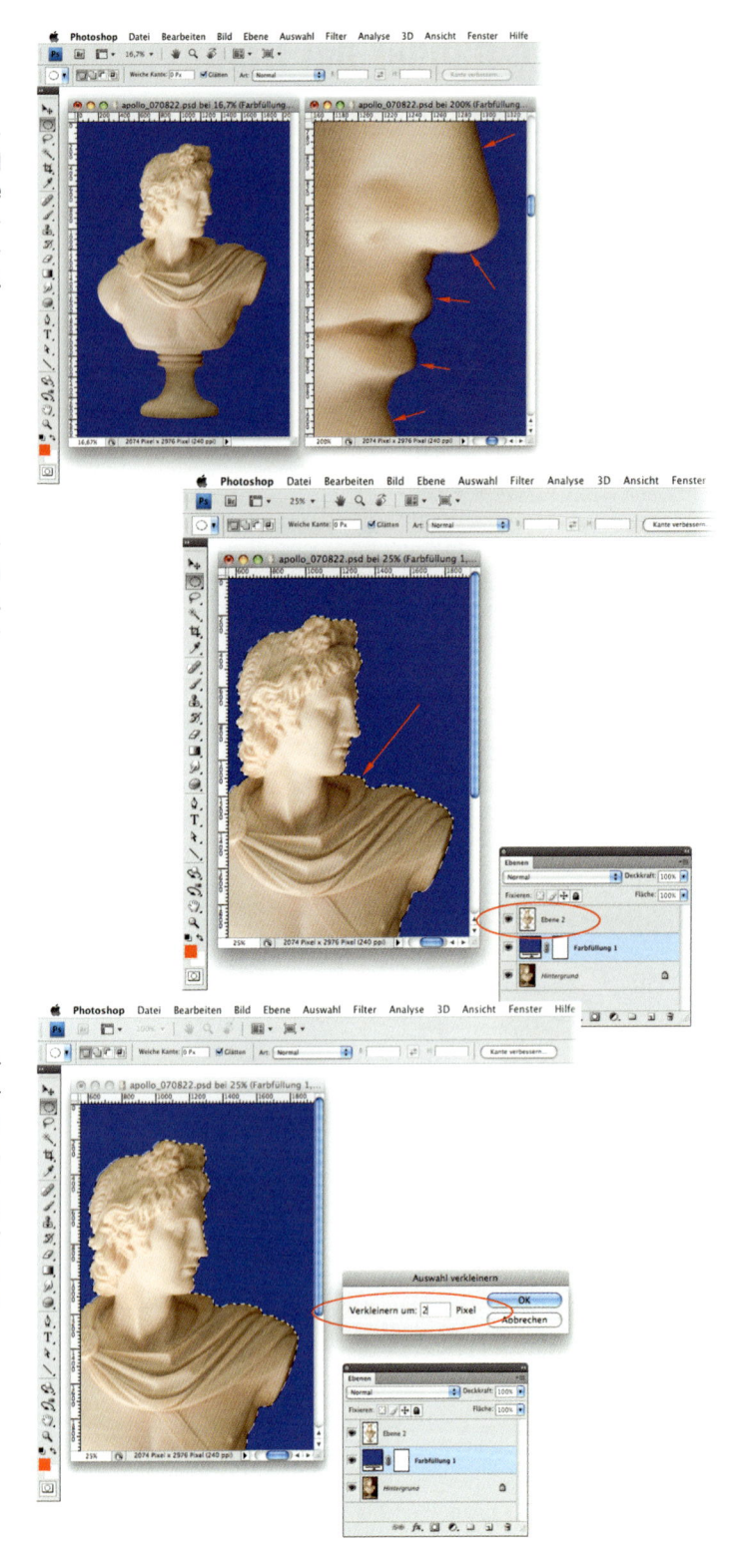

326   KAPITEL 7   Freistellungstechniken für jeden Zweck

Lästige Ränder bei freigestellten Objekten auf unterschiedliche Art entfernen

3

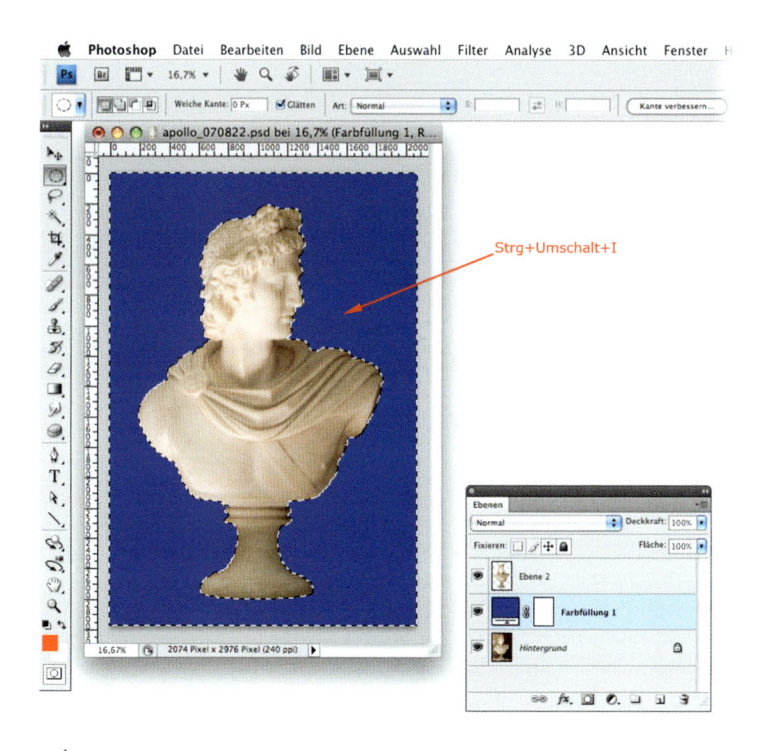

Mit *Auswahl/Auswahl umkehren* oder [Strg]+[Umschalt]+[I] wählen Sie den Bereich um das Objekt aus. In dieser Auswahl befindet sich die Zugabe von 1 oder 2 Pixeln, die Sie in Schritt 2 festgelegt haben.

Mit [Strg]+[X] schneiden Sie den Pixelrand ab. Die Auswahl wird dadurch automatisch aufgehoben.

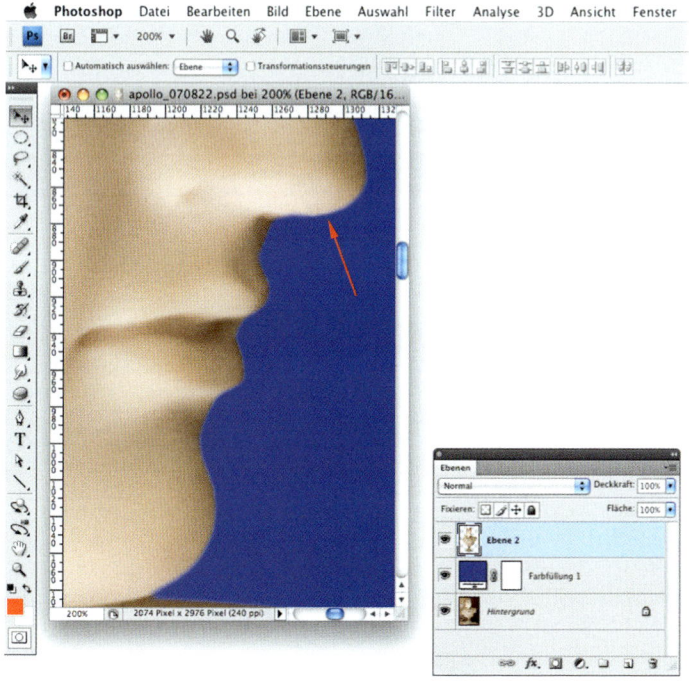

4

Vergrößern Sie die Ansicht des Bildes auf 100–200 % und vergewissern Sie sich, dass der Rand jetzt verschwunden ist.

Auch wenn Sie ein Objekt mit weicher Kante auf diese Art vom Rand befreien möchten, wird die weiche Kante erhalten bleiben.

Bei Composings ist diese Methode, die Ränder zu entfernen, die bessere.

Kapitel

8

Digitalfotos perfekt nachbearbeiten

Diese Arbeiten gehören zum Alltag jedes Fotografen und Grafikers: Beautyretusche, unerwünschte Details aus dem Bild entfernen, Spiegelungen reduzieren, unter- und überbelichtete Bilder retten. In diesem Kapitel erfahren Sie, wie Sie Ihre Fotos mit Photoshop CS4 optimieren und so gekonnt retuschieren, dass niemand auf die Idee kommen kann, dass das Bild manipuliert wurde.

8.1 Porträt- und Beautyretusche

Dieses Thema beschäftigt Fotografen zunehmend, und es gibt mittlerweile sehr viele Techniken, die für die Optimierung von Porträtfotos gedacht sind. Die wichtigsten Techniken finden Sie im Folgenden.

Hautkorrektur durchführen, ohne dass die Hautstruktur verloren geht

1

Öffnen Sie ein Porträtfoto und beginnen Sie mit der Korrektur kleiner Hautfehler. Verwenden Sie dazu das Ausbessern-Werkzeug (J). Beim Ausbessern-Werkzeug (J) gibt es zwei Einstellungsmöglichkeiten: *Quelle* und *Ziel*. Bei der Option *Quelle* wird eine Stelle des Bildes ausgewählt, die z. B. einen Fleck enthält.

Die ausgewählte Stelle wird auf die Stelle mit der sauberen Haut verschoben und der Fleck verschwindet. Bei der Option *Ziel* passiert es andersherum. Sie wählen eine Stelle mit sauberer Haut aus und ziehen die Auswahl auf die Stelle mit dem Fleck.

Beide Optionen funktionieren sehr zuverlässig. Wenn Ihr Foto große Flächen mit sauberer Haut aufweist und die Flecken minimal sind, können Sie die Option *Ziel* verwenden. Wenn der Fleck sich neben der Grenze zu den Haaren befindet, ist die Option *Quelle* besser.

2

Weitere Möglichkeiten, Hautfehler zu korrigieren, haben Sie mit den Werkzeugen Reparatur-Pinsel (J) und Bereichsreparatur-Pinsel (J). Der Bereichsreparatur-Pinsel funk-

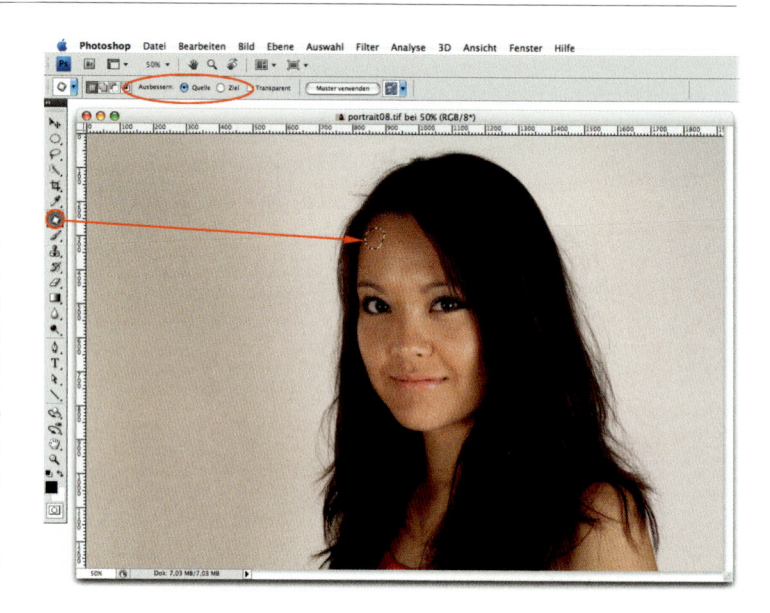

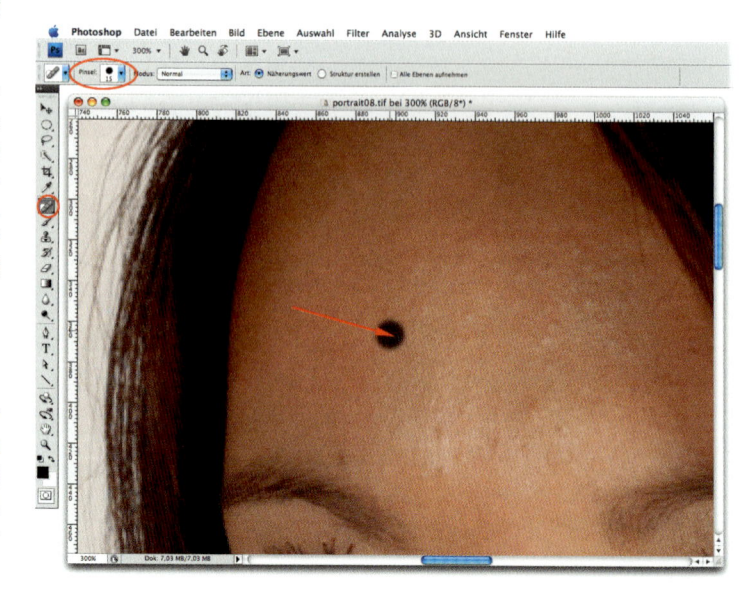

Porträt- und Beautyretusche

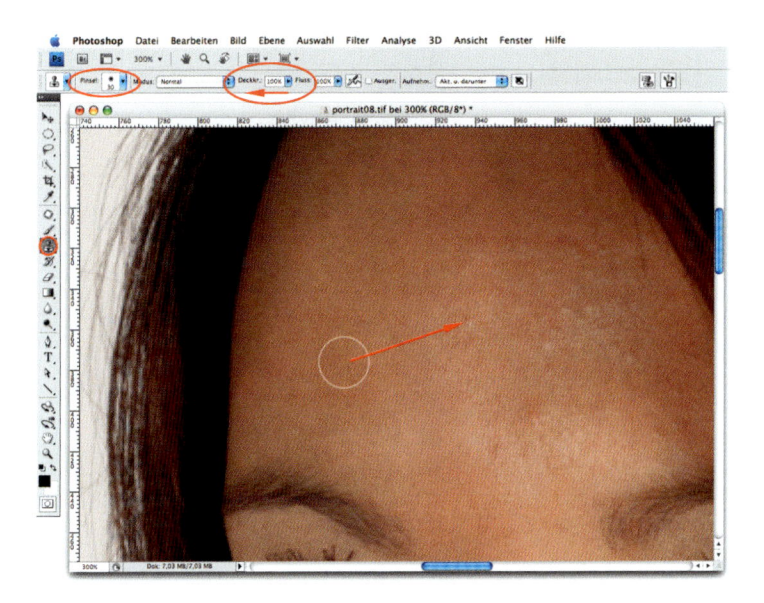

tioniert vollautomatisch, beim Reparatur-Pinsel wird zuerst die Quelle für die Pixel definiert (mit der [Alt]-Taste), diese werden dann auf den Fleck übertragen.

Beim Bereichsreparatur-Pinsel brauchen Sie nur auf dem Fleck zu malen, damit er durch die benachbarten Pixel ersetzt wird.

Leider funktioniert das beim Grenzbereich Haut/Haare schlecht. Deshalb ist es ratsam, das Reparatur-Pinsel-Werkzeug an solchen Stellen zu verwenden.

3

Das altbewährte Kopierstempel-Werkzeug ([S]) können Sie auch für einige Korrekturen verwenden. Allerdings sollten Sie dabei Folgendes beachten.

Verwenden Sie das Kopierstempel-Werkzeug ([S]) nur mit einer weichen Werkzeugspitze. Außerdem sollte die Deckkraft bei 20–40 % liegen. Höhere Werte für die Deckkraft können eine Musterbildung verursachen.

4

Wenn Sie mit den Korrekturen der kleinen Hautfehler fertig sind, können Sie die Datei speichern und für die weitere Bearbeitung nutzen.

Duplizieren Sie die Originalebene in der *Ebenen*-Palette zweimal. Konvertieren Sie die Ebenenkopien in Smart-Objekte.

5

Die Originalebene bleibt unberührt und die oberen zwei werden bearbeitet. Damit Sie später wissen, worum es geht, können Sie die Ebenen umbenennen. Die mittlere Ebene nennen Sie *Weichzeichnen* und die obere *Hautstruktur*.

Die Ebene *Hautstruktur* können Sie vorerst ausblenden. Für die Ebene *Weichzeichnen* wählen Sie *Filter/Weichzeichnungsfilter/Matter machen*. Im Dialog *Matter machen* können Sie schon im Vorschaufenster sehen, wie stark Sie den Filter anwenden.

Die Werte sind von der Größe des Bildes abhängig. Für unser Beispielbild mit 2.500 x 1.900 Pixel wurde für *Radius* ca. 30 und für *Schwellenwert* ca. 25 genommen.

Die Weichzeichnung der Haut sollte deutlich sichtbar sein. Natürlich wird auch der Rest des Bildes weichgezeichnet, aber das wird sich bald ändern.

6

Klicken Sie auf die Maske der Smart-Ebene *Weichzeichnen* und füllen Sie diese Maske mit schwarzer Farbe. Das können Sie mit der Tastenkombination (Strg)+(I) machen. Die Wirkung des Filters wird vorübergehend aufgehoben.

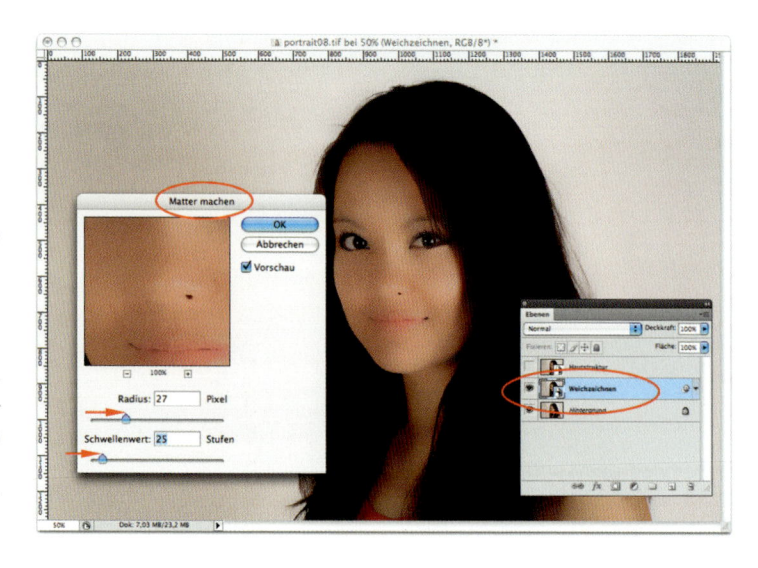

Porträt- und Beautyretusche

7

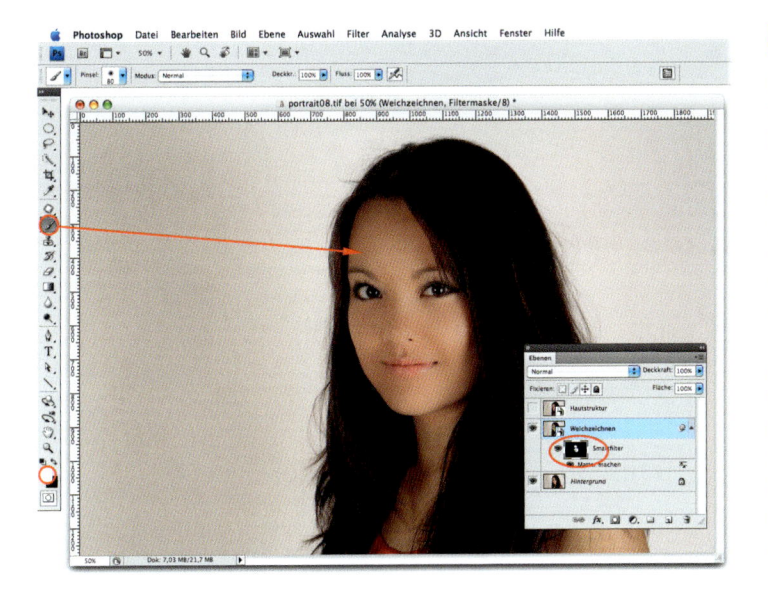

Durch das Füllen der Maske der Smart-Ebene mit der schwarzen Farbe wurde die Ebene *Weichzeichnen* unsichtbar. Jetzt können Sie die Stellen, an denen die Haut zu sehen ist, wieder einblenden. Wählen Sie als Vordergrundfarbe Weiß und nehmen Sie das Pinsel-Werkzeug ([B]).

Die Werkzeugspitze kann ca. 150 Pixel groß sein und sollte weiche Kanten haben. Bemalen Sie die Stellen mit der Haut auf der Maske der Smart-Ebene – die Teile der Ebene *Weichzeichnen* werden wieder sichtbar.

8

Die Haut ist jetzt sehr stark weichgezeichnet, das kann so nicht bleiben. Reduzieren Sie die Deckkraft der Ebene *Weichzeichnen* auf ca. 50–70 %.

Digitalfotos perfekt nachbearbeiten KAPITEL 8

Porträt- und Beautyretusche

9

Blenden Sie die Ebene *Hautstruktur* wieder ein. Das Bild erscheint wieder im Originalzustand, und zwar ohne weichgezeichnete Haut. Diese Ebene wird jetzt sehr stark scharfgezeichnet.

Durch die Scharfzeichnung wird die Struktur der Haut besser sichtbar. Zum Scharfzeichnen können Sie *Filter/Scharfzeichnungsfilter/Stärker scharfzeichnen* verwenden. Alternativ können Sie auch den Filter *Unscharf maskieren* nutzen.

10

Genauso wie mit der Ebene *Weichzeichnen* wird die Ebene *Hautstruktur* mit der Maske der Smart-Ebene automatisch ausgestattet und die Maske füllen Sie durch [Strg]+[I] mit schwarzer Farbe.

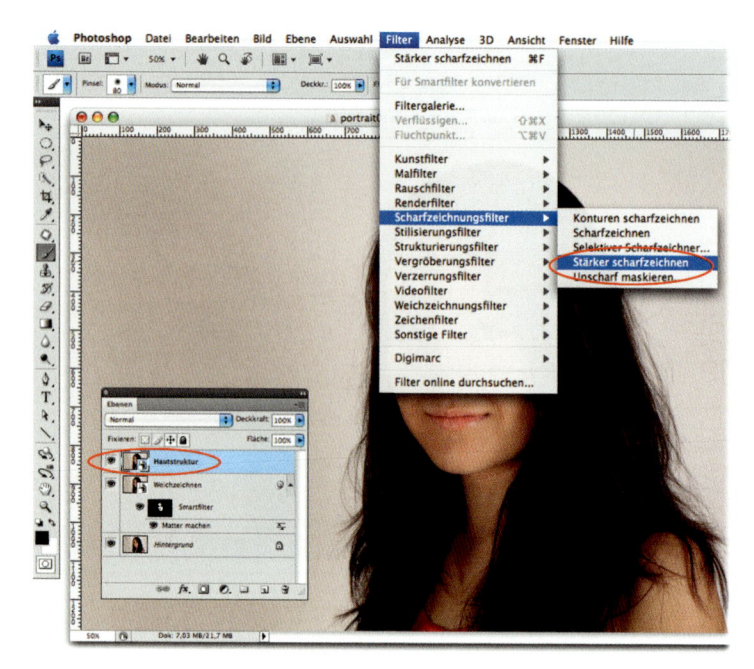

334 KAPITEL 8 Digitalfotos perfekt nachbearbeiten

Porträt- und Beautyretusche

11

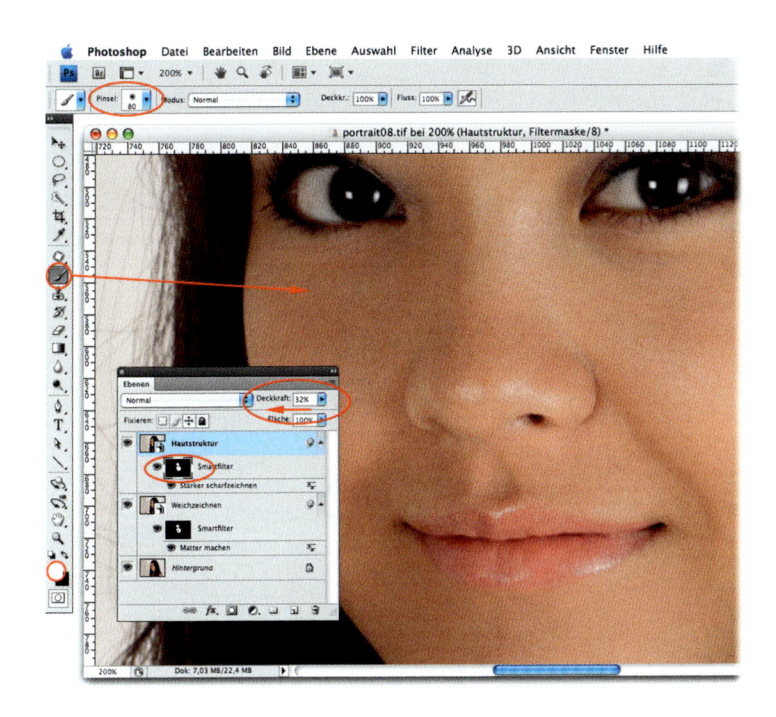

Mit dem Pinsel-Werkzeug ([B]) und der Vordergrundfarbe Weiß (die Pinseleinstellungen können genauso bleiben wie in Schritt 7) blenden Sie die Hautstellen wieder ein, die zur Geltung kommen sollen. Anschließend reduzieren Sie die Deckkraft der Ebene *Hautstruktur* auf 30–40 %.

Vergleichen Sie die Ergebnisse mit und ohne Korrektur. Klicken Sie dazu mit gedrückter [Alt]-Taste auf das Augensymbol der Hintergrundebene.

Digitalfotos perfekt nachbearbeiten KAPITEL 8

Porträt- und Beautyretusche

Glanzstellen der Haut gekonnt ausbessern

Das Ausbessern von Glanzstellen der Haut kann man mit dem Pudern vergleichen.

Ohne großen Aufwand und ganz und gar ohne Schminkköfferchen bessern Sie die Stellen aus, an denen die Visagistin nicht aufgepasst hat.

1

Öffnen Sie das Foto zum Ausbessern. Erstellen Sie in der *Ebenen*-Palette eine neue leere Ebene.

Aktivieren Sie das Pinsel-Werkzeug (B) mit einer Werkzeugspitze von ca. 100 Pixeln und der Kantenschärfe 0.

2

Mit gedrückter Alt-Taste nehmen Sie die Farbe neben den Glanzstellen auf (nicht auf den Glanzstellen!).

Lassen Sie dann die Alt-Taste los und tragen Sie die Farbe auf der oberen Ebene über die Glanzstellen auf, sodass diese verschwinden.

Für jede Glanzstelle sollte die Farbe neu aufgenommen werden, weil die Farbnuancen im Gesicht abweichen können.

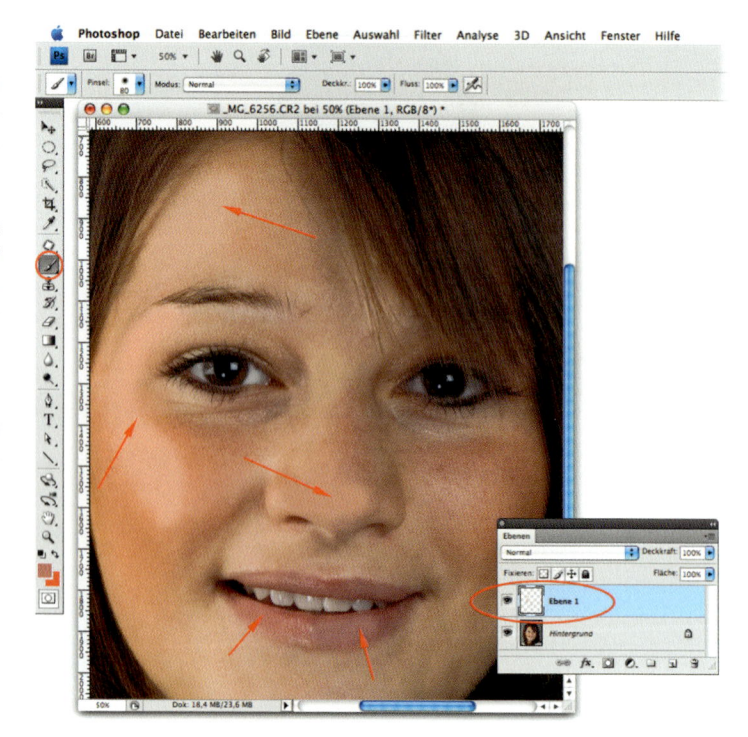

Digitalfotos perfekt nachbearbeiten

Porträt- und Beautyretusche

3

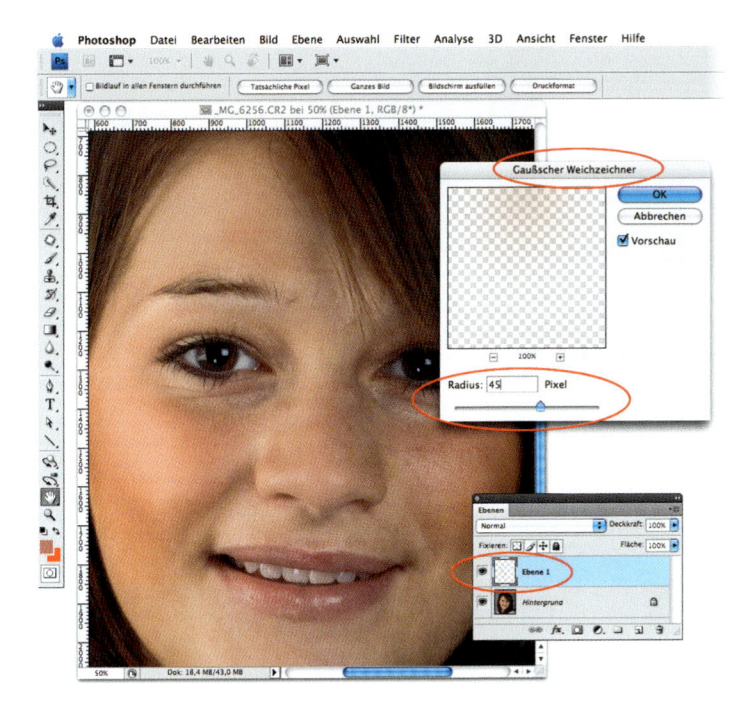

Wählen Sie anschließend *Filter/ Weichzeichnungsfilter/Gaußscher Weichzeichner*.

Die aufgetragene Farbe wird „zerstreut" und ist als Farbe nicht mehr sichtbar. Die Glanzstellen erscheinen matter.

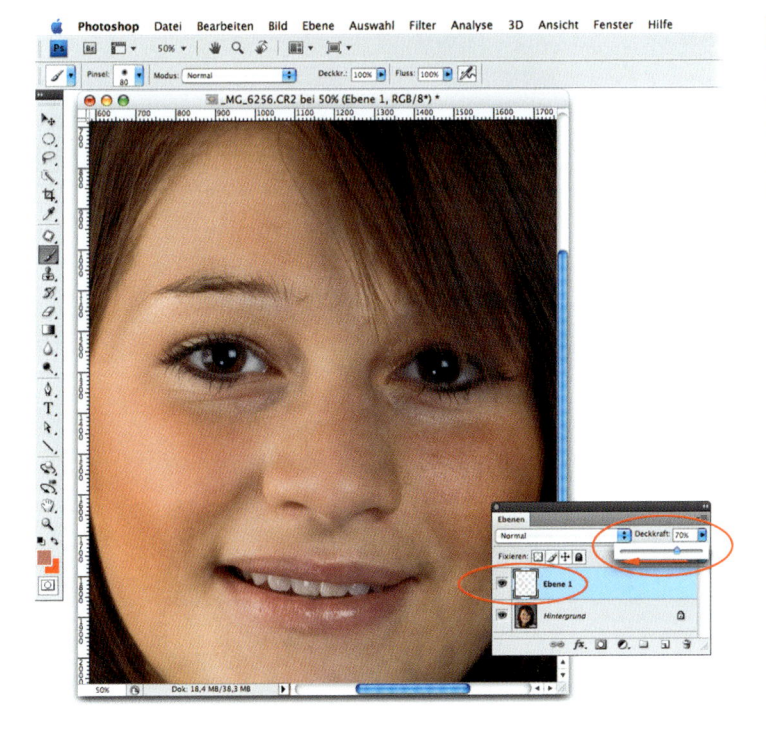

4

Falls die Farbe die Glanzstellen zu stark abdeckt und das Bild unrealistisch oder zu glatt wirkt, reduzieren Sie die Deckkraft der oberen Ebene auf 60–70 %.

Digitalfotos perfekt nachbearbeiten

Vorher

Nachher

Gezielte Akzente durch selektives Nachschärfen setzen

Durch selektives Nachschärfen von Augen, Wimpern und Augenbrauen gewinnt ein Bild an Aussagekraft. Sie können das Nachschärfen mit verschiedenen Techniken durchführen, von denen Sie im Folgenden einige kennenlernen werden.

Selektive Anwendung des Filters Unscharf maskieren

1

Öffnen Sie das Bild zum selektiven Nachschärfen. Wählen Sie das Lasso-Werkzeug ([L]) und erstellen Sie eine großzügige Auswahl rund um die Augen, ungefähr so, wie es auf dem Screenshot zu sehen ist.

Mit [Strg]+[J] legen Sie den ausgewählten Bereich auf eine neue Ebene. Wandeln Sie diese Ebene in ein Smart-Objekt um.

2

Wählen Sie *Filter/Scharfzeichnungsfilter/Unscharf maskieren*. Die Werte im Dialog *Unscharf maskieren* sind von der Größe des Bildes abhängig.

Das Ziel ist es, den Augenbereich so scharf wie möglich darzustellen. Für das Beispielfoto mit der Größe 2.912 x 4.368 Pixel wurden folgende Werte eingestellt: *Stärke* 119 %, *Radius* 3 Pixel, *Schwellenwert* 0 Stufen. Bei kleineren Bildern werden die Werte etwas niedriger sein.

3

Erstellen Sie für die scharfgezeichnete Ebene eine Ebenenmaske oder benutzen Sie die Maske der Smart-Ebene. Wählen Sie das Pinsel-Werkzeug (B) mit der Vordergrundfarbe Schwarz.

Die Werkzeugspitze kann 80–100 Pixel groß sein und sollte weiche Kanten haben (Kantenschärfe 0).

Bearbeiten Sie die Bereiche rund um die Augen, die nicht nachgeschärft werden sollten. Diese werden durch das Auftragen der schwarzen Vordergrundfarbe auf die Ebenenmaske transparent.

Sollten Sie aus Versehen zu viel von der Ebene ausgeblendet haben, können Sie mit weißer Vordergrundfarbe die Sichtbarkeit dieser Teile der Ebene wiederherstellen.

4

Falls Sie merken, dass die Schärfe der Augen zu stark ist, können Sie die Deckkraft der oberen Ebene auf ca. 70–80 % reduzieren.

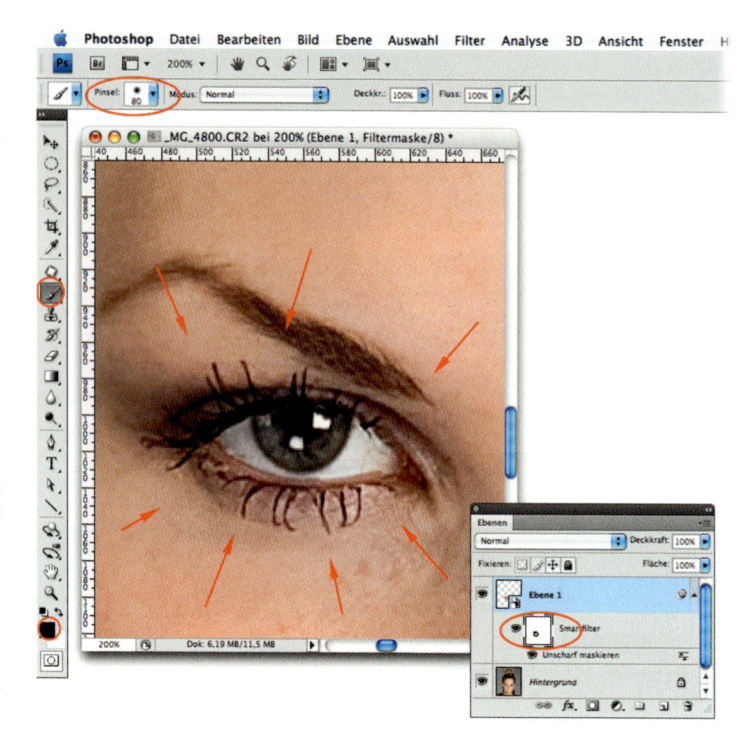

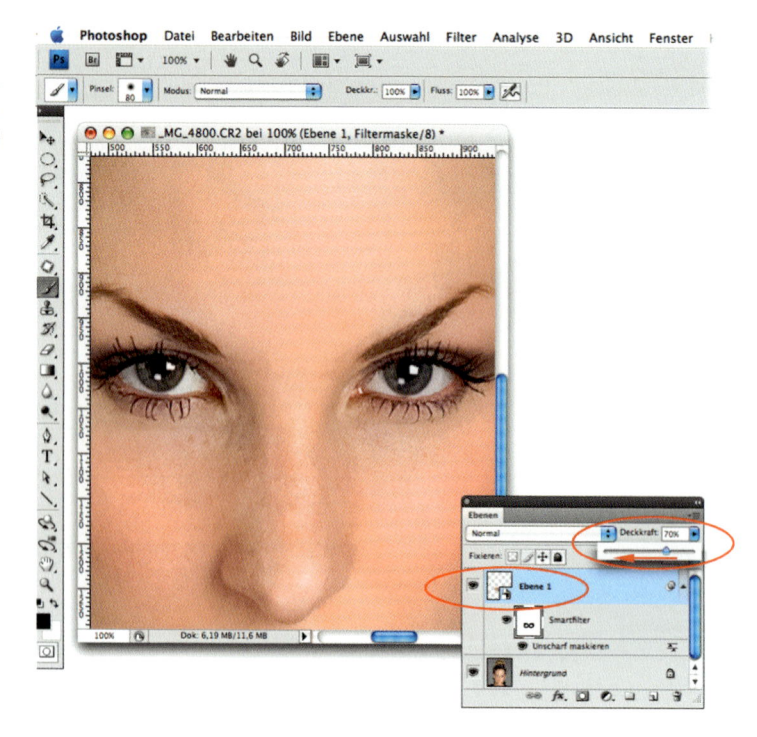

Vorher

Model: Vanessa Pichiri

Nachher

Selektives Nachschärfen mit dem Filter Hochpass und Ebenenfüllmethoden

1

Öffnen Sie das Bild zum selektiven Nachschärfen. Wählen Sie das Lasso-Werkzeug (L) und erstellen Sie eine großzügige Auswahl rund um die Augen, ungefähr so, wie es auf dem Screenshot gezeigt wird.

Mit Strg+J legen Sie den ausgewählten Bereich auf eine neue Ebene. Konvertieren Sie diese Ebene in ein Smart-Objekt, falls Sie die Einstellungen des Filters später ändern wollen.

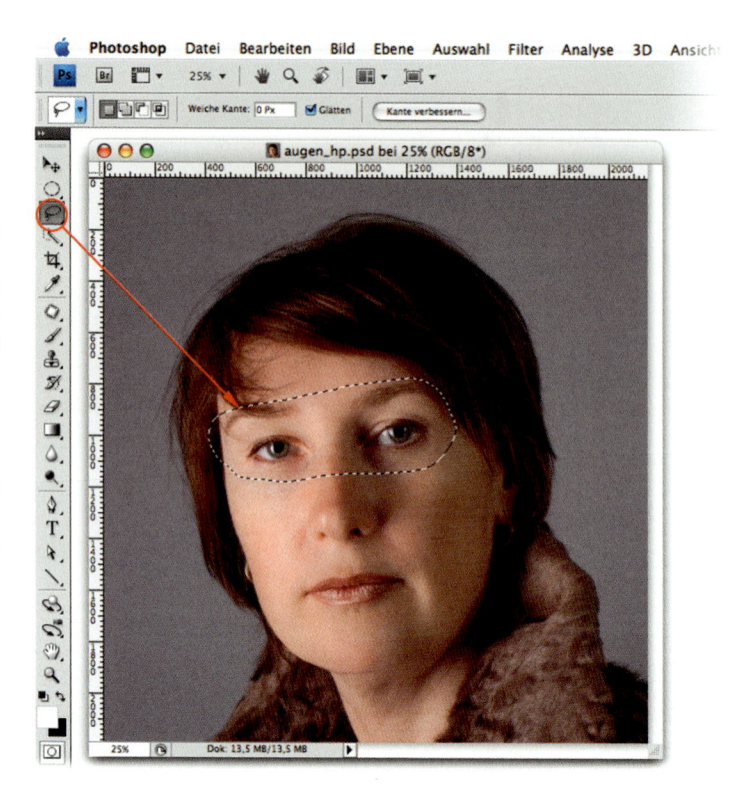

2

Wählen Sie *Filter/Sonstige Filter/Hochpass*. Der ausgewählte Bereich wird grau.

Im Dialog *Hochpass* wählen Sie den Radius so, dass die Konturen der Augen, Wimpern und Augenbrauen gut sichtbar werden und scharfgezeichnet sind.

In der Regel sind für *Radius* zwischen 2 und 3,5 Pixel einzustellen. Bestätigen Sie Ihre Eingabe mit *OK*.

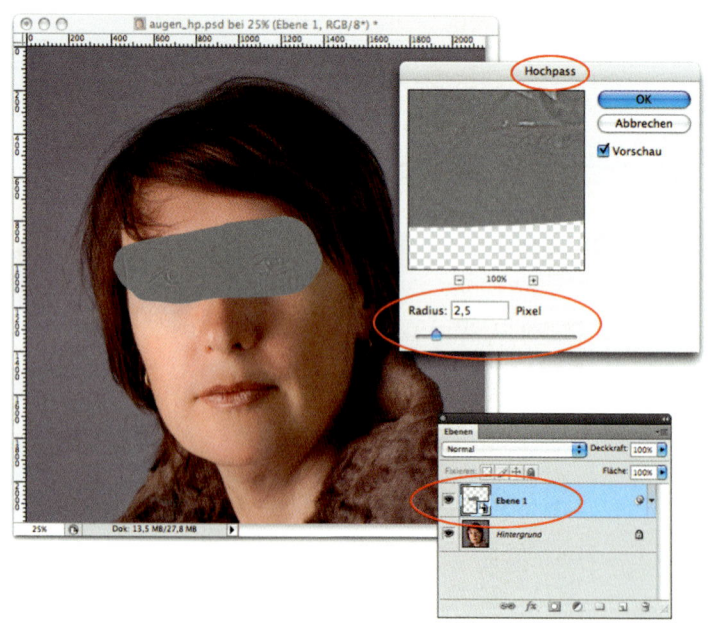

Porträt- und Beautyretusche

3

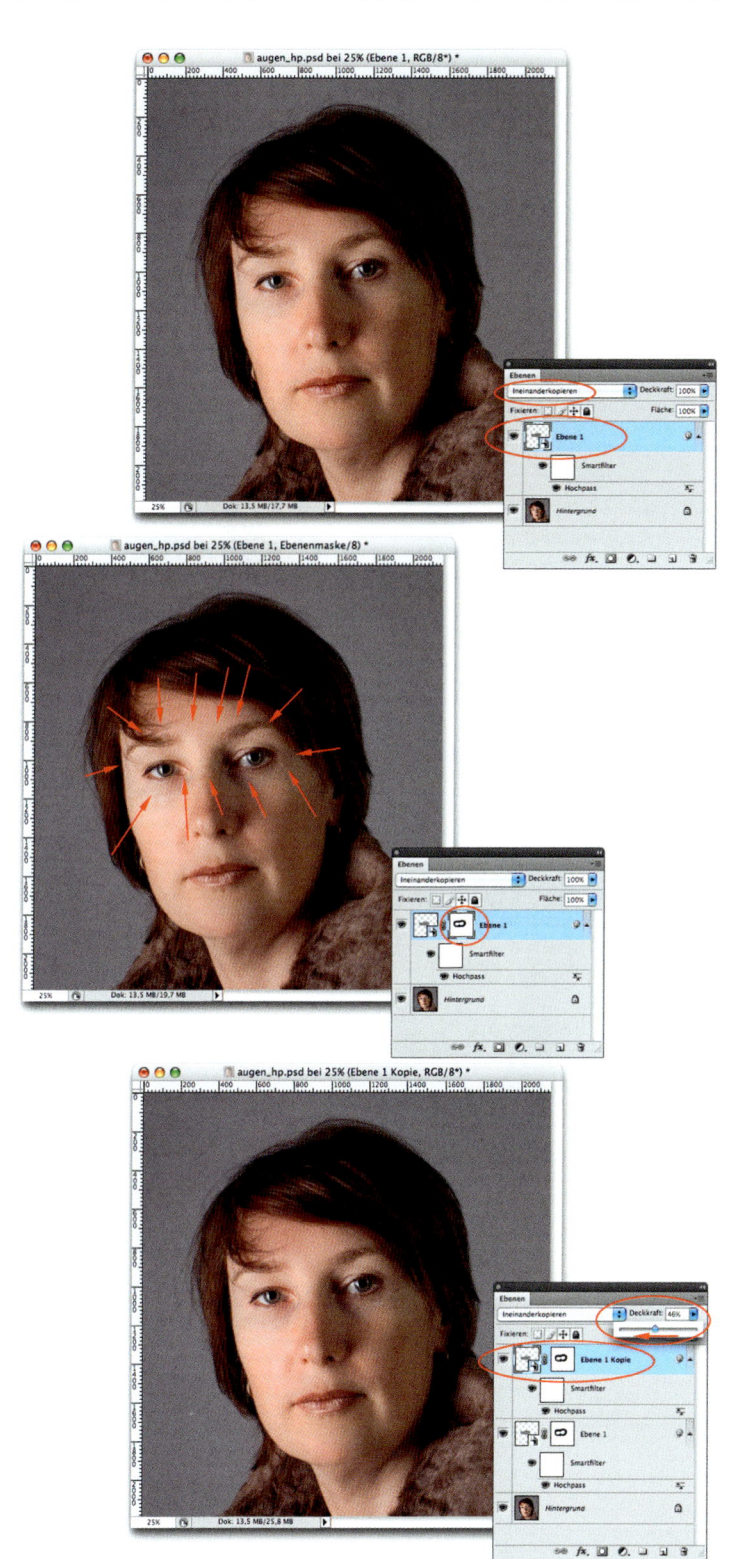

Ändern Sie die Ebenenfüllmethode für die obere Ebene auf *Ineinanderkopieren*.

Das Bild sieht wieder normal aus und der Bereich, den Sie vorher ausgewählt haben, ist deutlich schärfer. Vergleichen Sie die Resultate, indem Sie die obere Ebene ausblenden und dann wieder einblenden.

4

Erstellen Sie für die Ebene, die Sie mit dem Hochpass-Filter bearbeitet haben, eine Ebenenmaske. Wählen Sie das Pinsel-Werkzeug (B) mit der Vordergrundfarbe Schwarz.

Die Werkzeugspitze kann 80–100 Pixel groß sein und sollte weiche Kanten haben (Kantenschärfe 0). Bearbeiten Sie die Bereiche rund um die Augen, die nicht nachgeschärft werden sollen.

Diese werden durch das Auftragen der schwarzen Vordergrundfarbe auf die Ebenenmaske transparent. Sollten Sie aus Versehen zu viel von der Ebene ausgeblendet haben, können Sie mit weißer Vordergrundfarbe die Sichtbarkeit dieser Teile der Ebene wiederherstellen.

5

Wenn die Schärfe der Augen zu stark ist, können Sie die Deckkraft der oberen Ebene reduzieren. Wenn umgekehrt die Schärfe noch etwas stärker sein könnte, duplizieren Sie die obere Ebene.

Die Feinregulierung der Schärfe können Sie mit einer Anpassung der Ebenendeckkraft durchführen.

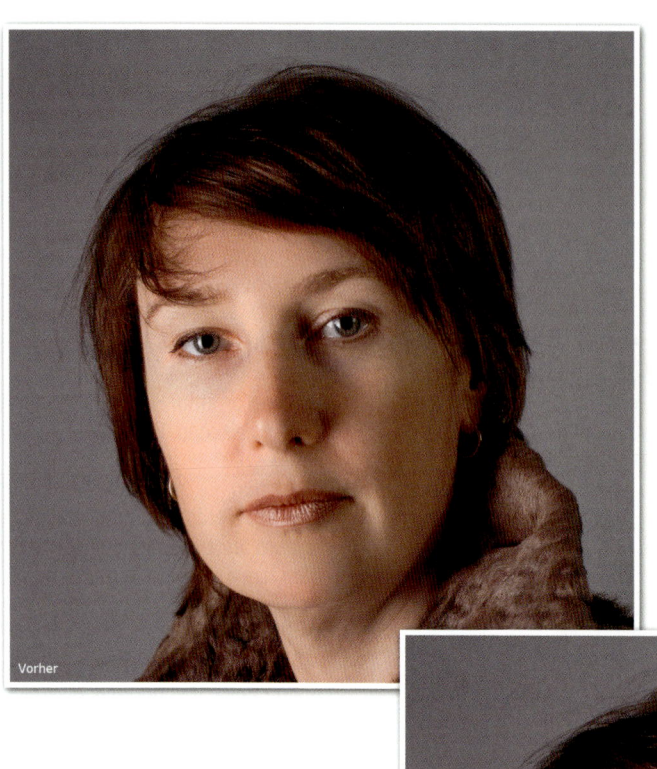

Vorher

Nachher

Mit gezielten Korrekturen einzelner Bildbereiche ungünstige Beleuchtung verbessern

Abgesehen von den Situationen, in denen eine unregelmäßige Beleuchtung beabsichtigt ist, gibt es viele Fotos, bei denen die eine oder andere selektive Korrektur der Beleuchtung nicht schaden kann.

Diese Korrekturen können Sie mit verschiedenen Techniken durchführen.

Welche Technik für welche Aufgaben am besten geeignet ist, lesen Sie im Folgenden.

1

Öffnen Sie das zu korrigierende Bild. In unserem Beispielfoto werden wir die rechte Hälfte des Gesichts etwas dunkler und die linke etwas heller gestalten. Duplizieren Sie die Originalebene.

2

Ändern Sie die Ebenenfüllmethode für die obere Ebene auf *Multiplizieren*. Das Bild wird wesentlich dunkler.

Reduzieren Sie die Deckkraft der oberen Ebene, sodass die Helligkeit der rechten Gesichtshälfte Ihren Vorstellungen entspricht.

Porträt- und Beautyretusche

3

Erstellen Sie für die obere Ebene eine Ebenenmaske. Wählen Sie das Verlaufswerkzeug ([G]) mit folgenden Optionen: Linearer Verlauf, Vordergrund-Transparent, Vordergrundfarbe Schwarz.

Ziehen Sie auf der Maske mehrere Verläufe auf, wie das mit den Pfeilen auf dem Screenshot angezeigt wird.

Nur ein Teil der Ebene, der für das Abdunkeln der rechten Gesichtshälfte zuständig ist, sollte sichtbar bleiben, der Rest wird durch die Maskierung transparent.

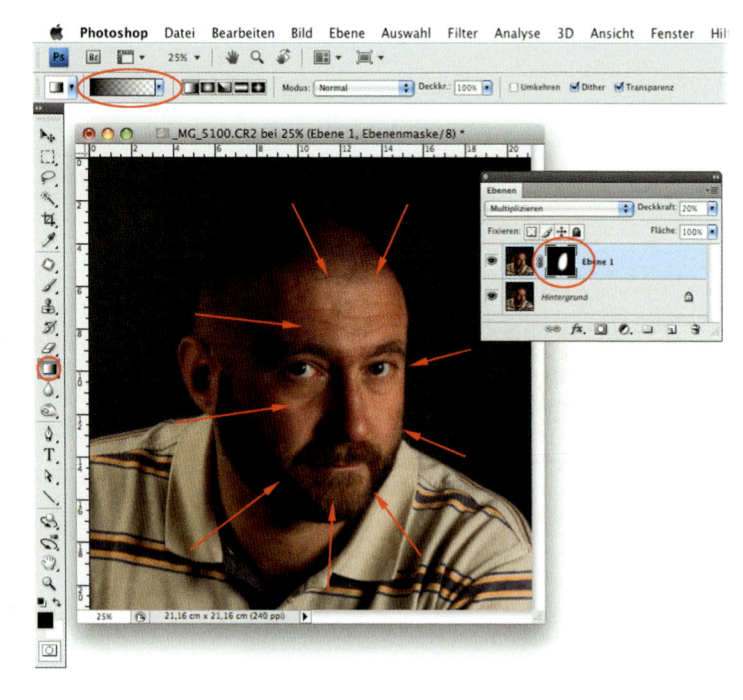

4

Erstellen Sie die Einstellungsebene *Tonwertkorrektur* über die zwei Ebenen.

Im Dialog *Tonwertkorrektur* können Sie den mittleren Regler nach links bewegen, sodass die linke Gesichtshälfte aufgehellt wird.

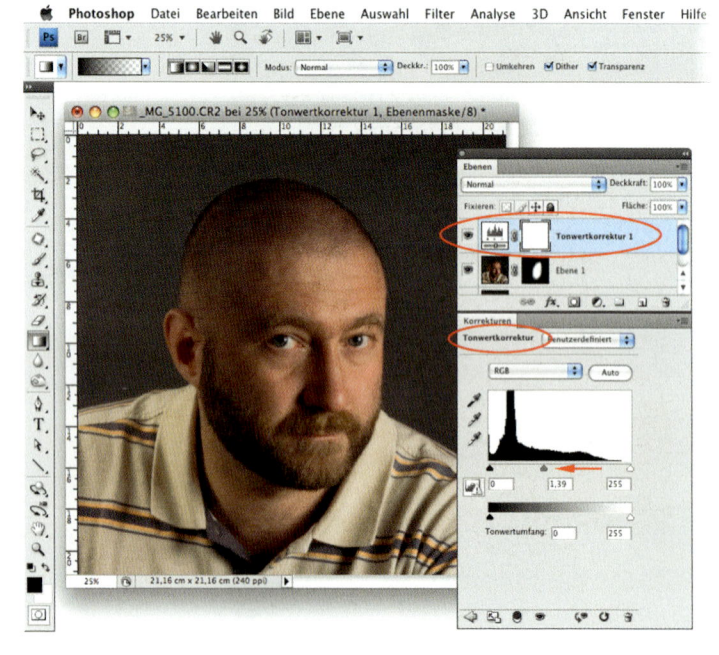

346 KAPITEL 8 Digitalfotos perfekt nachbearbeiten

Porträt- und Beautyretusche

5

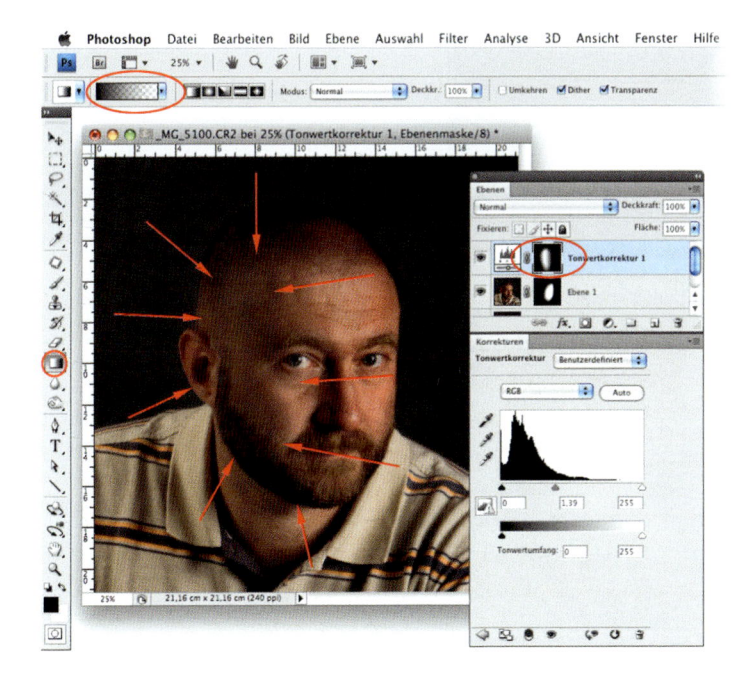

Maskieren Sie die Teile der Einstellungsebene *Tonwertkorrektur*, die nicht auf das Bild wirken sollen.

Die Maskierung können Sie entweder mit dem Verlaufswerkzeug (G) oder mit einem großen Pinsel mit einer weichen Werkzeugspitze durchführen.

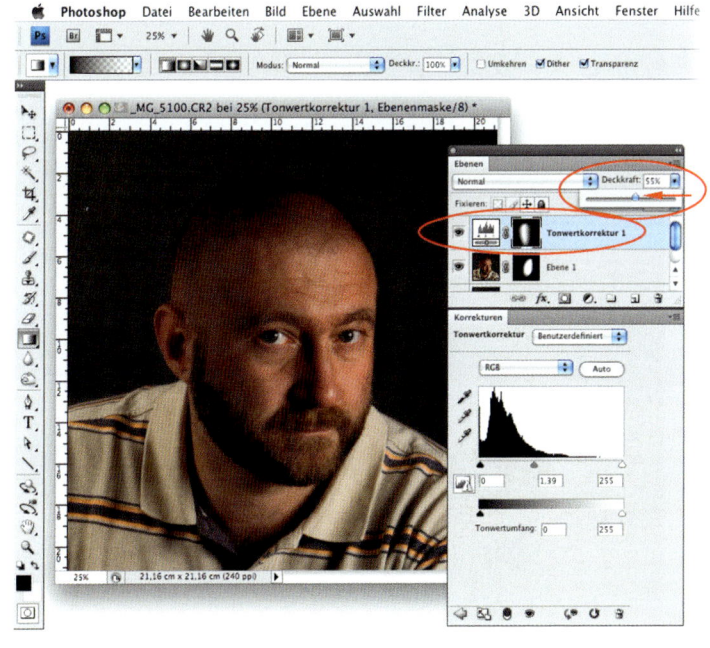

6

Bei Bedarf kann die Deckkraft der Einstellungsebene *Tonwertkorrektur* reduziert werden.

Alternativ können Sie im Dialog *Tonwertkorrektur* die Einstellungen verändern.

Vorher

Nachher

8.2 Unerwünschte Objekte aus dem Bild entfernen

Jetzt denken Sie bestimmt, dass Sie mit dem Kopierstempel- oder Ausbessern-Werkzeug arbeiten werden – ja, aber nicht immer. Manchmal sind die unkonventionellen Lösungen viel einfacher, als Sie denken.

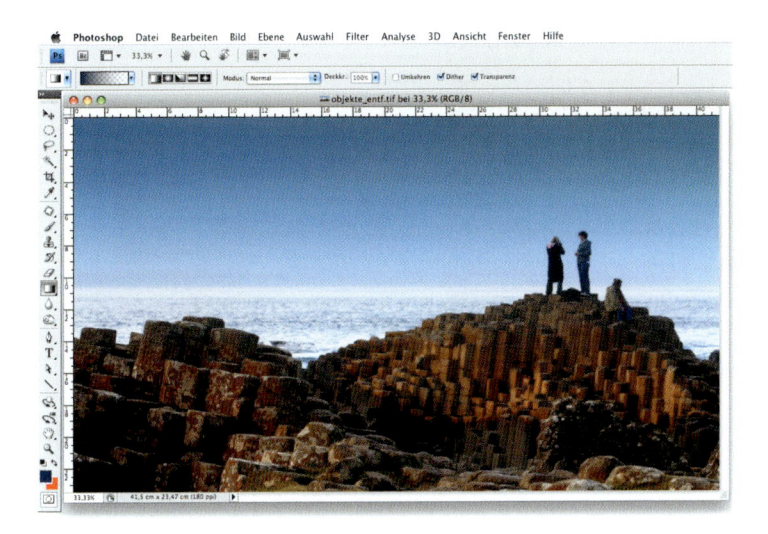

Auf dem Beispielbild sehen Sie, dass es zum Zeitpunkt der Aufnahme nicht möglich war, ein Landschaftsfoto ohne Personen zu bekommen.

Mit dem Kopierstempel allein können Sie hier auch nicht viel machen. Aber es gibt eine elegante Lösung, die Sie im Folgenden kennenlernen.

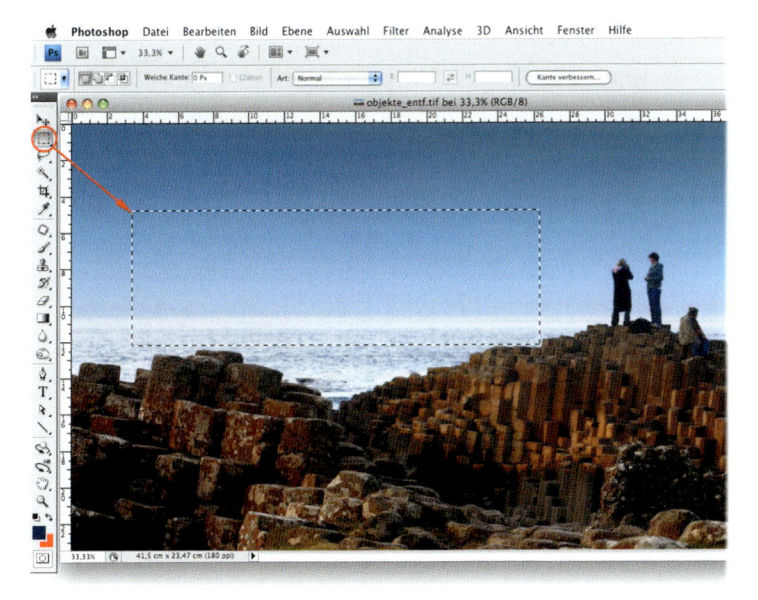

1

Nehmen Sie zuerst das Auswahlrechteck-Werkzeug (M) und erstellen Sie die Auswahl des Bereichs, den Sie zum Abdecken des Bereichs mit den Personen verwenden können – also ungefähr wie auf dem Screenshot: den Bereich mit dem Wasser und mit dem Himmel. Mit Strg+J können Sie den ausgewählten Bereich auf eine neue Ebene als Kopie legen.

Unerwünschte Objekte aus dem Bild entfernen

2

Mit dem Verschieben-Werkzeug (V) ziehen Sie die ausgewählte Kopie, die auf der neuen Ebene liegt, über den Bereich mit den abgebildeten Personen, bis diese komplett abgedeckt sind.

Natürlich sind noch die Kanten der Ebene zu sehen, aber das bleibt nicht so.

3

Die Kanten der Abdeckebene können Sie jetzt maskieren. Erzeugen Sie auf der *Ebene 1* eine Ebenenmaske.

Wählen Sie das Verlaufswerkzeug (G) mit folgenden Optionen: Linearer Verlauf, Vordergrund-Transparent, Vordergrundfarbe Schwarz. Ziehen Sie die Verläufe auf der *Ebene 1* Richtung Mitte, sodass harte Kanten abgesoftet werden, wie das mit den Pfeilen auf dem Screenshot angedeutet wird.

Teile der abgebildeten Personen werden wieder sichtbar, aber im nächsten Schritt werden diese komplett verschwinden.

4

Wählen Sie das Kopierstempel-Werkzeug (S) mit einer Größe von ca. 50 Pixeln und mit weichen Kanten (Härte = 0).

Blenden Sie die *Ebene 1* aus und klicken Sie die Hintergrundebene an. Stempeln Sie die Mitten der abgebildeten Personen mit den auf dem Himmel aufgenommenen Pixeln zu, sodass diese einen Streifen in Himmelfarbe bekommen.

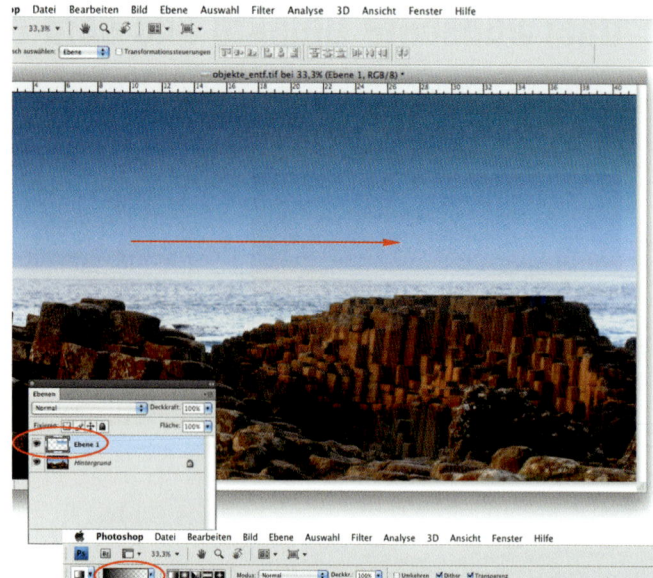

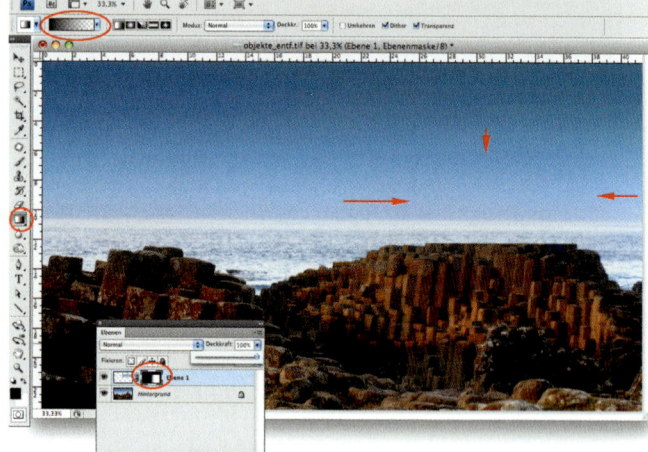

Unerwünschte Objekte aus dem Bild entfernen

5

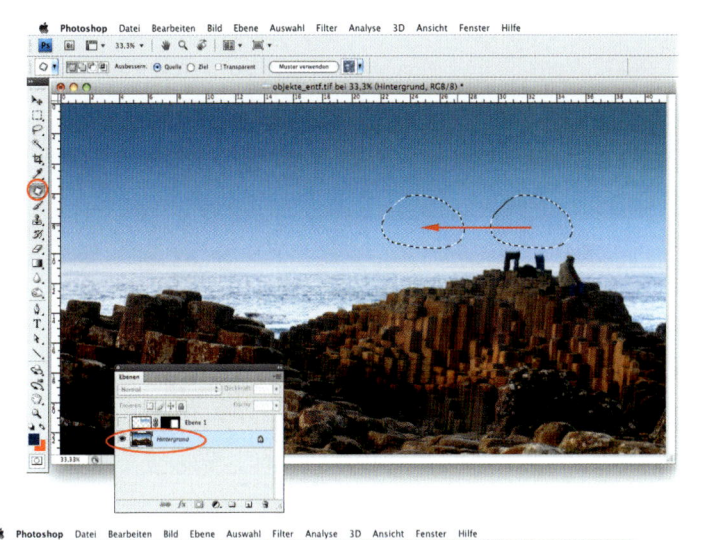

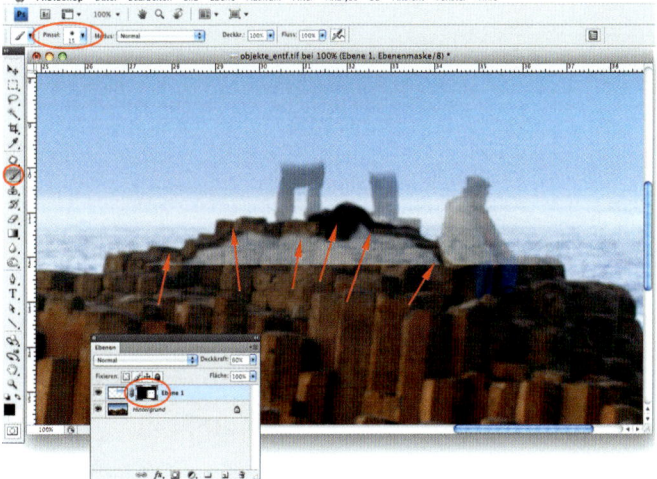

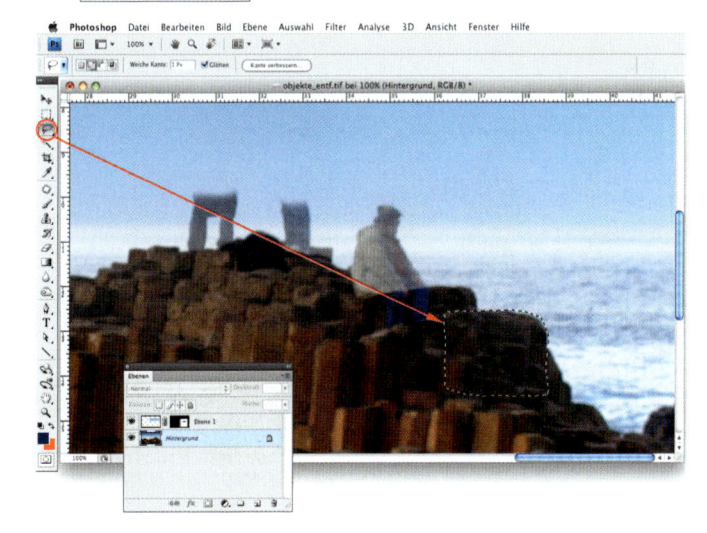

Da die Personen auf dem Himmel-Hintergrund jetzt „durchgetrennt" wurden, können Sie mithilfe des Ausbessern-Werkzeugs (J) die restliche Arbeit erledigen. Wählen Sie für das Ausbessern-Werkzeug die Option *Quelle*. Machen Sie eine Auswahl vom oberen Teil der Personen und ziehen Sie diese Auswahl auf den Bereich mit dem Himmel. Die Personen verschwinden.

Blenden Sie die *Ebene 1* wieder ein und kontrollieren Sie, ob die Kanten der Ebene überall abgesoftet wurden. Reduzieren Sie dazu die Deckkraft der Ebene und bearbeiten Sie ggf. die Kanten der Ebene erneut mit dem Verlaufswerkzeug (G) mit den gleichen Optionen wie in Schritt 3.

6

Ohne die Deckkraft der Ebene zu verändern, können Sie auf der Maske der Ebene mit dem Pinsel-Werkzeug (B), Größe 10 Pixel, Kantenschärfe = 0) die Steine der darunterliegenden Ebene *Hintergrund* freilegen. Bearbeiten Sie zuerst die Kanten der Steine und dann den Rest (eventuell mit einer größeren Werkzeugspitze).

7

Die stehenden Personen sind jetzt bis auf die Tasche komplett aus dem Bild verschwunden. Nur die Beine der sitzenden Person sind noch zu sehen. Diese können Sie schnell mit dem Lasso-Werkzeug (L) verschwinden lassen. Erzeugen Sie mit ihm eine Auswahl auf der Ebene *Hintergrund* von einer Steinformation, die die Beine komplett abdecken würde. Mit (Strg)+(J) legen Sie die Auswahl als Kopie auf eine neue Ebene.

Digitalfotos perfekt nachbearbeiten | KAPITEL 8

Unerwünschte Objekte aus dem Bild entfernen

8

Erzeugen Sie auf der Ebene mit den Steinen eine Ebenenmaske und bearbeiten Sie diese mit dem Verlaufswerkzeug ([G]), wie das auf dem Screenshot zu sehen ist, oder mit dem Pinsel-Werkzeug ([B]) mit einer großen Werkzeugspitze (ca. 50 Pixel, weiche Kanten), sodass die kopierten Steine nicht mehr vom restlichen Hintergrund zu unterscheiden sind.

9

Genauso wie mit den Beinen verfahren Sie jetzt mit der Tasche, die auf den Felsen noch zu sehen ist.

Erstellen Sie zuerst eine Auswahl von dem Felsen mit dem Lasso-Werkzeug ([L]) und legen Sie diese Auswahl als Kopie auf die neue Ebene.

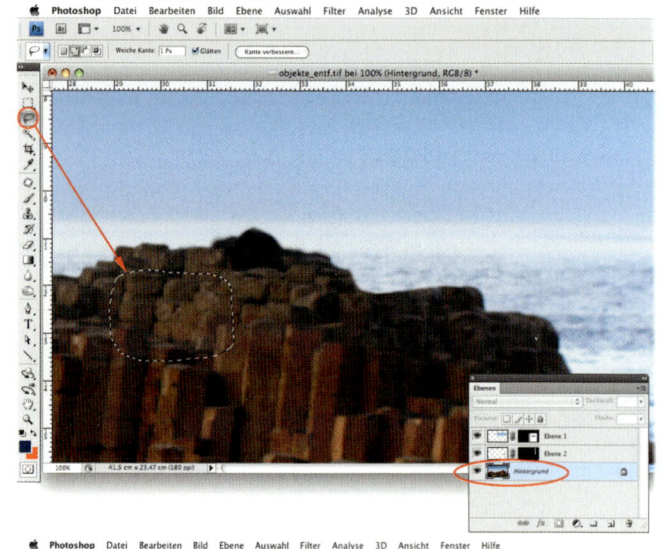

10

Bearbeiten Sie die Kanten der Steine so, dass diese vom Rest des Hintergrunds nicht mehr zu unterscheiden sind. Verwenden Sie dazu das Pinsel-Werkzeug ([B]) oder das Verlaufswerkzeug ([G]).

Das Bild ist fertig – die Personen sind auf dem Foto nicht mehr zu sehen.

352 KAPITEL 8 Digitalfotos perfekt nachbearbeiten

Vorher

Nachher

8.3 Stürzende Linien bei der Architekturfotografie korrigieren

Das Problem mit stürzenden Linien ist jedem Fotografen bekannt. Die Verwendung eines Weitwinkelobjektivs beim Fotografieren von Gebäuden aus kurzer Entfernung führt unvermeidlich zu diesen Verzerrungen. Oft werden stürzende Linien als Gestaltungselement in Fotos gewollt eingesetzt. Wenn das nicht der Fall ist, gibt es mehrere Möglichkeiten, die Wände der Häuser einigermaßen gerade zu bekommen.

Verwendung des Filters Objektivkorrektur

Seit Photoshop CS4 gibt es einen Filter, der extra zum Korrigieren von Objektivfehlern konzipiert wurde.

Öffnen Sie ein Foto, bei dem Bedarf an der Korrektur stürzender Linien besteht.

1

Wählen Sie *Filter/Verzerrungsfilter/Objektivkorrektur*.

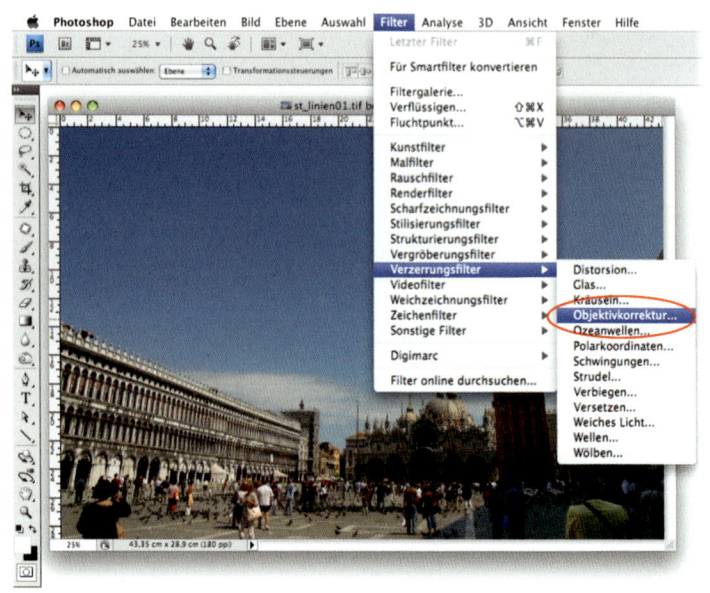

Stürzende Linien bei der Architekturfotografie korrigieren

2

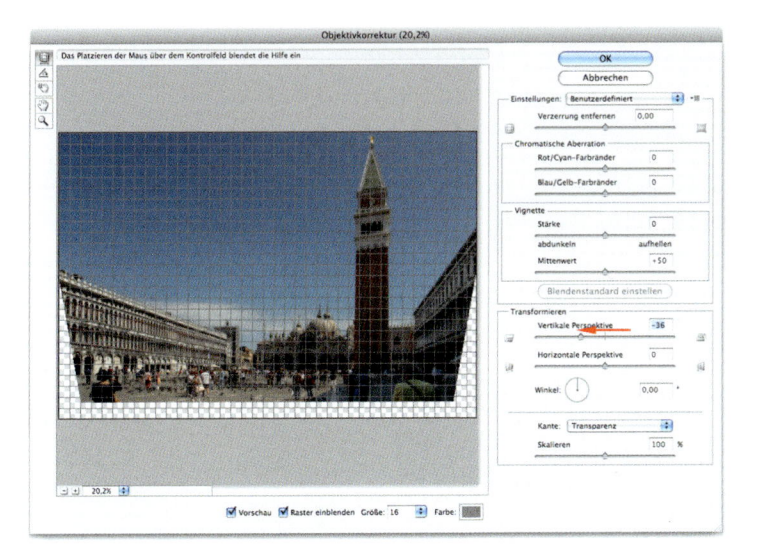

Im Fenster *Objektivkorrektur* im Bereich *Transformieren* finden Sie die Regler, mit denen Sie die stürzenden Linien wieder gerade bekommen.

Bewegen Sie den Regler *Vertikale Perspektive* nach links, um die gewünschte Korrektur zu erhalten.

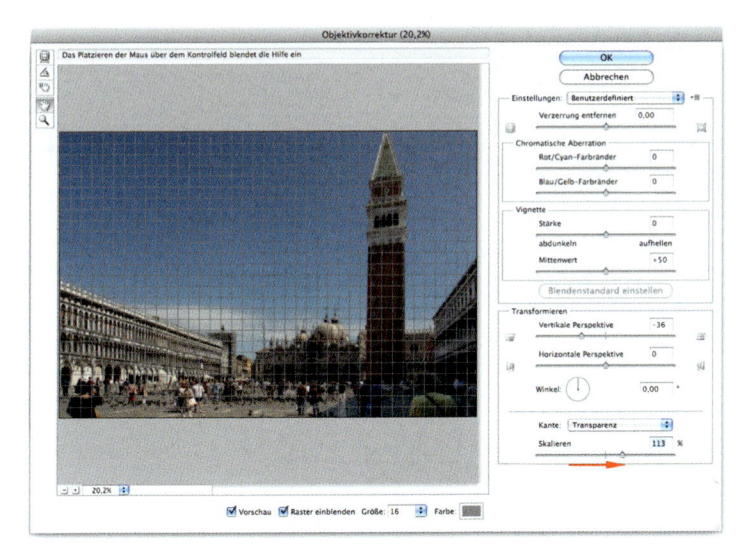

3

Bei der Korrektur stürzender Linien kommt ein unerwünschter Nebeneffekt zum Vorschein. Wie Sie auf dem oberen Bild sehen können, werden bei der Transformation die unteren Ecken leer und die untere Kante des Bildes weist einen leeren Raum auf.

Diese Nebenwirkung können Sie im gleichen Fenster korrigieren. Im Bereich *Kante* wählen Sie die Option *Transparenz* und bewegen den Regler *Skalieren* nach rechts. Das Bild wird innerhalb der Arbeitsfläche skaliert.

Falls Sie nicht skalieren möchten, können Sie das Bild mit den leeren Ecken durch einen Klick auf den *OK*-Button öffnen und dann die Ecken in Photoshop mit dem Kopierstempel-Werkzeug (S) wiederherstellen.

Vorher

Nachher

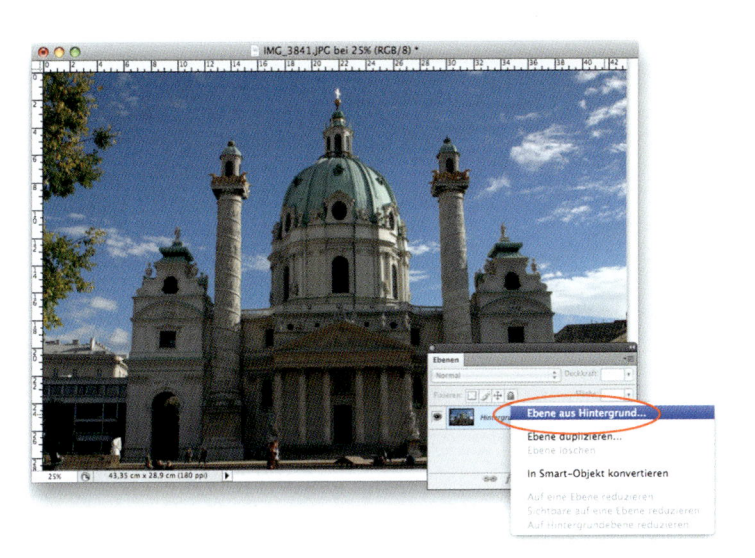

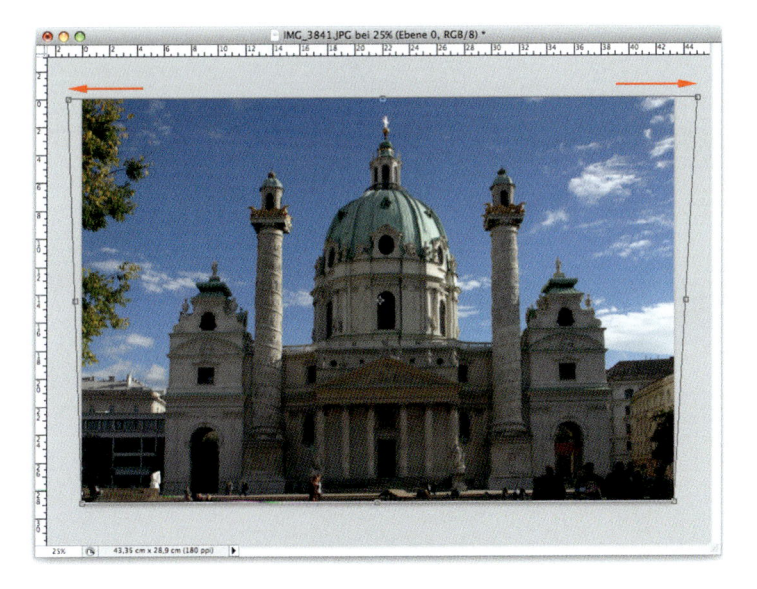

Gezielte Transformation einzelner Bildteile mit der Verkrümmen- und der Verzerren-Funktion

1

Öffnen Sie das Bild, an dem Sie die stürzenden Linien korrigieren möchten. Zuerst sollte die Hintergrundebene für die Transformation freigegeben werden.

Da die Hintergrundebene standardmäßig gesperrt ist und nicht transformiert werden kann, erstellen Sie aus ihr eine normale Ebene.

Klicken Sie mit der rechten Maustaste auf die Ebenenminiatur und wählen Sie im Kontextmenü die Option *Ebene aus Hintergrund*.

2

Wählen Sie *Bearbeiten/Transformieren/Verzerren*. Der Transformationsrahmen wird aktiviert und Sie können jeden Anfasser in die gewünschte Richtung bewegen, um die vertikalen Linien gerade zu richten.

Um die Anfasser des Transformationsrahmens besser bedienen zu können, wählen Sie die Tastenkombination [Strg]+[0].

Stürzende Linien bei der Architekturfotografie korrigieren

3

Um besser die vertikalen Linien der Bauten ausrichten zu können, benutzen Sie die Hilfslinien im Bild. Die Hilfslinien ziehen Sie einfach mit gedrückter Maustaste aus den Linealen im Bild.

Falls die Lineale noch nicht angezeigt werden, können Sie diese mit *Ansicht/Lineale* oder [Strg]+[R] aktivieren. Wenn die Hilfslinien eingeblendet sind, können Sie die vertikalen Linien im Bild mit der Verzerren-Funktion bequem anpassen.

4

Wenn die Anpassung der vertikalen Linien fertig ist, können Sie das Bild beschneiden. Bei einigen Bildern kann bei der Korrektur stürzender Linien hinzukommen, dass leere Stellen in der Arbeitsfläche entstehen.

In solchen Fällen gehen Sie wie folgt vor: Grenzen Sie zuerst mit einer horizontalen und mit einer vertikalen Hilfslinie die Bildfläche ein, in der keine leeren Stellen zu sehen sind (gemeint ist der karierte Hintergrund), und aktivieren Sie dann das Freistellungswerkzeug ([C]).

Mit dem Freistellungswerkzeug grenzen Sie die Bildfläche ein. Bestätigen Sie Ihre Auswahl mit der [Enter]-Taste. Das Bild wird freigestellt.

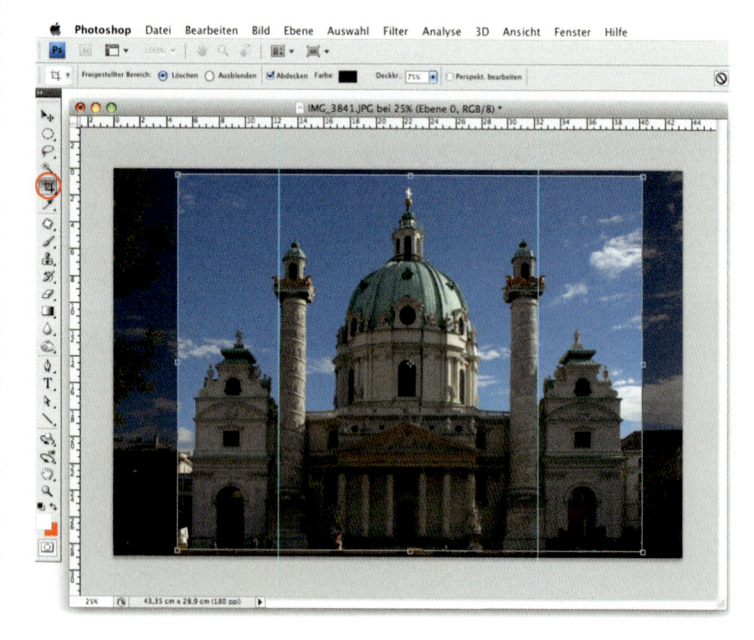

Vorher

Nachher

8.4 Objektivfehler meisterhaft korrigieren

Zu den meistverbreiteten Objektivfehlern gehören die Vignettierung, chromatische Aberration und tonnenförmige Verzerrung. Lernen Sie im Folgenden, wie Sie diese Fehler mit wenigen Handgriffen beheben können.

Vignettierungen eliminieren

Öffnen Sie ein Bild mit einer Vignettierung. Vignettierungen sind die dunklen Ränder, die meistens auf Fotos zu erkennen sind, die mit einem Weitwinkelobjektiv und starker Abblendung aufgenommen wurden. Für die Ausbesserung von Fotos mit dunklen Rändern können Sie ähnlich wie bei der Korrektur stürzender Linien den Filter *Objektivkorrektur* verwenden. Wählen Sie dazu *Filter/Verzerrungsfilter/Objektivkorrektur*.

Im Dialog *Objektivkorrektur* kommt die Funktion *Vignette* zum Einsatz. Bewegen Sie den Regler *Stärke* nach rechts, wenn Sie die Ränder des Bildes aufhellen möchten.

Mit dem Regler *Mittenwert* können Sie eventuell auftretende Kontrastveränderungen an den Rändern des Bildes optimieren.

Nicht selten wird aber die Vignettierung als Gestaltungsmittel in der Fotografie verwendet. Zum Beispiel bei Porträtfotos kommt sie oft zum Einsatz. Es gibt viele Techniken zum Erstellen künstlicher Vignettierungen, diese werden zum Teil in anderen Kapiteln des Buches beschrieben. Auch die Funktion *Vignette* des Dialogs *Objektivkorrektur* können Sie gut für die „gewollte" Vignettierung verwenden. Bewegen Sie dazu den Regler *Stärke* nach links, bis die erwünschte Abdunklung erreicht ist.

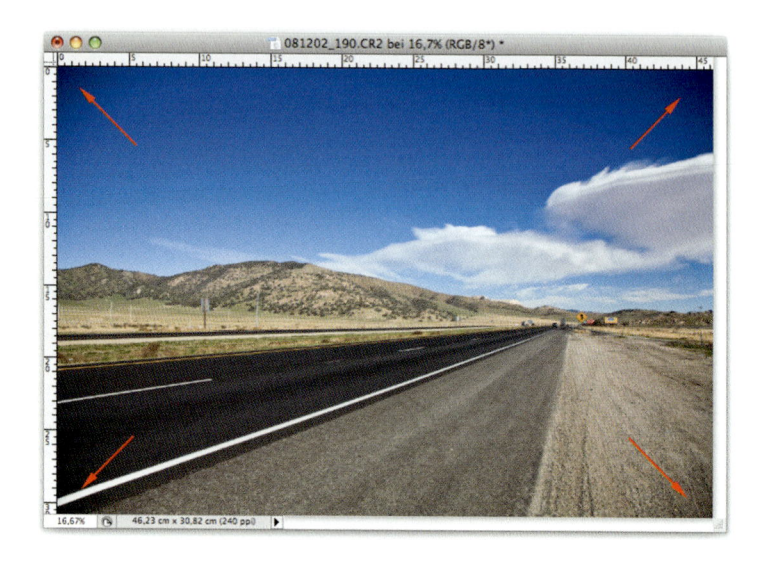

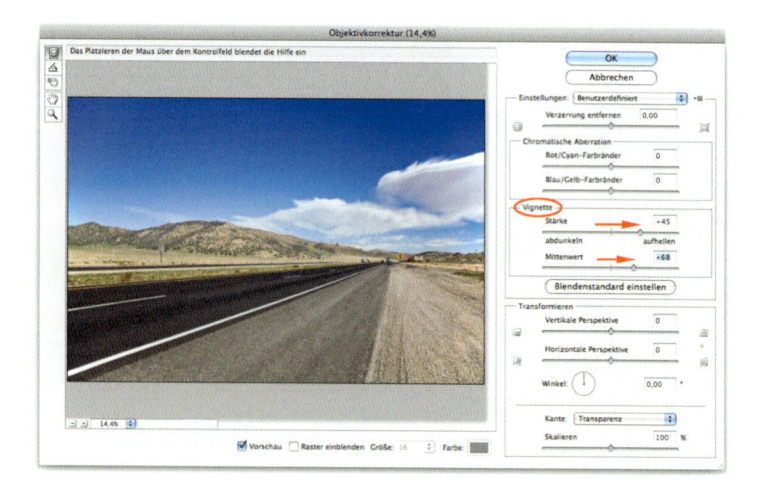

Vorher

Nachher

Tonnenförmige Verzerrung von Weitwinkelobjektiven minimieren

Wenn es auch für die Korrektur von Vignettierungen und stürzenden Linien fertige Filterlösungen in Photoshop gibt, so ist das Minimieren einer tonnenförmigen Verzerrung nicht immer einfach.

Zwar besteht mit dem Filter *Objektivkorrektur* die Möglichkeit, Fotos zu entzerren, aber oft ist es erforderlich, nur einige Objekte im Bild zu korrigieren, ohne dass der Rest des Fotos davon betroffen ist.

Lernen Sie den Workflow bei unserem Beispiel kennen. In diesem Foto ist nur die Entzerrung des Rettungsturms nötig.

1

Erstellen Sie im Bild zuerst die Hilfslinien, die zum Ausrichten der Stelzen des Turms nötig sind. Die Hilfslinien können bündig mit den unteren Enden der Stelzen sein.

2

Mit dem Auswahlrechteck-Werkzeug (M) erstellen Sie eine großzügige Auswahl des Turms.

Mit *Ebene/Neu/Ebene durch Kopie* (Strg+J) legen Sie die Kopie des ausgewählten Bereichs auf eine neue Ebene.

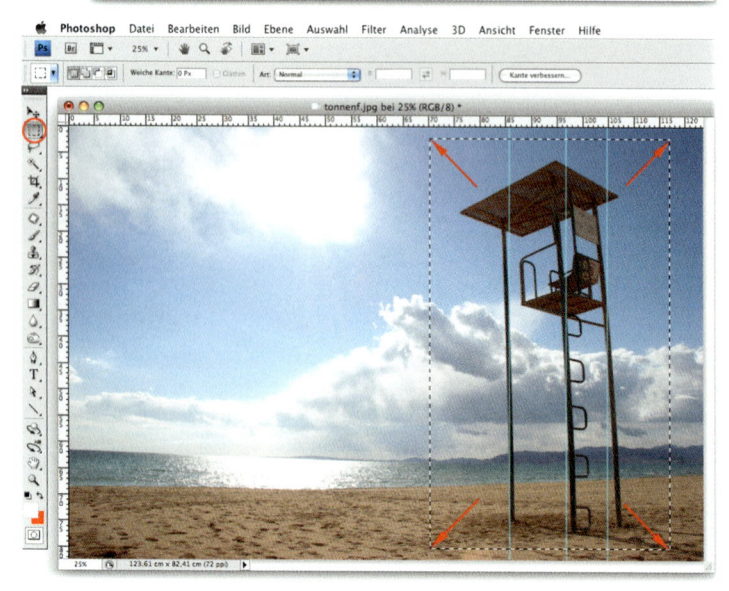

Objektivfehler meisterhaft korrigieren

3

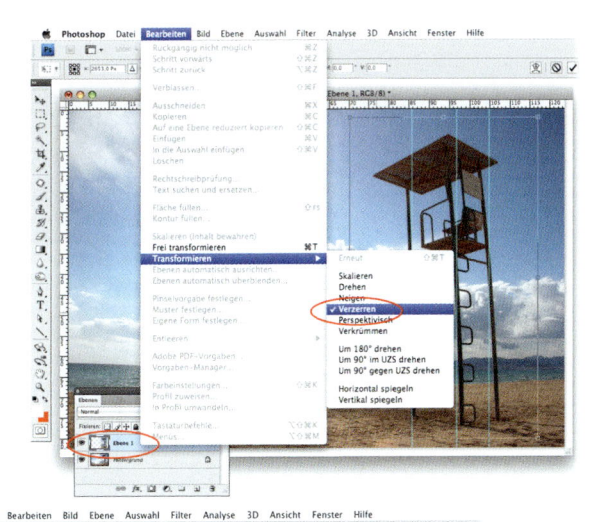

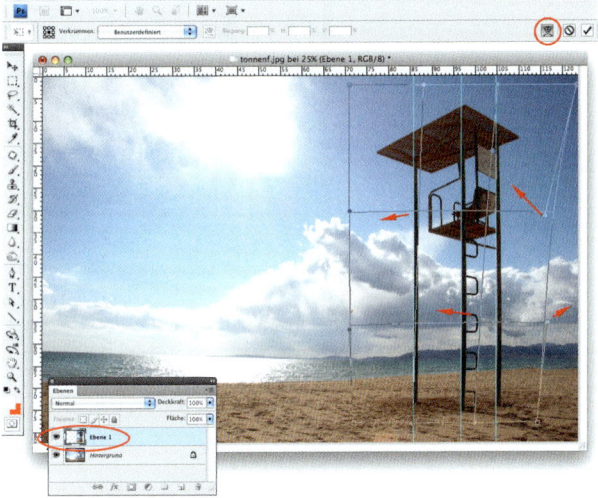

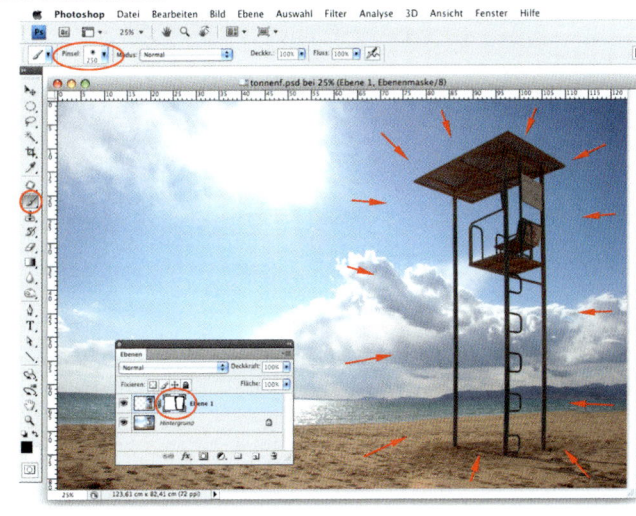

Wählen Sie *Bearbeiten/Transformieren/Verzerren*. Ziehen Sie den mittleren oberen Anfasser des Transformationsrahmens nach rechts, sodass die Linksneigung des Turms korrigiert wird. Die kreisförmige Verzerrung der Stelzen bleibt vorerst unverändert.

4

Direkt aus der Verzerren-Funktion können Sie das Verkrümmen-Werkzeug aktivieren. Dieses befindet sich in der Optionsleiste. Passen Sie die Form der Stelzen an die Hilfslinien an. Beim Transformationsrahmen können Sie entweder die Anfasser verschieben oder direkt die Kreuze im Gitternetz bewegen. Das Arbeiten mit dem Verkrümmen-Werkzeug bedarf ein wenig Übung, aber die Korrektur der verbogenen Linien können Sie nahezu perfekt durchführen. Wenn Sie mit Ihren Korrekturen fertig sind, bestätigen Sie die Transformation mit der Enter-Taste.

5

Durch die Transformationen entstehen auf der Ebene mit dem Rettungsturm die Ebenenkanten, die zum Rest des Bildes nicht mehr passen. Korrigieren Sie zuerst die Position der Ebene mit dem Verschieben-Werkzeug (V). Den Rest erledigen Sie mithilfe von Ebenenmaske und Pinsel-Werkzeug (B). Erstellen Sie auf der Ebene mit dem Turm eine Ebenenmaske. Wählen Sie das Pinsel-Werkzeug (B) mit folgenden Optionen: schwarze Farbe, Größe ca. 200 Pixel. Bearbeiten Sie die Kanten der Ebene mit dem entzerrten Turm, sodass die scharfen Kanten der Ebene völlig verschwinden. Alternativ können Sie zum Bearbeiten der Kanten das Verlaufswerkzeug (G) benutzen.

Vorher

Nachher

Objektivfehler meisterhaft korrigieren

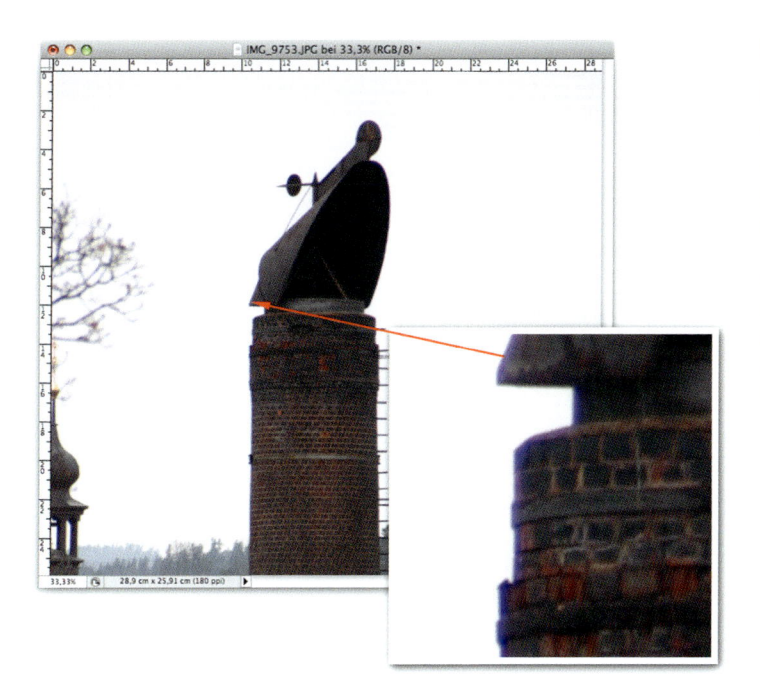

Chromatische Aberration professionell beseitigen

Die chromatische Aberration ist besonders gut in Form von Verfärbungen in kontrastreichen Bereichen eines Bildes zu sehen.

Auf dem Beispielbild hat sich die Grenze zwischen dem Himmel und dem Schornstein violett verfärbt. Das können Sie in nur wenigen Schritten korrigieren.

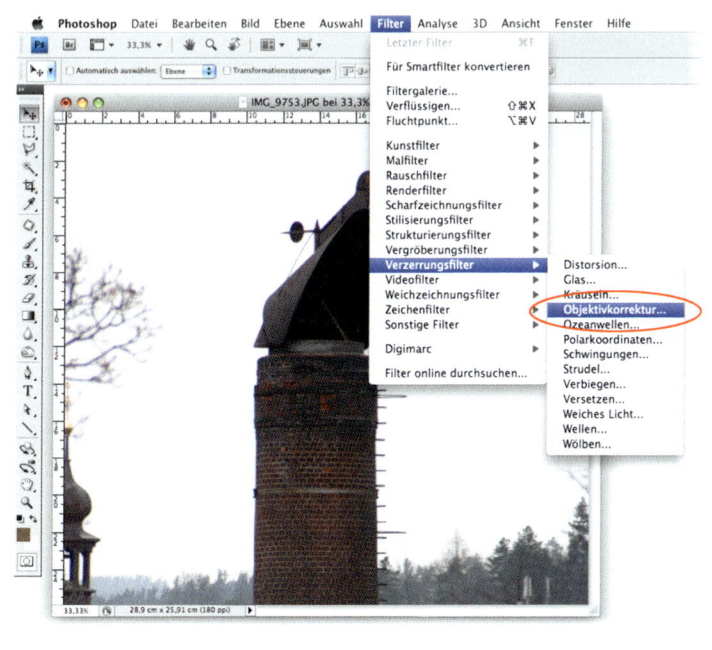

1

Über *Filter/Verzerrungsfilter/Objektivkorrektur* öffnen Sie das Ihnen bereits bekannte Dialogfenster.

Digitalfotos perfekt nachbearbeiten · KAPITEL 8 · 365

2

Im Dialog *Objektivkorrektur* finden Sie den Bereich *Chromatische Aberration* mit zwei Reglern. Durch die richtige und eine passende Größe der Werkzeugspitze. Bearbeiten Sie die Stellen mit den Verfärbungen, bis diese restlos verschwunden sind.

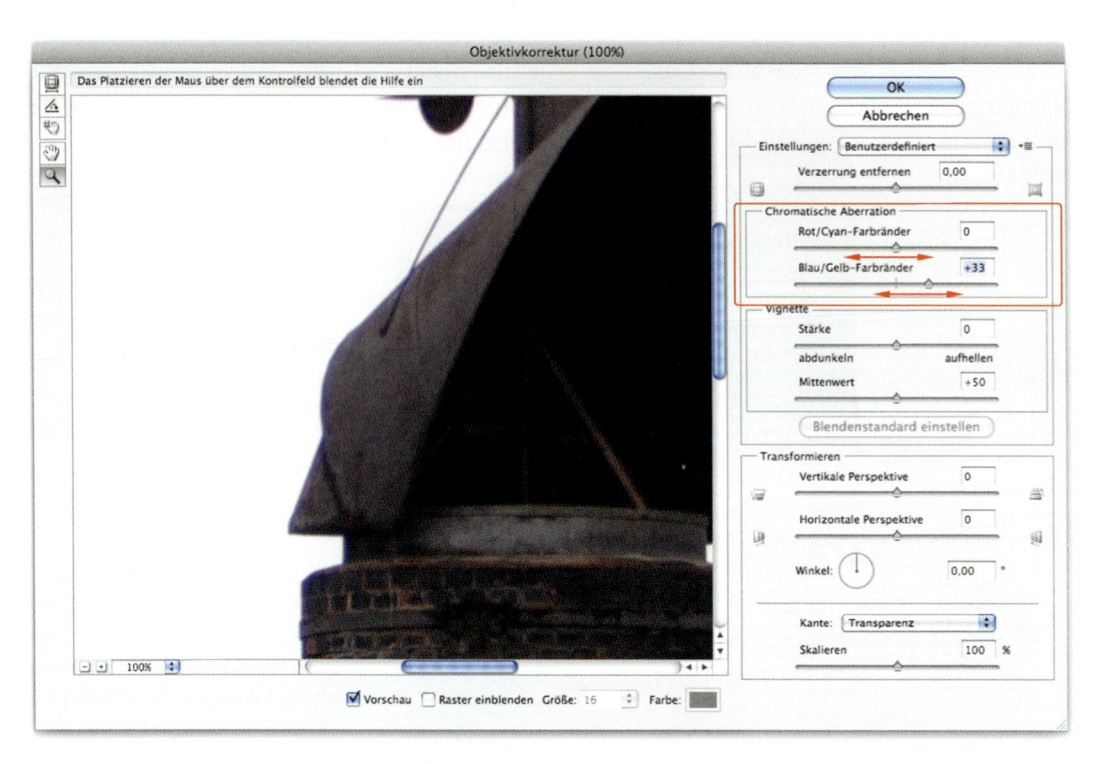

Ausbalancierung der Regler werden die bunten Ränder an den kontrastreichen Stellen fast vollständig verschwinden.

Bewegen Sie die Regler in die entgegengesetzte Richtung der Farbe, die an den Kanten auftritt.

3

Ein Tipp für Beispiele, bei denen es Grenzstellen zwischen sehr dunklen (fast schwarz) und sehr hellen Bereichen gibt: Trotz der Korrektur der chromatischen Aberration können noch einige Verfärbungen übrig bleiben. Diese können Sie mit dem Schwamm-Werkzeug entfernen. Wählen Sie die Option *Sättigung verringern*, für *Fluss* ca. 40–50 %

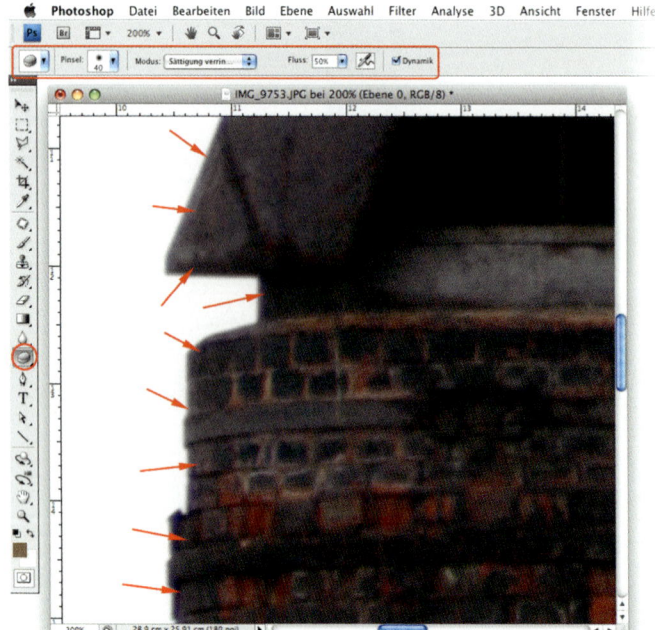

8.5 Flecken und Staub des Sensors auf dem Foto ausbessern

Trotz immer besser werdender Technologien (wie Ultraschall-Staubschutz) wird es bei digitalen Spiegelreflexkameras ab und an zu Bildfehlern kommen, die durch Staub auf dem Sensor verursacht wurden. Lernen Sie in diesem Abschnitt, wie Sie die Sensorflecken auf dem Bild effektiv bekämpfen können.

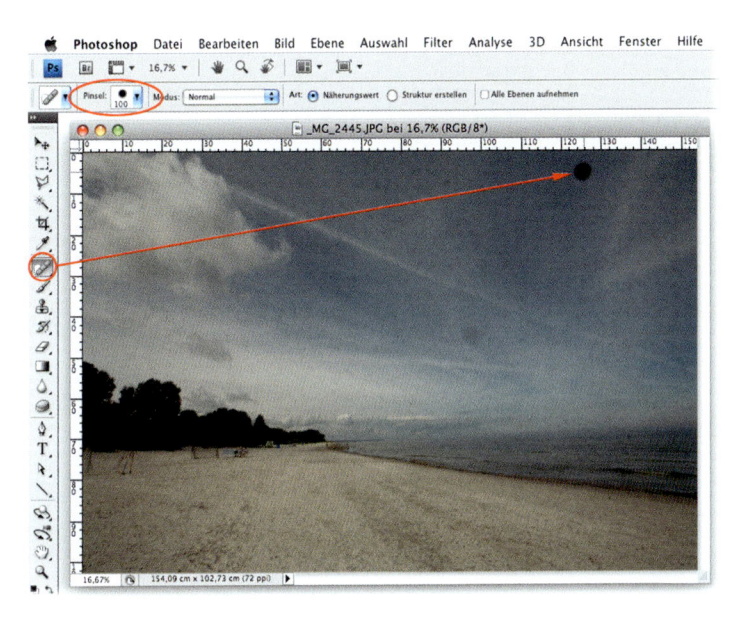

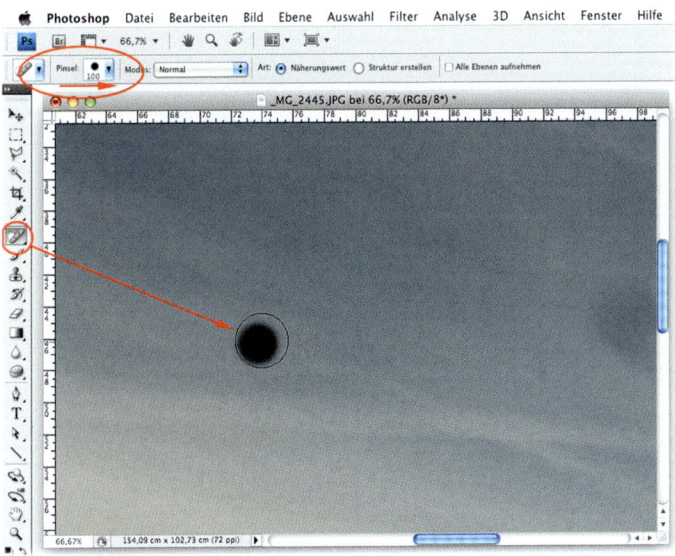

1

Kleinere Flecken auf dem Bild entfernen Sie am besten mithilfe des Reparatur-Pinsel-Werkzeugs (J) oder des Bereichsreparatur-Pinsel-Werkzeugs (J).

Der Unterschied zwischen den beiden ist zwar gering, aber manchmal ziemlich entscheidend.

Das Bereichsreparatur-Pinsel-Werkzeug (J) funktioniert vollautomatisch. Sie brauchen nur mit einer passenden Größe der Werkzeugspitze auf dem Fleck zu malen, bis er verschwunden ist.

Die Pixel aus der Umgebung werden automatisch aufgenommen und auf den Fleck übertragen. Das hat manchmal zur Folge, dass Pixel aufgenommen werden, die nicht zu der Stelle passen.

Deshalb ist es in solchen Situationen besser, das Reparatur-Pinsel-Werkzeug (J) zu verwenden. Bei ihm können Sie mit gedrückter Alt-Taste die Pixel aufnehmen, die Alt-Taste loslassen und die aufgenommenen Pixel auf den Fleck übertragen.

Die Größe der Werkzeugspitze sollte ungefähr der Größe der Flecken entsprechen. Die Härte des Pinsels spielt keine so große Rolle wie ewa

Flecken und Staub des Sensors auf dem Foto ausbessern

beim Kopierstempel-Werkzeug (S), aber es ist ratsam, für die Härte des Pinsels nicht mehr als 60 zu wählen.

Auch wenn Sie bei der Vollbildansicht keine Flecken mehr sehen, ist es besser, die Bildfläche etwas genauer auf Flecken zu untersuchen.

Das können Sie bei einer Vergrößerung ab 50 % machen und so weitere kleinere Flecken entdecken, die Sie ebenfalls mit dem Reparatur-Pinsel-Werkzeug (J) (Bereichsreparatur-Pinsel-Werkzeug, (J)) verschwinden lassen können.

2

Um größere Flecken zu eliminieren, ist das Ausbessern-Werkzeug (J) besser geeignet. Das Ausbessern-Werkzeug finden Sie im gleichen Aufklappmenü wie die Reparatur-Pinsel-Werkzeuge.

Wählen Sie für das Ausbessern-Werkzeug (J) die Option *Quelle*. Machen Sie eine Auswahl von der Stelle mit dem größeren Fleck und ziehen Sie die Auswahl auf die Stelle, an der keine Fehler zu sehen sind. Die Pixel von der „sauberen" Stelle werden auf den Fleck übertragen. Um die Kanten brauchen Sie sich keine Sorgen zu machen, diese werden automatisch geglättet.

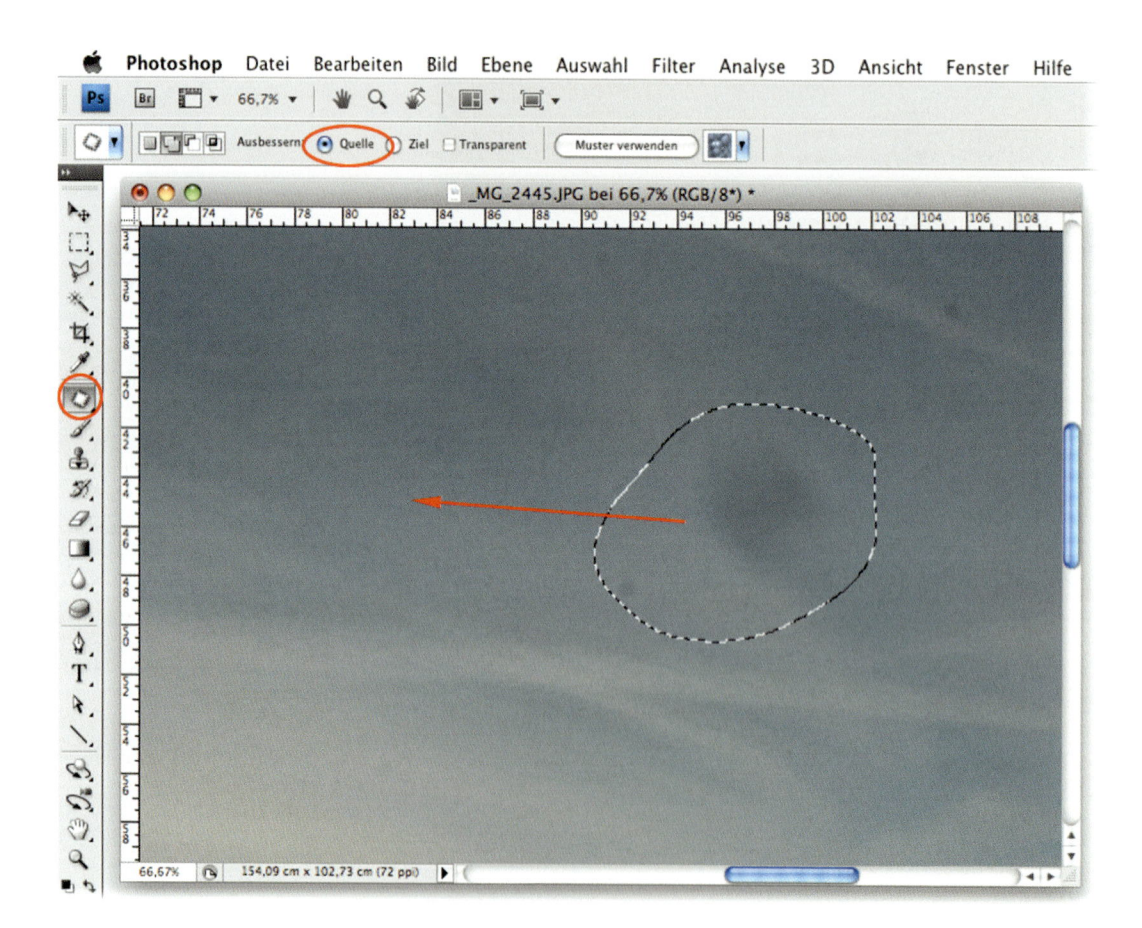

8.6 Rettung unterbelichteter Bilder

Es gibt einige brauchbare Techniken zum Retten von unterbelichteten Fotos. Meistens sind Techniken gefragt, die sowohl auf das ganze Bild als auch selektiv anzuwenden sind. Lernen Sie im Folgenden zwei davon kennen.

Aufhellen mit geänderten Ebenenfüllmethoden

Bei diesem Beispielbild soll der mittlere Bereich des Bildes stärker aufgehellt werden als die Kanten.

1

Beim Aufhellen wird die Methode verwendet, die auf einer geänderten Ebenenfüllmethode basiert. Deshalb sollte die Hintergrundebene zuerst dupliziert werden. Das können Sie entweder mit [Strg]+[J] oder durch das Ziehen der Hauptebene auf das Symbol *Neue Ebene erstellen* erreichen.

Rettung unterbelichteter Bilder

2

Ändern Sie die Ebenenfüllmethode von *Normal* auf *Negativ multiplizieren*. Das Bild wird spürbar heller.

3

In manchen Fällen, besonders wenn das Originalbild zu dunkel war, reicht das aber nicht aus.

Deshalb kann die Ebene, die Sie mit der Füllmethode *Negativ multiplizieren* bearbeitet haben, dupliziert werden.

Danach können Sie mit der Regulierung der Deckkraft einer der Ebenen die gewünschte Helligkeit einstellen.

4

Die Bildteile, die nicht zu stark aufgehellt werden sollten (in unserem Beispiel die Kanten), können Sie maskieren.

Erstellen Sie auf der oberen Ebene eine Ebenenmaske. Wählen Sie das Verlaufswerkzeug (G) mit folgenden Optionen: Linearer Verlauf, Vordergrund-Transparent, Vordergrundfarbe Schwarz.

Halten Sie die Umschalt-Taste gedrückt (damit der Verlauf gerade ist) und ziehen Sie in der Maske mehrere Verläufe von den Kanten bis ungefähr zur Mitte des Bildes.

Die Kanten werden dadurch dunkler. Andere Bildteile, die sich z. B. mitten im Bild befinden, können Sie mithilfe des Pinsel-Werkzeugs (B) maskieren.

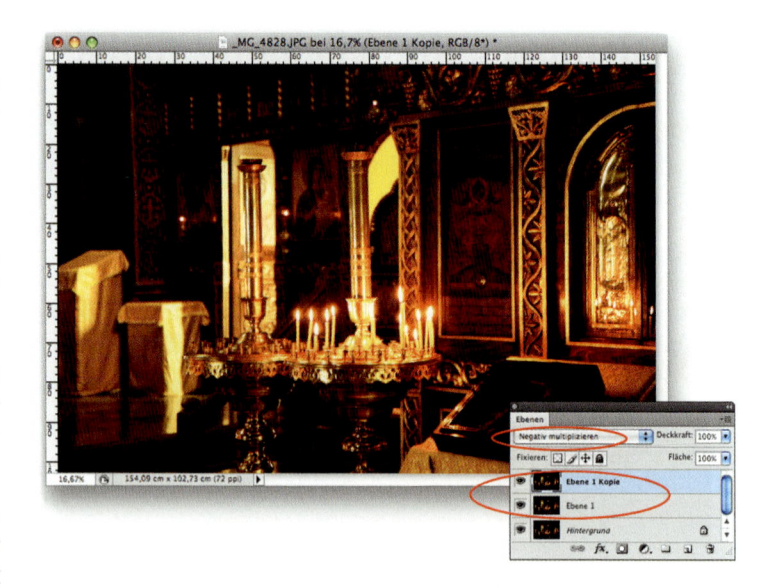

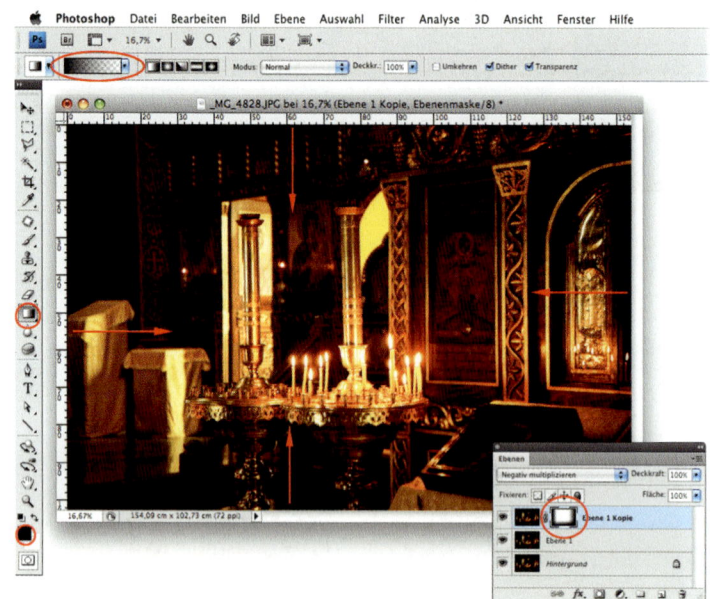

370 KAPITEL 8 Digitalfotos perfekt nachbearbeiten

Vorher

Nachher

Vorher

Nachher

8.7 Überbelichtete Bilder mit verschiedenen Techniken optimieren

Alle Profifotografen und Grafiker wissen, dass unterbelichtete Bilder einfacher zu retten sind als überbelichtete. Besonders dann, wenn Fotos „überblitzt" wurden, ist es schwierig, die Stellen zu retten, an denen die Farbe komplett fehlt (weiße Bereiche). Lernen Sie nun einige effektive Techniken kennen, mit denen Sie zu helle Bilder optimieren können.

Aus überblitzten Bildern noch gute Aufnahmen machen

Bei diesem Foto wurde die Blitzleistung zu stark eingestellt, aber das Foto ist für die Optimierung geeignet, weil es keine weißen Stellen gibt.

Zum Retten solcher Bilder eignet sich sehr gut die Technik mit geänderten Ebenenfüllmethoden.

1

Duplizieren Sie die Hintergrundebene in der *Ebenen*-Palette und ändern Sie die Ebenenfüllmethode der oberen Ebene auf *Multiplizieren*. Das Bild wird allgemein dunkler.

Überbelichtete Bilder mit verschiedenen Techniken optimieren

2

Zuerst reduzieren Sie die Deckkraft der oberen Ebene so, dass die Gesichtsfarbe optimal ist. (Bei der Verwendung der Ebenenfüllmethode *Multiplizieren* passiert es oft, dass die Haut zu dunkel und zu kontrastreich wird.)

3

Wenn das Gesicht jetzt die richtige Farbe hat und der Rest dunkler als erwünscht ist, können Sie diese Stellen maskieren. Erstellen Sie auf der oberen Ebene eine Ebenenmaske.

Da es zu umständlich wäre, nur das Gesicht unmaskiert zu lassen und den Rest des Bildes mit dem Pinsel-Werkzeug ([B]) zu bearbeiten, können Sie die Maskierung in geänderter Reihenfolge machen.

Definieren Sie im Farbwähler als Vordergrundfarbe Weiß und als Hintergrundfarbe Schwarz. Mit [Strg]+[Entf] füllen Sie die Maske der Ebene mit schwarzer Farbe. Die Ebene wird vorübergehend deaktiviert.

4

Wählen Sie das Pinsel-Werkzeug ([B]) mit einer großen Werkzeugspitze (ca. 200–300 Pixel) und Härte = 0. Mit der Vordergrundfarbe Weiß können Sie den Gesichtsbereich wieder demaskieren, sodass die Ebene mit der Ebenenfüllmethode an diesen Stellen wirkt.

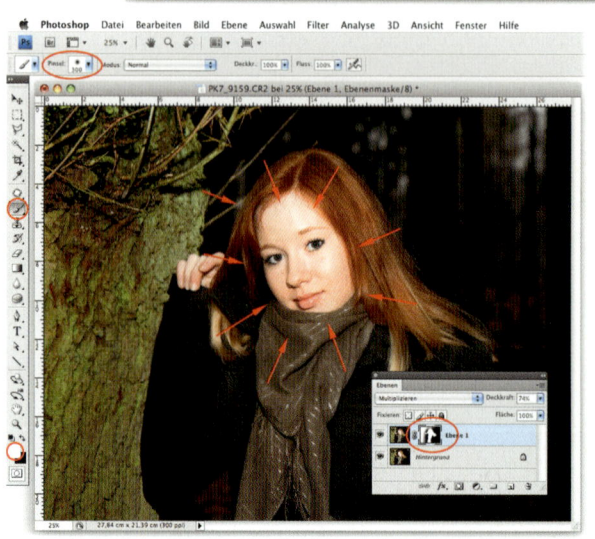

Vorher

Nachher

Überbelichtete Bilder mit selektiver Anwendung der Tonwertkorrektur retten

Bilder wie in diesem Beispiel können durch eine selektive Anwendung der Tonwertkorrektur richtig aufgepeppt werden.

Damit machen Sie nicht nur das Bild etwas dunkler, sondern optimieren die Struktur des Bildes in den Bereichen, in denen diese kaum mehr zu sehen ist, wie hier in den Bereichen Himmel und Erde.

1

Erstellen Sie in der *Ebenen*-Palette eine neue Einstellungsebene *Tonwertkorrektur*. Bewegen Sie den mittleren und den linken Regler im Dialog nach rechts, sodass die Farbe des Himmels gut sichtbar wird. Durch die Abdunklung wird auch die Struktur der Pflanzen besser sichtbar. Dass das Wüstenbild im Moment zu dunkel erscheint, ist kein Problem, das wird bald geändert.

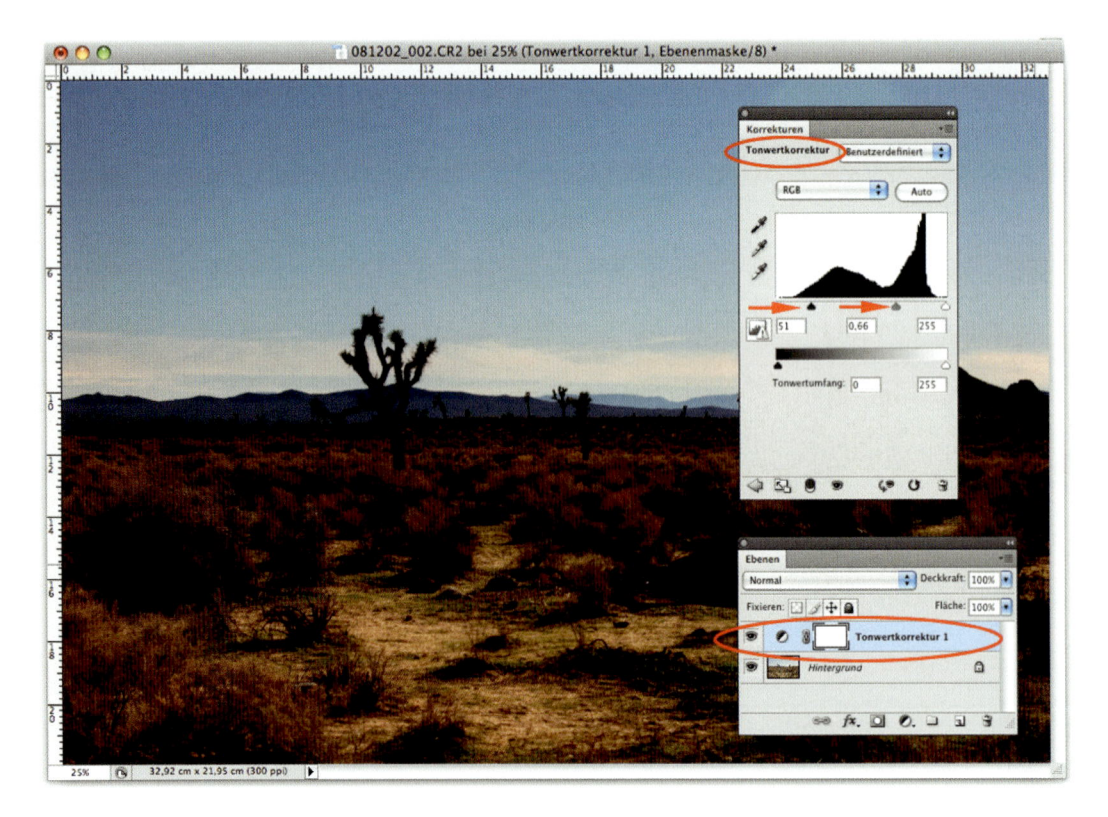

Überbelichtete Bilder mit verschiedenen Techniken optimieren

2

Zuerst wird die Maske der Einstellungsebene *Tonwertkorrektur* mit Schwarz gefüllt – die Einstellungsebene so vorübergehend außer Kraft gesetzt.

3

Wählen Sie das Verlaufswerkzeug ([G]) mit den Optionen, die Sie bereits in anderen Beispielen verwendet haben: Linearer Verlauf, Vordergrund-Transparent, Vordergrundfarbe Weiß. Erstellen Sie einen Verlauf von oben nach unten mit gedrückter [Umschalt]-Taste. Der Himmel wird jetzt durch den demaskierten Teil der Einstellungsebene abgedunkelt. Erstellen Sie noch einen Verlauf von unten nach oben, wie es auf dem Screenshot mit den Pfeilen gezeigt wird, damit die Erde und die Pflanzen mehr Struktur bekommen.

Überbelichtete Bilder mit verschiedenen Techniken optimieren

4

Mit der gleichen Maske können Sie noch die abgedunkelten Bereiche des Bildes mit kräftigeren Farben ausstatten. Klicken Sie auf die Maske der Einstellungsebene *Tonwertkorrektur* mit gedrückter Strg-Taste. Die Maske wird als Auswahl geladen und kann jetzt auf eine andere Ebene übertragen werden.

5

Wählen Sie in der *Ebenen*-Palette eine neue Einstellungsebene *Farbbalance*. Diese wird automatisch mit der Maske erstellt, die Sie von der Einstellungsebene kopiert haben. Erhöhen Sie im Dialog den Regler *Sättigung* auf ca. +20 bis +35. Bestätigen Sie Ihre Eingaben mit *OK*.

380 KAPITEL 8 Digitalfotos perfekt nachbearbeiten

Vorher

Nachher

Verlorene Strukturen in dunklen Bereichen mit Tiefen/Lichter retten

Bei Fotos im Gegenlicht oder mit großen Schattenbereichen kommt es fast immer vor, dass einige Bildteile sehr dunkel sind. Das können Sie schnell mit der Einstellung *Tiefen/Lichter* korrigieren.

1

Duplizieren Sie in der *Ebenen*-Palette die Hintergrundebene.

2

Wählen Sie *Bild/Anpassungen/Tiefen/Lichter*. Im Dialog *Tiefen/Lichter* können Sie die dunklen Bereiche mit dem Regler *Stärke* im Bereich *Tiefen* aufhellen.

Nehmen Sie als Ausgangswert 50 % und passen Sie die Beleuchtung in den Schatten an. Falls Bedarf an einer Anpassung der hellen Bereiche besteht, können Sie das mit dem *Stärke*-Regler im Bereich *Lichter* machen. Das wären die groben Einstellungen. Aktivieren Sie dann *Weitere Optionen einblenden*.

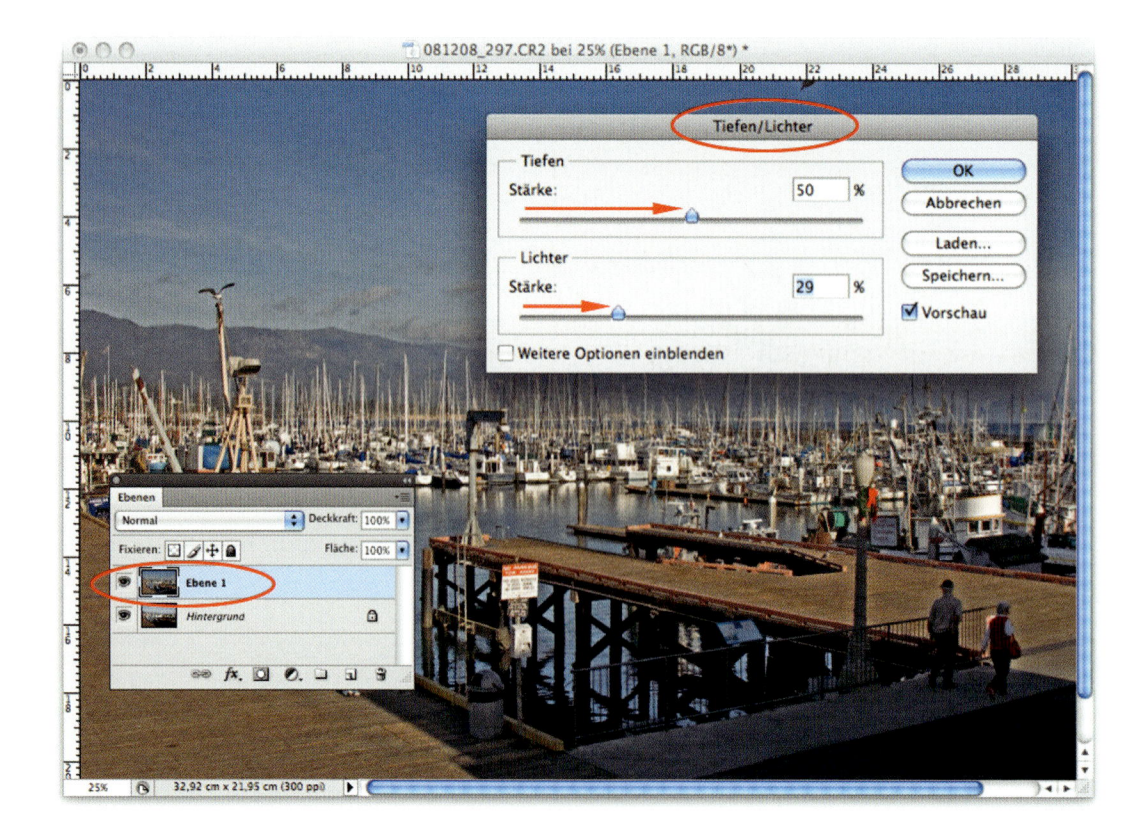

Überbelichtete Bilder mit verschiedenen Techniken optimieren

3

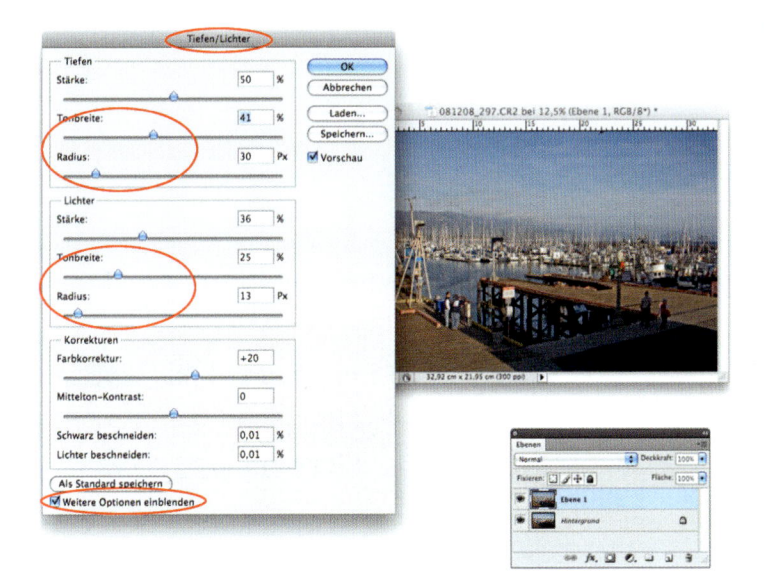

Der Dialog wird um die Feineinstellungen für die Bereiche *Tiefen* und *Lichter* erweitert. Mit diesen Einstellungen können Sie die Strukturen der Flächen schärfer erscheinen lassen.

Oft kommt es an den Kanten zwischen den hellen und dunklen Bereichen zu hellen Rändern.

Diese können Sie vermeiden, indem Sie die Werte für *Tonbreite* und *Radius* im Bereich *Lichter* anpassen.

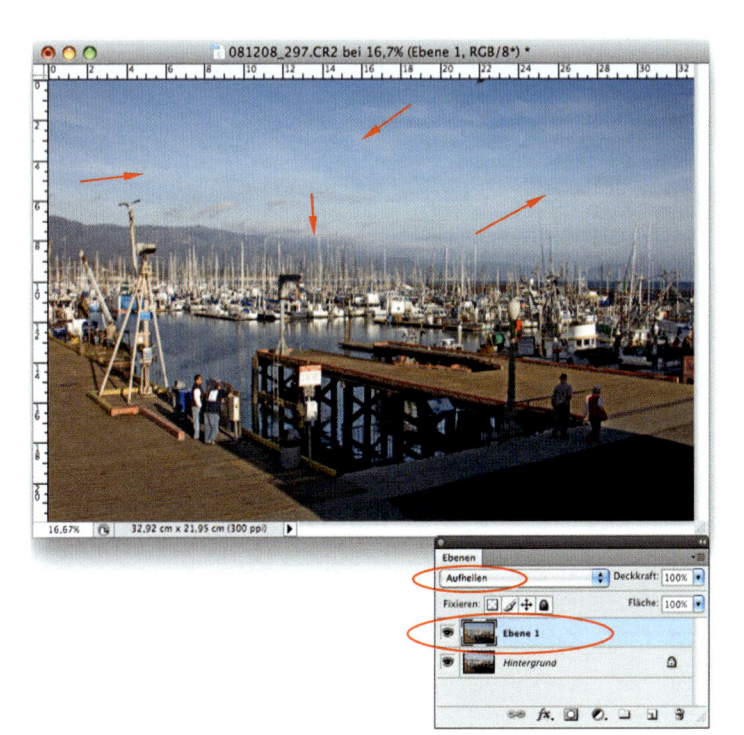

4

Wenn Sie wie auf unserem Beispielfoto feine Strukturen auf einem hellen Hintergrund haben, z. B. Wolken auf dem Himmel, können Sie diese feiner zeichnen, indem Sie die Ebenenfüllmethode für die obere Ebene von *Normal* auf *Aufhellen* ändern.

Vorher

Nachher

8.8 Effektive Rauschunterdrückung mit Photoshop CS4

Das Rauschen ist besonders bei hohen ISO-Zahlen deutlich sichtbar. Stärker als bei Spiegelreflexkameras tritt das Rauschen bei Kompaktkameras auf. Einige Kompaktkameras mit mehr als 8 Megapixeln haben mit dem Rauschen bereits ab ISO 400 ein Problem. Das liegt daran, dass die Bildsensoren dieser Kameras bei kleinen Abmessungen eine sehr hohe Pixeldichte haben.

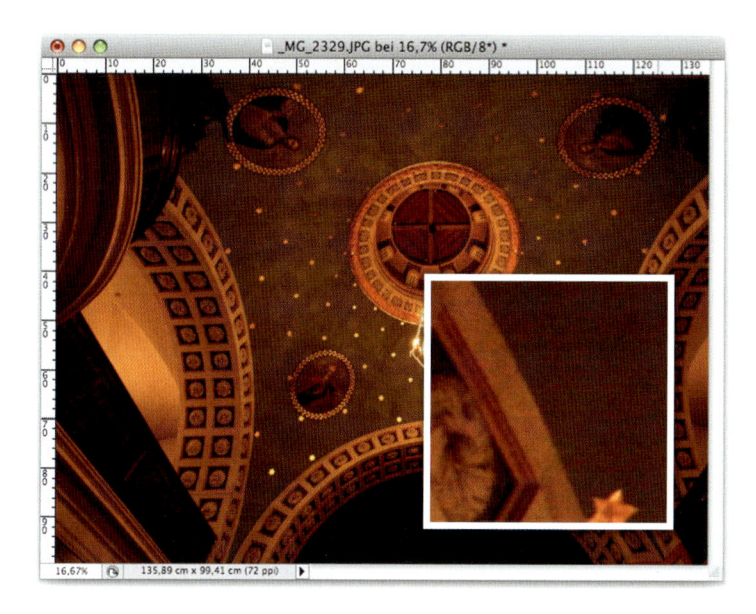

Die Kamerahersteller arbeiten permanent an der Weiterentwicklung kamerainterner Rauschunterdrückungsfilter. Wenn die Fotos trotzdem rauschen, bleibt nur eines: die Nachbearbeitung mit Bildbearbeitungsprogrammen.

1

Öffnen Sie das Bild und wählen Sie *Filter/Rauschfilter/Rauschen reduzieren*. Zwar gibt es auch den Filter *Rauschen entfernen*, aber bei ihm können Sie keine individuellen Einstellungen vornehmen. Deshalb ist der Filter *Rauschen reduzieren* die bessere Wahl.

2

Das Rauschen besteht aus Luminanz-Rauschen, was man mit der groben Körnung auf einem Film vergleichen kann, und aus Farbrauschen, dem massiven Auftreten von bunten (meist grünen und roten) Pixeln. Im Dialog *Rauschen reduzieren* stellen Sie zuerst die Stärke ein – die Höhe ist von der „Grobkörnigkeit" des Bildes abhängig. Je mehr Körnung sichtbar ist, umso höher ist der Wert im Bereich *Stärke*.

Durch die Reduzierung der Körnung geht die Schärfe des Bildes verloren. Dem können Sie entgegenwirken, indem Sie den Regler *Details erhalten* nach rechts bewegen. Ihr Ziel sollte eine Balance sein, bei der das Luminanz-Rauschen

Effektive Rauschunterdrückung mit Photoshop CS4

in Schach gehalten wird und die Schärfe nicht zu stark nachlässt.

3

Jetzt können Sie die Farbstörungen reduzieren. Hier gilt ein ähnliches Prinzip: Das Auftreten der bunten Pixel wird mit dem Regler *Farbstörungen reduzieren* bekämpft, und der Schärfeverlust als Nebenwirkung wird mit dem Regler *Details scharfzeichnen* ausgeglichen. Korrigieren Sie das Bild zuerst im *Einfach*-Modus.

4

Sollten trotz Ihrer Korrekturen bunte Pixel sichtbar bleiben, schalten Sie auf den *Erweitert*-Modus um. Gehen Sie zur Palette *Pro Kanal* und korrigieren Sie das Rauschverhalten der einzelnen Kanäle auf die gleiche Art, wie Sie es im Modus *Einfach* gemacht haben.

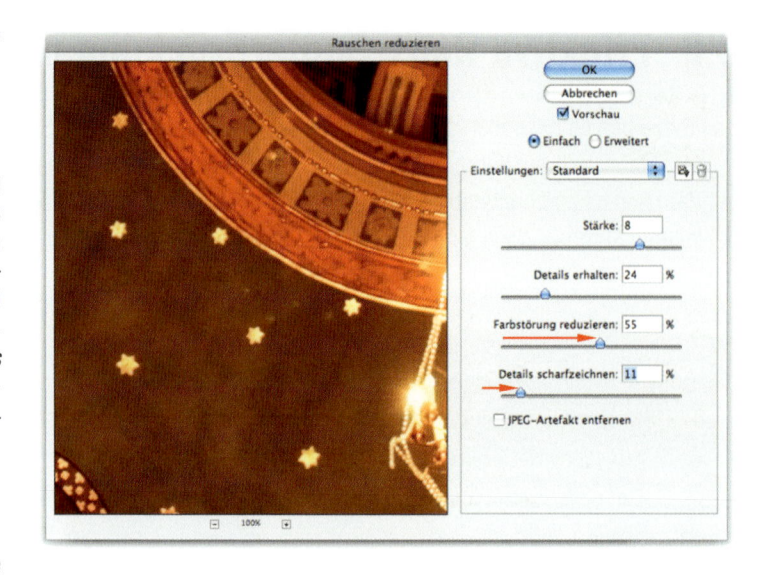

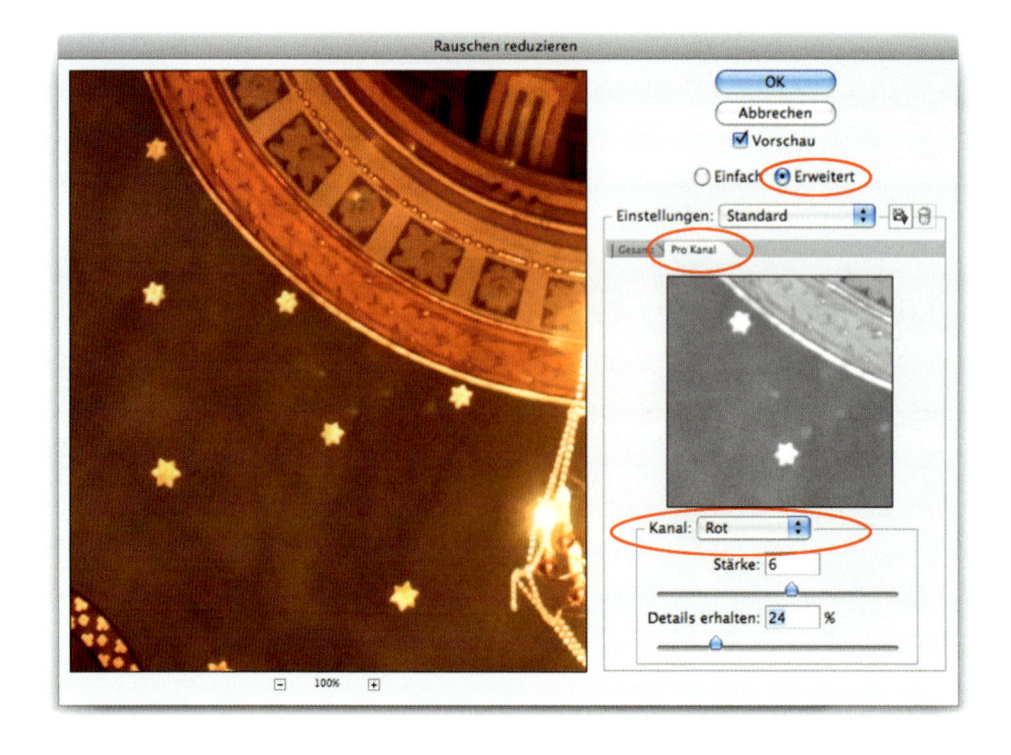

386 KAPITEL 8 Digitalfotos perfekt nachbearbeiten

Effektive Rauschunterdrückung mit Photoshop CS4

5

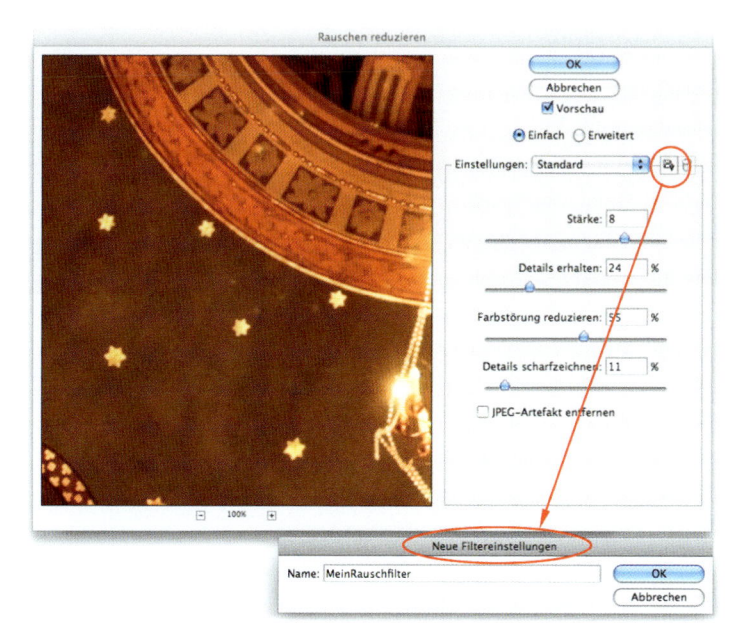

Wenn Sie mehrere Bilder bearbeiten, die ähnliche Lichtverhältnisse und das gleiche Rauschverhalten zeigen, ist es sinnvoll, die Einstellungen im Dialog *Rauschen reduzieren* für ein Bild durchzuführen und dann diese Einstellungen auf weitere Bilder zu übertragen.

Wenn Sie alle Korrekturen durchgeführt haben, klicken Sie auf das Symbol *Filtereinstellungen speichern*. Geben Sie im entsprechenden Dialog den Einstellungen einen Namen und bestätigen Sie mit *OK*.

Beim nächsten Bild können Sie bei *Einstellungen* die gespeicherten Vorgaben aufrufen und auf das Bild anwenden.

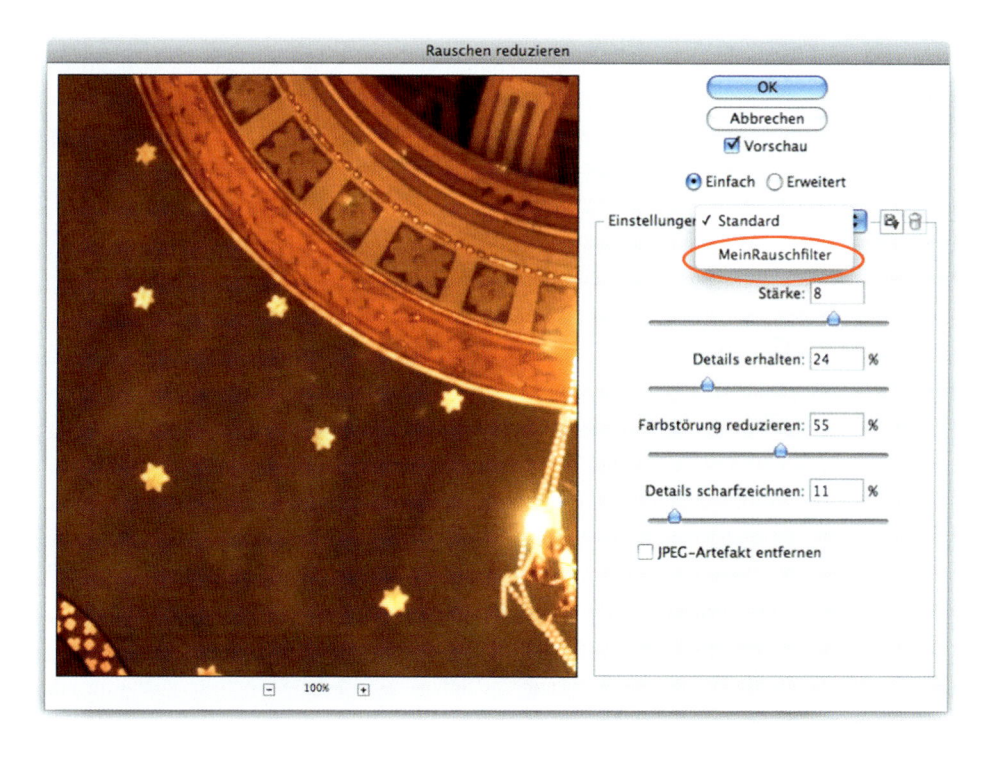

Kapitel

9

Arbeiten mit dem Textwerkzeug

Zwar kommen die Textoptionen in Photoshop nicht an die Möglichkeiten richtiger Layoutprogramme heran, sie bieten aber genug Spielraum für die Layoutgestaltung. Was Texteffekte betrifft, hat Photoshop eindeutig die Nase vorn. Erfahren Sie in diesem Kapitel, wie Sie mit den Textwerkzeugen arbeiten, und lernen Sie einige Tricks kennen, die Sie bei der Layoutgestaltung gut gebrauchen können.

9.1 Textwerkzeug in Photoshop: kein Layoutprogramm notwendig?

Es kommt immer darauf an, was Sie gestalten möchten. Für die komplette Gestaltung eines Buches reichen die Photoshop-Textwerkzeuge leider nicht aus, dann sind Sie auf ein Layoutprogramm wie InDesign oder QuarkXPress angewiesen. Aber es wäre ungerecht zu behaupten, dass Textwerkzeuge in Photoshop nur für Überschriften reichen. Es steckt noch viel mehr Potenzial darin.

Zum Erstellen von Texten stehen Ihnen in Photoshop zwei Gruppen an Textwerkzeugen zur Verfügung: die Textwerkzeuge und die Textmaskierungswerkzeuge.

Mit dem Textwerkzeug arbeiten Sie so, wie Sie es von anderen Programmen gewohnt sind, und das Textmaskierungswerkzeug erstellt nur eine Auswahl in Form eines Textes, die mit Pixeln gefüllt werden kann, zum Beispiel mit Farbe oder mit einem Foto. Beide Textwerkzeuge bieten die Möglichkeit, den Text horizontal oder vertikal zu erstellen. Vertikale Textwerkzeuge werden zwar nicht so oft verwendet, es ist aber beruhigend zu wissen, dass diese verfügbar sind.

Den Text können Sie als Standardtext oder als Mengentext erstellen. Das gilt sowohl für Textwerkzeuge als auch für Textmaskierungswerkzeuge. Der Standardtext wird in eine Zeile geschrieben, die Zeilenumbrüche sollten manuell hinzugefügt werden. Beim Mengentext erstellen Sie einen Textrahmen, in dem Sie dann schreiben können. So erstellen Sie einen Textblock, den Sie später in der Form verändern können (zum Beispiel breiter oder höher machen). Die Zeilenumbrüche werden automatisch erstellt und beim Ändern des Textrahmens neu definiert.

Textattribute können Sie in der Optionsleiste oder in der Textpalette festlegen. Die Texteigenschaften sind sehr umfangreich und lassen so gut wie keinen Gestaltungswunsch offen.

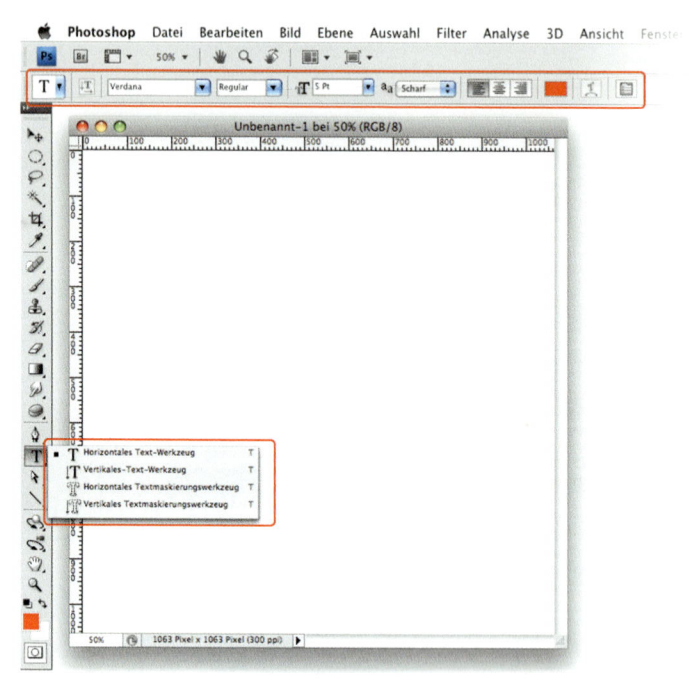

Die Schriftensammlung des Programms ist ziemlich umfangreich – also ausreichend für eine anspruchsvolle Gestaltung. Allerdings sind einige etwas aufwendigere Schriften bereits so von den Gestaltern „abgenutzt" worden, dass es sich schon lohnt, ein bisschen Geld in etwas seltenere Schriftfamilien zu investieren.

Der Text bleibt editierbar, solange Sie die Datei, die Text enthält, mit Ebenen speichern. Wenn Sie „exotische" Schriften benutzen und die Datei zum Weiterverarbeiten an andere Computer geben, ist es sinnvoll, die Fonts auch weiterzugeben. Sonst werden die Texte beim Öffnen der Datei mit anderen Schriften gefüllt oder gerastert.

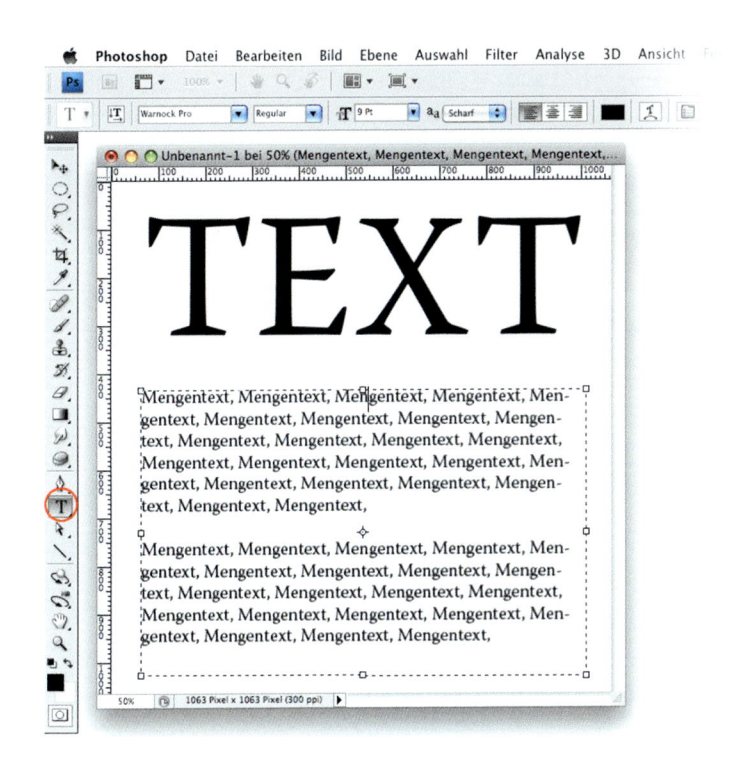

Sobald Sie einen Standardtext oder Mengentext in die Gestaltung einfügen, werden diese automatisch als Textebenen in der *Ebenen*-Palette angelegt.

Beim Editieren von Dateien mit mehreren Textebenen sollte die entsprechende Textebene zuerst markiert und dann mit dem Textwerkzeug bearbeitet werden. Das Textwerkzeug sollte auf jeden Fall eingeschaltet werden, der automatische Wechsel z. B. vom Verschieben-Werkzeug zum Textwerkzeug ist in Photoshop nicht verfügbar.

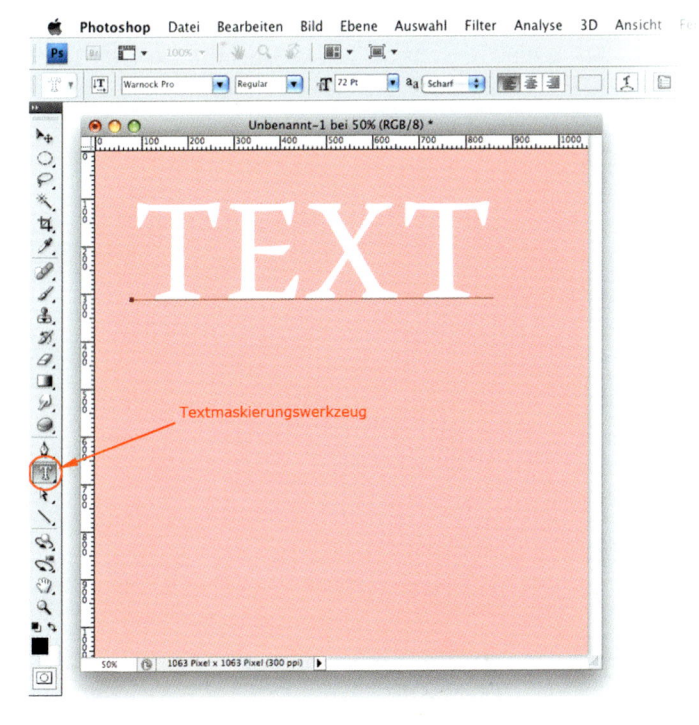

Arbeiten Sie mit dem Textmaskierungswerkzeug, erscheint der Text vorerst in Weiß auf dem hellroten Maskierungshintergrund.

In diesem Zustand ist der Text editierbar. Sobald Sie zu einem anderen Werkzeug, z. B. dem Verschieben-Werkzeug ([V]), wechseln, wird der Text in eine Auswahl umgewandelt und kann nicht mehr editiert werden.

Textwerkzeug in Photoshop: kein Layoutprogramm notwendig?

Wie bereits erwähnt wurde, kann die Auswahl, die mit dem Textmaskierungswerkzeug erstellt wurde, beliebig mit Pixeln gefüllt werden. Dazu kann Farbe, ein Farbverlauf oder ein Foto benutzt werden. Bevor Sie die Auswahl mit Pixeln füllen, erstellen Sie in der *Ebenen*-Palette eine neue Ebene. So können Sie diese beliebig in der Arbeitsfläche positionieren, verschieben oder transformieren.

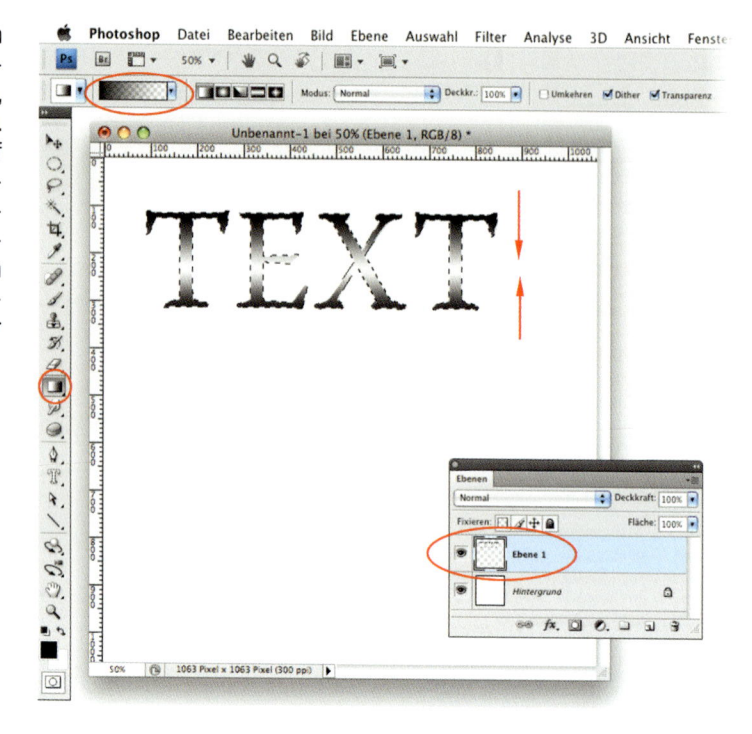

9.2 Die Textpalette einsetzen

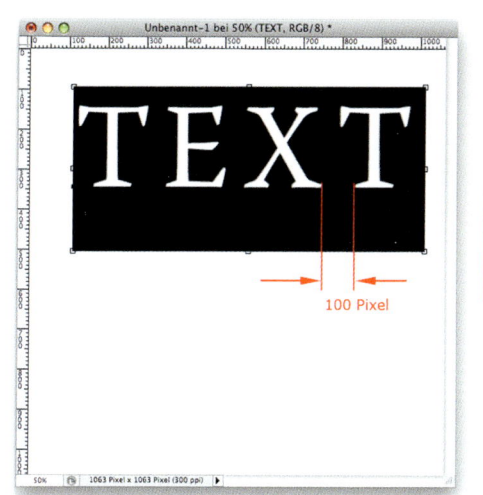

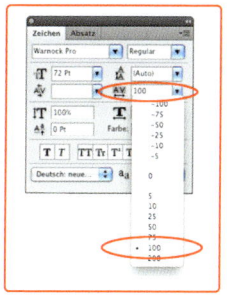

Textattribute festlegen

Zum Bearbeiten von Texten steht eine Textpalette zur Verfügung, die aus zwei Teilen besteht: *Zeichen* und *Absatz*. In der Palette *Zeichen* legen Sie Textattribute wie Schriftart, Größe, Farbe etc. fest. Individuelle Anpassungen wie der Abstand zwischen den einzelnen Buchstaben oder zwischen den Zeilen führen Sie ebenso in dieser Palette durch. Die wichtigsten Attribute für Zeichen und Absätze sind außerdem in der Optionsleiste aufgeführt – für den schnellen Zugriff.

Für die Gestaltung ist es manchmal nötig, einige Buchstaben aus der Reihe tanzen zu lassen. Dazu steht Ihnen die Textoption zur Verfügung, mit der Sie Zeichen unter oder über die Grundlinie setzen können.

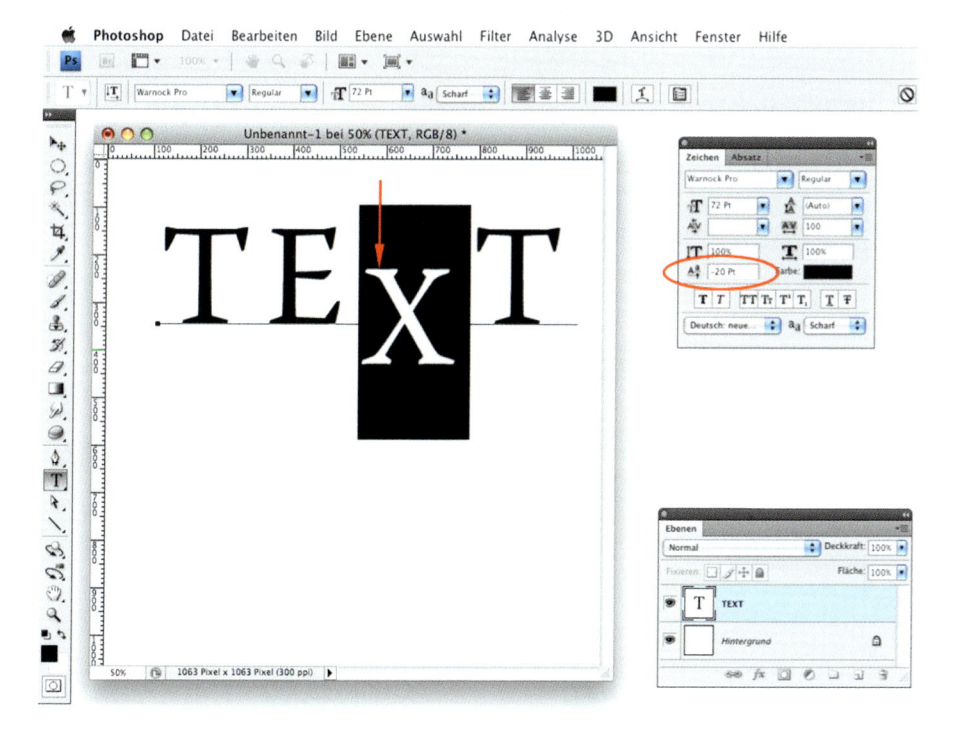

Die Textpalette einsetzen

Häufig verwendete Textattribute wie Kursiv oder Fett finden Sie sowohl in der Optionsleiste als auch in der *Zeichen*-Palette. Etwas seltenere, aber auch nützliche Texteigenschaften wie Unterstreichen oder durchgestrichener Text finden Sie nur in der *Zeichen*-Palette.

Text ausrichten

Die Bearbeitungsmöglichkeiten eines Layoutprogramms sind in Photoshop ziemlich minimalistisch. Es gibt keine Tabulatoren, mit denen Sie Abstände definieren können. Aber einige der wichtigsten Einstellungsmöglichkeiten stehen dennoch zur Verfügung, wie zum Beispiel die Option *Text ausrichten*. Egal ob Sie mit Standardtext oder Mengentext arbeiten, Sie können ihn linksbündig, mittig oder rechtsbündig erstellen.

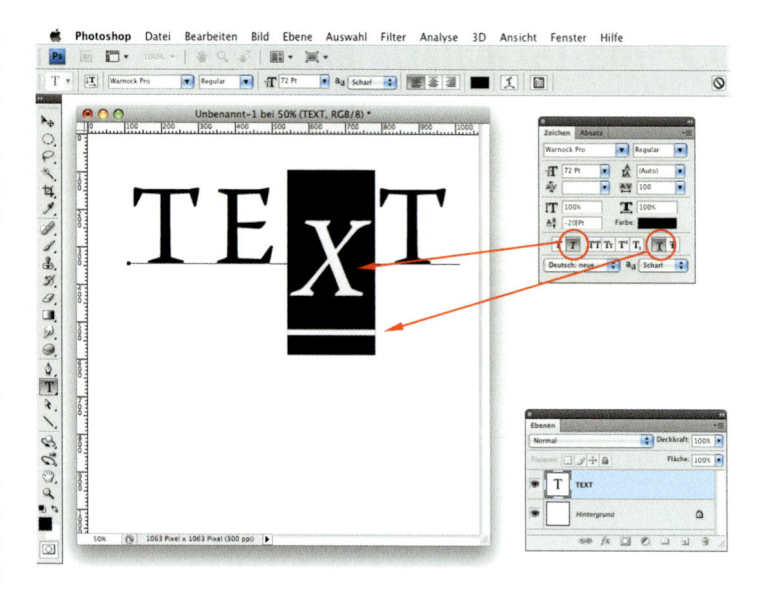

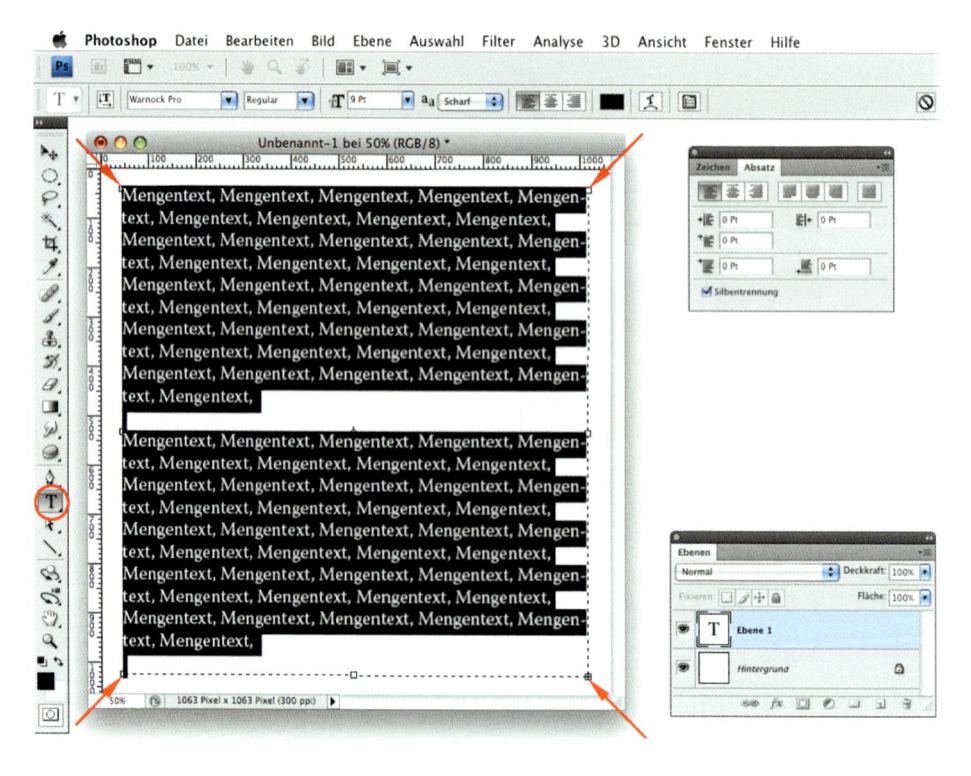

Die Textpalette einsetzen

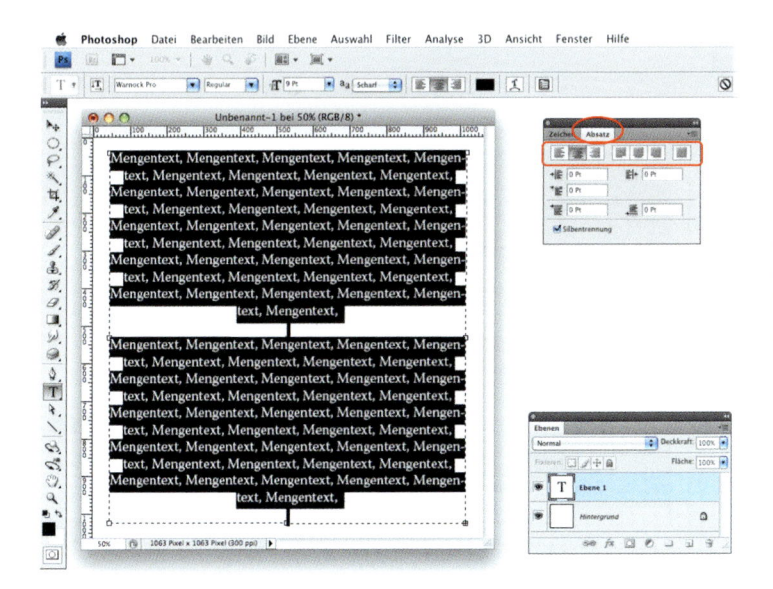

Einen Text können Sie mit den entsprechenden Symbolen in der Optionsleiste oder in der Palette *Absatz* ausrichten.

In der *Absatz*-Palette stehen Ihnen einige Optionen zur Verfügung, mit denen Sie zwar den Tabulator nicht ersetzen, aber doch einige wichtige Funktionen verwenden können, wie zum Beispiel den Texteinzug.

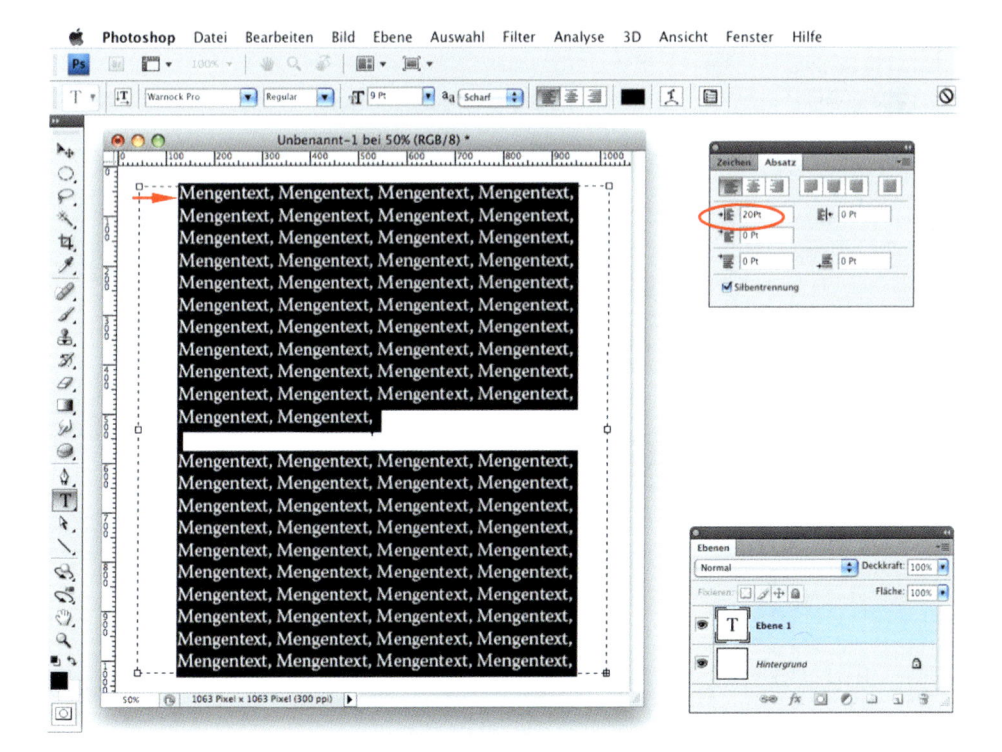

Die Textpalette einsetzen

Wenn Sie „tanzende" Zeilen vermeiden möchten, benutzen Sie die Option für Blocktext, die es in den Variationen linksbündig, mittig oder rechtsbündig gibt.

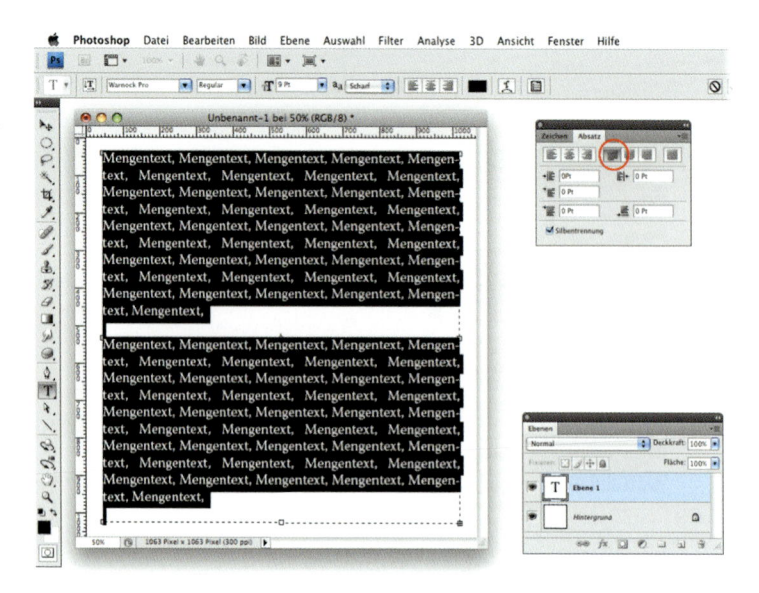

Schriftschnitt einstellen

Unter Schriftschnitt versteht man im Prinzip nichts anderes als Standard, Kursiv oder Fett. Das sind die meistbenutzten Textattribute. Für einige Schriftarten/Schriftfamilien gibt es mehrere Optionen, mit denen Sie die Schriftschnitte erstellen können.

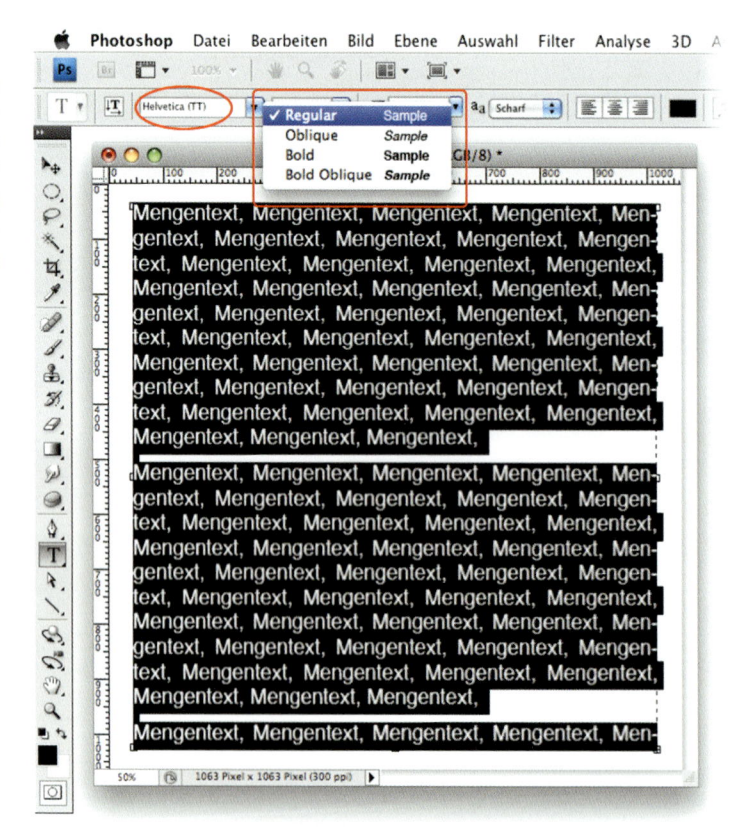

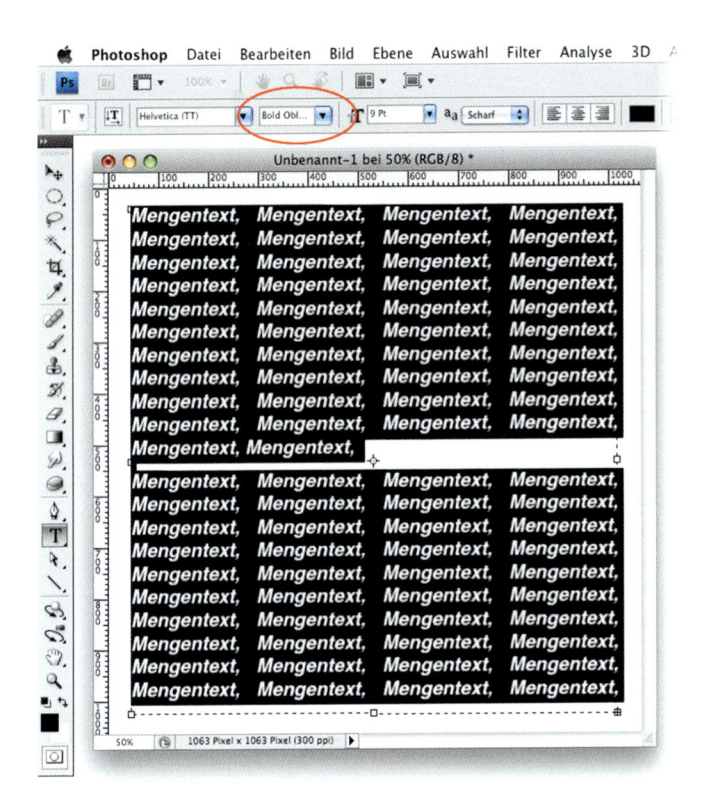

Hier ist ein Beispiel für die Schriftart Helvetica mit dem Schriftschnitt Bold Oblique.

Glättungsmethode festlegen

Für die optimale Textdarstellung in verschiedenen Medien wie z. B. Druck, Web oder mobile Geräte sollte eine entsprechende Glättungsmethode gewählt werden.

Die Buchstaben werden dann als eine Pixelschrift mit ganzen Pixeln oder mit Glättung dargestellt, wobei die Stufen abgeglättet werden.

Auf dem Screenshot sehen Sie die Option *Scharf* – die richtige Wahl für die Textdarstellung im Druck.

Und hier zum Vergleich der Text ohne Glättung. Diese Option wird in der Regel fürs Webdesign verwendet. Speziell bei Webgrafiken mit Text sollten Sie auf die Schriftwahl besonders achten. Denn es gibt nur wenige Schriftarten, die im Web „eine gute Figur machen" und ästhetisch aussehen.

Für die Beschriftung von Schaltflächen einer Webseite verwenden Sie am besten Schriftarten wie Verdana, Tahoma oder Helvetica.

9.3 Standard- und Mengentext in der Layoutgestaltung kombinieren

In diesem Abschnitt wird an einem praktischen Beispiel gezeigt, wie verschiedene Textarten erstellt und editiert werden.

1

Erstellen Sie zuerst den Text für die Überschrift. Dazu wurde eine Serifenschriftart gewählt, und zwar mit den Optionen *Bold* und *Scharf*.

Definieren Sie eine Farbe mit dem Farbwähler für den Text in der Optionsleiste oder in der Palette *Zeichen*.

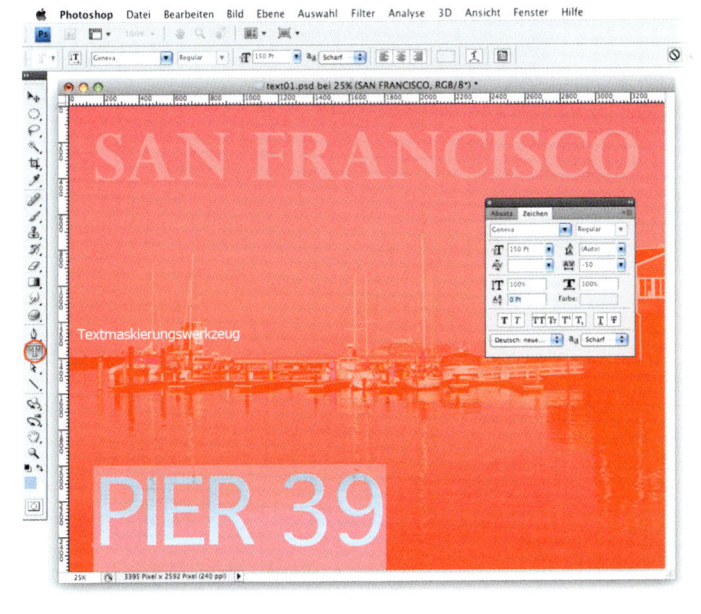

2

Für die zweite Überschrift wurde das Textmaskierungswerkzeug und eine Schriftart ohne Serifen genommen.

Beim Textmaskierungswerkzeug ist die Editiermöglichkeit stark eingeschränkt, weil diese nur beim markierten Text funktioniert.

Wollen Sie den Text verschieben und wechseln dazu zum Verschieben-Werkzeug ([V]), wird die Maske in eine Auswahl umgewandelt und dadurch ist weiteres Editieren nicht mehr möglich.

Standard- und Mengentext in der Layoutgestaltung kombinieren

3

Ist der Text erstellt, können Sie zum Verschieben-Werkzeug wechseln und sich für eine Füllart entscheiden. Erstellen Sie in der *Ebenen*-Palette eine neue leere Ebene. In unserem Beispiel wird die Auswahl mit einem Verlauf gefüllt.

Für den Verlauf wurde die Option Vordergrund-Transparent gewählt und als Vordergrundfarbe die gleiche wie bei der oberen Überschrift genommen.

Der Verlauf wurde zweimal durchgezogen, wie es auf dem Screenshot mit den Pfeilen angezeigt wird.

4

Wenn Sie mit dem Verlaufswerkzeug arbeiten, bei dem eine Transparenz enthalten ist, sollte eine Kontur erstellt werden, damit die „leeren" Stellen überbrückt werden. Die Kontur können Sie entweder auf der gleichen Ebene erstellen, auf der Sie die Verläufe eingesetzt haben, oder eine neue leere Ebene erstellen.

Wählen Sie dann die Option *Bearbeiten/Kontur füllen*. Nehmen Sie eine passende Breite.

In der Regel beträgt die Konturbreite für die Webauflösung ca. 1–3 Pixel, für eine Printauflösung von 300 Pixel/Zoll sollte die Kontur ca. 8–10 Pixel betragen. Am ästhetischsten sieht die Position *Innen* aus.

5

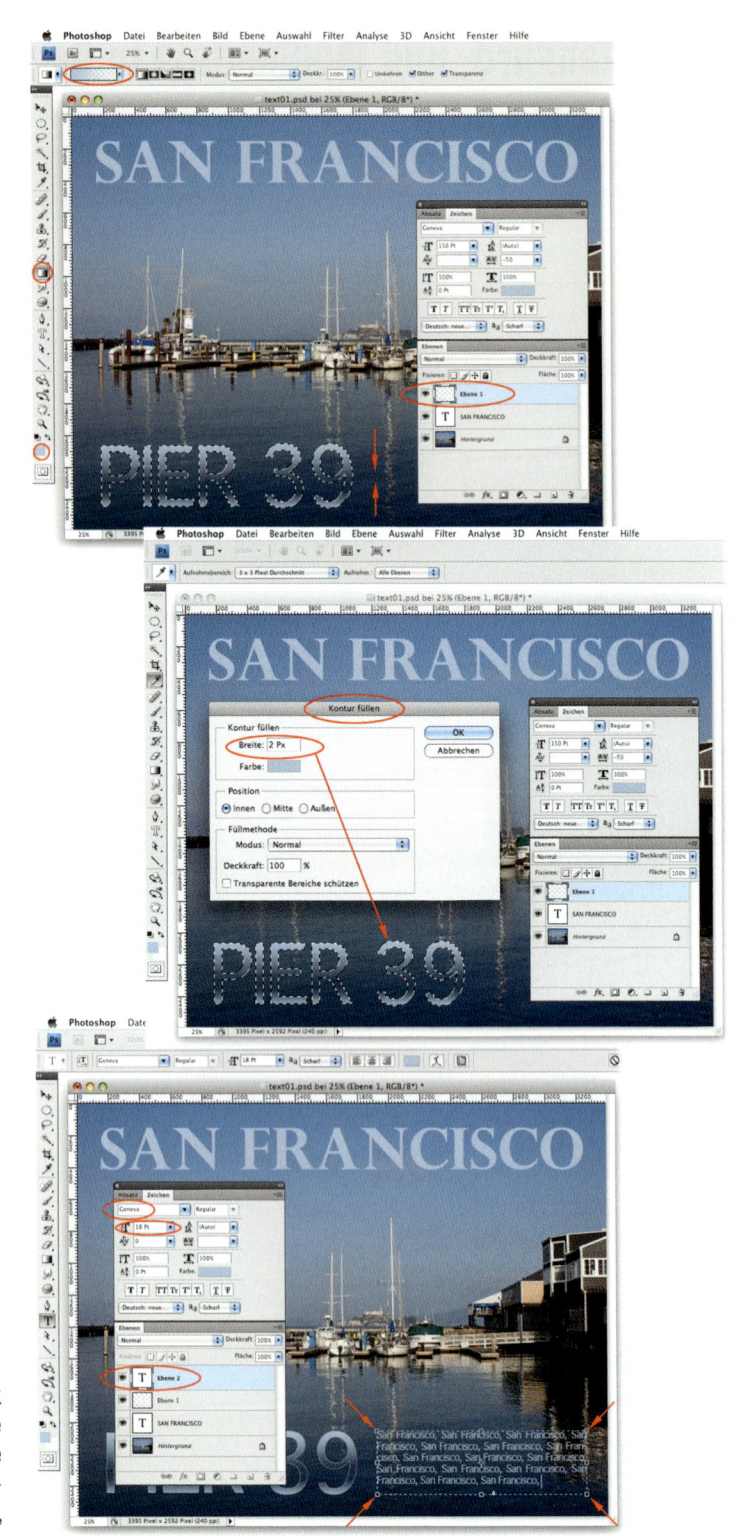

Erstellen Sie nun einen Textblock für den Mengentext. Wählen Sie dazu das Textwerkzeug. Wenn Sie beim Erstellen des Standardtextes in die Arbeitsfläche nur klicken, wird für den Mengentext der Rahmen mit gedrückter Maustaste erstellt. Tippen Sie den Text ein. Die Umbrüche erfolgen automatisch.

Solange das Textwerkzeug aktiviert ist, kann der Textblock mit dem Mengentext skaliert werden.

Dabei werden die Umbrüche neu definiert.

Den Abstand zwischen den Zeilen können Sie entweder auf *Auto* belassen, dabei wird immer der für die gewählte Schriftgröße optimale Zeilenabstand gewählt. Oder Sie definieren den Zeilenabstand selbst. Das geht nur über die *Zeichen*-Palette, nicht über die Optionsleiste für das Textwerkzeug.

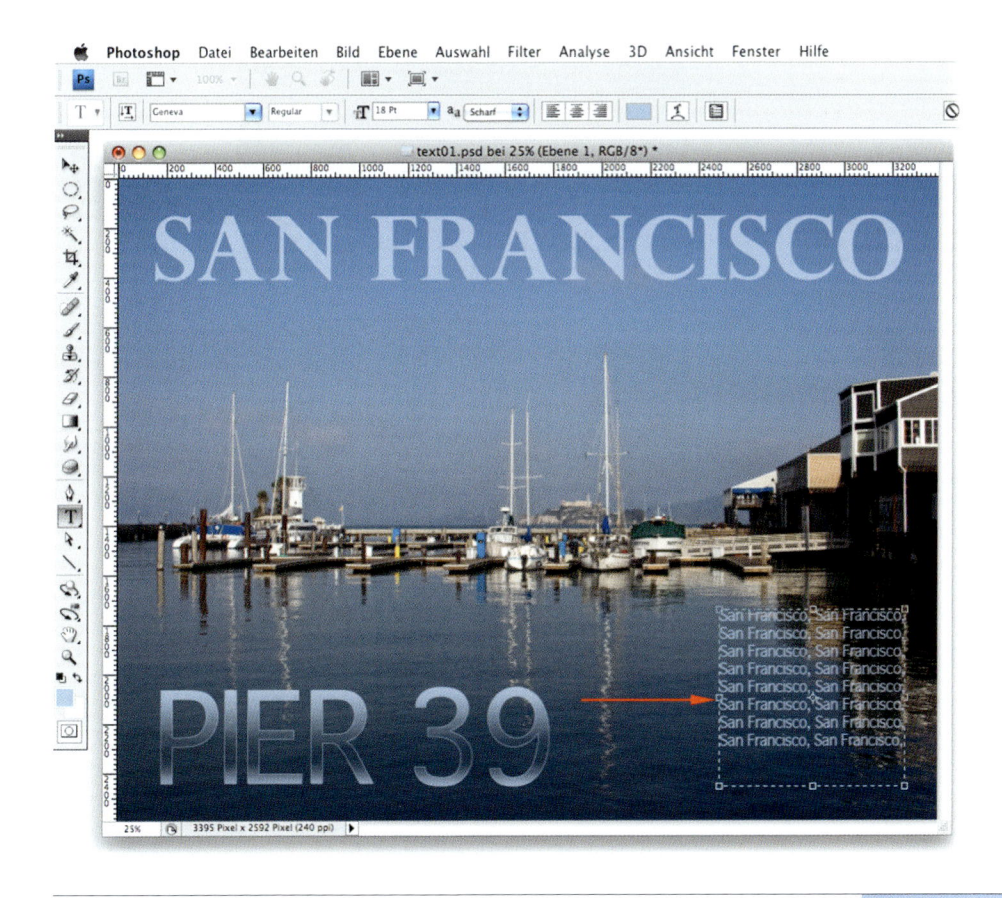

9.4 Texteffekte – Texte skalieren und verkrümmen

Texte können nach dem Erstellen mit einigen Effekten ausgestattet werden und bleiben dabei editierbar. In unserem Beispiel wird mit dem Text eine Überschrift erstellt und diese der Krümmung des Turms angepasst.

1

Wählen Sie das Textwerkzeug und geben Sie als Überschrift mit der Schriftart Ihrer Wahl den Text ein.

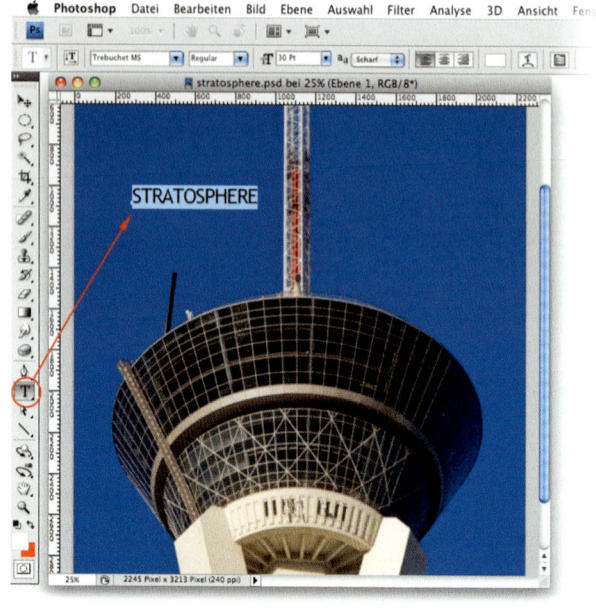

2

Nachdem Sie den Text eingegeben haben, wechseln Sie vom Textwerkzeug zum Verschieben-Werkzeug. Jetzt können Sie den Text skalieren. Ziehen Sie vorerst aus den Linealen (falls Sie sie noch nicht aktiviert haben, können Sie das mit der Tastenkombination [Strg]+[R] nachholen) die Hilfslinien und positionieren Sie diese an den Rändern des Turms.

Aktivieren Sie für die Textebene die Transformation mit [Strg]+[T] und bringen Sie den Text auf die gewünschte Größe. Wenn Sie beim Skalieren die [Umschalt]-Taste gedrückt halten, bleiben die Proportionen für den Text erhalten.

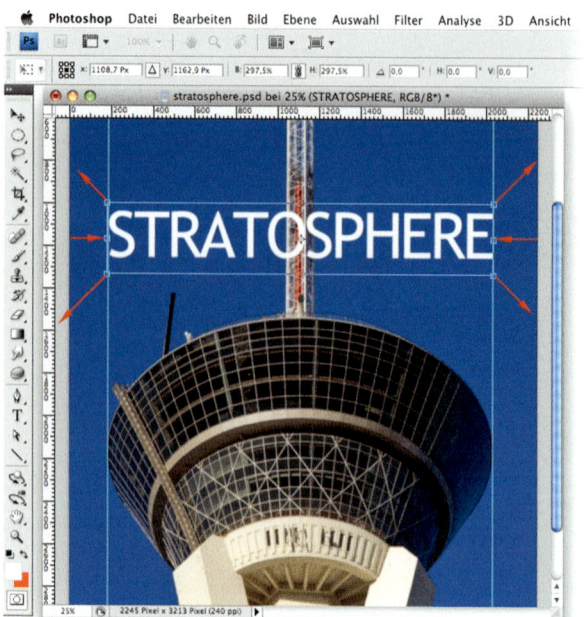

Texteffekte – Texte skalieren und verkrümmen

3

Zum Anpassen des Textes an den Bogen des Turms brauchen Sie die Option *Text verkrümmen*. Deren Symbol finden Sie in der Optionsleiste für das Textwerkzeug.

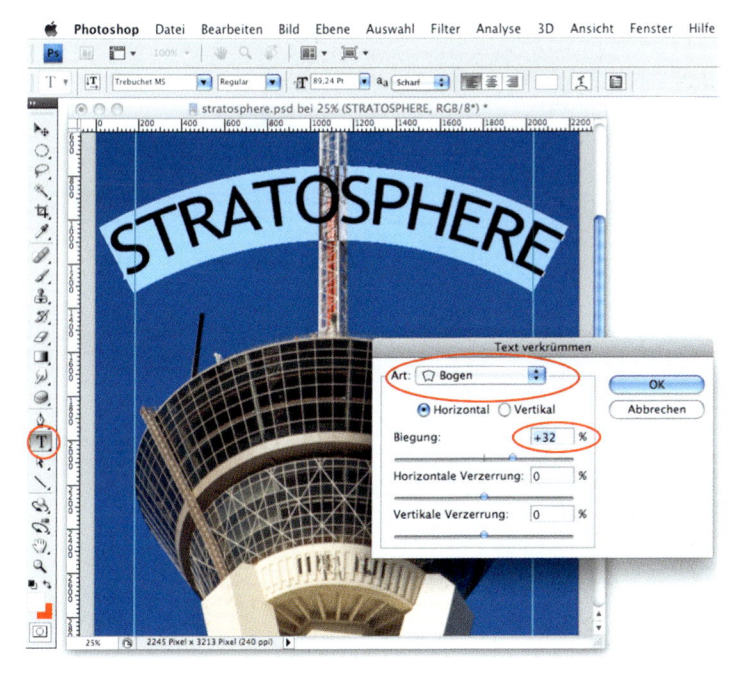

Wählen Sie im Dialog *Text verkrümmen* die Art der Verkrümmung, zum Beispiel *Bogen*.

Mit dem Regler *Biegung* können Sie den Text ziemlich genau an den Bogen des Turms anpassen. Dabei wird der Text an der gebogenen Unterlinie ausgerichtet und die Buchstaben werden entsprechend gedreht.

Arbeiten mit dem Textwerkzeug KAPITEL 9 403

Wenn Sie die Drehung der Buchstaben beim Biegen vermeiden möchten, sodass die Seitenkanten der Buchstaben vertikal bleiben, wählen Sie als Art der Biegung *Torbogen*.

4

Nach dem Verkrümmen können Sie den Text noch mit dem Befehl *Frei transformieren* bearbeiten, um z. B. die Buchstaben etwas in die Länge zu ziehen (transformieren Sie dabei ohne gedrückte [Umschalt]-Taste).

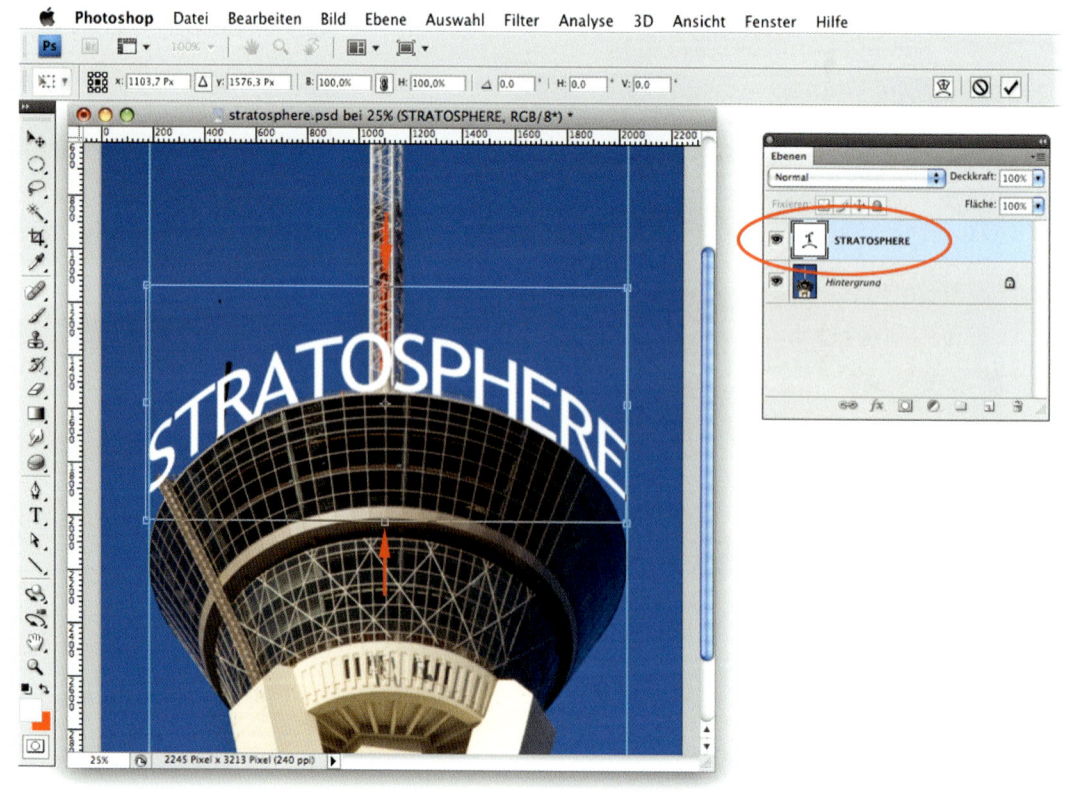

Texteffekte – Texte skalieren und verkrümmen

5

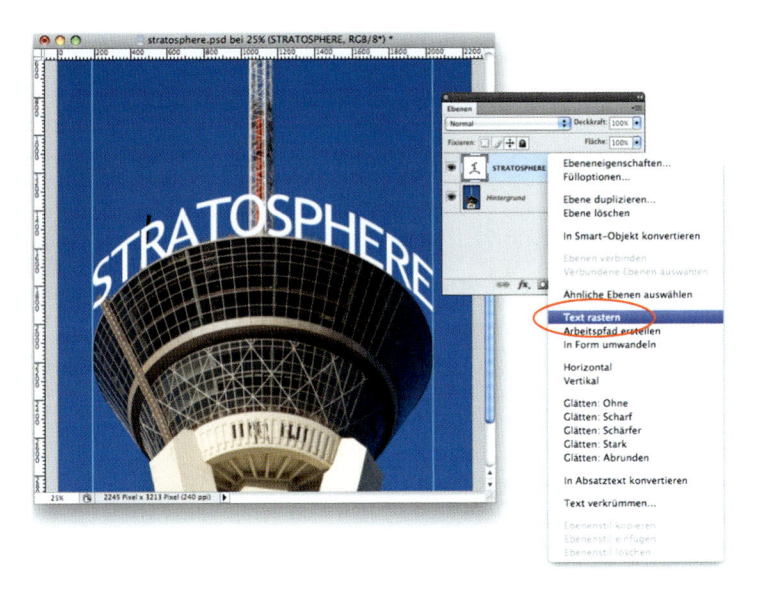

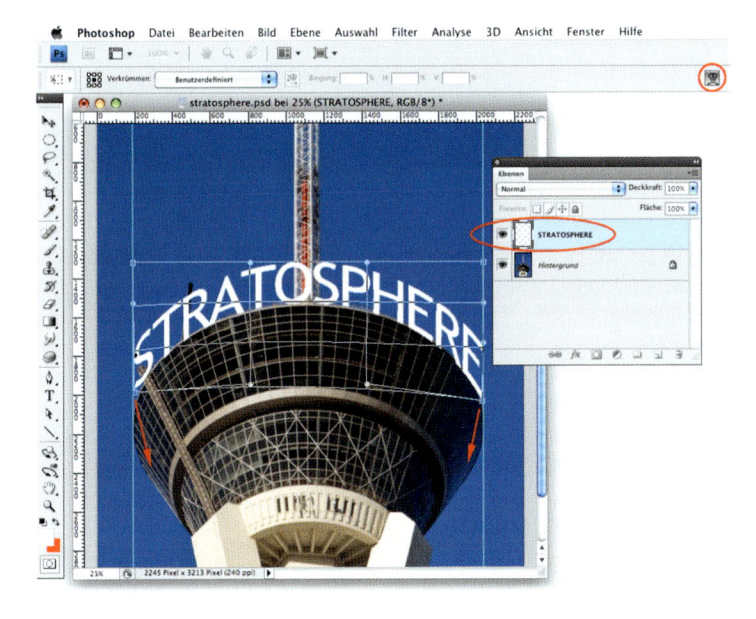

Auch wenn die Biegung zum großen Teil gut gelaufen ist, kommt es oft vor, dass die äußeren Buchstaben doch nicht ganz zu dem Bogen des Turms passen. In solchen Situationen kommen Sie mit dem Text-verkrümmen-Werkzeug nicht weiter.

Nun hilft Ihnen ein Trick: die Ebene rastern. Zur Sicherheit ist es zu empfehlen, die Textebene mit ⌈Strg⌉+⌈J⌉ zu kopieren und die Kopie auszublenden.

Die eingeblendete Textebene können Sie mit der Option *Text rastern* ausstatten, die Sie mit einem Rechtsklick erreichen.

Die gerasterte Textebene verhält sich wie eine normale Pixelebene und kann nicht mehr als Text editiert werden (dazu ist die Kopie der Textebene gedacht, falls Sie diese erstellt haben). Die gerasterte Ebene kann transformiert werden.

Aktivieren Sie den Transformationsrahmen mit ⌈Strg⌉+⌈T⌉ und wählen Sie dann entweder in der Optionsleiste oder mit einem Rechtsklick die Option *Verkrümmen*.

Passen Sie die Form der Buchstaben an den Bogen des Turms an.

6

Damit die Buchstaben etwas dreidimensional wirken, was zur Gestaltung auf jeden Fall besser passt, können Sie die Ebene mit einem oder mehreren Ebenenstilen ausstatten.

Klicken Sie in der *Ebenen*-Palette auf das Symbol *fx* und wählen Sie die Option *Abgeflachte Kante und Relief*.

Im Dialog *Ebenenstil* wählen Sie unter dem Eintrag *Abgeflachte Kante und Relief* die Option *Hart meißeln*.

Damit der Ebenenstil *Abgeflachte Kante und Relief* zu dem Lichteinfall auf dem Foto passt, können Sie im Bereich *Schattierung* den passenden Winkel mit dem Drehrad einstellen.

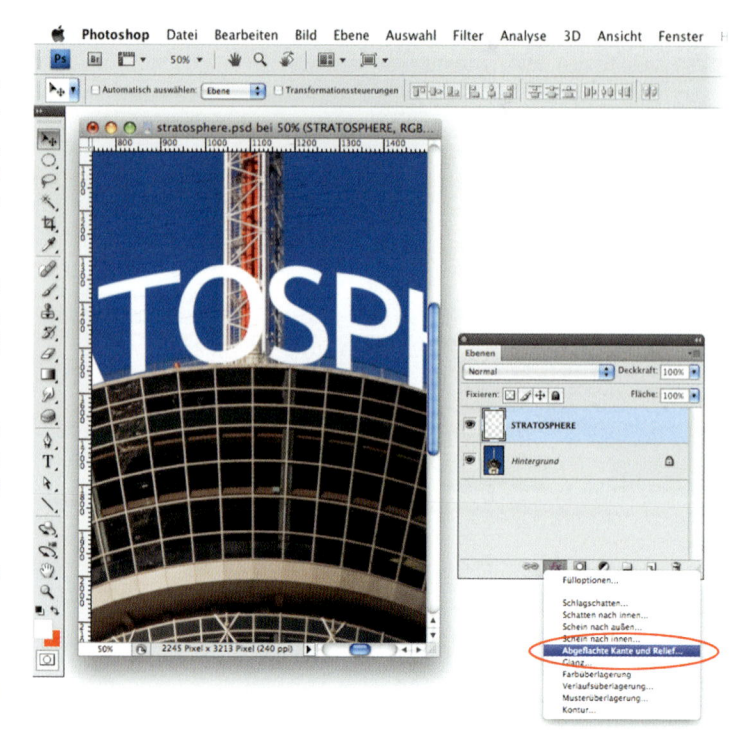

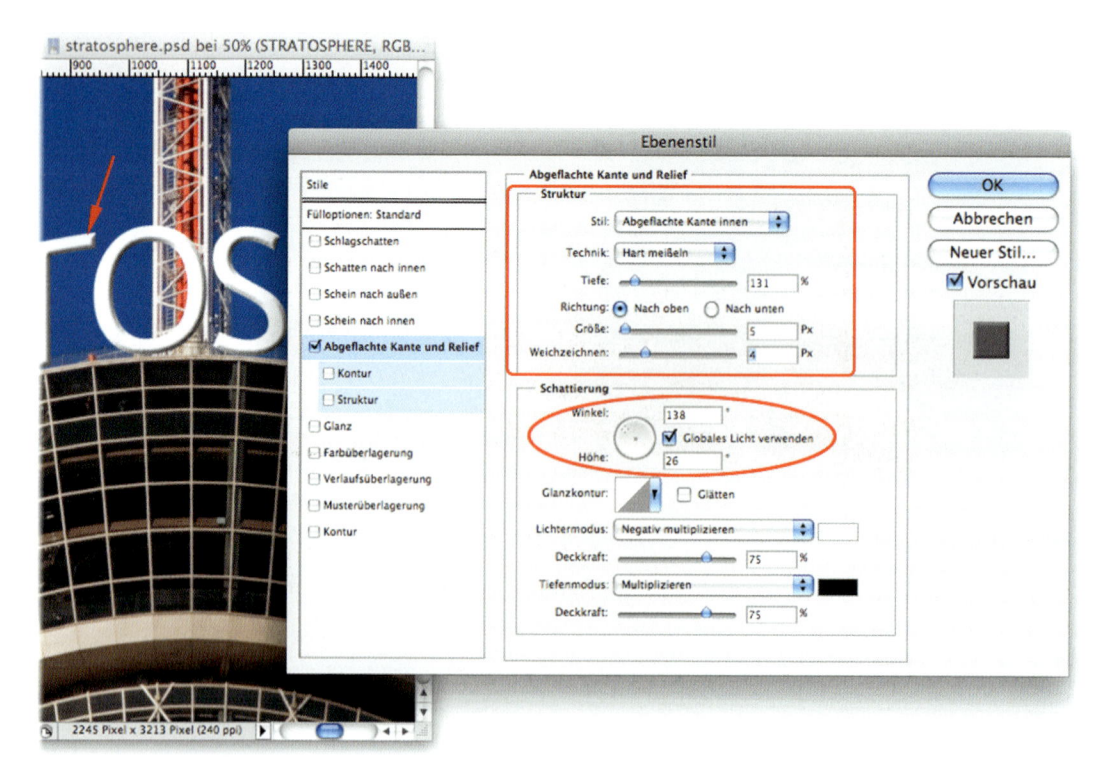

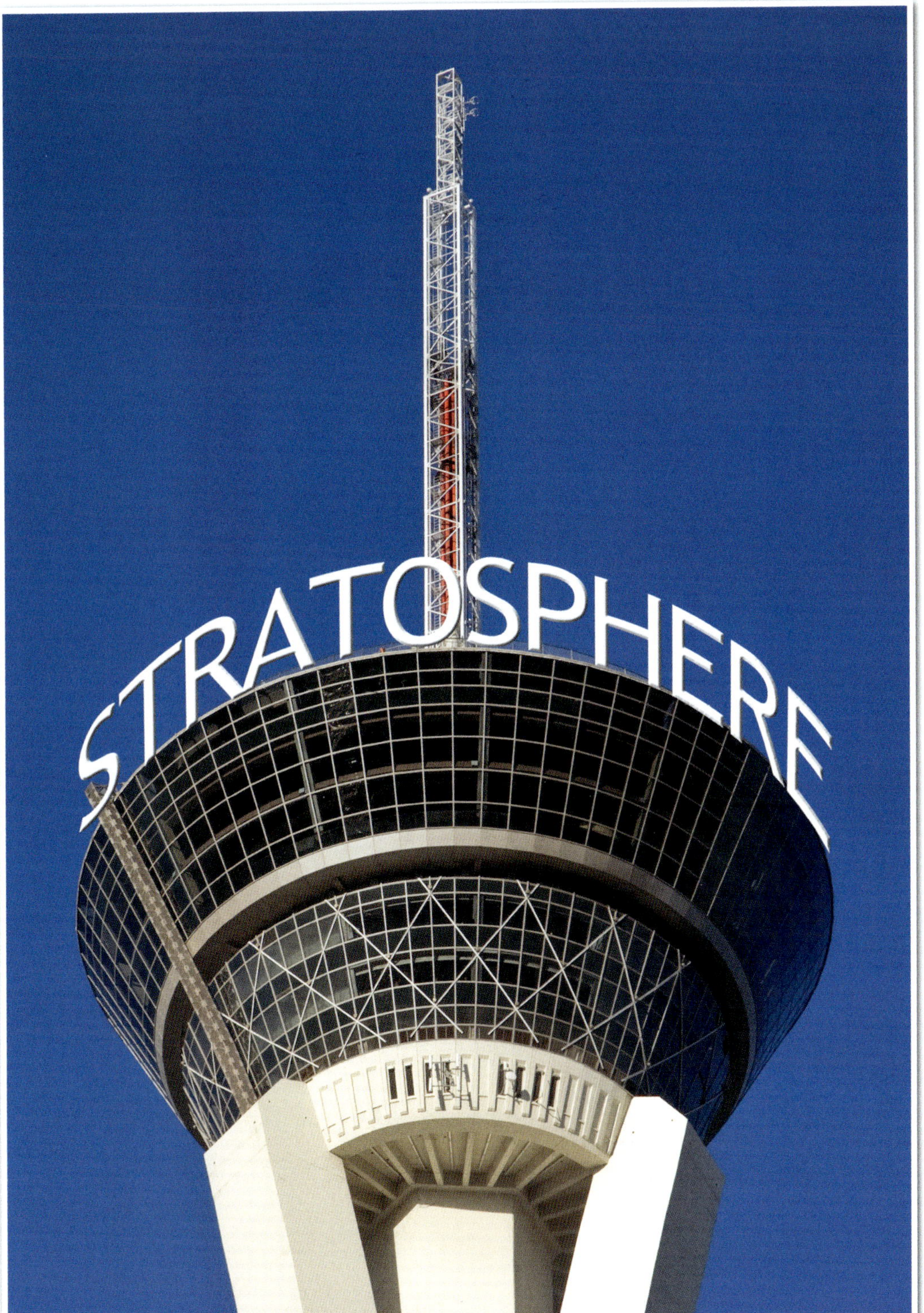
STRATOSPHERE

9.5 Text mit Fotos und Strukturen füllen

Die Technik, mit der Sie Text mit Strukturen oder Fotos füllen, ist nicht neu, aber dennoch interessant und vielseitig verwendbar.

Im Folgenden wird erklärt, wie eine in einen Berg gemeißelte Schrift gestaltet wird. Zwar ist das keine feine Art und so etwas sollte in der Natur nicht gemacht werden, aber wenn Sie Ihren Namen mithilfe von Photoshop so verewigen wollen, ist das kein Problem.

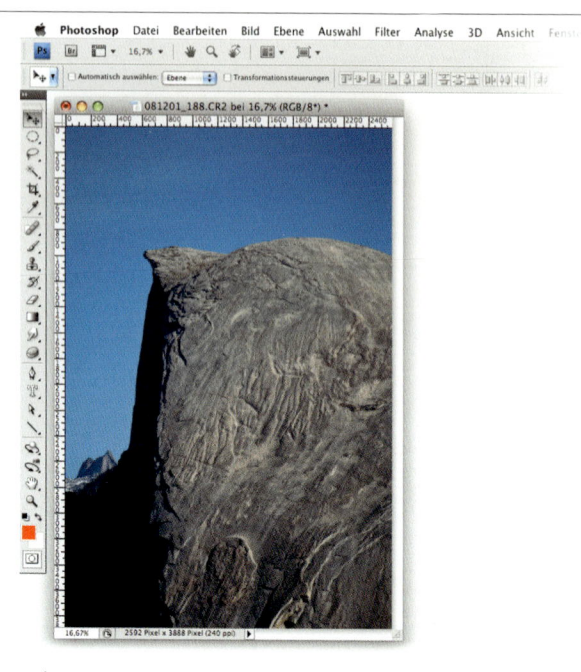

1

Wählen Sie zum Schreiben das Textmaskierungswerkzeug mit einer passenden Schrift.

Bei solchen Gestaltungen eignet sich hervorragend eine Schrift ohne Serifen, zum Beispiel Trebuchet MS mit dem Schnitt Bold.

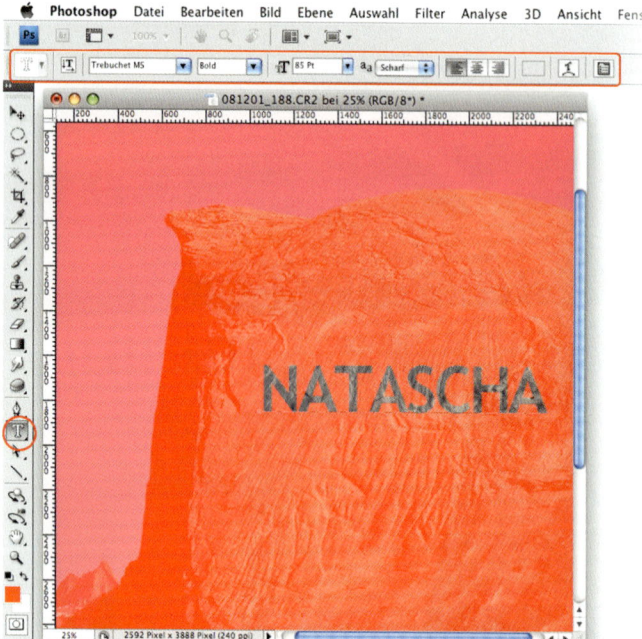

Text mit Fotos und Strukturen füllen

2

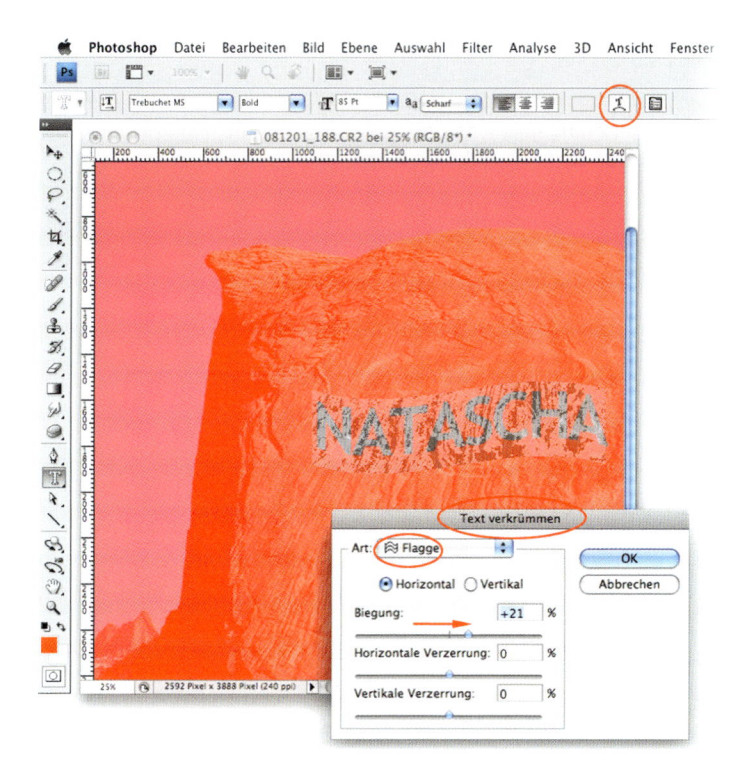

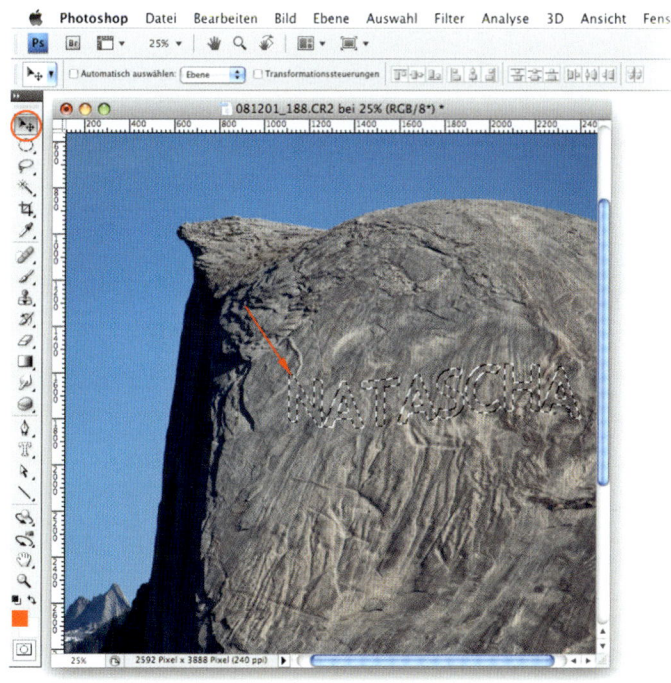

Solange das Textmaskierungswerkzeug aktiv ist, können Sie den Text verformen. Markieren Sie den geschriebenen Text und wählen Sie die Option *Text verkrümmen*.

Im Dialog *Text verkrümmen* können Sie verschiedene Optionen ausprobieren, eine davon ist *Flagge*, die sich hervorragend zum Darstellen von Texten auf unebenen Oberflächen eignet.

Wählen Sie eine passende Biegung – in unserem Beispiel ca. + 20 %. Zusätzlich können Sie den Text mit den Optionen *Horizontale Verzerrung* und *Vertikale Verzerrung* bearbeiten, diese sind für eine perspektivische Darstellung des Textes vorgesehen.

3

Wechseln Sie vom Textwerkzeug zum Verschieben-Werkzeug. Der Text wird als schwebende Auswahl dargestellt und kann jetzt nicht mehr editiert werden.

Im Prinzip kann die Auswahl bereits mit der Struktur ausgestattet werden, aber damit die Schrift nicht zu „sauber" aussieht, wird noch eine kleine Anpassung vorgenommen.

Text mit Fotos und Strukturen füllen

4

Wechseln Sie zum Maskierungsmodus mit dem Symbol unten in der Werkzeugleiste oder mit der Taste Q.

Das Bild sieht jetzt zwar genauso aus wie beim Erstellen des Textes mit dem Textmaskierungswerkzeug, aber mit einem kleinen Unterschied: Den Text können Sie nicht mehr editieren.

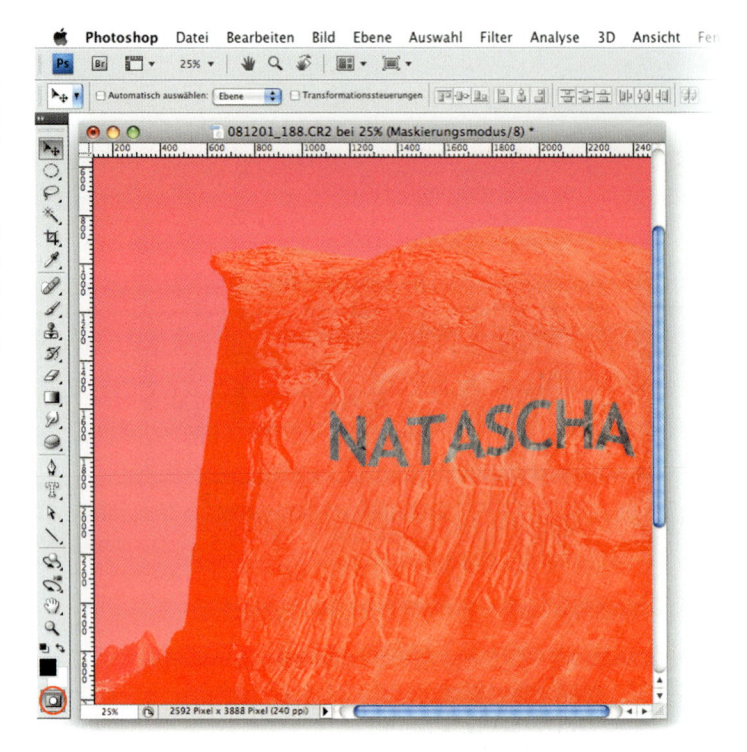

5

Um den Buchstaben kleine Unebenheiten hinzufügen zu können, verwenden Sie den Verflüssigen-Filter.

Dieser Filter funktioniert sowohl im Standard- als auch im Maskierungsmodus.

Im Dialog *Verflüssigen* können Sie das Vorwärts-krümmen-Werkzeug aktivieren, mit dem Sie Bild- oder Maskenteile verschieben können.

Wählen Sie eine passende Pinselgröße und verschieben Sie die Kanten der Buchstaben ungefähr so, wie es auf dem Screenshot zu sehen ist. So entsteht später der Eindruck, dass die Buchstaben auf einer unebenen Fläche gemeißelt sind.

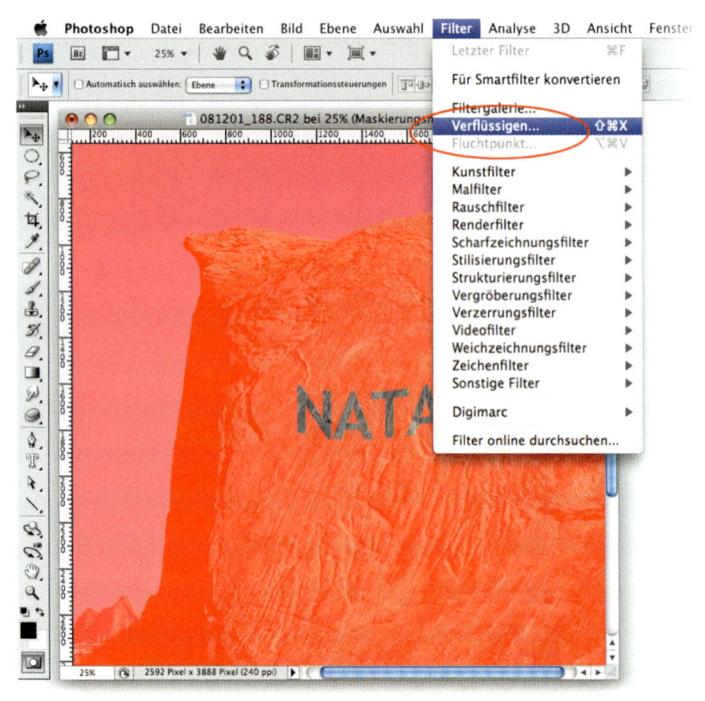

Text mit Fotos und Strukturen füllen

6

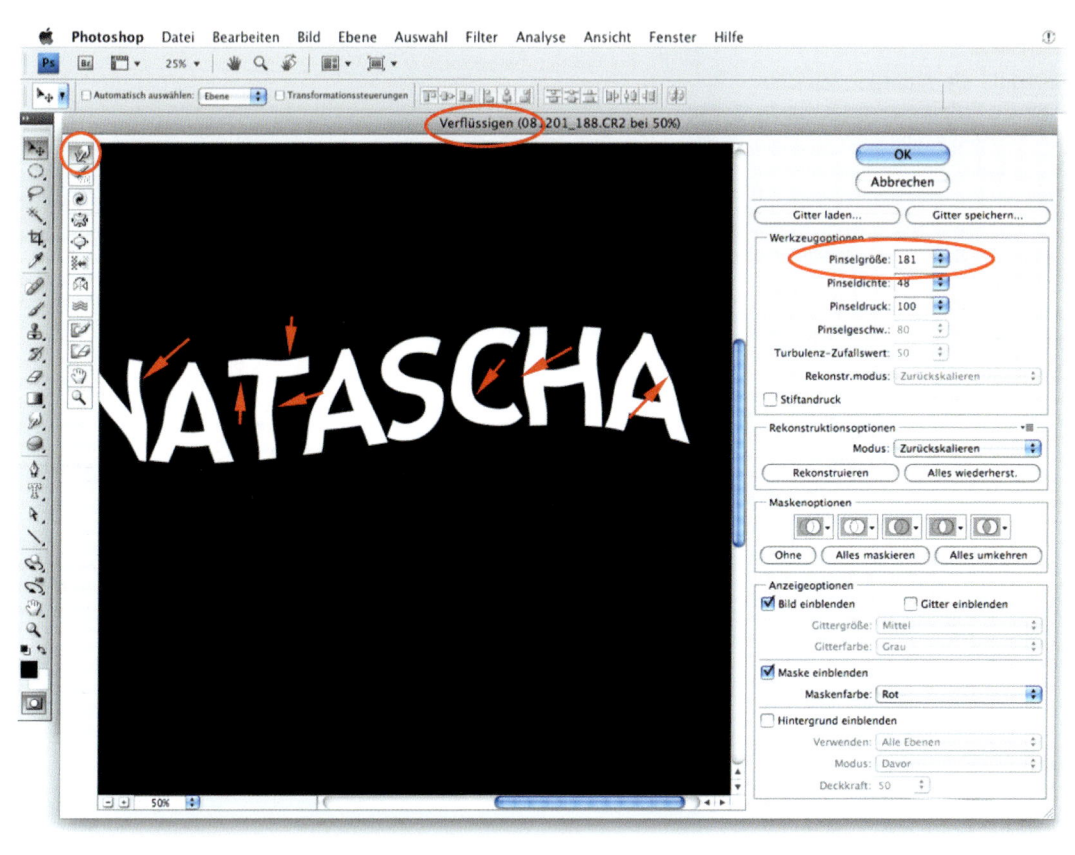

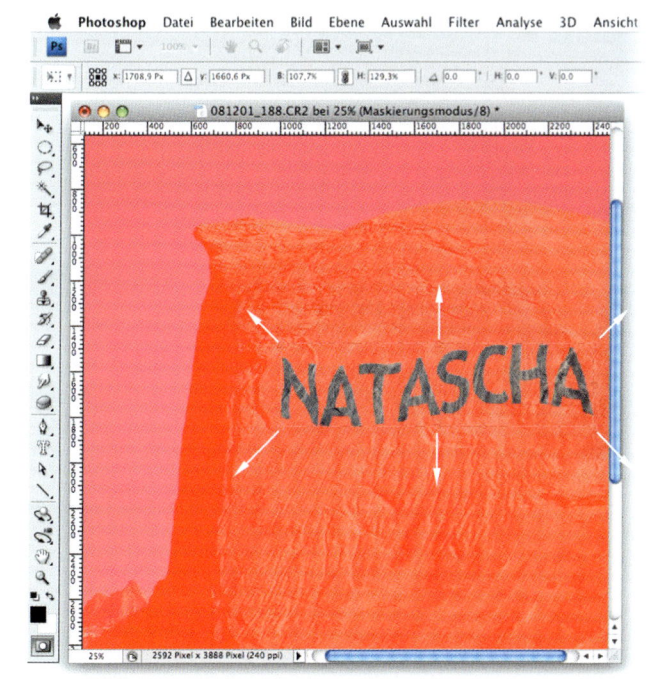

Die Größe der Buchstaben können Sie nach der Bearbeitung mit dem Verflüssigen-Filter noch anpassen. Aktivieren Sie dazu den Transformationsrahmen und passen Sie die Größe der Buchstaben an.

Dabei können Sie alle Transformationsarten verwenden, auch Verzerren und Verkrümmen.

Wechseln Sie nun zum Standardmodus mit der Taste Q oder mit dem Symbol *Maskierungsmodus/ Standardmodus* in der Werkzeugleiste.

Arbeiten mit dem Textwerkzeug — KAPITEL 9 — 411

Text mit Fotos und Strukturen füllen

7

Nachdem die Auswahl aus dem Maskierungsmodus erstellt wurde, können Sie mit Strg+J eine Ebene als Kopie des Hintergrunds in Form der Buchstaben erstellen.

Diese Ebene wird weiter mit den Ebenenstilen bearbeitet, um einen dreidimensionalen Effekt zu erreichen. Noch ist die Schrift auf dem Berg nicht sichtbar, das wird sich aber mit dem nächsten Schritt ändern.

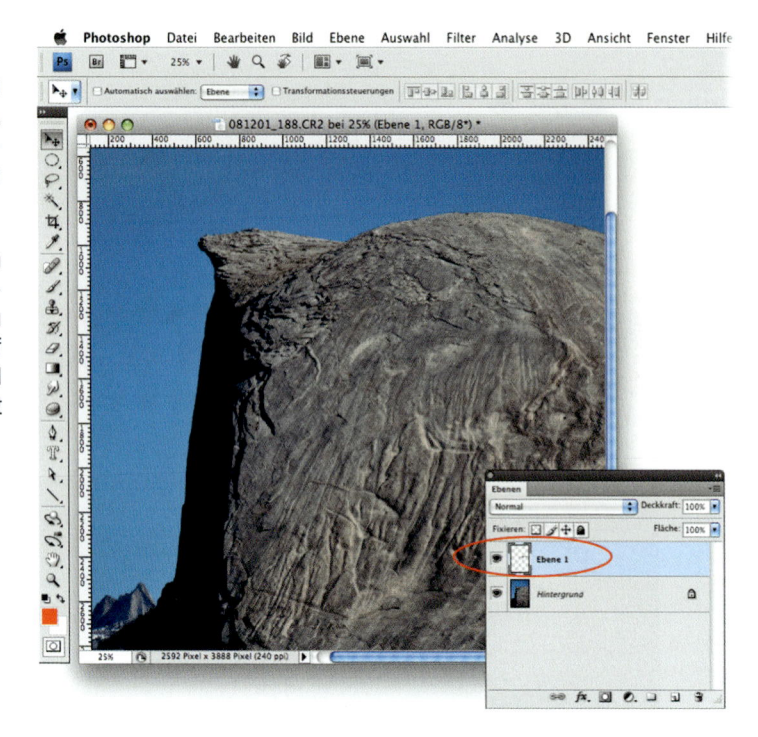

8

Für die Bearbeitung werden zwei Ebenenstile benutzt. Fangen Sie mit dem Ebenenstil *Schatten nach innen* an. Klicken Sie dazu auf das *fx*-Symbol in der *Ebenen*-Palette und wählen Sie den entsprechenden Eintrag in der Liste mit den Ebenenstilen aus.

Text mit Fotos und Strukturen füllen

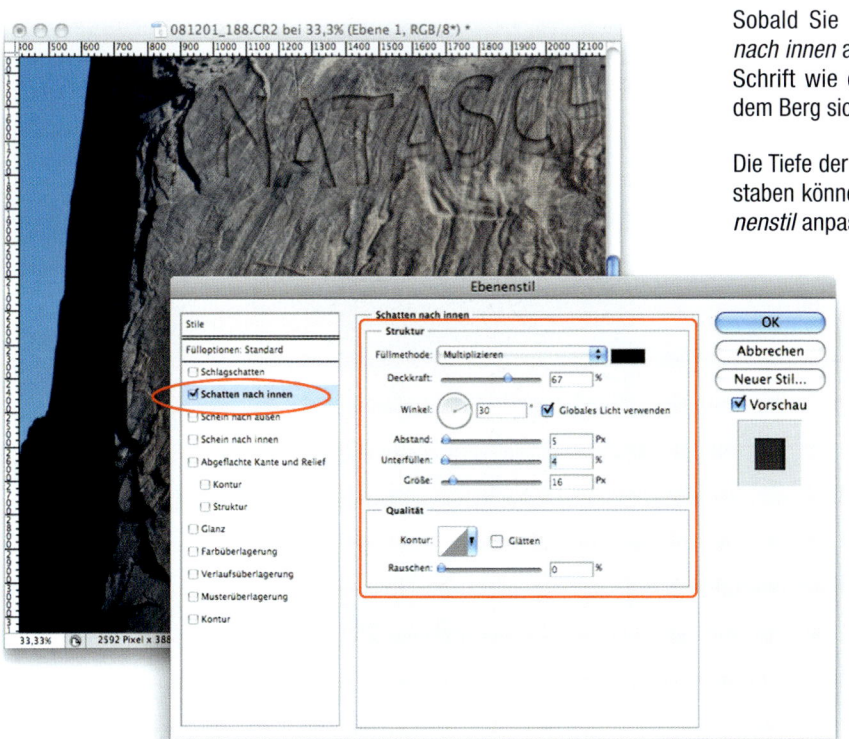

Sobald Sie die Option *Schatten nach innen* aktiviert haben, ist die Schrift wie eine Aussparung auf dem Berg sichtbar.

Die Tiefe der „gemeißelten" Buchstaben können Sie im Dialog *Ebenenstil* anpassen. Mit dem Regler *Deckkraft* legen Sie fest, wie dunkel die Schatten werden sollen, und mit dem Drehrad *Winkel* steuern Sie den Lichteinfall.

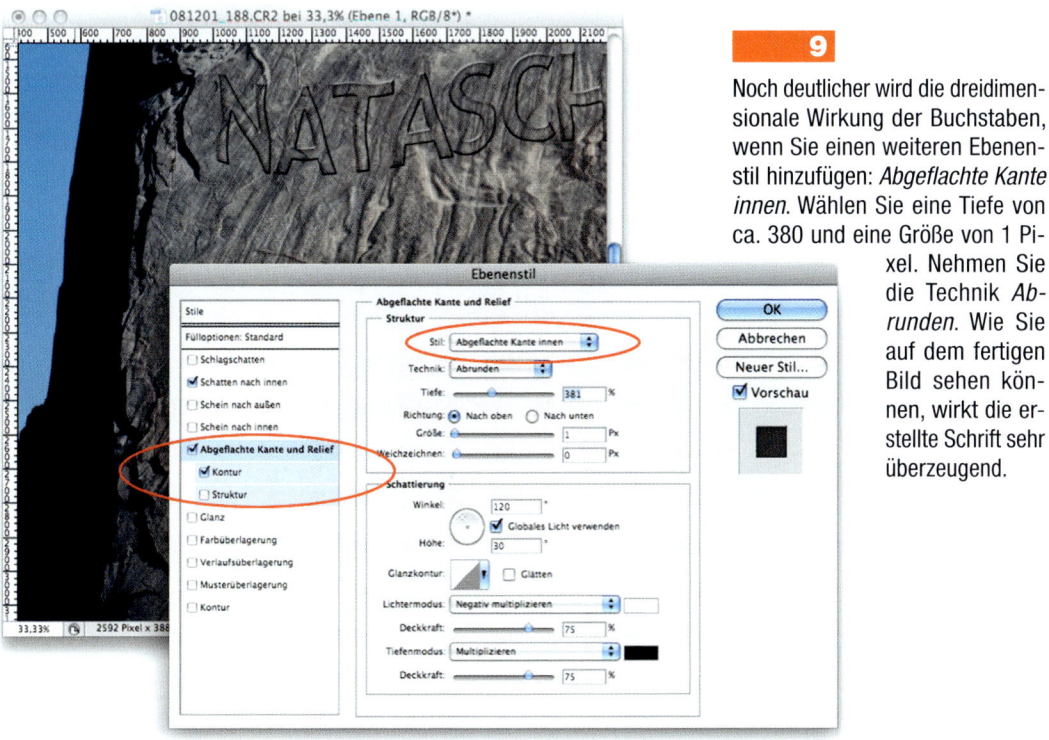

9

Noch deutlicher wird die dreidimensionale Wirkung der Buchstaben, wenn Sie einen weiteren Ebenenstil hinzufügen: *Abgeflachte Kante innen*. Wählen Sie eine Tiefe von ca. 380 und eine Größe von 1 Pixel. Nehmen Sie die Technik *Abrunden*. Wie Sie auf dem fertigen Bild sehen können, wirkt die erstellte Schrift sehr überzeugend.

Arbeiten mit dem Textwerkzeug

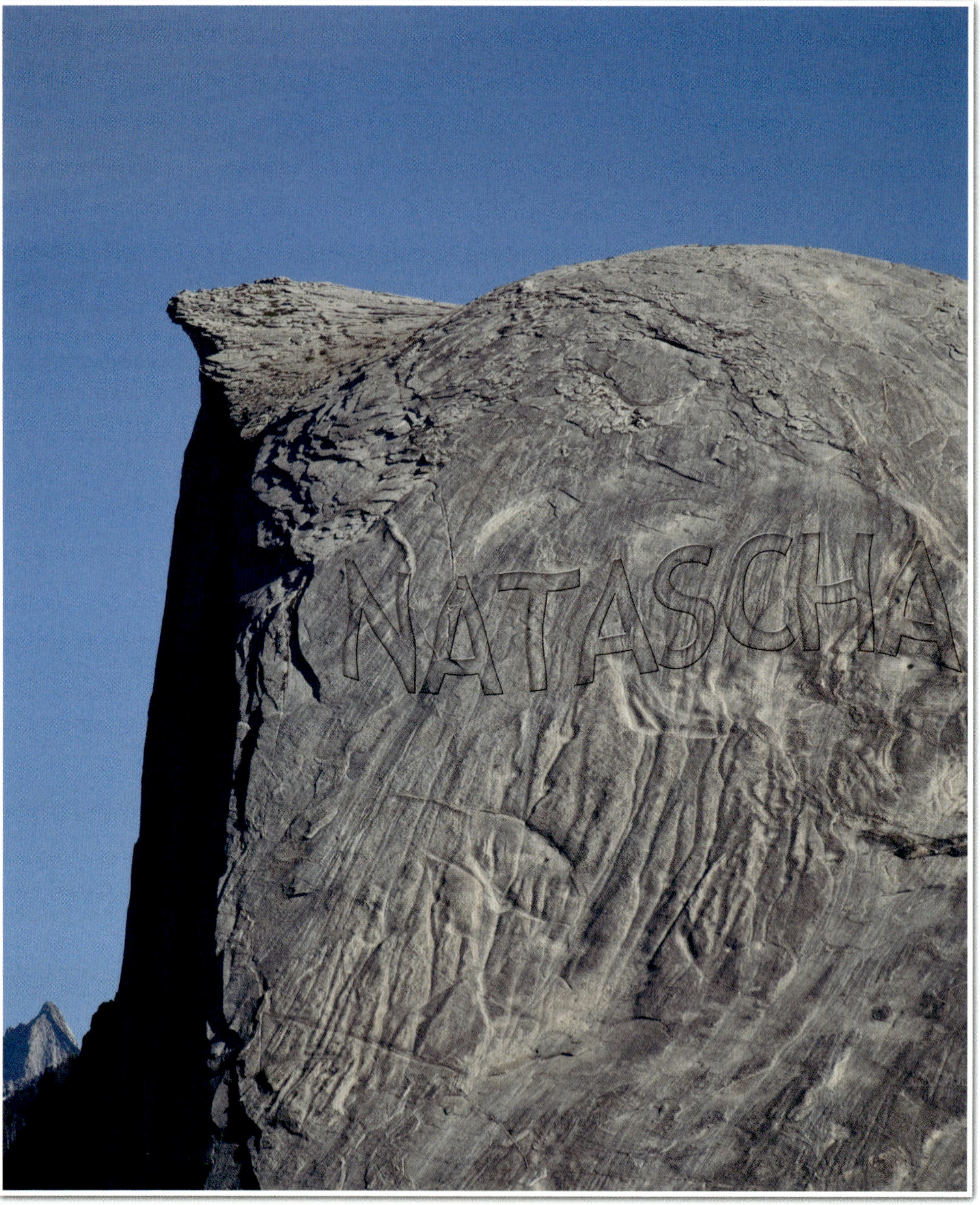
NATASCHA

9.6 Schatten, Spiegelungen & Co. – erweiterte Texteffekte

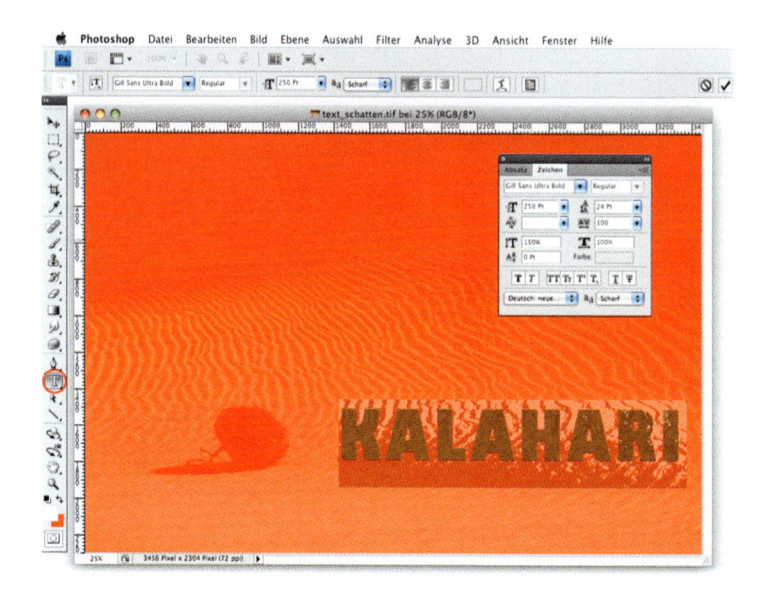

Dreidimensional wirkende Schatten erstellen

Eines vorweg: Es geht bei diesem Workshop nicht um die Ebenenstile, mit denen Sie Schatten erstellen können, sondern um Schatten, die richtig dreidimensional wirken. Sie werden auf diesem Foto so angepasst, dass der Eindruck entstehen soll, die Buchstaben stünden auf dem Boden.

1

Erstellen Sie mit dem Textmaskierungswerkzeug die Überschrift für Ihre Gestaltung. Für die Schriften, die mit einem 3-D-Schatten ausgestattet werden sollen, eignen sich am besten massive Schriftarten wie zum Beispiel Gill Sans Ultra Bold.

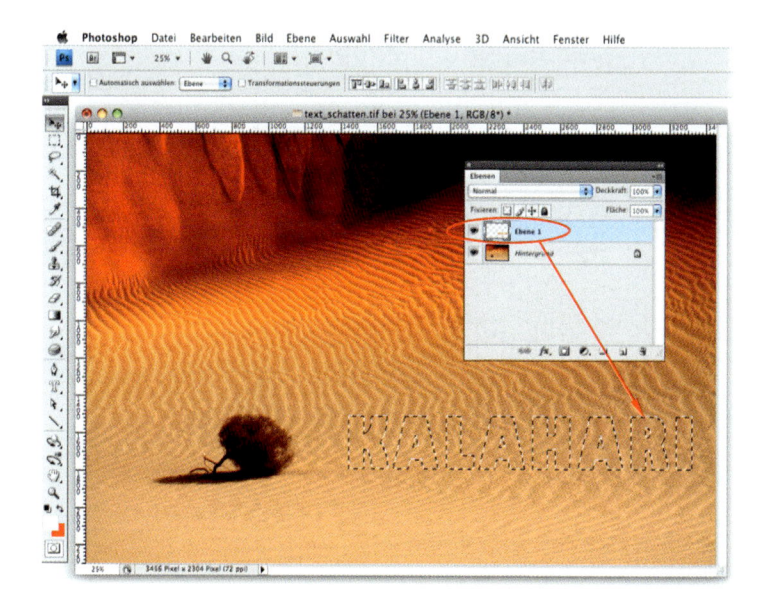

2

Nachdem die Textform mit dem Textmaskierungswerkzeug erstellt wurde, können Sie eine Kopie aus dem Hintergrund mit [Strg]+[J] erstellen.

Schatten, Spiegelungen & Co. – erweiterte Texteffekte

3

Die Ebene mit den Buchstaben wird jetzt mithilfe der Einstellungsebene *Tonwertkorrektur* abgedunkelt.

Klicken Sie in der *Korrekturen*-Palette auf das Symbol *Tonwertkorrektur*, aktivieren Sie die Schnittmaske und verschieben Sie den linken Regler nach rechts, sodass die Buchstaben stark abgedunkelt und die Kontraste erhöht werden.

4

Laden Sie die Auswahl der Buchstaben und erstellen Sie unter der Ebene mit den Buchstaben eine neue leere Ebene. Diese brauchen Sie zum Erstellen des Schattens.

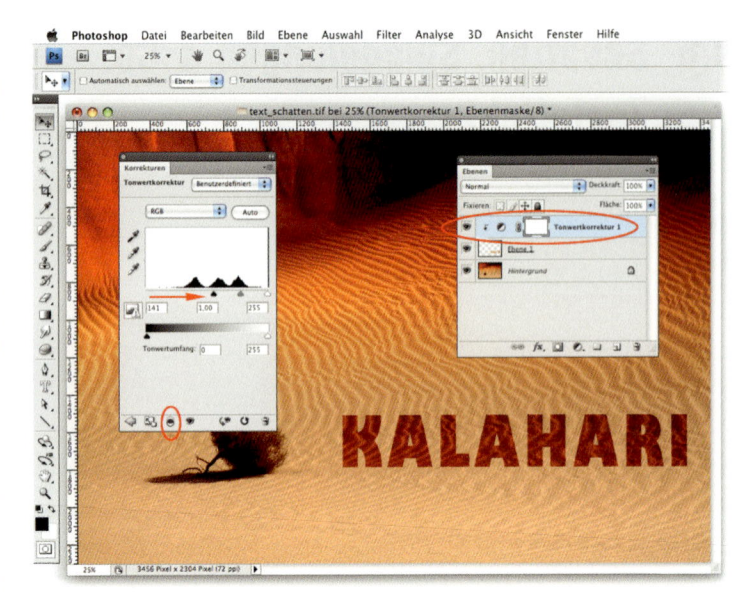

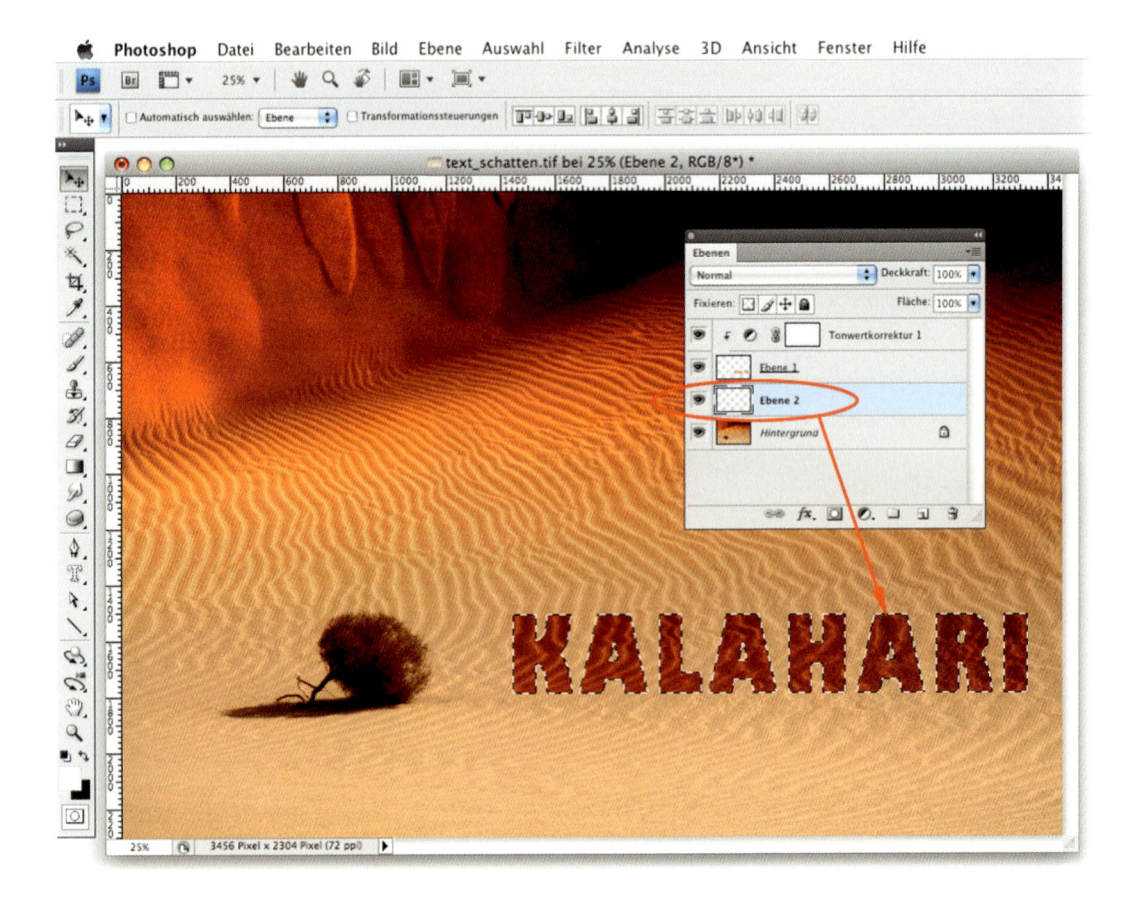

416　KAPITEL 9　Arbeiten mit dem Textwerkzeug

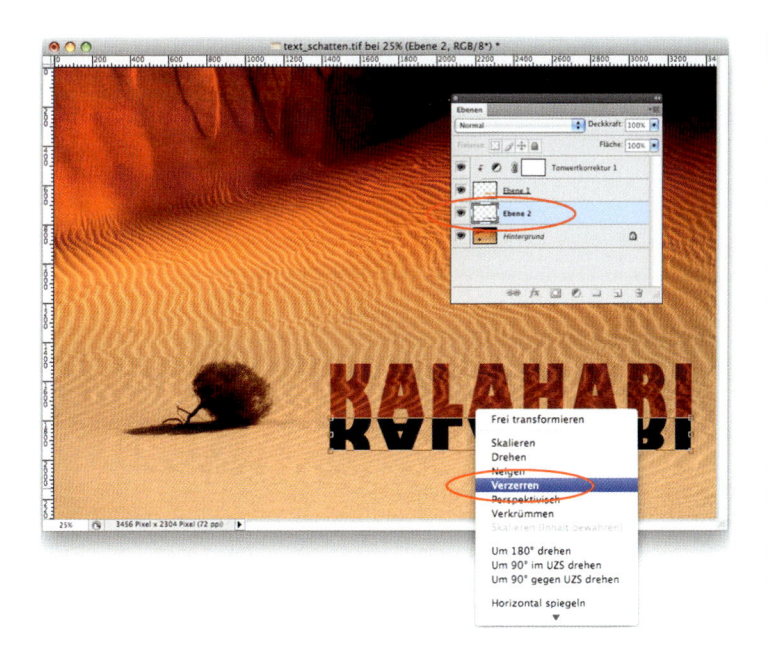

Schatten, Spiegelungen & Co. – erweiterte Texteffekte

5

Füllen Sie die Auswahl mit schwarzer Farbe auf der neuen leeren Ebene. Die Auswahl können Sie gleich nach dem Füllen aufheben. Aktivieren Sie für die Ebene mit dem Schatten den Transformationsrahmen mit [Strg]+[T]. Wählen Sie mit der rechten Maustaste aus dem Submenü den Befehl *Verzerren* und kippen Sie die Ebene mit dem Schatten nach unten, wie es auf dem Screenshot zu sehen ist.

Den Schatten können Sie jetzt in eine Richtung neigen, die dem Lichteinfall auf dem Foto entspricht. Wenn Sie den Schatten unter dem Busch auf dem Foto betrachten, liegt es auf der Hand, dass der Schatten für den Text auch nach links bewegt werden sollte. Ein kleiner Tipp: Deaktivieren Sie die Option *Ansicht/Ausrichten*, diese stört bei der freien Transformation des Objekts.

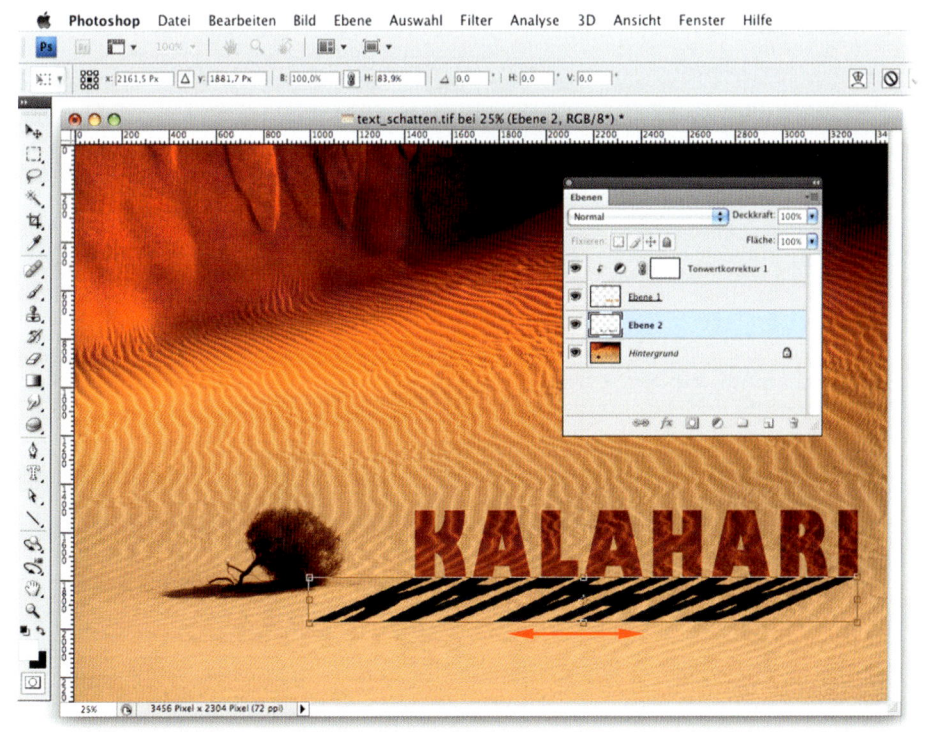

Arbeiten mit dem Textwerkzeug KAPITEL 9

Schatten, Spiegelungen & Co. – erweiterte Texteffekte

6

Der Schatten kann natürlich nicht mit voller Deckkraft der massiven Farbe verwendet werden. Eine gute Lösung zum Erstellen eines realistisch wirkenden Schattens besteht aus zwei Schritten.

Erstellen Sie auf der Ebene mit dem Schatten eine Ebenenmaske und ziehen Sie auf dieser Maske einen Verlauf auf, wie es mit dem Pfeil auf dem Screenshot gezeigt wird.

Für das Verlaufswerkzeug wählen Sie folgende Optionen: Linearer Verlauf, Vordergrund-Transparent, Vordergrundfarbe Schwarz. Reduzieren Sie anschließend die Deckkraft der Ebene mit dem Schatten so weit, dass auch die Stellen, an

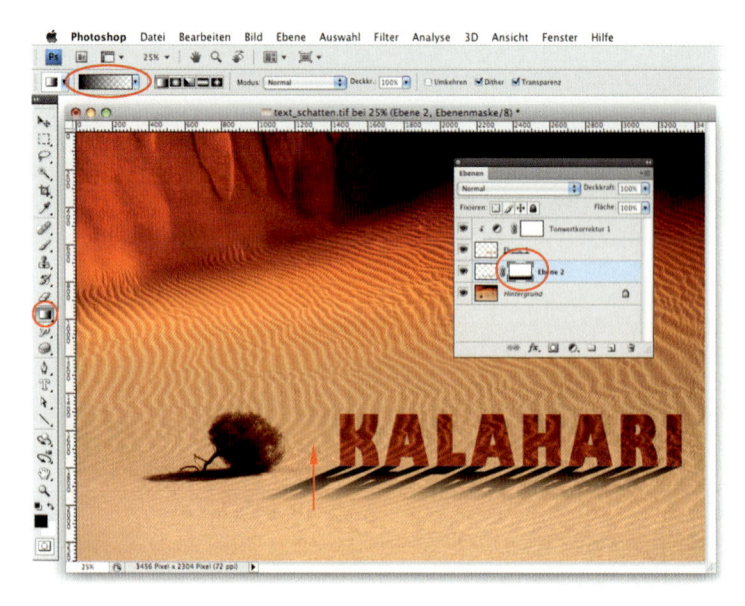

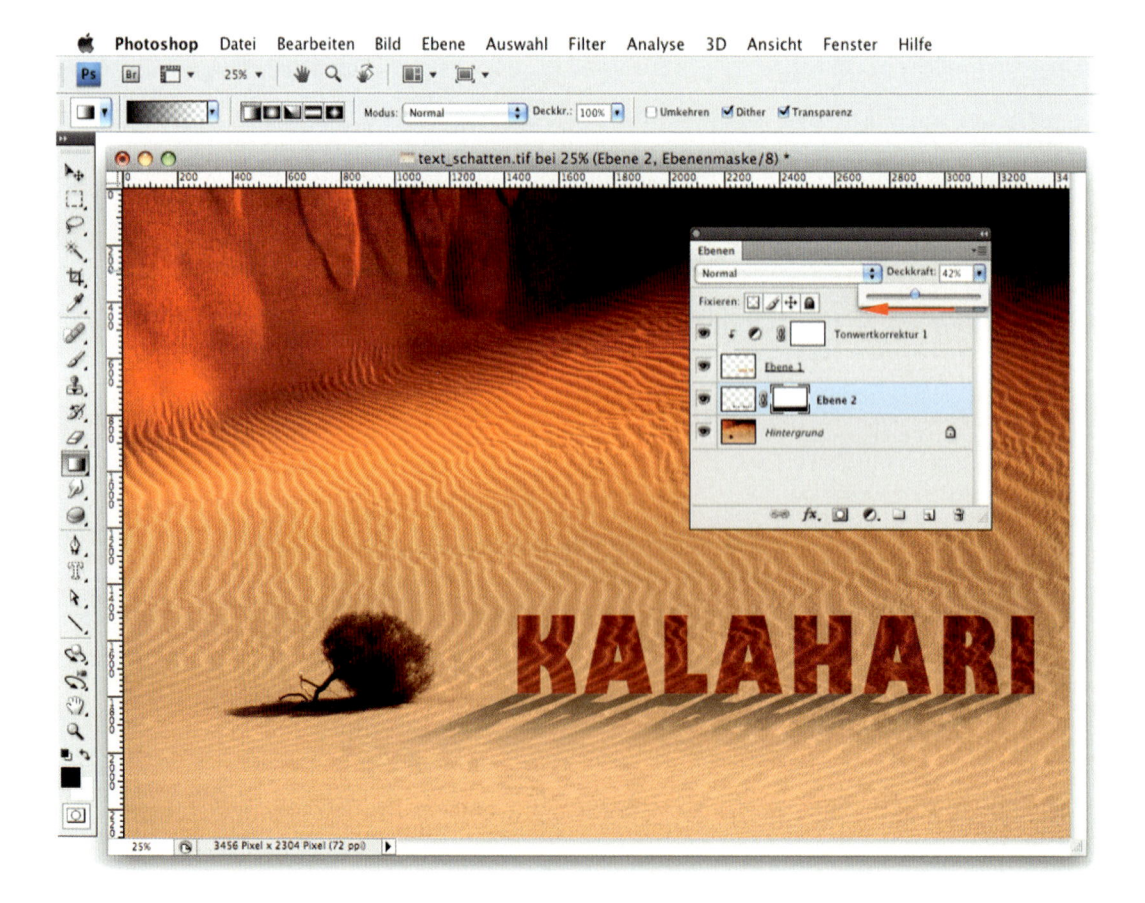

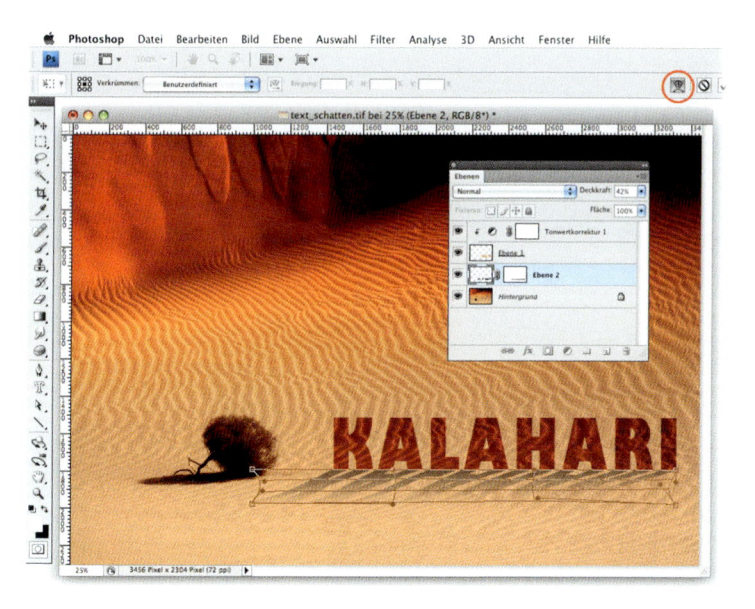

Schatten, Spiegelungen & Co. – erweiterte Texteffekte

denen die schwarze Farbe zu sehen ist, leicht transparent werden, sodass die Struktur des Fotos leicht sichtbar wird. In der Regel liegt die Deckkraft des Schattens zwischen 40 und 50 %.

7

Sollte der Eindruck entstehen, dass der Schatten auf dem unebenen Hintergrund zu flach aussieht, können Sie ihn noch einmal anpassen, indem Sie für die Ebene mit dem Schatten den Transformationsrahmen und dann das Symbol *Verkrümmen* aktivieren.

Oder Sie verwenden noch den Befehl *Filter/Verflüssigen* und passen den Schatten sehr genau den Unebenheiten des Hintergrunds an.

Schatten, Spiegelungen & Co. – erweiterte Texteffekte

Realistisch wirkende Spiegelungen für den Text erzeugen

In diesem Beispielbild wird dem Text eine Spiegelung hinzugefügt, die zur Wasseroberfläche passen soll.

1

Aktivieren Sie das Textwerkzeug und wählen Sie eine massive Schriftart aus.

Den Text sollten Sie mit der Option *Ausrichten/Mittig* wählen. So können Sie den Text dann genauer an der Bildfläche des Fotos ausrichten.

2

Duplizieren Sie die Ebene mit dem Text – eine von beiden wird zum Erstellen der Spiegelung verwendet. Im Prinzip ist es in diesem Beispiel ziemlich egal, ob das die untere oder die obere Textebene wird, doch es ist sicherer, die untere Ebene zu nehmen.

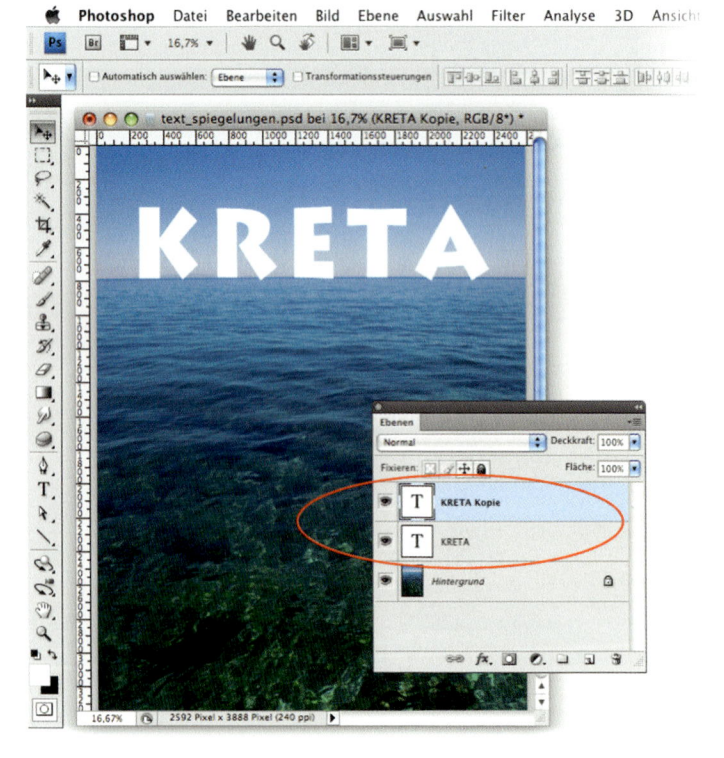

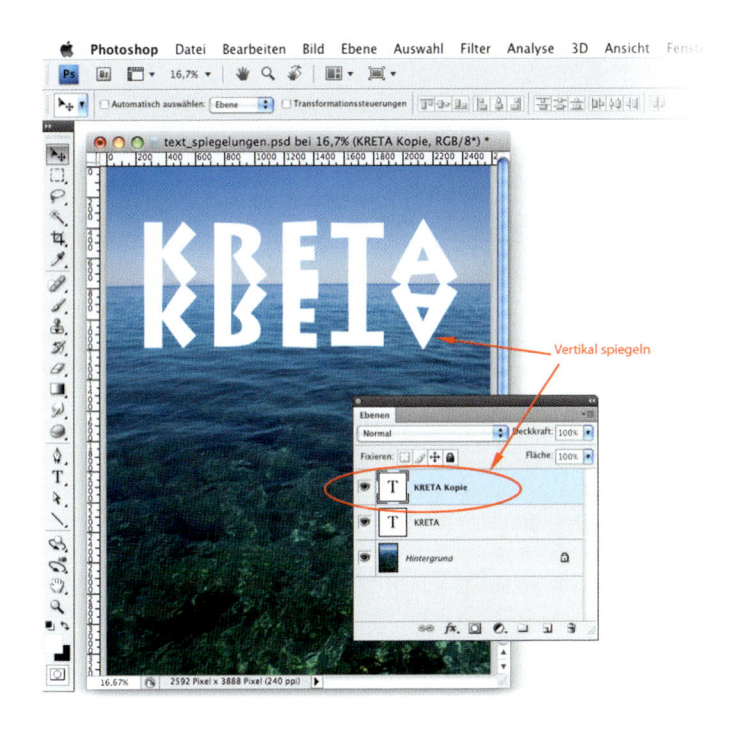

Schatten, Spiegelungen & Co. – erweiterte Texteffekte

3

Der weitere Vorgang ist ähnlich wie bei dem Beispiel mit dem dreidimensionalen Schatten.

Die Ebene, die Sie für die Spiegelung vorgesehen haben, können Sie mit dem Befehl *Bearbeiten/Transformieren/Vertikal spiegeln* bearbeiten. Nach dem Spiegeln ziehen Sie die Ebene mit dem Verschieben-Werkzeug herunter, sodass die Unterkanten der Texte bündig sind.

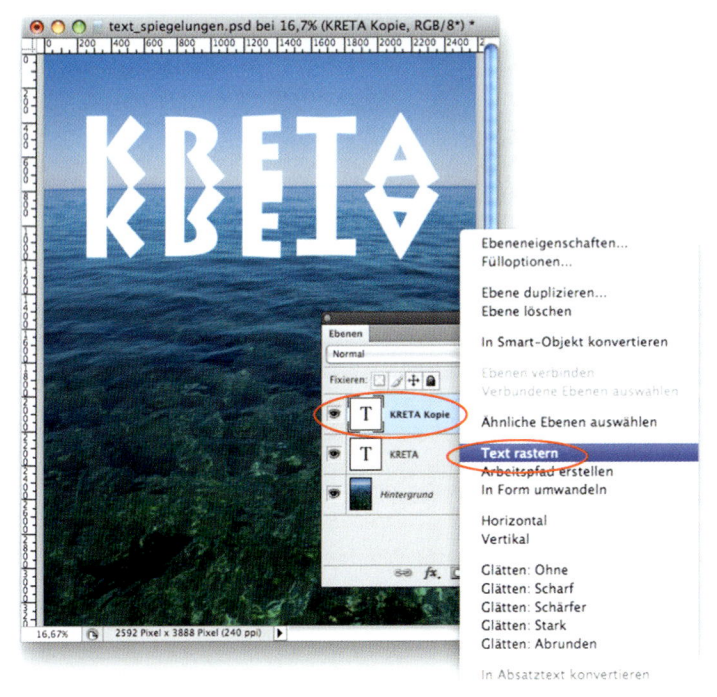

4

Die gespiegelte Textebene soll jetzt weiterbearbeitet werden. Aber wenn der Text noch editierbar ist, also wenn es sich um eine Textebene handelt, können Sie nicht alles so durchführen wie bei dem Beispiel mit dem dreidimensionalen Schatten.

Die Maskierung mit einem Verlaufswerkzeug wird funktionieren, aber wenn Sie den Text mit einem Filter bearbeiten möchten, gibt es eine Warnmeldung mit dem Vorschlag, die Textebene zu rastern. Das können Sie gleich tun. Mit einem Rechtsklick auf die Textebene wählen Sie die Option *Text rastern*.

Die Textebene verwandelt sich in eine Pixelebene und kann weiter angepasst (aber nicht mehr editiert) werden.

Schatten, Spiegelungen & Co. – erweiterte Texteffekte

5

Die Spiegelung liegt auf der Wasseroberfläche. Diese ist nicht glatt, dementsprechend sollte auch die Ebene mit der Spiegelung angepasst werden. Wählen Sie *Filter/Verzerrungsfilter/Schwingungen*.

Im Dialog *Schwingungen* können Sie die Wellenstruktur der Ebene mit der Spiegelung der Wellenstruktur des Wassers ziemlich gut anpassen.

Es wird wahrscheinlich nicht beim ersten Mal alles gut klappen, die Anpassungen sollten eventuell mehrmals geändert werden. Es ist deshalb sinnvoll, den Filter *Schwingungen* als Smartfilter zu benutzen.

Die Einstellungen für dieses konkrete Beispiel können Sie so durchführen, wie es auf dem Screenshot im Dialog *Schwingungen* dargestellt ist. Für andere Beispiele werden andere Werte benötigt.

KAPITEL 9 — Arbeiten mit dem Textwerkzeug

Schatten, Spiegelungen & Co. – erweiterte Texteffekte

6

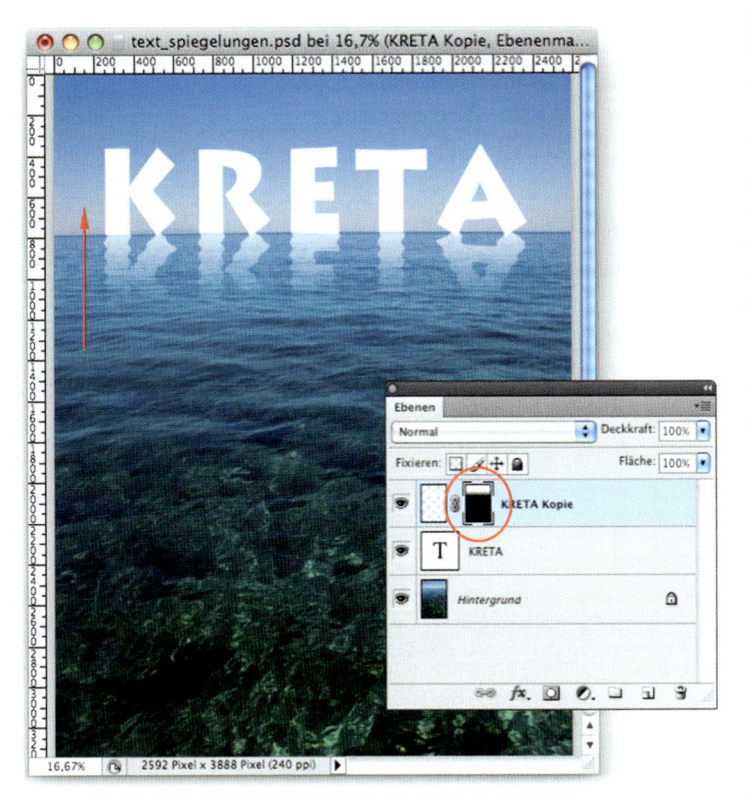

Die Ebene mit der Spiegelung können Sie jetzt mit dem Verlaufswerkzeug maskieren.

Die Einstellungen für das Verlaufswerkzeug sind Ihnen schon bekannt: Linearer Verlauf, Vordergrund-Transparent, Vordergrundfarbe Schwarz.

Ziehen Sie den Verlauf in die Richtung, die mit dem Pfeil auf dem Screenshot angezeigt wird.

7

Reduzieren Sie die Deckkraft der Ebene mit der Spiegelung auf ca. 50 %, damit die Wellenstruktur auf dem Foto auch auf der Ebene mit der Spiegelung sichtbar ist und die Spiegelung-Ebene im Bild nicht so stark dominiert.

Schatten, Spiegelungen & Co. – erweiterte Texteffekte

8

Anschließend bearbeiten Sie noch die Ebene mit dem Text. Damit der Text nicht so flach aussieht, können Sie ihn mit dem Ebenenstil *Abgeflachte Kante und Relief* ausstatten. Natürlich können Sie auch andere Ebenenstile ausprobieren, die den Text räumlicher erscheinen lassen.

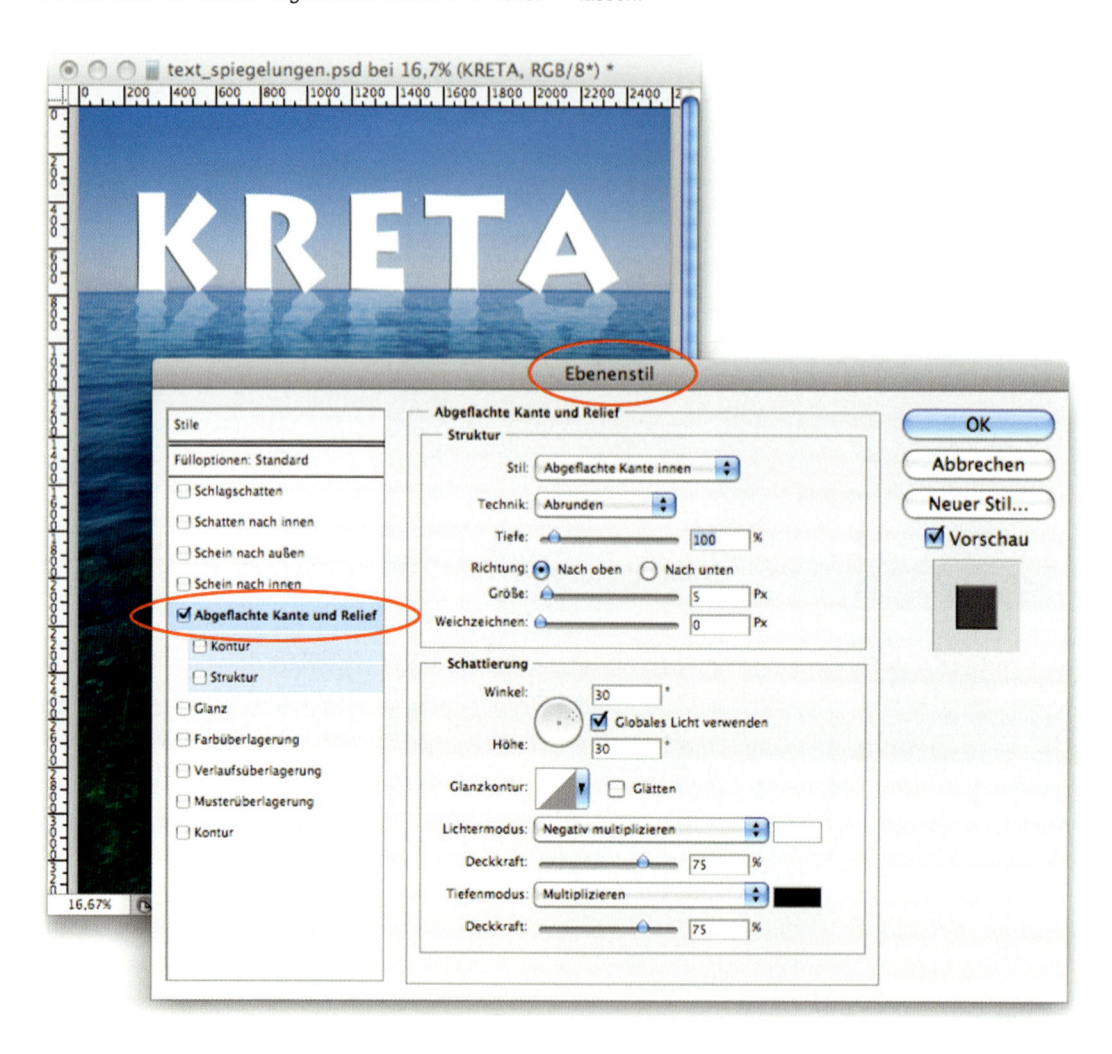

KRETA

9.7 Texte und grafische Elemente kombinieren: ein Filmplakat gestalten

Nachdem Sie die wichtigsten Techniken zum Arbeiten mit dem Textwerkzeug in den vergangenen Abschnitten kennengelernt haben, können Sie diese an einem praktischen Beispiel einsetzen und dabei noch ein paar Tricks lernen.

Die Aufgabe ist die Gestaltung eines Filmplakats, für das eine Porträtcollage als Ausgangsbild verwendet wird.

Collage: Produktion Kaplun & Kaplun GbR und Andreas Haase (*www.haaseart.de*)

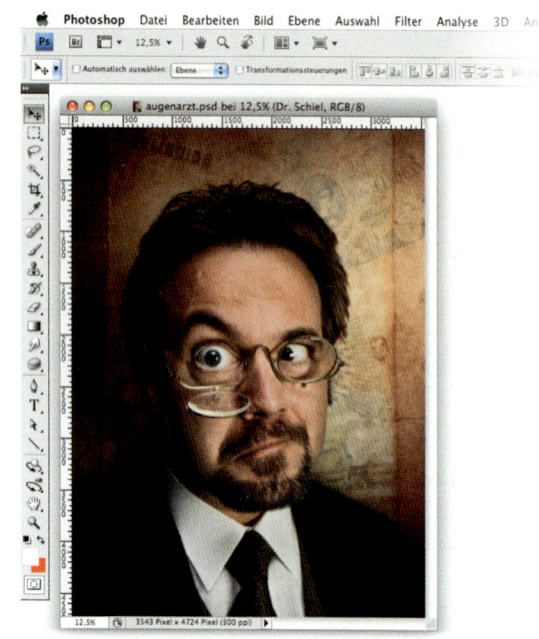

1

Zuerst kommt der Titel des Films auf das Foto. Passend zu dem Porträt wird der Titel *Dr. Schiel* für eine fiktive Komödie gewählt. Für die Filmüberschriften können verschiedene Schriftarten gewählt werden.

Am besten wirken ausgefallene Schriften, die besonders bei kurzen Titeln sehr stark wirken. In unserem Beispiel kann die Schrift Cracked gewählt werden, die standardmäßig in Photoshop CS4 zur Verfügung steht.

Die Größe der Überschrift kann nach dem Eintippen des Textes festgelegt werden.

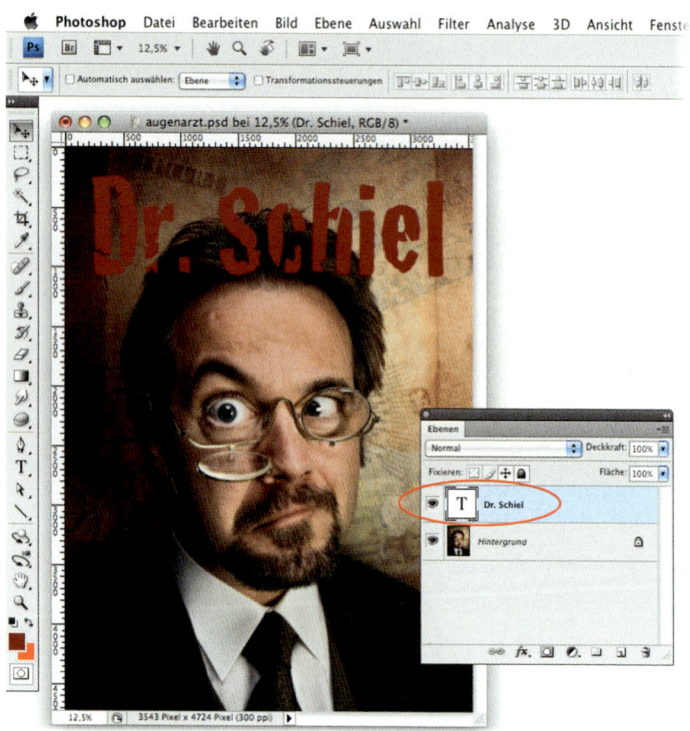

2

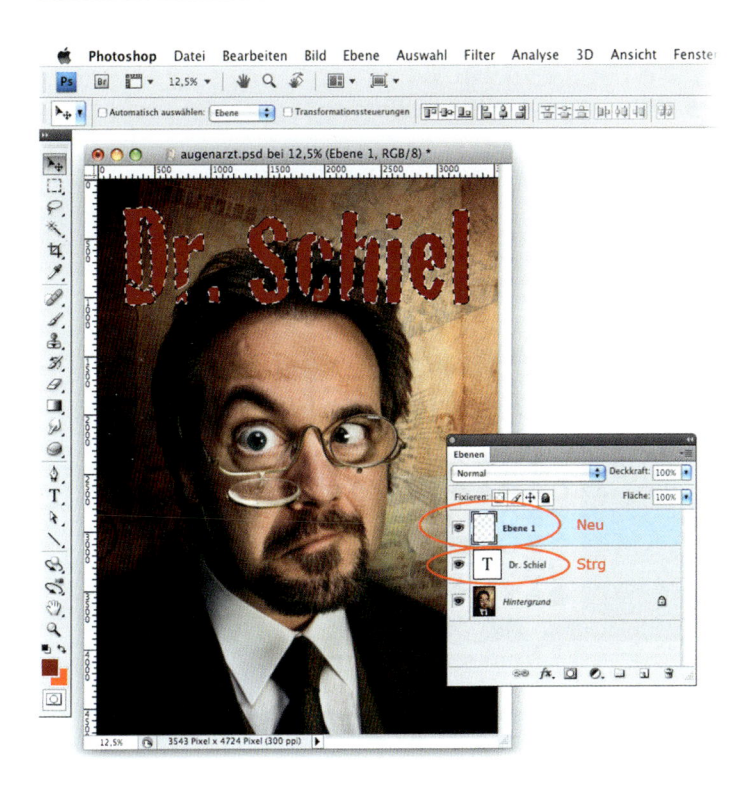

Damit sich die Überschrift vom Hintergrund besser abhebt, können Sie diese mit einer Kontur ausstatten.

Laden Sie die Auswahl der Textebene, klicken Sie dazu bei gedrückter [Strg]-Taste auf die Ebenenminiatur der Textebene.

Erstellen Sie in der *Ebenen*-Palette eine neue leere Ebene, die sich über der Textebene befindet.

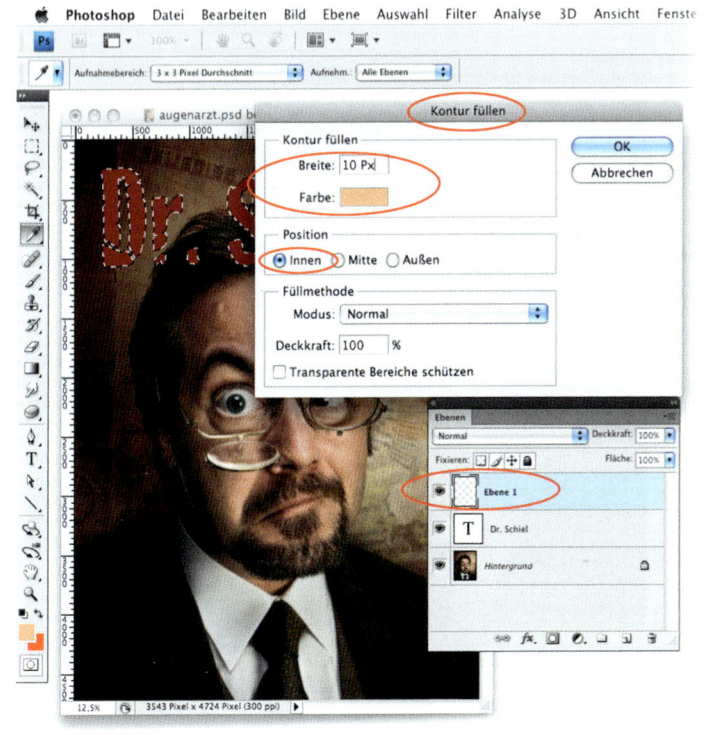

3

Wählen Sie *Bearbeiten/Kontur füllen*. Im entsprechenden Dialog definieren Sie zuerst die Farbe. Klicken Sie auf das Farbkästchen und wählen Sie dann mit der Pipette eine Farbe aus dem Bild aus (zum Beispiel eine hellbraune Farbe aus dem Hintergrund), die einen guten Kontrast zur Farbe der Schrift bildet. Wählen Sie dann eine Konturbreite von ca. 10 Pixeln und die Position *Innen*. Bestätigen Sie mit *OK*.

7

Damit das Layout einheitlich aussieht, können Sie die Ebenenstile, die Sie für den Slogan gewählt haben, auch auf andere Gestaltungselemente übertragen, zum Beispiel auf die Ebene mit der Form.

Sie müssen deswegen nicht auf der Ebene mit der Form alle Einstellungen mit den Ebenenstilen neu definieren. Klicken Sie die Ebene mit dem Slogan mit der rechten Maustaste an und wählen Sie die Option *Ebenenstil kopieren*.

Klicken Sie anschließend die Ebene mit der Form an und wählen Sie die Option *Ebenenstil einfügen*. Die Form bekommt die gleichen Eigenschaften wie die Ebene mit dem Slogan.

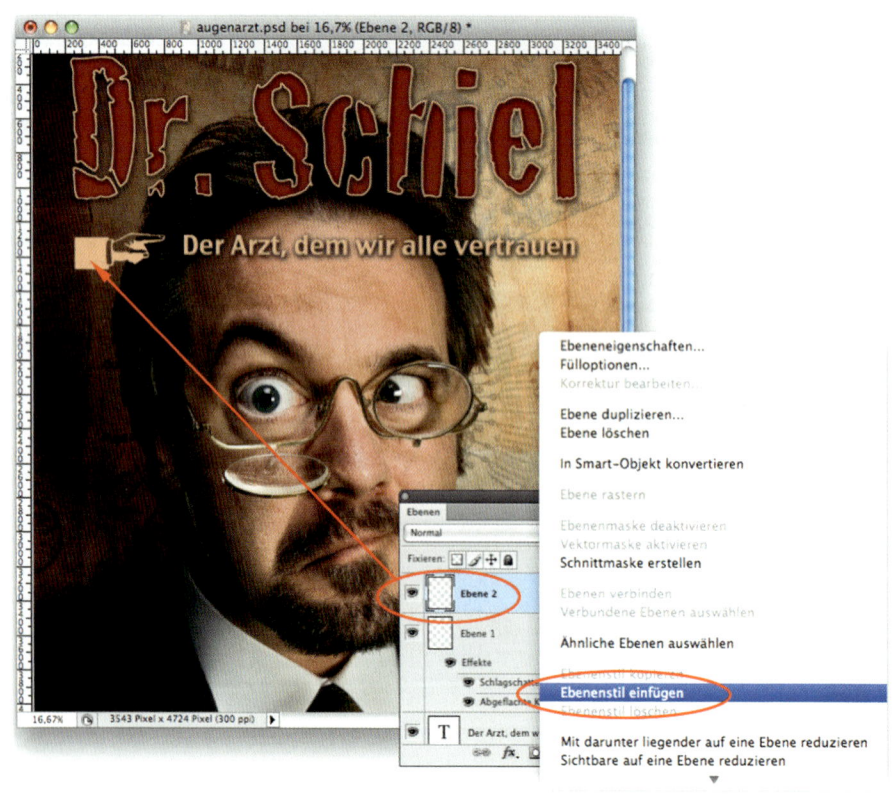

Texte und grafische Elemente kombinieren: ein Filmplakat gestalten

8

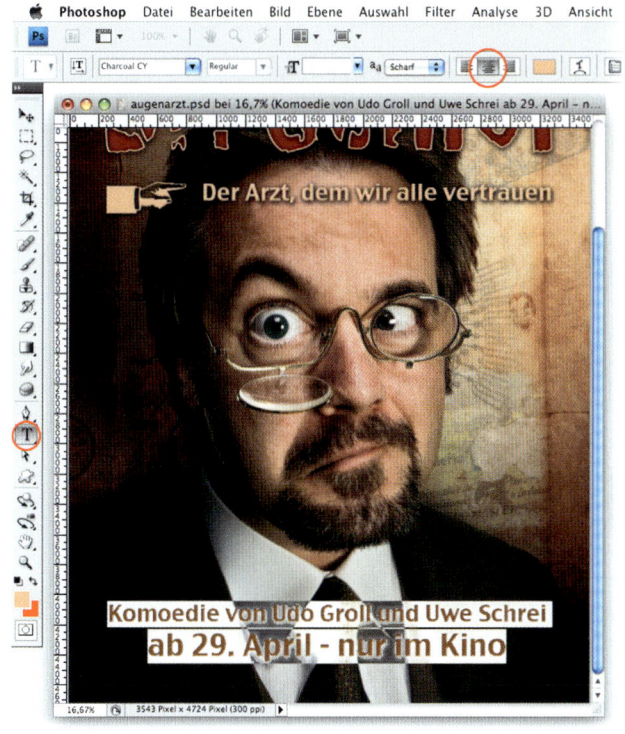

Erstellen Sie in der Arbeitsfläche des Plakats weitere Texte, die zu der Gestaltung gehören. Wie bereits erwähnt wurde, ist es ratsam, maximal drei unterschiedliche Schriftarten in einem Layout zu verwenden.

Benutzen Sie deshalb am besten die gleiche Schriftart wie beim Slogan. Die Größe der Schriften sollte auch nicht zu oft variiert werden, aber hier gibt es doch etwas mehr gestalterischen Spielraum als bei der Schriftart.

Wenn Sie eine Zeile im Textblock hervorheben möchten, können Sie die Schriftgröße ändern. Markieren Sie die Zeile und wählen Sie eine andere Schriftgröße in der Optionsleiste. Die Ebenenstile kopieren Sie von der Textebene mit dem Slogan oder von der Formebene.

Die Ausrichtung der großen Textblöcke in einem Layout sollte nach Möglichkeit zentriert sein, das bringt die Gestaltung ins Gleichgewicht.

Kleinere Textblöcke können links und rechts platziert werden. Wenn Sie das fertige Plakat jetzt genau betrachten, stellen Sie bestimmt fest, dass die Abstände vom Text zu den Rändern der Arbeitsfläche überall ziemlich gleich sind.

Das ist für eine harmonische Gestaltung sehr wichtig. Wenn Sie Ihrem Augenmaß nicht so sehr vertrauen, können Sie die Arbeitsfläche mit Hilfslinien ausstatten, die den Abstand zu den Rändern festlegen, und an diesen Hilfslinien alle Gestaltungselemente des Plakats ausrichten.

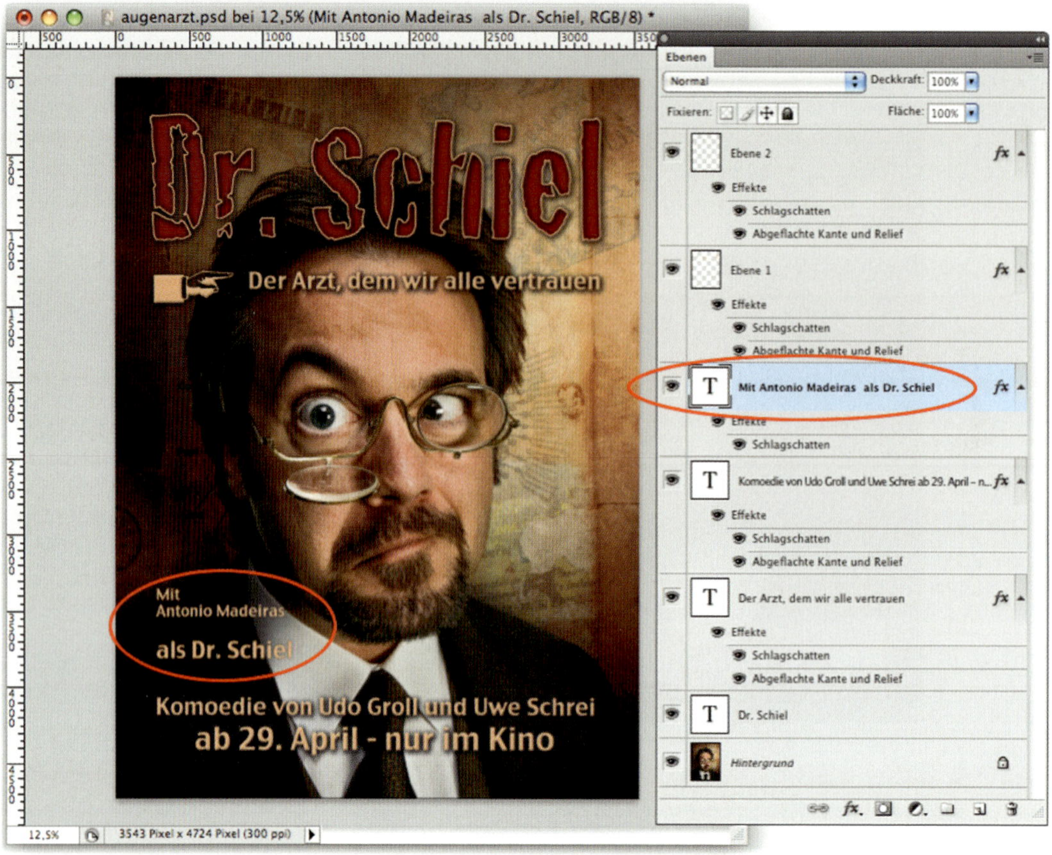
augenarzt.psd bei 12,5% (Mit Antonio Madeiras als Dr. Schiel, RGB/8) *
Dr. Schiel
Der Arzt, dem wir alle vertrauen
Mit
Antonio Madeiras
als Dr. Schiel
Komoedie von Udo Groll und Uwe Schrei
ab 29. April - nur im Kino
12,5%
3543 Pixel x 4724 Pixel (300 ppi)
Ebenen
Normal
Deckkraft: 100%
Fixieren:
Fläche: 100%
Ebene 2
Effekte
Schlagschatten
Abgeflachte Kante und Relief
Ebene 1
Effekte
Schlagschatten
Abgeflachte Kante und Relief
Mit Antonio Madeiras als Dr. Schiel
Schlagschatten
Komoedie von Udo Groll und Uwe Schrei ab 29. April – n...
Effekte
Schlagschatten
Abgeflachte Kante und Relief
Der Arzt, dem wir alle vertrauen
Effekte
Schlagschatten
Abgeflachte Kante und Relief
Dr. Schiel
Hintergrund

Dr. Schiel

☞ **Der Arzt, dem wir alle vertrauen**

Mit
Antonio Madeiras

als Dr. Schiel

Komoedie von Udo Groll und Uwe Schrei
ab 29. April - nur im Kino

Kapitel

10

Farbmanagement, Farb- und Tonwertkorrekturen

Nichts geht in der professionellen Bildbearbeitung ohne eine perfekt justierte Farbwiedergabe. Wenn die Farben auf dem Monitor gut aussehen und im Druck dann deutlich davon abweichen, stellt dies ein Ärgernis für jeden Fotografen und Grafiker dar. Lernen Sie in diesem Kapitel, wie Sie das Farbmanagement optimieren und die Farbwiedergabe sicher beherrschen.

10.1 Farbeinstellungen und Einsatz der Arbeitsfarbräume

Um in dem Meer der Farben gut navigieren zu können, ist es wichtig zu wissen, welche Farbmodelle und Farbräume Ihnen zur Verfügung stehen und welche Sie für Ihre Anwendungen brauchen. Die Farbmodelle haben einen bedeutenden Einfluss auf die Arbeiten von Fotografen und Grafikern. Es lohnt sich daher, diese näher kennenzulernen.

Moderne Digitalkameras haben eine sehr präzise Farbwiedergabe. Die CMOS- oder CCD-Sensoren, die in den Digitalkameras zum Einsatz kommen, werden auch in dieser Hinsicht immer leistungsfähiger. Allerdings „sieht" die Kamera Farben nicht so wie das menschliche Auge.

Der Sensor und die Firmware der Kamera interpretieren die Farben anders als unser Gehirn. Die richtige Farbwiedergabe ist eine komplexe Aufgabe für den Fotografen und für die Technik. Es ist wichtig, die korrekten Einstellungen vorzunehmen, um ein Foto ohne große Farbabweichungen zu bekommen. Einer der wichtigen Parameter ist die Farbraumeinstellung.

Es wurden viele Farbmodelle und Farbräume entwickelt und als Standard erklärt, aber nicht alle haben sich als effektiv für die digitale Bildproduktion erwiesen. Die Farben der Farbräume werden durch ein Farbraumsystem dargestellt.

Ein Farbraumsystem besteht in den meisten Fällen aus drei Achsen, die für die Basisfarben Rot, Grün und Blau zuständig sind. Die Farbe wird durch ihre Position zwischen diesen drei Achsen in einem dreidimensionalen Raum beschrieben.

Das Farbraumsystem und der Farbraum werden in der Regel zusammengefasst und als Farbmodell bezeichnet. Bei der Bildaufnahme und -wiedergabe kommen sogenannte technisch-physikalische Modelle zum Einsatz. Diese basieren auf der Mischung der Farben. Die bekanntesten Farbmodelle, die in Fotografie und Grafik zum Einsatz kommen, sind RGB und CMYK. Das Farbmodell RGB wird noch durch weitere „Untermodelle" ergänzt.

RGB-Farbraum

RGB (Rot, Grün, Blau – oder besser gesagt **R**ed, **G**reen, **B**lue) ist ein additives Farbmodell, bei dem sich die drei Grundfarben zu Weiß addieren. Wenn die zusammengemischten Grundfarben Weiß ergeben, spricht man von

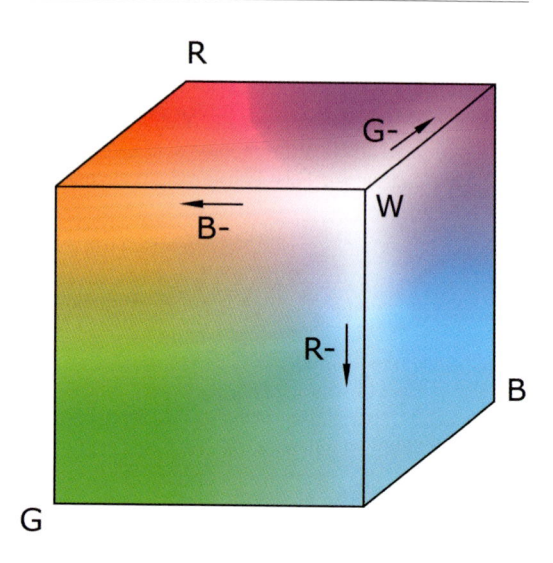

Farbraum
Unter einem Farbraum versteht man alle Farben, die von einem Gerät aufgenommen oder ausgegeben werden können. Das kann ein Scanner oder eine Digitalkamera sein (auch das menschliche Auge könnte man als Aufnahmegerät betrachten). Ausgabegeräte sind Drucker und Bildschirme.

der Lichtmischung. Das Prinzip der Lichtmischung wird bei Bildschirmen oder Digitalkameras verwendet. Für einen Farbanteil wird ein Byte angenommen.

Um jeden Farbanteil zu beschreiben, werden die Werte von 0 bis 255 genutzt. 0 bedeutet die niedrigste und 255 die höchste Farbintensität. So ergeben sich die Zahlen, die Ihnen bereits bekannt sein könnten: Pro Farbkanal sind 256 Farbabstufungen möglich. Folglich können durch Multiplizieren 256 x 256 x 256 = 16.777.216 verschiedene Farben dargestellt werden.

Früher wurden einige Bildmonitore mit dem TrueColor-Zeichen ausgestattet und hatten sogar einen Aufkleber „bis zu 17 Millionen Farben".

Die Bezeichnung TrueColor hat sich als Definition für 16.777.216 Farben etabliert. 1998 wurde von Adobe der Adobe RGB-Farbraum entwickelt. Dieser Farbraum wird bis heute in Monitoren und Digitalkameras verwendet. Betrachtet man allerdings TrueColor etwas genauer, ist die Farbwiedergabe gar nicht so „true" – der Adobe RGB-Farbraum beinhaltet nur eine Untermenge der Farben, die z. B. durch den Lab-Farbraum definierbar sind.

Das menschliche Sehvermögen hat allerdings ungefähr den Umfang des Adobe RGB-Farbraums, er kann deshalb als gut auf das menschliche Sehvermögen abgestimmt angesehen werden.

Lab-Farbraum

Der Lab-Farbraum ist sozusagen ein virtueller Farbraum, der alle messbaren Farben enthält. Dieser Farbraum wurde 1976 von der CIE-Komission aus dem CIE-XYZ-Modell entwickelt. Er basiert auf menschlicher Farbwahrnehmung und ist ein geräteunabhängiges Austauschformat. Lab bietet eine verlustfreie Konvertierung von Farbinformationen und wird als Referenz in den Farbaufnahme- und Wiedergabegeräten sowie in Software eingesetzt.

Der Lab-Modus ist auch das interne Farbmodell von Photoshop bei der Konvertierung von Farbmodi. Der Lab-Modus beschreibt numerisch, wie eine Farbe aussieht. Im Gegensatz zu den Farbräumen RGB und CMYK wird nicht definiert, wie hoch die Anteile einzelner Grundfarben sind – diese sind abhängig vom verwendeten Gerät. Der Lab-Farbraum ist ein geräteunabhängiges Farbsystem und wird im Farbmanagement als Referenz verwendet, um die Farben aus einem Farbraum in einen anderen verlustfrei umwandeln zu können. Die Bestandteile des Lab-Farbraums sind: L – Luminanz, die die Werte von 0 bis 100 haben kann, und die Komponenten a und b. Die Komponente a ist eine Grün-Rot-Achse und b stellt eine Blau-Gelb-Achse dar. Die Werte für die Komponenten a und b liegen zwischen +127 und −128.

sRGB-Farbraum

Der sRGB-Farbraum wurde ursprünglich als eine Lösung für die Anzeige auf Röhrenmonitoren Mitte der 90er-Jahre entwickelt. Da man praktisch keine Kontrollmöglich-

keit über die Bildanzeige auf den unterschiedlichsten (unkalibrierten) Monitoren hat, einigte man sich quasi auf den kleinsten gemeinsamen Nenner, sodass sRGB-Bilder auf praktisch allen Monitoren eine akzeptable Farbanzeige besitzen. Mittlerweile hat sich sRGB als Standard für Onlineinhalte etabliert.

Wenn Sie von vornherein wissen, dass Ihre Bilder ausschließlich im Internet veröffentlicht werden, ist der sRGB-Farbraum die richtige Wahl. Bei den meisten Adobe-Programmen (Photoshop, InDesign, Illustrator) ist sRGB die Standardeinstellung, und auch in vielen Digitalkameras wird standardmäßig der sRGB-Farbraum verwendet.

Die Initiatoren dieses Farbraums waren Microsoft und Hewlett-Packard, später haben diesen Standard auch andere Unternehmen und Konsortien wie Corel, Pantone, Intel, EXIF und W3C bestätigt. sRGB-Bilder haben eine auf 8 Bit begrenzte Farbtiefe, die allerdings für die meisten Monitore und Home-Drucker ausreichend ist. Anhand der folgenden Abbildung wird ersichtlich, dass das Dreieck des sRGB-Farbraums eine kleinere Fläche abdeckt als die des Adobe-RGB-Farbraums.

Die Qual der Wahl: Adobe RGB oder sRGB

Bei der Auswahl der richtigen Farbraumeinstellung der Digitalkamera sollten einige Faktoren berücksichtigt werden. Für das RAW-Format sind die Farbraumeinstellungen der Kamera ohne Bedeutung, da sie nachträglich eingestellt werden können.

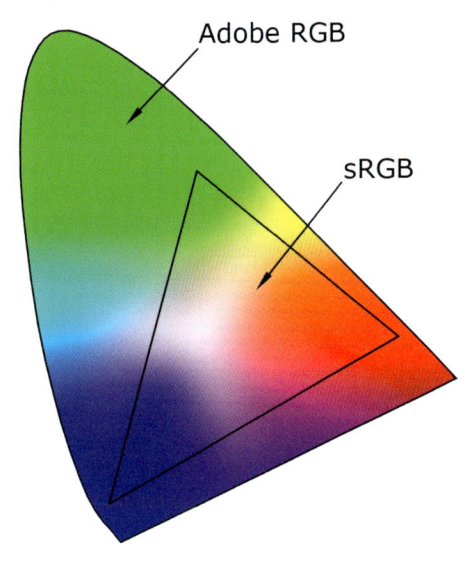

Nur bei den Aufnahmen im JPEG- oder TIF-Format sollten Sie sich entscheiden, welche Einstellung Sie verwenden möchten. Generell hat Adobe RGB mehr Farbinformationen als sRGB. Professionelle Mediengestalter halten nicht viel vom sRGB-Farbraum wegen seines kleineren Gamuts.

Das heißt, dass einige sichtbare Farben, die in Adobe RGB und in CMYK darstellbar sind, in sRGB nicht dargestellt werden können.

Wenn Sie im professionellen Bereich arbeiten und die Fotos später (auch) für die Printproduktion verwenden möchten, ist Adobe RGB auf jeden Fall die bessere Wahl.

Wenn Sie die Fotos später am PC bearbeiten (bei der Preproduktion ist das meist der Fall), sollte Ihr Bildbearbeitungsprogramm auch auf Adobe RGB eingestellt sein. Zum Beispiel können Sie dies in Adobe Photoshop über den Befehl *Bearbeiten/Farbeinstellungen* durchführen.

Bei der Zeile *RGB* wählen Sie die Option *Adobe RGB (1998)*. Sollten Sie in Photoshop eine andere Farbraumeinstellung als in der Kamera haben, erfolgt eine Warnmeldung:

Sie können auf jeden Fall das Bild in den Photoshop-Farbraum konvertieren. Allerdings bringt das nachträgliche Konvertieren von sRGB in Adobe RGB keine Vergrößerung der Farbinformation.

Bei der Umwandlung von Bildern in CMYK, das für eine Druckproduktion verwendet wird, haben Bilder im Adobe RGB-Format deutlich bessere Voraussetzungen als diejenigen im sRGB-Format.

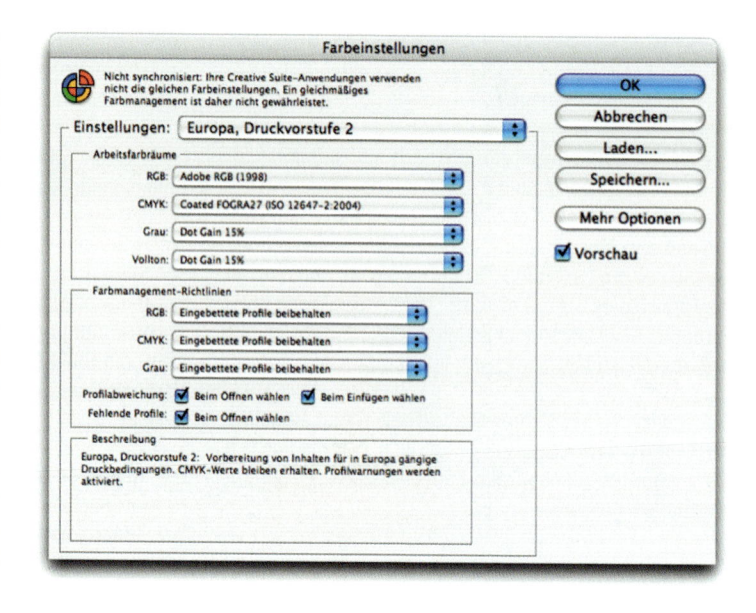

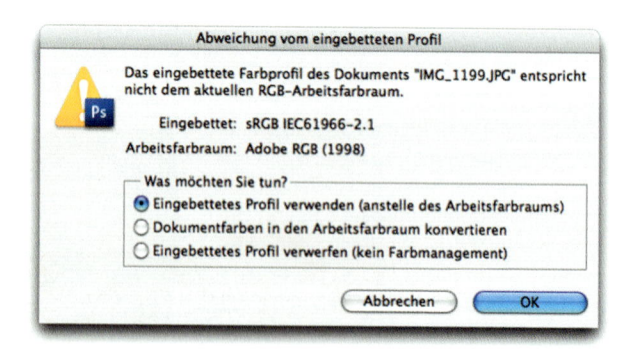

Vielleicht können Sie die Unterschiede nicht sofort auf dem Bildschirm sehen (er ist ja besser auf sRGB abgestimmt), dafür aber spätestens im Druckergebnis. Die Ergebnisse der Konvertierung können Sie auf dem hier gezeigten Beispielbild sehen.

Farbeinstellungen und Einsatz der Arbeitsfarbräume

Adobe RGB – dieser Farbraum ist optimal für den High-End-Druckbereich. Oben: Konvertierung Adobe RGB in CMYK, unten: sRGB in CMYK.

Adobe RGB hat deutlich mehr Farbtiefe, und das macht sich beim Umwandeln in CMYK bemerkbar. Wenn Sie Ihre Bilder ausschließlich am Computerbildschirm betrachten möchten, reicht es auf jeden Fall aus, wenn Sie die sRGB-Einstellung wählen.

Gute TFT-Monitore zeigen nur die Farben in diesem Umfang an, und nur teure Profimodelle können den Adobe-RGB-Farbraum interpretieren und darstellen. Wenn Sie im Bereich Webdesign arbeiten, reichen Bilder in sRGB völlig aus.

Es soll auf gar keinen Fall der Eindruck entstehen, dass sRGB ein minderwertiges Farbprofil ist. Zwar ist sRGB als Low-End-Profil konzipiert, es ist aber auch für High-End-Anwendungen gut zu gebrauchen. Wenn die JPEGs aus der Kamera für Abzüge aus dem Labor gedacht sind, ist sRGB auf jeden Fall zu empfehlen, weil die meisten Labors mit sRGB und dessen Profilen arbeiten und sehr gute Ergebnisse liefern.

Wenn Sie Adobe-RGB-Fotos später zum Ausbelichten in sRGB umwandeln, kann das zu einem Qualitätsverlust führen, wenn in Adobe RGB kein Profil eingebettet ist.

Besonders wenn Sie 24-Bit-Bilder in sRGB umwandeln, kann das eine sichtbare Verschlechterung der Farbwiedergabe nach sich ziehen.

Wenn Sie kein professionelles Bildbearbeitungsprogramm wie Adobe Photoshop besitzen, können Sie die Vorteile des Adobe-RGB-Profils nur eingeschränkt nutzen und es besteht die Gefahr, dass einige Komplikationen beim Konvertieren und Einbetten des entsprechenden Profils entstehen können.

Deshalb ist sRBG auf jeden Fall zu empfehlen, wenn Sie sich nur auf die Darstellung der Bilder auf dem Bildschirm (im Internet) und auf das Drucken beim Ausbelichtungsservice beschränken.

In diesem Fall werden Sie kaum Unterschiede zwischen sRGB und Adobe RGB feststellen können. Wie Sie auf den oberen Bildern sehen können, sind die Ergebnisse der Konvertierung von Adobe RGB in CMYK besser als die von sRGB in CMYK.

10.2 Vordefinierte Farbeinstellungen in Photoshop CS4 effektiv nutzen

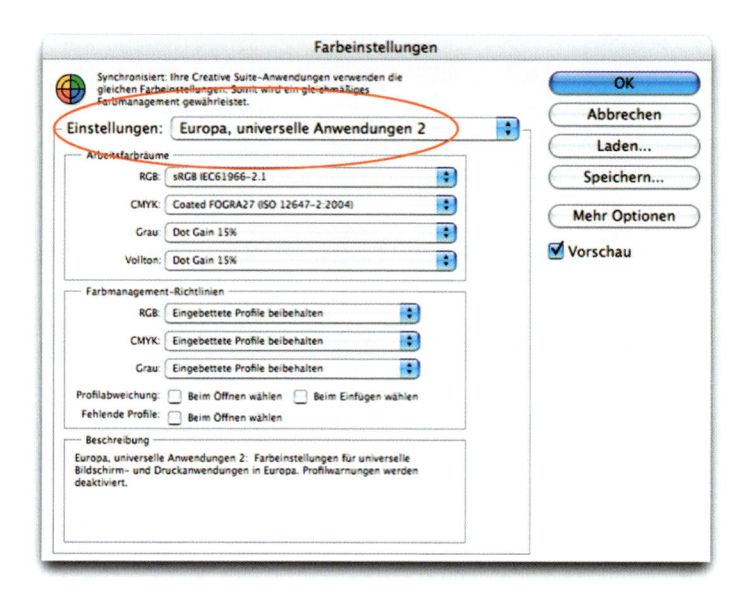

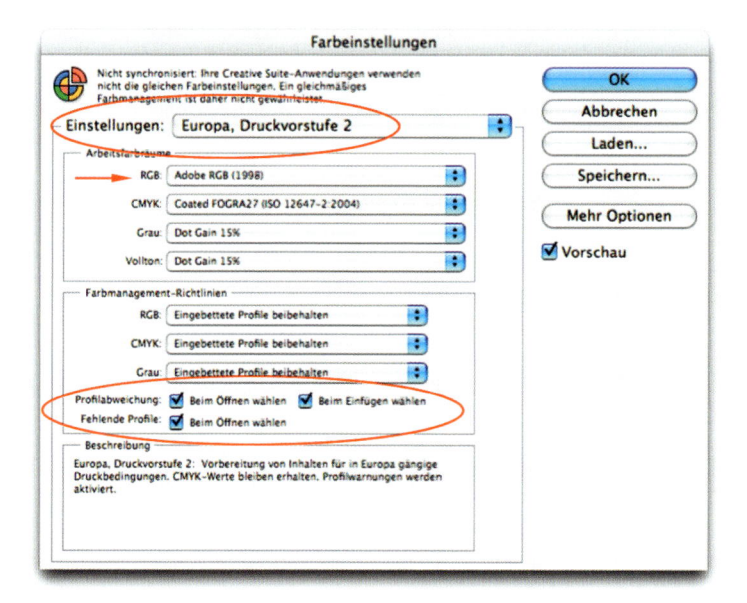

Photoshop CS4 bietet Ihnen einige Standardeinstellungen, die Sie für bestimmte Produktionsarten wählen können. Wählen Sie im Programm den Befehl *Bearbeiten/ Farbeinstellungen*.

Die im Dialog standardmäßig angezeigte Einstellung heißt *Europa, universelle Anwendungen 2*. Das ist eine für den europäischen Raum typische Einstellung, die sich auf die Einstellungen von Monitoren und Druckern bezieht.

Das bedeutet allerdings nicht, dass Sie diese Einstellung für alle Projekte verwenden können. Im Einstellungsbereich der Farbräume sehen Sie, dass die RGB-Einstellung auf *sRGB* steht – für die Printproduktion reicht das schon mal gar nicht. Wenn Sie Grafiken fürs Web vorbereiten möchten oder Fotos später auf dem heimischen Drucker ausdrucken werden, reicht diese Konfiguration allemal. Profilabweichungen werden nicht angezeigt, können aber auf Wunsch aktiviert werden.

Die richtige Wahl für Grafiker, die im Printbereich arbeiten, ist auf jeden Fall die Einstellung *Europa, Druckvorstufe 2*. Die Haupteinstellung des RGB-Profils ist in diesem Fall *Adobe RGB (1998)*. Das bedeutet, dass die Umwandlung in CMYK fast verlustfrei ist, was man von sRGB ja nicht behaupten kann. Logischerweise sind bei dieser Einstellung die Warnungen über Profilabweichungen aktiviert, damit der Nutzer auf einen eventuellen Verlust der Farbinformationen bei der CMYK-Konvertierung rechtzeitig aufmerksam gemacht werden kann.

Vordefinierte Farbeinstellungen in Photoshop CS4 effektiv nutzen

Wenn Sie absolut sicher sind, dass Sie nur mit Dateien gleichen Profils arbeiten, können Sie diese Warnungen abschalten.

Beim Arbeitsfarbraum CMYK ist in Photoshop CS4 standardmäßig das Profil *Coated FOGRA27* eingebettet, was eventuell für die Druckfarben Ihrer Druckerei nicht passt. In diesem Fall können Sie selbstverständlich benutzerdefinierte Einstellungen vornehmen. Öffnen Sie das Menü *CMYK* und wählen Sie *Eigenes CMYK*.

Im darauffolgenden Dialog können Sie entweder die dort vorgesehenen Druckfarben auswählen oder andere wählen.

Wenn Sie mit einer oder mehreren Druckereien zusammenarbeiten, lohnt es sich, sich vorher darüber zu informieren, welche Druckfarben dort verwendet werden.

So können Sie beim Konvertieren Ihrer Bilder in CMYK genau die gleichen Einstellungen wie in der Druckerei wählen und so Farbabweichungen reduzieren.

Falls Sie viele benutzerdefinierte Einstellungen für unterschiedliche Projekte haben und diese öfter wechseln müssen, können Sie sie im Ordner *Settings* abspeichern. Die Farbeinstellungen können Sie zum Beispiel mit dem Namen der Druckerei speichern und auf diese Weise bei dazugehörigen Projekten schnell finden.

Farbprofile laden und einrichten

Zwar sind die in Photoshop CS4 enthaltenen Profile in Ordnung und man kann mit ihnen gut arbeiten, aber es gibt alternative Profile, die

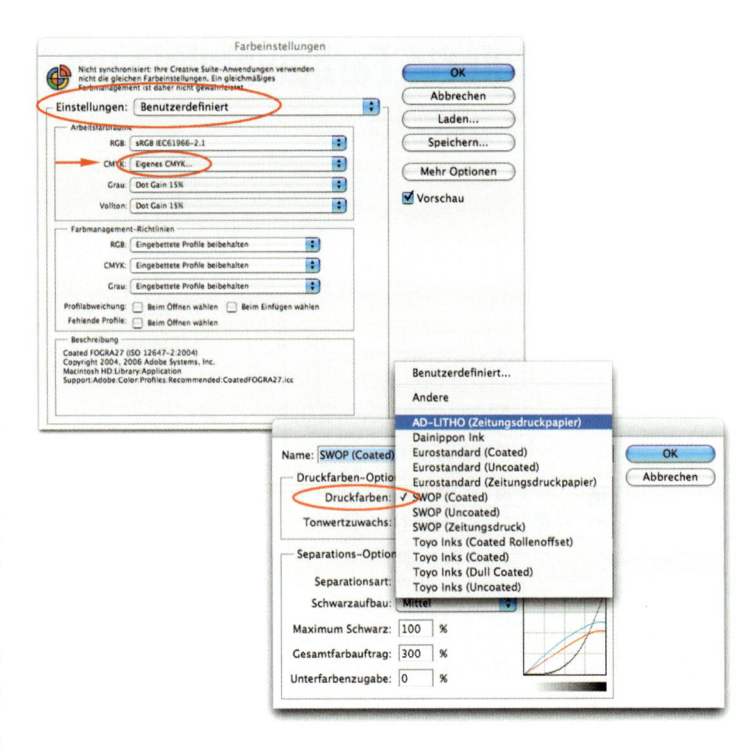

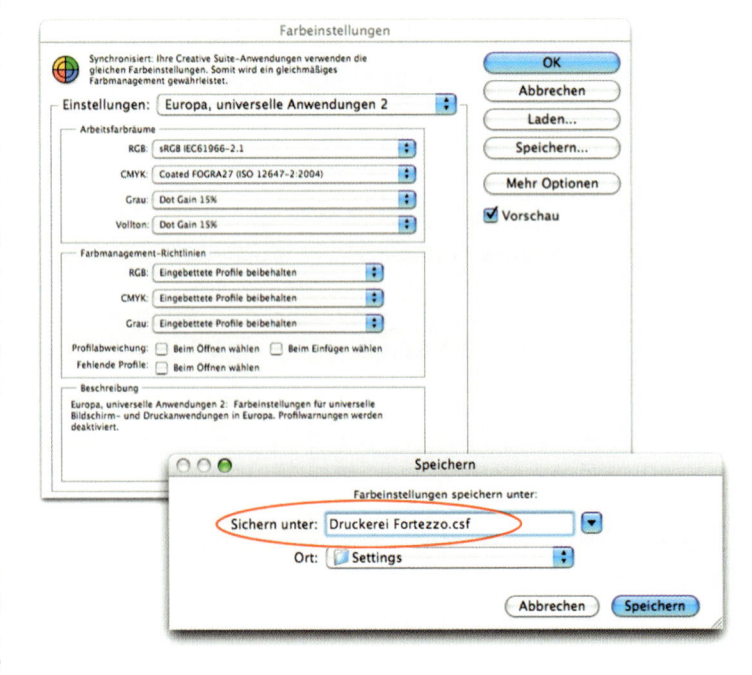

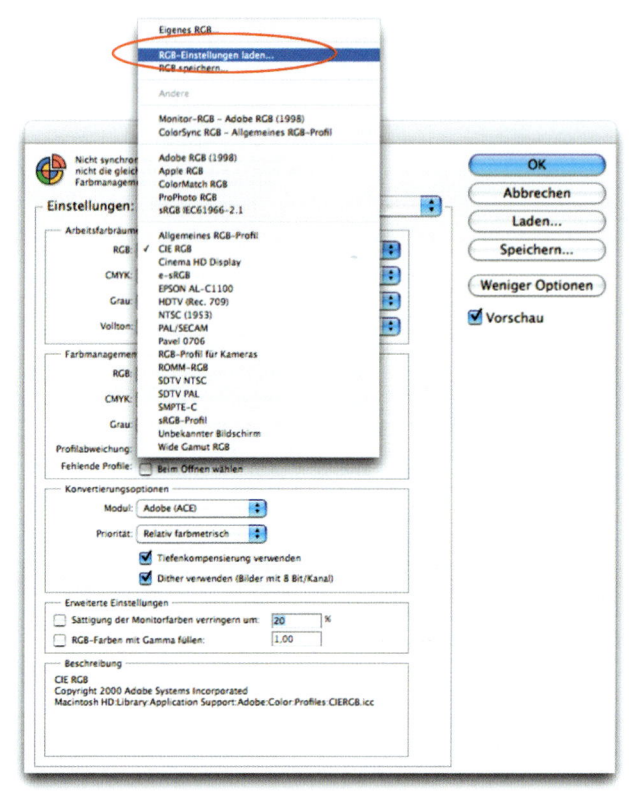

Sie auf Ihrem Rechner einrichten können. Für den Farbraum RGB empfiehlt sich das Farbprofil ECI-RGB. Es wurde von der **E**uropean **C**olor **I**nitiative entwickelt, die sich mit dem Farbmanagement für die Druckvorstufe beschäftigt und Profile liefert, die auf dem neusten Stand der Drucktechnik sind.

Die aktuellste Version des ECI-RGB-Profils trägt die Bezeichnung eciRGB_v2 und ist bereits bei der European Color Initiative verfügbar. Das Profil können Sie als ZIP-Datei von der Website der ECI herunterladen (*http://www.eci.org*).

Öffnen Sie im Dialog *Farbeinstellungen* im Bereich *Arbeitsfarbräume* die Option *RGB* und wählen Sie *RGB-Einstellungen laden*.

Bevor Sie damit beginnen, sollten Ihre Profile am richtigen Ort gespeichert werden.

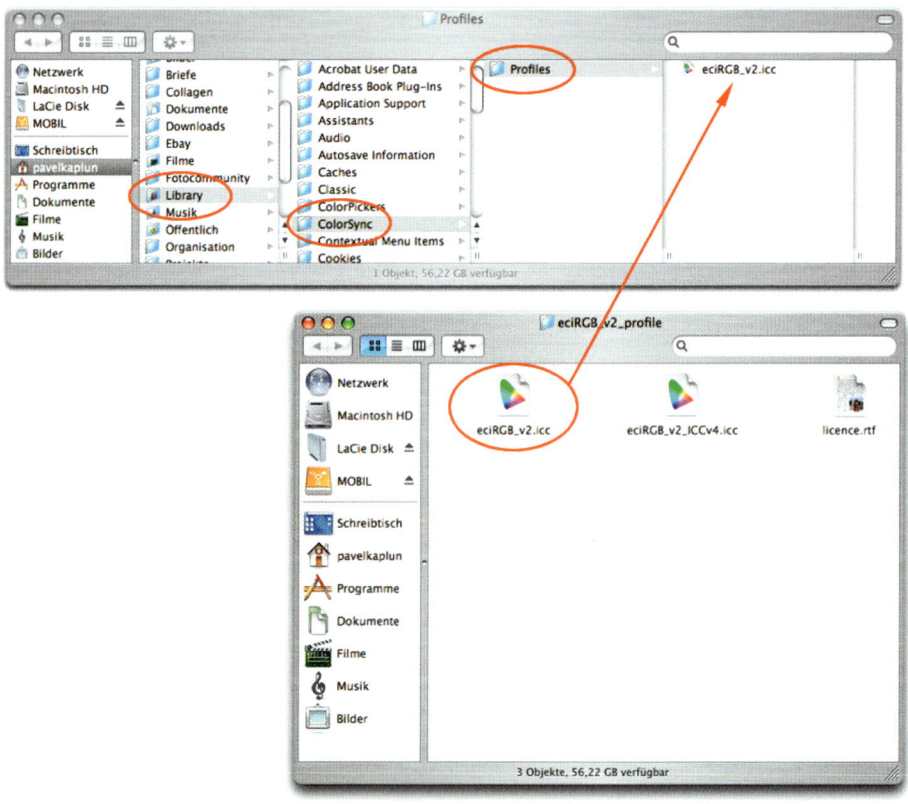

Nach dem Entpacken der ZIP-Datei mit dem ECI-Profil speichern Sie die Datei *eciRGB_v2.icc* im Ordner *Library\ColorSync\Profiles* auf Ihrer Festplatte.

Das aktuelle Profil wird unter der Einstellung *RGB* des Bereichs *Arbeitsfarbräume* angezeigt. Für den Bereich *CMYK* verwenden Sie anstatt *Coated FOGRA27* das modifizierte Profil *Europe ISO Coated FOGRA27*. Es wurde extra für

Druckmaschinen entwickelt, die qualitativ hochwertige Produktionen auf gestrichenem Papier machen, und ist auf dem neusten Stand der Technik. Übrigens, für den Arbeitsfarbraum Lab gibt es keine Einstellungsmöglichkeiten und auch keine Profile. Photoshop benutzt den Lab-Farbraum als Referenz. Die internen Berechnungen erfolgen in Lab und werden vor der Ausgabe auf dem Monitor in andere Profile umgewandelt.

Kapitel 11

Adobe Bridge – perfekte Verwaltung und Archivierung

Adobe Bridge ist ein Programm, das zur Verwaltung und Archivierung von Dateien konzipiert wurde. Wie der Name schon sagt, ist Bridge eine Brücke zwischen den Programmen der Adobe Creative Suite und erlaubt es Ihnen, die Übersicht über Ihre Daten zu bewahren und schnell eine Datei im entsprechenden Programm zu öffnen. Für Photoshop hat Bridge die Funktion eines Bildbrowsers. Nicht nur Archivierung und Verwaltung, sondern auch Funktionen wie Stapelverarbeitung oder die Erstellung von Präsentationen stehen bei Bridge im Vordergrund. Lernen Sie in diesem Kapitel, wie Sie mit Bridge stets den Überblick über Ihre Bilder behalten und die dazugehörigen Informationen schnell finden können.

11.1 Übersicht und Funktion der Arbeitsfläche

Verschaffen Sie sich eine Übersicht über die Programmoberfläche von Bridge. Es ist wichtig, dass Sie wissen, wo was liegt und wie Sie die Bridge-Funktionen am besten an Ihre Bedürfnisse anpassen können.

Arbeitsbereiche

Bridge können Sie entweder direkt über die *Start*-Schaltfläche wie jedes andere Programm aufrufen oder aus Photoshop starten. Das Bridge-Symbol finden Sie in Photoshop links oben in der Optionsleiste.

Klicken Sie auf dieses Bridge-Symbol. Das Programm öffnet sich über die Photoshop-Oberfläche in einem separaten Fenster. Schon auf den ersten Blick erkennen Sie die rationelle Gliederung des Programms in der *Grundlagen*-Ansicht. Hier haben Sie die Übersicht über alle Paletten, die in Bridge zur Verfügung stehen: *Inhalt*, *Ordner*, *Favoriten*, *Metadaten*, *Stichwörter*, *Filter*, *Kollektionen* und *Vorschau*. Diese Ansicht ist sehr voll, sie ist aber auch noch nicht an Ihre Bedürfnisse angepasst.

Sie können die Oberfläche entweder durch vorgefertigte Gliederungsszenarien oder benutzerdefiniert anpassen. In der Optionsleiste lassen sich die vorgefertigten Arbeitsbereiche durch einen Klick auf den entsprechenden Button ändern.

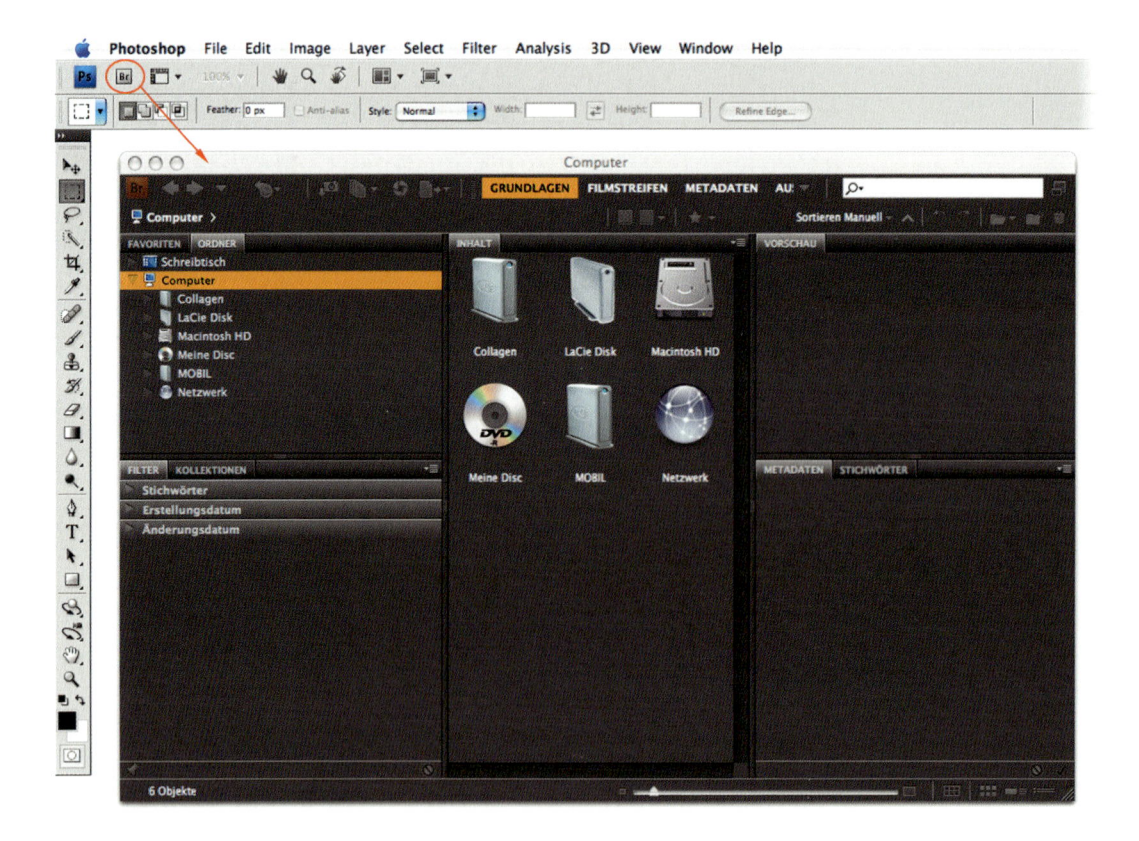

Oder Sie schalten zwischen den Arbeitsbereichen über das Aufklappmenü hin und her, das Sie durch einen Klick auf den Pfeil vor dem Suchfeld aufrufen können.

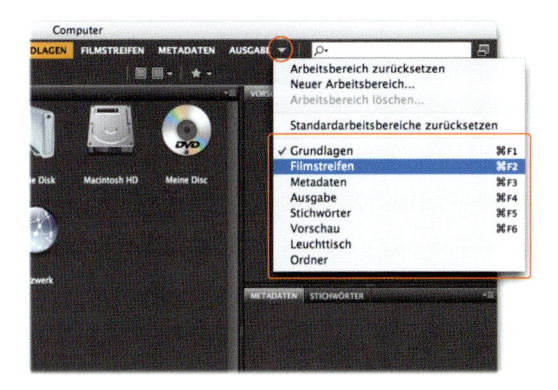

Den ersten sechs Arbeitsbereichen sind die Funktionstasten Ihrer Tastatur zugeordnet. Damit gelangen Sie noch schneller zur gewünschten Positionierung der Arbeitspaletten in Bridge.

Der Arbeitsbereich sollte die Paletten enthalten, die Sie für Ihre Arbeit am häufigsten brauchen. Wenn Sie z. B. das angeklickte Bild gleich als Großansicht sehen möchten, wählen Sie den Arbeitsbereich *Vorschau* – die *Vorschau*-Palette wird die größte Fläche des Programmfensters bekommen, wie es auf dem unteren Screenshot zu sehen ist.

Wenn Sie lieber alle Fotos im Überblick behalten möchten, wählen Sie den Arbeitsbereich *Leuchttisch*. Die *Inhalt*-Palette bleibt eingeblendet.

Alle anderen Paletten verschwinden und die Fläche des Programmfensters ist voller „Dias" – optimal zum Suchen und Markieren von Fotos.

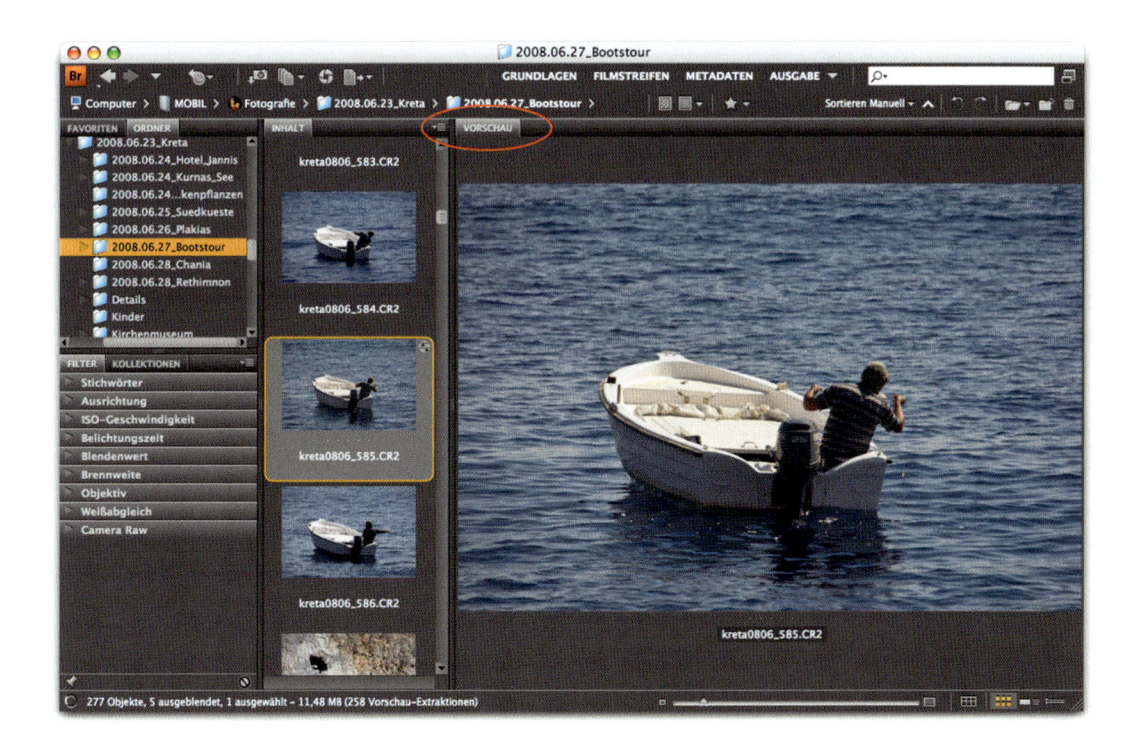

Übersicht und Funktion der Arbeitsfläche

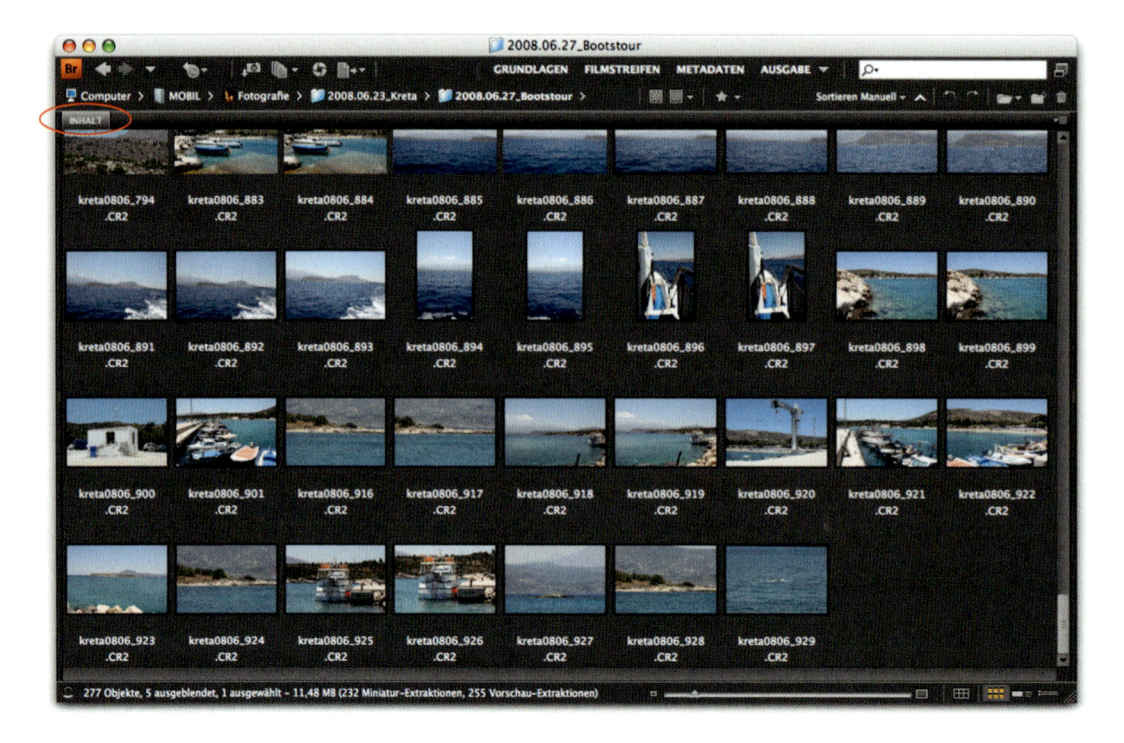

Optionsleiste

Für einen optimalen Workflow sorgt die verbesserte Optionsleiste, in der die wichtigsten Funktionen von Bridge als Symbole angeordnet sind. Es lohnt sich, diese etwas näher kennenzulernen.

Wie in jedem Browser, egal ob es ein Bildbrowser, Dateibrowser oder Internetbrowser ist, gibt es Vor- und Zurück-Symbole, mit denen Sie zwischen den gemachten Schritten hin und her schalten können – genauso ist das in Bridge auch. Wenn Sie tief in den Unterordnern ein Bild gefunden haben, kehren Sie zum Hauptordner mit den Vor- und Zurück-Symbolen ❶ zurück. Der Pfad, in dem Sie sich gerade befinden, wird auch in der Optionsleiste angezeigt ❿. Durch das Klicken auf ein übergeordnetes Verzeichnis in dem Pfad gehen Sie einen Schritt höher in der Ordnerhierarchie.

Unter ❷ versteckt sich die Option, auf die zuletzt aufgerufenen Ordner oder Dateien zuzugreifen. Bilder von der Kamera können Sie mit dem Kamerasymbol abrufen ❸. Dazu gibt es eine Option, die automatisch den Bilderdownload startet, sobald Sie die Kamera an den Computer angeschlossen haben. Im Gegensatz zu früheren Bridge-Versionen, in denen die Stapelverarbeitungsfunktion nur über das Menü abrufbar war, geht das jetzt über ein Symbol ❹, mit dem Sie den Überprüfungsmodus, die Stapelumbenennung oder Dateiinformationen starten können.

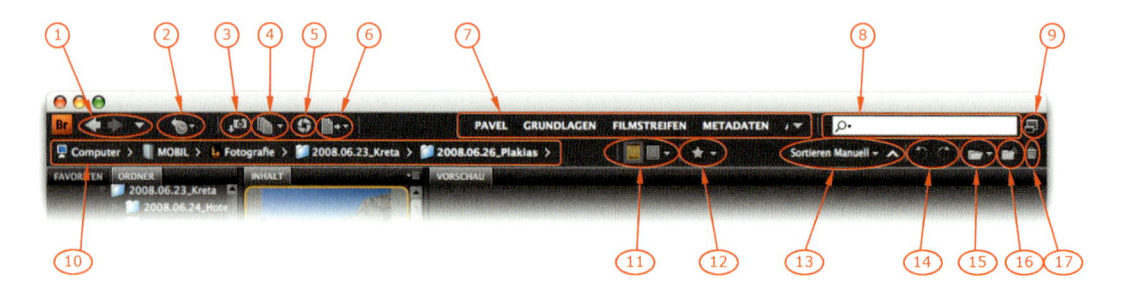

450 KAPITEL 11 Adobe Bridge – perfekte Verwaltung und Archivierung

Übersicht und Funktion der Arbeitsfläche

Mit ❺ gelangen Sie direkt zum RAW-Konverter, obwohl jede RAW-Datei schon beim Doppelklicken in der Übersicht automatisch den RAW-Entwickler startet. Mehr über die RAW-Entwicklung und Funktionen des Konverters erfahren Sie in Kapitel 12.

Mit ❻ können Sie aus mehreren ausgewählten Bildern eine Web- oder PDF-Kreation erstellen. Die Optionen, die mit ❼ markiert sind, kennen Sie bereits: Das sind die Standard- oder benutzerdefinierten Bereiche.

Die Suchfunktion ❾ ist nicht nur auf Bridge beschränkt. Sie können diese auch zum Suchen von Dateien auf dem Computer verwenden, die nicht unbedingt etwas mit Bildern zu tun haben, z. B. Dateien für Word oder Excel.

Mit ⓫ entscheiden Sie, welche Qualität die Vorschau- und Miniaturbilder in Bridge haben sollen. Durch eine höhere Bildqualität wird der Arbeitsspeicher stark belastet, was dazu führt, dass die Bilder langsamer aufgerufen werden. Es wird empfohlen, die Option *Eingebettete bevorzugen (schneller)* zu nehmen.

Wenn Sie Fotos bewertet haben, können Sie mit ⓬ einen Filter einschalten. Lassen Sie in der Übersicht zum Beispiel die Bilder mit der höchsten Wertung anzeigen – oder Bilder, die Sie als abgelehnt markiert haben, um diese mit dem Symbol ⓱ zu löschen.

Weitere Möglichkeiten, Bilder zu sortieren, finden Sie unter ⓭ – zum Beispiel nach Größe, Erstellungsdatum, Maßen etc. Bildansichten können Sie schnell drehen mit ⓮, dabei wird nur die Ansicht gedreht, die Pixel des Bildes werden nicht verändert. Die zuletzt geöffneten Dateien finden Sie unter ⓯, und mit ⓰ erstellen Sie einen neuen Ordner oder Unterordner.

Mit ⓲ definieren Sie die Größe der Bildminiaturen. Mit den Symbolen ⓳ bis ㉒ wählen Sie die Ansichtsoptionen zwischen Miniaturansicht, Miniaturansicht mit Details – dabei werden die wichtigsten Informationen zu den Bildern angezeigt – oder die platzsparende Option *Liste*, bei der die Bildminiaturen sehr klein sind.

Arbeitsbereich individuell anpassen

Wenn Sie nur eine bestimmte, geringe Anzahl an Paletten im Arbeitsbereich haben möchten, können Sie die nicht benötigten Werkzeuge über das Menü *Fenster* ein- und ausblenden. Setzen Sie einfach einen Haken vor der Bezeichnung des Fensters oder entfernen Sie ihn wieder.

Damit Sie nicht bei jedem Start des Programms den Arbeitsbereich neu definieren müssen, gibt es in Bridge die Möglichkeit, den individuellen Arbeitsbereich zu speichern. Wenn die Konfiguration der Arbeitsumgebung in Bridge Ihren Vorstellungen entspricht, wählen Sie im Aufklappmenü die Option *Neuer Arbeitsbereich*.

Im darauffolgenden Dialog geben Sie dem Arbeitsbereich einen Namen. Klicken Sie anschließend auf *Speichern*. Der Arbeitsbereich ist nun gesichert.

Der neue Arbeitsbereich wird ab sofort in der Optionsleiste und im Aufklappmenü an der ersten Stelle angezeigt und kann mit einem Mausklick aufgerufen werden. Falls Sie den Arbeitsbereich nicht mehr benötigen, können Sie ihn mit *Arbeitsbereich löschen* aus der Liste entfernen.

Bilder wie auf einem Schreibtisch betrachten

Dieses Vorhaben können Sie mit dem Überprüfungsmodus umsetzen. Wählen Sie einige Fotos in der Übersicht oder mit [Strg]+[A] alle Fotos eines Ordners aus.

Klicken Sie dazu auf das Optionssymbol ❹ und wählen Sie *Überprüfungsmodus*. Die Fotos werden im Vollbildmodus angezeigt und können mit dem Hand-Werkzeug bewegt werden.

Das Bild im Zentrum können Sie bis auf feinste Details mit dem Lupenwerkzeug überprüfen. Klicken Sie dazu auf das Lupensymbol unten auf dem Bildschirm.

Ebenso ist es aus dem Überprüfungsmodus heraus möglich, eine Kollektionc zu erstellen. Klicken Sie dazu auf das Symbol *Neue Kollektion* und benennen Sie Ihre Kollektion im Eingabefeld *Name*.

Jetzt haben Sie bestimmt die berechtigte Frage: Was ist eigentlich eine Kollektion?

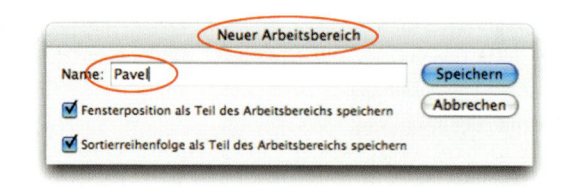

Kollektionen anlegen und verwalten

Eine Kollektion ist eine Auswahl derjenigen Bilder, die Sie nach einem bestimmten Kriterium in einer Gruppe vereinigen möchten. Das bedeutet nicht, dass die Bilder einer Kollektion physikalisch am gleichen Ort gespeichert werden sollen. Die Bilder einer Kollektion können nicht nur in unterschiedlichen Verzeichnissen, sondern auch auf verschiedenen Datenträgern gespeichert sein und trotzdem als eine Gruppe – Kollektion – angezeigt und für die weitere Verarbeitung verwendet werden.

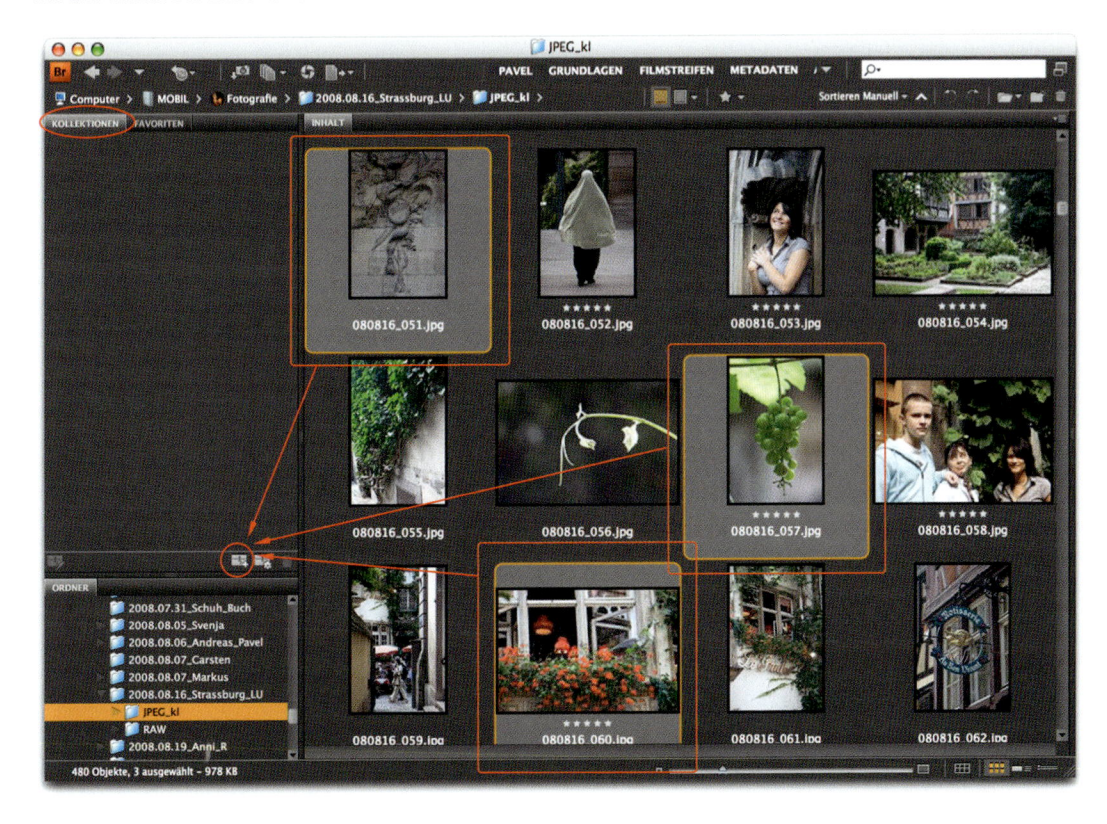

Übersicht und Funktion der Arbeitsfläche

In unserem Beispiel möchten wir diejenigen Fotos, die thematisch zu der Überschrift *Pflanzen und Architektur* passen, in einer Kollektion vereinigen. Nehmen Sie den Befehl *Fenster/Kollektionen-Fenster*. Wählen Sie bei gedrückter [Strg]-Taste im Bereich *Inhalt* Fotos aus. Ziehen Sie die ausgewählten Fotos auf das Symbol *Neue Kollektion* und lassen Sie die Maustaste los. Bestätigen Sie die Bildung einer neuen Kollektion mit *Ja* im Bridge-Dialogfenster. Geben Sie im darauffolgenden Dialog den Namen für Ihre Kollektion ein.

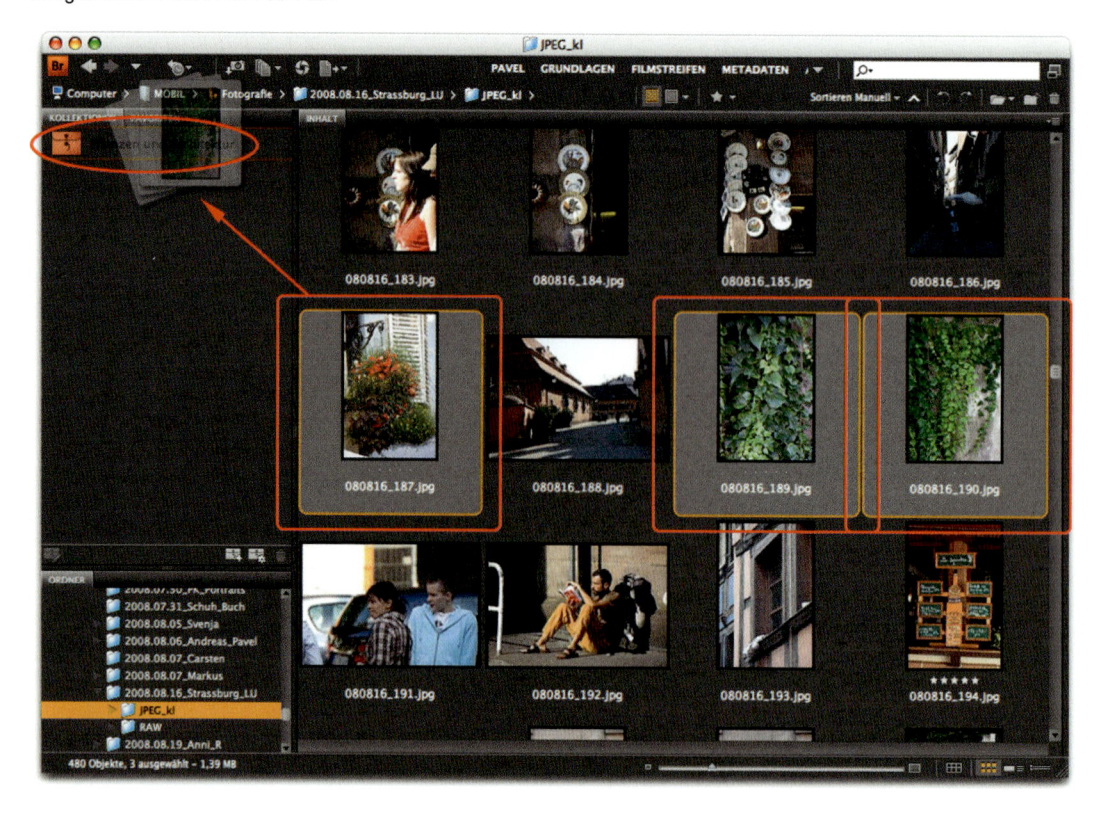

Im Fenster *Kollektionen* wird Ihre Kollektion jetzt angezeigt und kann mit weiteren Bildern gefüllt werden. Wählen Sie die nächsten Fotos aus demselben oder aus einem anderen Ordner oder von einer anderen Festplatte aus und ziehen Sie die ausgewählten Bilder auf den Eintrag Ihrer Kollektion. Diese Fotos gehören sofort zu der ausgewählten Kollektion.

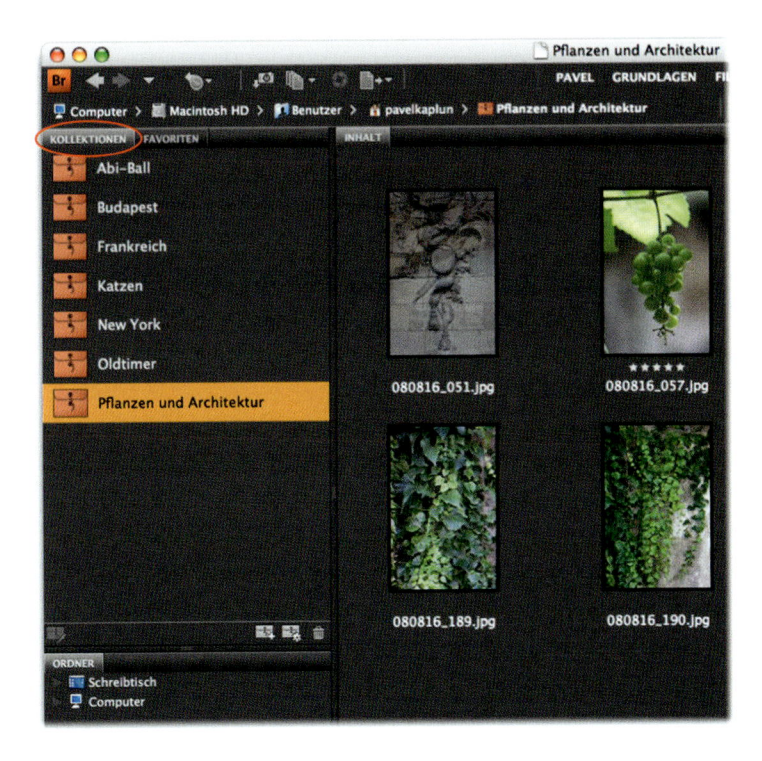

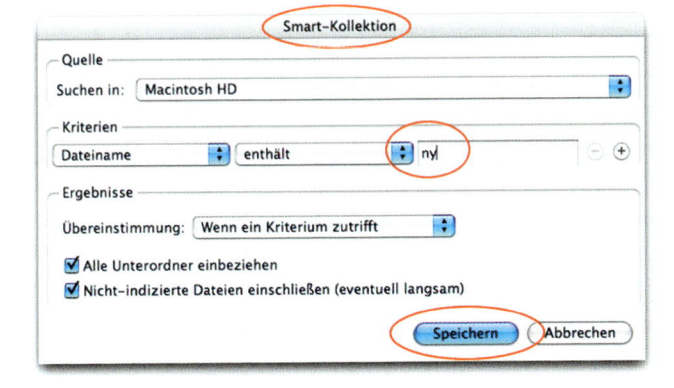

Alle Kollektionen, die Sie erstellen, erscheinen alphabetisch angeordnet im *Kollektionen*-Fenster und können beliebig erweitert werden.

Wenn Sie eine Kollektion nicht mehr benötigen, markieren Sie ihren Eintrag im *Kollektionen*-Fenster und klicken dann auf das Papierkorbsymbol unten rechts im Fenster. Oder klicken Sie mit der rechten Maustaste auf den Eintrag für die Kollektion und wählen Sie *Kollektion löschen*.

Es gibt noch eine Möglichkeit, Fotos zu einer Kollektion zusammenzubringen, und zwar mit der intelligenten Option der Smart-Kollektion. Wenn Sie auf das Symbol *Neue Smart-Kollektion* klicken, erscheint ein Dialog, in dem Sie Angaben dazu machen können, nach welchen Kriterien die Festplatte oder ein Verzeichnis durchsucht werden sollen.

Dabei können Sie als Suchkriterien entweder bestimmte Buchstaben von Dateinamen festlegen oder nach ausgewählten Metadaten den ausgesuchten Speicherort durchsuchen lassen – zum Beispiel nach einem bestimmten Datum und/oder Uhrzeit, Kameratyp, Dateityp etc. Sie können auch mehrere Suchkriterien verwenden. Neben dem Eingabefenster für das erste Kriterium können Sie auf das Plussymbol klicken und weitere Kriterien hinzufügen.

Klicken Sie auf *Speichern* und der Speicherort wird durchsucht. Die Fotos, die den Suchkriterien entsprechen, werden einer Smart-Kollektion zugewiesen und im Fenster *Inhalt* angezeigt.

Übersicht und Funktion der Arbeitsfläche

Die Smart-Kollektionen werden im Fenster *Kollektionen* über den normalen Kollektionen angezeigt. Wenn Sie den Inhalt der Smart-Kollektion verändern möchten (zum Beispiel einige neue Kriterien hinzufügen oder einige löschen), klicken Sie links unten im Fenster *Kollektionen* auf das Symbol *Smart-Kollektion bearbeiten*.

Die Daten der Smart-Kollektion werden den neuen Kriterien entsprechend angepasst.

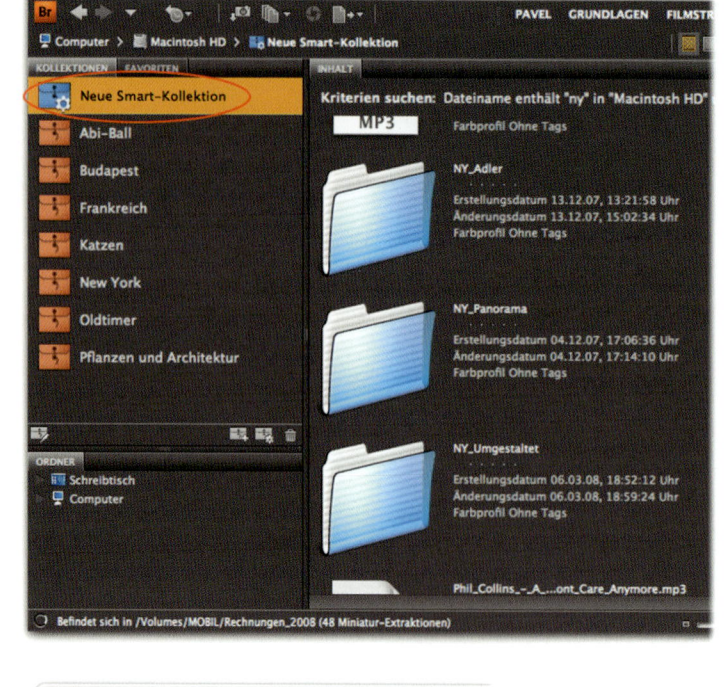

Die Smart-Kollektion können Sie im Fenster *Kollektionen* umbenennen, indem Sie auf den Eintrag doppelklicken. Zum Löschen benutzen Sie das Papierkorbsymbol.

456 KAPITEL 11 Adobe Bridge – perfekte Verwaltung und Archivierung

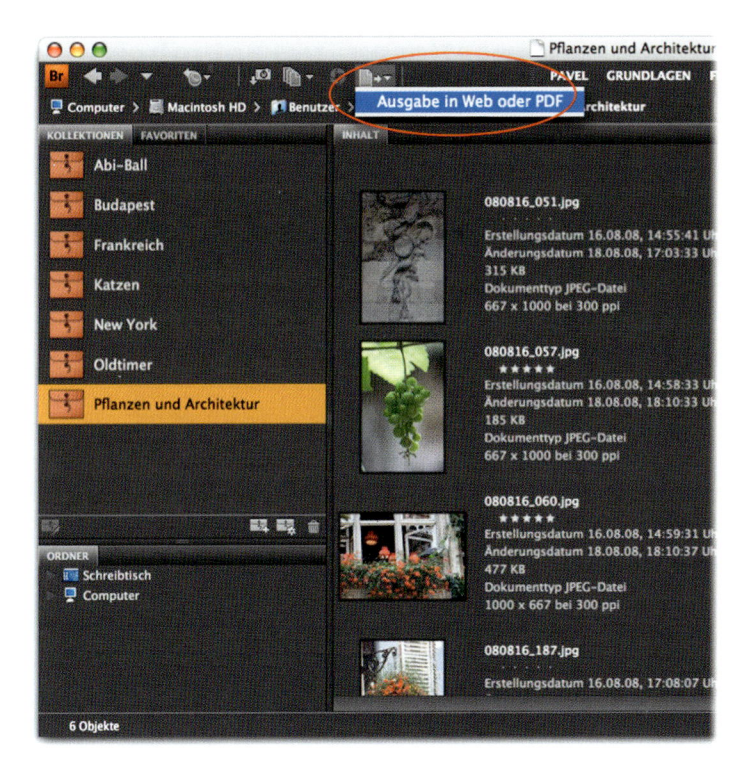

Wozu sollte man überhaupt Kollektionen oder Smart-Kollektionen anlegen? Die Kollektionen erleichtern Ihnen das Sammeln der Bilder, die Sie für Ihre Projekte verwenden möchten. Sie können direkt aus Bridge heraus Bilder einer Kollektion zu einer PDF-Präsentation oder Webgalerie verarbeiten.

Auch für die Stapelverarbeitung kann eine Kollektion nützlich sein. Wenn Sie eine Kollektion aus RAW-Dateien zusammenstellen, können Sie diese über die Stapelverarbeitung als JPEG-Dateien in einem separaten Ordner speichern, um die JPEG-Dateien später per E-Mail zu versenden.

Wie Sie die automatische Verarbeitung von Bildern durchführen oder eine Präsentation erstellen, erfahren Sie im Abschnitt 11.4.

11.2 Bilder aus der Kamera importieren, verschieben, umbenennen

Von vielen Fotografen zu Unrecht vernachlässigt, sind diese Vorgänge sehr wichtig. Je mehr Sie beim Import der Bilder auf den Computer auf korrekte Einstellungen achten, umso schneller werden Sie sich im ständig wachsenden Fotoarchiv später zurechtfinden.

Fotos von der Kamera kopieren

Schließen Sie die Kamera oder die Speicherkarte an den Computer an. Öffnen Sie Adobe Bridge. In der Optionsleiste finden Sie das Kamerasymbol, mit dem Sie den Foto-Downloader starten können.

Im Adobe-Bridge-Dialog haben Sie die Möglichkeit, diejenige Option zu aktivieren, die den Foto-Downloader automatisch startet, sobald Sie die Kamera oder Speicherkarte an den Rechner angeschlossen haben.

Ob Sie diese Option aktivieren oder nicht, ist mehr oder weniger Geschmackssache. Aber wie es sich in der Praxis erwiesen hat, kann der automatische Aufruf des Foto-Downloader ziemlich nervig sein. Auch wenn Sie eine Karte einfach zum Kopieren an den Rechner anschließen, startet Bridge den Assistenten.

Der Foto-Downloader startet bei der ersten Anwendung mit einem kompakten Dialog, in dem Sie die Grundeinstellungen vornehmen können.

Diese beschränken sich auf die Möglichkeit, einen Speicherplatz für die Fotos zu definieren, Dateinamen zu ändern und die Dateien in das DNG-Format (Digital Negativ)

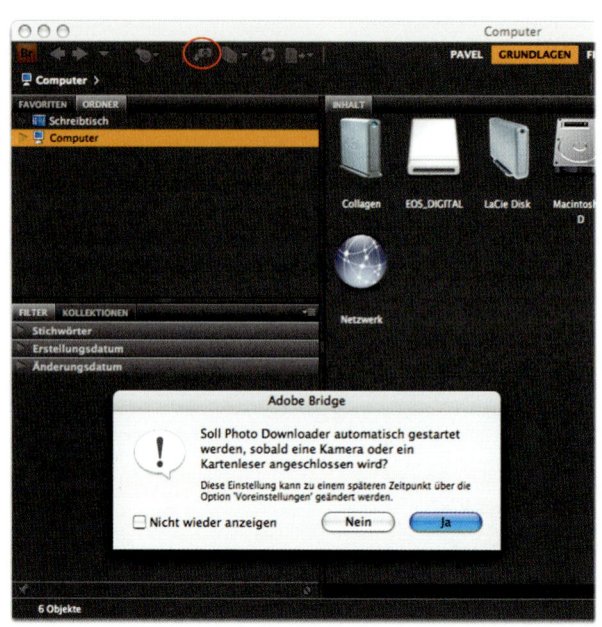

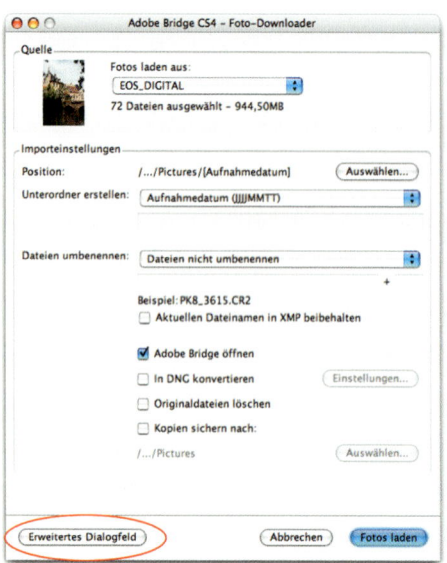

umzuwandeln. Obwohl es schon ziemlich viele Einstellungen sind, ist der erweiterte Dialog komfortabler, den Sie mit einem Klick auf den Button *Erweitertes Dialogfeld* aufrufen können.

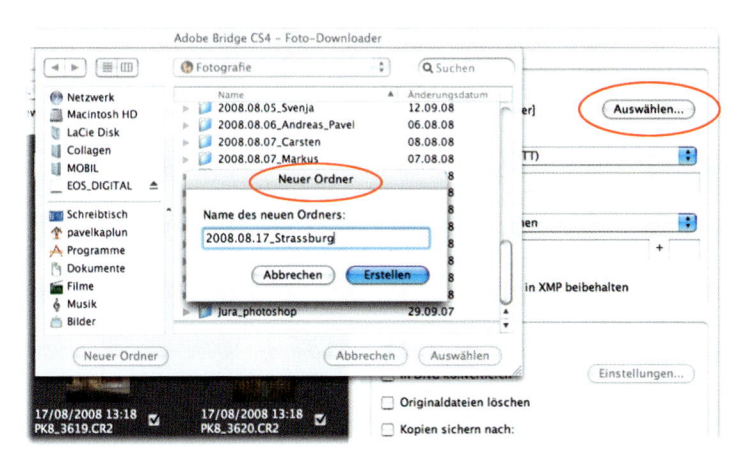

Definieren Sie zuerst den Ordner, in den Sie die Fotos kopieren werden. Es ist sinnvoll, die Ordner nach dem Prinzip JJJJ.MM.TT_Name zu benennen.

So haben Sie die Verzeichnisse auf der Festplatte immer in chronologischer Reihenfolge, was sehr bequem und übersichtlich ist.

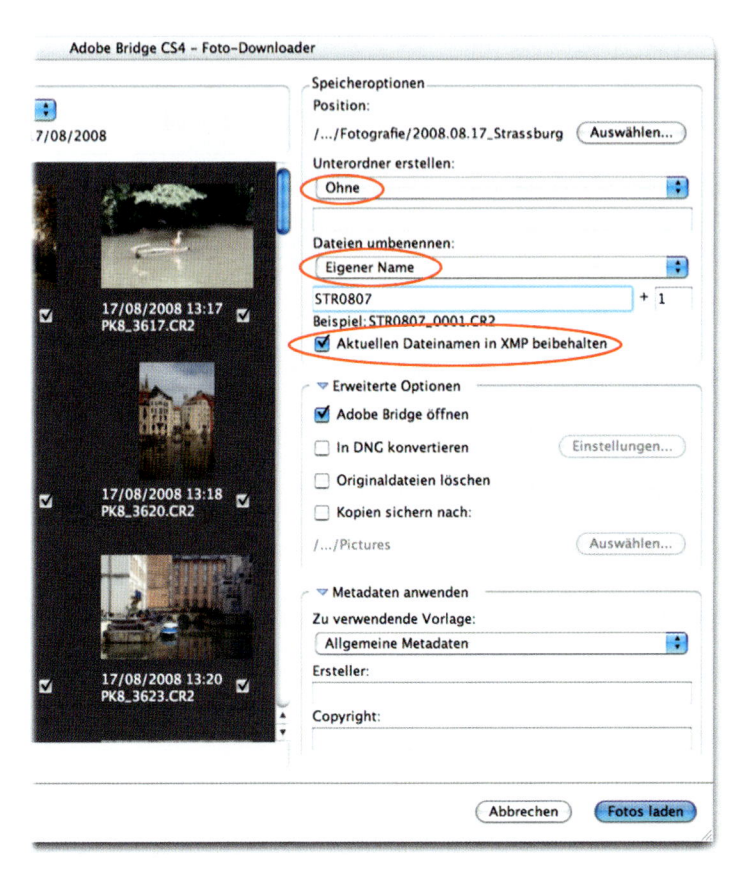

Im Bereich *Unterordner erstellen* können Sie sich entscheiden, ob Sie Unterverzeichnisse brauchen.

Im Bereich *Dateien umbenennen* finden Sie zahlreiche Standardlösungen vor, die für die Benennung der Daten zur Verfügung stehen.

Sinnvoll ist eine aussagekräftige Benennung, die aus einem Namen, den Sie im Feld eingeben können, und einer vierstelligen Seriennummer besteht.

Es ist ebenfalls sinnvoll, die Option *Aktuellen Dateinamen in XMP beibehalten* (E**x**tensible **M**etadata **P**latform) zu aktivieren, damit Sie dokumentarisch alle Daten im Originalzustand beibehalten und bei Bedarf den Originalnamen in der Metadatenübersicht anzeigen lassen können.

Wenn Sie Ihre RAW-Dateien zukunftssicher abspeichern wollen, ist es gut, wenn Sie diese Daten als DNG-Dateien abspeichern. Die RAW-Datei muss dabei nicht verloren gehen. Sie können die Option *Raw-Originaldatei einbetten* aktivieren. Mit dieser Option können Sie aus der DNG-Datei jederzeit die Original-RAW-Datei Ihrer Kamera extrahieren. Um noch sicherer zu gehen, können Sie Folgendes machen: Aktivieren Sie die Option *Kopien sichern nach* und wählen Sie einen Speicherort für die Originaldaten aus (kann auch das Verzeichnis einer mobilen Festplatte sein). Die DNG-Dateien werden dann in dem Verzeichnis gespeichert, das Sie unter *Position* angegeben haben, und die Original-RAW-Dateien Ihrer Kamera landen als Kopie in einem anderen Verzeichnis.

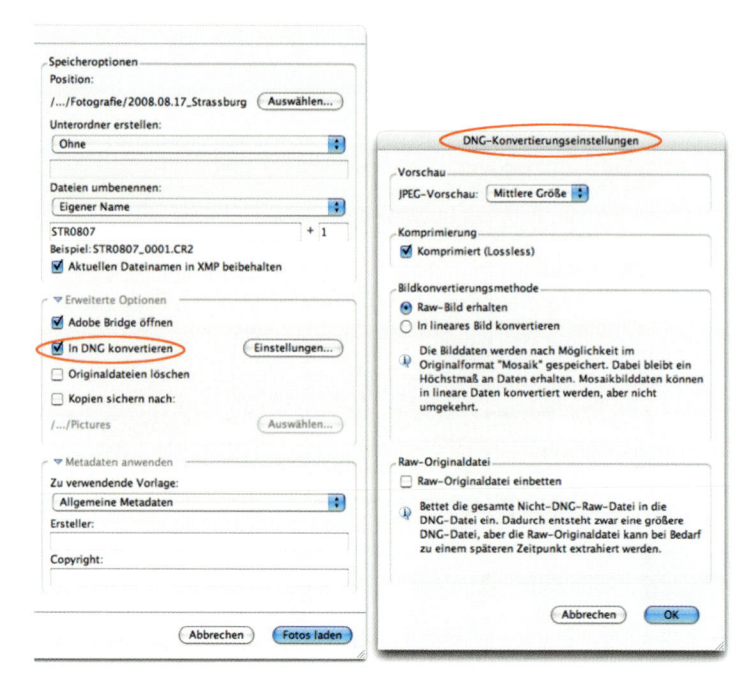

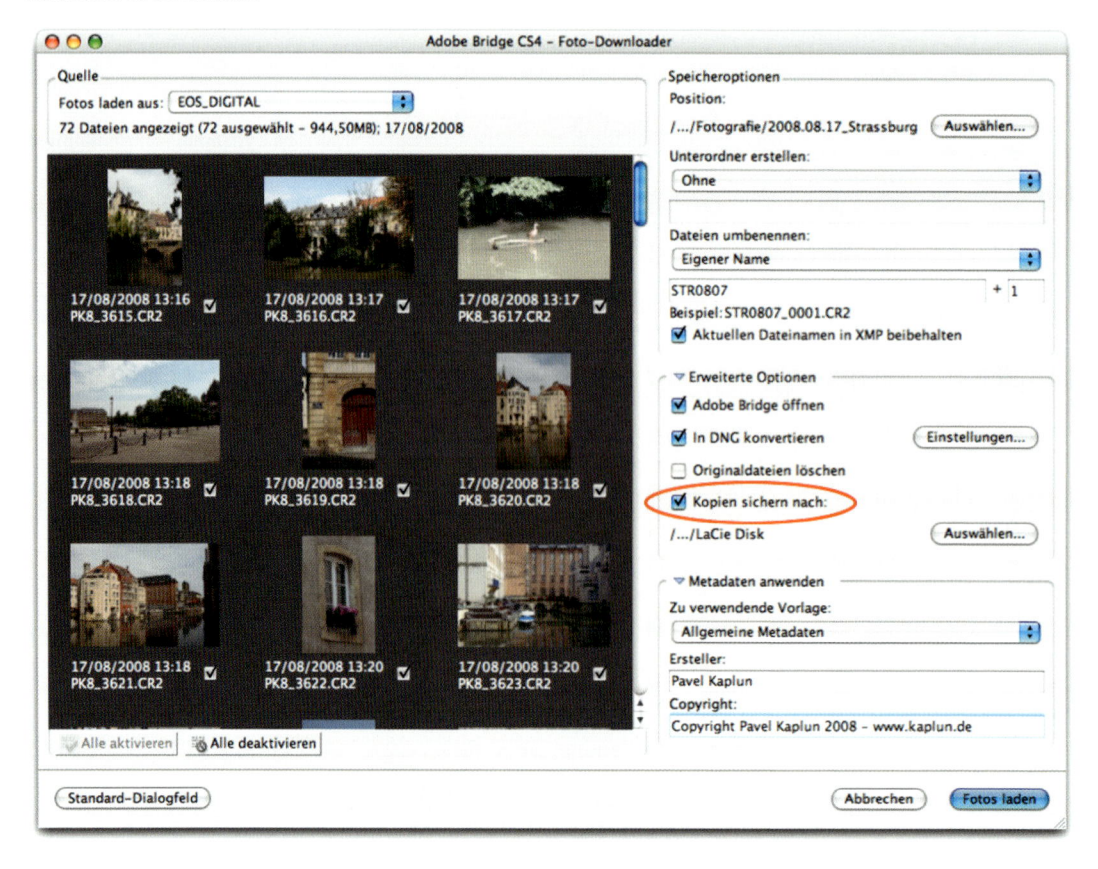

Bilder aus der Kamera importieren, verschieben, umbenennen

Sehr praktisch im erweiterten Dialog ist das Vorschaufenster mit den Bildminiaturen. Sie können hier sofort offensichtlich missglückte Bilder vom Import auf die Festplatte ausschließen, indem Sie die Kontrollkästchen der jeweiligen Bilder deaktivieren.

Fotos sortieren: übersichtliche Ordnerstruktur schaffen

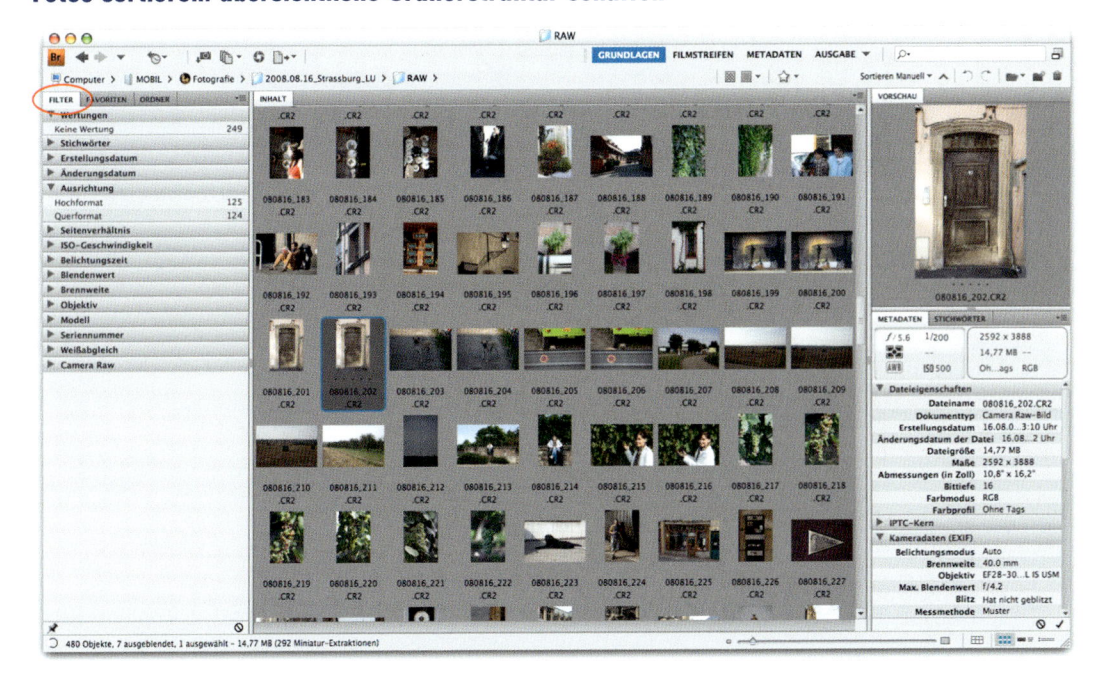

Adobe Bridge – perfekte Verwaltung und Archivierung

Bilder aus der Kamera importieren, verschieben, umbenennen

Nachdem Sie die Fotos aus der Kamera auf Ihre Festplatte kopiert haben, können Sie etwas Ordnung in die Ordnerhierarchie bringen. Das spart Ihnen in Zukunft Zeit bei der Suche nach den Bildern.

Zum Sortieren der Bilder kommen die Bridge-Filter zum Einsatz. So können Sie zum Beispiel Fotos aus dem Urlaub oder von einem mehrtägigen Ausflug nach dem Datum sortieren und bei Bedarf in einen anderen Ordner verschieben.

Öffnen Sie im Fenster *Filter* den Unterordner *Erstellungsdatum*. Es werden die vorhandenen Daten angezeigt. Wählen Sie ein Datum aus. Im Fenster *Inhalt* werden nur die entsprechenden Bilder angezeigt.

Wenn Sie die Bilder im gleichen Ordner in einem Unterordner ablegen möchten, klicken Sie im Fenster *Ordner* mit der rechten Maustaste auf das aktuelle Verzeichnis und wählen die Option *Neuer Ordner*. Erstellen Sie einen oder mehrere Ordner mit entsprechendem Datum.

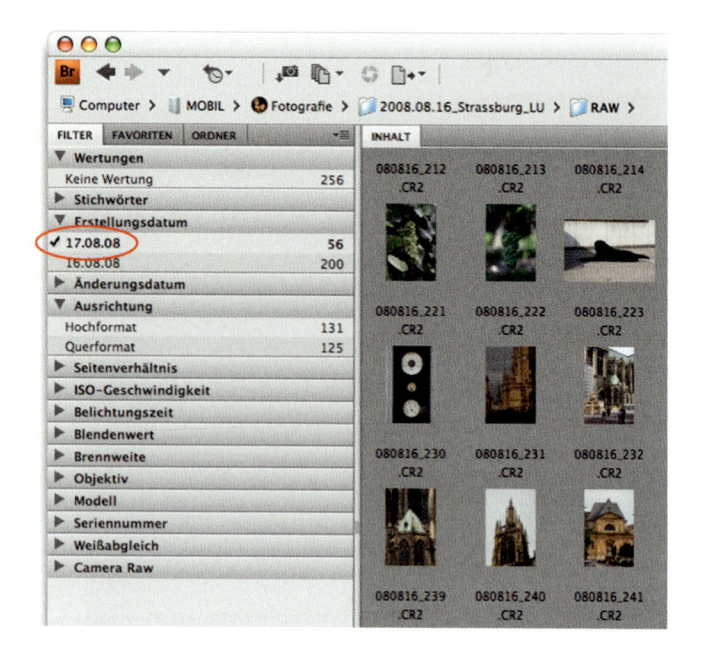

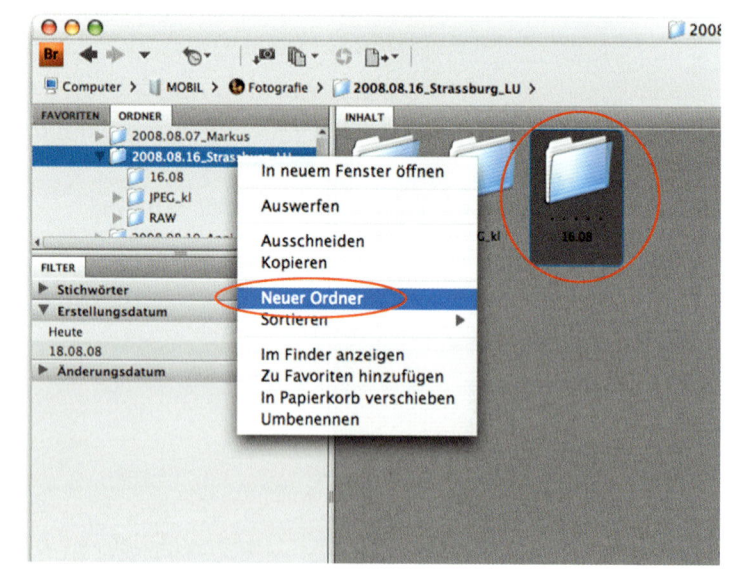

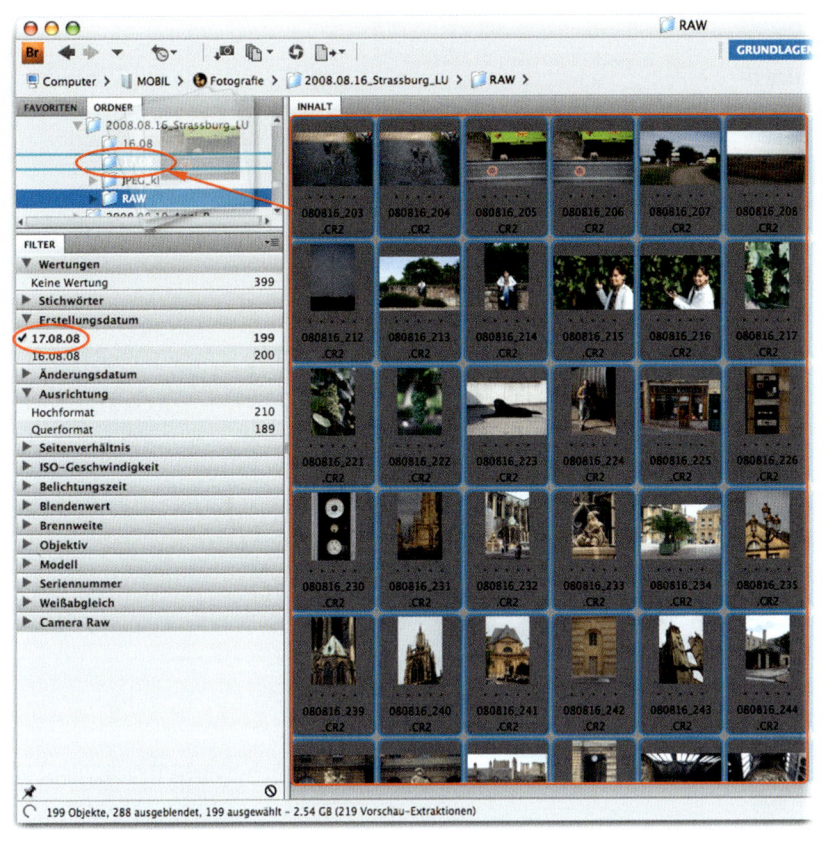

Wählen Sie im Fenster *Inhalt* alle angezeigten Fotos mit der Tastenkombination [Strg]+[A] und verschieben Sie diese per Drag & Drop in den neu erstellten Ordner.

Natürlich sind die neuen Ordner keine Pflicht – Sie können auch den Ordner ohne Datumsunterordner sortieren, indem Sie die Filterfunktion *Erstellungsdatum* benutzen. Aber falls Sie die Fotos nicht nur in Bridge, sondern parallel noch in anderen Programmen ohne Filterfunktion anschauen wollen, sind die Unterordner nach Datum sehr sinnvoll.

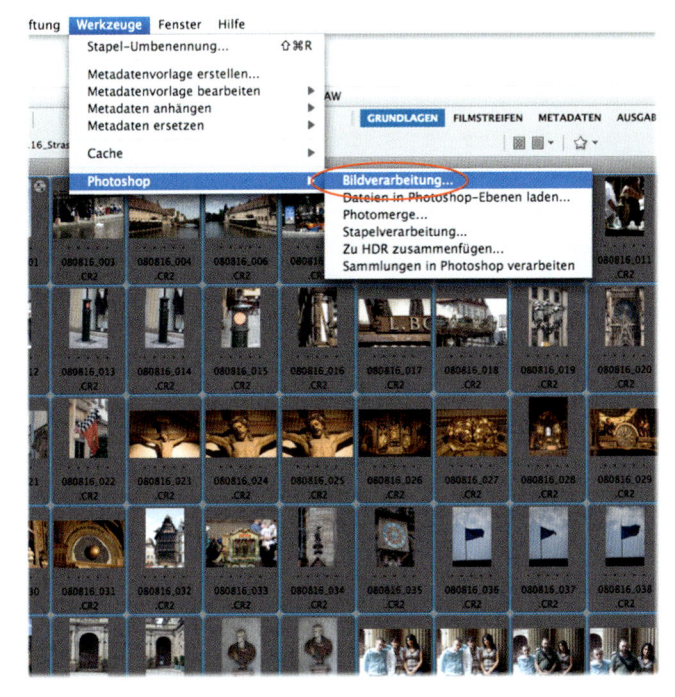

Bildergruppen in andere Bildformate konvertieren und speichern

Bilder ganzer Ordner, Kollektionen oder einfach eine mehrfache Auswahl der Bilder können Sie mit der Funktion *Werkzeuge/Photoshop/Bildverarbeitung* in andere Bildformate umwandeln und speichern.

Das Ganze geschieht automatisch und ist sehr praktisch, wenn Sie zum Beispiel eine Sammlung von RAW-Bildern in JPEG-Dateien mit bestimmter Größe und Qualität umwandeln möchten.

Bilder aus der Kamera importieren, verschieben, umbenennen

Nachdem Sie die Option *Bildverarbeitung* ausgewählt haben, startet Photoshop den Dialog *Bildprozessor*. In diesem Dialog können Sie folgende Einstellungen vornehmen: Aktivieren Sie im Bereich *Zu verarbeitende Bilder auswählen* die Option *Erstes Bild öffnen, um Einstellungen anzuwenden*.

Dabei geht es um die RAW-Einstellungen. Beim zweiten Punkt, *Speicherort für verarbeitete Bilder auswählen*, definieren Sie den Pfad zu dem Ordner, in dem die konvertierten Bilder gespeichert werden sollen.

Bei Punkt 3, *Dateityp*, wählen Sie zum Beispiel *Als JPEG speichern*. Dabei können Sie gleich eine passende Qualität (von 1 bis 12) auswählen, die maximale Breite und Höhe des Bildes definieren und die Option *Profil in sRGB konvertieren* bei Bedarf aktivieren.

Eine ähnliche Vorgehensweise wählen Sie, wenn Sie die Fotos als Kopien im TIF- oder PSD-Format speichern möchten. Aktivieren Sie die entsprechenden Optionen im Dialog *Bildprozessor*. Auch der gleichzeitige Export in mehrere Bildformate ist möglich.

Nachdem Sie im Dialog *Bildprozessor* auf *Ausführen* geklickt haben, öffnet sich der RAW-Konverter, in dem Sie die Einstellungen für das erste Bild vornehmen können. Welche Einstellungen sinnvoll sind und ob es ausreicht, wenn Sie alle Bilder mit den gleichen RAW-Einstellungen konvertieren, erfahren Sie in Kapitel 12.

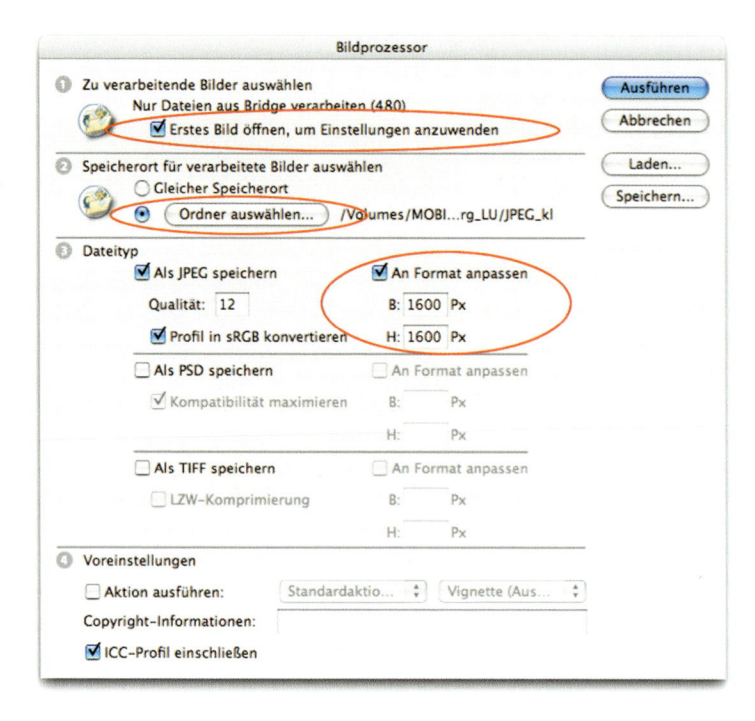

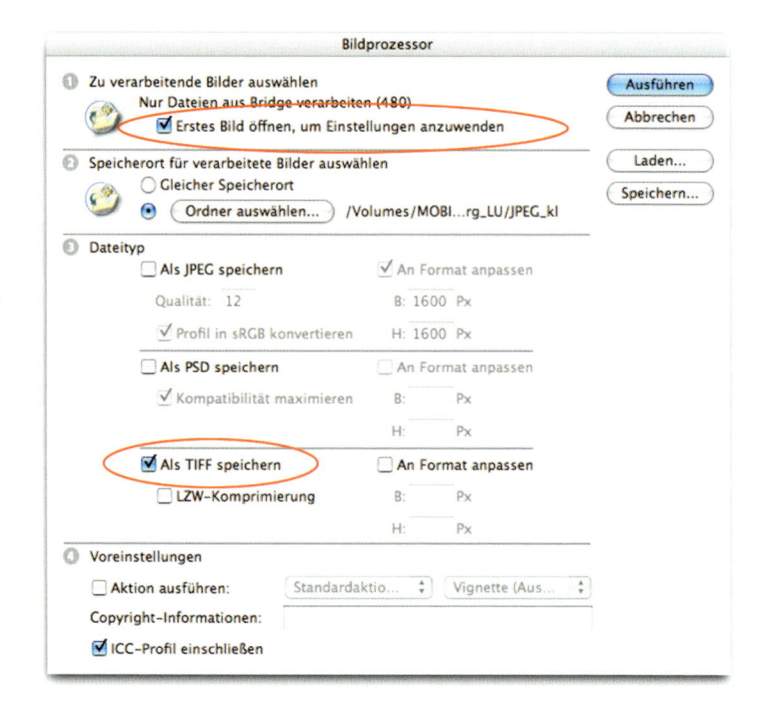

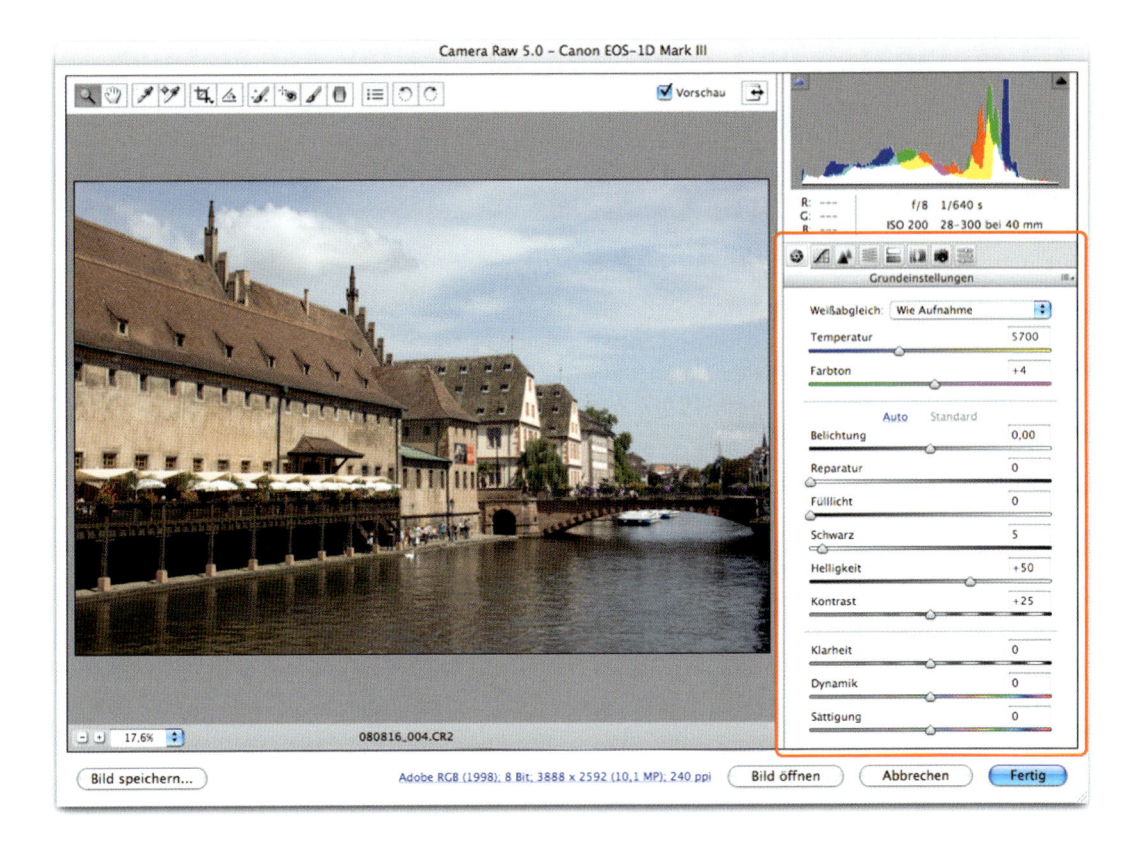

Bilder aus der Kamera importieren, verschieben, umbenennen

11.3 Metadaten und Tipps zum Verwalten von Dateien

Metadaten sagen über Ihre Bilder alles. Doch viele Fotografen werden von der Vielfalt dieser Daten einfach „erschlagen". Welche Einstellungen Sie am besten verwenden, um Metadaten sinnvoll für die Verwaltung Ihrer Fotos zu nutzen, erfahren Sie in diesem Abschnitt.

Metadaten werden als XML-Skript in jede Bilddatei eingebettet und können nicht nur von Photoshop, sondern auch von vielen anderen Bildbearbeitungs- und Betrachtungsprogrammen sowie von Dateibrowsern (wie z. B. vom Windows-Explorer) angezeigt werden.

Metadaten werden auch als EXIF-Daten bezeichnet. Was sagen uns diese Datensätze über ein Bild? Im Prinzip alles. Jede Menge Metadaten generieren Digitalkameras: alle Parameter, die wir für die Einstellung brauchen, wie etwa ISO-Wert, Belichtungszeit, Blende, Weißabgleich. Auch der Kamerahersteller, das Modell der Kamera, das Objektiv sowie die dazugehörige Seriennummer werden in den Metadaten aufgezeichnet.

Wirklich jedes kleinste Detail und jede Einstellung werden erfasst und können später ausgelesen werden. Einige Kameras werden mit einem GPS-Modul ausgestattet, sodass die GPS-Koordinaten jeder Aufnahme angehängt werden. So kann der Benutzer später mithilfe einer speziellen Software die Position während der Aufnahme auf einer Karte anzeigen lassen. Auf diese Weise vergisst man nichts mehr über den Ort, an dem die Aufnahme gemacht wurde. Ebenfalls zu den Metadaten zählen Datum, Zeit, Bildgröße, Farbtiefe etc.

Es ist sinnlos, alle Parameter aufzuzählen. Besser ist es, aus der Flut der Metadaten diejenigen herauszufiltern, die Sie tatsächlich gebrauchen können. Passen Sie deshalb die Einstellungen in Bridge Ihren Bedürfnissen genau an.

Metadaten-Fenster in Bridge konfigurieren

Die optimale Ansicht für Metadaten bekommen Sie, wenn Sie die Ansichtsoption (logischerweise) auf *Metadaten* setzen.

Dabei erscheint links im Bridge-Fenster eine Palette mit einer kompletten Übersicht über die Metadaten und die Palette *Inhalt* verwandelt sich in eine Ansicht, in der die Fotos mit den wichtigsten Metadaten angezeigt werden (wie etwa Dateityp, Größe, Aufnahmedatum). Wenn Sie später eine Beschreibung und Wertung hinzufügen, haben Sie eine gut strukturierte Übersicht in der Liste mit den Dateien.

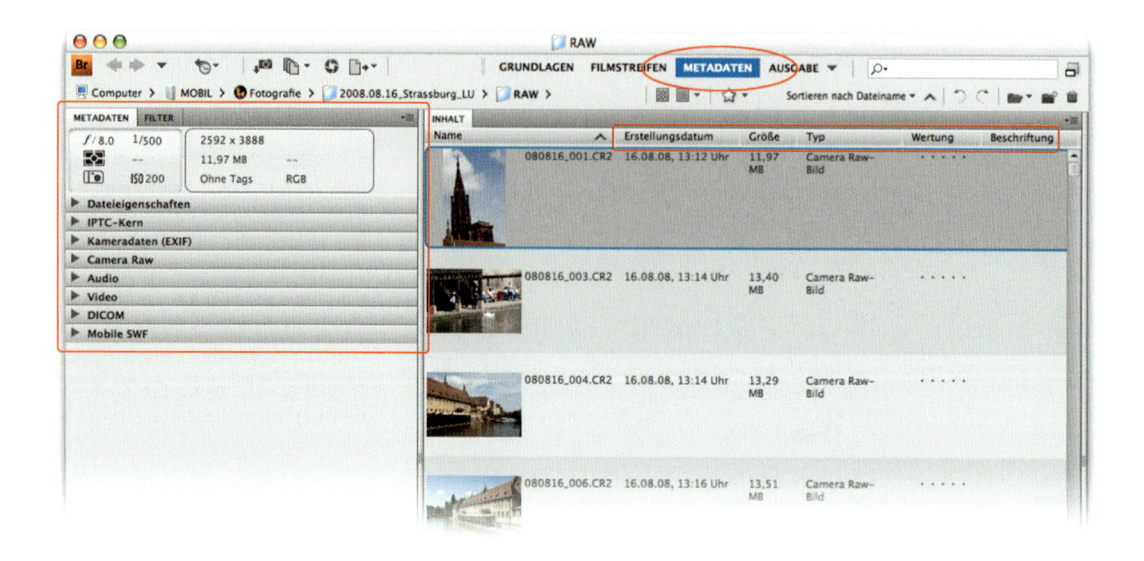

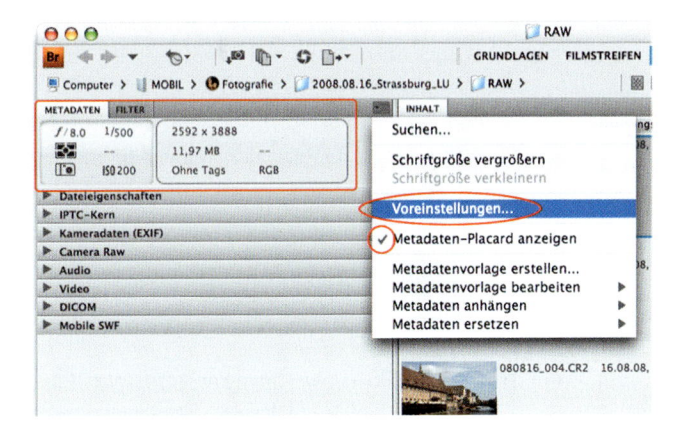

Das ist aber nur die Standardkonfiguration. Die genaue Anpassung machen Sie, indem Sie im Fenster *Metadaten* rechts auf den Pfeil klicken und die Option *Voreinstellungen* wählen. Standardmäßig wird auch die Metadaten-Placard angezeigt – diese erinnert ein wenig an den kleinen Monitor der Kamera, auf dem Sie Blende, Verschlusszeit und ISO-Wert sehen können. Rechts daneben stehen die wichtigsten Informationen über die Datei selbst. Ob Sie dieses Fenster brauchen oder nicht, ist mehr oder weniger Geschmackssache.

Im Dialog *Voreinstellungen* wählen Sie im linken Fenster *Metadaten*.

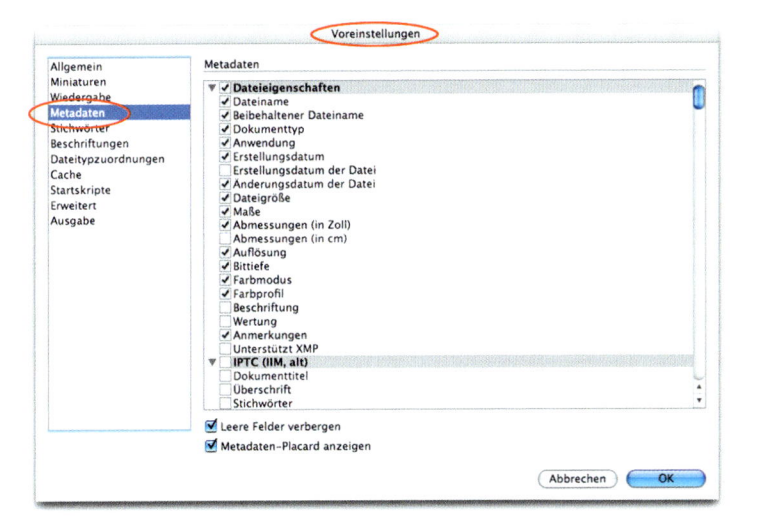

Im rechten Teil des Fensters finden Sie die grobe Struktur der Metadaten. Wenn Sie auf den Pfeil vor der fetten Überschrift klicken, bekommen Sie eine Übersicht über die dazugehörigen Parameter, in der Sie Ihre Auswahl treffen können. Wählen Sie die benötigten Optionen im Bereich *Dateieigenschaften*. Einige Optionen können deaktiviert werden, wie z. B. *Abmessungen (in Zoll)*, wenn Sie alle Maße sonst in Zentimeter verwenden.

Der IPTC-Kern beinhaltet Eingaben, die seit 1990 vom International Press Telecommunications Council (IPTC) als Standard für den Datenaustausch im Medienbereich festgelegt wurden. Zum IPTC-Kern gehören nicht nur die Daten, die in irgendeiner Weise mit Fotografie zu tun haben, sondern auch mit Text, Grafiken, Audio- oder Videodateien.

Diese Daten sind sehr wichtig für alle Fotografen, die mit Presse- und Medienagenturen zusammenarbeiten. Stock-Agenturen, die Bilder an Werbeagenturen verkaufen, benutzen die IPTC-Daten zum Archivieren und Katalogisieren einer großen Anzahl von Bildern.

Entsprechende Datenbanken helfen den Kunden, schneller zum gesuchten Motiv in Onlinebildarchiven zu gelangen.

Weitere Angaben im Abschnitt *Kameradaten* (*EXIF*) sind wirklich sehr umfangreich. Hier ist es sinnvoll, sich lediglich auf die Parameter zu beschränken, die Sie tatsächlich brauchen (wie Belichtung, Blende, ISO-Wert, Objektiv, Brennweite, Messmethode und Blitzstärke).

Falls Sie mehrere Kameras im Einsatz haben, können Sie die Optionen für den Hersteller und das Kameramodell auch aktivieren.

Die Camera-Raw-Daten, die Sie in der Metadatenübersicht ein- oder ausblenden lassen können, sind sehr umfangreich, und die meisten von ihnen werden Ihnen als Zahlen nicht viel sagen. Deshalb könnte man auf die Metadaten *Camera Raw* in der Übersicht komplett verzichten. Falls Sie diese nicht in der Übersicht haben möchten, deaktivieren Sie diesen Punkt.

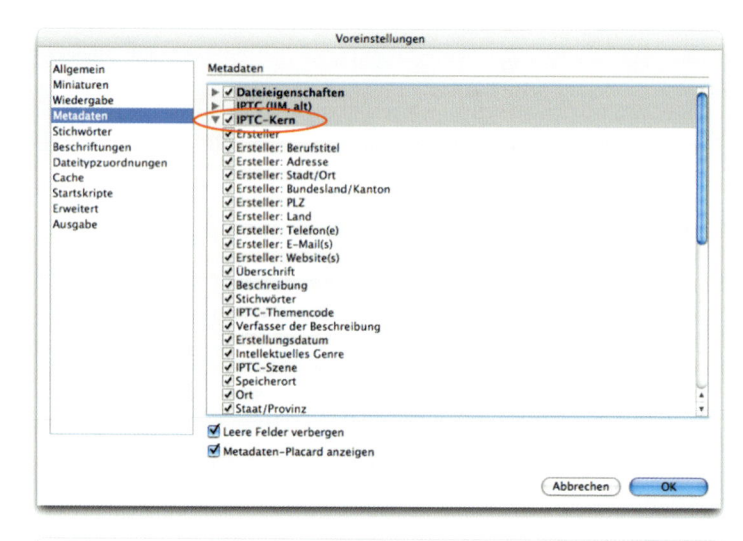

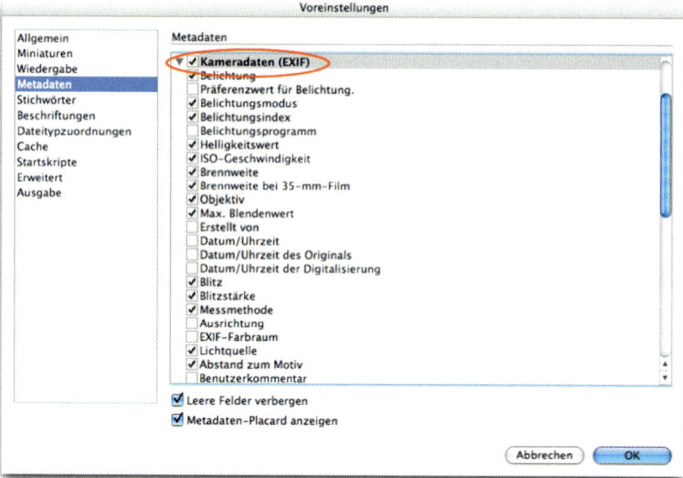

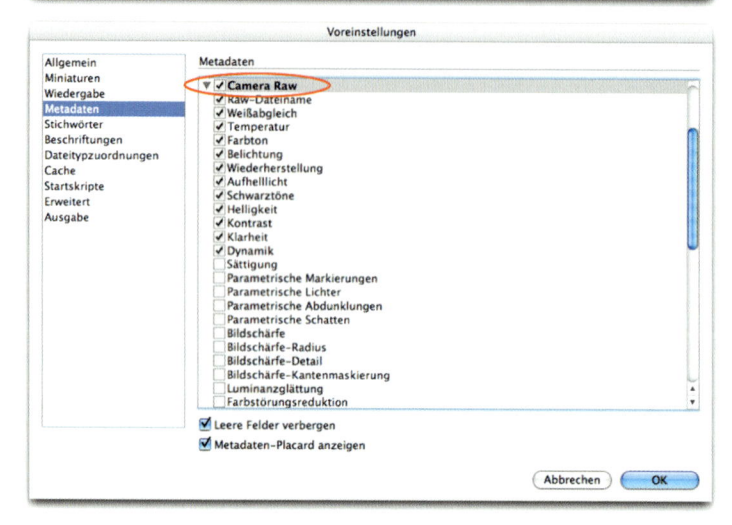

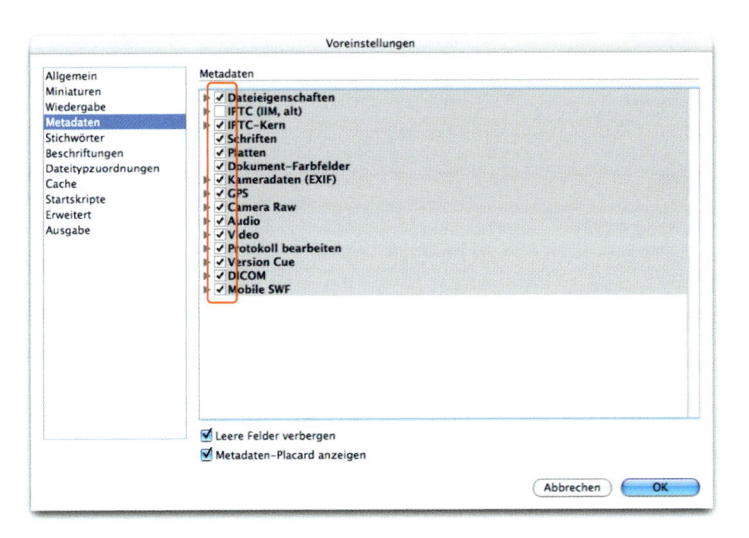

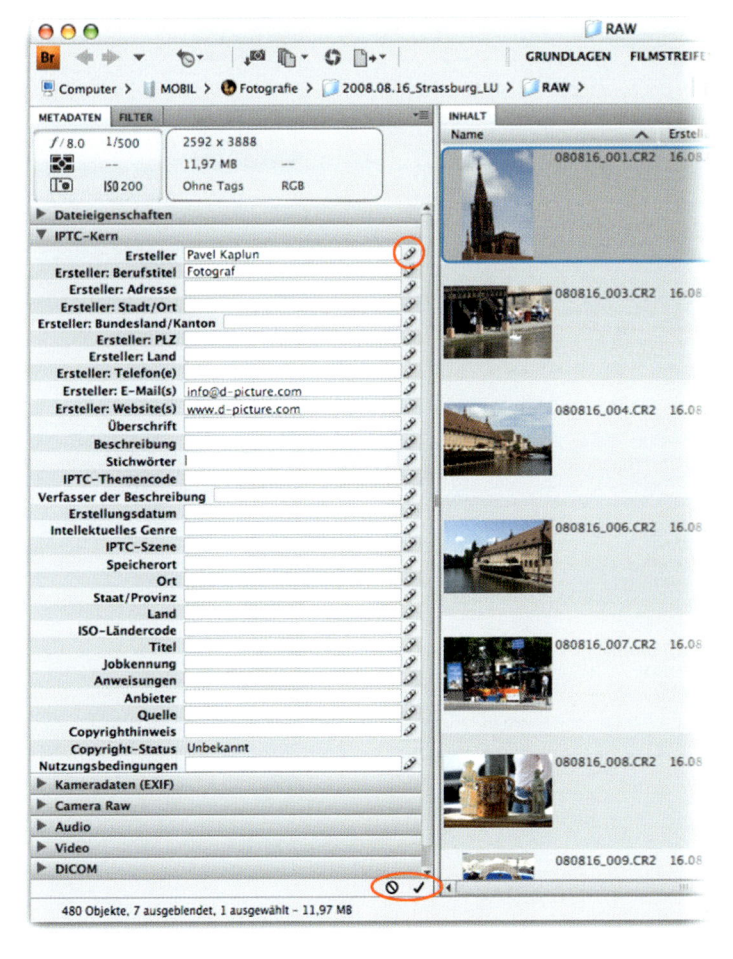

Nicht nur *Camera Raw*, sondern auch einige andere Parametergruppen können komplett ausgeblendet werden – zum Beispiel *Audio, Video, DICOM* (ist für die Version Photoshop CS4 Extended zum Einsatz im Bereich Medizinaufnahmen vorgesehen) oder *Mobile SWF* (Flash-Anwendungen für PDA, Handys und andere mobile Geräte).

Nachdem Sie die gewünschten Parameter ausgewählt haben, können Sie die Eingaben mit *OK* bestätigen. Die Daten sind ab sofort im *Metadaten*-Fenster in Bridge verfügbar.

Falls Sie die Unterordner im *Metadaten*-Fenster schon angeschaut haben, ist Ihnen bestimmt aufgefallen, dass einige Parameter mit einem Stift-Symbol ausgestattet sind. Das sind diejenigen Daten, die Sie bearbeiten können.

Zu diesen gehören nicht nur die EXIF-Daten, die von der Kamera aufgezeichnet werden, oder Dateiparameter, sondern auch die Daten im IPTC-Kern können Sie ausfüllen. Klicken Sie auf das Stift-Symbol.

Neben jedem Parameter erscheint ein Feld, in dem Sie Ihre Eingaben eintragen können. Diese können Sie speichern, indem Sie auf das Bestätigen-Symbol unten im Fenster klicken. Zum Löschen der Einträge klicken Sie auf das Abbruch-Symbol.

In der geordneten Übersicht über die Metadaten können Sie die gewünschten Parameter schnell finden, wenn Sie zuerst auf das Bild im Fenster *Inhalt* klicken und dann einen bestimmten Ordner im *Metadaten*-Fenster aufklappen.

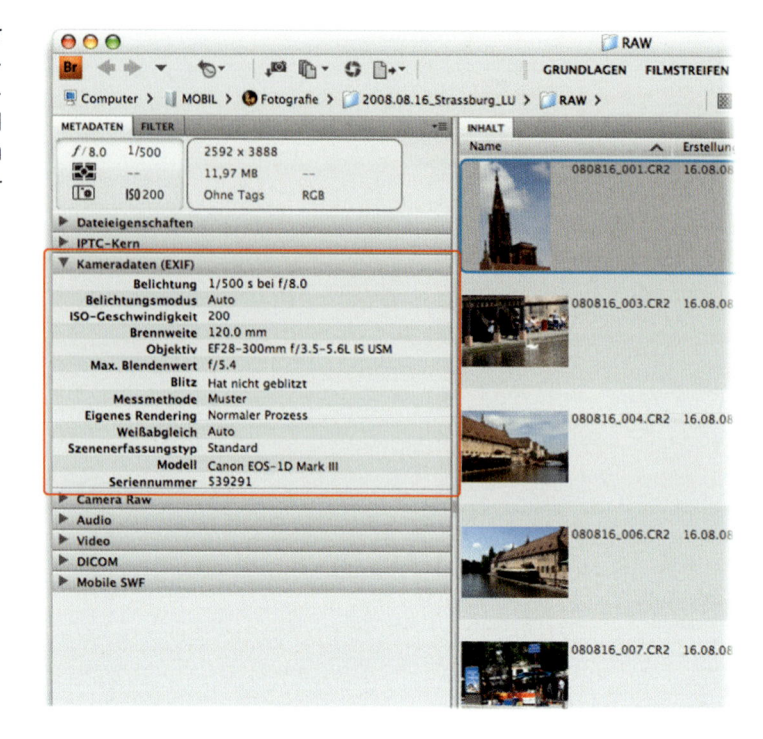

Metadatenvorlage erstellen und anwenden

Wenn Sie alle Bilder mit Ihren IPTC-Angaben ausstatten möchten, ist es sinnvoll, eine Metadatenvorlage zu kreieren, die später an ausgewählte oder an alle Bilder angehängt werden kann. Klicken Sie im Fenster *Metadaten* auf den Pfeil rechts und wählen Sie die Option *Metadatenvorlage erstellen*.

Im Dialog *Metadatenvorlage erstellen* geben Sie der Vorlage einen Namen. Wie Sie bestimmt schon ahnen, können Sie mehrere Vorlagen erstellen, deshalb ist eine aussagekräftige Benennung sehr wichtig.

Tragen Sie im Ordner *IPTC-Kern* alle Daten, die Sie an Ihre Bilder anhängen möchten, ein. Die Felder, die Sie ausgefüllt haben, werden in den Metadaten angezeigt. Leere Felder bleiben verborgen.

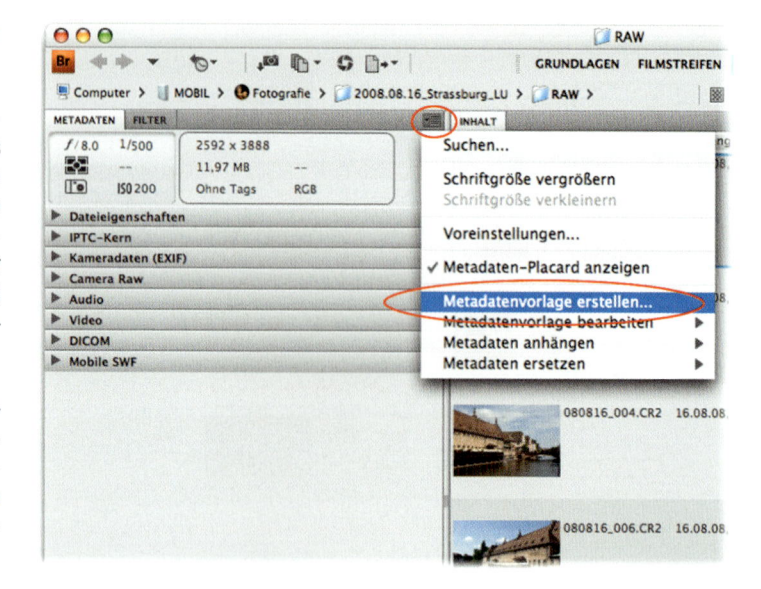

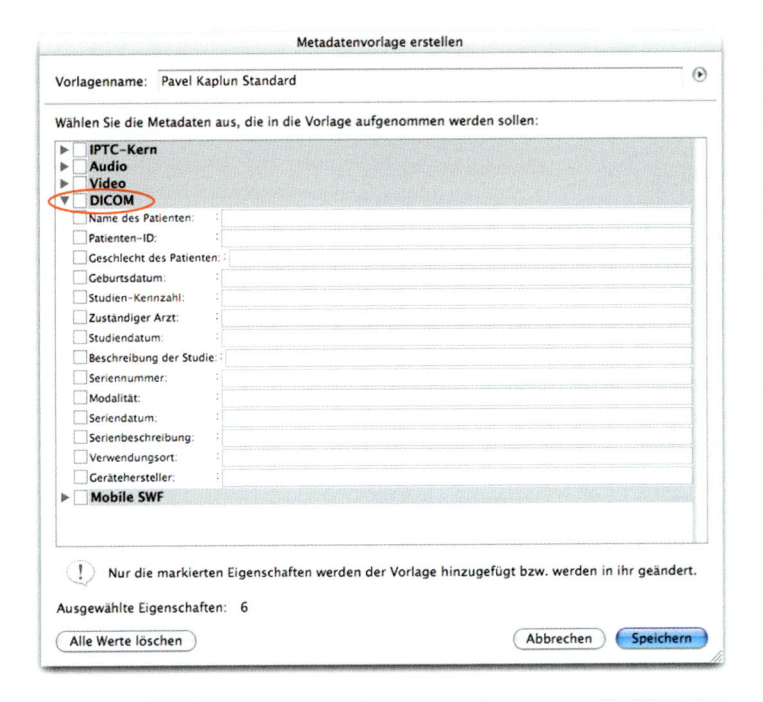

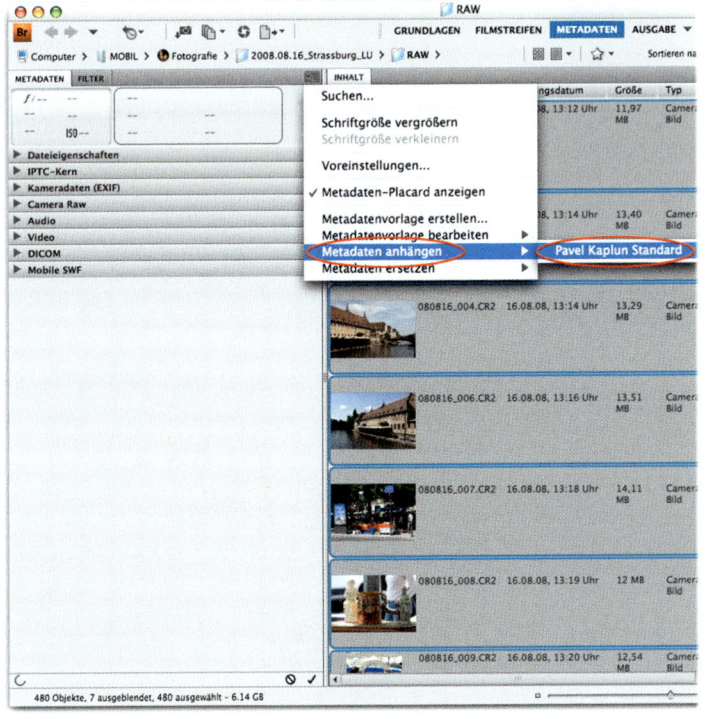

Besitzer einer Photoshop CS4 Extended Version, die im medizinischen Bereich tätig sind, füllen das Formular *DICOM* aus. DICOM ist die Abkürzung für **D**igital **I**maging and **Co**mmunications in **M**edicine und stellt einen offenen Standard zum Datenaustausch im Medizinbereich dar.

DICOM-Standards werden von fast allen Herstellern medizinischer Geräte, die mit digitalen Aufnahmen arbeiten, unterstützt.

Dazu zählen Magnetresonanztomografen, Computertomografen und digitale Röntgengeräte. DICOM wird auch bei der elektronischen Archivierung digitaler Aufnahmen in Krankenhäusern und Arztpraxen verwendet.

Wenn Sie alle Daten in die Formularfelder der Metadatenvorlage eingetragen haben, bestätigen Sie diese mit *Speichern*.

Die erstellte Metadatenvorlage können Sie an eines oder mehrere ausgewählte Bilder anhängen. Wählen Sie die Bilder im Fenster *Inhalt* aus, klicken Sie dann auf den Pfeil im Fenster *Metadaten* und wählen Sie *Metadaten anhängen/Ihre Metadatenvorlage*.

Weitere Bildinformationen hinzufügen

Das, was Sie mit der Metadatenvorlage an die ausgewählten Bilder angehängt haben, sind Informationen, die eher einen allgemeinen Charakter haben und nicht zum individuellen Hinzufügen von Informationen an einzelne Bilder gedacht sind.

Letztere können Sie in einem weiteren Dialog hinzufügen. Klicken Sie auf eines oder mehrere (falls erwünscht) Bilder mit der rechten Maustaste und wählen Sie die Option *Dateiinformationen*.

Im darauffolgenden Dialog können Sie im Formular *Beschreibung* weitere Informationen hinzufügen. Den Titel des Bildes sowie eine Beschreibung, den Copyright-Hinweis und eine Bewertung können Sie hier an Ihre Bilddateien anhängen.

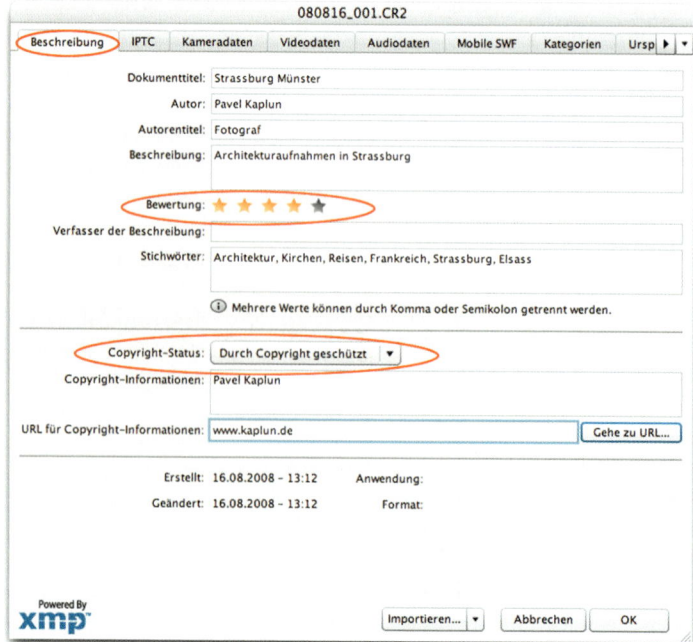

11.4 Automatisierte (Vor-)Verarbeitung von Bildern

Einige weitere interessante und nützliche Funktionen sind für die automatische Vorbereitung der Bilder für eine Präsentation oder für eine noch bessere Archivierung und kompaktere Übersicht im Browserfenster gedacht.

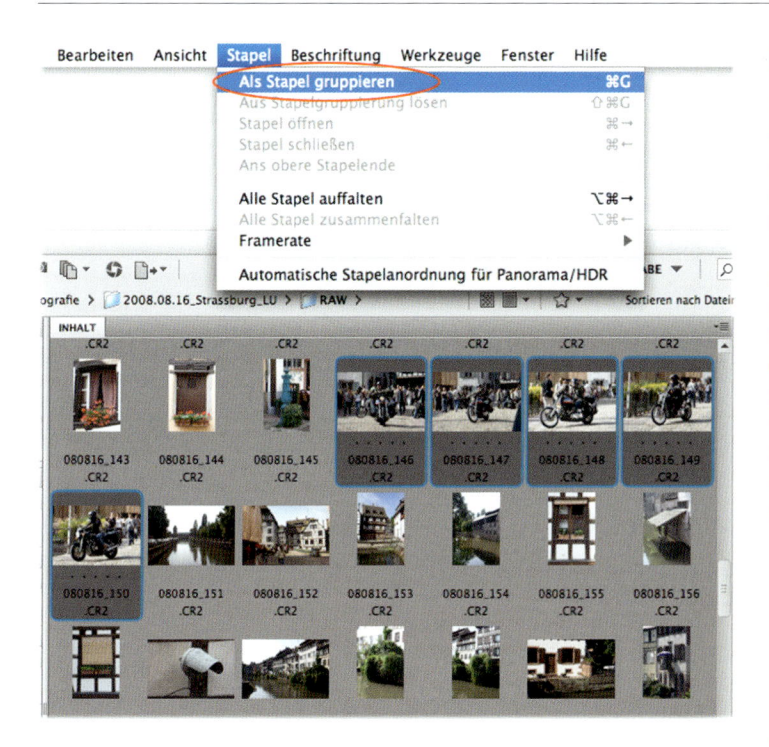

Mit Stapeln arbeiten

Stapel ist eine Funktion, um die Ansicht im *Inhalt*-Fenster optimaler zu gestalten. In erster Linie ist die Stapelfunktion für Serienfotos innerhalb eines Ordners gedacht.

Wie Sie auf dem Screenshot sehen, befinden sich im aktuellen Ordner fünf Bilder, deren Motive thematisch und optisch gut zueinanderpassen. Damit die Übersicht im *Inhalt*-Fenster kompakter wird, können Sie ähnliche Fotos markieren und dann über *Stapel/Als Stapel gruppieren* zusammenlegen.

In einem Stapel vereinigte Fotos werden im *Inhalt*-Fenster entsprechend dargestellt. Man sieht, dass die Bilder „übereinanderliegen". Links oben wird die Anzahl der Bilder im Stapel angezeigt.

Automatisierte (Vor-)Verarbeitung von Bildern

Wenn Sie mehrere Stapel in einem Ordner haben, können Sie schnell zu einer Ansicht wechseln, in der alle in den Stapeln enthaltenen Bilder angezeigt werden. Wählen Sie dazu *Stapel/Alle Stapel auffalten*.

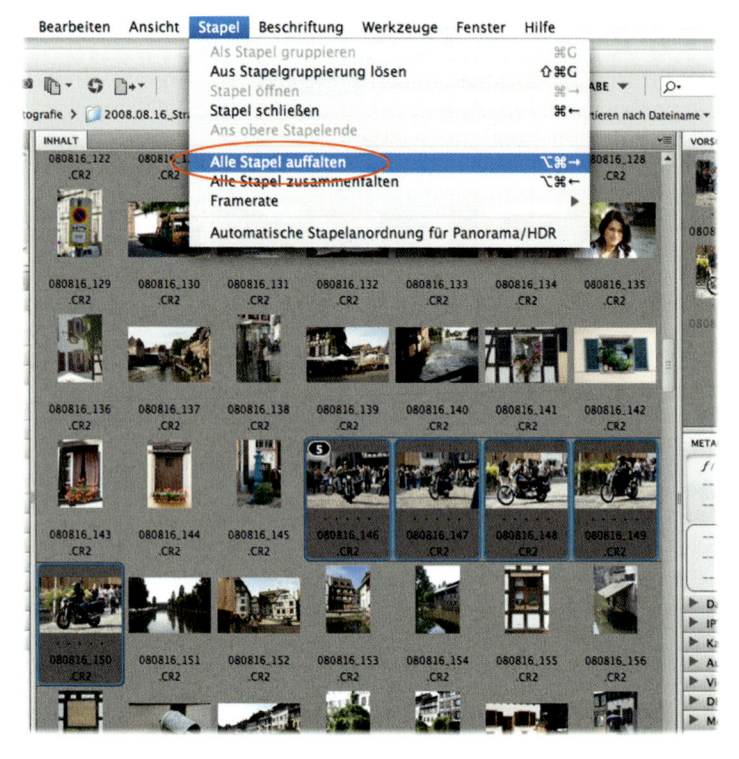

In der Stapelfunktion ist noch ein interessantes Tool integriert. Wenn Sie mit Fotogruppen für Panorama- oder HDR-Bilder arbeiten, werden Sie dieses schätzen lernen.

Wenn Sie *Stapel/Automatische Stapelanordnung für Panorama/HDR* wählen, durchsucht das Programm den Ordner nach Bildergruppen, die in einer Panoramareihenfolge oder als eine Belichtungsreihe für ein HDR-Foto aufgenommen wurden.

Es kann bei dieser Funktion passieren, dass auch einige Stapel „unberechtigt" erstellt werden, zum Beispiel mit Motiven, die Sie einfach mehrmals aufgenommen haben.

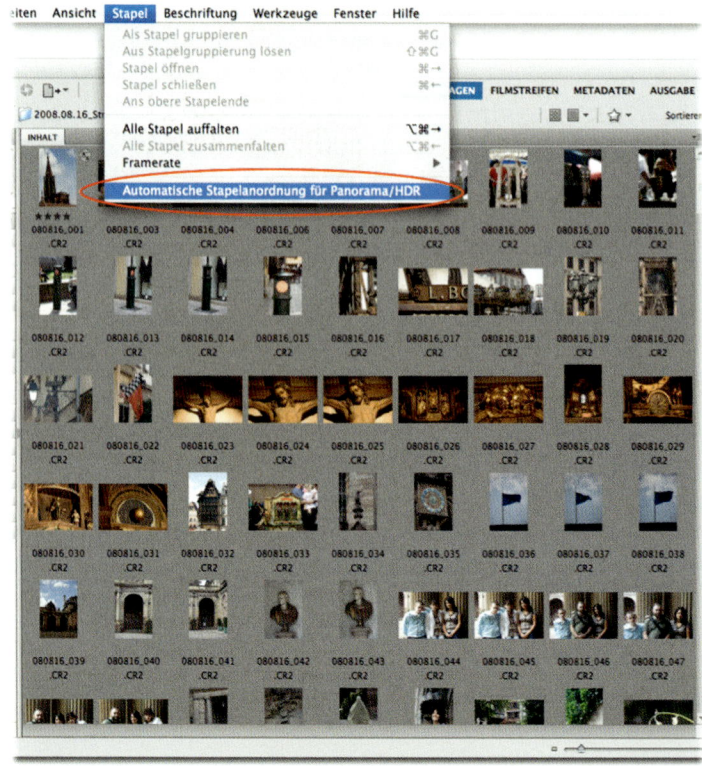

Bilder für eine Präsentation vorbereiten

Egal ob Stapel, Ordner, Kollektion oder eine Gruppe Bilder, die Sie anhand einiger Parameter im *Filter*-Fenster ausgewählt haben – eine Gruppe Bilder können Sie direkt aus Bridge an ein Modul schicken, in dem Sie eine PDF- oder Webpräsentation erstellen können. Klicken Sie dazu auf das Symbol *Ausgabe in Web oder PDF*.

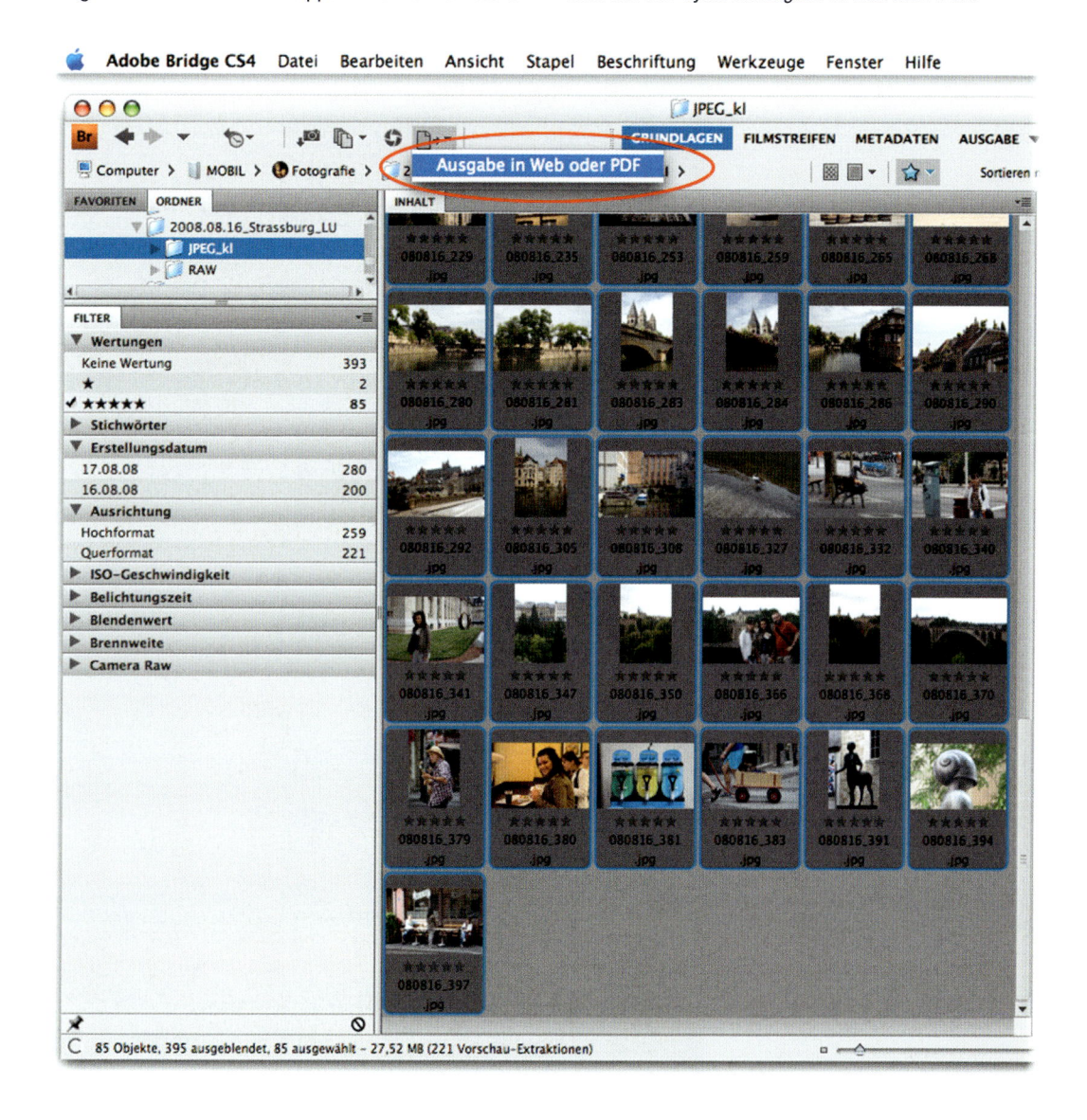

Automatisierte (Vor-)Verarbeitung von Bildern

Im Fenster *Ausgabe* definieren Sie die Art der Präsentation, zum Beispiel *PDF*. Mehr zu den Möglichkeiten, die Sie in diesem Fenster für die Gestaltung eines PDF-Dokuments oder einer Webfotogalerie haben, erfahren Sie in Kapitel 13.

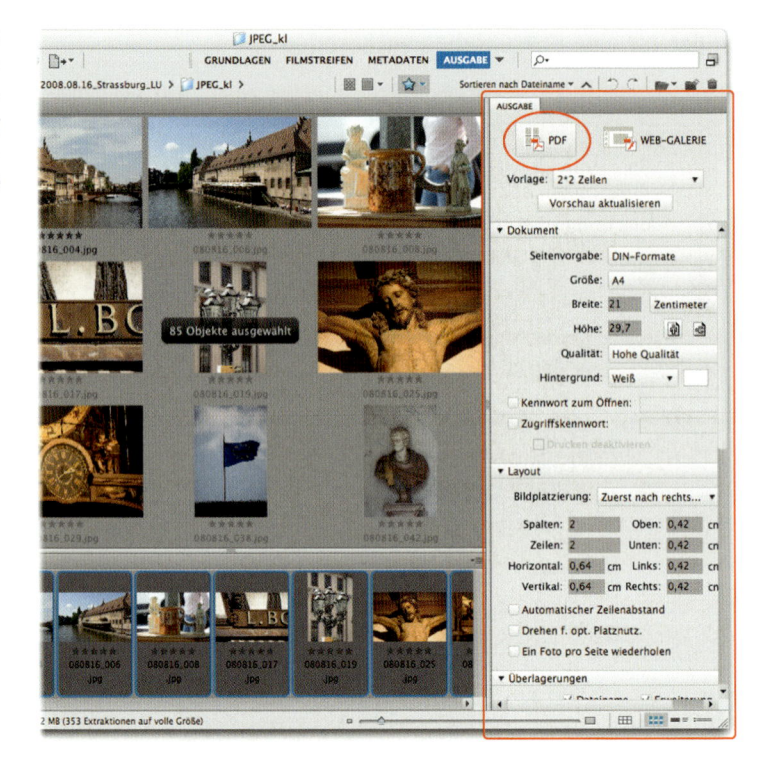

Je nachdem, was Sie für eine Bildauswahl getroffen haben, kann es unterschiedlich lange dauern, bis eine Präsentation erstellt wurde. Speziell bei RAW-Bildern ist es wichtig, vorher die richtigen Einstellungen bei der Entwicklung zu treffen (mehr dazu in Kapitel 12). Nachdem die Bildverarbeitung abgeschlossen ist, können Sie sich eine Vorschau Ihrer Präsentation im Adobe Acrobat Reader oder bei Webgalerien im Internetbrowser ansehen.

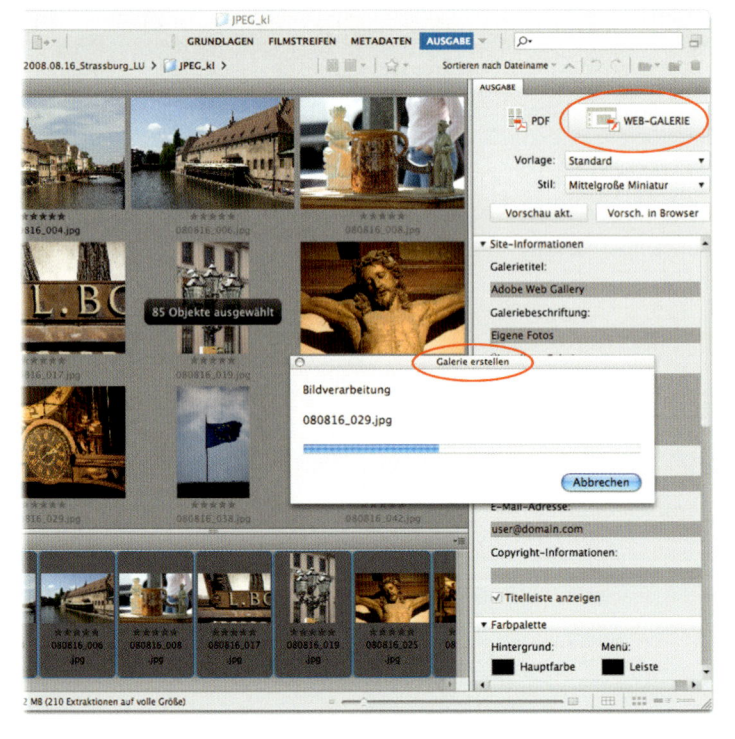

Adobe Web Gallery
file:///Users/pavelkaplun/Library/
Google
Adobe Web Gallery
Eigene Fotos
Ansicht
Kontaktname
1 / 1
1 / 10
Fertig

Kapitel 12

RAW-Daten aus der Kamera optimal aufbereiten

War es früher nur im Profibereich anzutreffen, erfreut sich heutzutage das RAW-Format innerhalb der digitalen Fotografie wachsender Beliebtheit. Die Vorteile sind nicht von der Hand zu weisen: pixelschonende Korrekturen sowie die individuelle Anpassung der Lichtverhältnisse, Farben und des Weißabgleichs. Mit der Version Camera Raw 5.0 hat Adobe noch einen draufgesetzt und bietet dem Fotografen neue Tools an, die kaum Wünsche offenlassen. Ab sofort können Sie die selektive Bildbearbeitung im Photoshop-eigenen RAW-Entwickler in vollen Zügen genießen. Lernen Sie in diesem Kapitel die Entwicklungsmethoden und den optimalen Workflow bei der Arbeit mit den Rohdaten aus der Kamera kennen.

12.1 Vorteile und Eigenschaften des RAW-Formats

Was ist RAW?

In der Kamera entstehen nach der Aufnahme Daten, die noch keine Bilddaten sind. Erst nachdem sie den kcamerainternen Prozessor passiert haben, verwandeln sie sich in Bilddateien, die von Programmen wie Photoshop gelesen werden können.

Die Daten vor der internen Entwicklung sind lediglich ein Sensorabzug, sogenannte Rohdaten („raw" übersetzt aus dem Englischen bedeutet „roh"). Der Bildprozessor der Kamera und die darin enthaltene Software generieren aus den RAW-Daten das JPEG-Format.

Dabei hat der Benutzer nicht so viele Möglichkeiten, in das Geschehen einzugreifen – der Prozess läuft mehr oder weniger automatisch. Semiprofessionelle und professionelle Digitalkameras bieten die Möglichkeit, RAW-Daten auf der Speicherkarte zu sichern, damit diese später entweder von der Software des Kameraherstellers oder im RAW-Konverter eines Bildbearbeitungsprogramms wie Photoshop unter Berücksichtigung der Wünsche des Fotografen „entwickelt" werden können.

Bei der Aufnahme im RAW-Format gibt es nur drei Faktoren, die einen festen Wert haben: ISO-Einstellung, Verschlusszeit und Blende. Alle anderen Parameter wie Weißabgleich, Farbbalance, Schärfe, Komprimierung etc. können bei der Entwicklung bestimmt werden.

Vorteile der RAW-Daten gegenüber dem JPEG-Format

- Beim Fotografieren im RAW-Format braucht der Fotograf weniger Einstellungen vorzunehmen als beim JPEG-Format. Wie bereits erwähnt wurde, spielen nur die Einstellungen von ISO-Wert, Verschlusszeit und Blende eine Rolle. Beim JPEG-Format sollte der Fotograf unbedingt noch den Weißabgleich definieren.

  Wenn Sie beim Fotografieren im RAW-Modus den Weißabgleich falsch gewählt haben, können Sie den Fehler beim Entwickeln problemlos und ohne Qualitätsverluste beheben, was beim JPEG-Format immer mit einer Veränderung der Pixelstruktur und häufig daraus resultierenden Farbverfälschungen, einer Verstärkung der Artefakte und Rauschen verbunden ist.

- Bei der Nachbearbeitung können Sie die Schärfe des Bildes und den Detailreichtum selbst dosieren, was bei JPEG-Aufnahmen dem kamerainternen Prozessor überlassen wird.

- Das RAW-Format bietet bessere Möglichkeiten bei der Korrektur von Objektivfehlern wie der chromatischen Aberration, der tonnenförmigen Verzerrung oder Vignettierung.

- Sie haben die freie Wahl der Bildtiefe. Während bei JPEG-Bildern mit 8 Bit Farbtiefe gearbeitet wird, können Sie RAW-Bilder im 16-Bit-Modus speichern, was eine bessere Farbwiedergabe insbesondere bei z. B. hochwertigen Landschafts-, Porträt- oder Modefotos bedeutet.

Nachteile des RAW-Formats

- Dateigröße: Wer mit großen Bildermengen arbeitet, kennt das Problem: Während Sie eine Bilderserie im JPEG-Format problemlos auf einer CD unterbringen können, reicht für die gleiche Serie im RAW-Format oft nicht mal eine DVD aus. JPEG-Aufnahmen sind in der Regel 3–4 MByte groß, eine RAW-Datei bringt oft bis zu 30 MByte „auf die Waage".

- Serienaufnahmen im RAW-Format bereiten bei den meisten Kameras im mittleren Preissegment keine große Freude. Die Dateien werden langsamer als JPEG-Aufnahmen vom kamerainternen Prozessor verarbeitet, und besonders bei Action- und Sportaufnahmen kann es schnell passieren, dass die Kamera eine „Gedenkminute" einlegen muss, um die Datenmenge zu bewältigen.

Je mehr Megapixel der Sensor der Kamera hat, umso mehr Daten werden aufgezeichnet. Eine kleine Abhilfe bieten Hochgeschwindigkeits-Speicherkarten. Einen bitteren Beigeschmack dabei hat allerdings der Preis. High-Speed-Speichermedien sind teuer!

- Fehlende Rauschunterdrückung: Die RAW-Datenaufzeichnung erfolgt ohne die kamerainterne Rauschunterdrückung. Zwar hat der Fotograf dadurch freie Wahl bei den Einstellungen, aber für die Bearbeitung der Bilder wird dadurch mehr Zeit beansprucht.

Fazit

Alles in allem überwiegen die Vorteile beim RAW-Format. Viele Kameras bieten die Möglichkeit, eine Aufnahme parallel in zwei Formaten aufzuzeichnen, und zwar in RAW und JPEG. Einige Kameras, die über zwei Kartenslots verfügen, können die Daten auf verschiedene Karten aufzeichnen.

So hat der Fotograf die Möglichkeit, sich Fotos erst einmal in JPEG-Qualität schnell anzuschauen und benötigte Bilder dann im qualitativ besseren RAW-Format zu entwickeln.

12.2 Sicherer Umgang mit den Werkzeugen im RAW-Konverter

Um eine oder mehrere Dateien im RAW-Konverter zu öffnen, können Sie die gewünschten Bilder in Bridge markieren und dann auf das Symbol *In Camera Raw öffnen* klicken. Die Datei erscheint in einem neuen Fenster (RAW-Konverter oder Camera Raw), in dem alle Werkzeuge und Funktionen des Programms untergebracht sind.

Die Werkzeuge und ihre Funktionen sind in Camera Raw 5.0 sehr umfangreich. Zu den Einstellungen, die Sie von früheren Versionen oder von RAW-Konvertern anderer Hersteller kennen, sind neue dazugekommen. Lernen Sie im Folgenden die Paletten und Funktionen kennen, die Sie zum Entwickeln von Rohdateien brauchen.

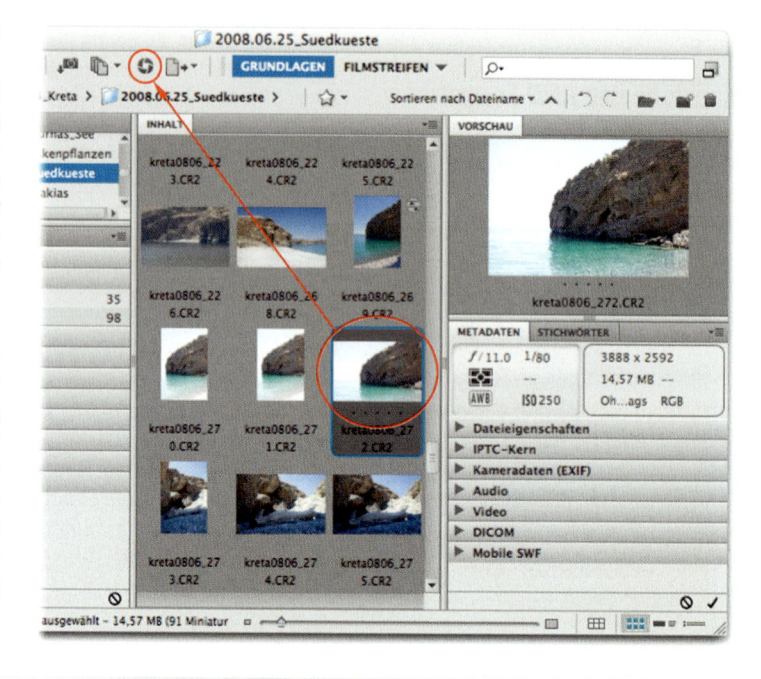

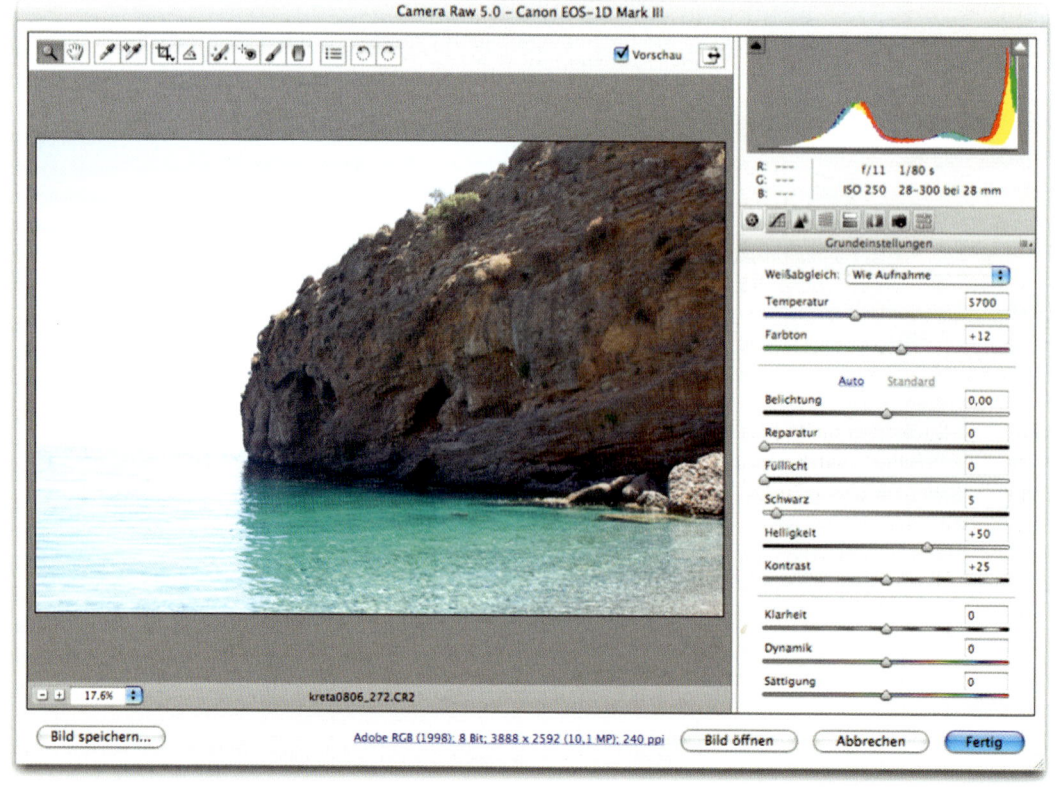

Histogramm

In der oberen rechten Ecke finden Sie das Histogramm-Fenster, in dem farblich die Verteilung der drei Grundfarben (Rot, Grün und Blau) angezeigt wird.

Die Bereiche, in denen die Farben sich überlappen oder in denen alle drei Farben vorhanden sind, werden mit einer weißen Fläche angezeigt.

Wenn Sie wissen möchten, ob im Bild die Flächen überstrahlt oder unterbelichtet sind (in solchen Bereichen sind keine Strukturen mehr zu erkennen und das ist für ein Foto natürlich kein Vorteil), brauchen Sie nur die Symbole oben rechts und links über dem Histogramm anzuklicken.

Die überstrahlten Bereiche werden auf dem Bild dann rot und unterbelichtete Stellen blau markiert.

So können Sie mit den Einstellungen des RAW-Konverters die nötigen Veränderungen vornehmen, die diesen unerwünschten Erscheinungen entgegenwirken.

Bildansicht im Fenster vergrößern

Dazu stehen Ihnen einige Möglichkeiten zur Verfügung. Sie können das Zoom-Werkzeug benutzen. Zum Vergrößern der Ansicht klicken Sie mit dem aktivierten Lupensymbol in die Bildfläche. Zum Verkleinern halten Sie beim Klicken die [Alt]-Taste gedrückt.

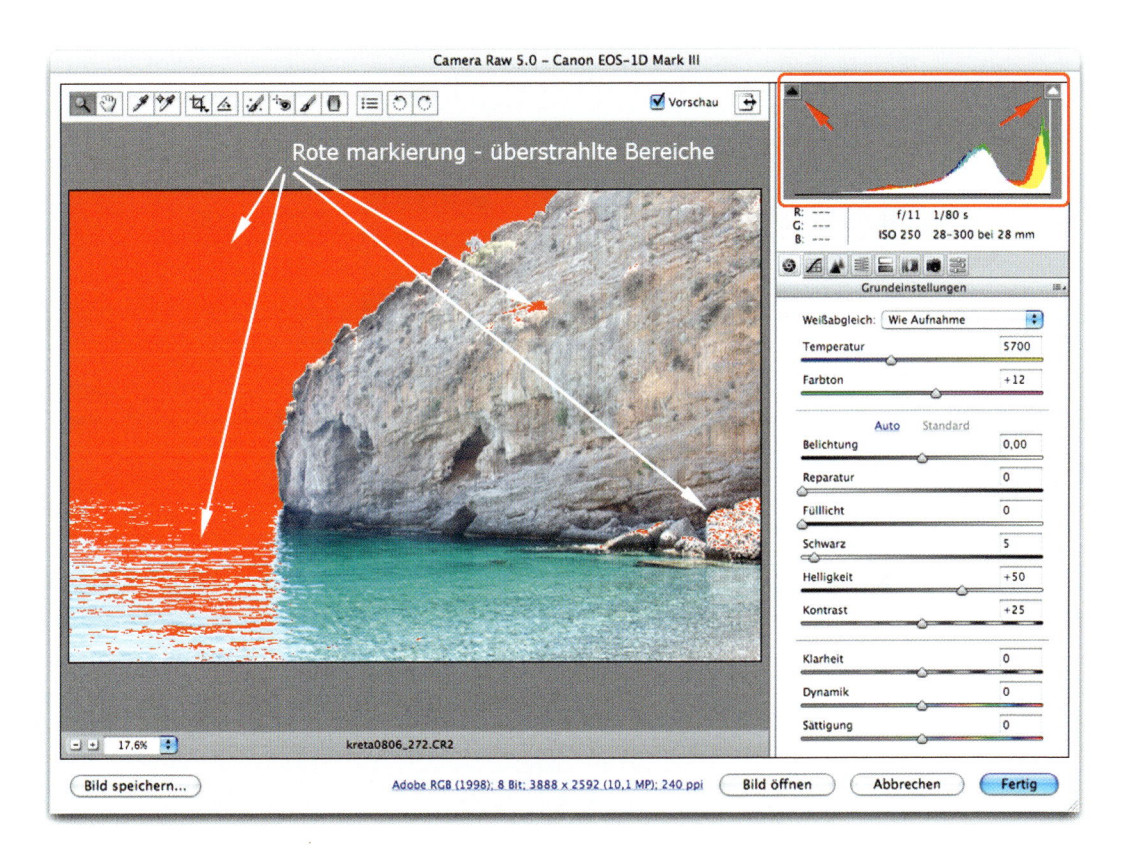

Außerdem können Sie in der Ansicht auf feste Vergrößerungswerte, die unten links angegeben sind, rein- oder rauszoomen. Benutzen Sie dazu das Plus- und Minuszeichen oder die Tastenkombination [Strg]+[+] oder [Strg]+[-].

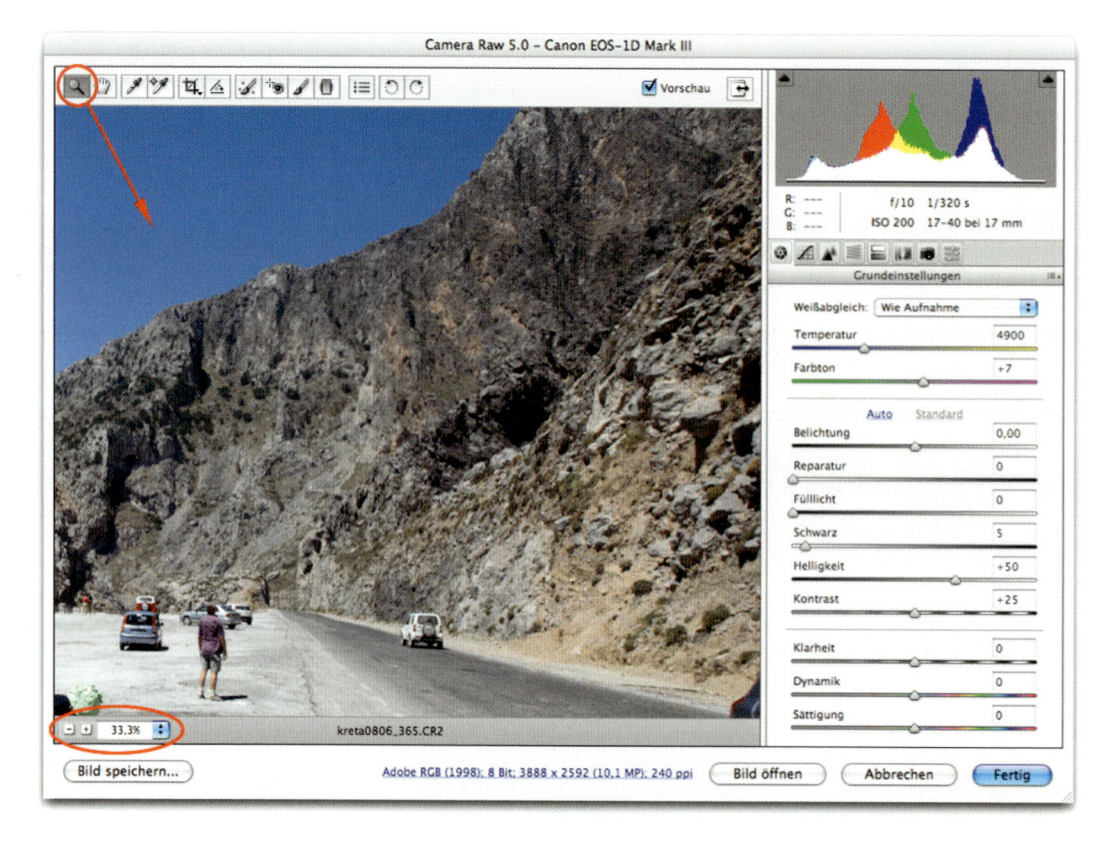

Sicherer Umgang mit den Werkzeugen im RAW-Konverter

Bild im Fenster verschieben

Wenn Sie eine starke Vergrößerung benutzen, können Sie das Bild nicht komplett im Vorschaufenster sehen und müssen die Ansicht verschieben.

Aktivieren Sie dazu das Hand-Werkzeug ([H]) neben dem Lupensymbol. Alternativ können Sie schnell zum Hand-Werkzeug wechseln, wenn Sie die [Leertaste] gedrückt halten.

Lassen Sie die [Leertaste] los, verwandelt sich das Hand-Werkzeug wieder in das vorher verwendete Werkzeug.

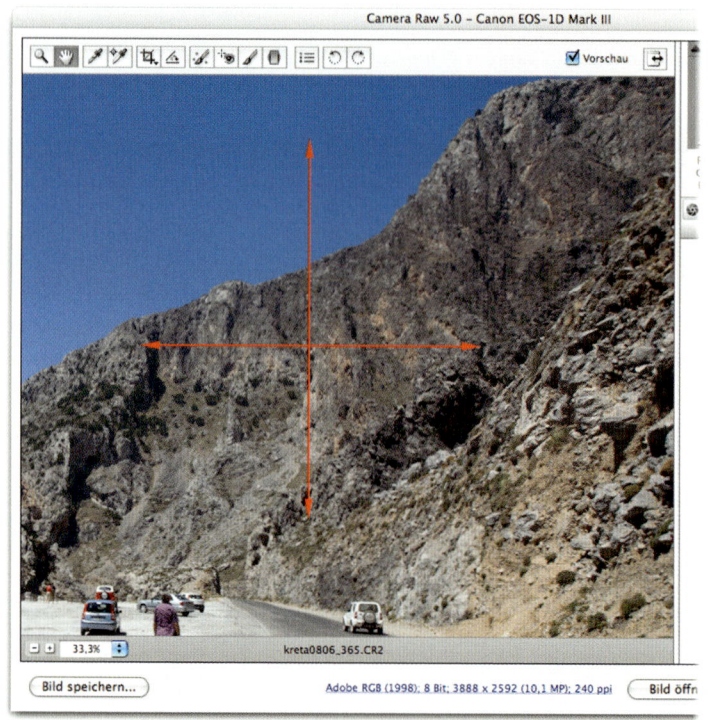

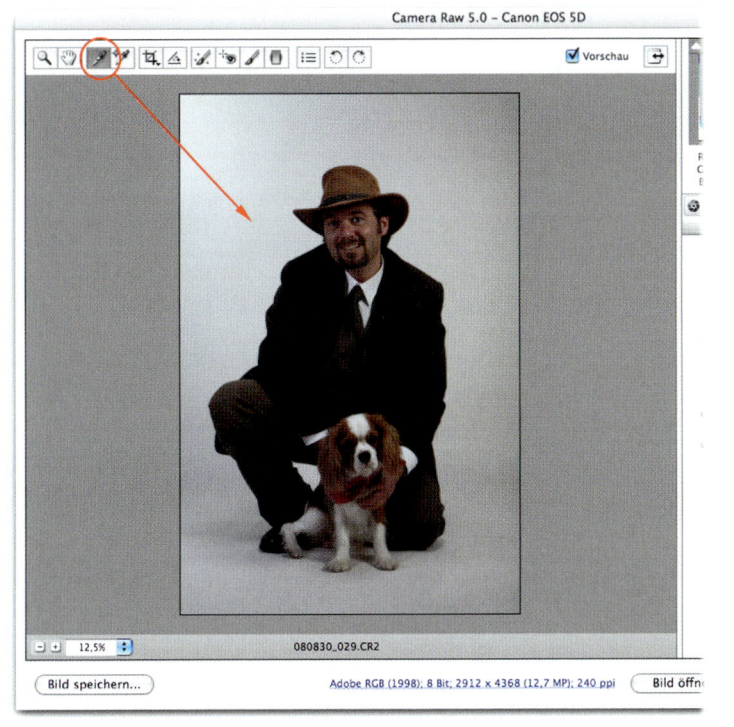

Neutrale Farbe finden

Hier lernen Sie das erste Werkzeug kennen, das beweist, dass Sie den Weißabgleich eines Bildes im RAW-Konverter schnell ändern können.

Wählen Sie in der Werkzeugleiste das Weißabgleich-Werkzeug (I). Wenn Sie bei einem Foto wissen, dass eine oder mehrere Stellen im Bild entweder weiß, grau oder schwarz sind, können Sie dorthin mit dem Weißabgleich-Werkzeug klicken.

Das funktioniert ganz gut, besonders bei denjenigen Studioaufnahmen, bei denen ein neutraler Hintergrund verwendet wurde. Der eventuelle Farbstich wird damit aufgehoben.

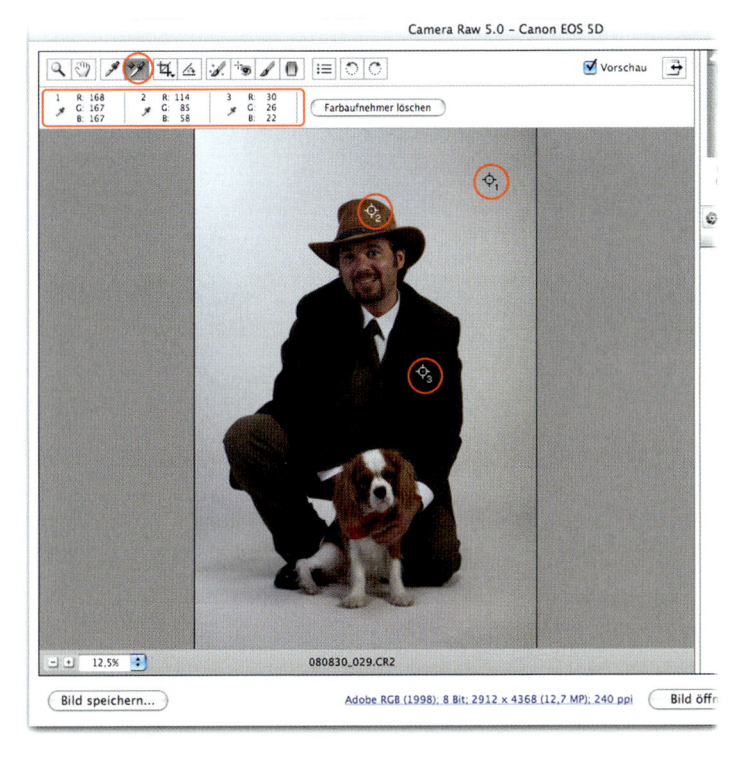

Farben unter Kontrolle

Wenn es darauf ankommt, dass die Farben auf dem Foto bestimmte RGB-Werte haben sollen, hilft Ihnen das Farbaufnahme-Werkzeug.

Mit diesem Tool können Sie eine oder mehrere Stellen im Bild markieren, und die RGB-Werte werden für jede markierte Stelle angezeigt.

Auf diese Weise können Sie mit den Korrekturen im Farbbereich die gewünschten Werte erreichen.

Bilder freistellen, Horizont gerade richten

Mit dem Freistellungswerkzeug (C) können Sie das Bild beschneiden. Ziehen Sie mit dem aktivierten Freistellungswerkzeug (C) ein Rechteck über dem gewünschten Bereich der Bildfläche auf.

Mit den Anfassern des Freistellungsrahmens können Sie Ihre Wahl verfeinern.

Wenn Sie beim Erstellen des Rechtecks die Umschalt-Taste gedrückt halten, wird eine quadratische Auswahl erstellt.

Beim Freistellen können Sie das Seitenverhältnis des Rechtecks definieren. So können Sie sich voll auf die Auswahl des Ausschnitts konzentrieren, ohne dass Sie sich Gedanken über das passende Format machen müssen.

Zur Auswahl stehen einige feste Vorgaben sowie die Einstellung *Benutzerdefiniert* bereit, bei der Sie das Seitenverhältnis selbst eingeben können.

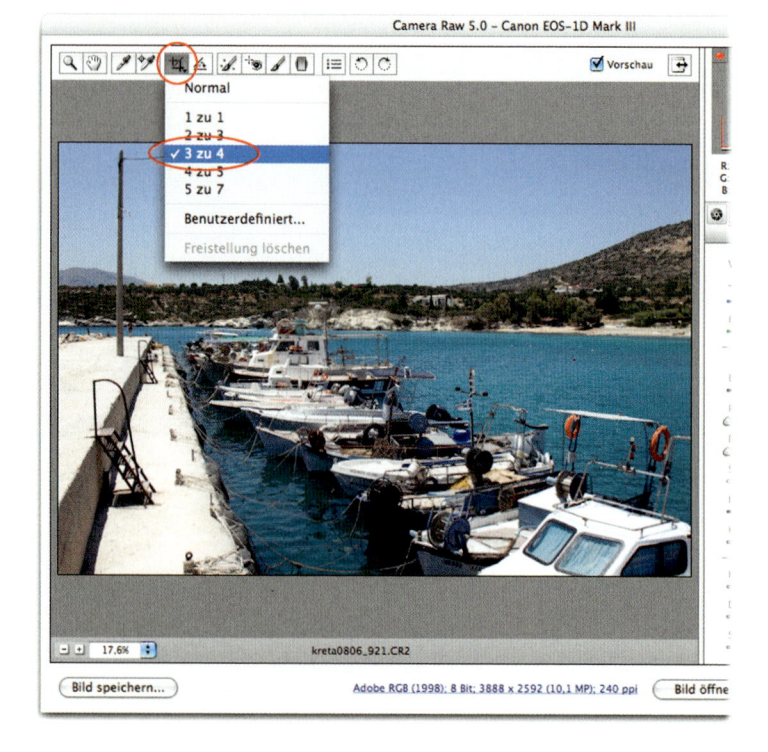

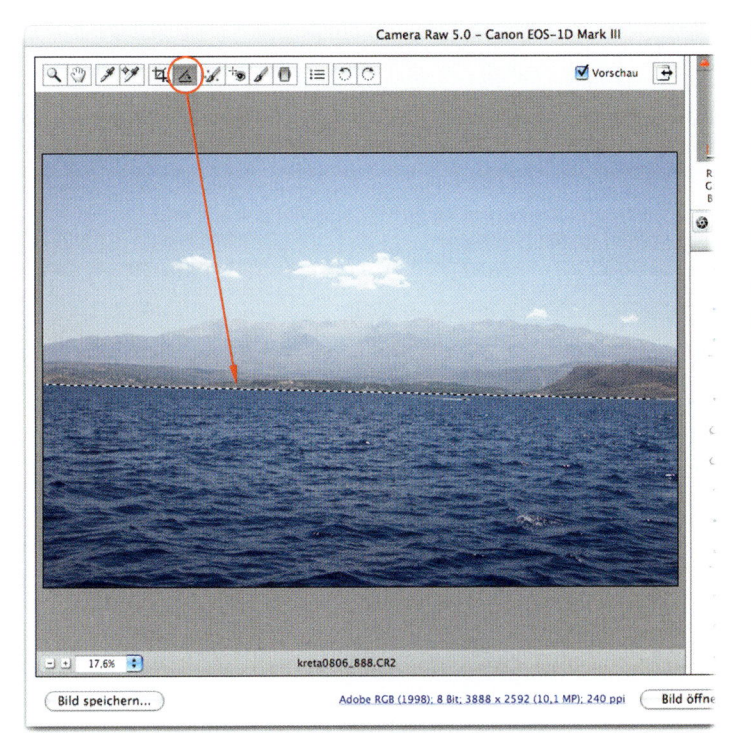

Verwandt mit dem Freistellungswerkzeug ([C]) ist das Gerade-ausrichten-Werkzeug ([A]).

Wenn Sie ein Foto wie auf dem Screenshot haben, bei dem die Horizontlinie ein bisschen zu schief geraten ist, aktivieren Sie das Gerade-ausrichten-Werkzeug und ziehen eine Linie entlang der Linie des Horizonts oder der Wasserlinie.

Sofort schaltet sich das Gerade-ausrichten-Werkzeug ([A]) auf das Freistellungswerkzeug ([C]) um.

Zwar haben Sie jetzt nicht die ganze Bildfläche, können aber mit gutem Gewissen sagen, dass der Horizont oder die Wasserkante nicht mehr schief sind.

Egal ob das Freistellungswerkzeug ([C]) oder das Gerade-ausrichten-Werkzeug ([A]) verwendet wurde, Sie haben zwei Möglichkeiten, die Einstellungen auf das Bild anzuwenden.

Sie können auf *Bild speichern* klicken, der angepasste Freistellungsrahmen bleibt dann in den Einstellungen der RAW-Datei erhalten. Oder Sie klicken auf *Bild öffnen* und bearbeiten das Foto in Photoshop weiter.

Bereichsreparatur

Das Werkzeug Bereichsreparatur ([B]) können Sie zum Entfernen von Flecken jeder Art, zum Beispiel in der Porträtfotografie, oder bei Bedarf zum Entfernen von Sensorflecken auf jedem beliebigen Foto verwenden. Palette *Bereichsreparatur* den Punkt *Art* von *Reparieren* auf *Kopieren* wechseln. Mit den Einstellungen *Radius* und *Deckkraft* passen Sie das Werkzeug Ihren Bedürfnissen an.

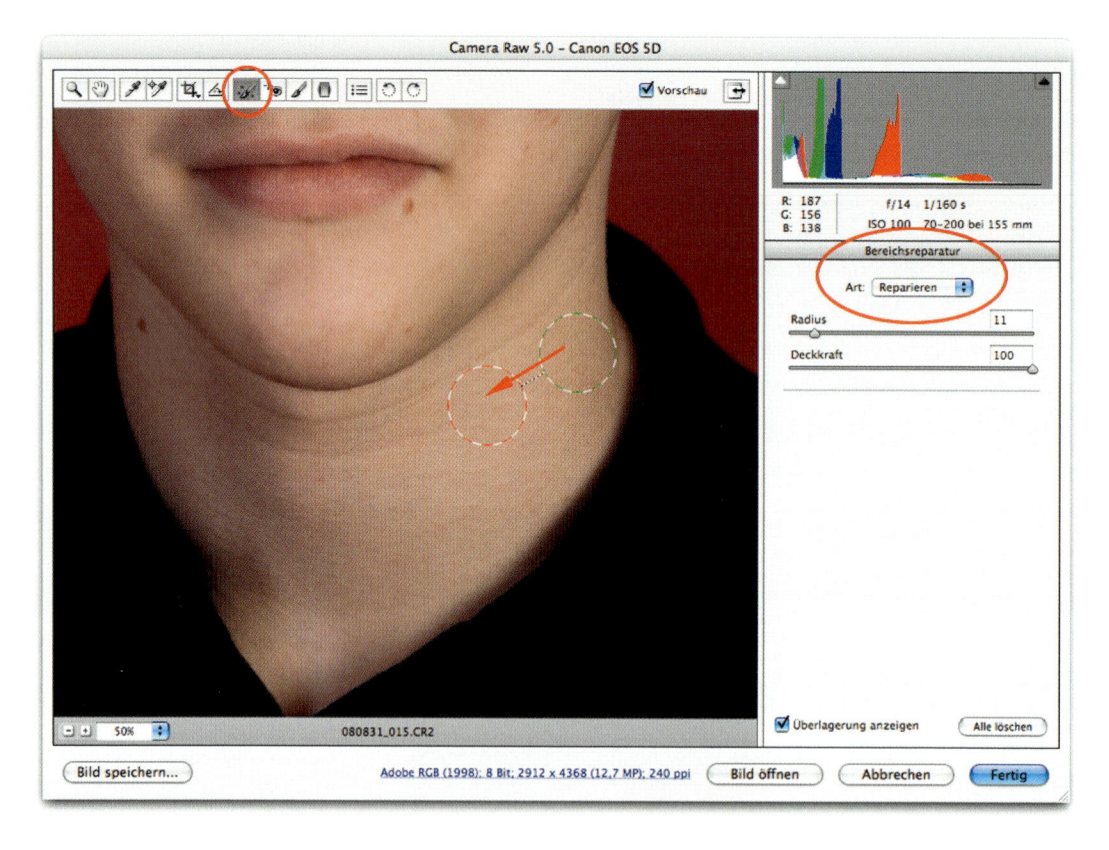

Wenn Sie mit dem Pinsel auf die Stelle mit dem Fleck klicken, erscheinen zwei Kreise in der Größe der Pinselspitze, die Sie links in der Palette *Bereichsreparatur* einstellen können. Ein Kreis hat eine rote Markierung, der andere Kreis eine grüne. Die Kreise können Sie frei verschieben. Bewegen Sie den grünen Kreis so, dass dieser ohne Störungen auf der Fläche liegt. So werden „saubere" Pixel auf die Stelle mit dem Fleck übertragen. Das Werkzeug ist etwas gewöhnungsbedürftig.

Wenn Sie ein bisschen geübt haben, klappt das Entfernen von Flecken ganz gut. Dieses Werkzeug kann man mit dem Bereichsreparatur-Pinsel-Werkzeug und Reparatur-Pinsel-Werkzeug in Photoshop vergleichen.

Falls Sie eine Funktionsweise wie beim Kopierstempel-Werkzeug in Photoshop wünschen, können Sie in der

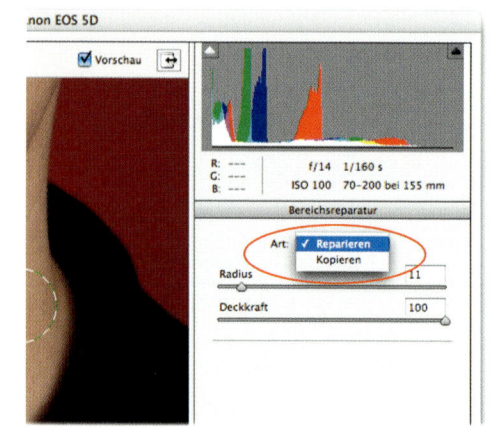

Anpassungspinsel

Der Anpassungspinsel gehört zu den neuen Funktionen in Camera Raw 5.0 und ist ein Werkzeug für die selektive Bildbearbeitung.

Früher konnte man in Camera Raw Anpassungen nur auf ein komplettes Bild anwenden, jetzt ist das anders. Schon vor der eigentlichen Bearbeitung in Photoshop können Sie bei der Entwicklung selektive Korrekturen durchführen. Der Vorteil dabei ist, dass Sie pixelschonend arbeiten.

Öffnen Sie das Bild in Camera Raw 5.0 und aktivieren Sie die Funktion *Anpassungspinsel*. Ändern Sie eine Einstellung, zum Beispiel *Belichtung*, damit Sie sofort sehen können, wie sich die bearbeitete Fläche verändert.

Über der Bildfläche sehen Sie zwei Kreise, die der Pinselspitze gehören. Der äußere gepunktete Kreis zeigt die Größe des Pinsels, der innere ist der Pinselkern, in dem die Dichte des Pinsels 100 % ist. Je größer der Abstand zwischen dem äußeren und dem inneren Kreis ist, umso weicher ist der Pinsel. Das bedeutet, dass der Wert für die weiche Kante höher ist. Vergleichen Sie die Einstellungen zur weichen Kante bei einem Wert von 100 und von 0. Bei 0 sehen Sie nur einen gepunkteten Kreis als Pinselspitze.

Definieren Sie nun die Einstellungen *Größe* und *Weiche Kante*. Mit *Fluss* und *Dichte* können Sie die Deckkraft des Pinsels regulieren. Dabei können Sie mit dem Regler *Fluss* die Pinseldeckkraft feiner gestalten als mit *Dichte*.

Aktivieren Sie die Option *Pins anzeigen*. Diese zeigt Ihnen die Punkte, an denen Sie mit einer Korrektur angefangen haben. Am Anfang steht die Auswahl oben in der Palette *Anpassungspinsel* immer auf *Neu*, und nach dem ersten Strich wechselt diese Option auf *Hinzufügen*.

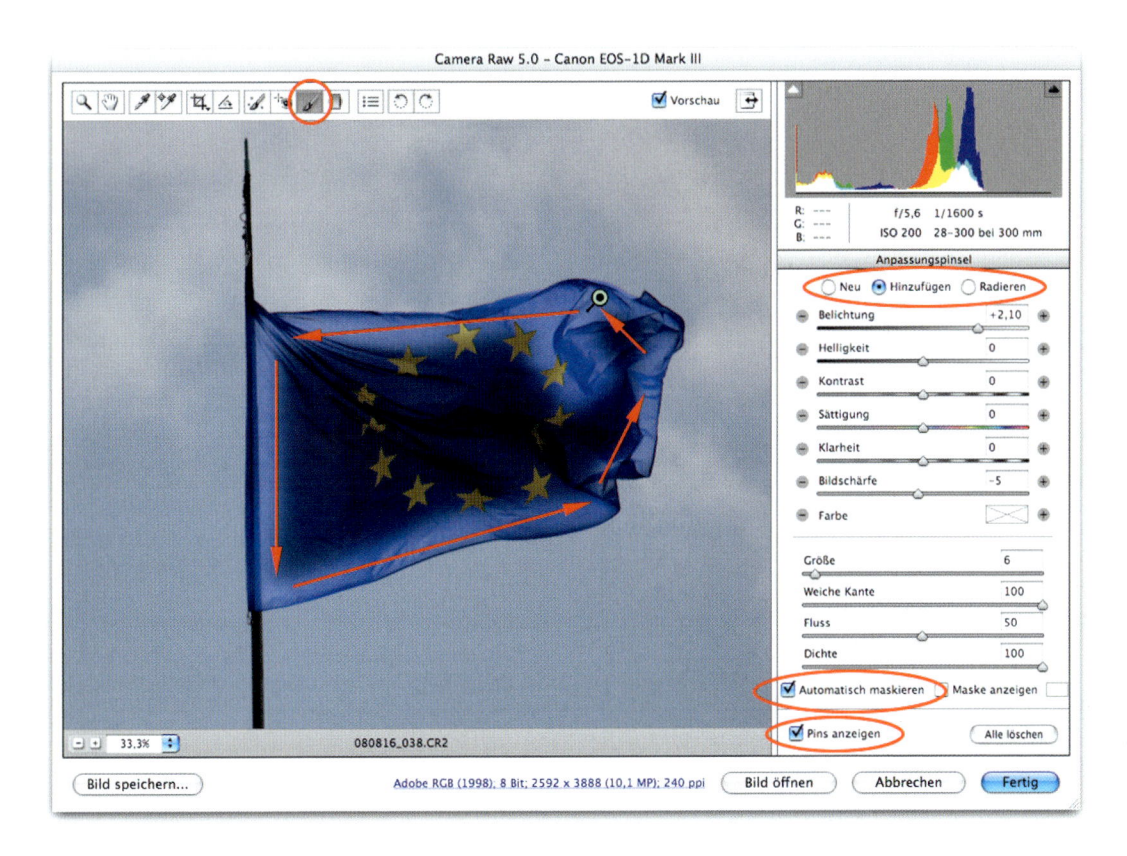

Sicherer Umgang mit den Werkzeugen im RAW-Konverter

Das bedeutet Folgendes: Sie können die Bildteile mit einer Einstellung so lange bemalen, bis Sie mit anderen Einstellungen weitere Korrekturen durchführen möchten. Klicken Sie dann wieder auf die Option *Neu*.

Malen Sie mit der neuen Einstellung, wird ein neuer Pin gesetzt. Aktivieren Sie vor dem Bemalen ebenfalls die Option *Automatisch maskieren*. Diese Einstellung funktioniert sehr intelligent.

Um zu kontrollieren, ob Sie alle Stellen der auszuwählenden Fläche richtig abgedeckt haben, können Sie die Option *Maske anzeigen* benutzen.

Die Farbe der Maske können Sie rechts im Farbrechteck definieren. Das ist praktisch – so können Sie immer eine Farbe auswählen, die einen starken Kontrast zur auszuwählenden Fläche bildet.

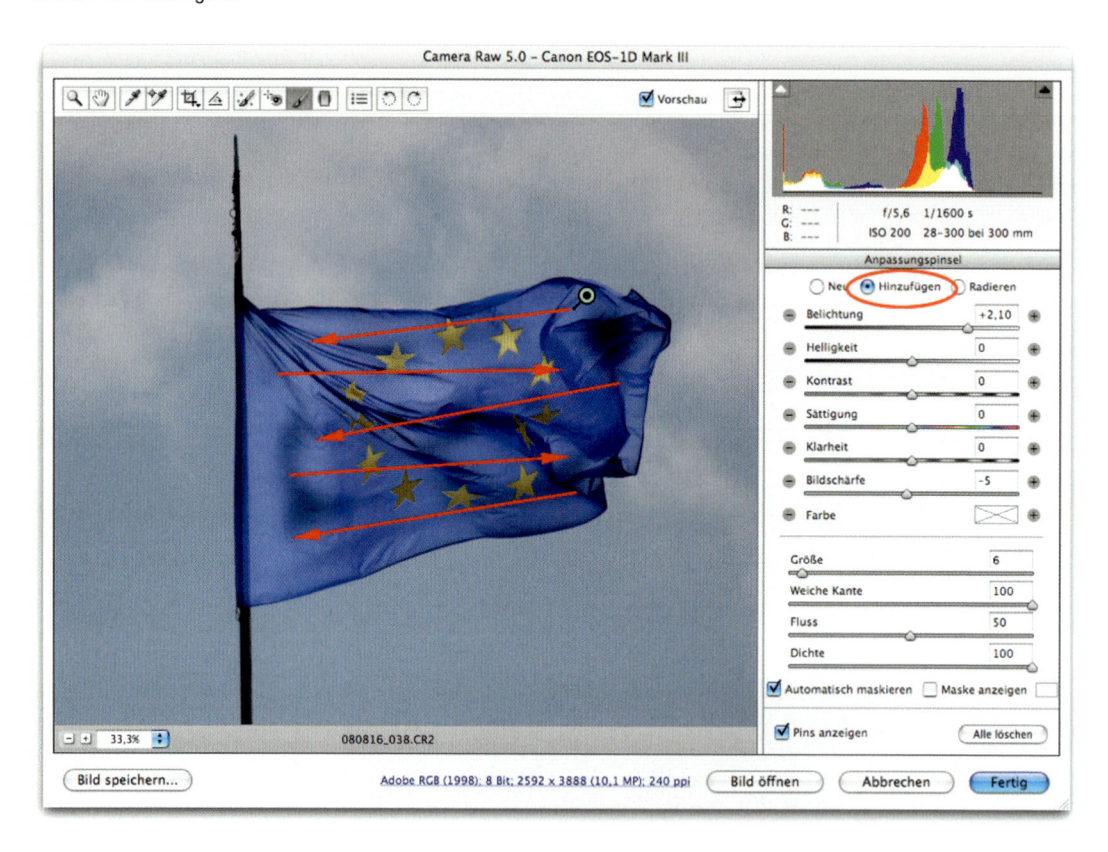

Wie Sie auf dem Beispielbild sehen, soll die Fahne korrigiert werden, nicht der Himmel. Die Einstellung *Automatisch maskieren* erkennt die Kante zwischen dem Objekt und dem Hintergrund und verhindert, dass die Korrektur über diese Kante geht.

Sie können also in den meisten Fällen sicher sein, dass die Korrektur nur auf eine Fläche innerhalb der Grenzen angewendet wird.

Bemalen Sie nun mit der Option *Hinzufügen* eine weitere Fläche. Wie es auf dem Beispielbild zu sehen ist, wird die innere Fläche der Fahne bemalt.

Vervollständigen Sie ggf. die Auswahl der Fläche im Maskierungsmodus.

Sollte bei einigen Stellen die Korrektur über die Kante des Objekts gesprungen sein – das passiert oft, wenn die Kante nicht genug Kontrast zum Hintergrund aufweist –, können Sie das ändern.

Wechseln Sie zur Option *Radieren*. Verändern Sie die Größe der Pinselspitze (in den meisten Fällen ist es ratsam, die Pinselspitze zu verkleinern). Entfernen Sie die aufgetragenen Veränderungen.

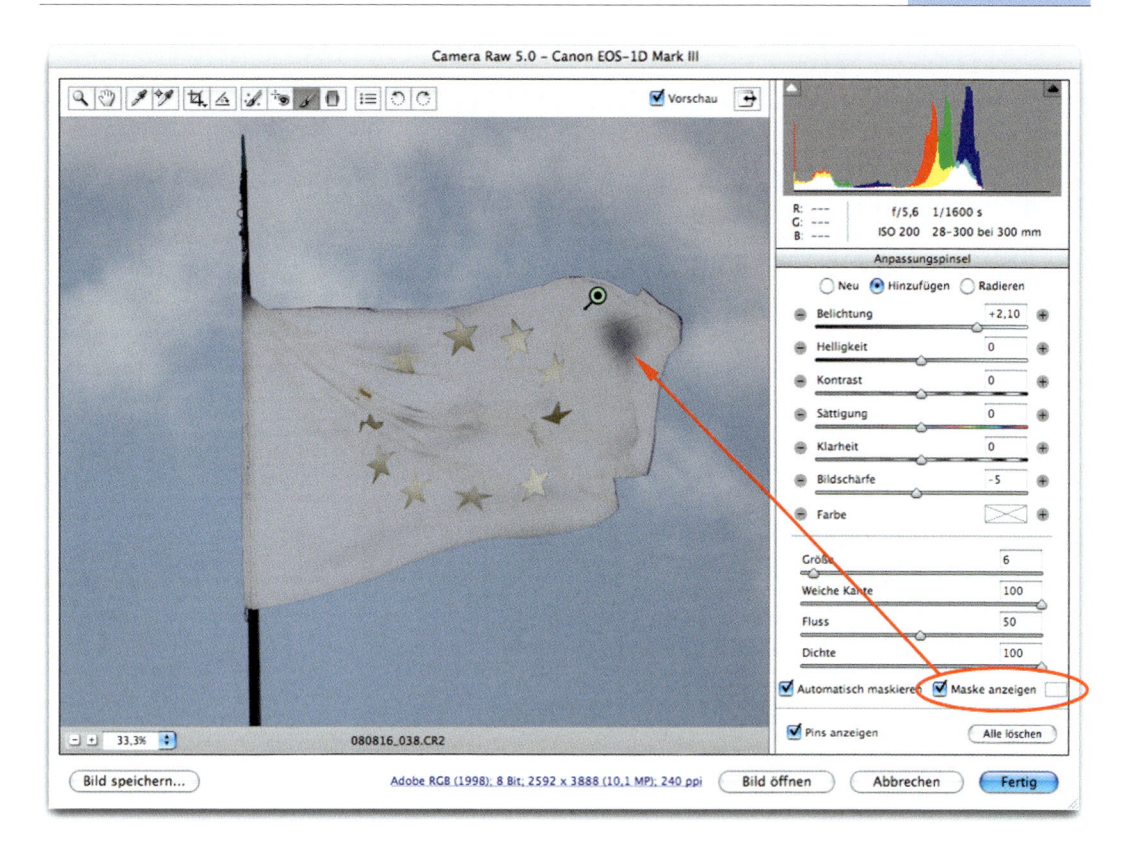

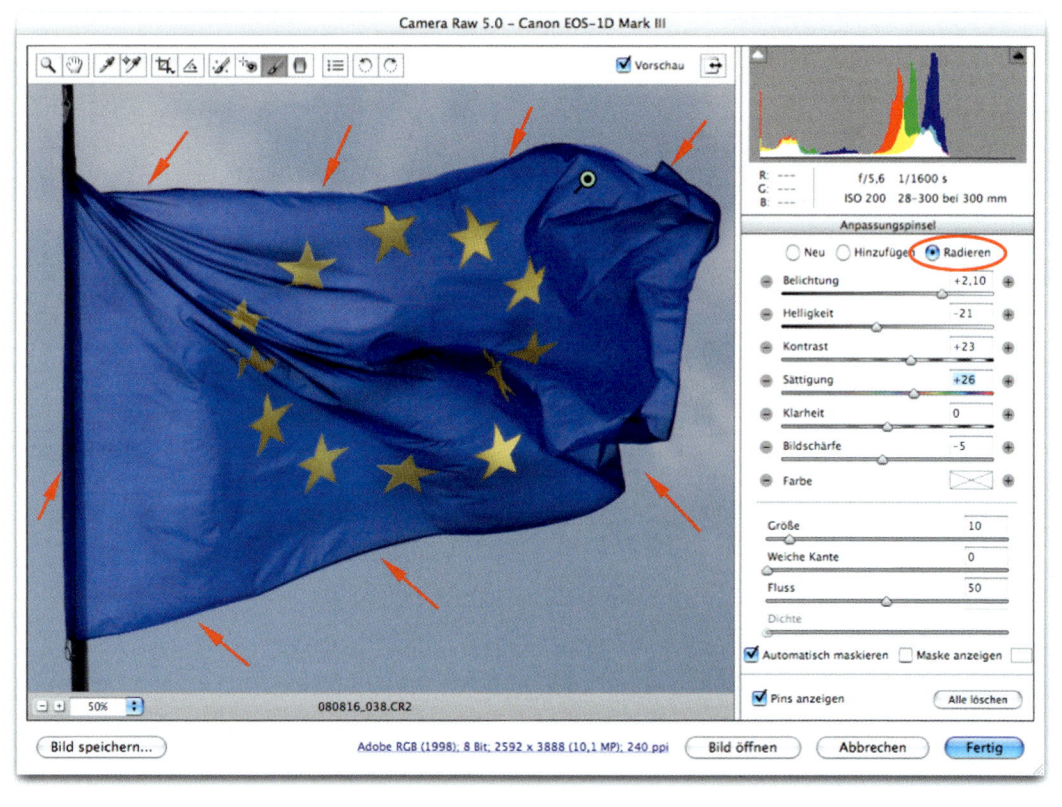

Sicherer Umgang mit den Werkzeugen im RAW-Konverter

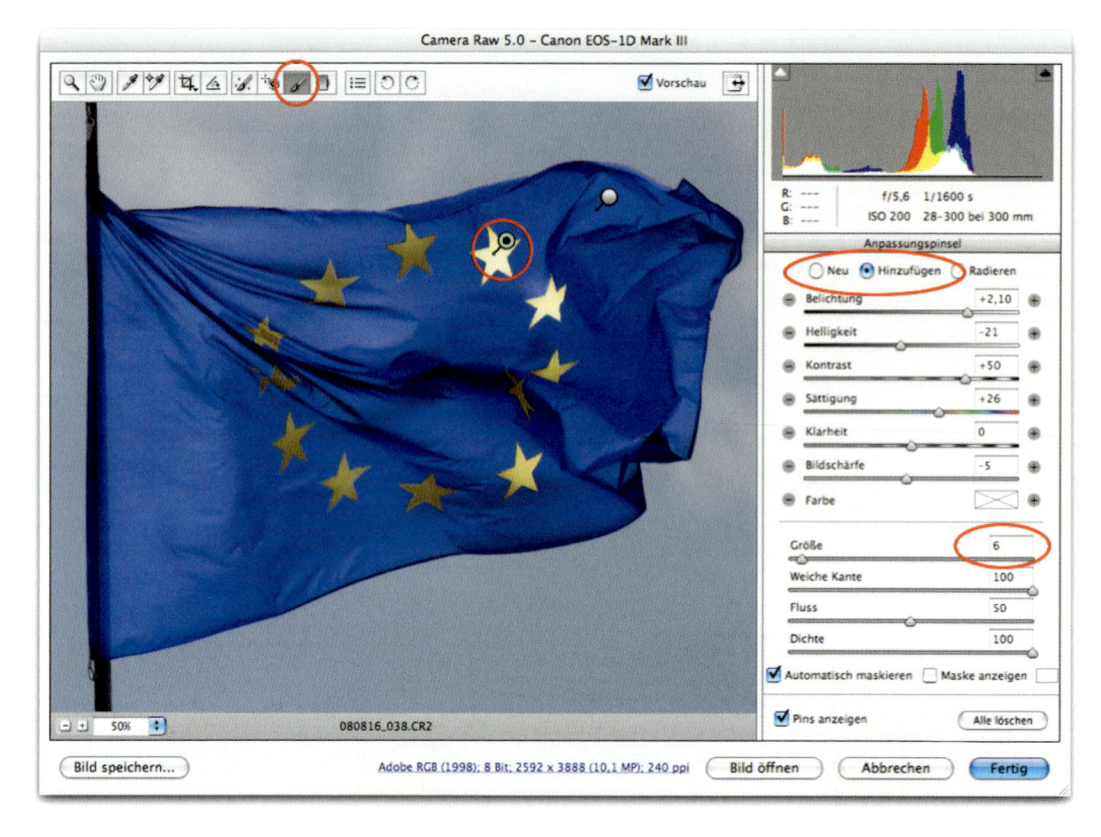

Sicherer Umgang mit den Werkzeugen im RAW-Konverter

Beginnen Sie mit der Anpassung anderer Flächen. In unserem Beispiel werden die Sterne auf der Europafahne aufgehellt.

Klicken Sie auf die Option *Neu*. Erhöhen Sie die Werte *Belichtung* und *Kontrast*.

Bemalen Sie mit dem Pinsel (Größe ca. 6) den ersten Stern. Beim ersten Strich wird ein neuer Pin gesetzt und die Option *Neu* wechselt auf *Hinzufügen*. Jetzt arbeiten Sie mit neuen Einstellungen.

Diese Arbeitsweise kann man mit der Benutzung mehrerer Einstellungsebenen in Photoshop vergleichen. Zum Beispiel benutzen Sie eine Einstellungsebene mit der Maske, um die Fahne heller zu machen, und eine andere, um die Sterne kontrastreicher zu gestalten.

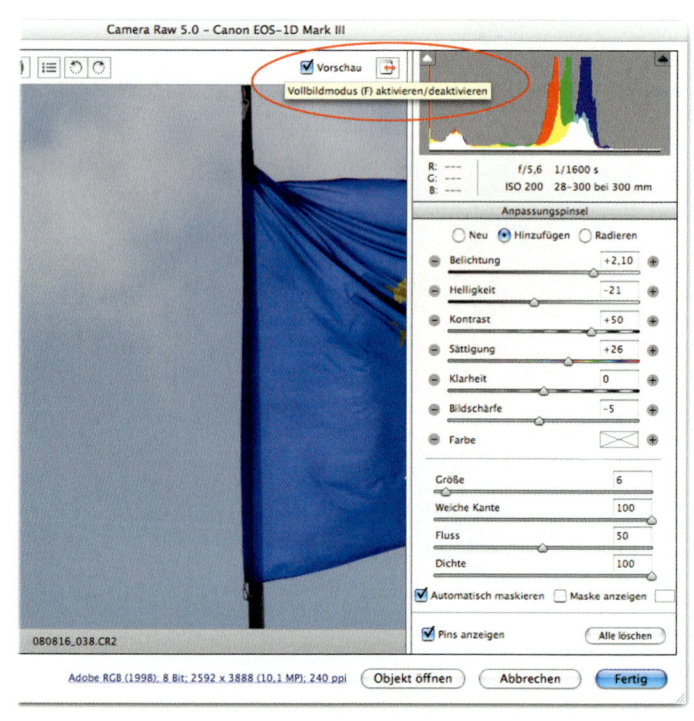

Bei den Einstellungen in Camera Raw 5.0 haben Sie wie bei den Einstellungsebenen die volle Kontrolle.

Die Einstellungen für korrigierte Flächen können Sie jederzeit ändern.

Dazu brauchen Sie nur auf einen bestimmten Pin zu klicken und die Korrekturen in der Palette *Anpassungspinsel* vorzunehmen. In weiteren Beispielen lernen Sie noch einige Möglichkeiten kennen, die Ihnen die Funktion *Anpassungspinsel* bietet.

Wenn Sie übrigens im Vollbildmodus arbeiten möchten, können Sie genauso wie in Photoshop mit der Taste (F) zwischen dem Fenster- und dem Vollbildmodus wechseln. Oder Sie klicken auf das Symbol *Vollbildmodus* rechts oben über der Bildvorschau.

Optimaler Workflow für den Anpassungspinsel

Am schnellsten lernen Sie, mit dem Anpassungspinsel umzugehen, an diesem Beispiel. Die Aufgabe ist es, diese Orchideenblüte farbintensiver und kontrastreicher zu machen. Außerdem soll die Schärfe der Blüte gegenüber dem restlichen Bild angehoben werden.

1

Öffnen Sie das Bild über Adobe Bridge in Camera Raw 5.0 und wählen Sie den Anpassungspinsel. Da Sie die Intensität der Farbe der Blüte anheben möchten, klicken Sie auf das Pluszeichen neben dem Regler *Sättigung* – einmal klicken erhöht die Sättigung auf 25 %, zweimal auf 50 % etc. Aktivieren Sie die Option *Automatisch maskieren*.

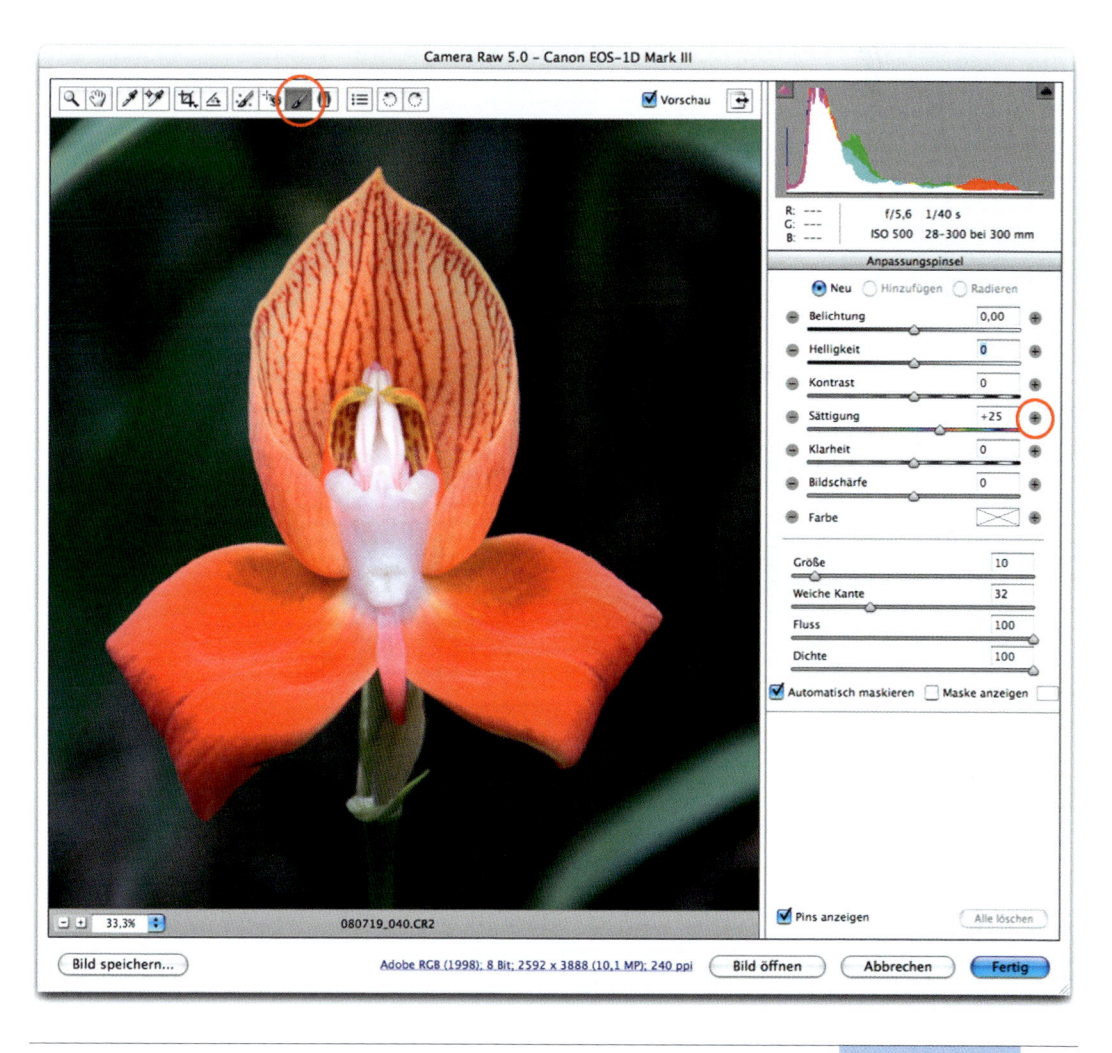

Sicherer Umgang mit den Werkzeugen im RAW-Konverter

2

Schalten Sie die Option *Maske anzeigen* ein. Maskieren Sie die Blüte, so gut es geht, mit dem Pinsel. Da die Blüte ziemlich scharfe Konturen hat, wählen Sie für *Weiche Kante* einen Wert von ca. 30.

Mit großer Wahrscheinlichkeit wird es Ihnen nicht gelingen, die Blüte mit einmaligem Ausmalen komplett und lückenlos zu maskieren. Vergrößern Sie die Ansicht und wählen Sie eine kleinere Pinselspitze.

Maskieren Sie die Bereiche, die noch Lücken haben (achten Sie besonders darauf, dass die grenznahen Stellen gut maskiert sind (siehe Bild auf der gegenüberliegenden Seite)).

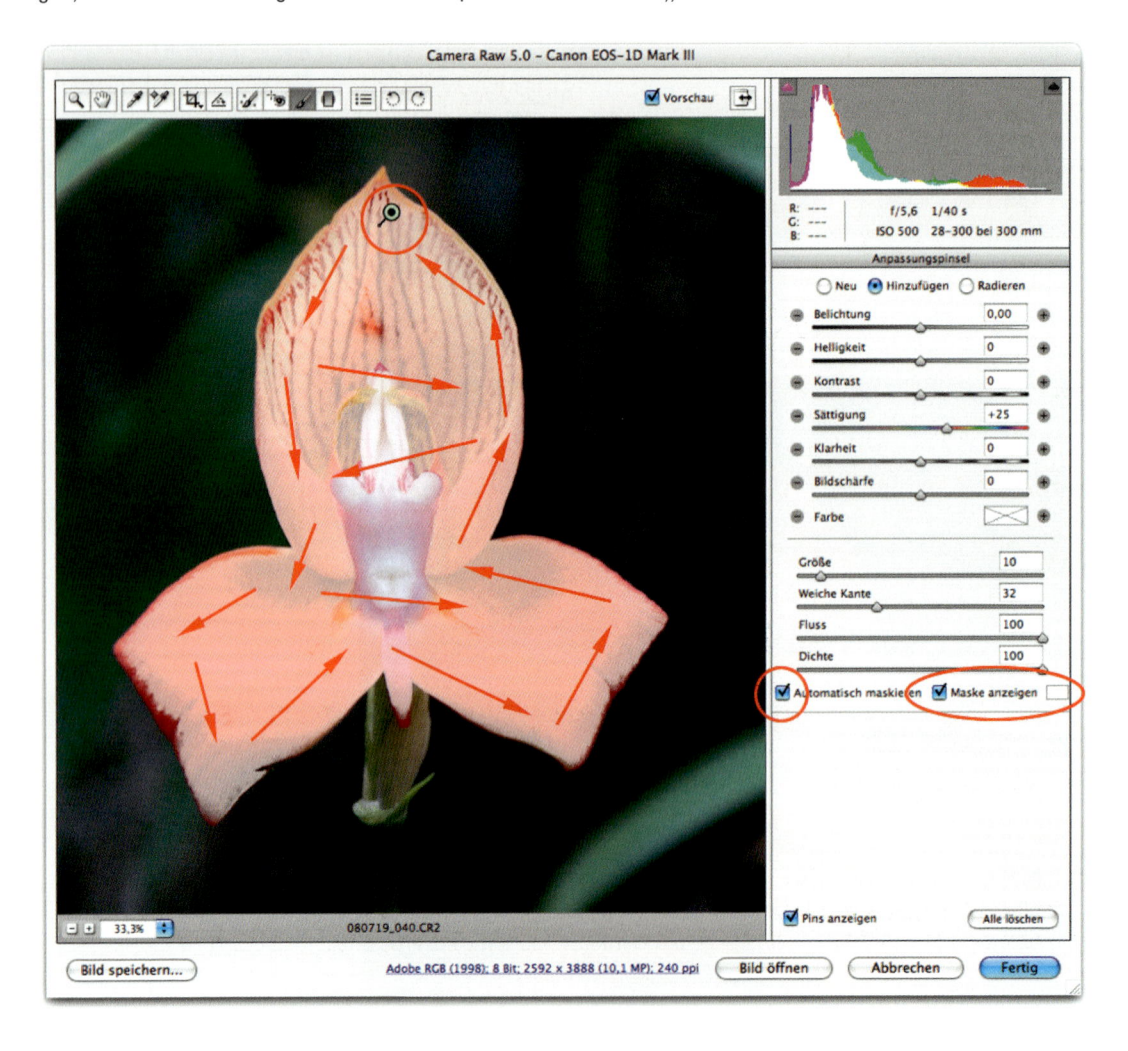

3

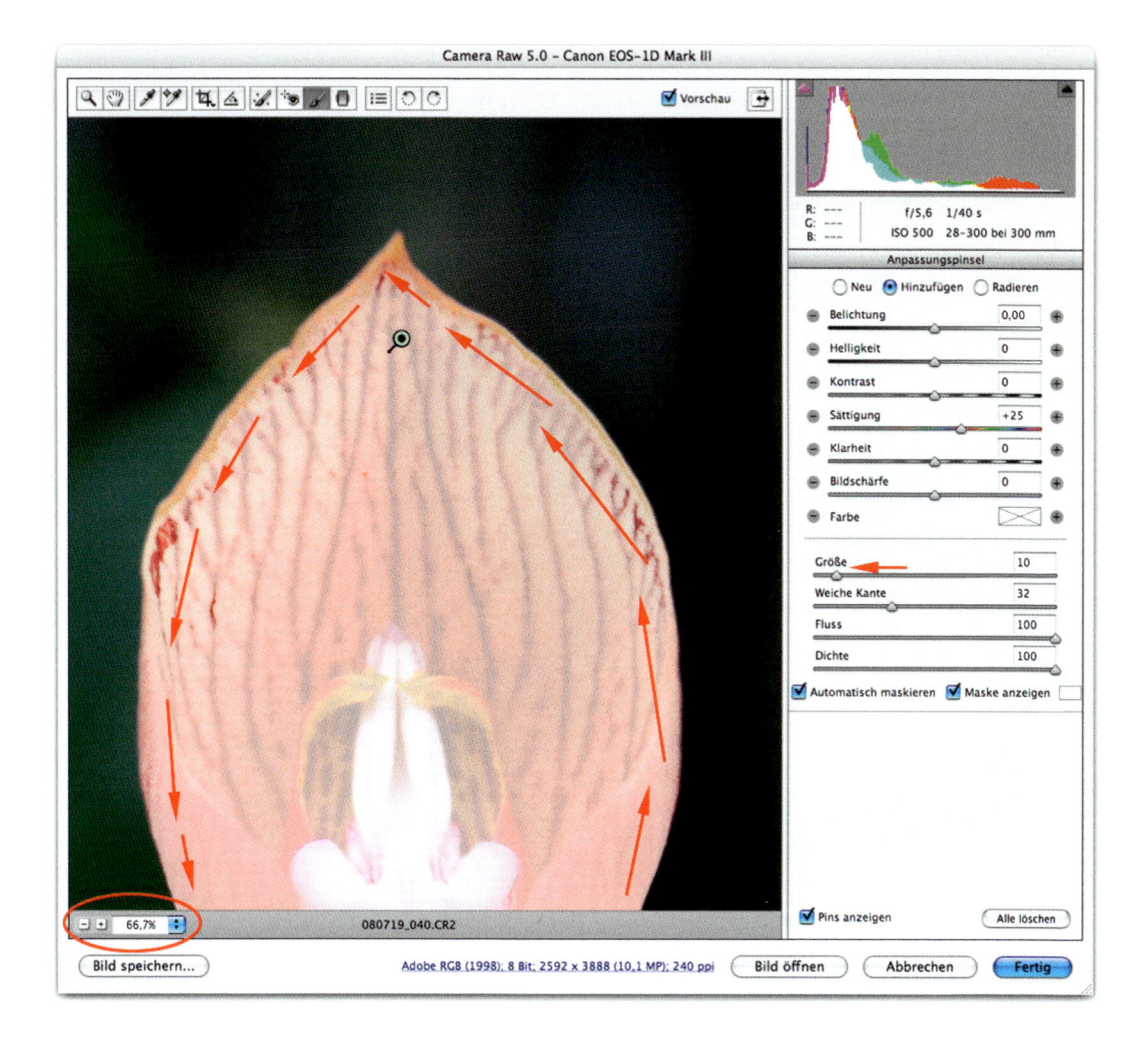

Deaktivieren Sie die Option *Maske anzeigen*. Erhöhen Sie in der Palette *Anpassungspinsel* die Werte für *Sättigung* und *Kontrast*. Wie weit diese Parameter erhöht werden sollen, sollten Sie selbst entscheiden. Wichtig ist, dass durch die Erhöhung der Farbintensität die Strukturen im zu korrigierenden Bereich nicht verloren gehen.

Sicherer Umgang mit den Werkzeugen im RAW-Konverter

4

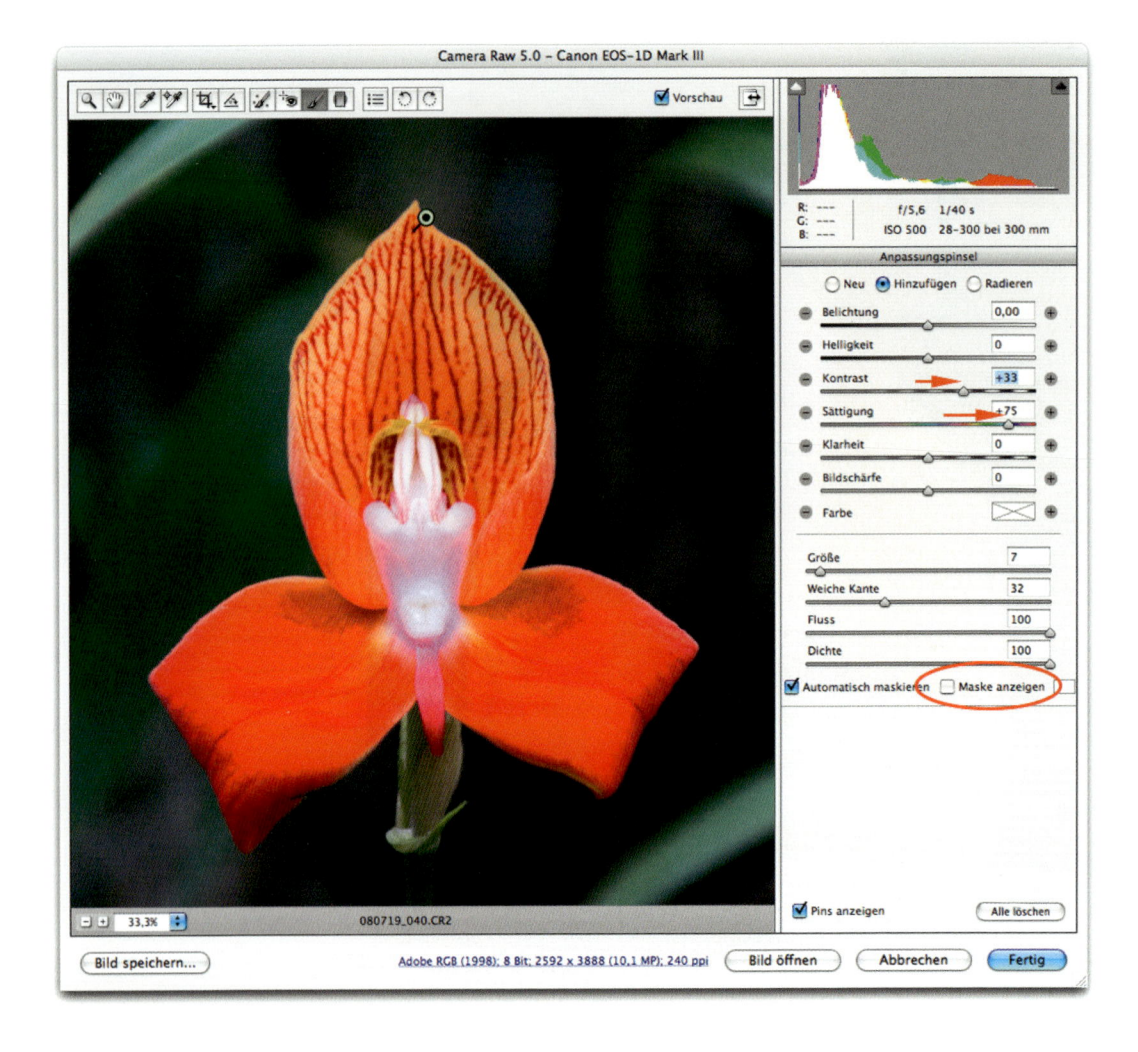

Um die Schärfe anzupassen, vergrößern Sie die Ansicht des Bildes im Vorschaufenster mit [Strg]+[+]. Denken Sie daran, dass eine objektive Kontrolle der Schärfe nur bei einer Ansichtsvergrößerung von 100 % möglich ist.

Erhöhen Sie anschließend den Betrag mit dem Regler *Bildschärfe*. Klicken Sie dann auf *Fertig*, wenn Sie das Bild mit diesen Einstellungen speichern möchten. Zum weiteren Verarbeiten in Photoshop klicken Sie auf *Bild öffnen*.

Falls Sie auf den Button *Fertig* geklickt haben, werden die Einstellungen in einer XMP-Datei mit der gleichen Nummer wie das Bild im Bildordner gespeichert und von Bridge automatisch auf das Bild angewendet.

Ob das Bild bearbeitet wurde oder nicht, können Sie an dem Symbol rechts über der Bildminiatur in Bridge sehen. Wenn Sie diese Einstellungen nicht mehr brauchen, klicken Sie das Symbol mit der rechten Maustaste an und wählen die Option *Einstellungen entwickeln/Einstellungen löschen*.

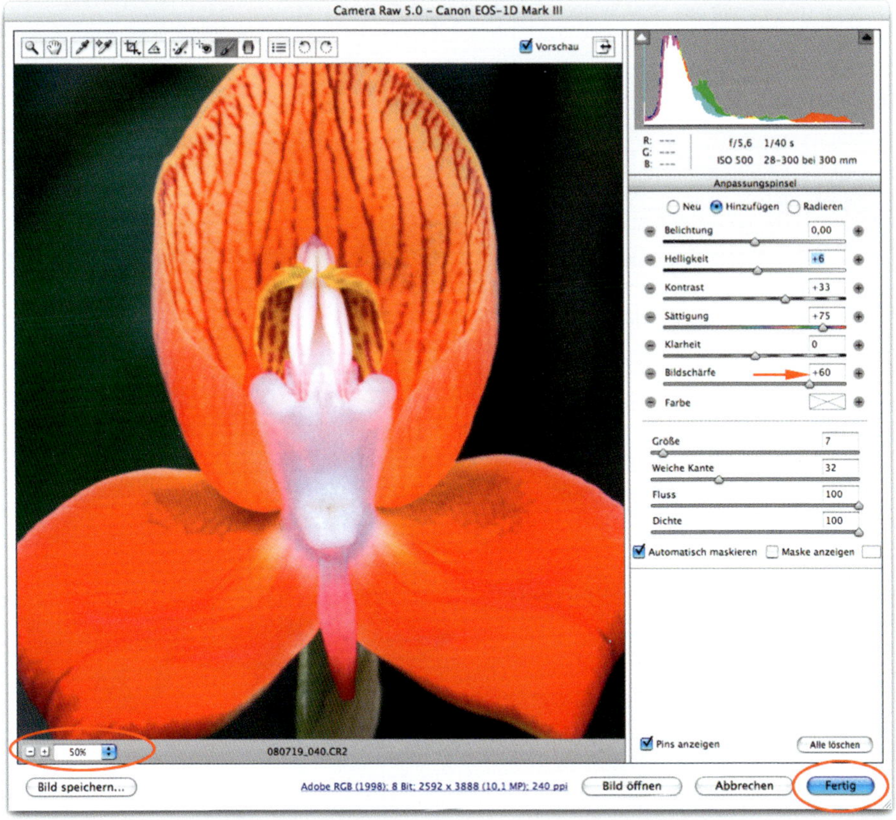

Camera Raw 5.0 – Canon EOS-1D Mark III
Vorschau
f/5,6 1/40 s
ISO 500 28-300 bei 300 mm
Anpassungspinsel
Neu Hinzufügen Radieren
Belichtung 0,00
Helligkeit +6
Kontrast +33
Sättigung +75
Klarheit 0
Bildschärfe +60
Farbe
Größe 7
Weiche Kante 32
Fluss 100
Dichte 100
Automatisch maskieren Maske anzeigen
Pins anzeigen Alle löschen
50%
080719_040.CR2
Bild speichern...
Adobe RGB (1998); 8 Bit; 2592 x 3888 (10,1 MP); 240 ppi
Bild öffnen
Abbrechen
Fertig

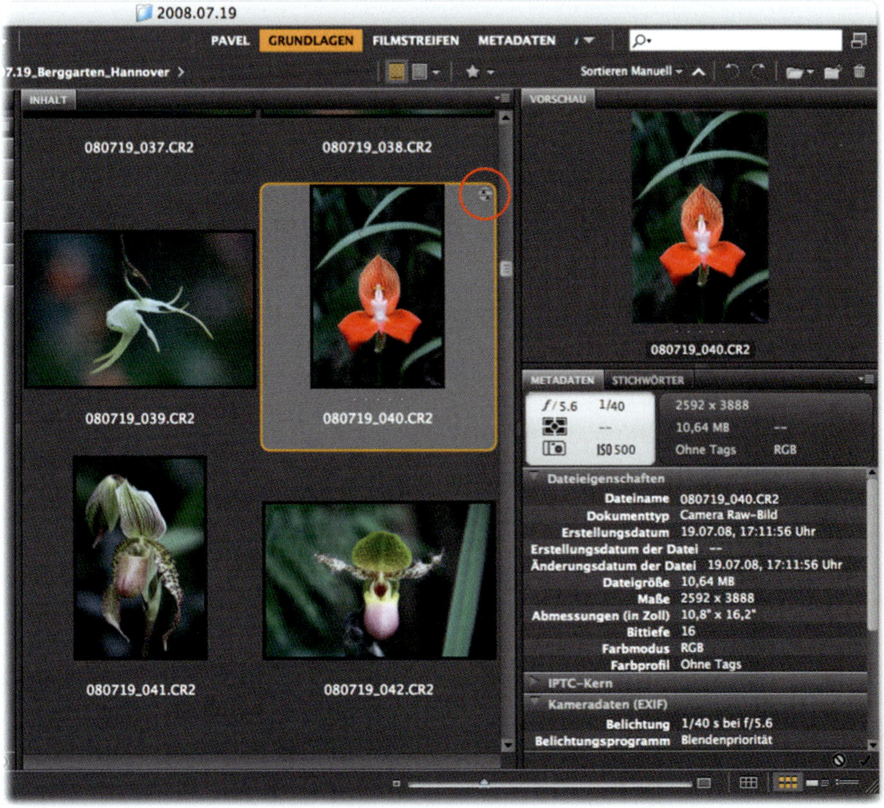

2008.07.19
PAVEL GRUNDLAGEN FILMSTREIFEN METADATEN
7.19_Berggarten_Hannover
Sortieren Manuell
INHALT
VORSCHAU
080719_037.CR2
080719_038.CR2
080719_039.CR2
080719_040.CR2
080719_041.CR2
080719_042.CR2
080719_040.CR2
METADATEN STICHWÖRTER
f/5.6 1/40
ISO 500
2592 x 3888
10,64 MB
Ohne Tags RGB
Dateieigenschaften
Dateiname 080719_040.CR2
Dokumenttyp Camera Raw-Bild
Erstellungsdatum 19.07.08, 17:11:56 Uhr
Erstellungsdatum der Datei --
Änderungsdatum der Datei 19.07.08, 17:11:56 Uhr
Dateigröße 10,64 MB
Maße 2592 x 3888
Abmessungen (in Zoll) 10,8" x 16,2"
Bittiefe 16
Farbmodus RGB
Farbprofil Ohne Tags
IPTC-Kern
Kameradaten (EXIF)
Belichtung 1/40 s bei f/5.6
Belichtungsprogramm Blendenpriorität

Selektive Korrekturen mit dem Verlaufsfilter

Der Verlaufsfilter in Camera Raw 5.0 gehört auch zu den angenehmen Neuerungen, die für pixelschonende selektive Korrekturen eingesetzt werden können.

Besonders Freunde der Landschaftsfotografie werden an diesem Filter viel Freude haben. Öffnen Sie das Bild in Camera Raw 5.0 und wählen Sie das Verlaufsfilter-Werkzeug (G).

Klicken Sie auf das Plus- oder Minuszeichen bei einem der Regler, mit dem Sie die Anpassungen eines Bildbereichs planen. In der Regel beginnt die Korrektur mit der Anpassung der Belichtung. Verringern Sie den Regler *Belichtung* mit einem Klick auf das Minuszeichen.

Weiterhin wird der Himmel in unserem Beispiel eine intensivere blaue und das Wasser eine grünere Farbe bekommen.

Mit dem Verlaufsfilter können Sie Teile des Bildes verändern und die Grenze zum Rest der Bildfläche mit einer weichen Kante (so groß wie die Länge des Verlaufs) gestalten.

Der Verlauf wird mit zwei Punkten und zwei gepunkteten Linien auf der Bildfläche im Vorschaufenster angezeigt. Der grüne Punkt zeigt, wo Sie den Verlauf angesetzt haben, und der rote die Stelle, an der die Wirkung des Verlaufsfilters aufhört.

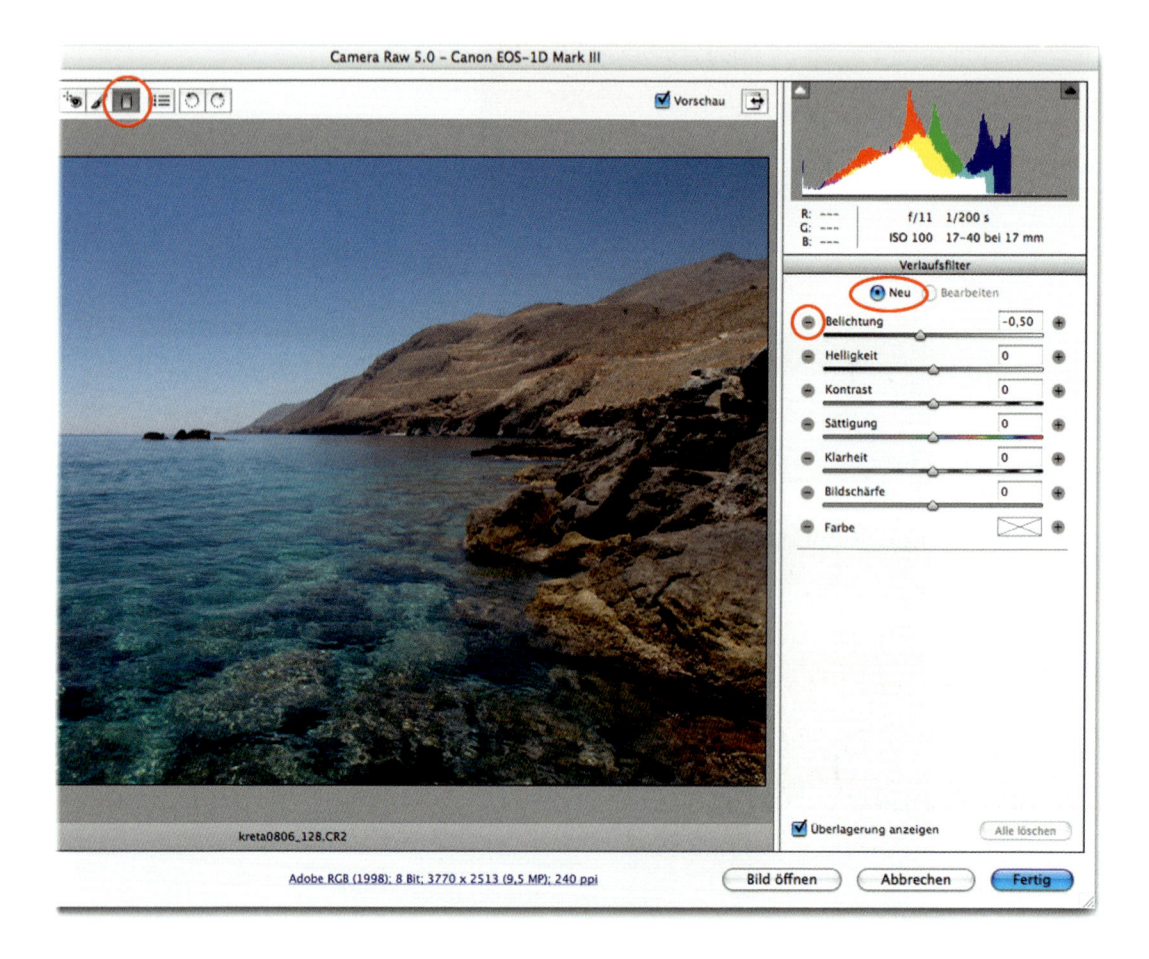

Sicherer Umgang mit den Werkzeugen im RAW-Konverter

Anhand der Linien können Sie sehen, ob der Verlauf gerade oder in einem Winkel erstellt wurde. Wenn Sie die Umschalt-Taste gedrückt halten, können Sie den Verlauf horizontal, vertikal oder im 45°-Winkel erstellen.

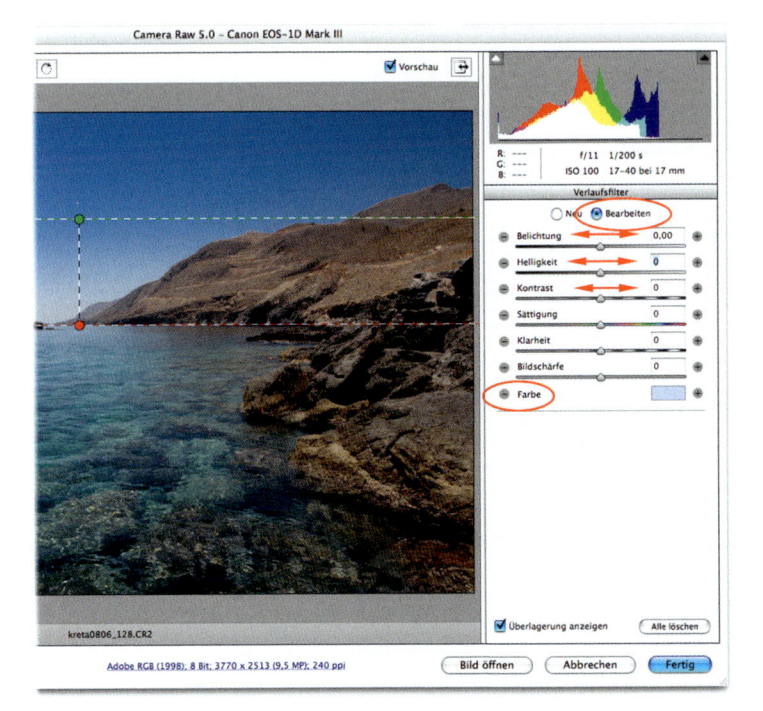

Machen Sie die Anpassungen des mit dem Verlaufsfilter ausgewählten Bereichs mit den Reglern *Belichtung*, *Helligkeit* und *Kontrast*.

Wenn Sie eine Farbveränderung des mit dem Verlauf maskierten Bereichs wünschen, klicken Sie bei der Einstellung *Farbe* auf das Minuszeichen (die ausgewählte Farbe wird kälter) oder auf das Pluszeichen (für einen wärmeren Farbton).

Nachdem Sie auf das Plus- oder Minuszeichen des Farbwählers geklickt haben, öffnet sich der Dialog *Farbwähler*, in dem Sie die Änderung des Farbtons eingeben können. Wählen Sie die gewünschte Farbrichtung und die Sättigung. Die Änderungen wirken dann auf die ganze mit dem Verlauf markierte Fläche.

Wenn Sie jetzt auf das Plus- oder Minuszeichen bei einem beliebigen Wert klicken, können Sie noch einen Verlauf erstellen. In unserem Beispiel wurde ein Verlauf von unten nach oben im Bereich Wasser erstellt (mit gedrückter Umschalt-Taste). Die Anpassungen können Sie hier ähnlich wie bei dem ersten Maskierungsverlauf durchführen.

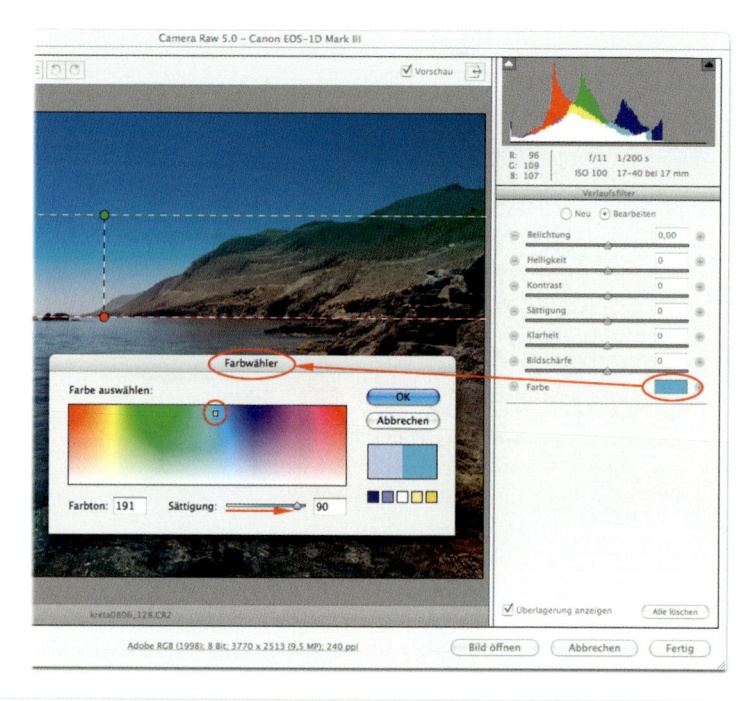

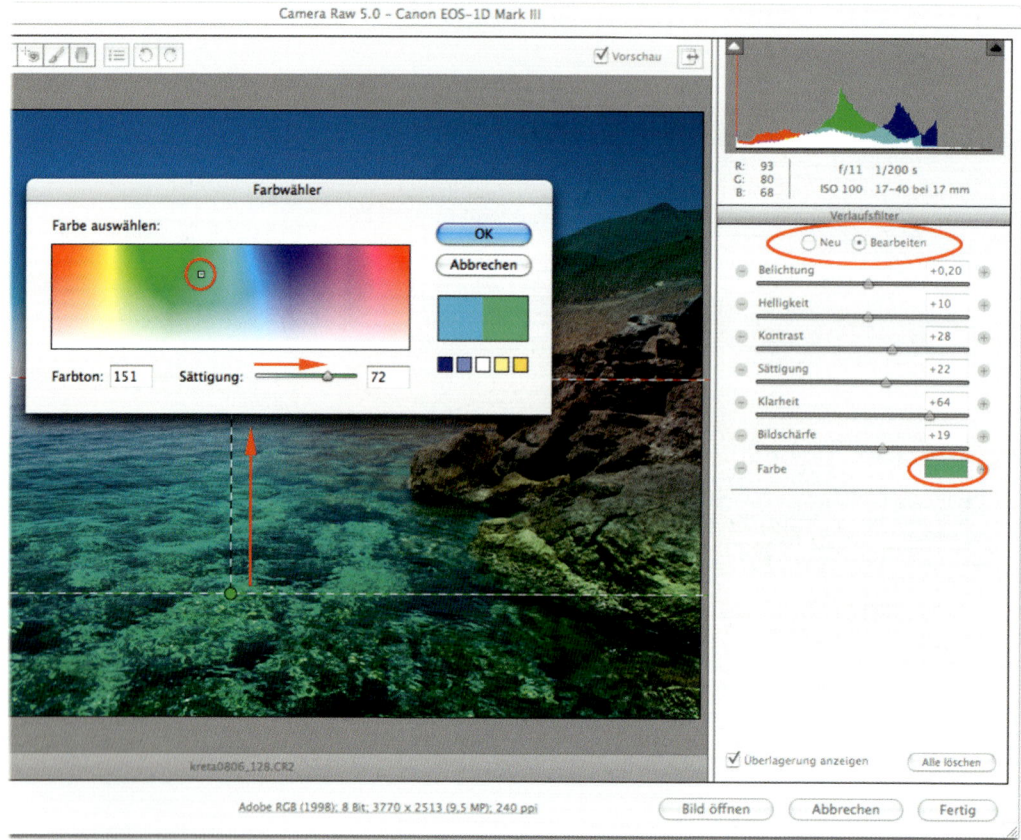

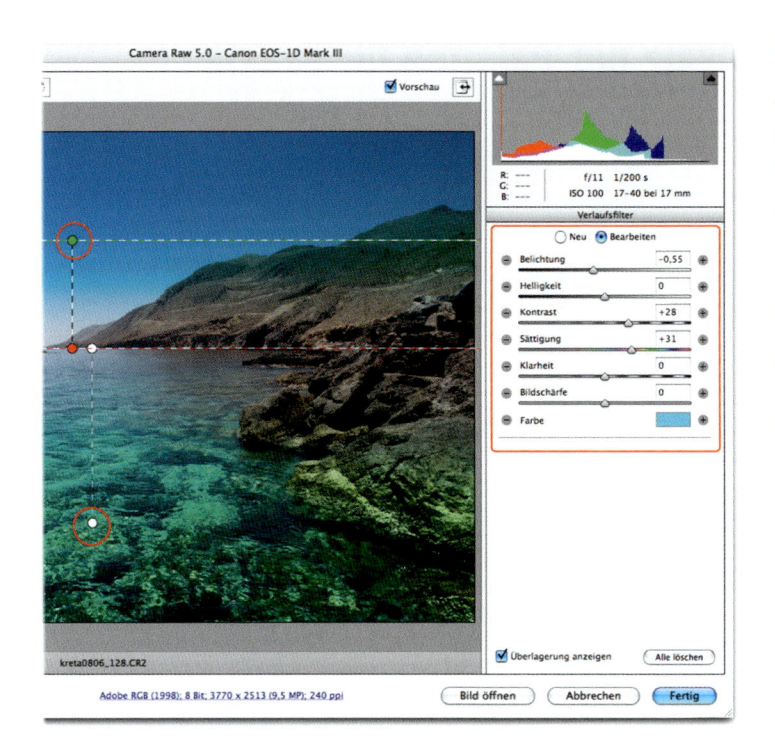

Beide Verläufe werden jetzt im Bild angezeigt. Klicken Sie auf den roten oder grünen Punkt bei dem jeweiligen Verlauf, um den Verlauf zu bearbeiten.

Wie Sie auf dem Screenshot sehen, sind alle Einstellungen so geöffnet, wie Sie sie zuletzt durchgeführt haben.

Das Prinzip ist ähnlich wie beim Arbeiten mit den Einstellungsebenen in Photoshop.

Auch die Länge und die Richtung des Verlaufs können Sie nachträglich bearbeiten.

Ziehen Sie die Punkte weiter auseinander, wenn Sie eine weichere Kante bei dem Maskierungsverlauf erreichen möchten, und in die entgegengesetzte Richtung, wenn die Übergänge härter gestaltet werden sollen.

12.3 Praktischer Einsatz der Paletten für exakte Bildkorrekturen

Die klassischen Bildkorrekturen beginnen in den Paletten, die in Camera Raw sehr vielfältig sind. Nicht nur die selektiven Einstellungen, die mit dem Anpassungspinsel sowie dem Maskierungsverlauf im Duo auftreten, sondern auch die konventionellen Entwicklungstechniken sind von großer Bedeutung. Lernen Sie im Folgenden den Umgang mit diesen Paletten kennen.

Weißabgleich

Die Grundeinstellungen beginnen Sie mit der Anpassung der Farbtemperatur. Diese kann auf verschiedene Arten durchgeführt werden. Im Aufklappmenü *Weißabgleich* können Sie die ersten Korrekturen vornehmen. Angenommen, Sie haben bei der Aufnahme die Einstellung *Kunstlicht* statt *Tageslicht* gewählt.

Kein Problem, diese können Sie nachträglich in Camera Raw ändern, ohne dass die Pixel dadurch beschädigt werden – über diesen Vorteil des RAW-Formats gegenüber dem JPEG-Format wurde bereits am Anfang dieses Kapitels berichtet. Allein die Änderung der Farbtemperatur kann schon die gewünschte Verbesserung bringen.

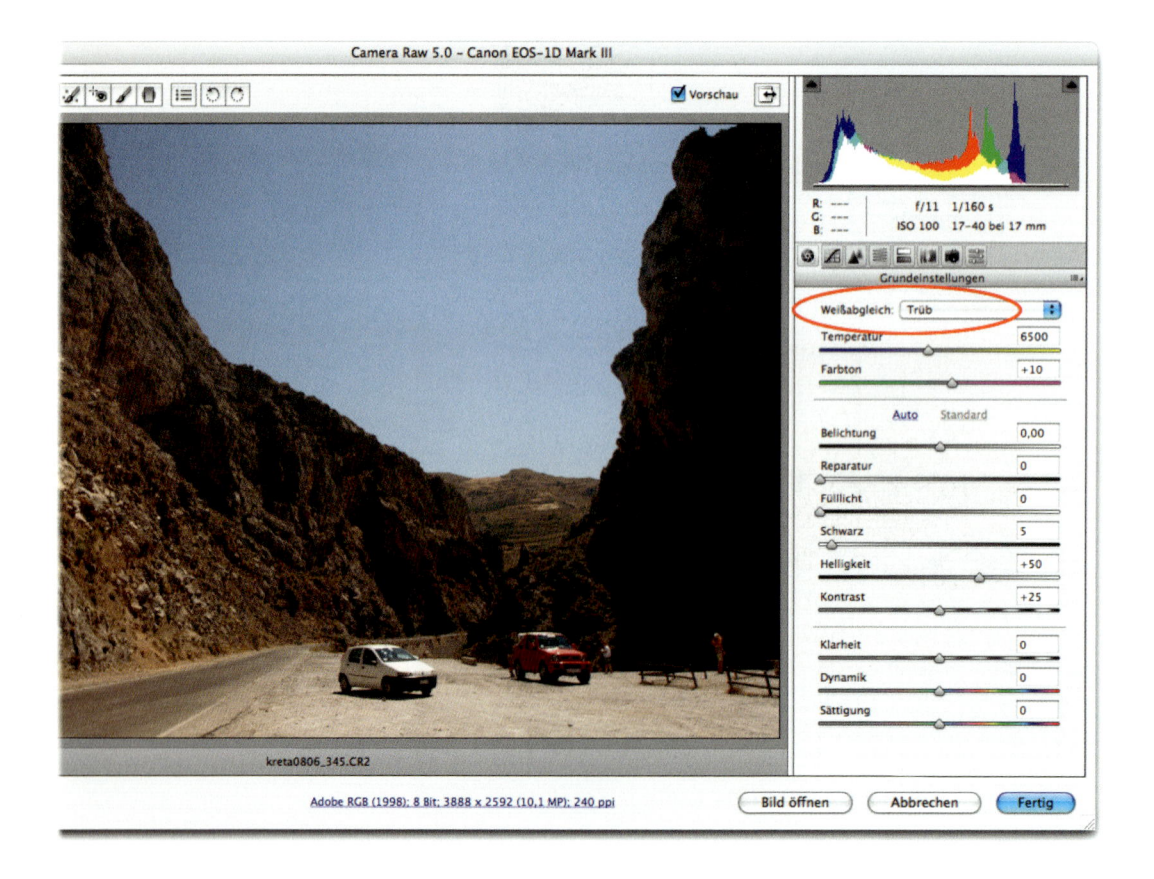

Wenn Sie experimentierfreudig sind, können Sie alle Einstellungen im Bereich *Weißabgleich* ausprobieren. Sie werden feststellen, dass so manche „unkorrekte" Einstellung ganz gut zum Motiv passt – wie zum Beispiel auf unserem Bild.

Die Einstellung der Kamera war AWB. Diese wurde auf *Trüb* in Camera Raw geändert – die Berge sehen jetzt viel besser aus und haben eine natürliche braune Farbe.

Der Himmel hat jetzt zwar einen leichten Farbstich, den können Sie aber selektiv mit dem Ausbesserungspinsel bearbeiten und eine reine blaue Farbe erreichen. Sie können die Einstellungen im Bereich *Weißabgleich* auch manuell durchführen. Wenn Sie einen der Regler bewegen, ändert sich die Einstellung im Aufklappmenü auf *Benutzerdefiniert*. Der Regler *Temperatur* ist selbsterklärend.

Bewegen Sie den Regler nach links, bekommen Sie kühlere Farben im Bild, nach rechts sind es wärmere. Falls Sie mit künstlichem Licht arbeiten und den Wert für die Farbtemperatur der Lichtquelle genau kennen, können Sie diesen als Zahl eingeben.

Mit dem Regler *Farbton* geben Sie dem Bild eine grüngelbe Verfärbung, wenn Sie ihn nach links bewegen, und mehr Magentaanteile erreichen Sie durch das Bewegen des Reglers nach rechts.

Belichtungskorrekturen

Im Vergleich zum Weißabgleich sind die Belichtungskorrekturen schon umfangreicher, und Sie werden diese auf den nächsten Seiten anhand unterschiedlicher Beispiele kennenlernen.

Obwohl von den Profis als unnützlich abgestempelt, können Sie vielleicht trotzdem versuchen, die Einstellung

Hälfte ist vielleicht von der Farbe her noch nicht optimal, aber es gibt keine zu hellen Bereiche und die Farbe können Sie in diesem Bereich mit anderen Einstellungen intensivieren. Wichtig ist, dass zu helle Bereiche abgedunkelt werden. Auf diese Weise können sie problemlos weiterbearbeitet werden. Weiße Stellen bieten im Gegensatz dazu kaum Anpassungsmöglichkeiten.

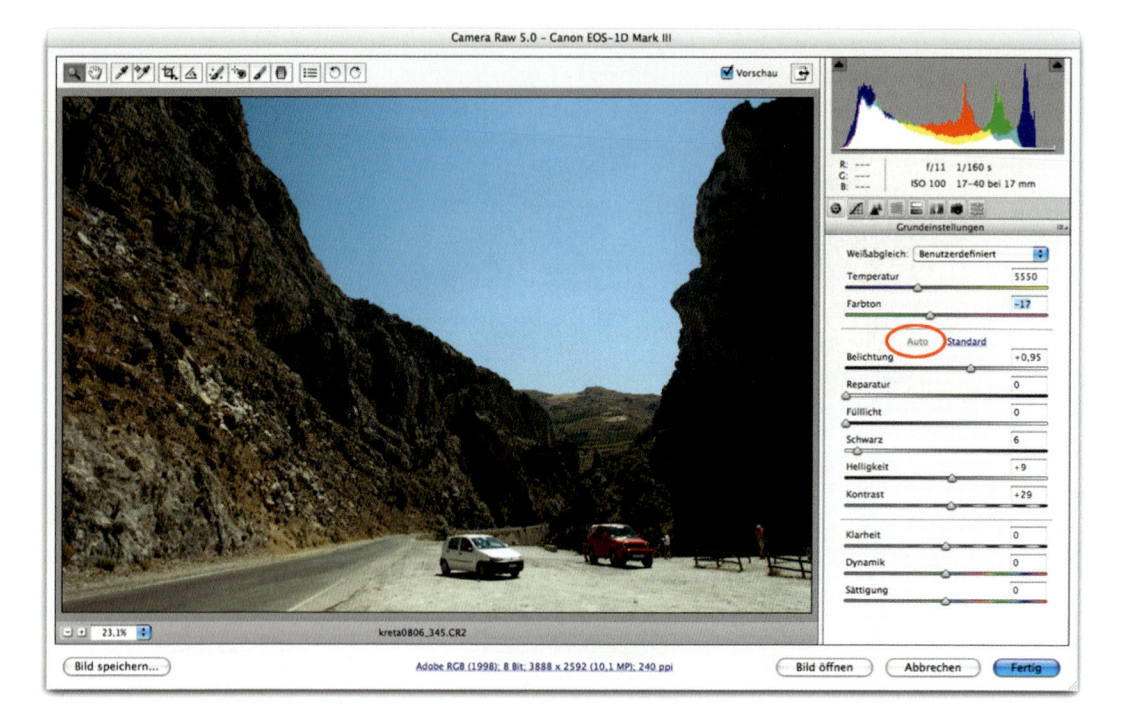

Auto anzuwenden. Manchmal funktioniert diese sehr gut, zumindest als Ausgangseinstellung für weitere Korrekturen können Sie sie nehmen.

Falls die Anpassungen mit dem Auto-Modus ganz und gar nicht infrage kommen, können Sie diese komplett aufheben, wenn Sie auf *Standard* klicken.

Reparatur

Die Einstellung *Reparatur* ist sehr hilfreich (siehe Bild oben auf der gegenüberliegenden Seite), wenn in einem Bild sehr helle oder sogar überstrahlte Bereiche vorhanden sind. Auf unserem Beispielfoto sehen Sie links den Himmel vor der Korrektur und rechts danach. Die rechte

Fülllicht

Mit der Einstellung *Fülllicht* erreichen Sie eine bessere Darstellung in einem anderen Bereich: den Schatten. Auf dem Screenshot unten auf der gegenüberliegenden Seite sehen Sie die Ergebnisse einer solchen Korrektur. Rechts sind die Bereiche des Baums, die im Schatten lagen, deutlich zu erkennen und die Struktur ist gut sichtbar.

Natürlich werden durch die Anpassung mit dem Regler *Fülllicht* (auch die Bereiche der Mitteltöne etwas heller gestaltet. Aber weitere Korrekturen können ausgleichend wirken, sodass die Tonwertverteilung richtig ausgewogen wird.

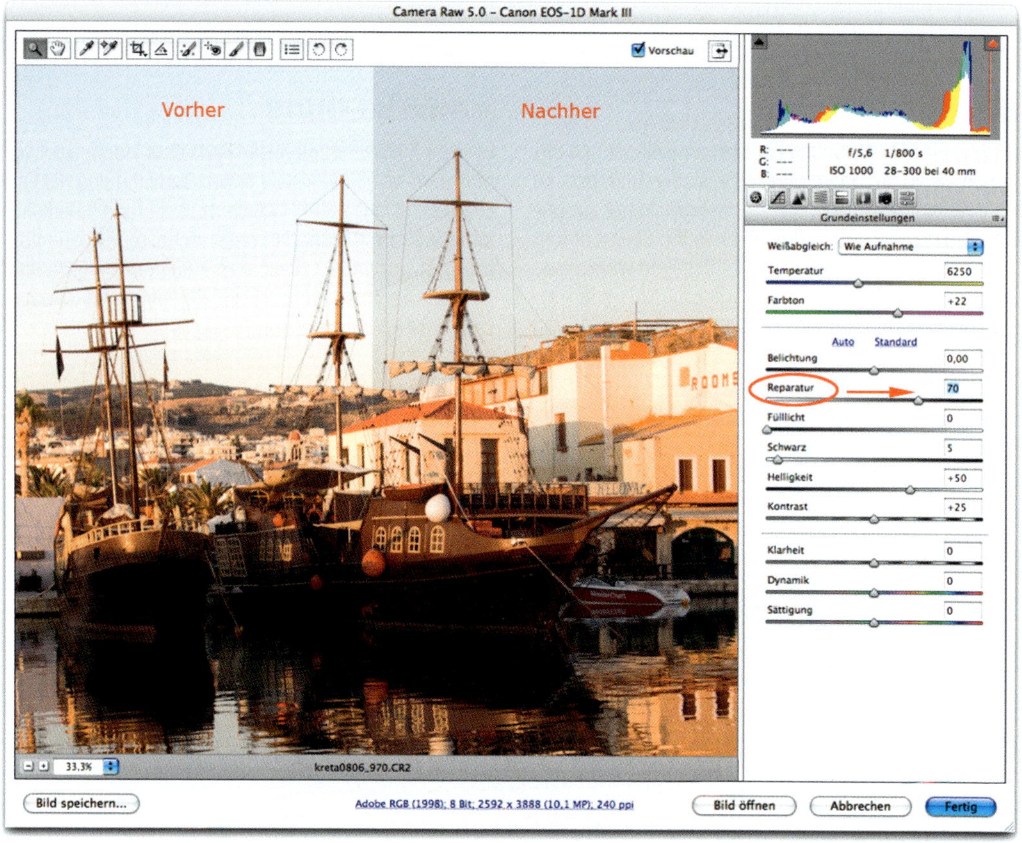
Camera Raw 5.0 - Canon EOS-1D Mark III
Vorschau
Vorher
Nachher
f/5,6 1/800 s
ISO 1000 28-300 bei 40 mm
Grundeinstellungen
Weißabgleich: Wie Aufnahme
Temperatur 6250
Farbton +22
Auto Standard
Belichtung 0,00
Reparatur 70
Fülllicht 0
Schwarz 5
Helligkeit +50
Kontrast +25
Klarheit 0
Dynamik 0
Sättigung 0
33,3%
kreta0806_970.CR2
Bild speichern...
Adobe RGB (1998); 8 Bit; 2592 x 3888 (10,1 MP); 240 ppi
Bild öffnen
Abbrechen
Fertig

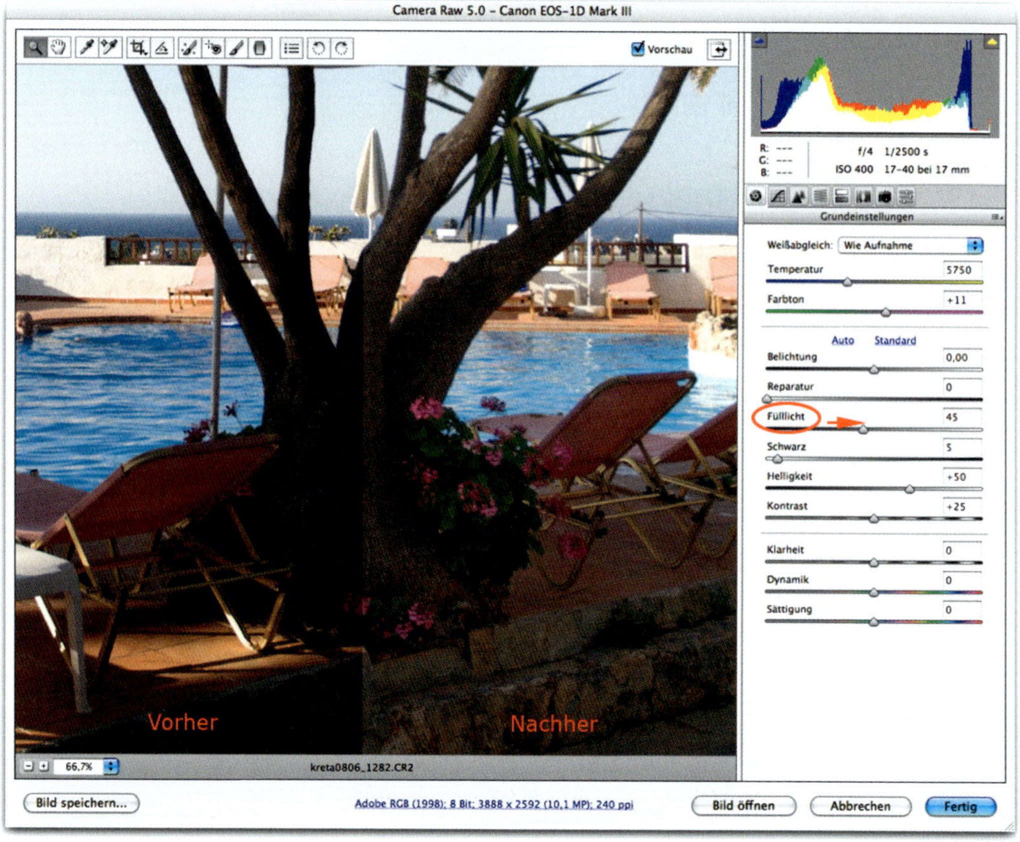
Camera Raw 5.0 - Canon EOS-1D Mark III
Vorschau
f/4 1/2500 s
ISO 400 17-40 bei 17 mm
Grundeinstellungen
Weißabgleich: Wie Aufnahme
Temperatur 5750
Farbton +11
Auto Standard
Belichtung 0,00
Reparatur 0
Fülllicht 45
Schwarz 5
Helligkeit +50
Kontrast +25
Klarheit 0
Dynamik 0
Sättigung 0
Vorher
Nachher
66,7%
kreta0806_1282.CR2
Bild speichern...
Adobe RGB (1998); 8 Bit; 3888 x 2592 (10,1 MP); 240 ppi
Bild öffnen
Abbrechen
Fertig

Schwarz

Mithilfe dieser Funktion können Sie ziemlich schnell Fotos optimieren, bei denen dunkle Bereiche nicht ganz so intensiv ausgeprägt sind, wie Sie es gern hätten. In unserem Beispielbild gibt es eigentlich keine überstrahlten oder unterbelichteten Bereiche, aber das Foto wirkt ziemlich flau. Erhöhen Sie den Wert mit dem Regler *Schwarz* auf vorerst ca. 20.

In unserem Beispiel hat dies sehr gut funktioniert. Das Bild bekam nicht nur mehr Tiefe in den dunkleren Farbbereichen, sondern auch die Farben wurden intensiver.

Helligkeit und Kontrast

Bei den Einstellungen in Photoshop gehören die Regler *Helligkeit* und *Kontrast* zu den Optionen, die gerade bei Profis nicht besonders beliebt sind. Natürlich bieten der *Helligkeit*- und *Kontrast*-Regler nicht so viel Spielraum wie zum Beispiel die Tonwertkorrektur oder Gradationskurven. Trotzdem können Sie mit diesen Einstellungen das Bild optimieren.

In unserem Beispiel wurde durch eine leichte Verringerung der Helligkeit und Anhebung des Kontrastes die Verzeichnung beim Fell der Katze deutlich verbessert.

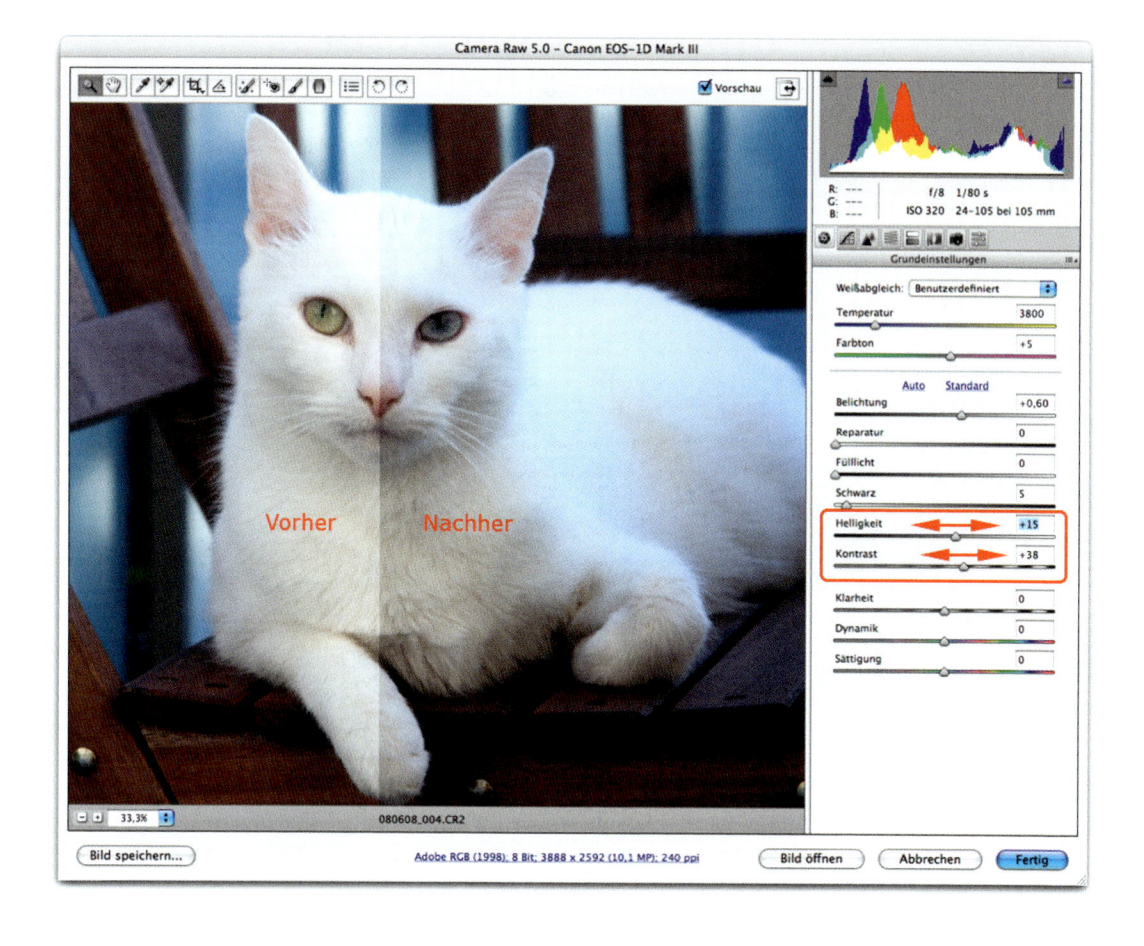

Optimaler Workflow für die Belichtungskorrektur

Anhand eines Bildes, das, wie Sie sehen, ziemlich flau ist, wird in den nächsten Schritten gezeigt, wie Sie die Werkzeuge für die Belichtungskorrektur in Camera Raw optimal einsetzen können.

1

Die Aufnahme wurde an einem trüben Tag mit der Einstellung AWB gemacht. Es lohnt sich, auszuprobieren, ob eine Einstellung für den Weißabgleich mit den Optionen *Tageslicht* oder *Trüb* besser wäre.

Falls bei der Einstellung *Trüb* das Bild gelbstichig wirken sollte, nehmen Sie einfach *Tageslicht*.

2

Wenn Sie in dem Bild einen oder mehrere Bereiche mit neutralen Farben haben (in unserem Beispiel können wir die Pflastersteine der Straße als grau annehmen), können Sie mit der Pipette des Weißabgleich-Werkzeugs auf so eine Stelle klicken, um die Farbstiche zu minimieren.

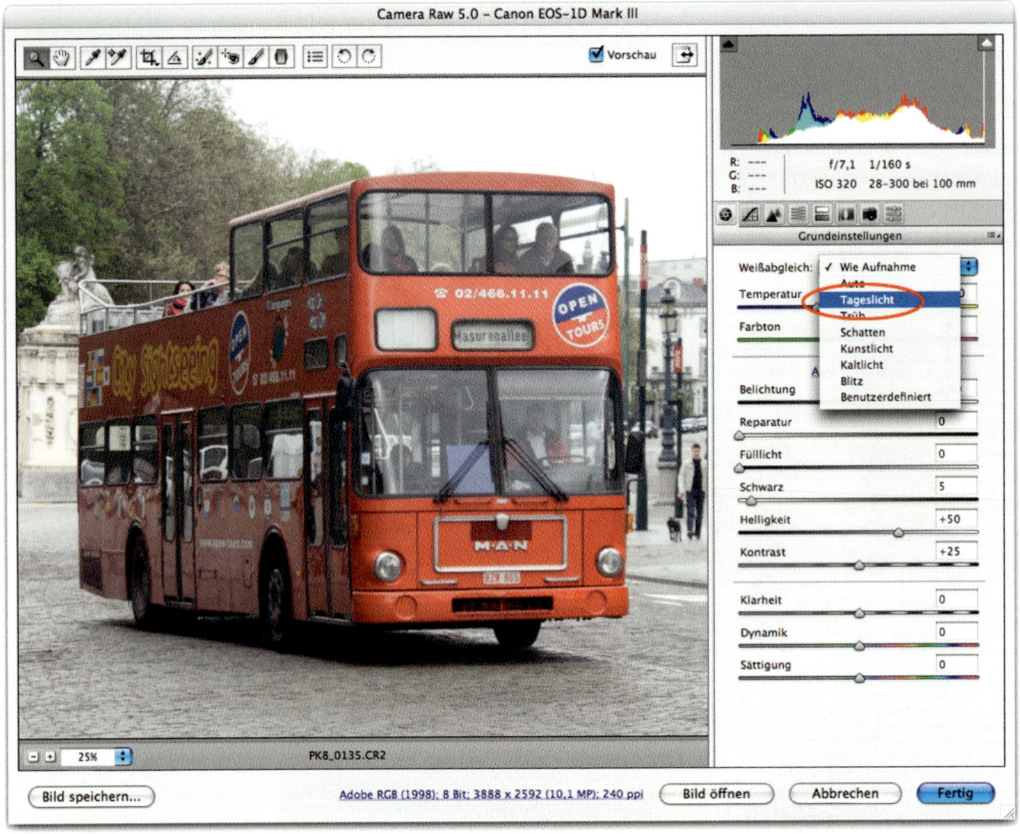
Camera Raw 5.0 – Canon EOS-1D Mark III
Vorschau
R: ---
G: ---
B: ---
f/7,1 1/160 s
ISO 320 28-300 bei 100 mm
Grundeinstellungen
Weißabgleich:
✓ Wie Aufnahme
Auto
Tageslicht
Trüb
Schatten
Kunstlicht
Kaltlicht
Blitz
Benutzerdefiniert
Temperatur
Farbton
Belichtung
Reparatur 0
Fülllicht 0
Schwarz 5
Helligkeit +50
Kontrast +25
Klarheit 0
Dynamik 0
Sättigung 0
25%
PK8_0135.CR2
Bild speichern...
Adobe RGB (1998); 8 Bit; 3888 x 2592 (10,1 MP); 240 ppi
Bild öffnen
Abbrechen
Fertig

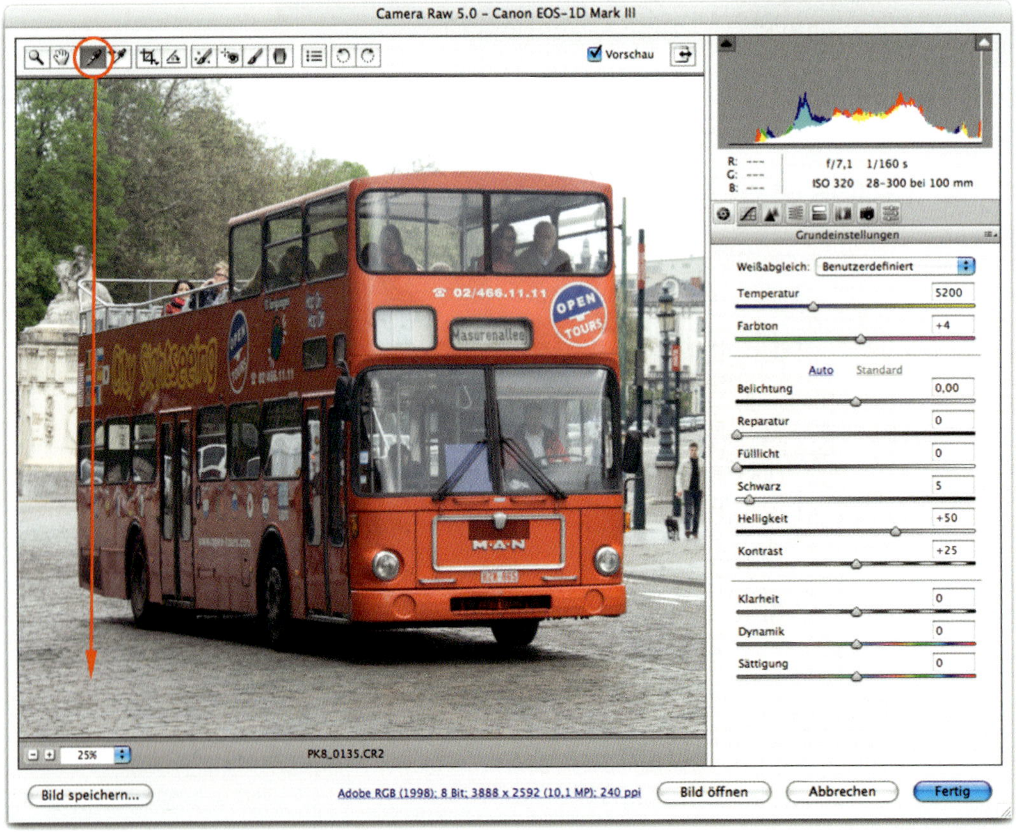
Camera Raw 5.0 – Canon EOS-1D Mark III
Vorschau
R: ---
G: ---
B: ---
f/7,1 1/160 s
ISO 320 28-300 bei 100 mm
Grundeinstellungen
Weißabgleich: Benutzerdefiniert
Temperatur 5200
Farbton +4
Auto Standard
Belichtung 0,00
Reparatur 0
Fülllicht 0
Schwarz 5
Helligkeit +50
Kontrast +25
Klarheit 0
Dynamik 0
Sättigung 0
25%
PK8_0135.CR2
Bild speichern...
Adobe RGB (1998); 8 Bit; 3888 x 2592 (10,1 MP); 240 ppi
Bild öffnen
Abbrechen
Fertig

3

Falls das Foto ziemlich flau wirkt, verringern Sie den Wert für den Regler *Belichtung* auf ca. –0,25. Das sollte vorerst reichen. Später können Sie die Belichtung bei Bedarf noch einmal anpassen. Mit dem Regler *Reparatur* korrigieren Sie die hellen Bereiche des Bildes. Achten Sie besonders auf die Stellen, an denen die Strukturen sehr schlecht sichtbar sind, wie zum Beispiel der Himmel, die Grenzen zwischen dem Himmel und den Bäumen, die Wände, die Mauer etc.

4

Mit dem Regler *Fülllicht* bringen Sie mehr Verzeichnung in die Bereiche, die im Schatten liegen. Sie sollten natürlich nicht als Ziel haben, jedes Detail der Straße unter dem Bus sichtbar zu machen. So eine Aktion wird sich auf die anderen Bilddetails negativ auswirken. Die eventuell durch die Anwendung *Fülllicht* verloren gegangenen Kontraste können Sie mit dem Regler *Schwarz* gut kompensieren.

5

Mit den Reglern *Helligkeit* und *Kontrast* bringen Sie Farbe in das Bild. Die rote Farbe des Busses können Sie mit dem Regler *Kontrast* stark intensivieren. Zwar ist die Kontrasteinstellung nicht direkt zum Erhöhen der Sättigung gedacht. Sie können aber davon ausgehen, dass besonders farbintensive Bilddetails wie unser Bus kräftigere Farben bekommen. Erhöhen Sie in solchen Situationen den Regler *Kontrast* auf ca. +50 bis +70.

Vorher

Nachher

Mehr Details und bessere Farben erreichen

Zu den Einstellungen, die Sie bereits kennengelernt haben, kommen noch drei dazu, die ausschlaggebend für Detailvielfalt und bessere Farben sind. Die Rede ist von den Reglern *Klarheit, Dynamik* und *Sättigung*.

Genau für solche Korrekturen ist der Regler *Klarheit* gedacht. Diese Einstellung ist so konzipiert, dass Bereiche mit schwachen Kontrasten vom Programm erkannt werden, und je weiter Sie den Regler *Klarheit*

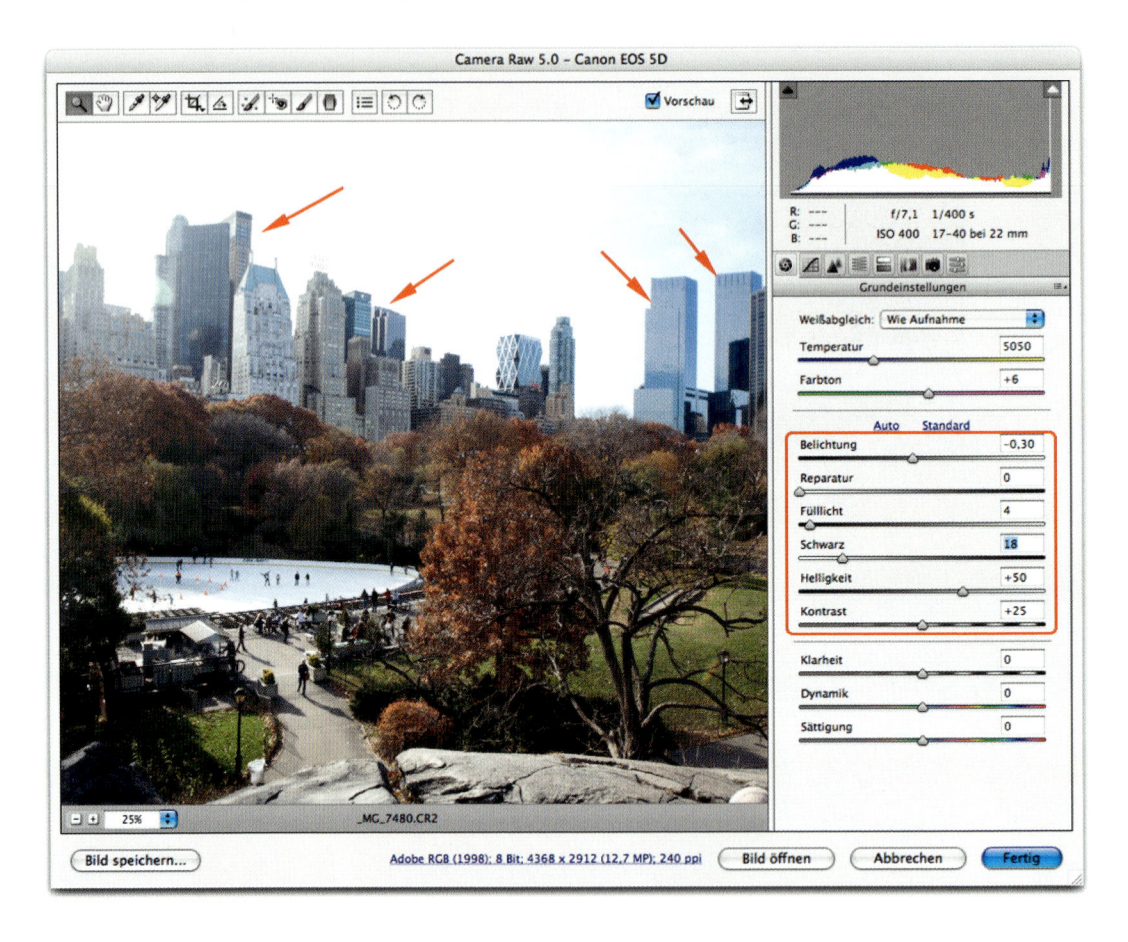

Klarheit

Die Einstellung der Klarheit ist besonders gut für Fotos wie in unserem Beispiel.

Der Park im Vordergrund ist wunderbar zu sehen, leichte Anpassungen der Werte können Sie mit den Reglern im mittleren Bereich der Palette *Grundeinstellungen* vornehmen. Das Problem, das auch nach diesen Einstellungen bestehen bleibt, sind sehr schwache Kontraste im Bereich Himmel/Wolkenkratzer.

nach rechts bewegen, umso höher wird der Kontrast im Problembereich auf unserem Beispielbild.

Natürlich werden die Kontraste auch in den anderen Bildbereichen angehoben. Deshalb ist es wichtig, ein Mittelmaß zu finden, bei dem schwache Kontraste verstärkt werden, ohne dass diese Korrektur dem restlichen Bild schadet.

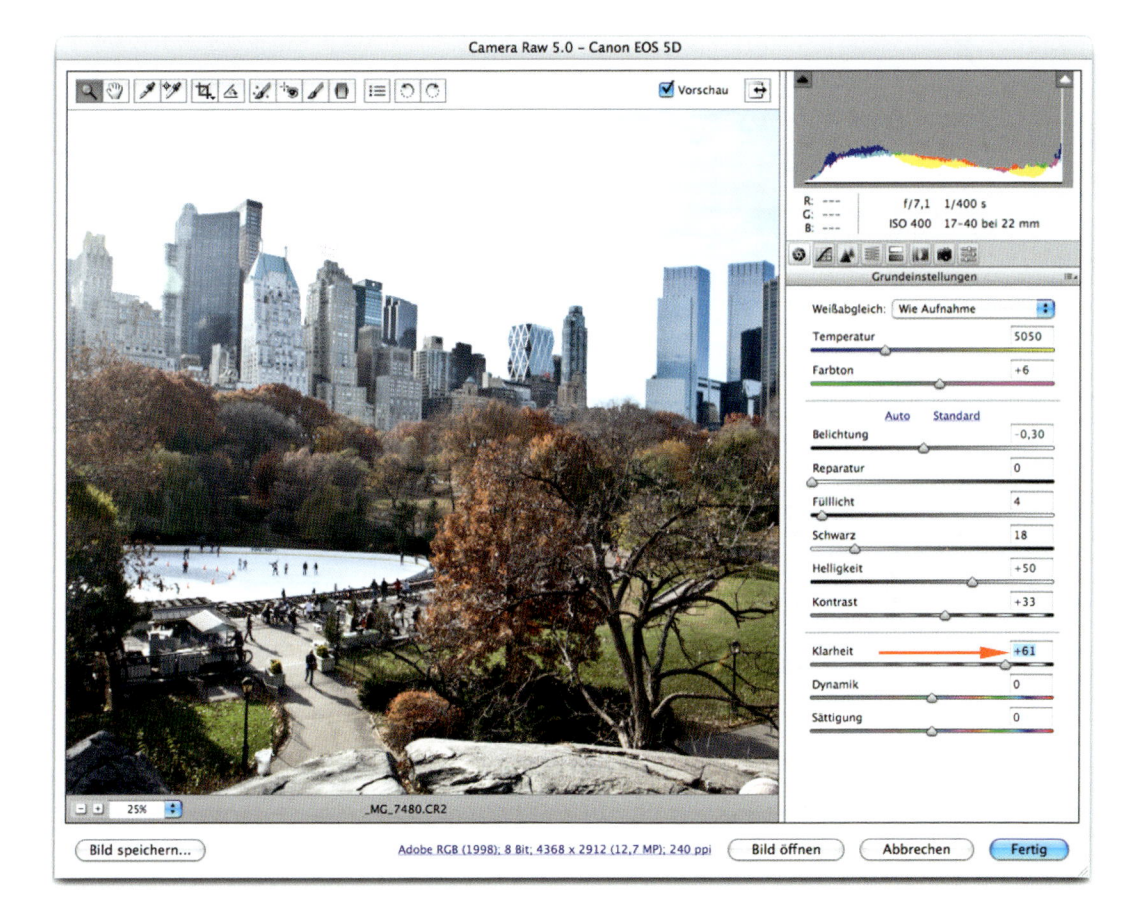

Dynamik

Nachdem die Belichtung des Bildes korrigiert und die Verzeichnung der Details mit dem Regler *Klarheit* verbessert wurde, können Sie entscheiden, ob Sie intensivere Farben in Ihrem Bild sehen möchten.

Zwar können Sie einiges schon mit dem Regler *Kontrast* erreichen, aber nicht in dem Umfang wie mit den Reglern *Dynamik* und *Sättigung*.

Die Einstellung *Dynamik* ist für eine „intelligente" Anhebung der Farbintensität gedacht. Sie erreichen damit eine moderate Verstärkung der Kontraste zwischen Flächen mit unterschiedlichen Farben – die Dynamik der Farben wird verstärkt.

Auch wenn Sie den Regler *Dynamik* fast bis zum Wert +100 bewegen, werden Sie feststellen, dass die Farben zwar verstärkt, aber nicht überzogen wurden, wie das bei der Anpassung mit dem Regler *Sättigung* passieren kann.

Kurz gesagt, der Regler *Dynamik* steht für eine Verstärkung der Farbkontraste.

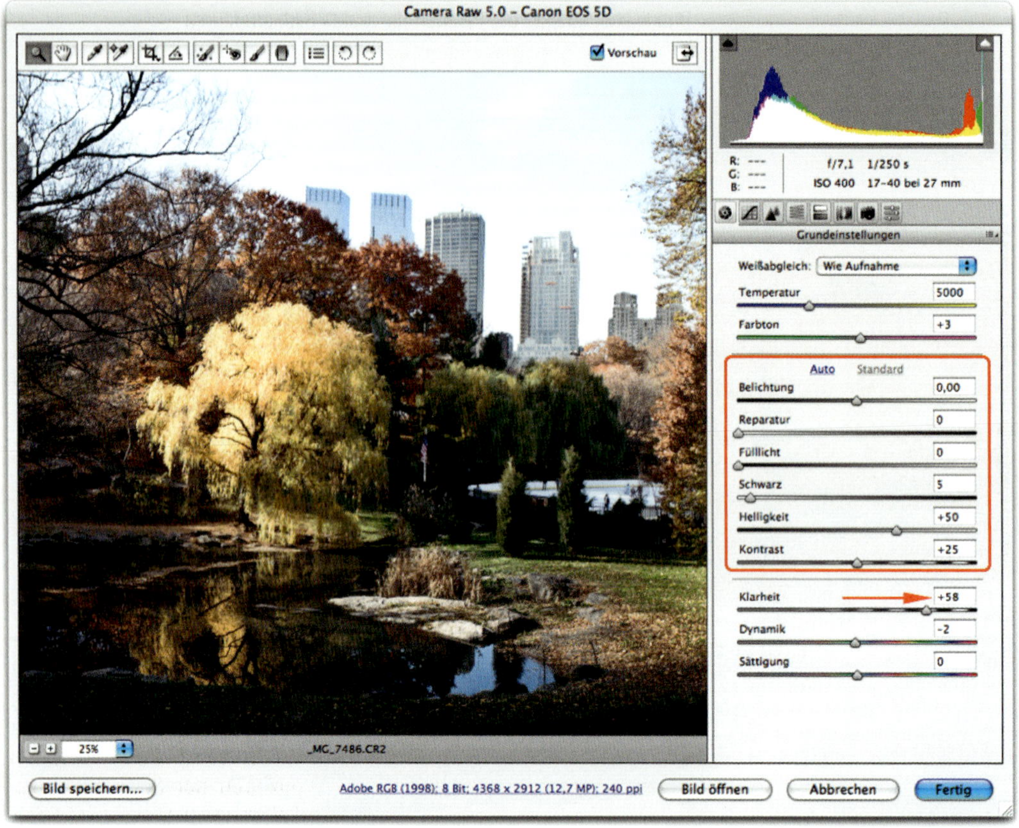
Camera Raw 5.0 - Canon EOS 5D
Vorschau
f/7,1 1/250 s
ISO 400 17-40 bei 27 mm
Grundeinstellungen
Weißabgleich: Wie Aufnahme
Temperatur 5000
Farbton +3
Auto Standard
Belichtung 0,00
Reparatur 0
Fülllicht 0
Schwarz 5
Helligkeit +50
Kontrast +25
Klarheit +58
Dynamik -2
Sättigung 0
25%
_MG_7486.CR2
Bild speichern...
Adobe RGB (1998); 8 Bit; 4368 x 2912 (12,7 MP); 240 ppi
Bild öffnen
Abbrechen
Fertig

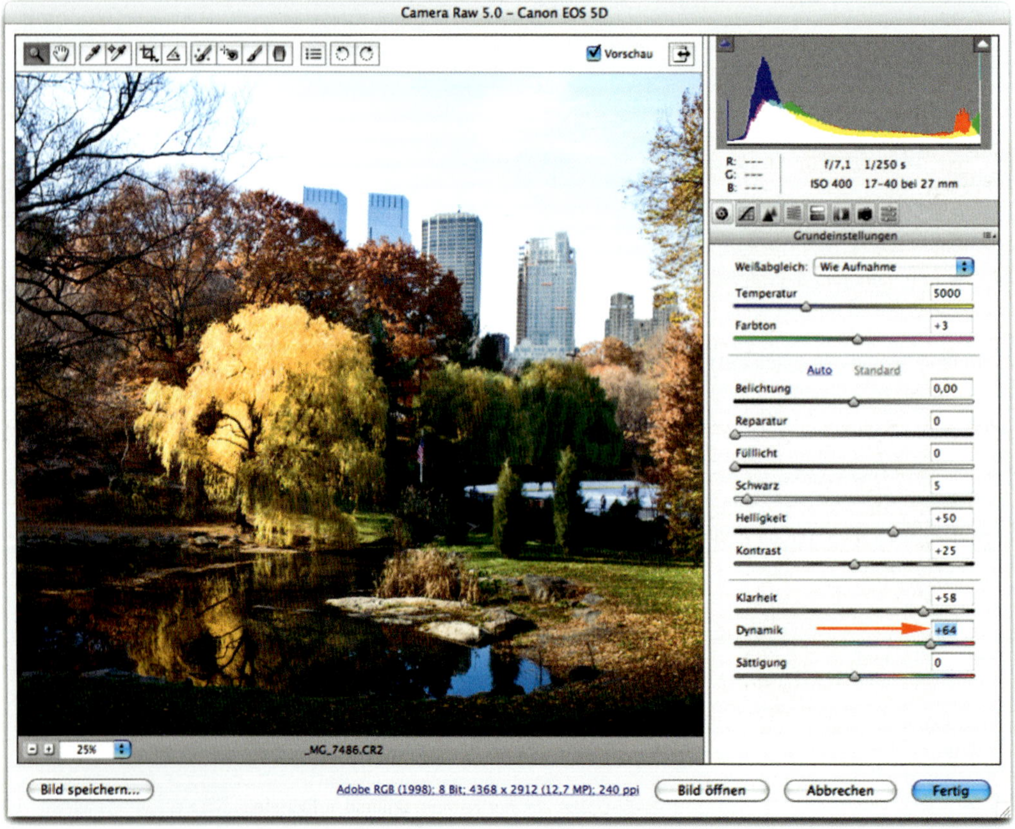
Camera Raw 5.0 - Canon EOS 5D
Vorschau
f/7,1 1/250 s
ISO 400 17-40 bei 27 mm
Grundeinstellungen
Weißabgleich: Wie Aufnahme
Temperatur 5000
Farbton +3
Auto Standard
Belichtung 0,00
Reparatur 0
Fülllicht 0
Schwarz 5
Helligkeit +50
Kontrast +25
Klarheit +58
Dynamik +64
Sättigung 0
25%
_MG_7486.CR2
Bild speichern...
Adobe RGB (1998); 8 Bit; 4368 x 2912 (12,7 MP); 240 ppi
Bild öffnen
Abbrechen
Fertig

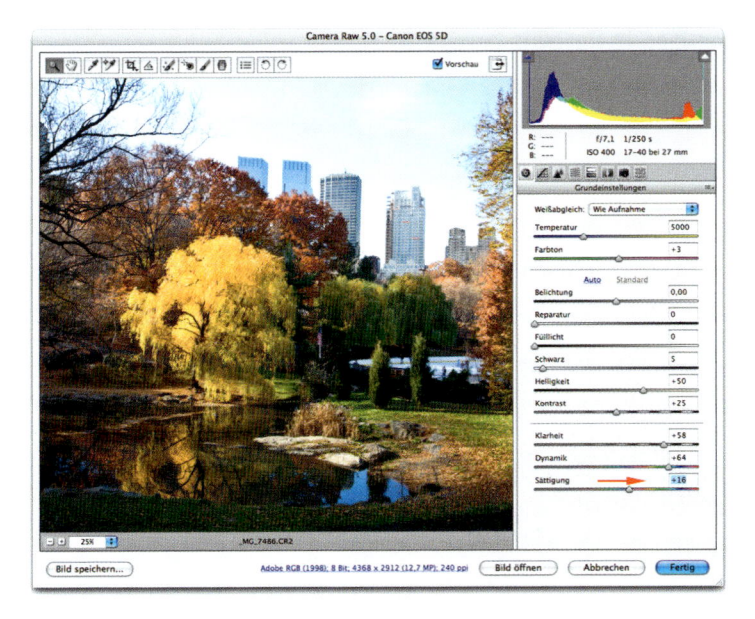

Sättigung

Mit dem Regler *Sättigung* werden alle Farben des Bildes in ihrer Intensität angehoben. Am besten verwenden Sie die Einstellung *Sättigung* nach der Anpassung der Dynamik.

Dabei werden Sie nur eine minimale Wertanpassung vornehmen müssen. Eine Kombination der Korrekturen mit den Einstellungen von *Dynamik* sowie *Sättigung* ist auf jeden Fall sinnvoller als eine Korrektur mit nur dem einen oder dem anderen Regler.

Falls Sie doch nicht ganz den Unterschied zwischen Dynamik und Sättigung verstanden haben: Wenn Sie den Regler *Dynamik* ganz nach links verschieben, bleiben im Bild die Farben erhalten, und beim Reduzieren der Sättigung (Regler *Sättigung* ganz links) wird das Bild schwarz-weiß.

Mit Klarheit: interessante Stimmungen in Porträts erzeugen

Mit dem Regler *Klarheit* können Sie nicht nur die Kontraste feiner Details verstärken.

Diese Funktion können Sie auch sehr gut in der Porträtfotografie verwenden, um charaktervolle Porträts zu gestalten.

Mit einem Wert von ca. 20–30 können Sie die Strukturen in dunklen Bereichen ausbessern, wie zum Beispiel auf unserem Bild im Bereich der Haare links.

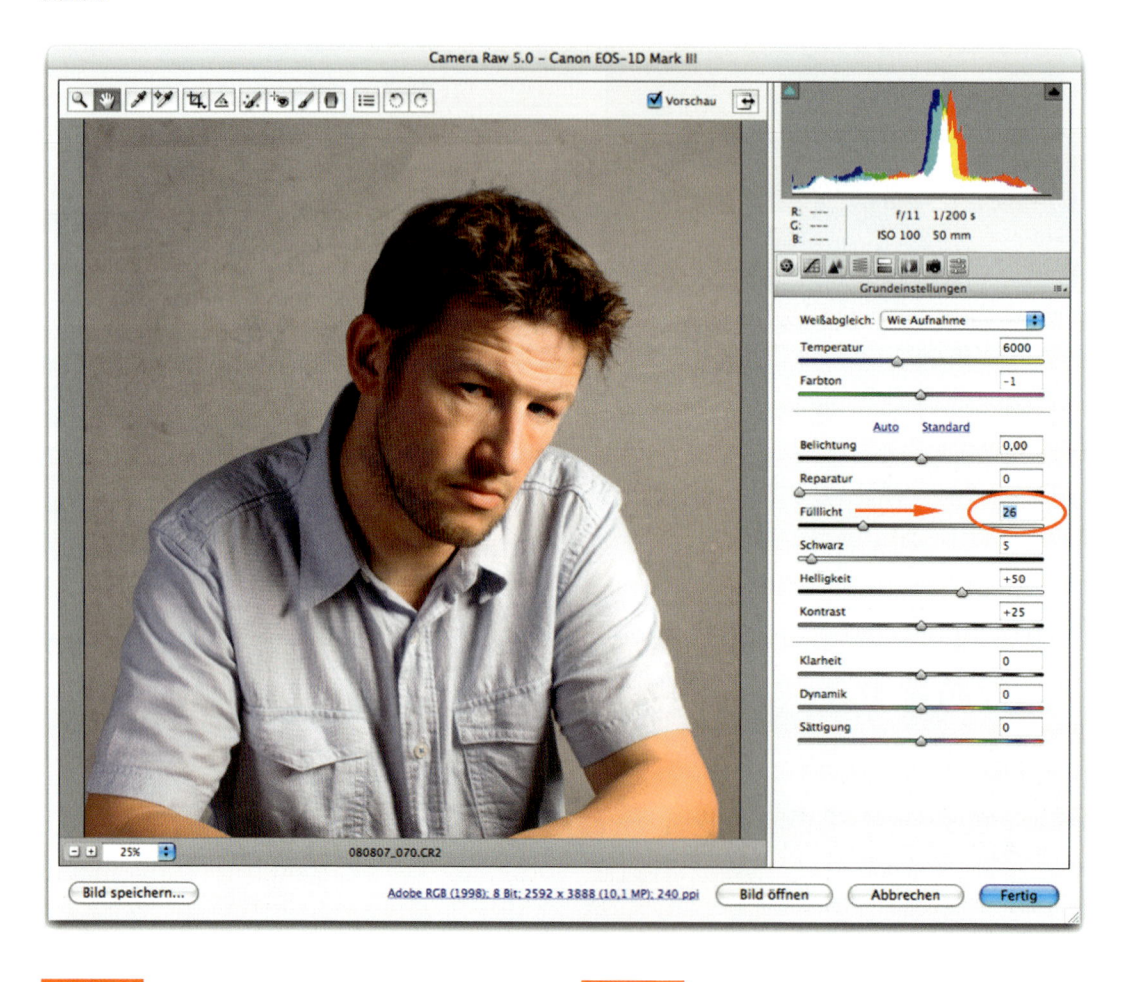

1

Öffnen Sie das Porträtfoto in Camera Raw 5.0 und passen Sie die Lichteinstellungen so an, dass die Ausleuchtung des Gesichts ohne starke Schatten erfolgt. Praktisch ist dabei die Einstellung *Fülllicht*.

2

Durch die Benutzung des Reglers *Fülllicht* wird das Bild heller, was nicht immer erwünscht ist. Die zugenommene Helligkeit können Sie mit den Reglern *Schwarz* und *Kontrast* kompensieren. Verstärken Sie diese Werte leicht (ca. +5 bis +10).

3

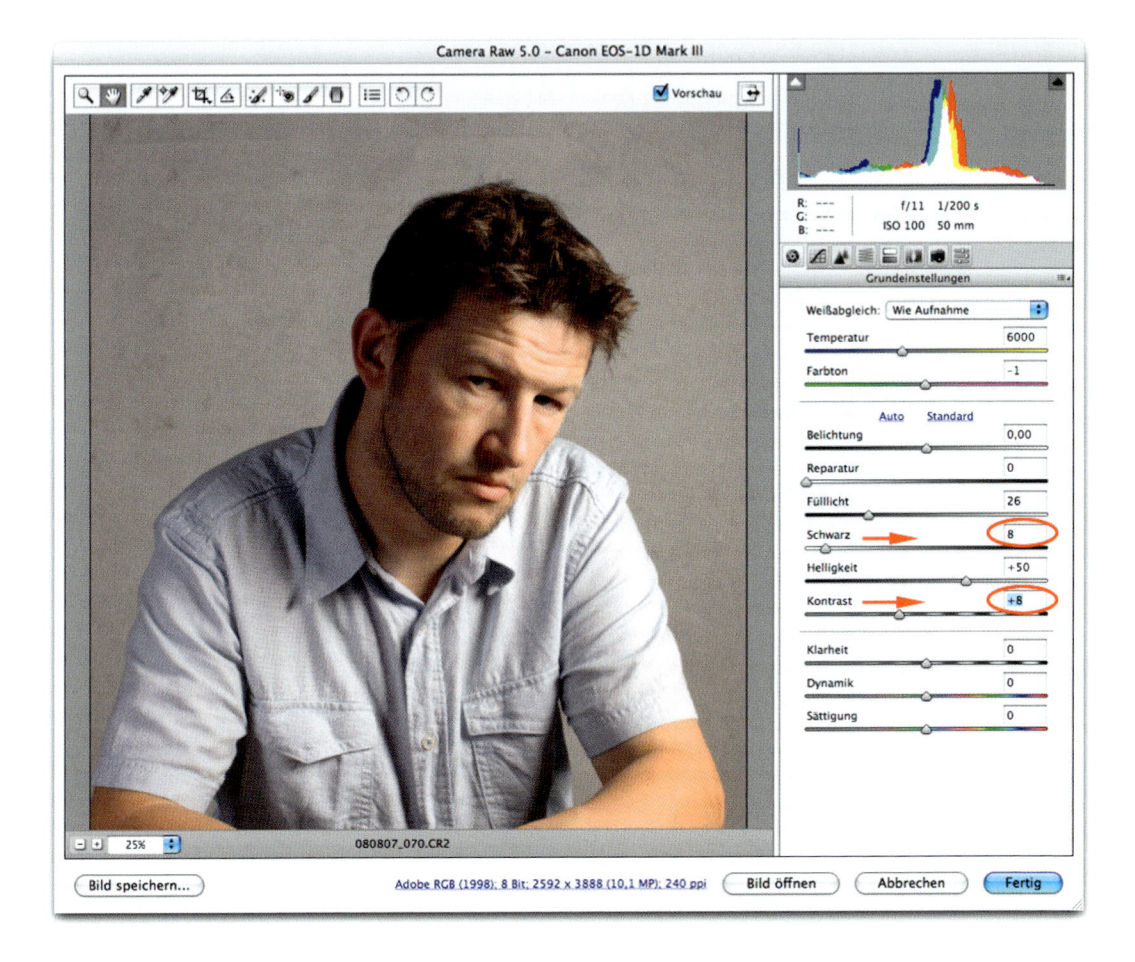

Bewegen Sie den Regler *Klarheit* stark nach rechts (ca. +70 bis +80). Das Gesicht bekommt dadurch stärkere Kontraste in dunkleren Bereichen – ein interessanter Effekt, der oft Comic-Style oder Gangster-Look genannt wird. Sehr gut ist dieser Effekt für charaktervolle Porträts wie in unserem Beispiel geeignet.

4

Anschließend können Sie die Farben anpassen. Verschieben Sie den Regler *Farbton* leicht nach links (ca. –20 bis –30), sodass das Bild eine leicht gelbgrüne Tönung bekommt. Danach verschieben Sie den Regler *Sättigung* auch nach links (bis ca. –15). Mit diesen Einstellungen erreichen Sie ein gewisses Kino-Feeling, was zurzeit sehr populär in der Werbefotografie ist.

Ein derart vorbereitetes Porträt kann eine gute Vorlage für ein Porträt-Composing liefern. Mehr über Composing-Techniken erfahren Sie in Kapitel 7.

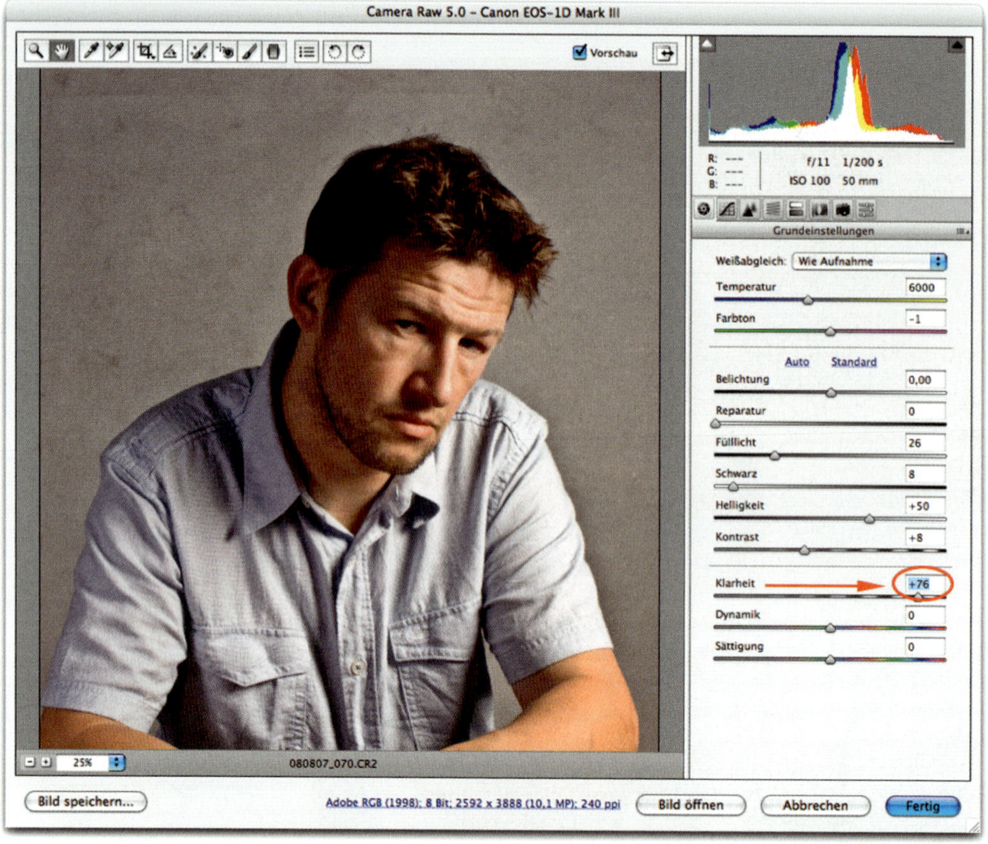
Camera Raw 5.0 - Canon EOS-1D Mark III
Vorschau
f/11 1/200 s
ISO 100 50 mm
Grundeinstellungen
Weißabgleich: Wie Aufnahme
Temperatur 6000
Farbton -1
Auto Standard
Belichtung 0,00
Reparatur 0
Fülllicht 26
Schwarz 8
Helligkeit +50
Kontrast +8
Klarheit +76
Dynamik 0
Sättigung 0
25%
080807_070.CR2
Bild speichern...
Adobe RGB (1998); 8 Bit; 2592 x 3888 (10,1 MP); 240 ppi
Bild öffnen
Abbrechen
Fertig

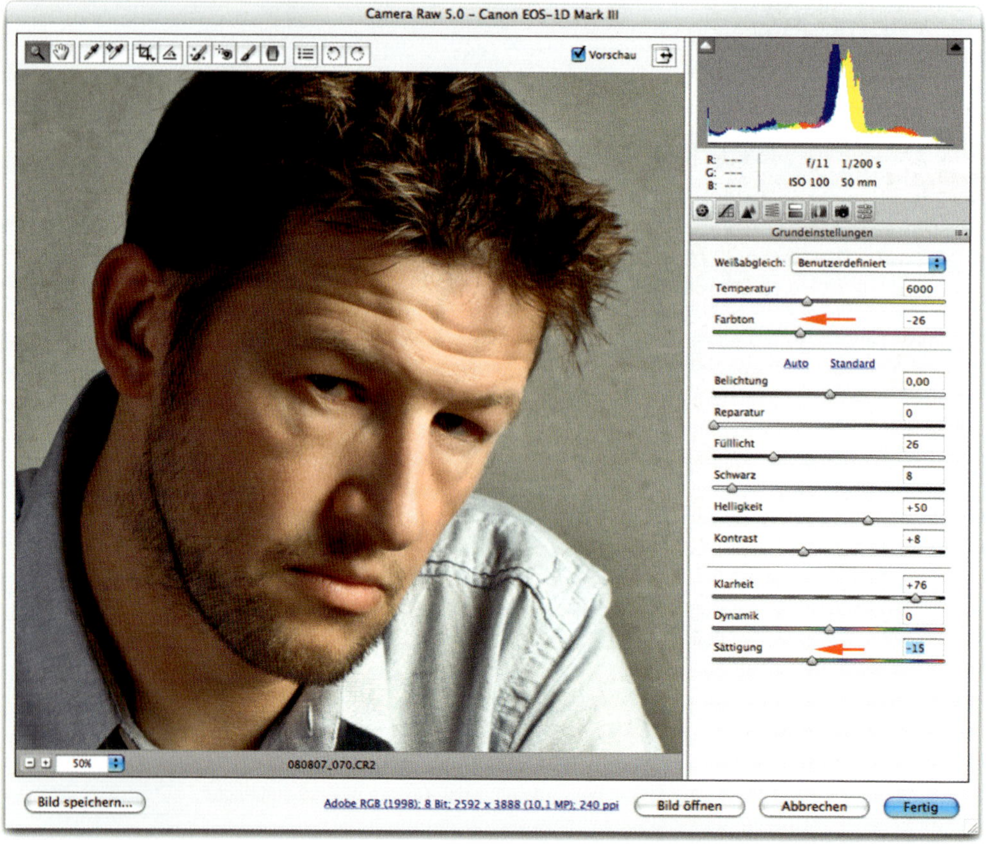
Camera Raw 5.0 - Canon EOS-1D Mark III
Vorschau
f/11 1/200 s
ISO 100 50 mm
Grundeinstellungen
Weißabgleich: Benutzerdefiniert
Temperatur 6000
Farbton -26
Auto Standard
Belichtung 0,00
Reparatur 0
Fülllicht 26
Schwarz 8
Helligkeit +50
Kontrast +8
Klarheit +76
Dynamik 0
Sättigung -15
50%
080807_070.CR2
Bild speichern...
Adobe RGB (1998); 8 Bit; 2592 x 3888 (10,1 MP); 240 ppi
Bild öffnen
Abbrechen
Fertig

Fotografie, Produktion: Kaplun & Kaplun GbR. Model: Markus Wagschal

Exaktes Nachschärfen von Bildern

Zum Nachschärfen von Fotos sind in Camera Raw 5.0 vier Regler vorgesehen. Lernen Sie zuerst, was sich hinter diesen Reglern (*Betrag*, *Radius*, *Detail* und *Maskieren*) verbirgt.

Betrag

Dieser Regler definiert, wie stark das Bild nachgeschärft werden soll. Er gibt die Grundlage für Anpassungen mit weiteren Funktionen.

Radius

Mit diesem Regler legen Sie fest, wie groß eine Kante, ein Punkt oder eine Linie im Bild sein müssen, um als scharf eingestellt zu werden. Um das besser zu verstehen, können Sie sich Folgendes vorstellen: Mit einem kleinen Radius schärfen Sie sehr feine Details nach, wie z. B. Strukturen, Haare etc. Ein größerer Radius „greift" nach größeren Details im Bild.

Detail

Mit dem Regler *Detail* definieren Sie, wie deutlich die Detailverzeichnung in kontrastarmen Bereichen sein soll.

Mit einer höheren Einstellung des Reglers *Detail* können Sie zum Beispiel Steinstrukturen im Bild besser hervorheben.

Maskieren

Durch das Nachschärfen kann es oft passieren, dass an einigen Stellen die Kanten so scharf dargestellt werden, dass diese nicht mehr ästhetisch aussehen.

Auch unangenehme Nebeneffekte wie weiße oder schwarze Ränder können dabei auftreten. Bei Bildern, die mit hohen ISO-Werten aufgenommen wurden, führt das Nachschärfen oft zum Verstärken des Rauschverhaltens. All diesen Störungen können Sie effektiv mit einer Erhöhung des Wertes des Reglers *Maskieren* entgegenwirken.

Dabei geht die Schärfe etwas verloren, und daher ist es wichtig, eine Einstellung zu finden, die einen Kompromiss zwischen der Detailvielfalt und der Schärfe des Bildes darstellt.

Nachfolgend finden Sie typische Motive und eine Empfehlung zum Nachschärfen des Bildes.

Architekturaufnahmen

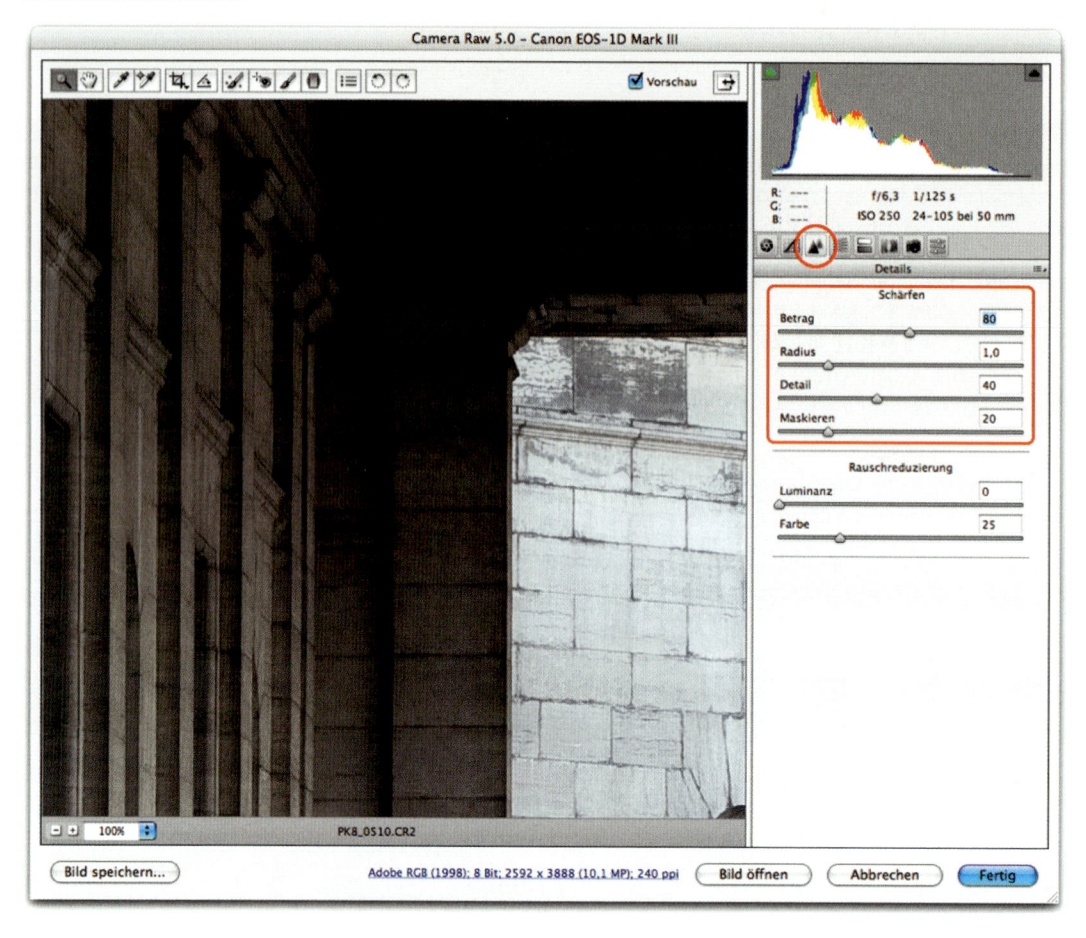

Der Regler *Betrag* für die Schärfe kann hier ziemlich hoch gewählt werden (60–90). Für *Radius* ist ein Wert von ca. 1,0 passend zur Struktur und Kantenschärfe.

Durch einen höheren Wert beim Regler *Detail* können Steinstrukturen deutlicher verzeichnet werden. Der Maskierungsbetrag ist vom Rauschverhalten der Aufnahme abhängig.

Detailreiche Aufnahmen

Hier können Sie die Werte für *Betrag* und *Detail* noch höher einstellen als bei Architekturaufnahmen (siehe Bild oben auf der gegenüberliegenden Seite). Besonders wenn es auf kleinere Details ankommt,

sollte für *Radius* etwas weniger gewählt werden (ca. 0,3–0,7).

Naturaufnahmen

Eine zu harte Schärfe bei Naturaufnahmen wirkt nicht besonders angenehm. Versuchen Sie deshalb, keine Schärfe höher als 60 zu verwenden.

Ein minimaler Radius erlaubt es Ihnen, feine Details scharf, aber nicht zu hart darzustellen. Mit dem Regler *Detail* erreichen Sie beim Gefieder von Vögeln oder bei Pflanzen eine angenehm wirkende Verzeichnung bei Werten von ca. 40–60 (siehe Bild unten auf der gegenüberliegenden Seite).

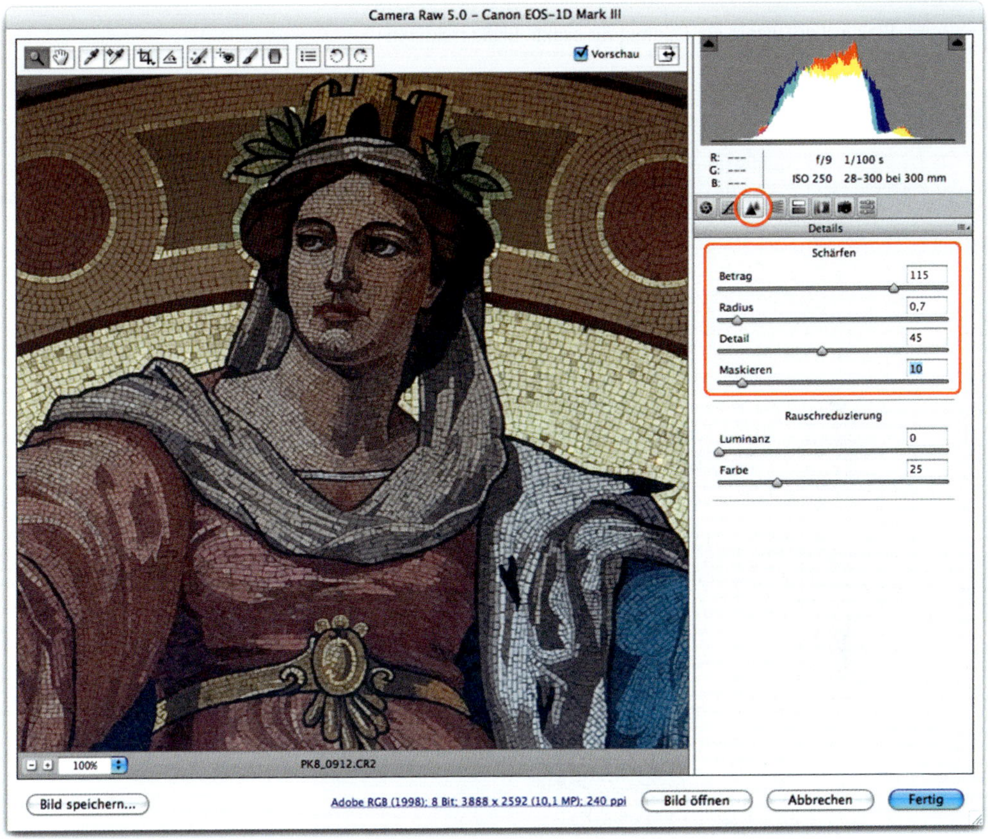
Camera Raw 5.0 - Canon EOS-1D Mark III
Vorschau
R: ---
G: ---
B: ---
f/9 1/100 s
ISO 250 28-300 bei 300 mm
Details
Schärfen
Betrag 115
Radius 0,7
Detail 45
Maskieren 10
Rauschreduzierung
Luminanz 0
Farbe 25
100%
PK8_0912.CR2
Bild speichern...
Adobe RGB (1998); 8 Bit; 3888 x 2592 (10,1 MP); 240 ppi
Bild öffnen
Abbrechen
Fertig

Camera Raw 5.0 - Canon EOS-1D Mark III
Vorschau
R: ---
G: ---
B: ---
f/9 1/800 s
ISO 250 28-300 bei 300 mm
Details
Schärfen
Betrag 60
Radius 0,5
Detail 40
Maskieren 1
Rauschreduzierung
Luminanz 0
Farbe 25
100%
PK8_0972.CR2
Bild speichern...
Adobe RGB (1998); 8 Bit; 3888 x 2592 (10,1 MP); 240 ppi
Bild öffnen
Abbrechen
Fertig

Fell von Tieren

Bei Fotos von Tieren (Katzen, Hunde etc.) geht es in erster Linie um die korrekte Darstellung des Fells. Verwenden Sie dazu einen Schärfebetrag wie bei Naturaufnahmen (nicht zu hoch, ca. 50–60). Der Regler *Radius* variiert zwischen dem minimalen Betrag und höchstens 1,0. Mit Werten von 10 bis 15 für *Detail* erreichen Sie eine angenehme Wirkung. Bei Fotos mit höheren ISO-Werten verwenden Sie eine Maskierung von ca. 10–20.

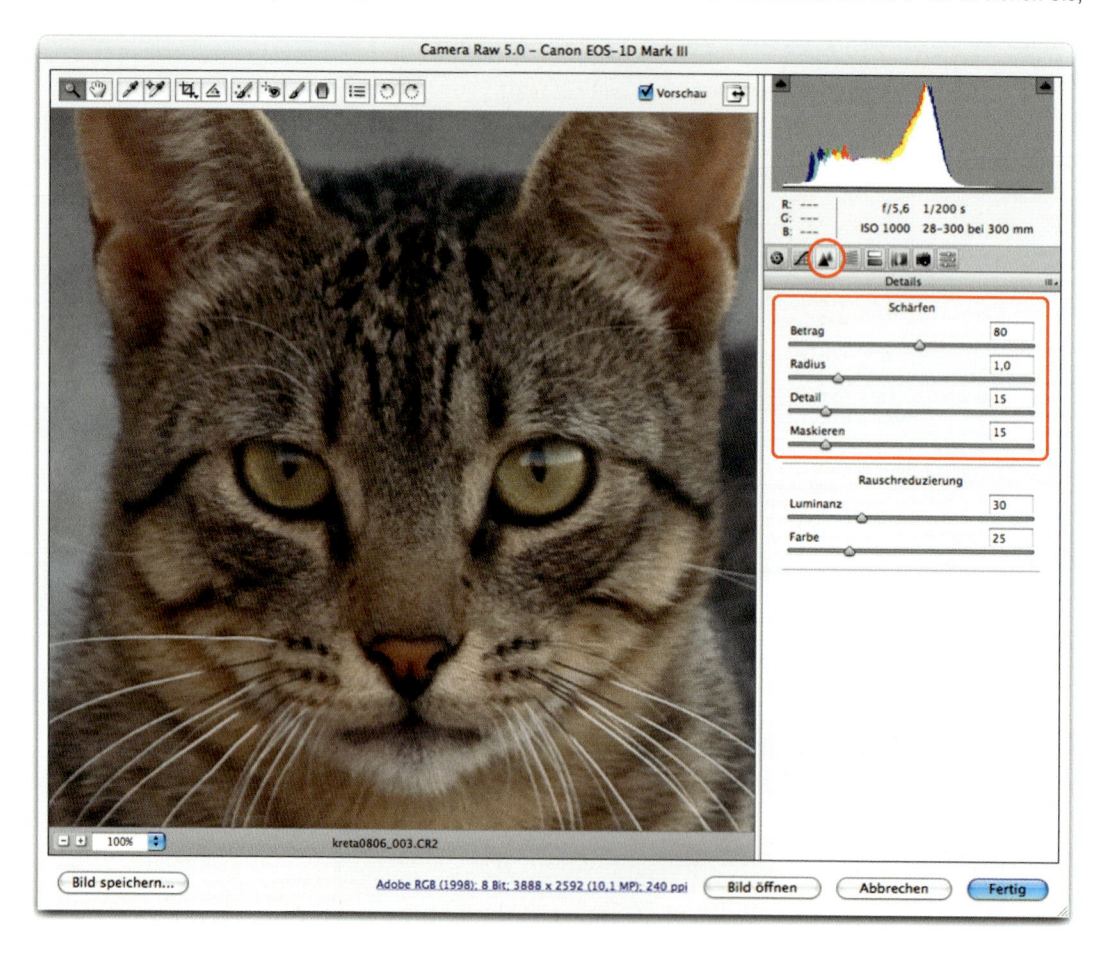

Porträts

Verwenden Sie bei Porträts auch keinen zu hohen Betrag für die Schärfe. In der Regel reicht es aus, wenn Sie zum Nachschärfen von Hautstruktur, Augen, Augenbrauen und Wimpern einen Betrag von 50–60 benutzen. Durch einen geringen Radius (ca. 0,5) ist die Verzeichnung der Hautstruktur sehr angenehm, und mit einem Erhöhen des Wertes für *Maskieren* auf ca. 5–10 erreichen Sie, dass die Haut weicher aussieht, ohne dass die Struktur dabei verloren geht.

Bei all diesen Beispielen handelt es sich um Zirkawerte. Diese sind von der Größe des Bildes sowie von der Größe des Motivs im Bild abhängig.

Die angegebenen Werte können Sie als Ausgangseinstellung verwenden und diese dann an die Gegebenheiten in Ihrem Bild individuell anpassen.

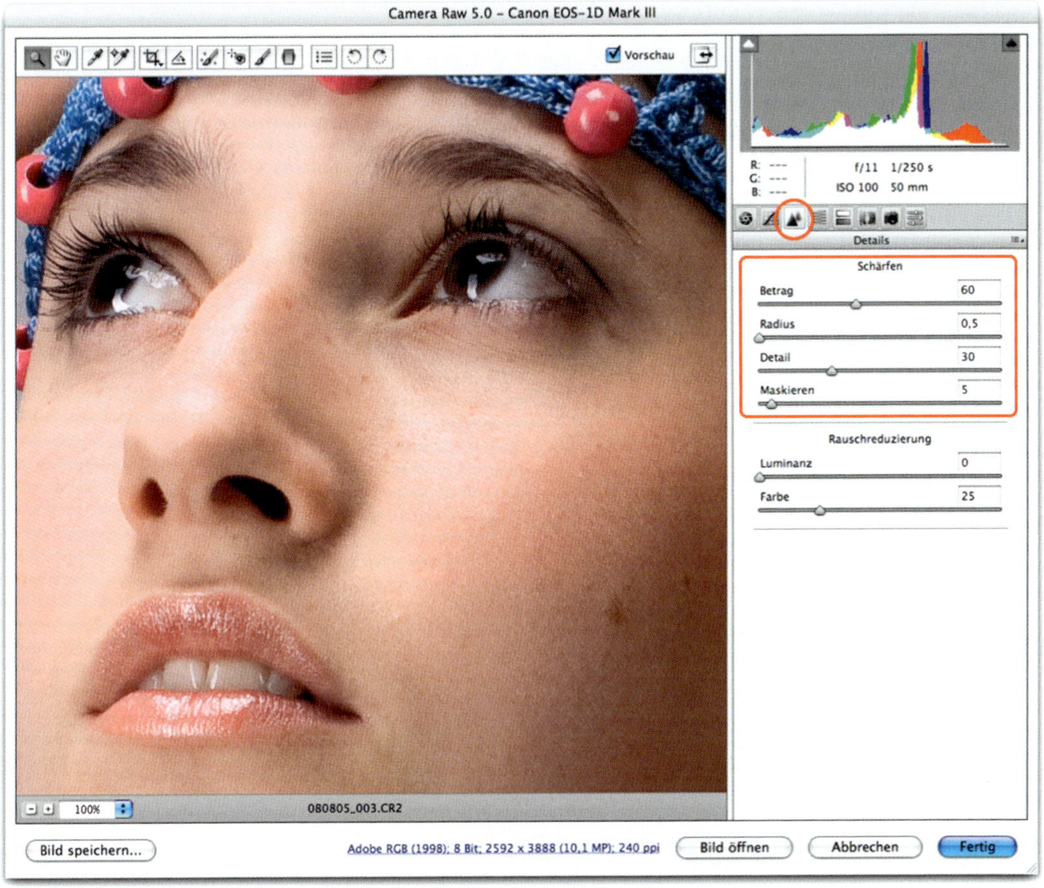
Camera Raw 5.0 – Canon EOS-1D Mark III
Vorschau
f/11 1/250 s
ISO 100 50 mm
Details
Schärfen
Betrag 60
Radius 0,5
Detail 30
Maskieren 5
Rauschreduzierung
Luminanz 0
Farbe 25
100%
080805_003.CR2
Bild speichern...
Adobe RGB (1998); 8 Bit; 2592 x 3888 (10,1 MP); 240 ppi
Bild öffnen
Abbrechen
Fertig

Rauschen bei hohen ISO-Zahlen reduzieren

Mit dem Pixelwahn der Kamerahersteller kommt immer mehr das Problem auf, dass kleine Bildsensoren mit großer Pixelanzahl mit den Bildinformationen nicht fertig werden.

Als Folge gibt es bei Fotos das massive Auftreten von bunten Pixeln in dunklen Bereichen.

Bei billigen Kameras mit vielen Megapixeln oder bei Handy-Kameras ist das Rauschen an der Tagesordnung, und zwar schon bei ISO 200.

Aber auch gute digitale Spiegelreflexkameras sind nicht frei von Rauschen. Ein Trost ist, dass das Rauschen bei guten DSLR erst ab ISO 800 sichtbar ist.

Die neusten Modelle namhafter Hersteller bieten bereits fast rauschfreie Aufnahmen bis ISO 1600, bei den meisten Modellen im Mittelklassesegment ist das leider nicht so – ein klarer Fall für die Rauschunterdrückung.

Bei solchen Aufnahmen ist das RAW-Format natürlich von Vorteil, weil die Rauschkorrektur in Camera Raw pixelschonender abläuft als bei der Korrektur von Fotos im JPEG-Format.

Öffnen Sie das Bild in Camera Raw und wählen Sie die Palette *Details*. Vergrößern Sie die Ansicht des Bildes auf 100 %, um das Rauschverhalten in dunklen Bereichen besser kontrollieren zu können.

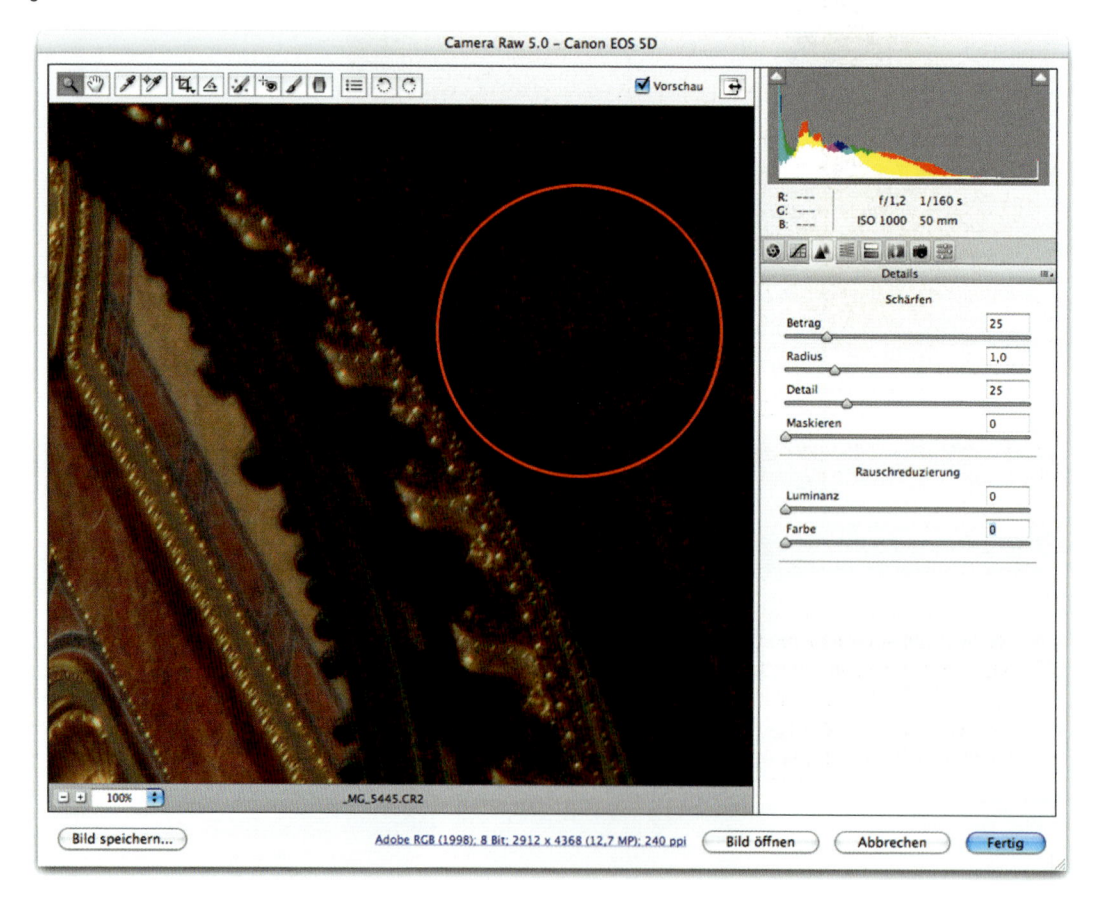

Das Rauschen wird von zwei Faktoren beeinflusst: Luminanz und Farbe. Luminanz kann man mit der Grobkörnigkeit eines Films vergleichen. Je höher die ISO-Zahl ist, umso grobkörniger sind die Strukturen in dunklen Bereichen.

nigkeit reduziert wird. Aber Vorsicht: Bei zu hohen Luminanzwerten kann die Schärfe des Bildes beeinträchtigt werden. Das Nachschärfen mit den bereits beschriebenen Funktionen wird kaum eine Verbesserung bringen. Das Rauschen wird dann leider wieder sichtbar.

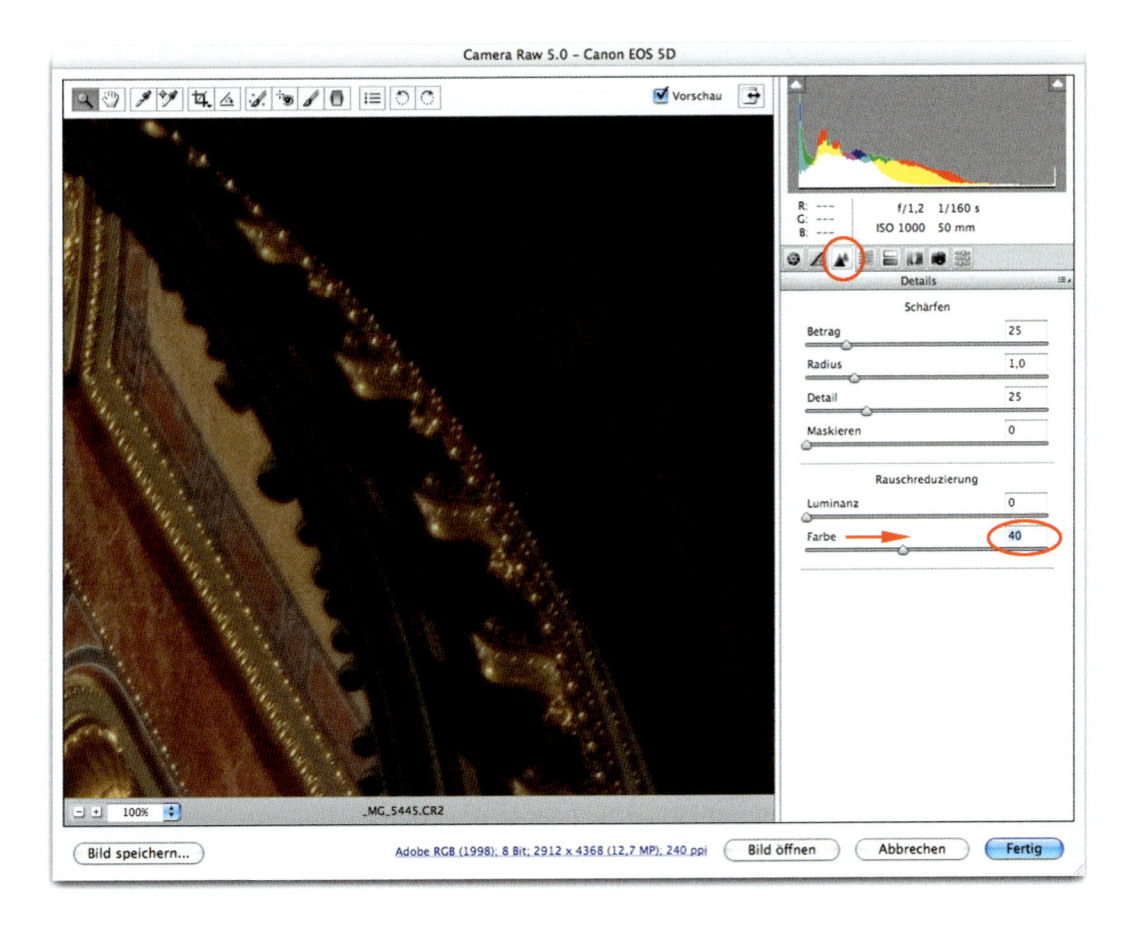

Farbe bedeutet das Auftreten von bunten (meist grünen und roten) Pixeln in diesen Bereichen. Erhöhen Sie den Wert mit dem Regler *Farbe* auf ca. 40. Bei diesem Wert sind die bunten Pixel meistens kaum mehr zu sehen. Erhöhen Sie dann den Wert für *Luminanz*, bis die Grobkör-

Sollte das Rauschverhalten nicht ganz optimal werden, öffnen Sie das Bild in Photoshop und verwenden dort den Befehl *Filter/Rauschfilter/Rauschen reduzieren*. Im sich öffnenden Dialog finden Sie dann Ihnen bereits bekannte Einstellungen vor.

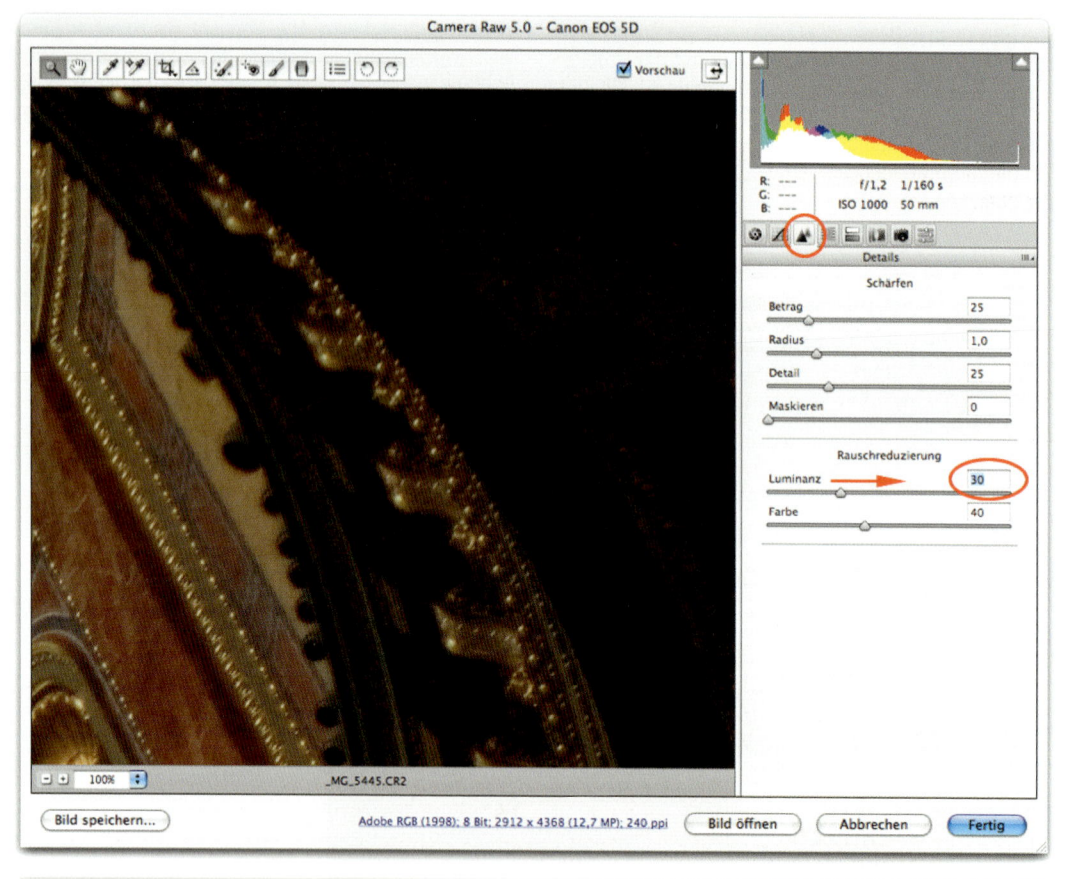

Praktischer Einsatz der Paletten für exakte Bildkorrekturen

Tonwerte mit Gradationskurven optimieren

Besonders bei Aufnahmen in schwierigen Lichtsituationen lohnt sich ein Blick in die Palette *Gradationskurve*. Unser Beispielbild gehört zu den typischen Fällen, in denen Sie mit Gradationskurven die benötigte Anpassung erreichen können.

te Bereiche haben (Himmel), reduzieren Sie den Wert des Reglers *Lichter*. Manchmal ist eine starke Absenkung der Lichter erforderlich (bis ca. −80). Die Gradationskurve macht im oberen Bereich einen Knick nach unten.

In der Palette haben Sie zwei Möglichkeiten, Gradationskurven zu verwenden: *Parametrisch* und *Punkt*.

Die erste Version ist für Nutzer mit wenig Erfahrung einfacher. Die Tonwerte werden in vier Bereiche unterteilt, die Sie einzeln einstellen können.

1

Beginnen Sie mit der Korrektur der Lichter. Wenn Sie auf einem Foto wie in unserem Beispiel helle, fast überstrahl-

2

Die Bereiche mit helleren Farben können Sie leicht abdunkeln, wenn Sie eine dramatische Wirkung des Himmels erreichen möchten.

Hier soll die Absenkung der Werte aber nicht so stark ausfallen wie im Bereich der Lichter.

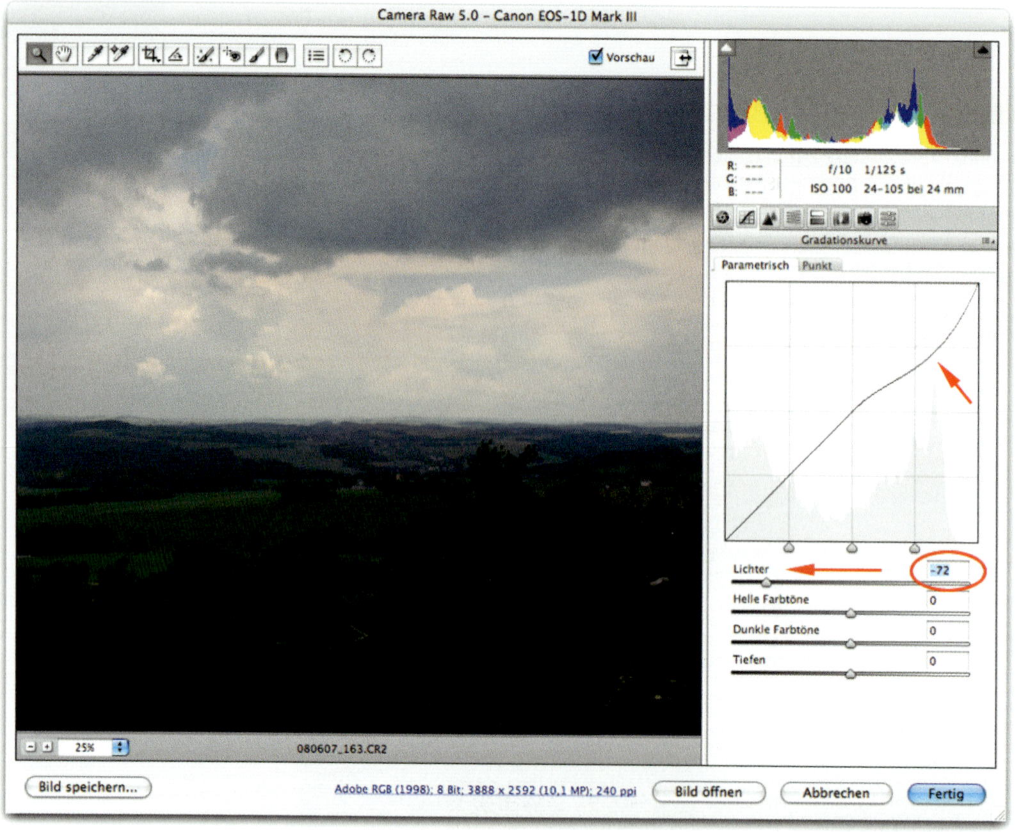
Camera Raw 5.0 - Canon EOS-1D Mark III
Vorschau
R: ---
G: ---
B: ---
f/10 1/125 s
ISO 100 24-105 bei 24 mm
Gradationskurve
Parametrisch
Punkt
Lichter
-72
Helle Farbtöne
0
Dunkle Farbtöne
0
Tiefen
0
25%
080607_163.CR2
Bild speichern...
Adobe RGB (1998); 8 Bit; 3888 x 2592 (10,1 MP); 240 ppi
Bild öffnen
Abbrechen
Fertig

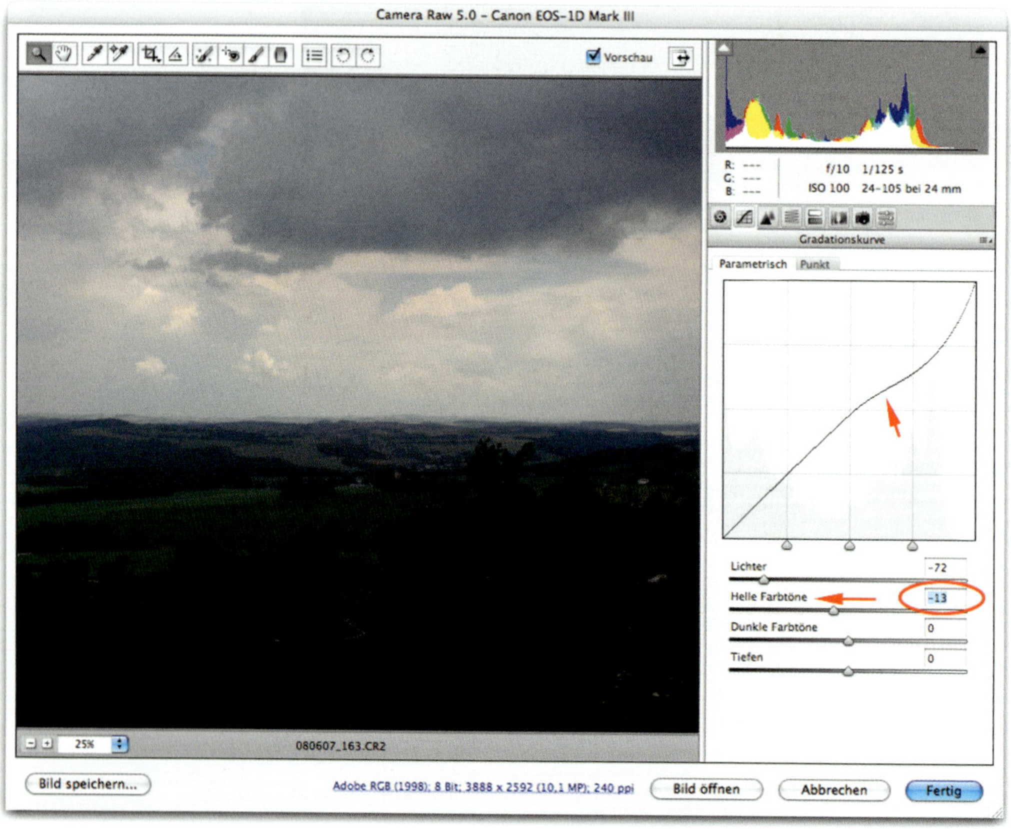
Camera Raw 5.0 - Canon EOS-1D Mark III
Vorschau
R: ---
G: ---
B: ---
f/10 1/125 s
ISO 100 24-105 bei 24 mm
Gradationskurve
Parametrisch
Punkt
Lichter
-72
Helle Farbtöne
-13
Dunkle Farbtöne
0
Tiefen
0
25%
080607_163.CR2
Bild speichern...
Adobe RGB (1998); 8 Bit; 3888 x 2592 (10,1 MP); 240 ppi
Bild öffnen
Abbrechen
Fertig

3

Mit dem Anheben des Wertes bei *Dunkle Farbtöne* erreichen Sie eine bessere Ausleuchtung unterbelichteter Stellen. Auf unserem Beispielbild ist deutlich zu sehen, dass der Vordergrund fast komplett im Schatten versunken ist. Erhöhen Sie den Wert des Reglers *Dunkle Farbtöne* auf ca. +30 bis +40. Vorsicht ist bei zu hohen Werten geboten. Es kann passieren, dass feinere Strukturen den Kontrast verlieren.

4

Mit der Anhebung der Tiefen holen Sie auch die restlichen zu dunkel geratenen Bereiche aus dem Schatten. Wie Sie sehen, hat die Gradationskurve eine typische S-Form bekommen. Diese Form ist der Klassiker auch bei den Tonwertkorrekturen in Photoshop. Das Werkzeug Gradationskurven funktioniert nach dem gleichen Prinzip. Nach der Korrektur mit den Gradationskurven sind noch ein paar Optimierungen notwendig, bis das Foto perfekt ist.

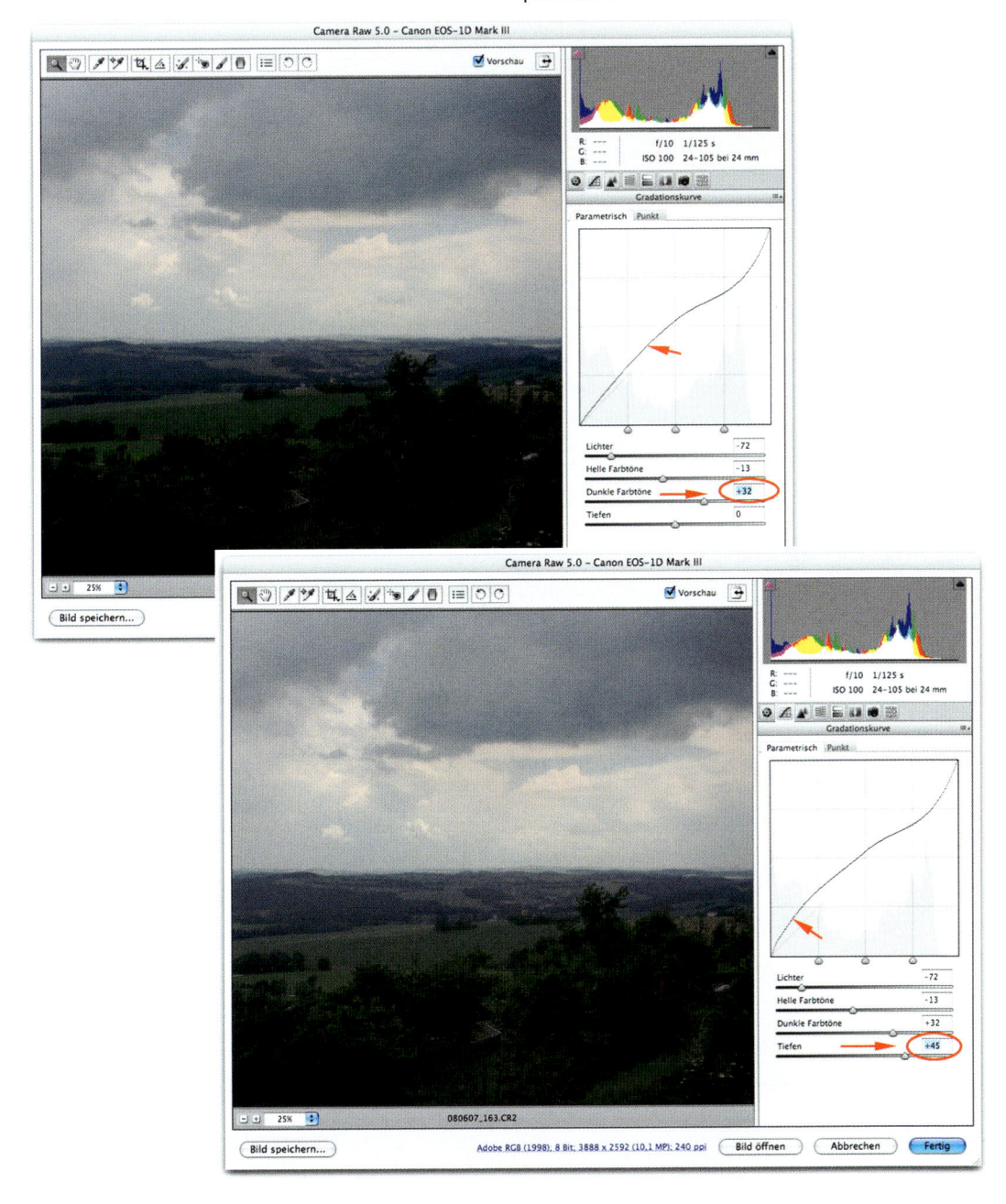

5

Führen Sie die Anpassung der Belichtung durch. In der Regel ist das nur ein ziemlich kleiner Korrekturwert, weil Sie die wichtigsten Tonwertanpassungen, die sich auch auf die Belichtung auswirken, in der Palette *Gradationskurve* bereits gemacht haben.

6

Ebenfalls nur leichte Anpassungen können mit den Reglern *Reparatur* und *Fülllicht* durchgeführt werden. In unserem Beispiel hat eine leichte Anhebung des Wertes bei *Fülllicht* (nur ca. +5 bis +8) noch mehr dazu beigetragen, dass die Strukturen in den Schattenbereichen besser zur Geltung kommen.

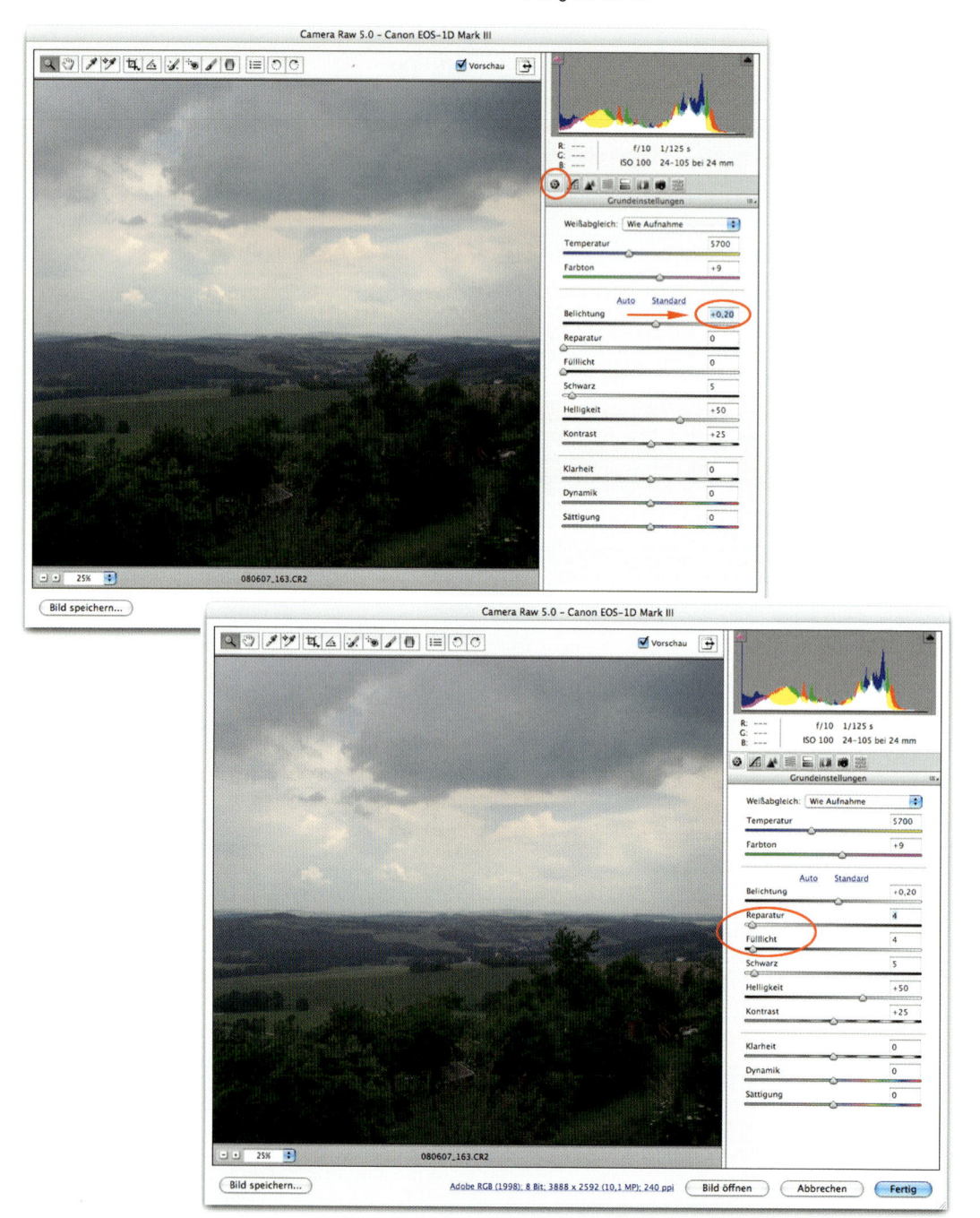

7

Mit einer Erhöhung der Werte von *Helligkeit* und *Kontrast* auf ca. + 60 für jeden Regler wird die allgemeine Stimmung des Bildes freundlicher.

8

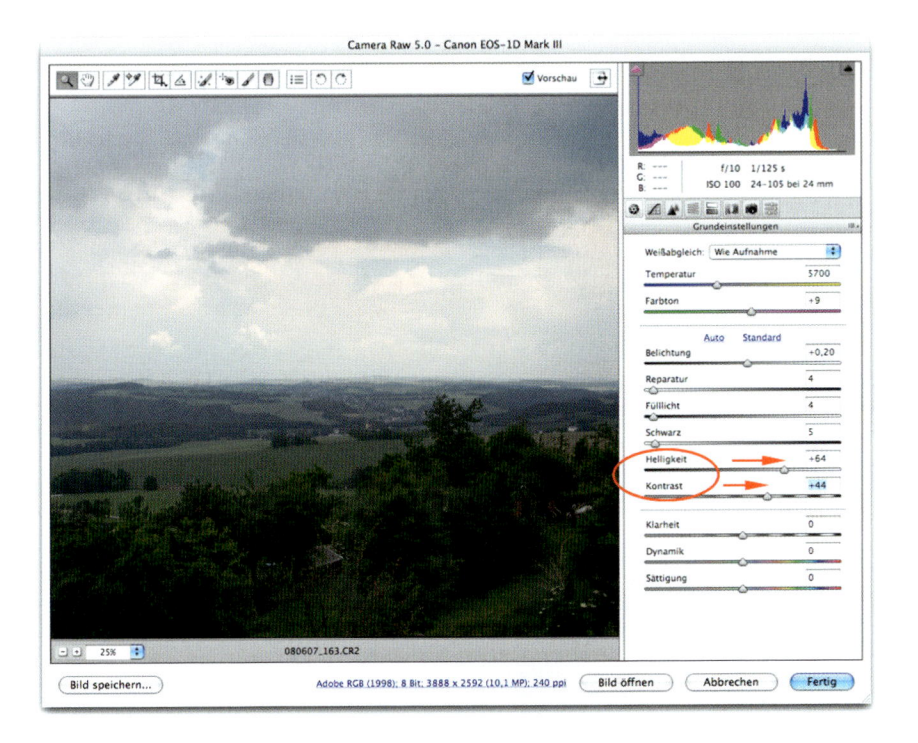

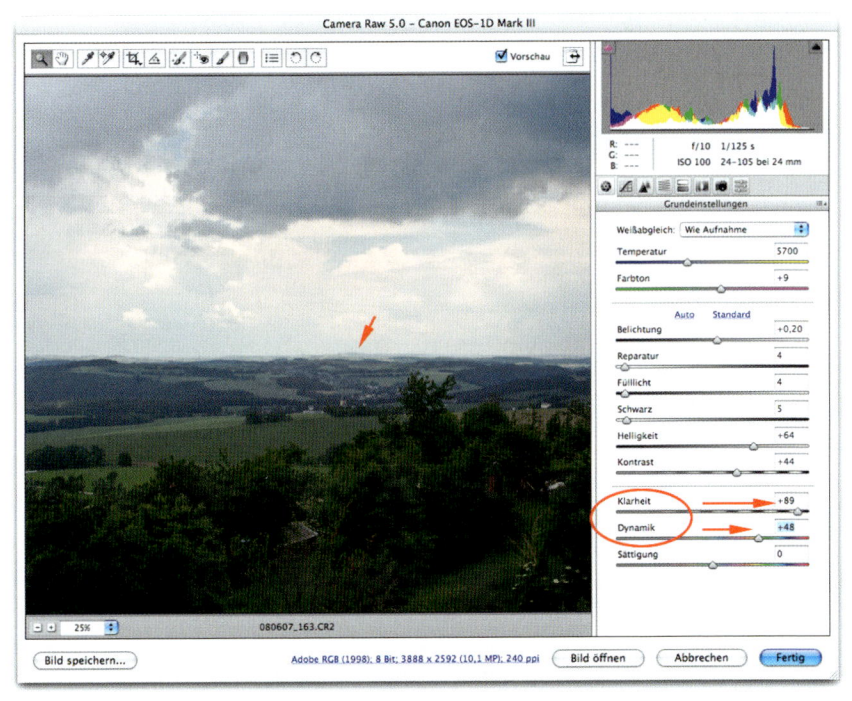

Mit dem Erhöhen des Wertes für *Klarheit* auf ca. +75 bis +90 erreichen Sie, dass die Strukturen in kontrastarmen Bildbereichen, wie zum Beispiel am Horizont, deutlicher dargestellt werden. Erhöhen Sie den Wert des Reglers *Dynamik* auf ca. +50, wenn Sie eine intensivere Verfärbung Ihres Bildes wünschen.

Auch wenn Sie mit dem Ergebnis schon zufrieden sind, schauen Sie in der Palette *Gradationskurve* auf die Option *Punkt*. Die Gradationskurve hat in dieser Palette einige vordefinierte Optionen: *Linear*, *Mittlerer Kontrast*, *Starker Kontrast, Benutzerdefiniert*. Das, was Sie gerade haben, ist eine benutzerdefinierte Einstellung.

Vergleichen Sie diese mit den Einstellungen *Mittlerer Kontrast* und *Starker Kontrast*. Auf diese Weise können Sie einen großen Unterschied zwischen automatischen und genau angepassten manuellen Einstellungen feststellen.

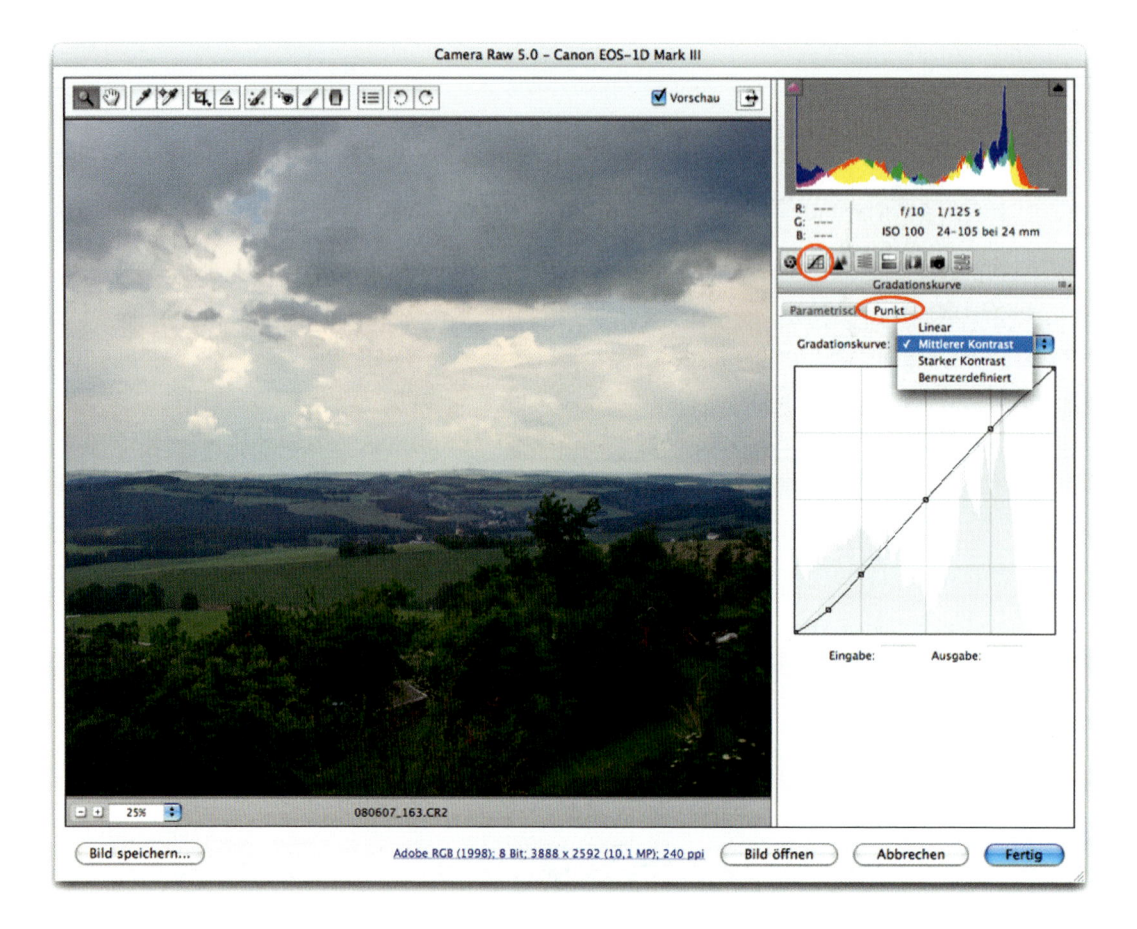

Vorher

Nachher

Praktischer Einsatz der Paletten für exakte Bildkorrekturen

Farbton, Sättigung, Luminanz und Teiltonung korrigieren

Neben Einstellungen wie für die Dynamik und Sättigung, mit denen Sie die Farbintensität und den Farbkontrast eines Fotos korrigieren können, bietet Ihnen Camera Raw weitere umfangreichere Möglichkeiten an, Einfluss auf die Farben des Bildes zu nehmen. Die Rede ist von der Palette *HSL/Graustufen*. Hier können Sie selektive Farbkorrekturen und eine an Ihre Vorstellungen anpassbare Umwandlung in Graustufen durchführen.

Im Bereich *Farbton* kann jede der acht Grundfarben justiert werden. So können Sie zum Beispiel das Wasser auf dem Bild grünlicher oder bläulicher gestalten.

Mit der Palette *Sättigung* können Sie gezielt Farbakzente setzen. Auf dem Beispielbild wurden die Farben der Blumen und des Himmels selektiv verstärkt.

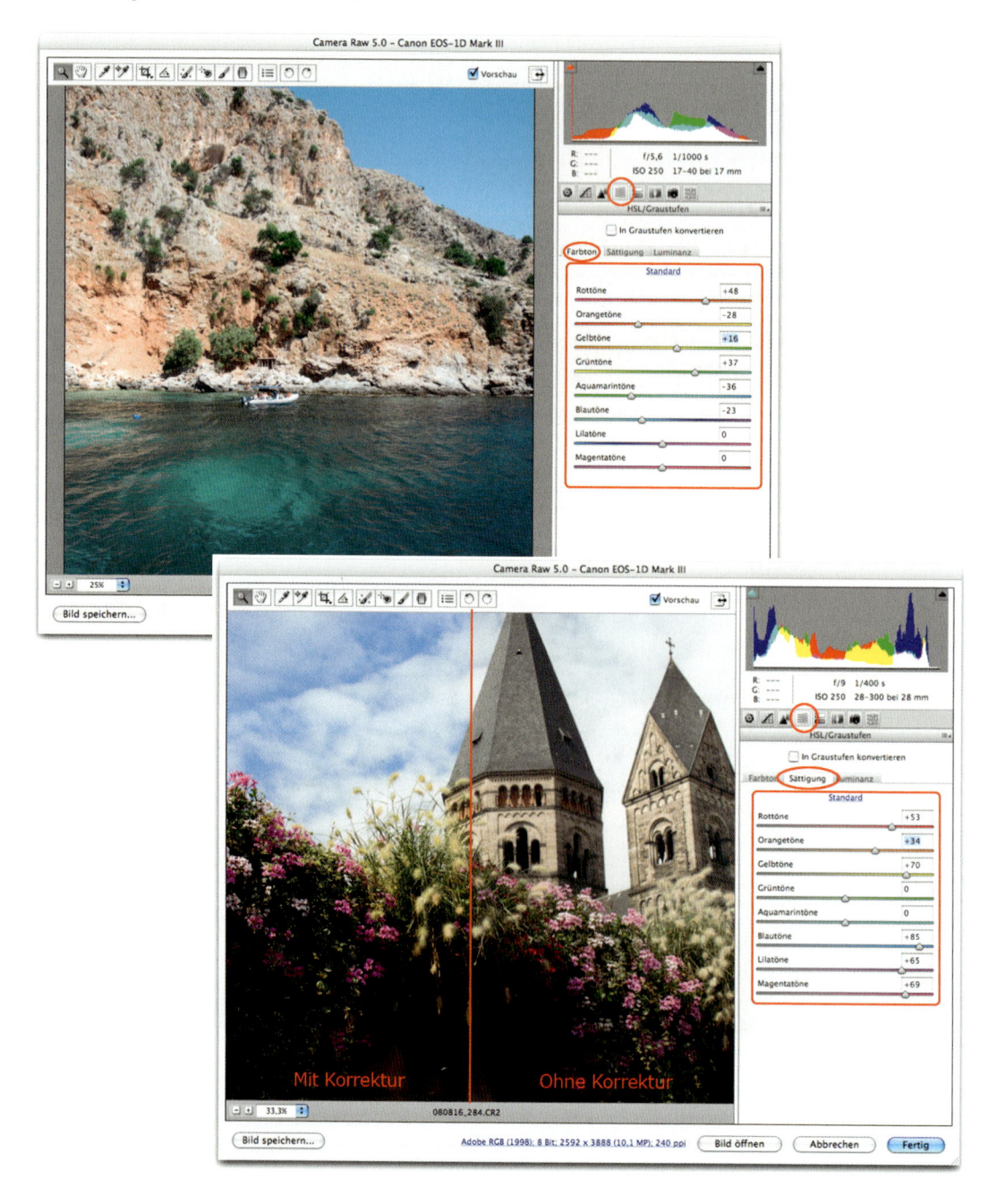

Praktischer Einsatz der Paletten für exakte Bildkorrekturen

Die geänderte Helligkeit einiger Farben, die Sie in der Palette *Luminanz* steuern können, kann dem Foto eine völlig andere Stimmung verleihen, als sie im Original vorhanden ist.

In unserem Beispiel wurde die blaue Farbe stark abgedunkelt, was zu einem intensiveren Himmel führte. Die Bäume wurden durch die Erhöhung der Helligkeit im grünen Bereich kontrastreicher dargestellt.

Wenn Sie ein Schwarz-Weiß-Foto brauchen, können Sie es direkt in Camera Raw erstellen. In der Palette *HSL/Graustufen* aktivieren Sie das Kontrollkästchen *In Graustufen konvertieren*. Mit den Reglern, die für den jeweiligen Farbkanal zuständig sind, passen Sie die Helligkeit und den Kontrast ausgewählter Farbbereiche an. Zum Korrigieren des Himmels benutzen Sie die Regler *Blautöne* und *Aquamarintöne*. Die Häuser werden mit den Reglern *Rottöne*, *Orangetöne* und *Gelbtöne* angepasst etc.

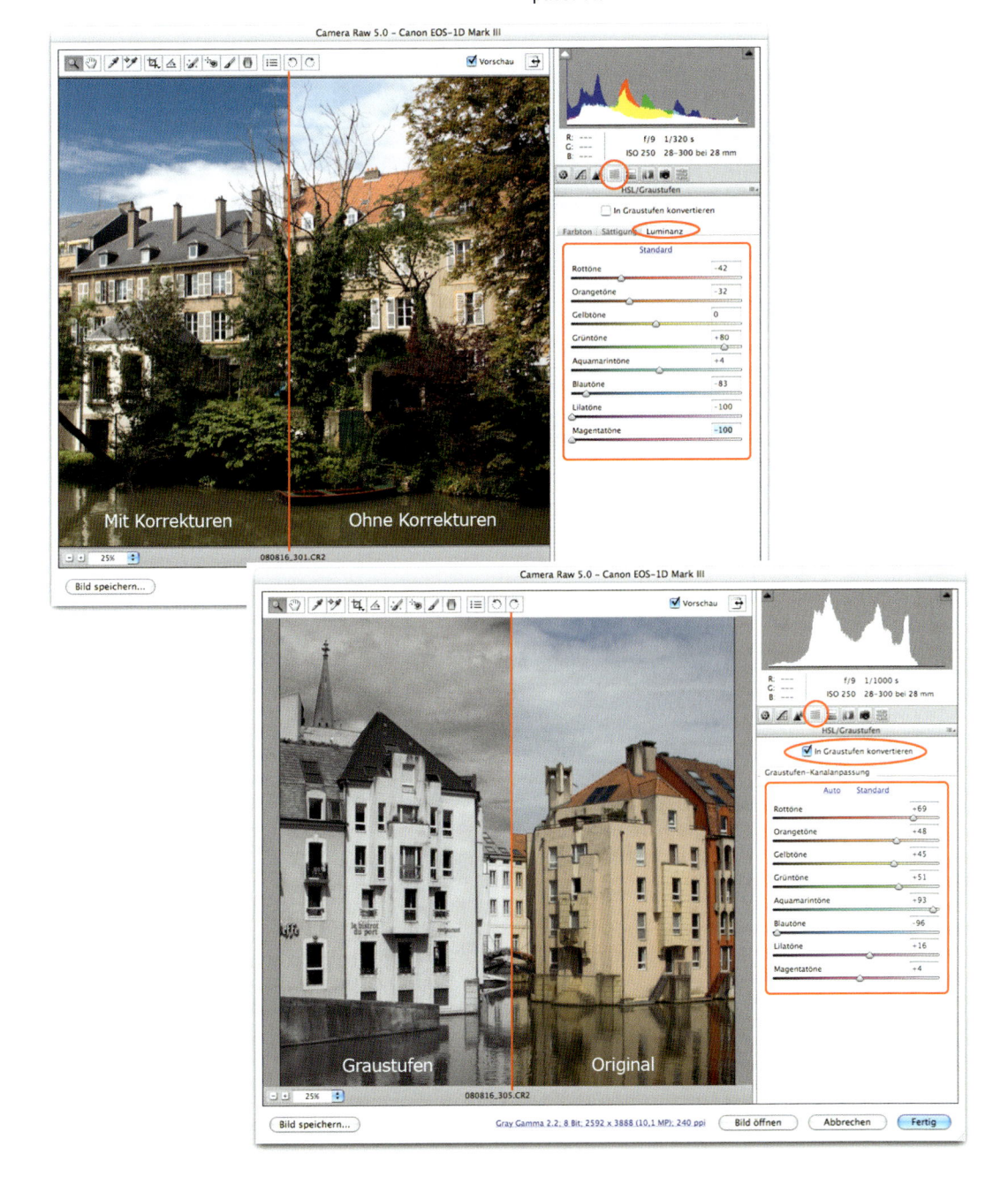

Objektivkorrekturen, Kamerakalibrierung, Voreinstellungen

Objektivkorrekturen

Besonders an den Bildrändern und in stark kontrastreichen Bereichen kommt es oft zur chromatischen Aberration – an den Kanten auftretende Farbränder. Meistens sind das rotgrüne oder violettgelbe Verfärbungen, die Sie in Camera Raw effektiv beseitigen können.

mieren oder verstärken. Warum verstärken? Oft ist eine Vignettierung als Gestaltungsmittel gewollt. Verschieben Sie in so einem Fall die Regler nach links (siehe Bild oben auf der gegenüberliegenden Seite).

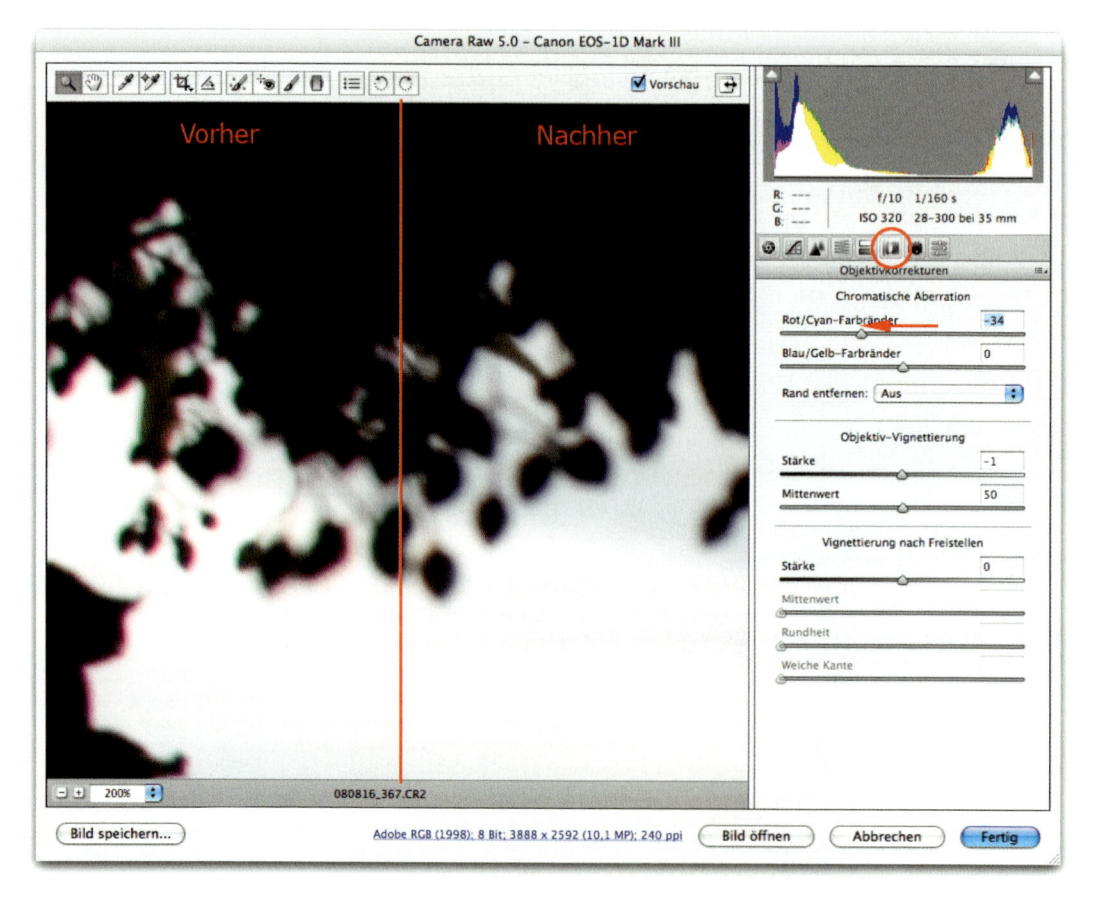

Wählen Sie die Palette *Objektivkorrekturen*. Je nachdem, welche Farbe die Ränder haben, bewegen Sie die entsprechenden Regler nach links. Die Verfärbungen werden deutlich schwächer.

Bei kleiner Blende und kurzer Brennweite des Objektivs kommt es oft zu Abdunklungen der Bildränder – zu sogenannten Vignettierungen (auf dem Beispielbild im linken Teil des Fensters). Diese Vignettierung können Sie mit den Reglern *Stärke* und *Mittenwert* entweder mini-

Verwenden Sie einen Bildausschnitt, können Sie hier auch auf diesen eine künstliche Vignettierung anwenden.

Im Bereich *Vignettierung nach Freistellen* der Palette *Objektivkorrekturen* (siehe Bild unten auf der gegenüberliegenden Seite) haben Sie viel mehr Möglichkeiten, die Größe, Intensität der Abdunklung, Stärke der Rundung sowie die weiche Kante zu definieren.

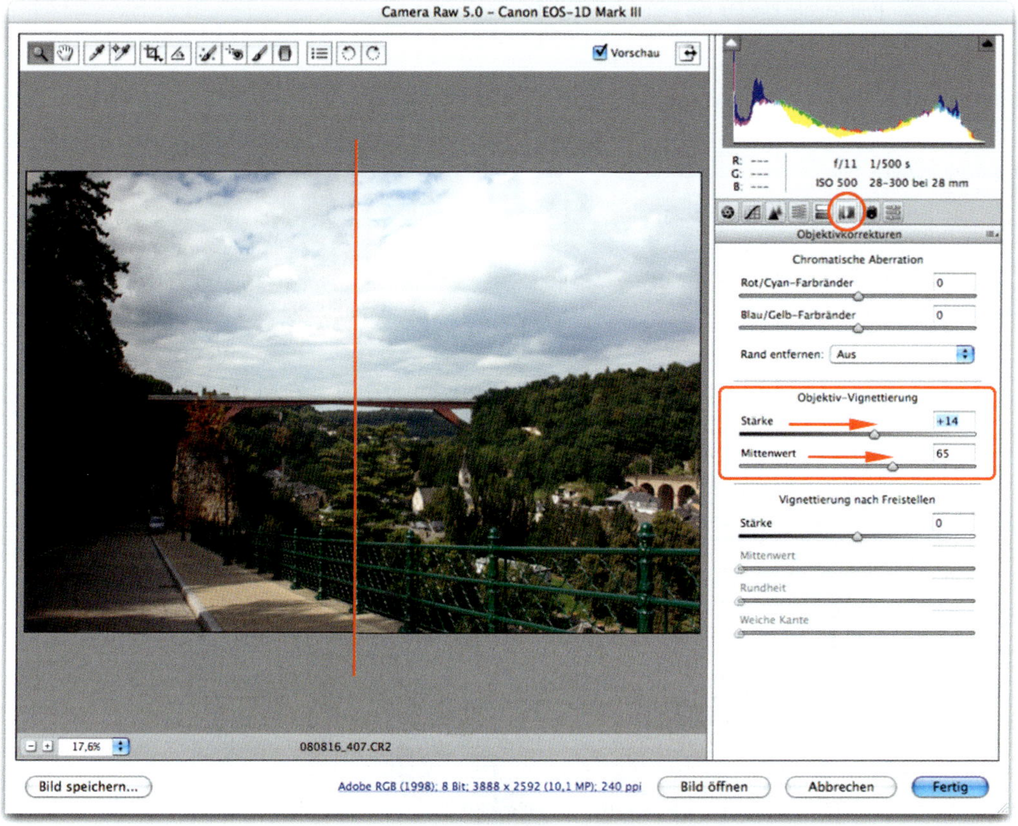
Camera Raw 5.0 – Canon EOS-1D Mark III
Vorschau
R: ---
G: ---
B: ---
f/11 1/500 s
ISO 500 28-300 bei 28 mm
Objektivkorrekturen
Chromatische Aberration
Rot/Cyan-Farbränder 0
Blau/Gelb-Farbränder 0
Rand entfernen: Aus
Objektiv-Vignettierung
Stärke +14
Mittenwert 65
Vignettierung nach Freistellen
Stärke 0
Mittenwert
Rundheit
Weiche Kante
17,6%
080816_407.CR2
Bild speichern...
Adobe RGB (1998); 8 Bit; 3888 x 2592 (10,1 MP); 240 ppi
Bild öffnen
Abbrechen
Fertig

Camera Raw 5.0 – Canon EOS-1D Mark III
Vorschau
R: ---
G: ---
B: ---
f/5,6 1/40 s
ISO 500 28-300 bei 220 mm
Objektivkorrekturen
Chromatische Aberration
Rot/Cyan-Farbränder 0
Blau/Gelb-Farbränder 0
Rand entfernen: Aus
Objektiv-Vignettierung
Stärke 0
Mittenwert
Vignettierung nach Freistellen
Stärke -68
Mittenwert 25
Rundheit -29
Weiche Kante 66
16,4%
080816_057.CR2
Bild speichern...
Adobe RGB (1998); 8 Bit; 2263 x 3199 (7,2 MP); 240 ppi
Bild öffnen
Abbrechen
Fertig

Kamerakalibrierung

In der Palette *Kamerakalibrierung* können Sie Einstellungen vornehmen, die auf Ihre Bilder ständig angewendet werden. Angenommen, Ihre Kamera stellt eine Farbe nicht ganz korrekt dar (was so gut wie nie vorkommt), dann können Sie die fehlerhafte Darstellung mit den für jede Grundfarbe zur Verfügung stehenden Reglern korrigieren. Allerdings findet diese Palette in der Praxis kaum Verwendung.

Voreinstellungen speichern und anwenden

Wenn Sie an einem Bild Einstellungen vornehmen, die Sie später für andere Fotos verwenden möchten, können Sie diese problemlos speichern.

In unserem Beispiel wurden Korrekturen in der Palette *Grundeinstellungen* sowie im Bereich *HSL/Graustufen* vorgenommen, die für eine angenehme Stimmung

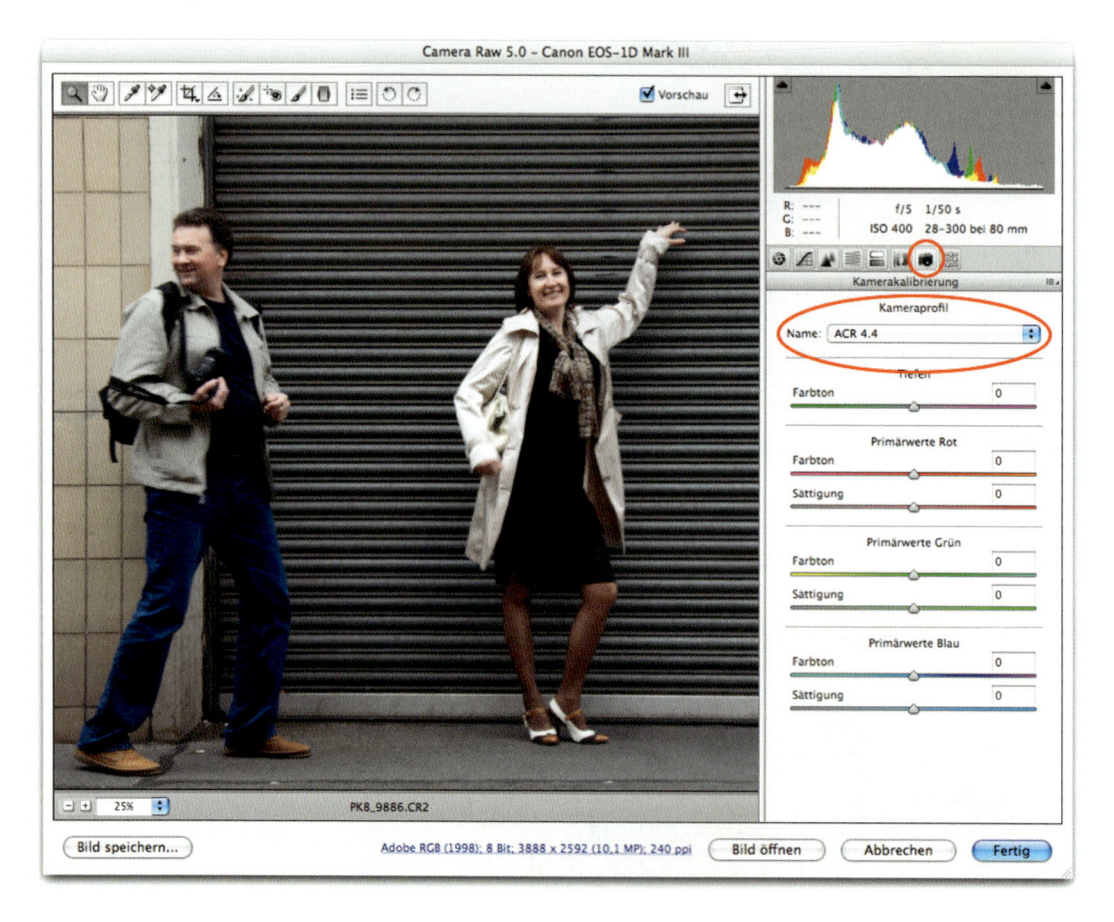

Da diese Einstellungen auf jedes Bild übertragen werden, verlieren Sie schnell die Kontrolle und haben ständig Fotos mit Farbstichen. Alle Korrekturen können mithilfe anderer Einstellungen durchgeführt werden. Deshalb ist es besser, die Einstellungen im Bereich *Kameraprofil* nicht zu benutzen, sondern z. B. vordefinierte Einstellungen, die im nächsten Schritt beschrieben werden, auf die Bilder anzuwenden.

bei Fotos sorgen, die an einem trüben Tag geschossen wurden.

Nachdem Sie die Korrekturen vorgenommen haben, gehen Sie zur Palette *Vorgaben* und klicken auf das Symbol *Neue Vorgabe*.

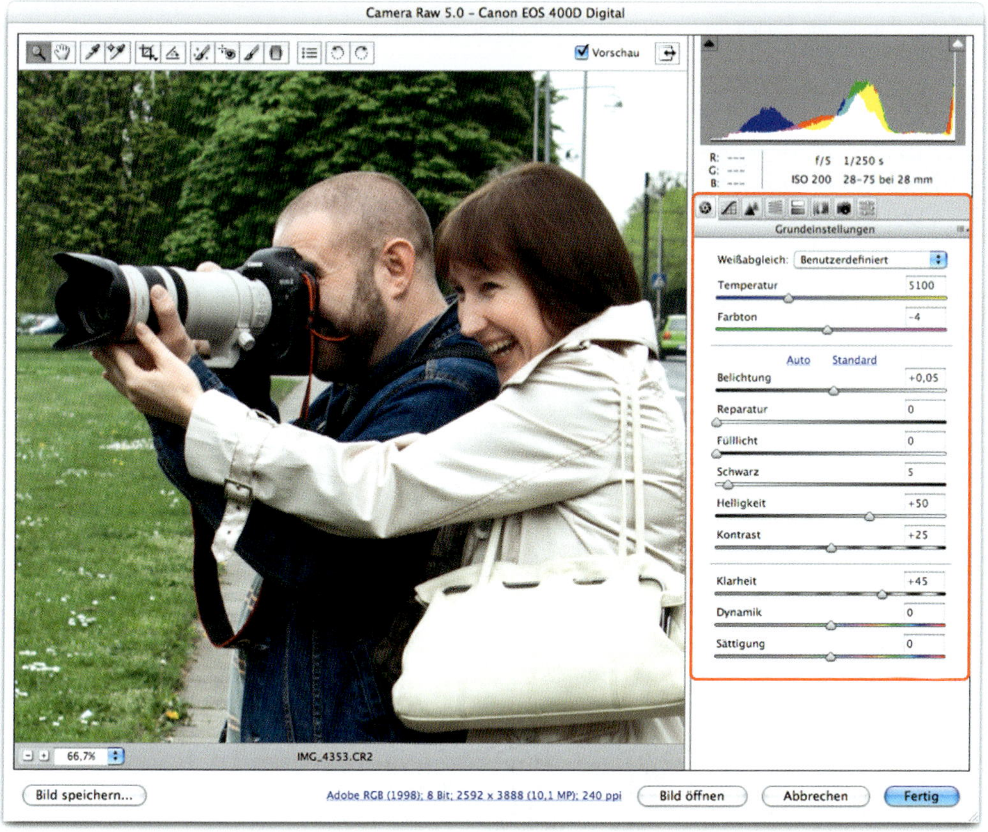
Camera Raw 5.0 - Canon EOS 400D Digital
Vorschau
R: ---
G: ---
B: ---
f/5 1/250 s
ISO 200 28-75 bei 28 mm
Grundeinstellungen
Weißabgleich: Benutzerdefiniert
Temperatur 5100
Farbton -4
Auto Standard
Belichtung +0,05
Reparatur 0
Fülllicht 0
Schwarz 5
Helligkeit +50
Kontrast +25
Klarheit +45
Dynamik 0
Sättigung 0
66,7%
IMG_4353.CR2
Bild speichern...
Adobe RGB (1998); 8 Bit; 2592 x 3888 (10,1 MP); 240 ppi
Bild öffnen
Abbrechen
Fertig

Camera Raw 5.0 - Canon EOS 400D Digital
Vorschau
R: ---
G: ---
B: ---
f/5 1/250 s
ISO 200 28-75 bei 28 mm
Vorgaben
66,7%
IMG_4353.CR2
Bild speichern...
Adobe RGB (1998); 8 Bit; 2592 x 3888 (10,1 MP); 240 ppi
Bild öffnen
Abbrechen
Fertig

Im Dialogfenster *Neue Vorgabe* können Sie den Namen für die Vorgabe festlegen und entweder alle verfügbaren Optionen auswählen oder nur diejenigen ankreuzen, bei denen Sie tatsächlich Änderungen vorgenommen haben. Bestätigen Sie die Eingaben mit *OK*.

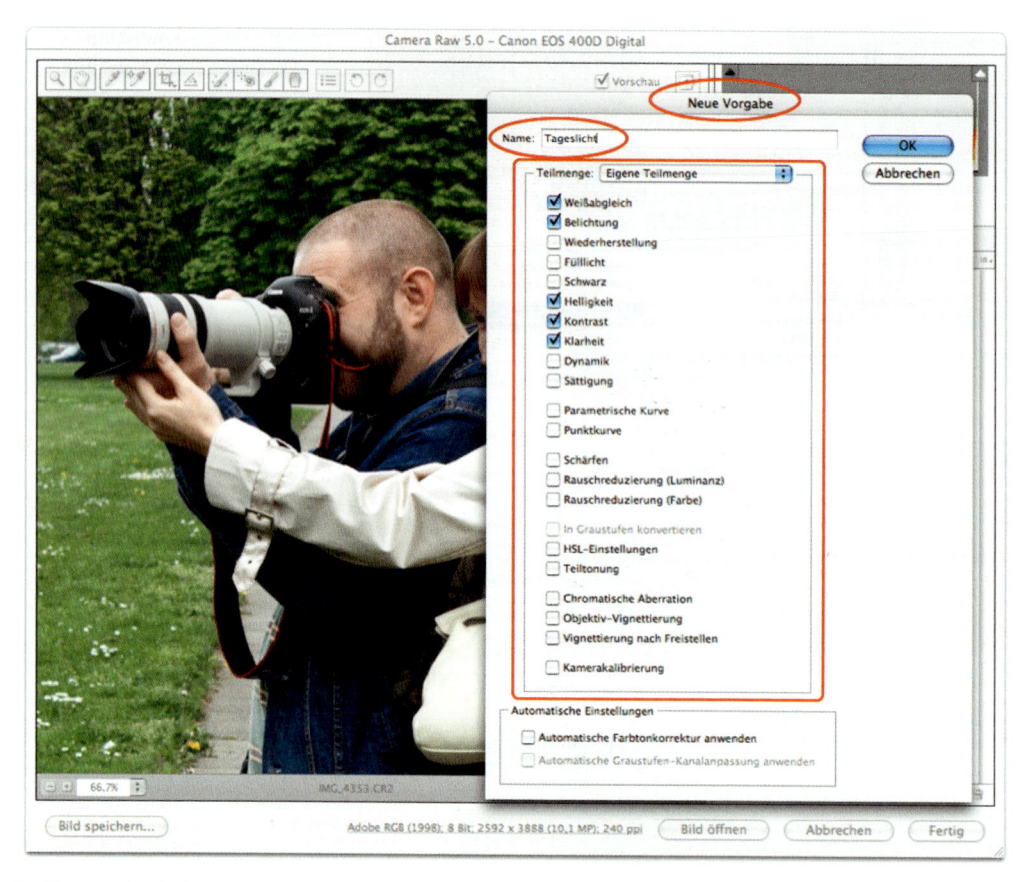

Im Fenster der Palette *Vorgaben* erscheint die gespeicherte Vorgabe in der Liste und ist somit einsatzbereit.

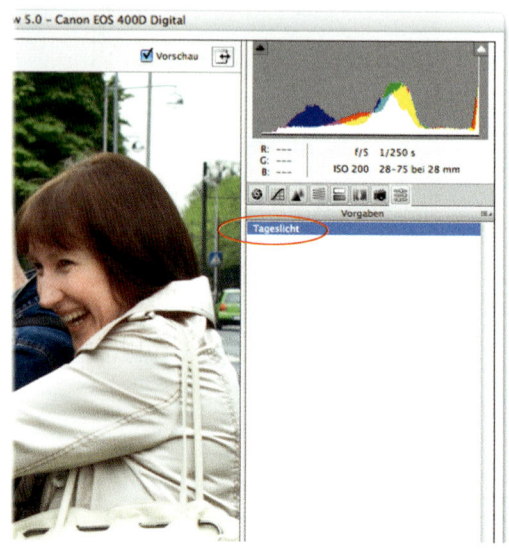

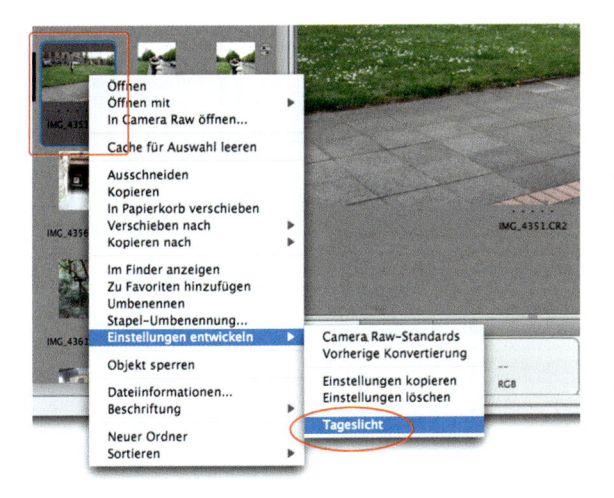

Bereits in Bridge können Sie die Voreinstellungen auf eine RAW-Datei anwenden. Klicken Sie die Datei mit der rechten Maustaste an und wählen Sie im Kontextmenü die Vorgabe aus der Liste aus. Das Bild wird in Camera Raw mit den angewendeten Voreinstellungen geöffnet. Natürlich werden die Vorgaben nicht zu 100 % zu allen infrage kommenden Bildern passen, aber Sie können die Einstellungen für jedes Bild individuell verändern.

Besonders für Einstellungen zum Umwandeln in Schwarz-Weiß, zur Anwendung von Verlaufsfiltern und für Tonemapping-Effekte, bei denen sich viele Schritte wiederholen, ist die Vorgabenfunktion von Camera Raw sehr nützlich.

12.4 RAW-Daten in Größe, Auflösung und Bildtiefe definieren

In diesem Kapitel wurde schon öfter erwähnt, dass RAW-Dateien keine Bilddateien sind, sondern eine Menge der von einer Digitalkamera aufgezeichneten Daten, die in Camera Raw unter Berücksichtigung individueller Einstellungen zu einer Bilddatei entwickelt werden.

Auch die Größe und Auflösung sind in einer RAW-Datei noch nicht festgelegt und müssen im RAW-Konverter definiert werden. Einen Button zu einem entsprechenden Dialog suchen Sie vergeblich, dafür finden Sie unten im Fenster von Camera Raw einen als Link gekennzeichneten Eintrag mit Angaben über die aktuelle Größe, Farbtiefe und Auflösung der Datei. Dabei handelt es sich lediglich um eine Standardeinstellung.

Klicken Sie auf diesen Eintrag, dann finden Sie im Dialog *Arbeitsablauf-Optionen* alle Einstellungsmöglichkeiten, die Sie brauchen. Definieren Sie den Farbraum – nehmen Sie dafür denjenigen Farbraum, den Sie auch für Photoshop eingestellt haben, zum Beispiel Adobe RGB (1998). Zur Bildtiefe gibt es zwei Optionen: 8 und 16 Bit. Über den Farbraum und die Farbtiefe erfahren Sie mehr in Kapitel 2.2.

RAW-Daten in Größe, Auflösung und Bildtiefe definieren

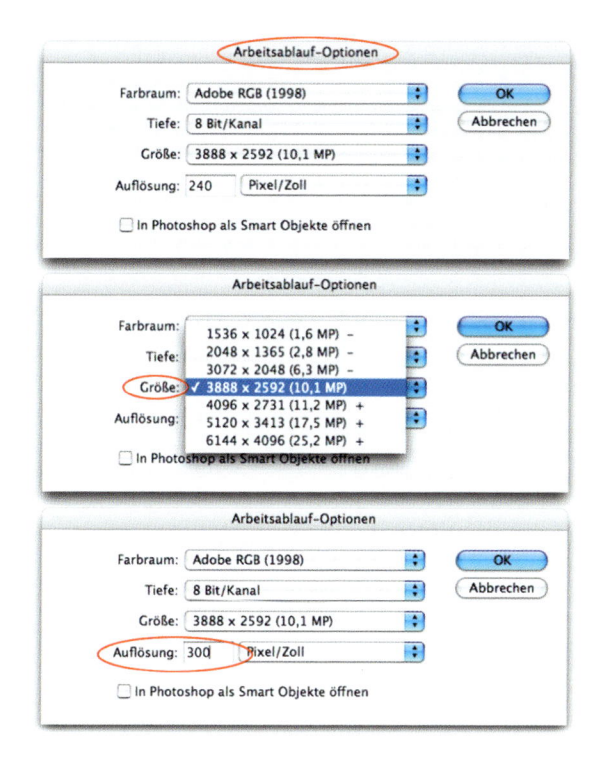

Im Feld *Größe* wird standardmäßig die Originalgröße in Pixel angezeigt. Die Größe in Pixel können Sie ändern. Wenn Sie die Einstellungen mit dem Minuszeichen wählen, werden die Pixel ohne Qualitätsverlust heruntergerechnet.

Bei der Korrektur mit einem Pluszeichen wird die Datei interpoliert, das bedeutet, dass das Bild durch die Pixelwiederholung größer wird. Das bringt Qualitätseinbußen, die aber nicht so stark wie beim Vergrößern der Datei in Photoshop sind. Wenn Sie von vornherein wissen, dass Sie ein größeres Bild brauchen, als es die Originaldatei im Originalzustand ist, wählen Sie zum Vergrößern diese Einstellung.

Unter *Auflösung* haben Sie die Möglichkeit, die Bildauflösung entsprechend Ihrem Verwendungszweck zu definieren. Wenn Sie die Bilddatei zum Drucken brauchen, wählen Sie mindestens 300 Pixel/Zoll (bei einigen Druckverfahren ist mittlerweile eine Auflösung von bis zu 450 Pixel/Zoll Standard).

Beim Druck von großformatigen Prints wird eine Auflösung von 100–150 Pixel/Zoll verwendet. Fürs Web wird üblicherweise eine Auflösung von 72 Pixel/Zoll genommen. Im Dialog *Arbeitsablauf-Optionen* können Sie nur die Größe des Bildes in Pixel und die Auflösung definieren; Maße in Zentimeter oder Millimeter können Sie nicht sehen.

Um diese zu erfahren, öffnen Sie das Bild in Photoshop und wählen *Bild/Bildgröße*. Im darauffolgenden Dialog finden Sie umfangreiche Informationen, nämlich Pixelmaße sowie die Dokumentgröße. Letztere ist immer von der Auflösung abhängig. Je geringer die Auflösung, umso größer ist das Bild und umgekehrt.

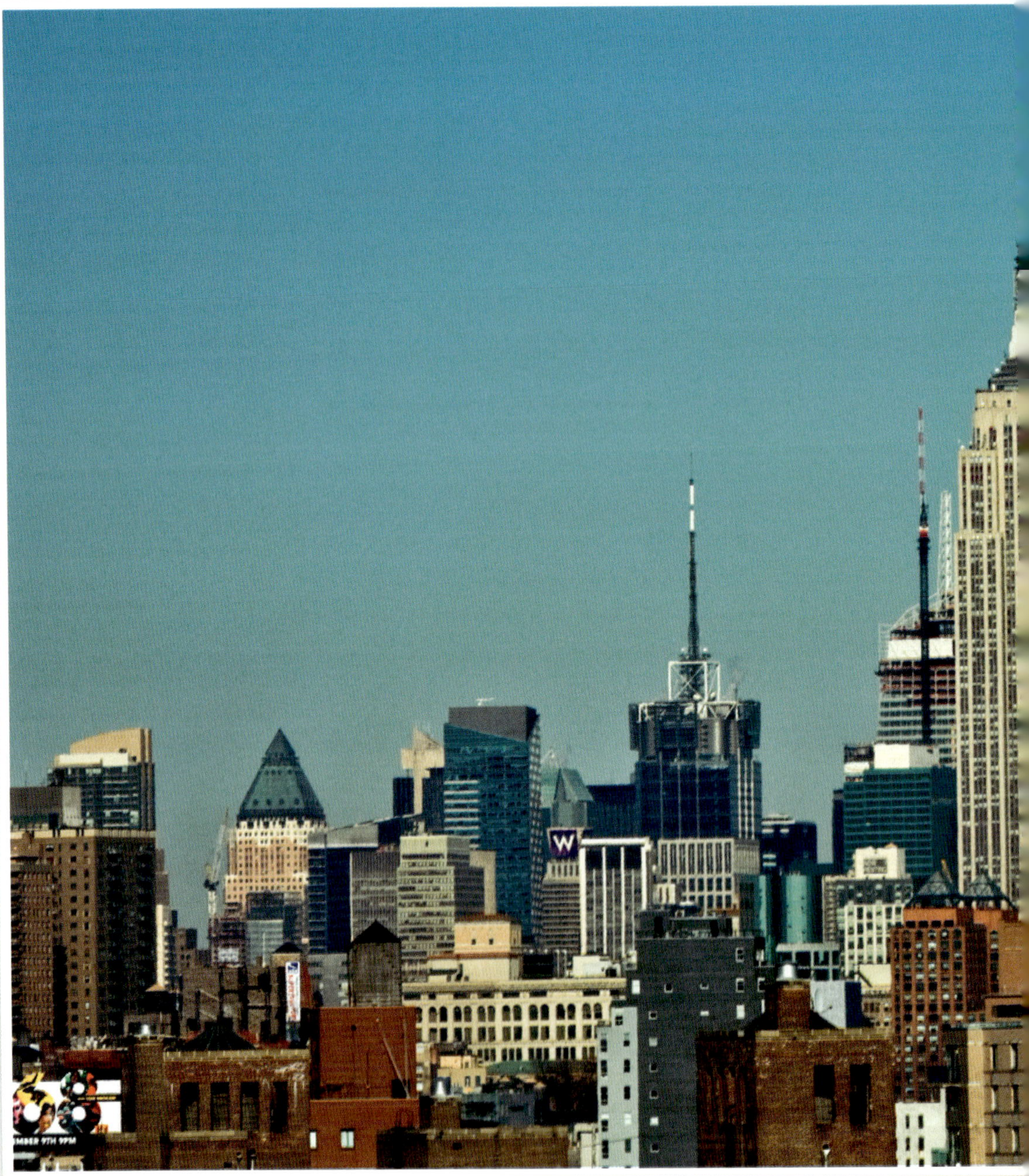

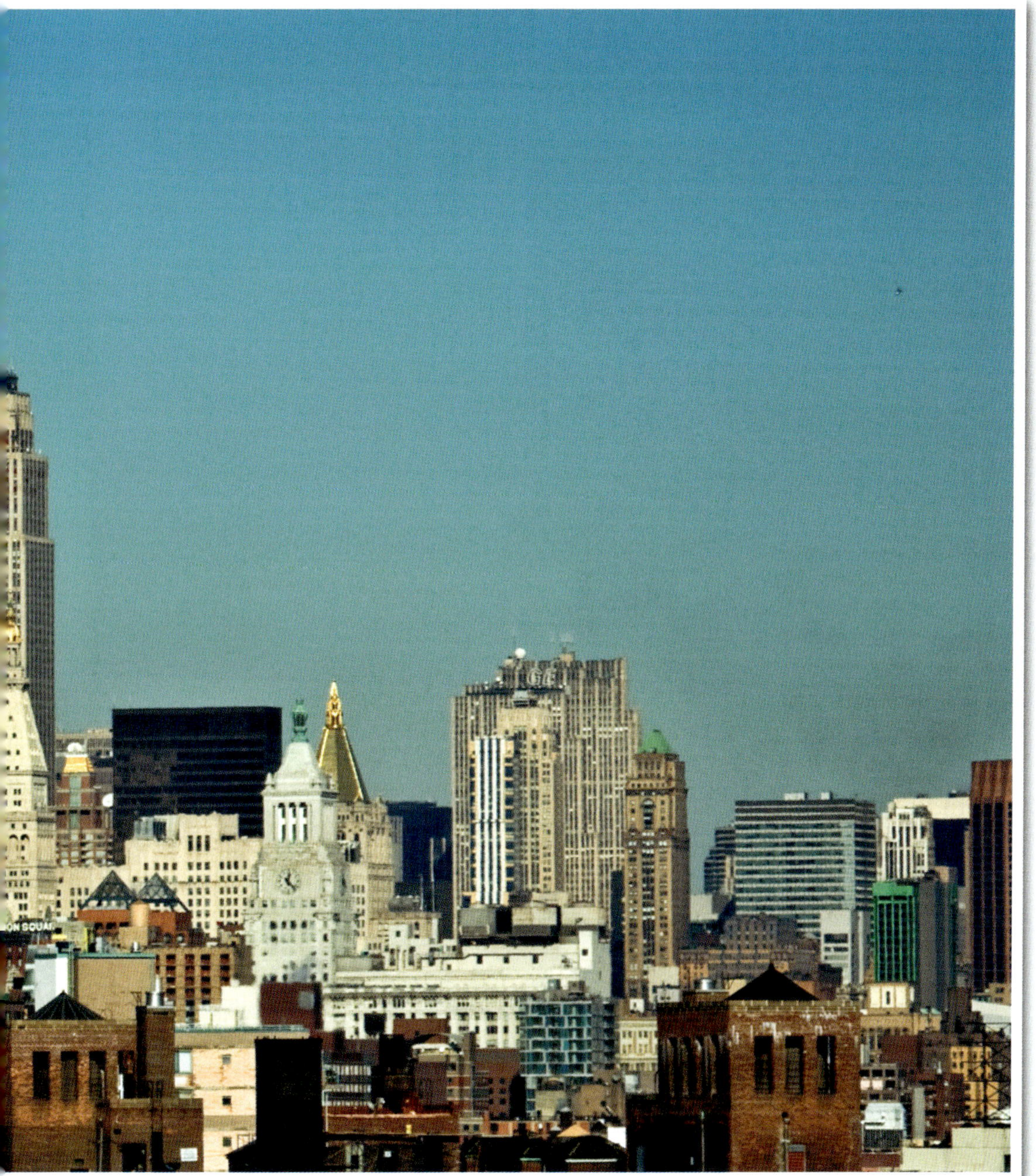

12.5 Mehrere Bilder in Camera Raw bearbeiten

Nicht nur einzelne Dateien können in Camera Raw entwickelt werden. Es gibt auch die Möglichkeit, Einstellungen auf mehrere Dateien anzuwenden oder diese von einer Datei auf eine andere zu übertragen.

Um mehrere Bilder in Camera Raw zu öffnen, markieren Sie die Bildminiaturen in Adobe Bridge (um mehrere Dateien zu markieren, halten Sie entweder die [Strg]- oder [Umschalt]-Taste gedrückt) und klicken dann auf das Symbol *In Camera Raw öffnen* oder drücken die [Enter]-Taste.

stark unterscheiden, können Sie die Einstellungen an jedem Bild individuell vornehmen.

Klicken Sie die Bilder in der Bildleiste an und nehmen Sie die Veränderungen vor. Falls Sie eine Bilderserie haben, in der mehrere Fotos mit ähnlichen Motiven und gleichen

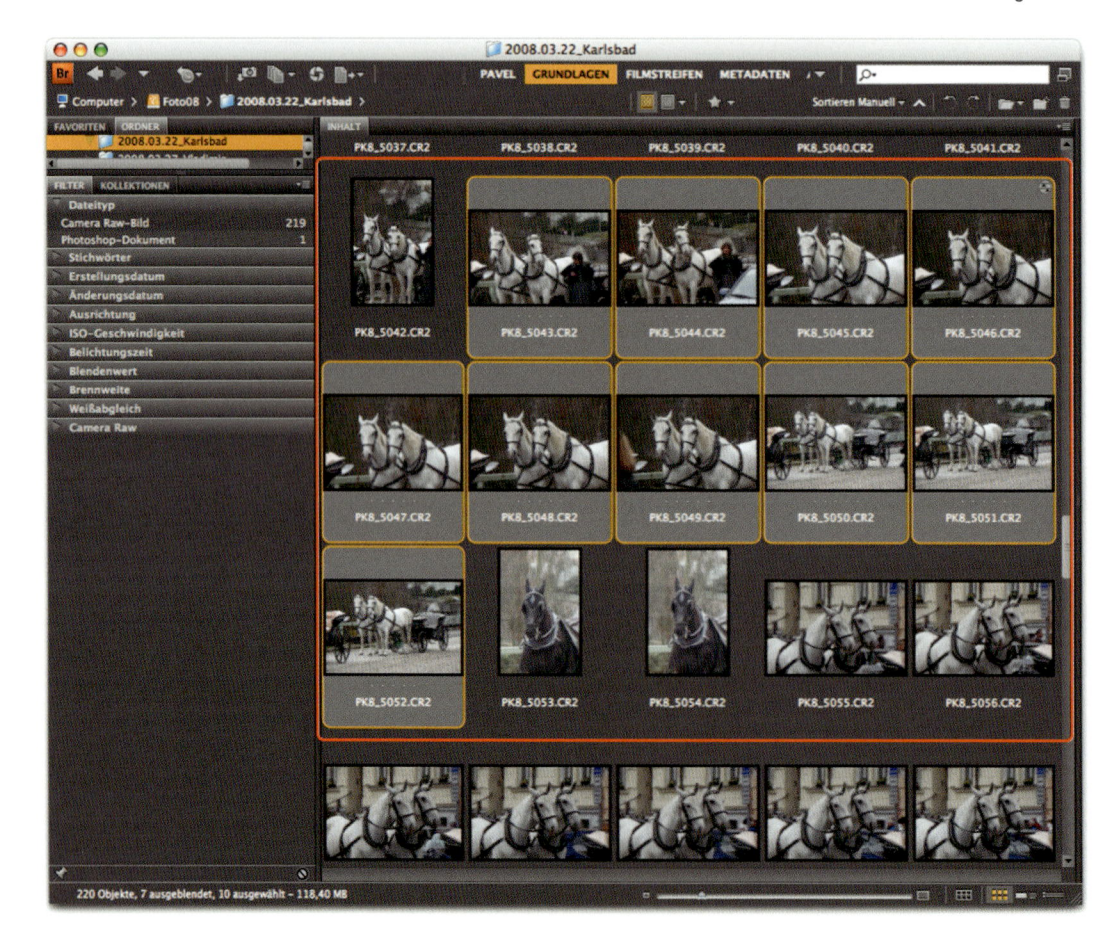

Im Camera-Raw-Fenster erscheinen die geöffneten Bilder links in der Bildleiste. Sie haben jetzt die Wahl, wie Sie mit der Entwicklung fortfahren. Wenn die Fotos sich voneinander vom Motiv oder von der Beleuchtung her

Kameraeinstellungen vorhanden sind, können Sie so verfahren, wie es im Folgenden beschrieben wird. Klicken Sie zunächst ein Bild an und nehmen Sie die erforderlichen Korrekturen vor.

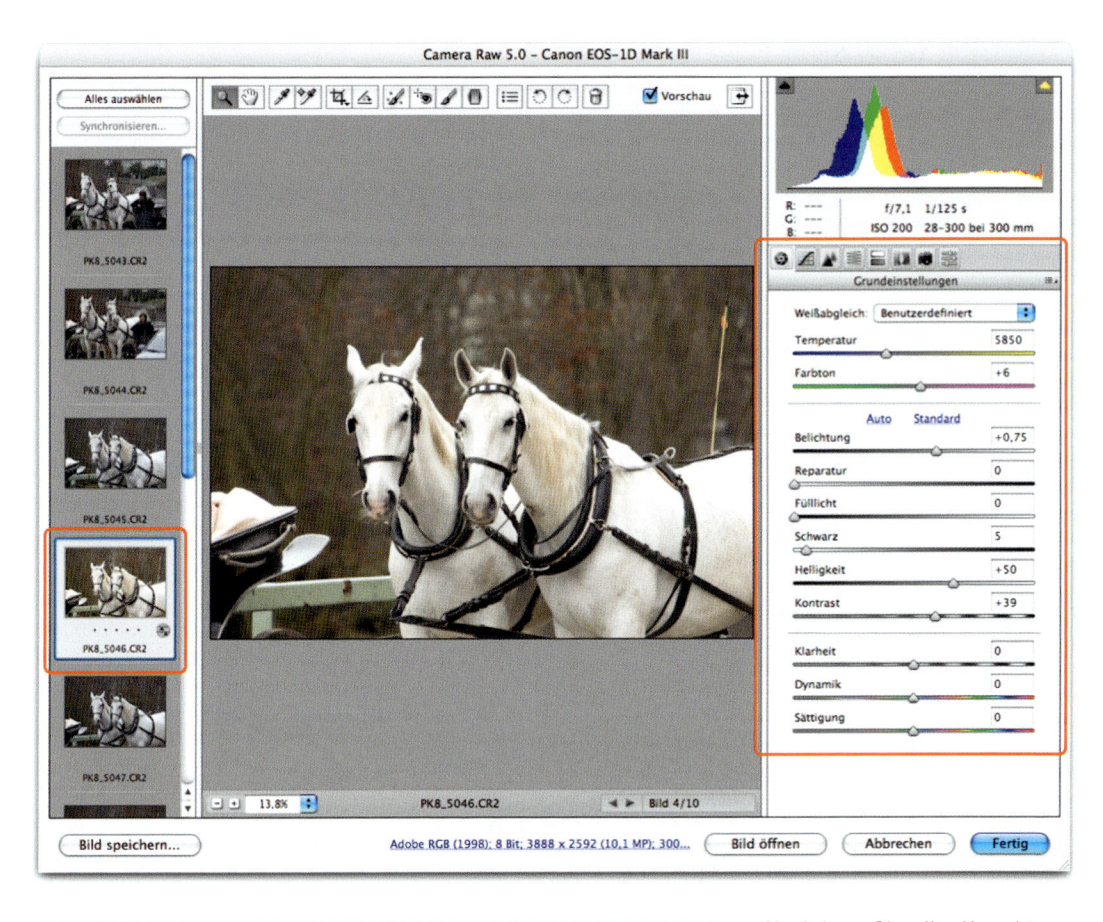

Nachdem Sie die Korrekturen durchgeführt haben, klicken Sie auf den Button *Alles auswählen* und danach auf *Synchronisieren*.

Im Dialog *Synchronisieren* können Sie die Optionen für die Übertragung der Einstellungen auf andere Fotos aktivieren oder deaktivieren. Falls Sie die Einstellungen nur in einer Palette vorgenommen haben (zum Beispiel *Grundeinstellungen*), können Sie im Feld *Synchronisieren* den entsprechenden Eintrag auswählen.

Die Einstellungen werden auf alle Dateien übertragen. In der rechten oberen Ecke jeder Bildminiatur wird ein Symbol für die geänderten Einstellungen angezeigt. Wenn Sie jetzt auf *Fertig* klicken, werden die Camera-Raw-Einstellungen in den XMP-Dateien gespeichert.

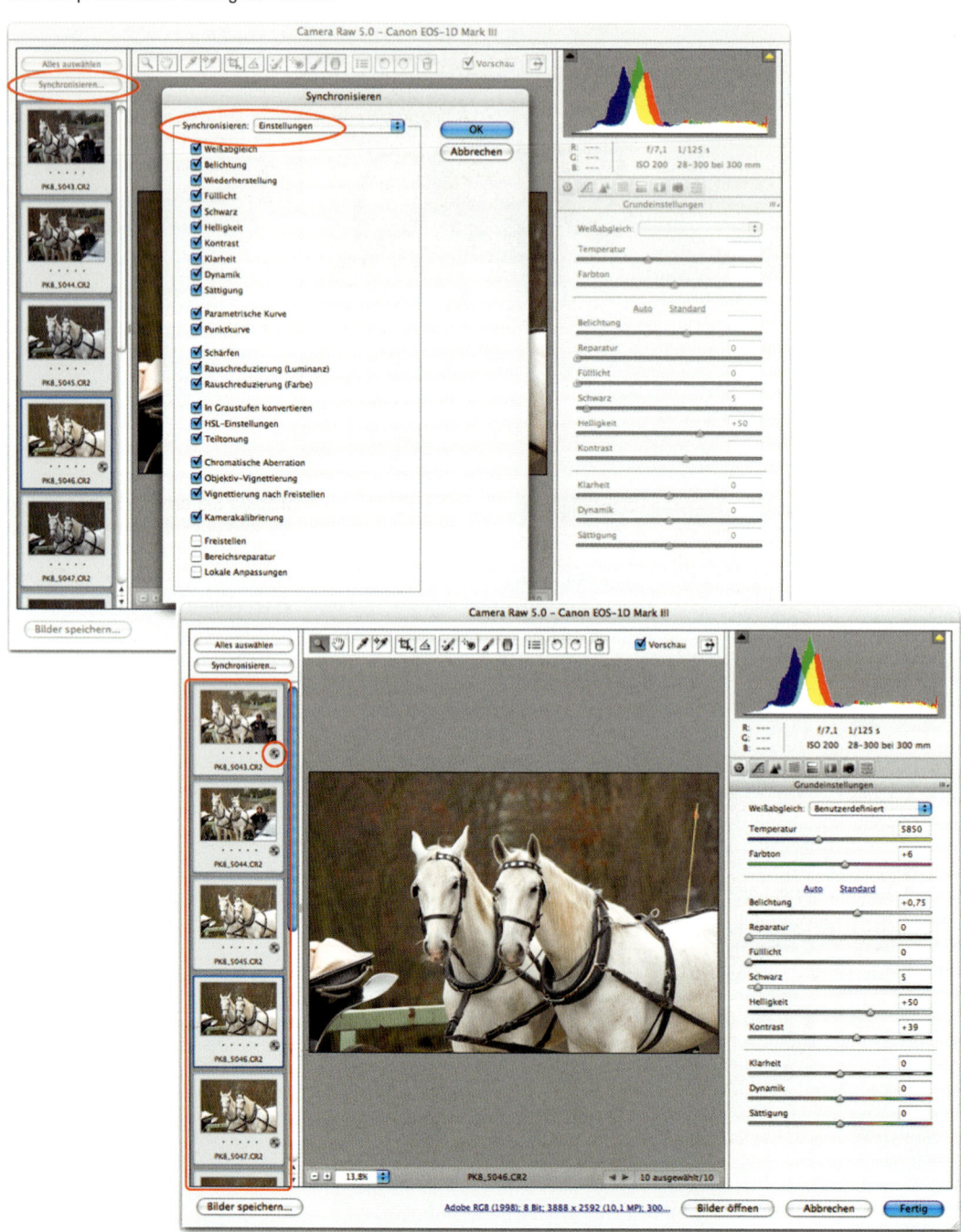

Mehrere Bilder in Camera Raw bearbeiten

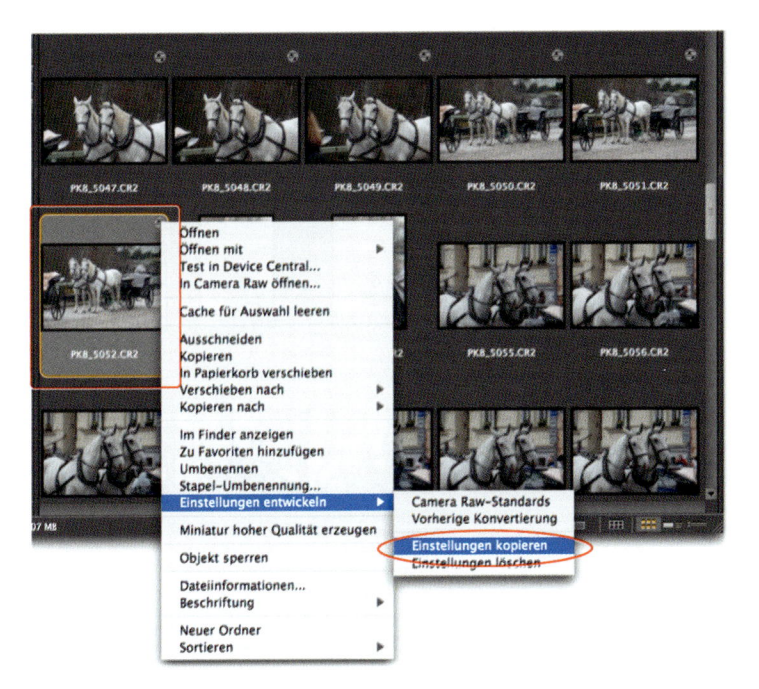

Auch in Adobe Bridge werden Dateien mit geänderten Einstellungen mit diesen Symbolen ausgestattet.

Wenn Sie diese Einstellungen auf weitere Bilder übertragen möchten, können Sie das tun, ohne Camera Raw zu öffnen.

Klicken Sie mit der rechten Maustaste auf das Symbol in der Bildminiatur und wählen Sie *Einstellungen entwickeln/Einstellungen kopieren*.

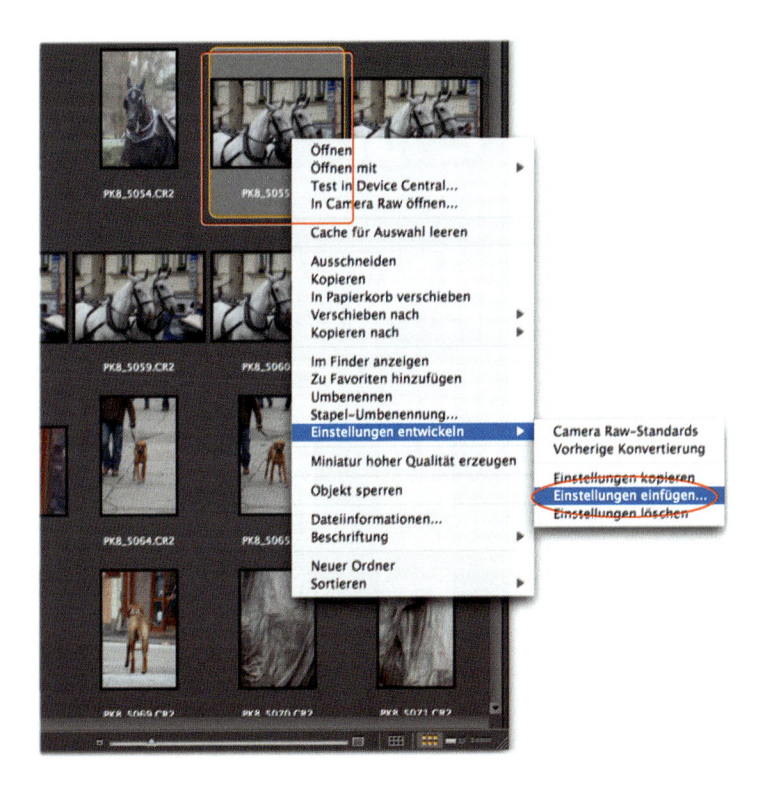

Wählen Sie dann in Adobe Bridge ein Bild oder mehrere Bilder aus, klicken Sie diese mit der rechten Maustaste an und wählen Sie im Kontextmenü *Einstellungen entwickeln/Einstellungen einfügen*.

RAW-Daten aus der Kamera optimal aufbereiten

Kapitel 13

Webfotogalerien und PDF-Präsentationen in Photoshop erstellen

Es gibt oft Situationen, in denen Sie aus einer Auswahl von Fotos auf die Schnelle eine Präsentation kreieren möchten. Egal ob eine PDF-Präsentation oder eine Webfotogalerie, in Photoshop CS4 stehen Ihnen Tools zur Verfügung, die nicht nur durch ihre Schnelligkeit, sondern auch durch umfangreiche Anpassungsmöglichkeiten überzeugen.

13.1 Webfotogalerie aus einer Bilderauswahl erstellen

Wenn Sie die früheren Photoshop-Versionen für die Erstellung einer Präsentation benutzt haben, wissen Sie, dass sie nicht gerade mit vielen Einstellungsmöglichkeiten geglänzt haben. In Photoshop CS4 wurden die Web- und PDF-Module komplett überarbeitet und sind komfortabler geworden.

Öffnen Sie Adobe Bridge. Sie können eine Auswahl der benötigten Bilder in einem Ordner oder eine Kollektion organisieren, damit die benötigten Dateien schnell greifbar sind.

1

Wählen Sie die gewünschte Kollektion in der *Kollektionen*-Palette und klicken Sie anschließend auf das Symbol *Ausgabe in Web oder PDF*. Auf der rechten Seite des Bridge-Fensters wird die *Ausgabe*-Palette eingeblendet. Sie beinhaltet gleichzeitig die Optionen *PDF* und *Web-Galerie*, wobei Sie Letztere anklicken können.

Prag
GRUNDLAGEN
FILMSTREIFEN
METADATEN
AUSGABE
Ausgabe in Web oder PDF
INHALT
Aus Kollektion entfernen
PICT0001.JPG
PICT0001.JPG
PICT0002.JPG
PICT0003.JPG
PICT0003.JPG
PICT0005.JPG
PICT0006.JPG
PICT0007.JPG
PICT0008.JPG
PICT0008.JPG
PICT0009.JPG
PICT0010.JPG
PICT0010.JPG
PICT0010.JPG
PICT0011.JPG
PICT0012.JPG
PICT0012.JPG
PICT0012.JPG
PICT0012.JPG
PICT0015.JPG
PICT0019.JPG
PICT0020.JPG
PICT0020.JPG
PICT0021.JPG
PICT0022.JPG
PICT0022.JPG
PICT0023.JPG
PICT0024.JPG
PICT0025.JPG
PICT0027.JPG
PICT0029.JPG
PICT0029.JPG
PICT0029.JPG
PICT0032.JPG
PICT0033.JPG

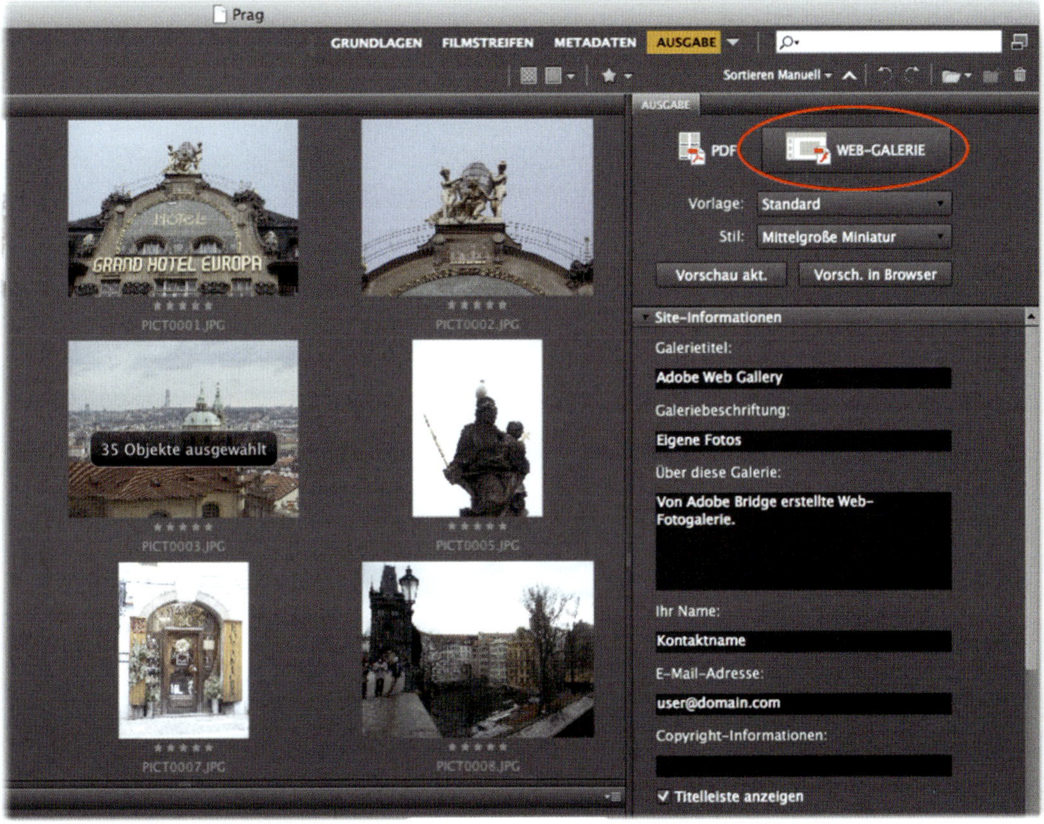
Prag
GRUNDLAGEN
FILMSTREIFEN
METADATEN
AUSGABE
Sortieren Manuell
AUSGABE
PDF
WEB-GALERIE
Vorlage:
Standard
Stil:
Mittelgroße Miniatur
Vorschau akt.
Vorsch. in Browser
Site-Informationen
Galerietitel:
Adobe Web Gallery
Galeriebeschriftung:
Eigene Fotos
Über diese Galerie:
Von Adobe Bridge erstellte Web-Fotogalerie.
Ihr Name:
Kontaktname
E-Mail-Adresse:
user@domain.com
Copyright-Informationen:
Titelleiste anzeigen
GRAND HOTEL EUROPA
35 Objekte ausgewählt
PICT0001.JPG
PICT0002.JPG
PICT0003.JPG
PICT0005.JPG
PICT0007.JPG
PICT0008.JPG

Webfotogalerie aus einer Bilderauswahl erstellen

2

Im Bridge-Fenster finden Sie nun die beiden Paletten *Vorschau* und *Ausgabe-Vorschau*. In der Palette *Vorschau* werden die Dateien angezeigt, die Sie unten im Filmstreifen für die Erstellung Ihrer Präsentation ausgewählt haben. Wenn Sie alle Dateien der Kollektion oder des Ordners für Ihre Präsentation verwenden möchten, können Sie diese mit der Tastenkombination [Strg]+[A] auswählen. Klicken Sie dann auf das Register der Palette *Ausgabe-Vorschau*. Die Webfotogalerie wird unter Anwendung der Standardeinstellungen im Bridge-Fenster angezeigt.

3

In der *Ausgabe*-Palette können Sie die Vorlage für die Webfotogalerie definieren. Zwar stehen nicht sehr viele Vorlagen zur Verfügung, diese können Sie aber Ihren Vorstellungen entsprechend anpassen. Damit Sie gleich sehen können, welche Vorlage Sie gewählt haben und ob diese Vorlage Ihren Vorstellungen entspricht, sollte die Ansicht aktualisiert werden. Klicken Sie dazu auf die Schaltfläche *Vorschau akt.*

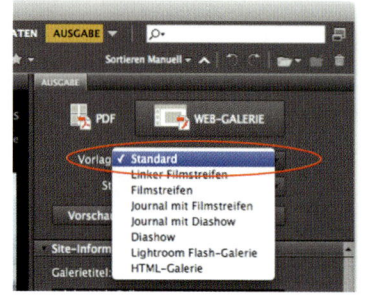

556 KAPITEL 13 Webfotogalerien und PDF-Präsentationen in Photoshop erstellen

Webfotogalerie aus einer Bilderauswahl erstellen

4

In der Palette *Site-Informationen* können Sie diejenigen Angaben zu Ihrer Webfotogalerie machen, die dann später im Internet erscheinen sollen, wie z. B. Titel, Beschreibung und Copyright-Informationen.

Webfotogalerien und PDF-Präsentationen in Photoshop erstellen · KAPITEL 13

Webfotogalerie aus einer Bilderauswahl erstellen

Es ist ratsam, die Webseite nicht nur in der Palette *Ausgabe-Vorschau* zu kontrollieren, sondern auch im Browser – oder besser sogar in verschiedenen Browsern wie Safari, Mozilla Firefox und Microsofts Internet Explorer. Klicken Sie dazu auf den Button *Vorsch. in Browser*.

Die Seite wird in dem als Hauptbrowser definierten Programm (z. B. Firefox) aufgerufen. Um in anderen Browsern das Aussehen der Webseite zu kontrollieren, ändern Sie die Browsereinstellungen Ihres Computers.

13.2 PDF-Präsentation in Photoshop erstellen

Wie Sie bereits beim Erstellen einer Webfotogalerie gesehen haben, liegt das PDF-Modul im gleichen Fenster. Die Handhabung dieses Moduls ist genauso einfach wie die des Webmoduls.

1

Um eine PDF-Präsentation zu erstellen, wählen Sie in Bridge einige Fotos aus. Genauso wie bei einer Webfotogalerie ist es sinnvoll, die Fotos vorher entweder in einem Ordner oder in einer Kollektion zusammenzufügen. Klicken Sie anschließend auf den Button *Ausgabe in Web oder PDF*.

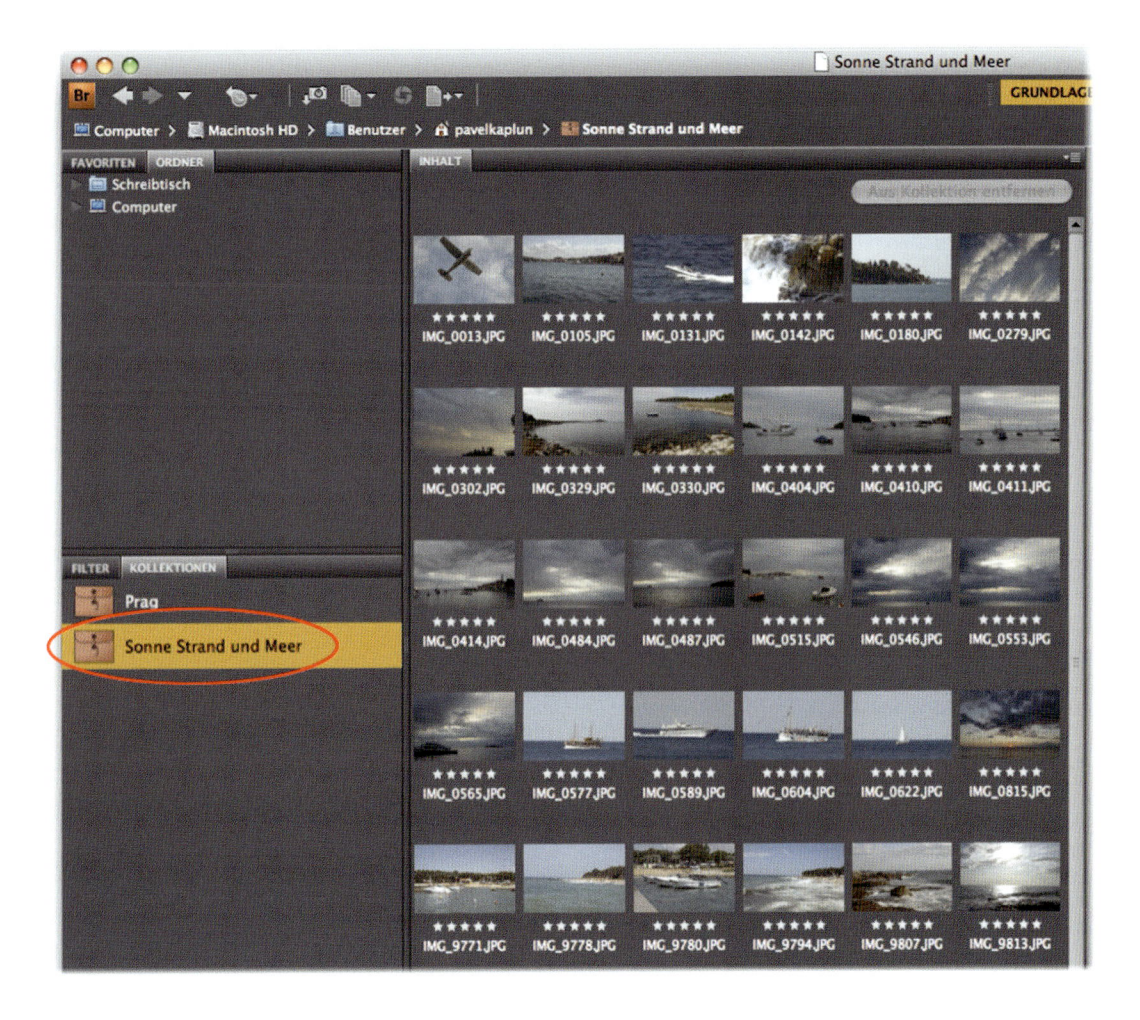

2

Klicken Sie in der Palette *Ausgabe* auf *PDF* und wählen Sie eine Vorlage. Zur Verfügung stehen einige brauchbare Vorlagen, zum Beispiel *Kunstmappe* oder zwei Versionen für Kontaktabzüge.

Oder Sie können die Vorlage selbst gestalten, dann bleibt die Einstellung *Benutzerdefiniert* stehen.

3

In der *Dokument*-Palette stehen Ihnen einige wenige Optionen zur Verfügung, die aber für die meisten Präsentationen ausreichend sind.

Definieren Sie die Größe des Dokuments, z. B. DIN A4, Hoch- oder Querformat.

Bei der Einstellung *Qualität* haben Sie nur zwei Möglichkeiten. Sie können einerseits eine niedrige Qualitätsstufe wählen, zum Beispiel für Präsentationen, die Sie per E-Mail verschicken möchten oder zum Download ins Internet stellen wollen.

Wenn Sie andererseits eine qualitativ hochwertige druckbare Präsentation erstellen wollen, wählen Sie die Option *Hohe Qualität*. Dabei kann die Datei je nach der Anzahl der Fotos ziemlich groß werden.

Falls Sie ein Dokument mit Kennwörtern schützen möchten, gibt es zwei Optionen dazu: *Kennwort zum Öffnen* und *Zugriffskennwort*.

PDF-Präsentation in Photoshop erstellen

4

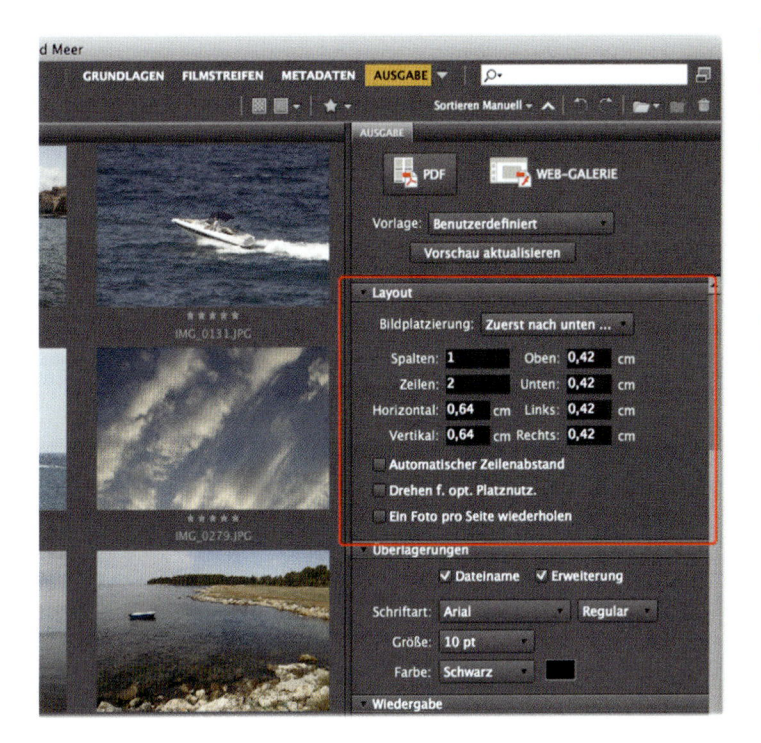

In der Palette *Layout* definieren Sie die Anzahl der Fotos pro Präsentationsblatt, indem Sie die Anzahl der Zeilen und Spalten sowie den Abstand zwischen den Fotos und den Seitenrändern festlegen.

Wenn Sie beim Erstellen des Dokuments das Ergebnis zwischendurch kontrollieren möchten, wechseln Sie zu der Palette *Ausgabe-Vorschau* und klicken auf den Button *Vorschau aktualisieren*.

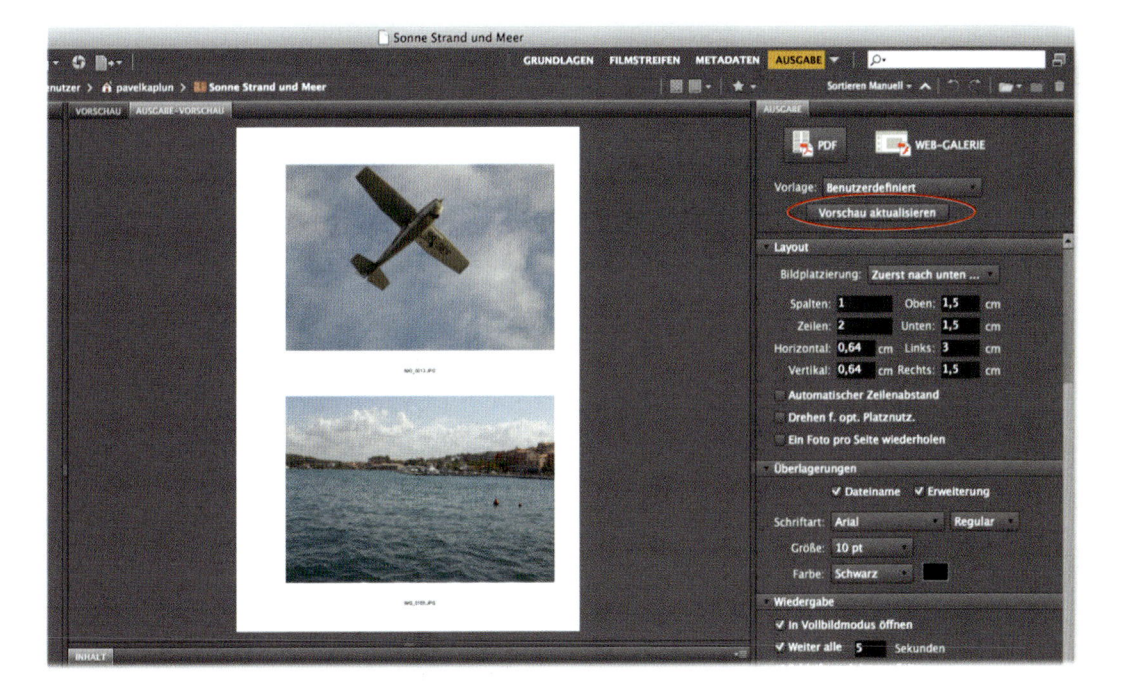

5

In der Palette *Überlagerungen* können Sie das Einblenden der Dateinamen und -erweiterungen definieren.

Einstellungen für die Schriftart, Größe und Farbe sind ebenfalls möglich. Bei der Palette *Wiedergabe* handelt es sich um die PDF-Präsentation.

Generell können Sie auf den Präsentationsmodus komplett verzichten, wenn Sie ein einfaches PDF-Dokument erstellen möchten.

Deaktivieren Sie dazu die Option *Im Vollbildmodus öffnen*. Wünschen Sie eine Präsentation, können Sie Einstellungen definieren, die den Ablauf der Präsentation steuern, wie z. B. die Dauer der Anzeige einer Seite, Überblendoptionen oder die Endlosschleife.

Bei der Option *Übergang* stehen Ihnen verschiedene Möglichkeiten des Bildwechsels zur Verfügung.

6

Zum Schutz der Dokumente gegen unerlaubtes Kopieren können Sie die Einstellung *Wasserzeichen* in Anspruch nehmen. Zwar sehen die Dokumente mit den Wasserzeichen nicht immer schön aus, aber wenn es um Copyright-Vermerke geht, sind Wasserzeichen eine gute Schutzmaßnahme.

Die Einstellungen für Wasserzeichen sind auf das Wesentliche beschränkt und erfüllen voll ihren Zweck.

PDF-Präsentation in Photoshop erstellen

7

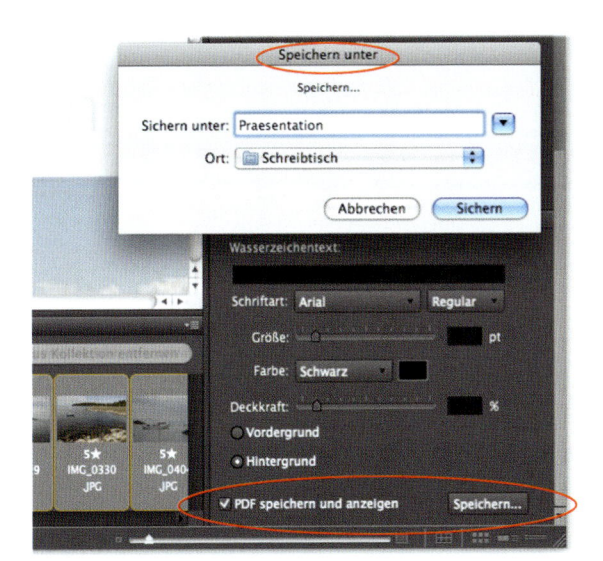

Zum Sichern der Präsentation klicken Sie auf den Button *Speichern*. Bei aktivierter Option *PDF speichern und anzeigen* wird das PDF-Dokument gleich nach dem Speichern im Adobe Acrobat Reader geöffnet.

Je nach gewählter Option wird entweder eine Vollbildmodus-Präsentation gestartet oder das Dokument öffnet sich in der gewohnten Acrobat-Umgebung.

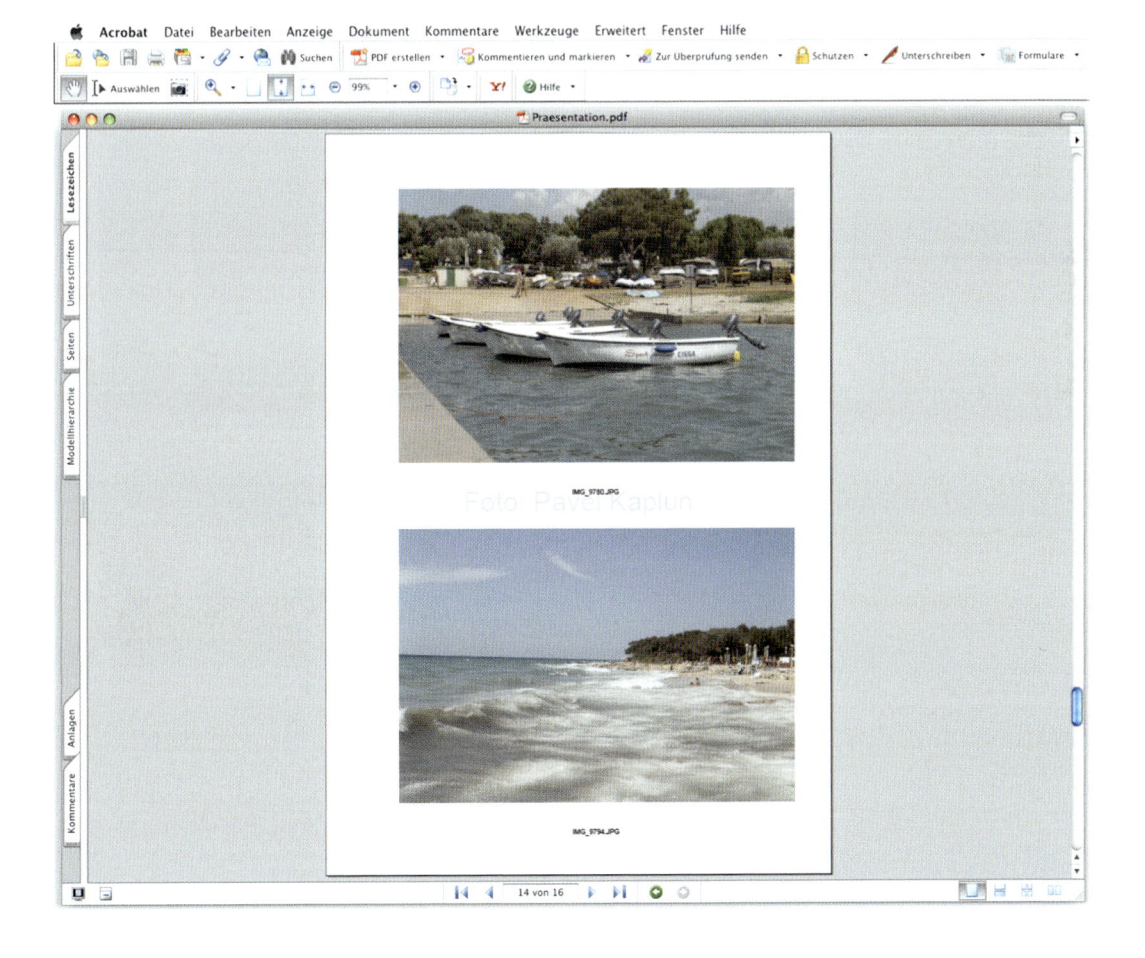

Kapitel 14

Tipps und Tricks für den optimalen Arbeitsablauf

Neben den Werkzeugen und Paletten in Photoshop gibt es eine Gruppe von Hilfswerkzeugen, die auf den ersten Blick gar nicht vorhanden sind. Aber wenn Sie sie entdeckt und bei Ihrer Arbeit schon einmal eingesetzt haben, möchten Sie sie nicht mehr missen. Die Rede ist von Linealen, Hilfslinien, Ausrichten-Tools und verschiedenen Bildschirmmodi. Lernen Sie in diesem Kapitel, wie Sie diese Tools effektiv einsetzen können.

14.1 Hilfslinien und Lineale verwenden

Arbeiten Sie viel mit Layouts, bei denen alles ganz genau positioniert und ausgerichtet werden soll, dann kommen Sie an Linealen und Hilfslinien nicht vorbei.

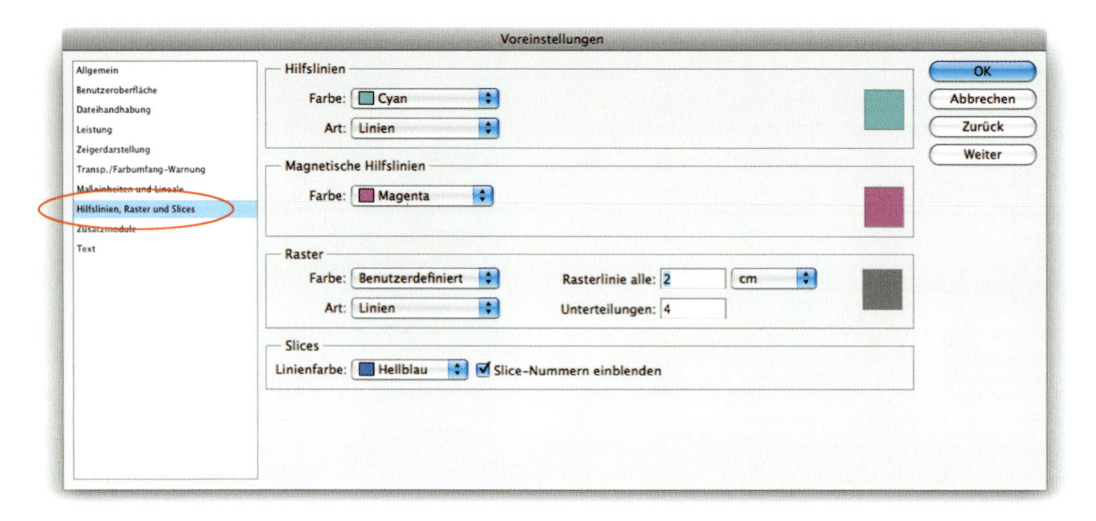

Hilfslinien

Hilfslinien sind nur in der Ansicht angezeigte Linien, die zum Ausrichten von Objekten der Ebene vorgesehen sind. Bereits in den Photoshop-Einstellungen können Sie Voreinstellungen für Lineale, Raster und Slices definieren.

Öffnen Sie den entsprechenden Eintrag in den *Voreinstellungen* und verschaffen Sie sich einen Überblick über die verfügbaren Möglichkeiten.

Neben der Hilfslinienfarbe, die Sie definieren können (es ist sinnvoll, bei einem Bild, in dem Rottöne überwiegen, blaue Hilfslinien zu verwenden und umgekehrt), können Sie entscheiden, ob Sie die Hilfslinien als durchgezogene oder gepunktete Linien anzeigen lassen möchten.

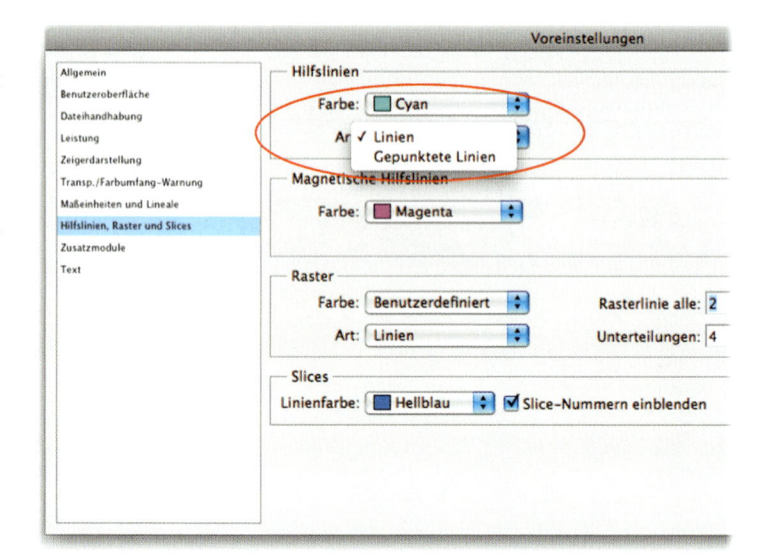

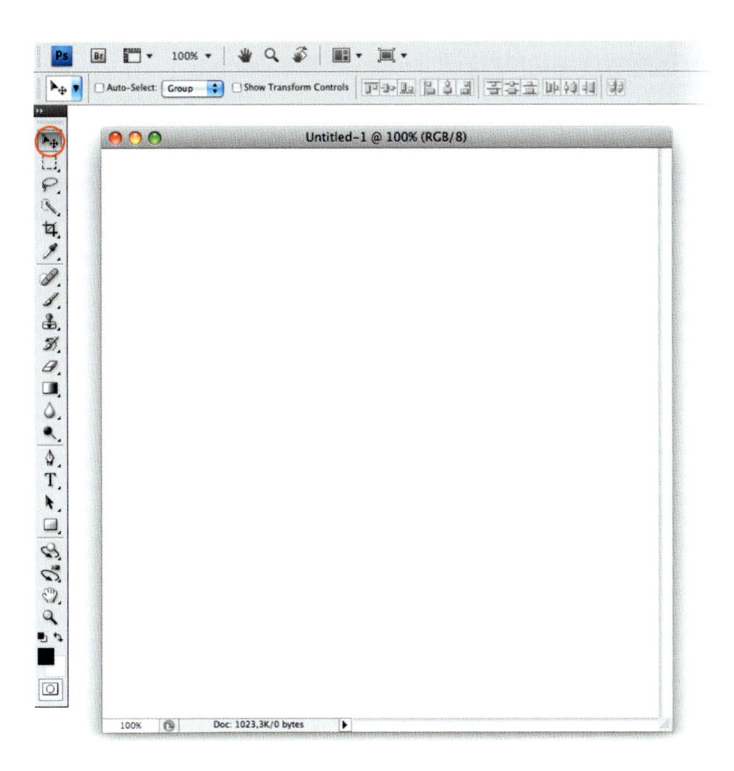

Wenn Sie ein neues Dokument in Photoshop erstellen oder ein Bild öffnen, können Sie in der Bildfläche noch keine Hilfslinien ziehen. Dazu fehlen Ihnen die Lineale.

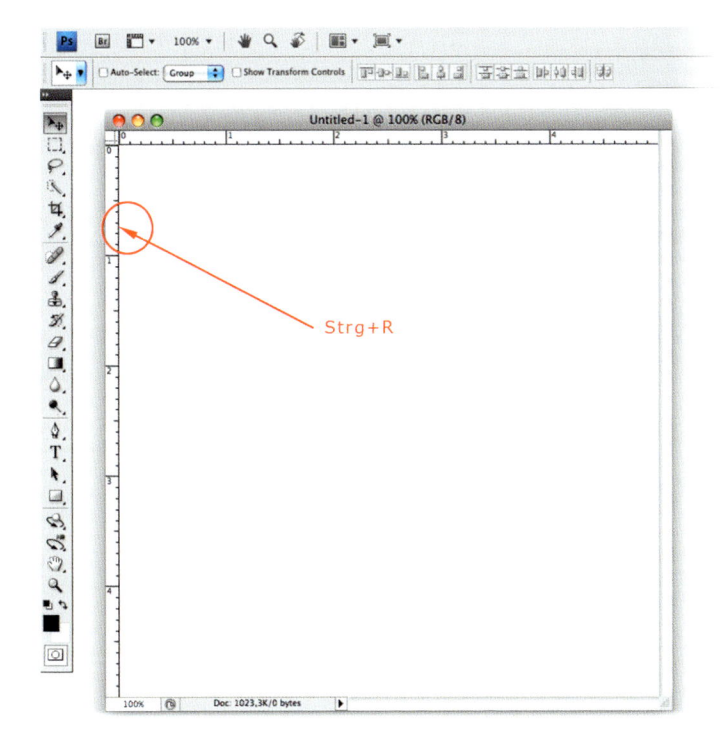

Lineale ein- und ausblenden

Über *Ansicht/Lineale* oder mit der Tastenkombination [Strg]+[R] können Sie die Lineale an der linken und oberen Kante der Arbeitsfläche einblenden. Benötigen Sie diese nicht oder möchten Sie das Bild im Vollbildmodus sehen, können Sie die Lineale mit der gleichen Tastenkombination [Strg]+[R] wieder ausblenden.

Die Lineale können mit verschiedenen Maßeinheiten ausgestattet werden. Doppelklicken Sie auf das linke oder obere Lineal.

Maßeinheiten festlegen

Das Dialogfenster *Voreinstellungen* öffnet sich gleich mit dem Untereintrag *Maßeinheiten und Lineale*, in dem Sie Ihre Einstellungen vornehmen können.

Arbeiten Sie gerade an einer Gestaltung, die später ausgedruckt werden soll (Layout), wählen Sie die Maßeinheit *cm* oder *Zoll*.

Für die Gestaltung einer Webseite ist die Einstellung *Pixel* sinnvoll. Definieren Sie bei Bedarf auch die Einstellungen für den Text, Spaltenmaße und die Auflösung für neue Dokumentvoreinstellungen.

Hilfslinien erstellen und bearbeiten

Bei eingeblendeten Linealen können Sie die Hilfslinien aus dem vertikalen oder horizontalen Lineal mit gedrückter Maustaste herausziehen und in der Arbeitsfläche beliebig positionieren.

Wenn Sie eine horizontale Hilfslinie bei gedrückter [Alt]-Taste anklicken, verwandelt sich diese in eine vertikale Hilfslinie und umgekehrt.

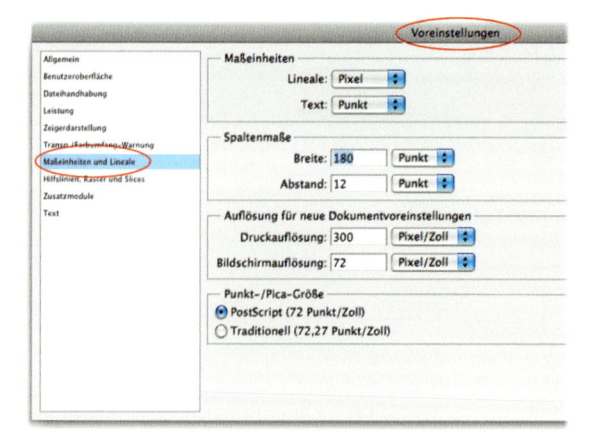

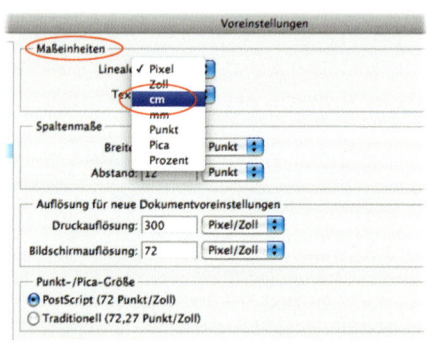

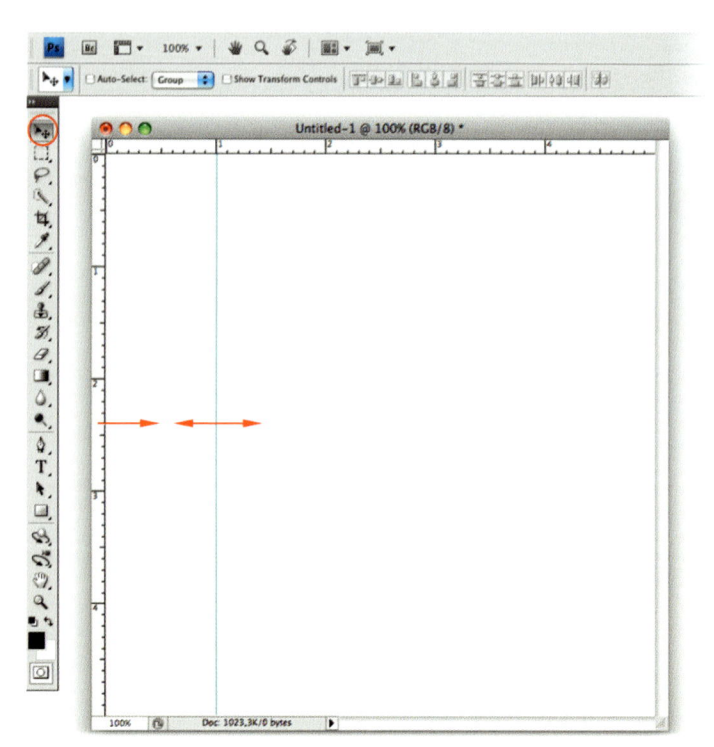

Hilfslinien und Lineale verwenden

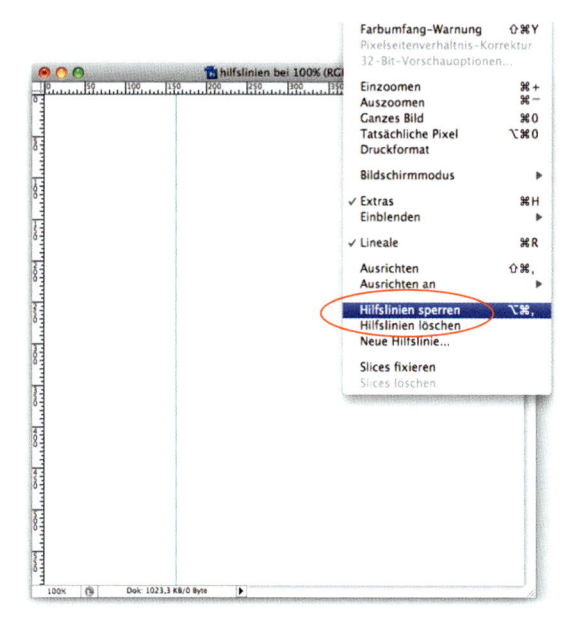

Bei der Layoutgestaltung passiert es ab und an, dass eine Hilfslinie versehentlich verschoben wird, und das ist ärgerlich.

Damit das nicht passieren kann, können Sie die Position der Hilfslinien sperren.

Wählen Sie dazu *Ansicht/Hilfslinien sperren* oder [Strg]+[Alt]+[,] – mit dem gleichen Befehl wird die Sperrung der Hilfslinien auch wieder aufgehoben.

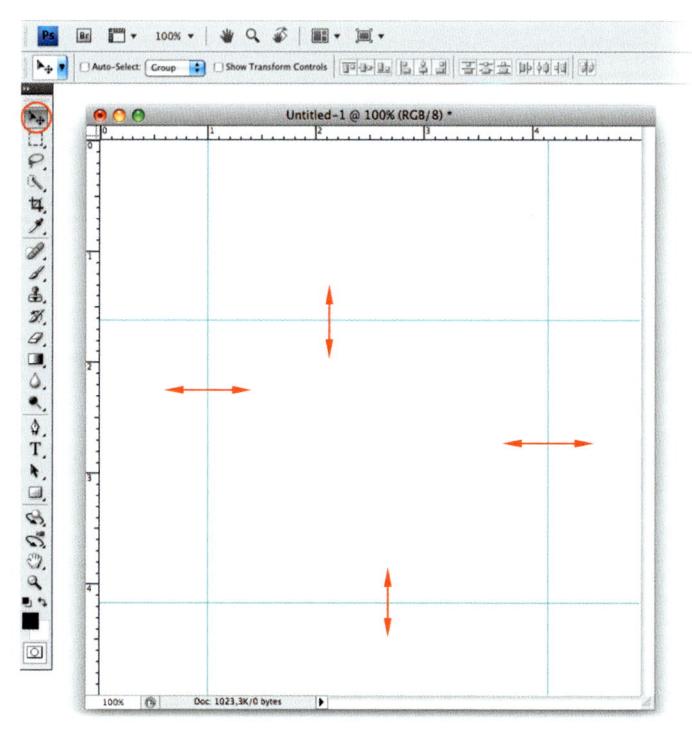

Die nicht gesperrten Hilfslinien können Sie in der Arbeitsfläche nicht immer verschieben, sondern nur mit dem Verschieben-Werkzeug ([V]).

Damit Sie zum Verschieben der Hilfslinien nicht immer zum Verschieben-Werkzeug wechseln müssen, können Sie die [Strg]-Taste gedrückt halten. So können Sie die Hilfslinien verschieben.

Hilfslinien und Lineale verwenden

Mit den Hilfslinien schaffen Sie in der Arbeitsfläche Grenzen, an denen Sie bequem Objekte ausrichten oder eine Auswahl erstellen können, wie es auf dem Screenshot mit dem Auswahlrechteck-Werkzeug ([M]) zu sehen ist.

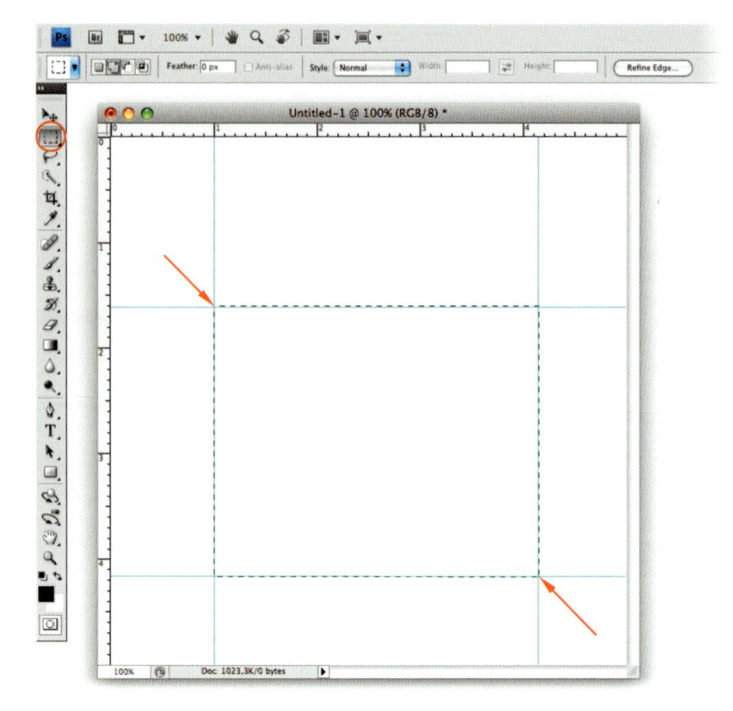

Was tun, wenn Sie die Hilfslinien genau positionieren möchten (ähnlich wie in einem Layoutprogramm)?

Leider ist diese Option in Photoshop nicht so flexibel wie zum Beispiel in InDesign oder Illustrator.

Sie können die Position der Hilfslinien definieren. Wählen Sie *Ansicht/Neue Hilfslinie*.

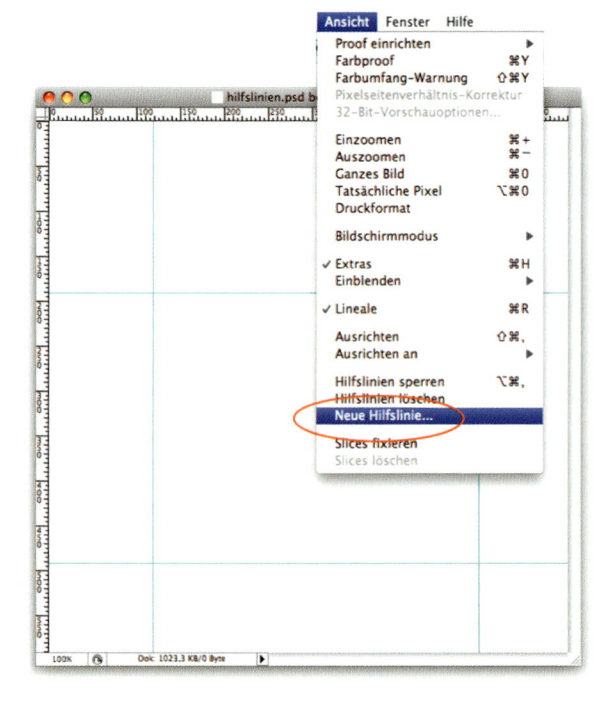

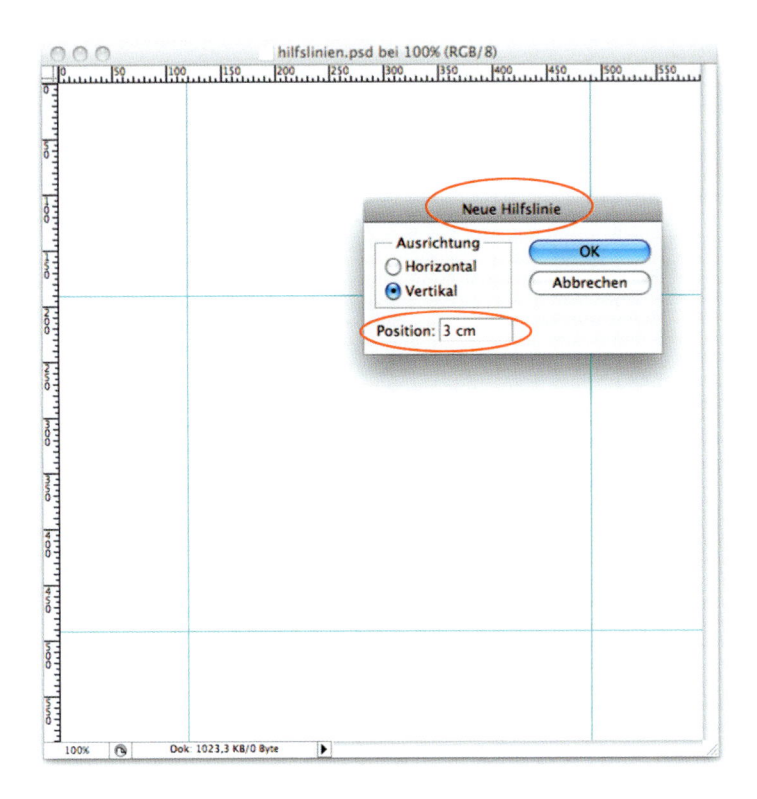

Im Dialog *Neue Hilfslinie* können Sie eine horizontale oder vertikale Hilfslinie erstellen. Lassen Sie sich nicht dadurch verwirren, dass keine Maßeinheiten eingeblendet sind.

Geben Sie bei *Position* z. B. *3 cm* an, wenn Sie in Zentimeter arbeiten, oder *Px*, wenn Sie Pixel als Maßeinheit verwenden. Bestätigen Sie Ihre Eingabe mit *OK*.

Die neue Hilfslinie wird in der Arbeitsfläche eingeblendet. Leider ist es nicht möglich, die Position der Hilfslinie ebenso per Zahleneingabe zu ändern.

Sie können aber die alte Hilfslinie löschen und eine neue mit der gewünschten Position erstellen.

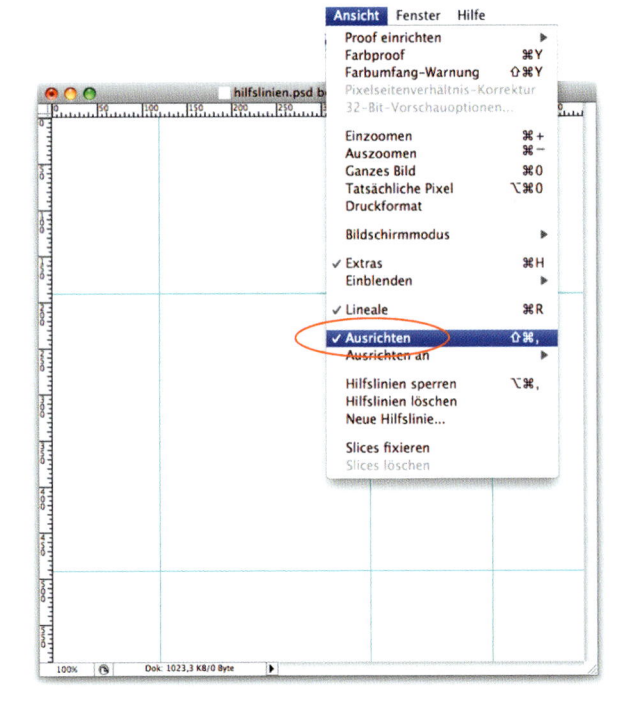

Ausrichten-Funktion effektiv nutzen

Ohne Ausrichten-Funktion wären die Hilfslinien nur halb so gut. Aktivieren Sie diese mit [Strg]+[Umschalt]+[,] oder über *Ansicht/ Ausrichten*.

Wenn Sie das Objekt einer Ebene mit dem Verschieben-Werkzeug ([V]) innerhalb der Arbeitsfläche bewegen, wird dieses von den Hilfslinien magnetisch angezogen (bitte nicht mit magnetischen Hilfslinien verwechseln, zu denen kommen wir im Abschnitt 14.2).

Auch die Auswahlformen, z. B. Auswahlrechteck oder Auswahlellipse, werden von den Hilfslinien angezogen.

Hilfslinien und Lineale verwenden

Erzeugen Sie mehrere Ebenen in der *Ebenen*-Palette und erstellen Sie auf jeder Ebene ein Objekt, zum Beispiel ein Rechteck.

Wenn Sie jetzt die Objekte der Ebenen in der Arbeitsfläche hin und her schieben, werden Sie merken, dass diese von den Hilfslinien angezogen werden und so exakt ausgerichtet werden können.

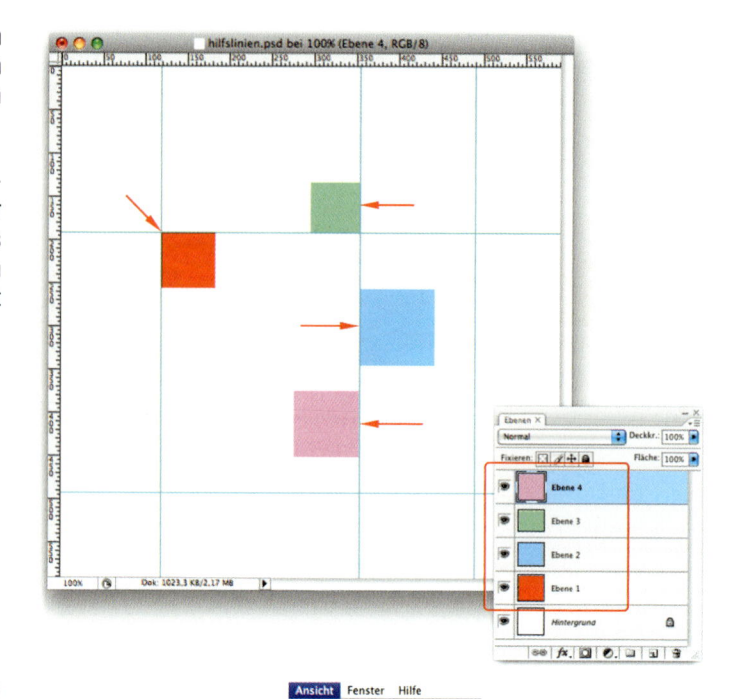

Wie bereits erwähnt wurde, haben die Hilfslinien keinerlei Einfluss auf einen Ausdruck oder auf die Darstellung im Web.

Falls diese Sie jedoch beim weiteren Arbeiten stören und Sie auf die Hilfslinien nicht mehr angewiesen sind, können Sie sie über *Ansicht/Hilfslinien löschen* einfach entfernen.

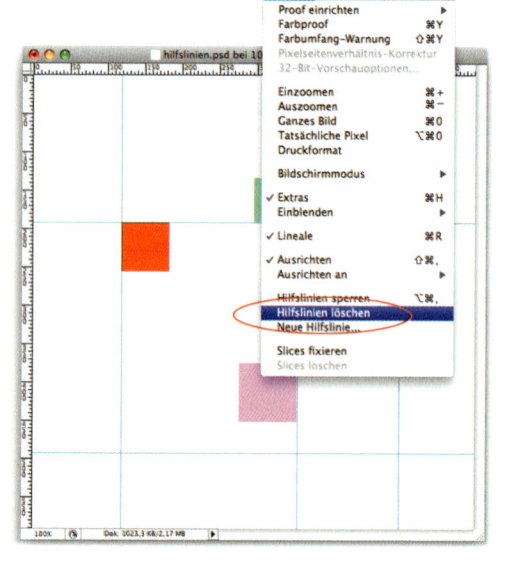

Wenn Sie die Hilfslinien nur vorübergehend deaktivieren möchten, können Sie das über *Ansicht/Einblenden/Hilfslinien* machen. Schneller geht es mit der Tastenkombination [Strg]+[;].

574　KAPITEL 14　Tipps und Tricks für den optimalen Arbeitsablauf

Hilfslinien und Lineale verwenden

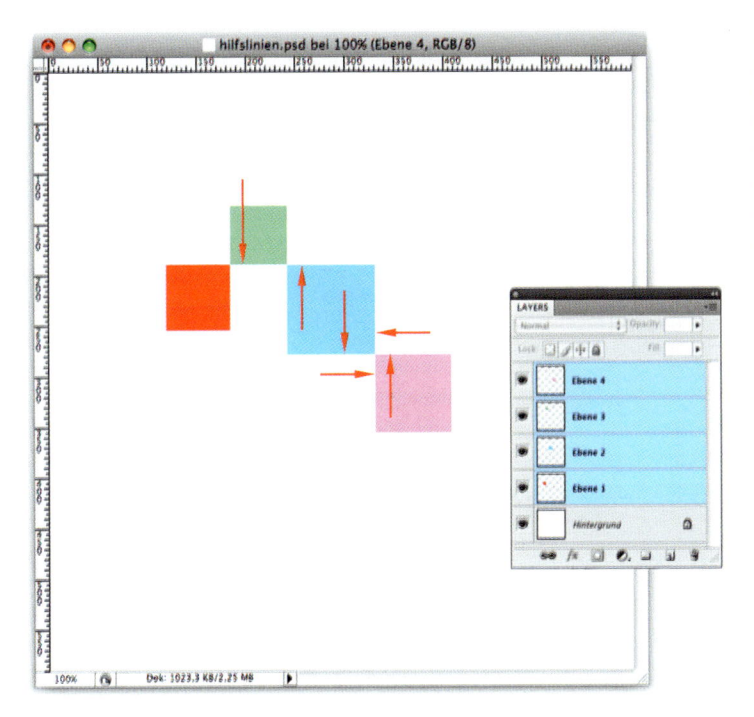

Auch wenn Sie die Hilfslinien ausblenden oder ganz und gar löschen, bleibt die Ausrichten-Funktion so lange aktiv, bis Sie diese ausschalten. Wenn Sie jetzt die Ebenen mit den Objekten in der Arbeitsfläche bewegen, ziehen sie sich an den Seiten oder Ecken gegenseitig an.

Besonders beim Arbeiten mit vielen Fotos innerhalb einer Arbeitsfläche ist dies praktisch: Die Objekte werden nicht nur gegenseitig aneinander ausgerichtet, sondern die Abstände zwischen den Objekten werden auch berücksichtigt – das erleichtert die Konstruktion des Layouts erheblich.

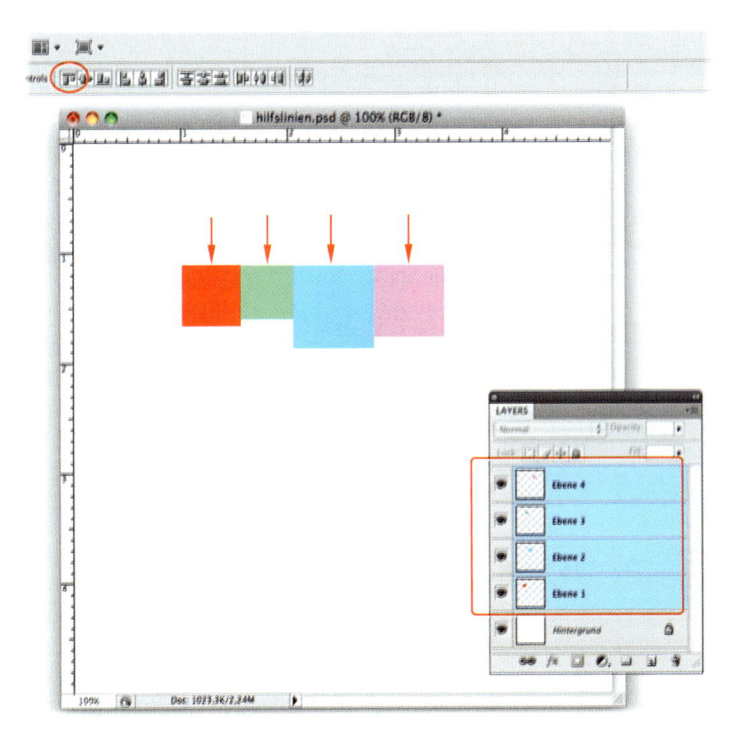

Ebenen an Kanten ausrichten und verteilen

Neben dem Ausrichten mit den Hilfslinien und der aktivierten Ausrichten-Option steht Ihnen ein weiteres Tool zur Verfügung, mit dem Sie mit nur wenigen Klicks die Objekte der Ebenen aneinander ausrichten können.

Wenn Sie mehrere Ebenen mit Objekten haben und diese ausrichten wollen, markieren Sie in der *Ebenen*-Palette alle beteiligten Ebenen bei gedrückter [Umschalt]- oder [Strg]-Taste. Wählen Sie dann in der Optionsleiste eine Art aus, wie die Objekte ausgerichtet werden sollen, z. B. *Ausrichten an der Oberkante*. Die Objekte werden dann so ausgerichtet, dass die Oberkanten der Ebenen an einer unsichtbaren Linie ausgerichtet werden.

Genauso können Sie mehrere Optionen kombinieren. Auf dem Screenshot ist zu erkennen, wie die Objekte zuerst an der linken Kante ausgerichtet und dann um die vertikale Mittelachse verteilt werden. Die vorhandenen Optionen sind für fast jede Ausrichten-Situation gewappnet.

Ebenen automatisch ausrichten

Wenn Sie ein Foto durch die Überblendung zweier ähnlicher Fotos erstellen möchten (zum Beispiel zwei Bilder aus der gleichen Serie übereinanderlegen und eine Ebene teilweise maskieren, um Fehler zu korrigieren), können Sie die Funktion *Ebenen automatisch ausrichten* benutzen. Platzieren Sie in der Arbeitsfläche zwei Fotos aus einer Serie und klicken Sie auf das Symbol *Ebenen automatisch ausrichten*.

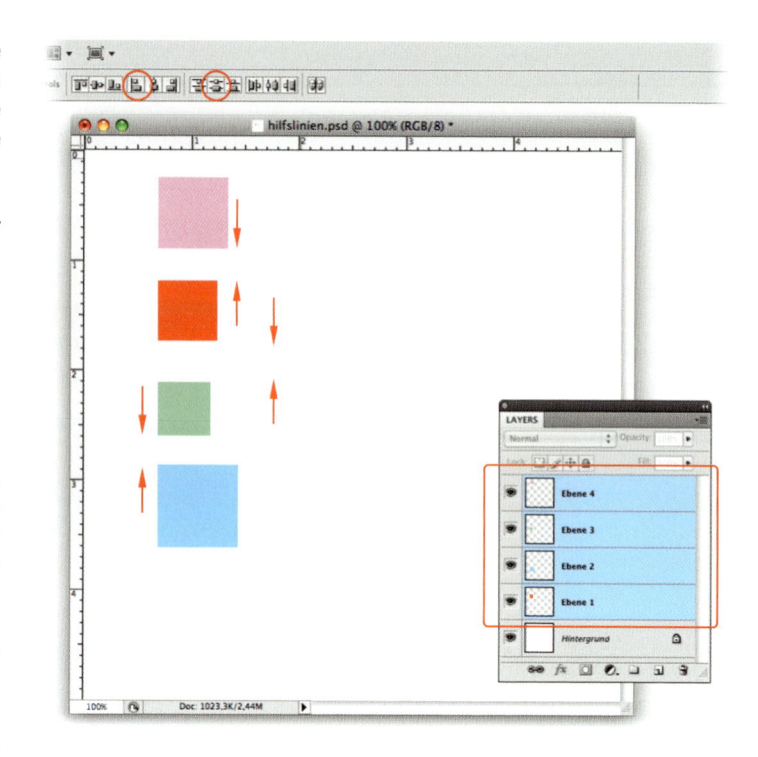

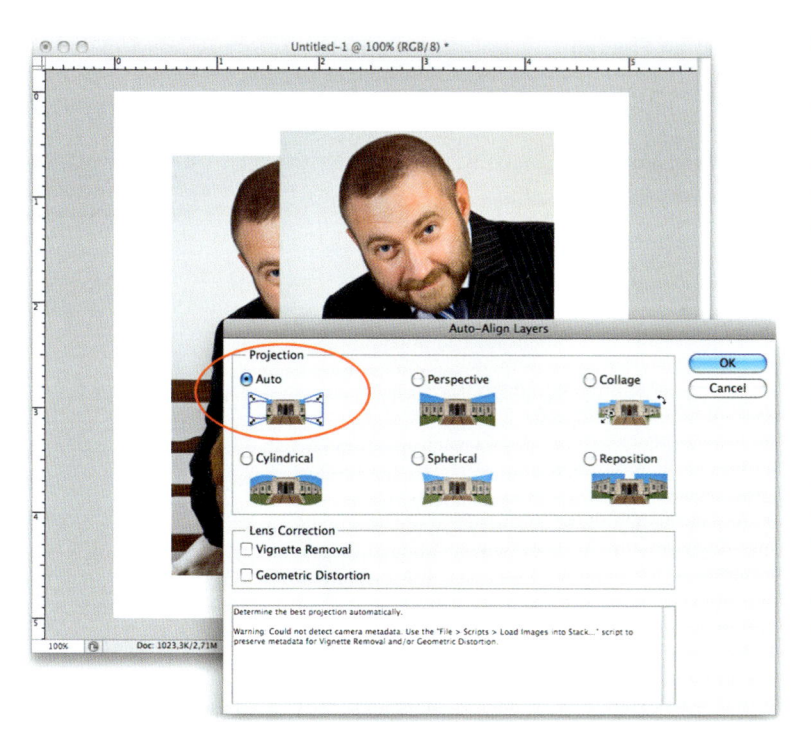

Wählen Sie im Dialog *Ebenen automatisch ausrichten* die Projektionsart, die für eine exakte Positionierung der Bilder übereinander vorgesehen ist – *Auto*. Bestätigen Sie mit *OK*.

Das Programm analysiert die Bildmotive und positioniert die Ebenen so, dass die Gesichter auf dem Foto exakt übereinanderliegen.

So können Sie durch die Maskierung der oberen Ebene eine fehlerhafte Darstellung auf der unteren Ebene kaschieren. Die Arbeitsfläche wird dabei automatisch beschnitten.

Panorama erstellen mit der Funktion Ebenen automatisch ausrichten

Besonders interessant ist die Funktion *Ebenen automatisch ausrichten* für Fotografen, die Panoramabilder machen.

folgenden Dialog stehen Ihnen einige Optionen zur Verfügung. Zum Zusammensetzen der Panoramafotos wählen Sie die Option *Perspektivisch*. Wenn Sie sich auf die automatische Anpassung der Kanten bei diesem Tool verlassen möchten, aktivieren Sie die Kontrollkästchen *Vignettierungsentfernung* und *Geometrische Verzerrung* im Bereich *Objektivkorrektur*. Wenn Sie die weitere An-

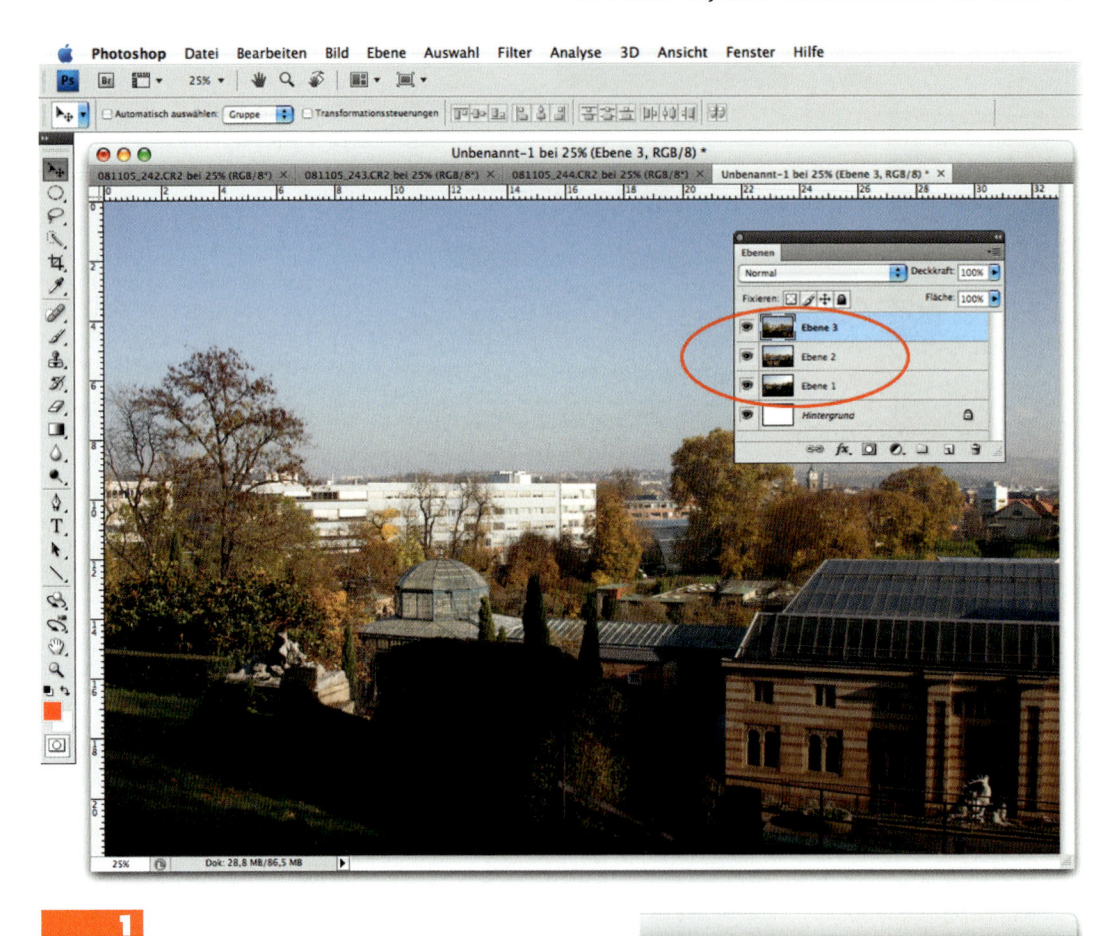

1

Öffnen Sie die Fotos, die für ein Panorama geeignet sind, und positionieren Sie alle in einer leeren Datei auf einzelnen Ebenen. Am schnellsten machen Sie das, wenn Sie die Bilder in Adobe Bridge markieren und den Befehl *Werkzeuge/Photoshop/Dateien in Photoshop-Ebenen laden* wählen.

2

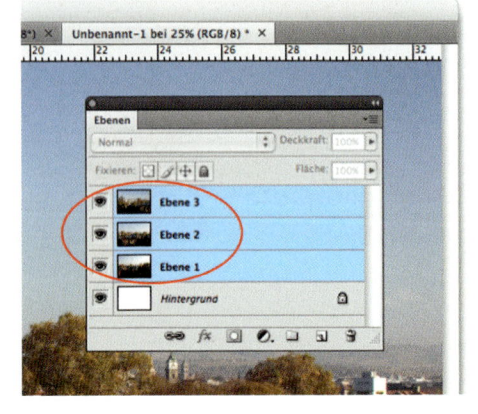

Markieren Sie alle in der *Ebenen*-Palette enthaltenen Ebenen bei gedrückter Umschalt-Taste. Klicken Sie auf das Symbol *Ebenen automatisch ausrichten*. Im darauf-

passung lieber manuell durchführen möchten, lassen Sie diese Optionen deaktiviert und klicken auf *OK*, nachdem Sie die Variante *Perspektivisch* gewählt haben.

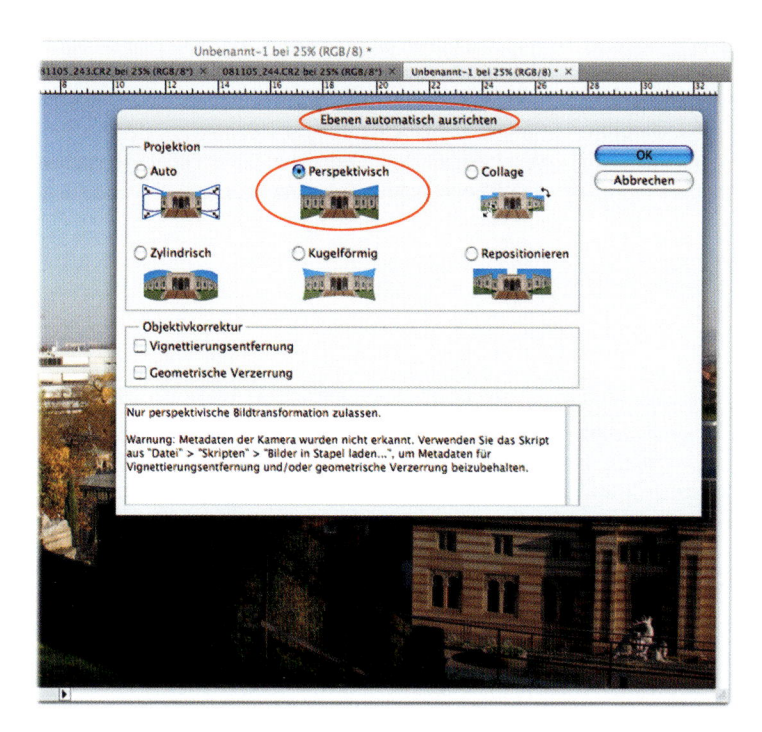

3

Das Panorama wird aus den einzelnen Fotos zusammengesetzt und die Arbeitsfläche wird der Größe des Panoramas angepasst.

Falls Sie sich für die manuelle Anpassung entschieden haben, können Sie jetzt die überlappenden Ebenen mit den Ebenenmasken ausstatten und die Übergänge mit dem Verlaufswerkzeug gestalten.

Für das Verlaufswerkzeug wählen Sie folgende Optionen: Linearer Verlauf, Vordergrund-Transparent, Vordergrundfarbe Schwarz. Maskieren Sie die Kanten der einzelnen Ebenen, sodass die Übergänge zwischen den Bildern sauber werden.

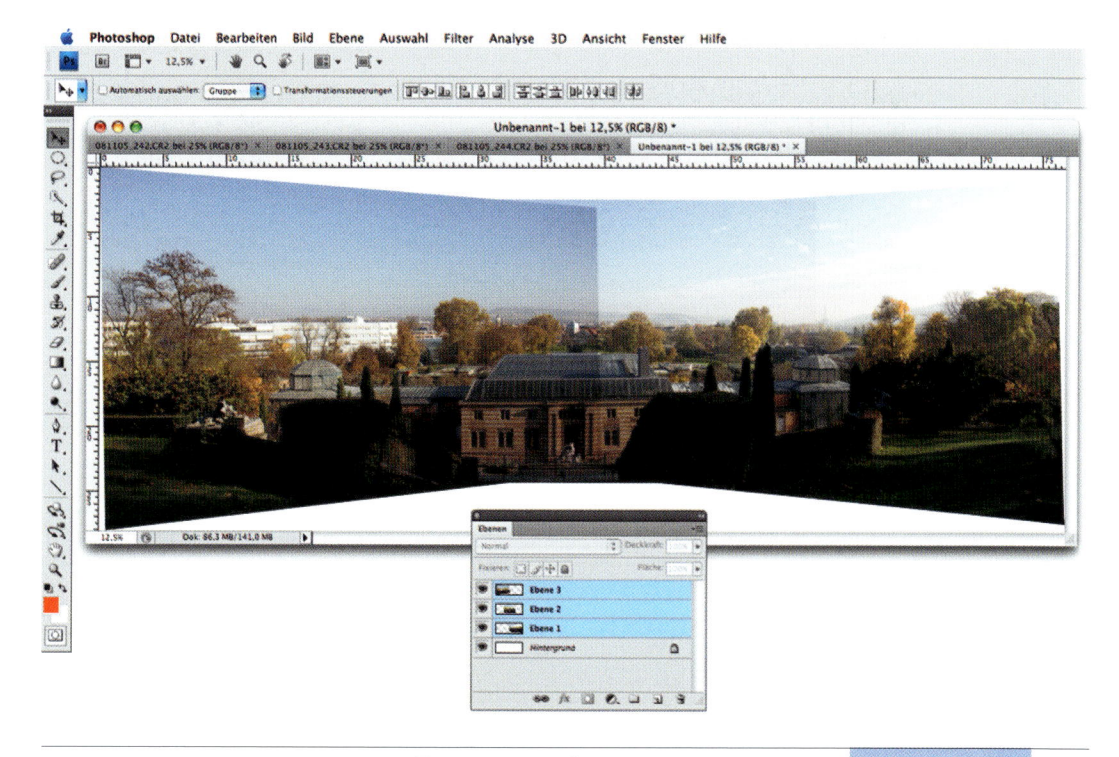

4

Sollte die eine oder andere Ebene zu hell oder zu dunkel geraten, können Sie die Anpassung mit einer Einstellungsebene *Tonwertkorrektur* mit einer Schnittmaske durchführen.

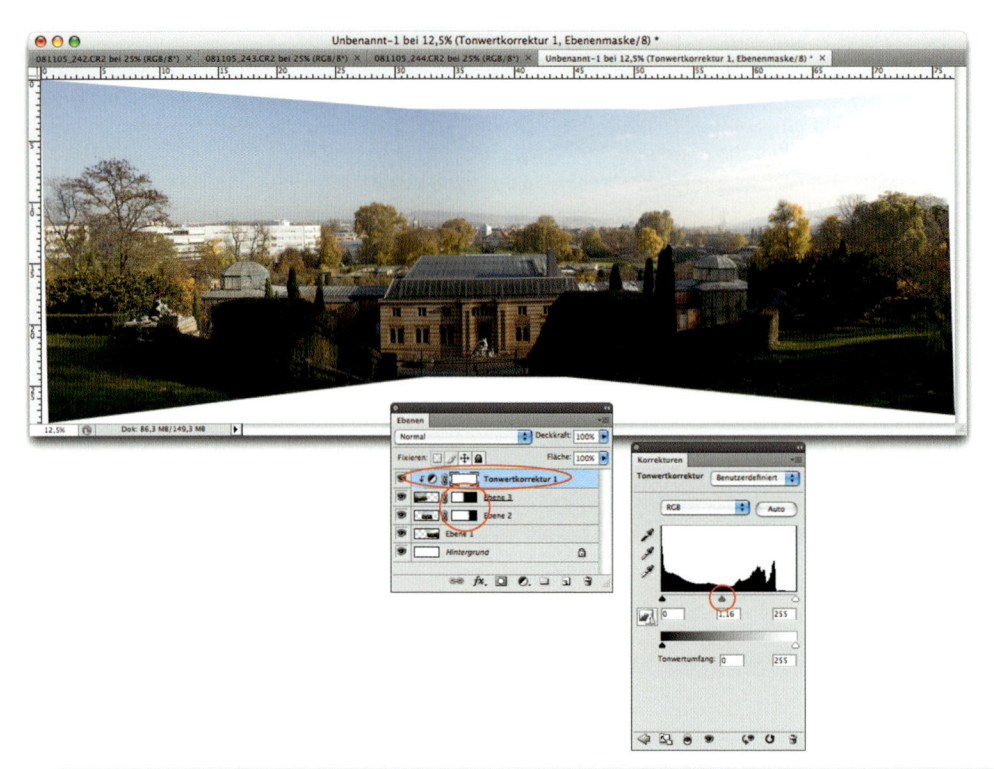

Tipps zur Panoramafotografie

Auch wenn es einfach klingt, eine Reihe von Panoramafotos aufzunehmen, sind einige wichtige Dinge zu beachten. Machen Sie die Aufnahmen auf einem Stativ. So verringern Sie die Gefahr, dass einige Bilder „aus der Reihe tanzen".

Machen Sie die Aufnahmen im manuellen Modus. Für Verschlusszeit und Blende sollten Sie immer die gleichen Werte verwenden. Das Gleiche gilt für den Weißabgleich. Auf keinen Fall sollte die Einstellung AWB verwendet werden, dabei kann es zu starken Unterschieden in der Farbtemperatur bei den einzelnen Fotos kommen. Und die Fokussierung sollte ebenfalls manuell erfolgen (sehr wichtig).

Wenn Sie großen Wert auf eine exakte horizontale Ausrichtung der Kamera und gleichmäßige Abstände bei der Überlappung der Fotos legen, können Sie sich eine Nodalpunkt-Schiene für Ihr Stativ zulegen.

14.2 Magnetische Hilfslinien

Wie bereits erwähnt wurde, sollten magnetische Hilfslinien nicht mit normalen Hilfslinien verwechselt werden. Magnetische Hilfslinien sind eher unsichtbare Positionierungshelfer, die allerdings sehr nützlich sein können.

1

Um magnetische Hilfslinien nutzen zu können, müssen diese zuerst aktiviert werden.

Standardmäßig sind sie bei Photoshop CS4 nämlich deaktiviert. Wählen Sie *Ansicht/Einblenden/Magnetische Hilfslinien*.

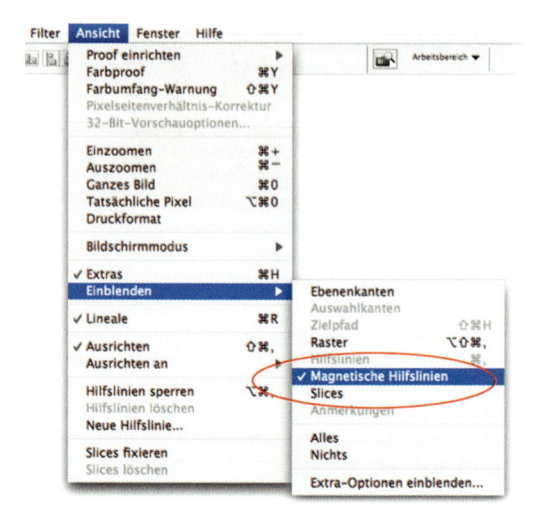

2

Erstellen Sie mit [Strg]+[N] eine neue Datei und ziehen Sie mit dem Verschieben-Werkzeug ([V]) zwei Fotos in die neue Arbeitsfläche. Um die Funktionsweise der magnetischen Hilfslinien besser verstehen zu können, sollten die Fotos kleiner sein als die neue leere Arbeitsfläche.

Aktivieren Sie für das Verschieben-Werkzeug ([V]) die Option *Automatisch auswählen/Ebene*. Schieben Sie das eine oder das andere Foto in der Arbeitsfläche hin und her. Wenn die Kanten der Bilder sich berühren, sehen Sie eine farbige Linie – das ist die magnetische Hilfslinie. Übrigens können Sie die Farbe der magnetischen Hilfslinien über *Bearbeiten/Voreinstellungen/Hilfslinien, Raster und Slices* definieren.

Magnetische Hilfslinien

3

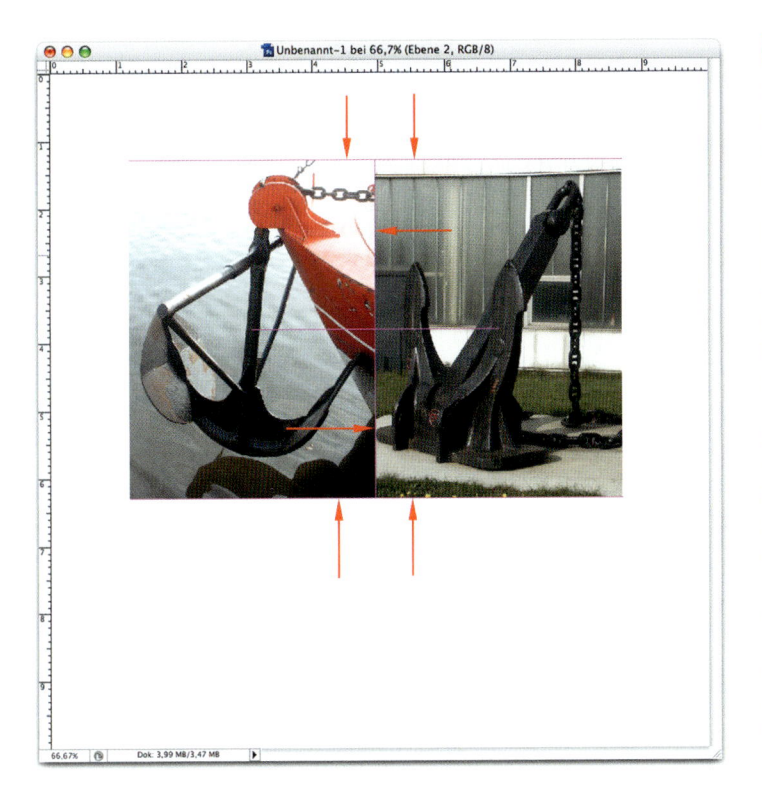

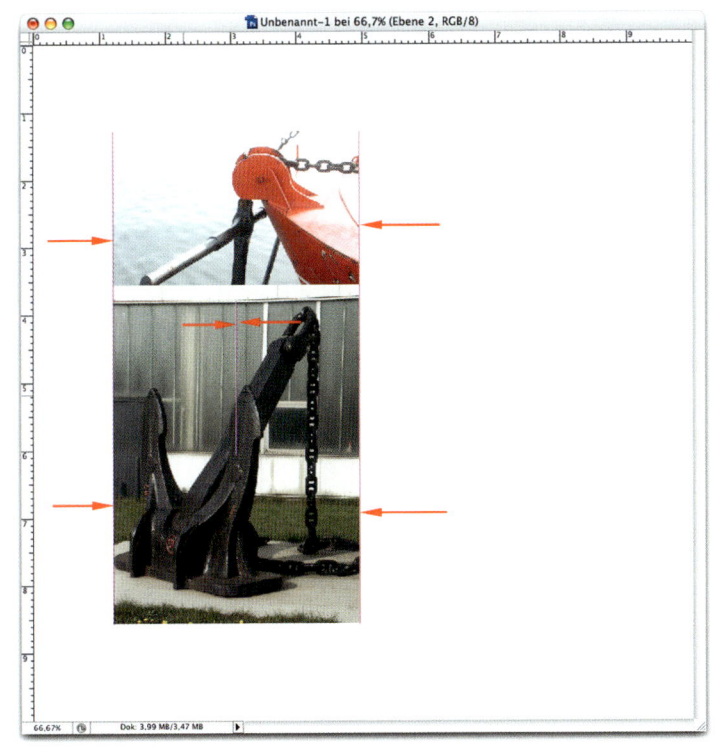

Wenn die Option *Ansicht/Ausrichten* aktiviert ist, können Sie die Bilder auch ohne Hilfslinien an einer der Bildkanten ausrichten.

Magnetische Hilfslinien zeigen Ihnen an, wenn die Ebenen aneinander ausgerichtet sind. In unserem Beispiel wurden zwei Ebenen mit Fotos gleicher Größe aneinander ausgerichtet.

Die magnetische Hilfslinie zwischen den Fotos zeigt, dass die Ebenen bündig nebeneinanderliegen, und die Linien an der oberen und unteren Kante der Ebenen zeigen, dass die Ausrichtung an diesen Kanten exakt ist.

Die Mitte der ausgerichteten Ebenen wird ebenso durch eine magnetische Hilfslinie markiert.

Ein ähnliches Prinzip gilt auch für die Ausrichtung der Ebenen übereinander. Die Kanten sowie die vertikale Achse werden mit magnetischen Hilfslinien angezeigt.

14.3 Raster

Neben Hilfslinien, magnetischen Hilfslinien und der automatischen Ausrichtung können Sie zum Ausrichten der Ebenen noch Raster benutzen. Besonders bei der Ausrichtung von Layoutelementen innerhalb der Arbeitsfläche ist die Rasterfunktion sehr hilfreich.

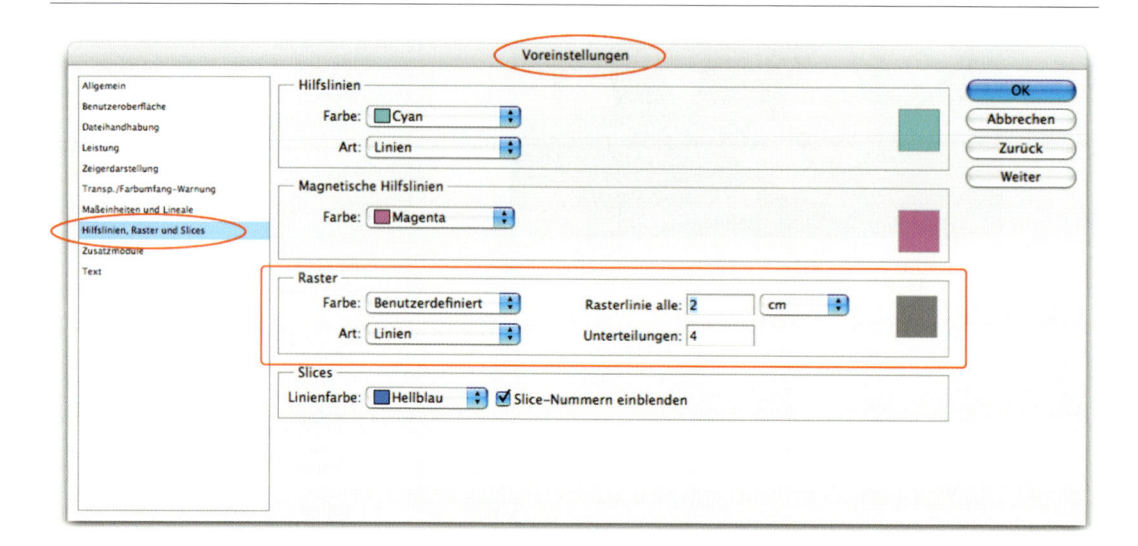

Die Einstellungen für das Raster finden Sie unter *Voreinstellungen/ Hilfslinien, Raster und Slices*.

Standardmäßig ist die Rasterfarbe Grau, diese können Sie abhängig vom Layout entweder mit einer der vordefinierten Farben oder benutzerdefiniert ersetzen.

Definieren Sie ebenfalls die Maßeinheit und die Unterteilung innerhalb einer Maßeinheit, wie z. B. *Rasterlinie alle 2 cm* und zwischen den Linien die Unterteilung durch vier.

Raster

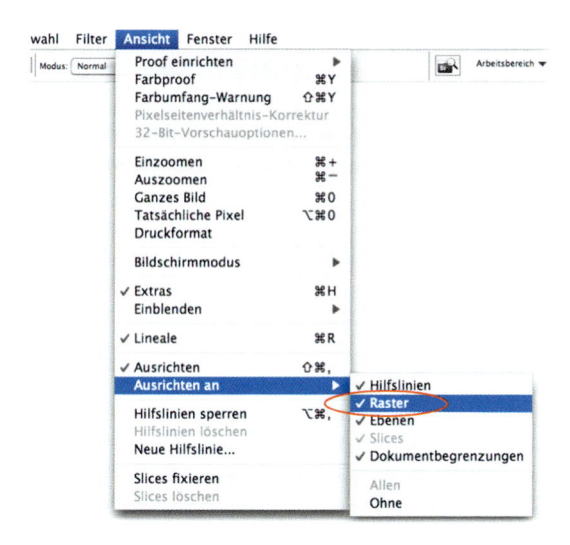

Blenden Sie das Raster über *Ansicht/Einblenden/Raster* oder mit der Tastenkombination [Strg]+[Umschalt]+[Alt]+[,] ein. Mit der gleichen Tastenkombination können Sie das Raster bei Nichtgebrauch wieder ausblenden.

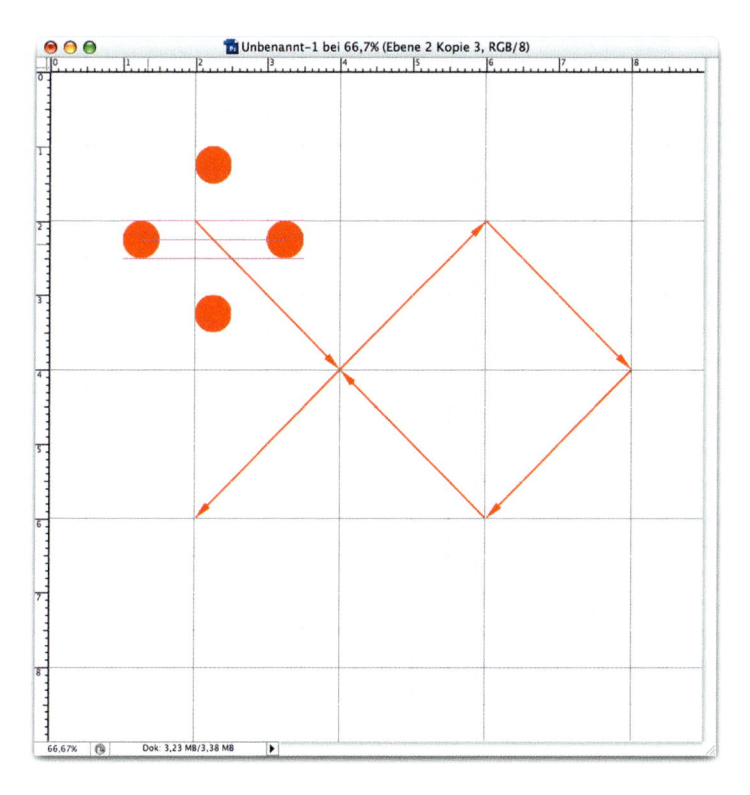

Wie bereits erwähnt wurde, arbeiten Sie besonders bei der Gestaltung eines Layouts präzise, wenn Sie das Raster aktivieren. Wählen Sie *Ansicht/Ausrichten an/Raster*.

Egal ob Sie die Fotos an den Rasterlinien ausrichten oder zeichnen, die Rasterlinien ziehen die Ebenen magnetisch an.

Wie Sie in der Abbildung sehen, können auf diese Weise die Objekte einer Gestaltung exakt ausgerichtet werden.

14.4 Bildschirmansichten für bequemeres Arbeiten

In der neuen Photoshop-Version hat sich einiges getan, was die Ansichten des Bildes und der Arbeitsfläche angeht. Die Optionen sind vielfältiger geworden und es kamen einige tatsächlich nützliche Erweiterungen hinzu.

Registerkarten

Eine der interessantesten Neuerungen bei den Bildansichten ist die Möglichkeit, die Bilder mithilfe von Registerkarten anzuzeigen.

Wenn Sie in Adobe Bridge mehrere Bilder auswählen und öffnen, werden diese nicht wie früher in einzelnen Fenstern geöffnet, sondern liegen in einem Fenster vor, in dem einzelne Dateien über Registerkarten ausgewählt werden können.

Sie können wie in einem Internetbrowser auf die Register klicken und Bilder in den Vordergrund holen.

Dieses System bringt mehr Ordnung in die Arbeitsfläche. Besonders wenn Sie oft mit mehreren Dateien gleichzeitig arbeiten, werden Sie diese Neuerung schätzen.

Wollen Sie die Bilder wie gewohnt als einzelne übereinanderliegende Fenster anzeigen lassen, ziehen Sie eine Registerkarte aus der Reihe. So gelangen Sie zu der traditionellen Photoshop-Fensteransicht.

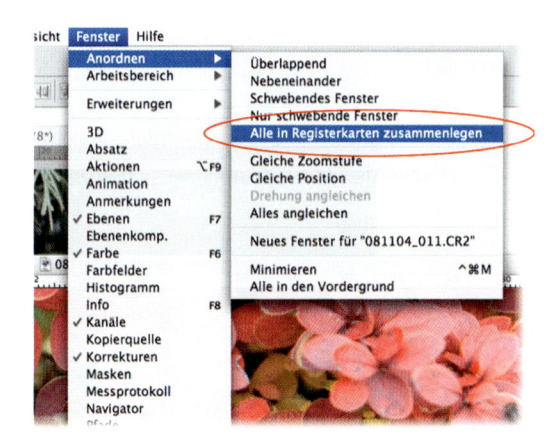

Über *Fenster/Anordnen* können Sie die gewünschte Option der Anzeige wählen.

Wünschen Sie, alle Bilder wieder in einem Fenster übereinander anzeigen zu lassen, wählen Sie die Option *Alle in Registerkarten zusammenlegen*.

Bildschirmmodus

Sie können Fotos nicht nur in den Fenstern anzeigen lassen, sondern auch im Vollbildmodus.

Das Umschalten geht entweder über das Symbol für den Bildschirmmodus oder durch mehrfaches Drücken der Taste F.

Die Option *Standardmodus* ist die Fensteransicht.

Wechseln Sie zu der Option *Vollbildmodus mit Menüleiste*, können Sie das Foto bildschirmfüllend anzeigen lassen und haben dabei Zugriff auf die Werkzeugpalette und die Menüleiste.

Diese Option ist sehr praktisch für die Bildbearbeitung bei starken Vergrößerungen, zum Beispiel beim Freistellen feiner Details oder bei der Bildretusche.

Wenn Sie zur Option *Vollbildmodus* wechseln, werden die Werkzeug- sowie Optionsleisten ausgeblendet. Bei der erstmaligen Verwendung wird eine Warnung angezeigt, die Ihnen erklärt, wie Sie zum Standardmodus zurückkommen.

Wenn Sie sich das Umschalten zwischen den Bildschirmmodi gut merken wollen, brauchen Sie nur die Taste F – das ist sehr einfach.

Bildansicht drehen

Auf diese Funktion haben viele Photoshop-Nutzer gewartet. Illustratoren, die häufig die Mal- und Zeichenwerkzeuge nutzen, müssen für ein bequemeres Arbeiten oft die Arbeitsfläche drehen.

Ähnlich wie beim konventionellen Zeichnen mit Buntstiften drehen viele Maler das Blatt Papier.

Leider war diese Möglichkeit bei den früheren Photoshop-Versionen nicht vorhanden. Ab Photoshop CS4 können Sie die Arbeitsfläche bei jedem Bildschirmmodus beliebig drehen.

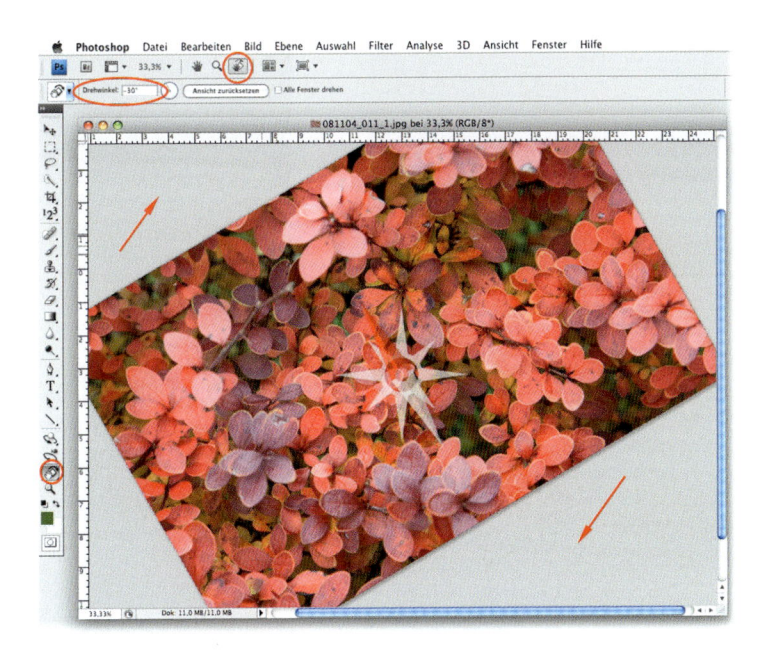

Bildschirmansichten für bequemeres Arbeiten

Aktivieren Sie das Ansicht-drehen-Werkzeug (R) und bewegen Sie sich in der Bildfläche mit gedrückter Maustaste.

Es erscheint ein Kompass-Symbol und die Bildarbeitsfläche kann gedreht werden.

Beim Loslassen der Maustaste bleibt die Ansicht im gewünschten Winkel stehen und Sie können bequem arbeiten.

Falls Sie mit den Registerkarten arbeiten, können Sie das Kontrollkästchen *Alle Fenster drehen* aktivieren, wenn Sie bei mehreren Bildern die gleiche Winkelposition benötigen.

Den Drehwinkel können Sie nicht nur frei Hand, sondern auch per Zahleneingabe festlegen. Wenn Sie zurück zur Standardansicht wollen, klicken Sie auf den Button *Ansicht zurücksetzen*.

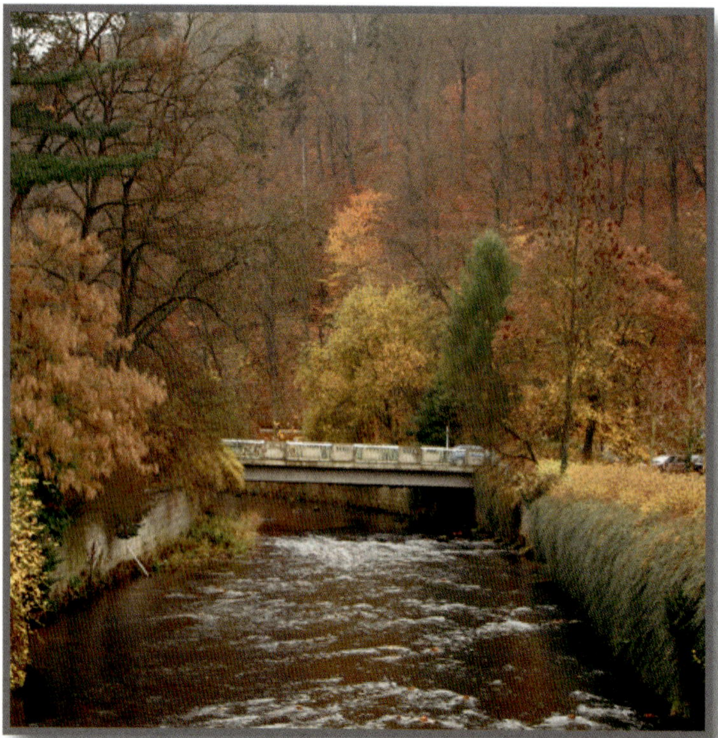

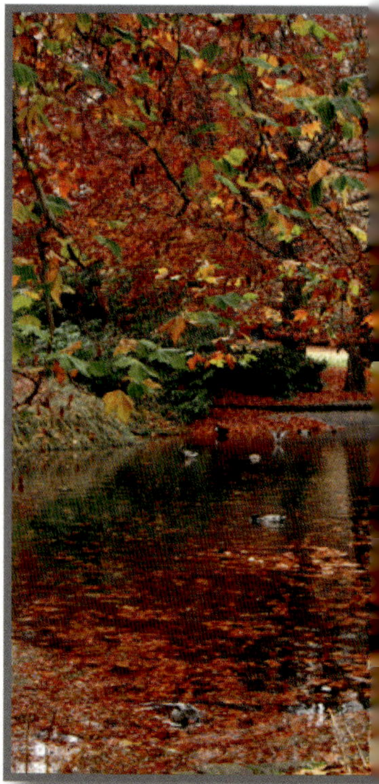

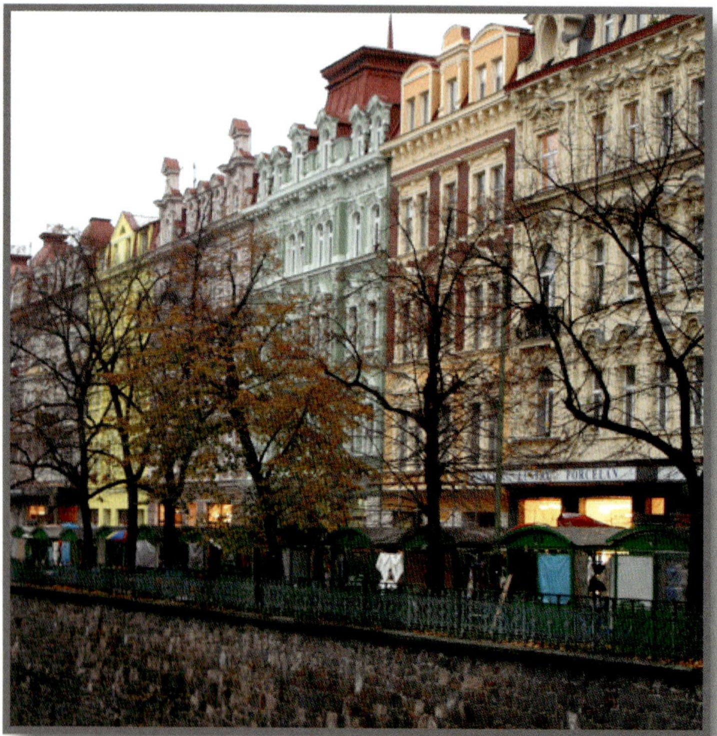

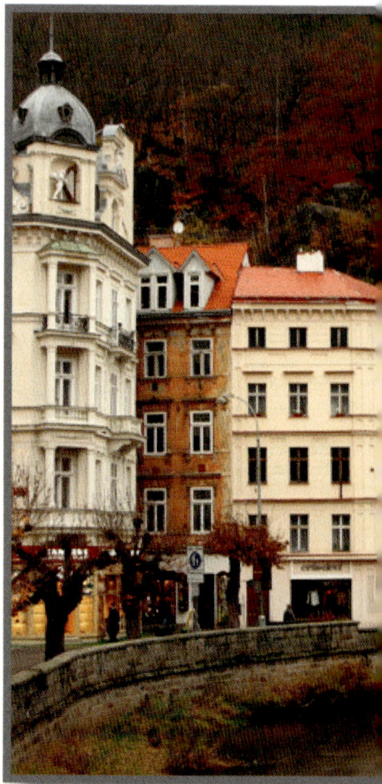

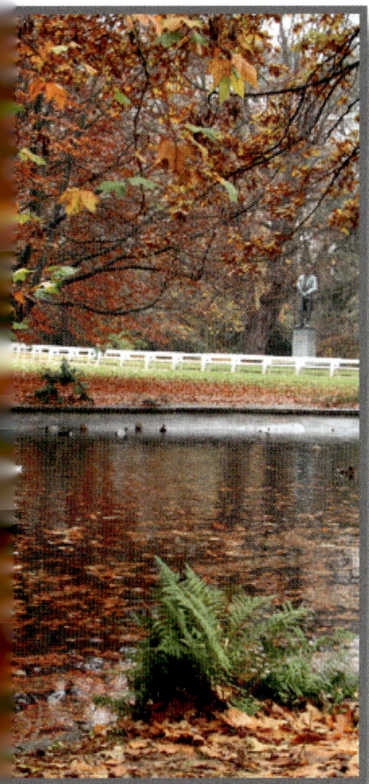
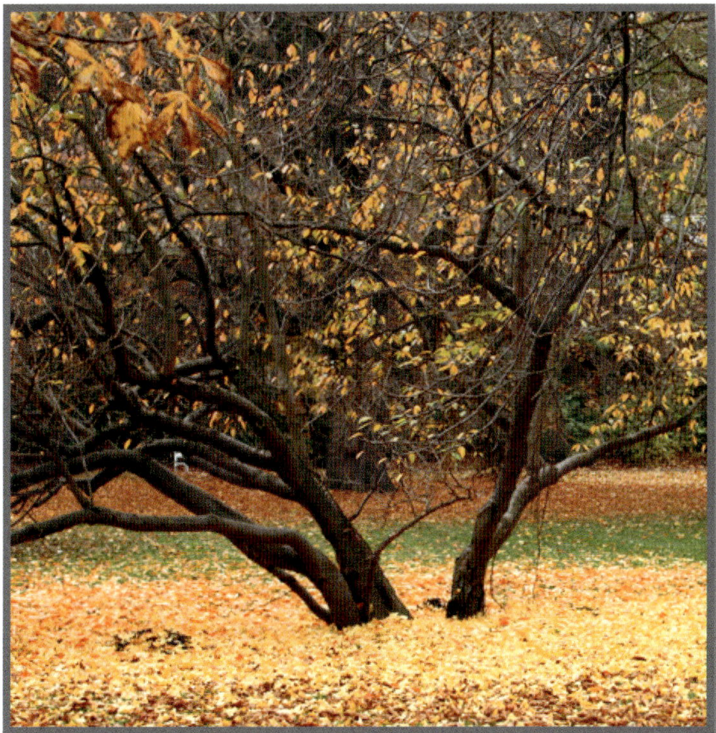
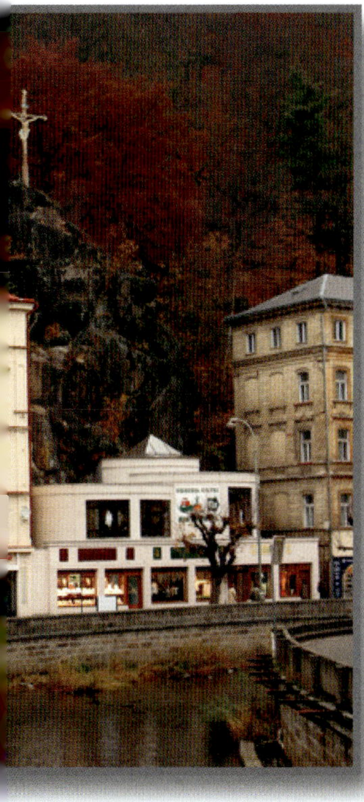
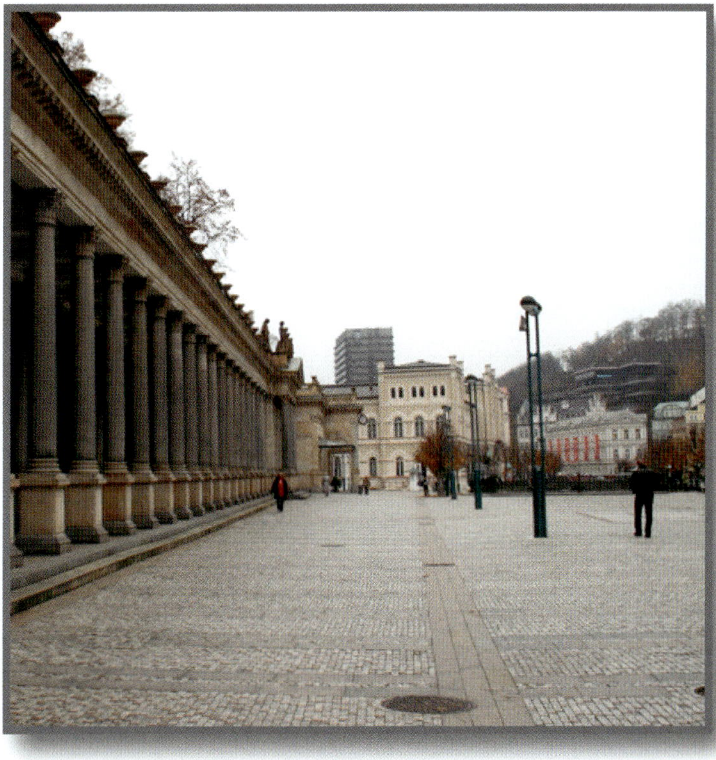

Kapitel 15

NEWS

Composingpraxis: Stilllebencomposing

Am schnellsten lernen Sie die Bildcomposing-Techniken an einem praktischen Beispiel, wie bei der Gestaltung eines Stilllebencomposings. Wie in der Malerei ist auch im Bereich Bildcomposing das Thema Stillleben von großer Bedeutung. Nicht nur die dekorativen Composings, die wie klassisch gemalte Ölbilder aussehen, sondern auch die aus verschiedenen Gegenständen zusammengesetzten Arrangements für die Werbung fallen unter den Begriff Stillleben. Die Vertreter der klassischen Malerei zeigten in ihren Werken kunstvolle Arrangements aus Blumen, Früchten, Fisch, Wild, Musikinstrumenten, Geschirr etc. In diesem Kapitel erfahren Sie, wie Sie eine klassische Stilllebencollage erstellen, und sehen ein Beispiel für eine witzige Werbevorlage.

15.1 Klassisches Stillleben in einer 3-D-Kulisse

In den folgenden Abschnitten lernen Sie das klassische „nature morte" kennen. Von der Idee bis hin zur Auswahl passender Bilder setzen Sie einzelne Gegenstände und Strukturen zu einem Kunstwerk zusammen.

Von der Idee bis zur Auswahl der Details

Sie waren bestimmt schon mal in einem Museum. Dem Thema Stillleben sind nicht selten mehrere Räume gewidmet, und wenn Sie sich diese Kunstwerke anschauen, finden Sie schnell die Merkmale heraus, die für diese Art der Malerei typisch sind.

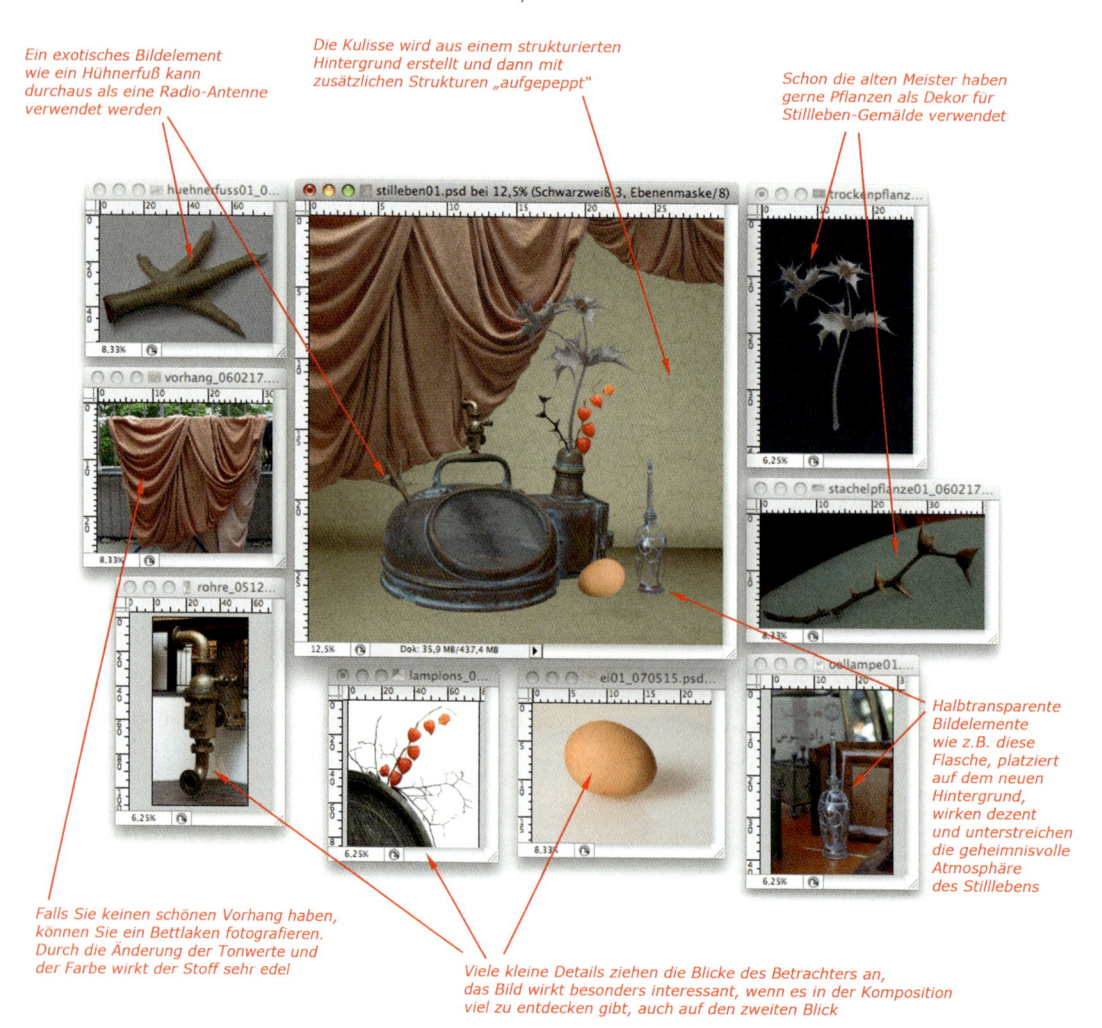

Ein exotisches Bildelement wie ein Hühnerfuß kann durchaus als eine Radio-Antenne verwendet werden

Die Kulisse wird aus einem strukturierten Hintergrund erstellt und dann mit zusätzlichen Strukturen „aufgepeppt"

Schon die alten Meister haben gerne Pflanzen als Dekor für Stillleben-Gemälde verwendet

Halbtransparente Bildelemente wie z.B. diese Flasche, platziert auf dem neuen Hintergrund, wirken dezent und unterstreichen die geheimnisvolle Atmosphäre des Stilllebens

Falls Sie keinen schönen Vorhang haben, können Sie ein Bettlaken fotografieren. Durch die Änderung der Tonwerte und der Farbe wirkt der Stoff sehr edel

Viele kleine Details ziehen die Blicke des Betrachters an, das Bild wirkt besonders interessant, wenn es in der Komposition viel zu entdecken gibt, auch auf den zweiten Blick

Die Gegenstände des Gemäldes befinden sich in einer auf den ersten Blick willkürlich zusammengesetzten Gruppe. Bei näherem Betrachten stellen Sie fest, dass dem Arrangement ein System zugrunde liegt und die Platzierung der Elemente dieses Bildes überhaupt nicht zufällig gewählt wurde.

Die einzelnen Elemente befinden sich in einem Gleichgewicht, der Aufbau unterliegt den Regeln des Goldenen Schnitts – die ästhetischen Parameter, die eine Komposition harmonisch und ausgewogen erscheinen lassen.

Die Gruppe der Utensilien besteht aus Hauptdetails und Nebenelementen, die den Blick des Betrachters nicht ablenken, sondern lediglich die Bedeutung des zentralen Elements unterstreichen.

Viele Details lassen den Betrachter lange durch das Kunstwerk wandern und immer neue Details und Zusammenhänge entdecken.

Die Gruppe der Gegenstände wird meist von den Dekorationselementen wie Vorhängen, Strukturen etc. umrahmt, um die Komposition harmonisch abzurunden.

Die Lichtführung in einem Stillleben ist plastisch, und das Licht gibt seine Hauptleistung in der Mitte des Bildes ab und wird zu den Rändern hin immer schwächer.

Genau nach diesen Prinzipien wird unsere Komposition aufgebaut. Natürlich wollen wir nicht ein klassisches Gemälde eins zu eins nachbauen, sondern in den klassischen Aufbau auch eigene Ideen einbringen und vielleicht thematisch ein klassisches Stillleben von modernen Elementen beeinflussen lassen.

Wie Sie auf der Skizze mit den Fotos sehen, wird unser Stilllebencomposing sowohl aus traditionellen (Pflanzen, Vorhänge, Ei, alte Öllampe) als auch aus technischen Details (Taucherlampe, Maschinenelement) zusammengesetzt. Natürlich darf auch ein skurriles Bildelement wie ein Hühnerfuß nicht fehlen.

Sie könnten jetzt fragen: „Ja, wunderbar, aber wo kann man solche Dinge finden und fotografieren?" Ganz einfach: Wenn Sie im Urlaub, im Museum, auf einem Flohmarkt sind, gehen Sie mit offenen Augen durch die Welt, fotografieren Sie ungewöhnliche Objekte. Diese können Sie bestimmt irgendwann einmal für ein Stillleben oder für andere Bildkompositionen gebrauchen.

Archivieren Sie die Bilder systematisch, sortiert nach Themen. Wenn Sie die Objekte freistellen, speichern Sie diese in einem Ordner auf der Festplatte.

Ihre Sammlung wird wachsen und irgendwann kommt der Zeitpunkt, an dem Sie nur freigestellte Objekte in eine neu konstruierte Kulisse verschieben werden – schnell ist die Ausgangssituation für ein Composing geschaffen.

Mit ein paar geübten Griffen passen Sie dann noch die Farben und das Licht an – fertig ist ein neues Kunstwerk.

In unserem Beispiel sind wir aber von einem echten Kunstwerk noch viele Schritte entfernt. Die Aufgabe lautet, aus den ausgewählten Elementen ein Bild mit dem Titel „Stillleben mit einem Radio" zu kreieren.

Das Gehäuse des Radios können Sie aus einer alten Taucherlampe kreieren, die Bedienelemente werden pflanzliche Elemente und die Antenne ein Hühnerfuß sein.

Diese Aufgabe richtet sich an die Photoshop-Nutzer, die mit dem Programm schon vertraut sind und für die Begriffe wie Ebenen, Masken, Einstellungsebenen keine Fremdwörter sind. Wenn Sie die vorherigen Kapitel aufmerksam durchgelesen haben, werden Sie bei dieser Aufgabe auch alles schaffen. Viel Erfolg!

Vorbereitung der Bildelemente des Composings, Tipps zur Archivierung

Wie bereits erwähnt wurde, ist es von Vorteil, wenn Sie die freigestellten Objekte in einem Ordner als PSD-Dateien mit Ebenen speichern. So lassen sich diese schnell finden.

Benennen Sie die Bilder eindeutig, zum Beispiel *Kanne*, *Schuh*, *Radio*, *Teller*, *Tasse* und geben Sie der Datei einen Zusatz mit dem Datum, wann Sie das Bild freigestellt haben.

Ein Dateiname könnte dann so aussehen: *kanne_080523.psd*. Um die Dateien schneller finden zu können, verwenden Sie Stichwörter – diese können Sie entweder in Adobe Bridge oder in Photoshop Lightroom zuweisen. Die Stichwörter werden von beiden Programmen unterstützt.

Klassisches Stillleben in einer 3-D-Kulisse

Den Ordner mit den freigestellten Bildern können Sie thematisch untergliedern. Als Unterordner können Sie z. B. die Themen *Menschen*, *Pflanzen*, *Geschirr*, *Transparentes*, *Technisches* etc. anlegen.

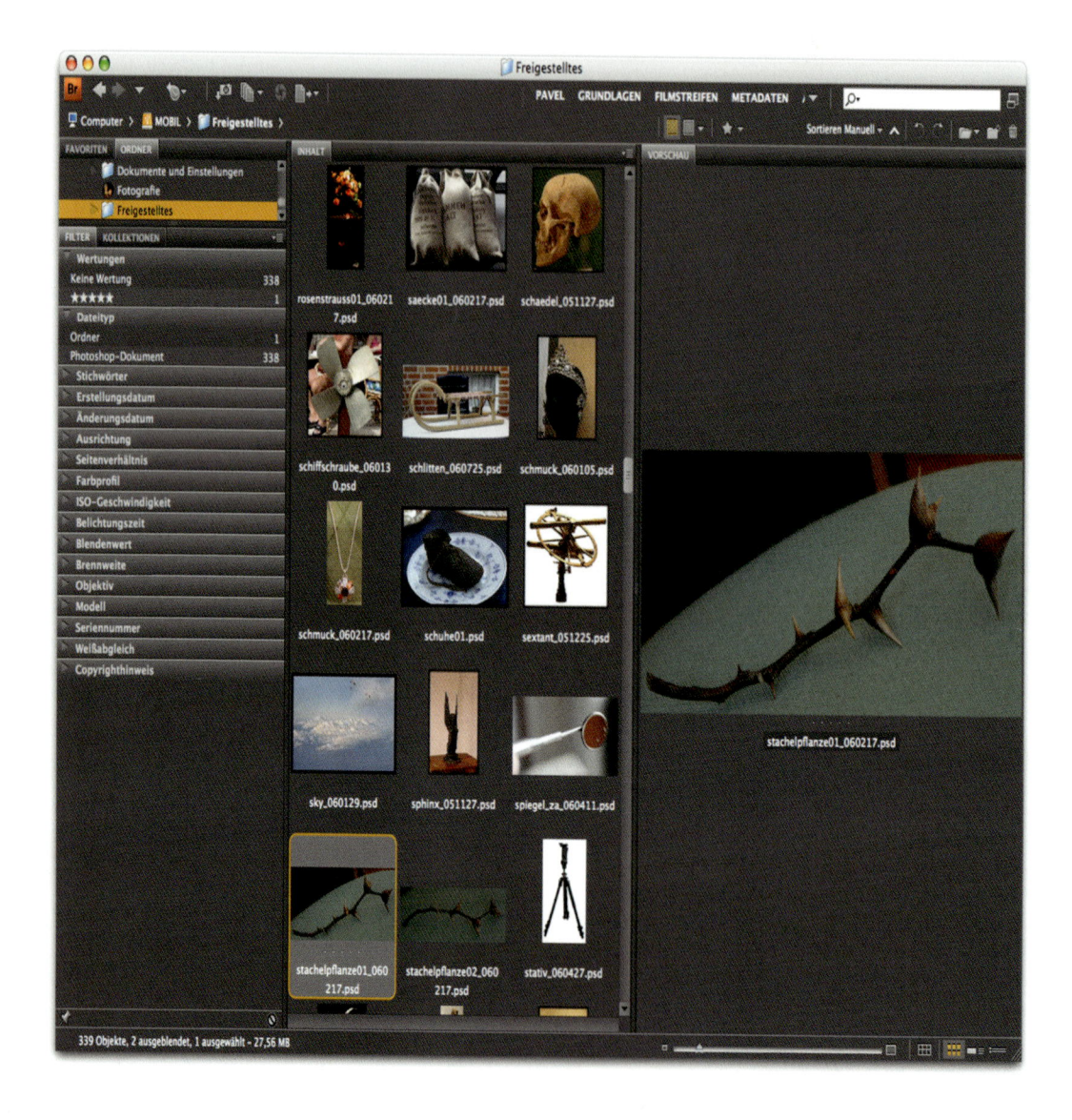

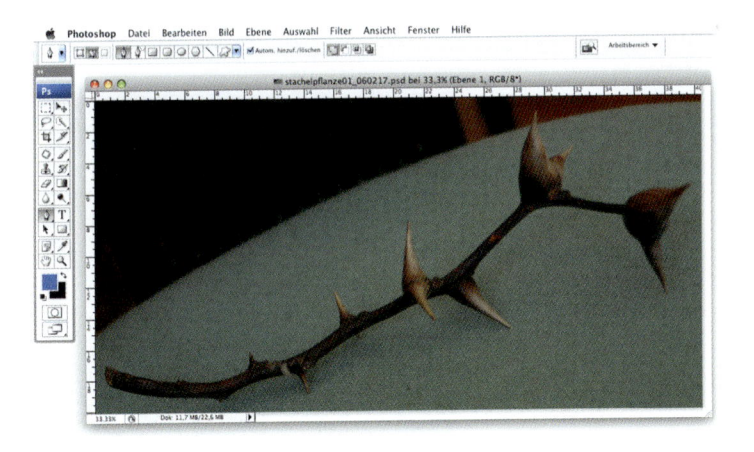

Optimierung der freigestellten Elemente

Das klassische Freistellungswerkzeug für viele Bildelemente ist das Zeichenstift-Werkzeug ([P]).

Mit diesem Werkzeug stellen Sie auch die Details frei, die sich auf einem unruhigen Hintergrund befinden.

Die Grenze zwischen dem Objekt und dem Hintergrund definieren Sie selbst.

Die Optionen für das Zeichenstift-Werkzeug ([P]) sind: *Pfade*, *Pfadbereich erweitern*, *Gummiband*.

1

Beim Erstellen des Auswahlpfads nehmen Sie eine Bildansicht von ca. 300 %. So können Sie die Kante zwischen dem Objekt und dem Hintergrund mit hoher Präzision treffen. Sobald der Pfad rund um das Objekt fertig ist, klicken Sie mit der rechten Maustaste in den Pfad und wählen im Kontextmenü die Option *Auswahl erstellen*.

Im gleichnamigen Dialog wählen Sie einen Radius von ca. 0,5 bis 1 Pixel – so definieren Sie gleich die weiche Auswahlkante für das Objekt. Mehr zum Thema Freistellen finden Sie in Kapitel 7.

2

Wenn das freigestellte Objekt sich bereits auf der neuen Ebene befindet, können Sie überprüfen, ob die Objektkanten keine Reste des Hintergrunds aufweisen – das sind hellere oder dunklere Ränder, die nicht schön aussehen.

Kontrollieren Sie das am besten bei einer Ansicht von 100 % und auf einem unifarbenen Hintergrund. (Fügen Sie zwischen der Ebene *Hintergrund* und der Ebene mit dem freigestellten Objekt eine Füllebene *Volltonfarbe* hinzu.)

Wenn die Ränder nur an einigen Stellen zu sehen sind, ist es ratsam, diese zu maskieren. Erstellen Sie auf der Ebene mit dem Objekt eine Ebenenmaske.

Mit kleinem Pinsel und weicher Kante (Härte = 0) bemalen Sie die Ränder der Maske mit der schwarzen Vordergrundfarbe, bis die Kanten nicht mehr zu erkennen sind.

Bei Stellen, an denen das Objekt etwas unscharf abgebildet ist (Abnahme der Schärfe beim Fotografieren mit offener Blende), können Sie die Kanten mit dem etwas größeren Pinsel bearbeiten. So wird die unscharfe Kante berücksichtigt und das freigestellte Objekt sieht sehr natürlich aus.

Fotografierte Pflanzenelemente optimieren und effektiv freistellen

Wenn Sie Pflanzenelemente für Ihre Composings verwenden möchten, ist es wichtig, diese bereits im Vorfeld so zu fotografieren, dass Sie sich nicht zu lange mit der Freistellung feiner Details beschäftigen müssen.

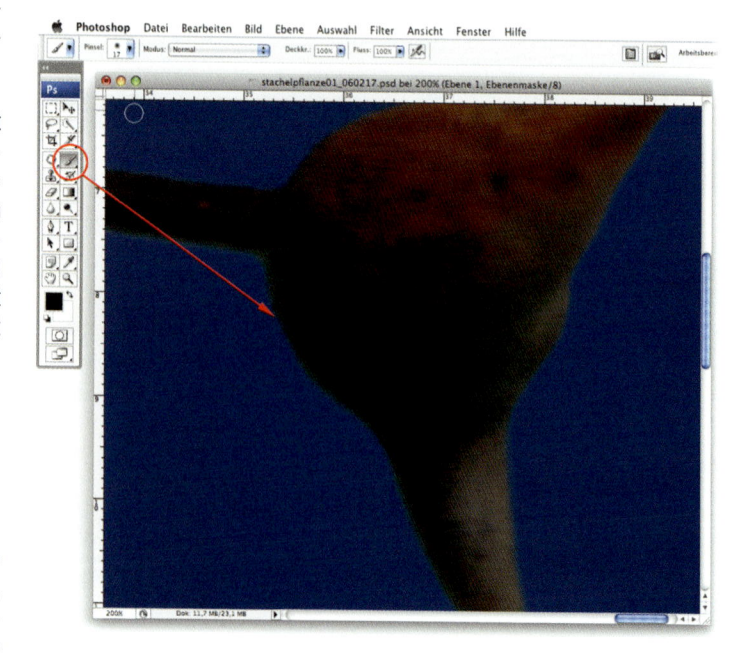

Klassisches Stillleben in einer 3-D-Kulisse

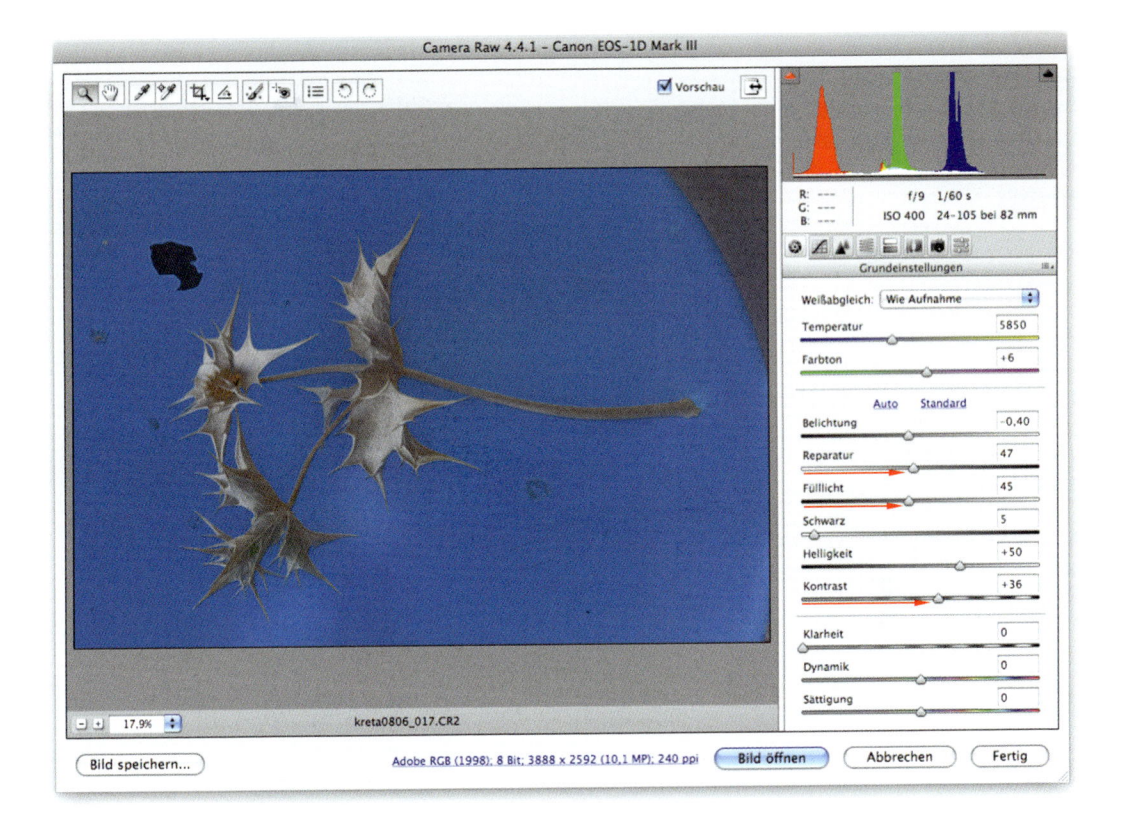

Stellen Sie sich vor, eine Pflanze wie die in der nächsten Abbildung mithilfe des Zeichenstift-Werkzeugs freizustellen.

Diese Arbeit wird sicherlich ein bis zwei Stunden in Anspruch nehmen. Wenn Sie die Pflanze mit nach Hause nehmen möchten, fotografieren Sie diese vor einem unifarbenen, kontrastreichen Hintergrund.

Auch wenn Sie keine Studiohintergründe besitzen, können Sie die Pflanze auf eine Fläche legen, die einen starken Kontrast zu der Pflanze aufweist.

Fotografieren Sie am besten im RAW-Format. So können Sie die Anpassungen der Tonwerte, ohne die Pixel zu zerstören, durchführen.

1

Für ein Composing ist es wichtig, dass die Elemente keine starken Schatten aufweisen. So können Sie später mithilfe von Einstellungsebenen die Lichtführung selbst in die Hand nehmen.

Beim Entwickeln von RAW-Bildern können Sie die Pflanze kontrastarm entwickeln, indem Sie die Werte für *Reparatur* und *Fülllicht* entsprechend erhöhen. Damit vermeiden Sie starke Schatten, oder Sie retten damit die Strukturen in den dunklen Breichen.

Sollte die Pflanze dadurch zu flau wirken, können Sie mit einer Erhöhung des Kontrastes diesem Effekt entgegensteuern. Nach diesen Korrekturen können Sie das Bild öffnen.

Composingpraxis: Stilllebencomposing KAPITEL 15

Klassisches Stillleben in einer 3-D-Kulisse

2

Wenn Sie die Pflanze auf einem Hintergrund aufgenommen haben, der einige Flecken oder andere Fehler aufweist, können Sie diese entfernen.

Verwenden Sie dazu das Ausbessern-Werkzeug ([J]) mit der Option *Quelle*. Wählen Sie den Fleck aus und ziehen Sie die Auswahl auf die fehlerfreie Stelle.

Die Fläche mit dem Fleck wird durch die Pixel der fehlerfreien Stelle ersetzt.

Die Kanten werden automatisch angepasst. Erledigen Sie damit alle Flecken, auch die kleinen.

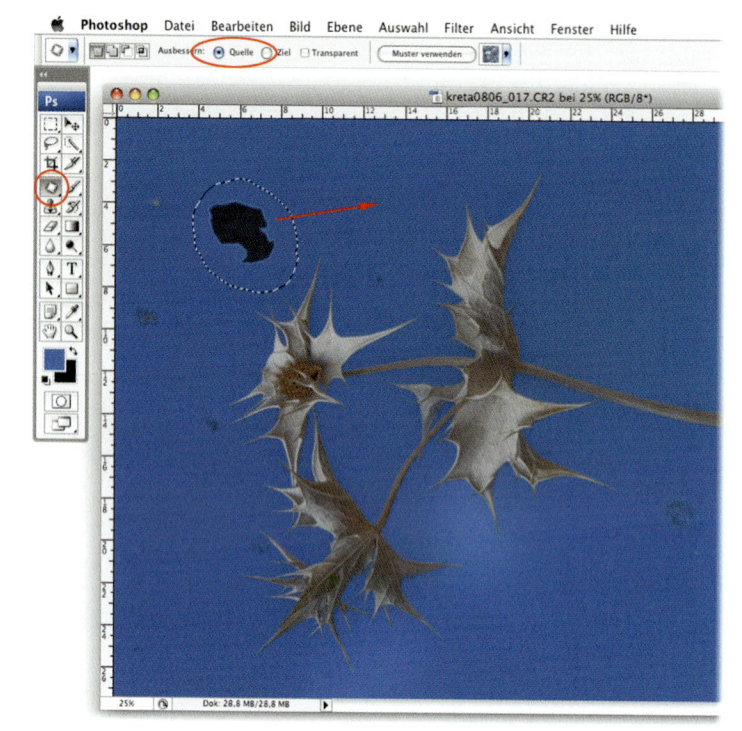

3

Ist der Hintergrund des Bildes fehlerfrei, können Sie mit der eigentlichen Freistellung beginnen.

Wählen Sie *Auswahl/Farbbereich auswählen*. Wenn der Dialog sich geöffnet hat, verwandelt sich der Mauszeiger in eine Pipette.

Klicken Sie damit auf den Hintergrund. Erhöhen Sie im Dialogfenster die *Toleranz*, sodass auf dem Vorschaubild die Pflanze als schwarze Fläche deutlich zu sehen ist. Bestätigen Sie mit *OK*. Die Auswahl des Hintergrunds wird im Bild geladen.

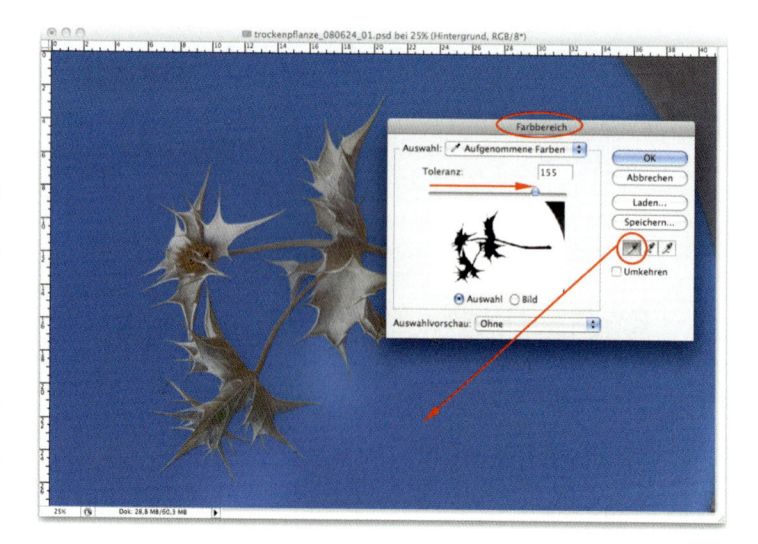

Klassisches Stillleben in einer 3-D-Kulisse

4

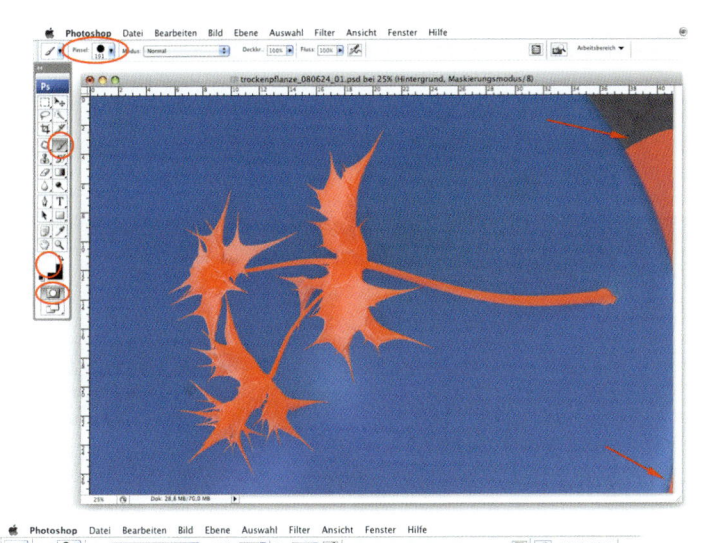

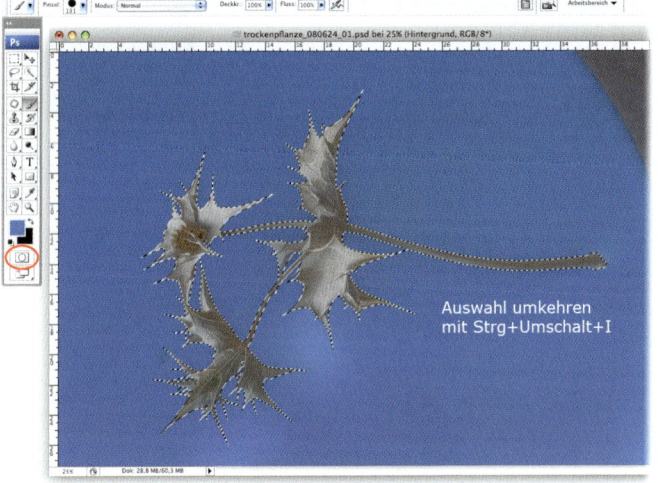

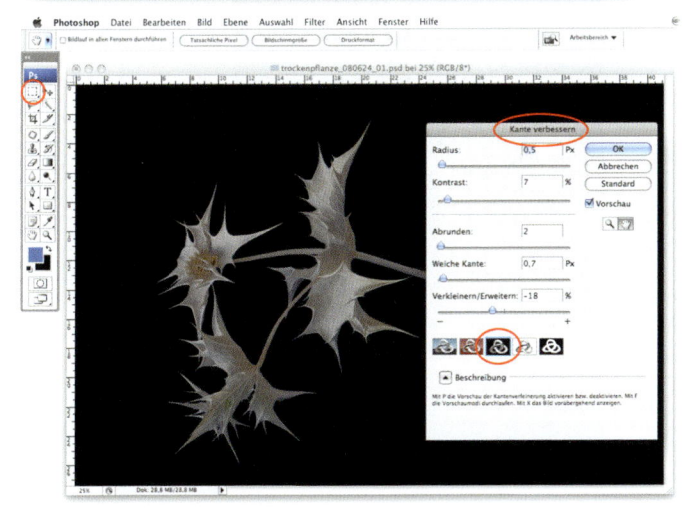

Falls einige Stellen des Hintergrunds eine andere Farbe hatten, können Sie die mit ausgewählten Bereiche entfernen.

Starten Sie den Maskierungsmodus entweder durch Klicken auf das entsprechende Symbol unten in der Werkzeugleiste oder mit der Taste Q.

Wählen Sie das Pinsel-Werkzeug (B) mit einer großen, harten Spitze (ca. 200 Pixel, Härte = 100) und bemalen Sie die rot markierten Stellen mit weißer Farbe. Diese werden dann ausgeblendet. Jetzt ist nur die Pflanze rot markiert.

5

Klicken Sie auf das Symbol *Im Standardmodus bearbeiten* oder drücken Sie erneut die Taste Q. Die Auswahl des Hintergrunds, abzüglich der im vorherigen Schritt entfernten Flächen, wird angezeigt.

Durch Strg+Umschalt+I können Sie die Auswahl umkehren. Jetzt ist nicht mehr der Hintergrund, sondern die Pflanze ausgewählt.

6

Damit die Auswahl perfekt wird, ist es sinnvoll, die Option *Kante verbessern* zu verwenden. Wenn Sie einmal auf das Auswahlrechteck-Werkzeug (M) klicken, wird das Symbol *Kante verbessern* in der Optionsleiste angezeigt.

Wählen Sie im Dialogfenster *Kante verbessern* den für Ihre Zwecke passenden Hintergrund (in unserem Beispiel ist Schwarz die optimale Wahl).

Klassisches Stillleben in einer 3-D-Kulisse

Falls noch Reste vom Originalhintergrund an den Rändern des freigestellten Objekts zu sehen sind, können Sie diese eliminieren, indem Sie den Regler *Verkleinern/Erweitern* nach links verschieben.

Die Resultate können Sie im Bild live verfolgen. Sie können mit den zur Verfügung stehenden Reglern die Kante sehr gut optimieren.

7

Nach dem Ausbessern der Kante können Sie zwischen der Hintergrundebene und der Ebene mit dem freigestellten Objekt eine Füllebene *Volltonfarbe* einfügen.

Wählen Sie im Dialogfenster *Grundfarbe aufnehmen* eine Farbe mit starkem Kontrast zum freigestellten Objekt.

Mit *Bild/Arbeitsfläche drehen/90° gegen UZS* drehen Sie das Bild in die richtige Position.

Beim Freistellen mithilfe der Option *Farbbereich auswählen* kommt es häufig vor, dass einige Teile des freigestellten Objekts halbtransparent werden.

Das erkennen Sie besonders gut auf dem soeben erstellten farbigen Hintergrund (Füllebene *Volltonfarbe*). Besonders an den feinen Details der Pflanze ist eine blaue Verfärbung sichtbar.

Das ist nichts anderes als der Hintergrund, der durch die halbtransparenten Stellen zu sehen ist. Die Halbtransparenz können Sie schnell korrigieren.

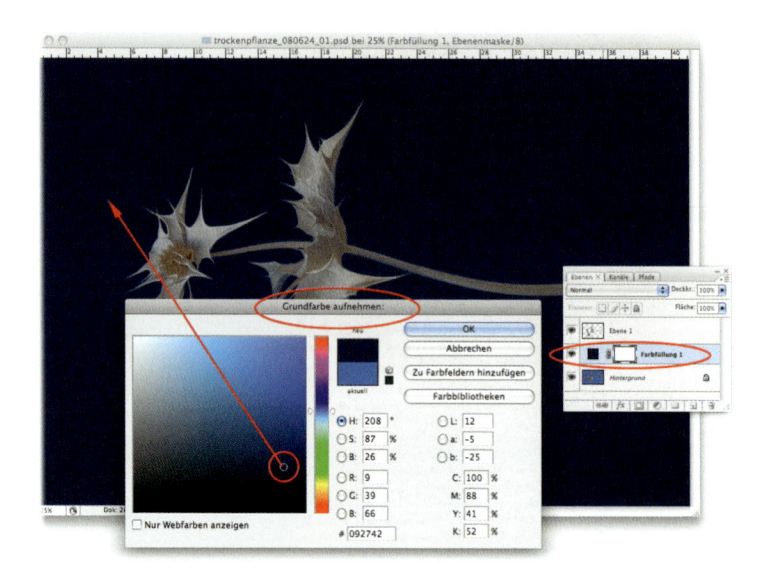

602 KAPITEL 15 Composingpraxis: Stilllebencomposing

Klassisches Stillleben in einer 3-D-Kulisse

8

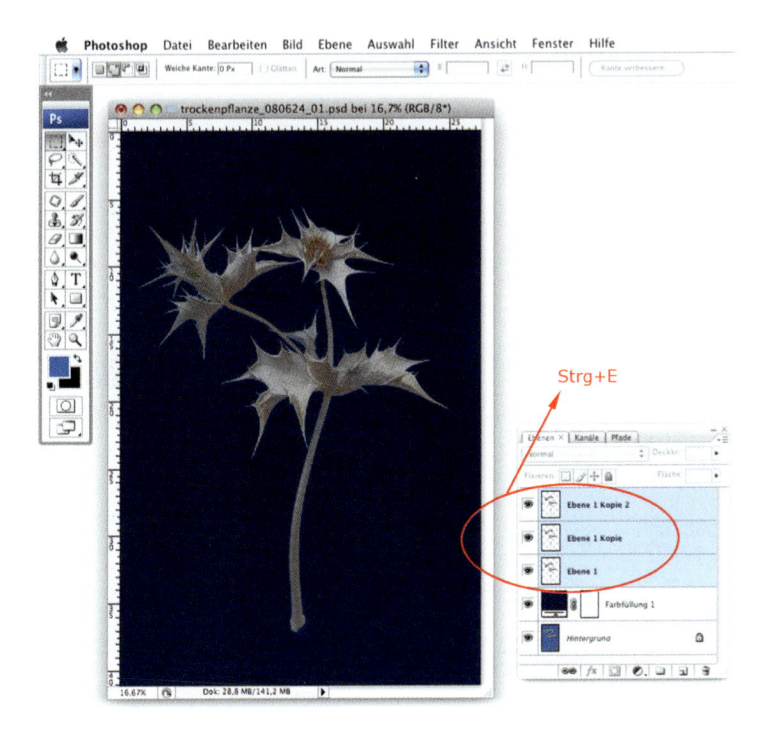

Klicken Sie die Ebene mit dem freigestellten Objekt an und erstellen Sie von dieser Ebene mit [Strg]+[J] zwei Kopien.

Markieren Sie alle drei Kopien der Ebene und reduzieren Sie diese mit [Strg]+[E] auf eine Ebene. Die halbtransparenten Stellen sind jetzt dicht.

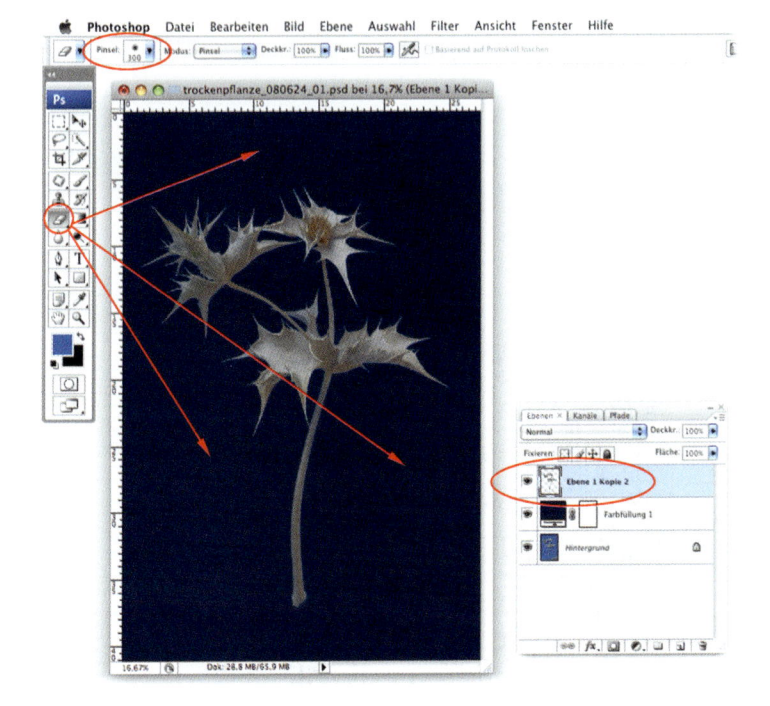

9

Durch die Verstärkung der Deckkraft der Ebene kann es passieren, dass vorher nicht sichtbare Flecken auf der Ebene zur Geltung kommen. Diese Flecken wurden beim Freistellen mit ausgewählt, waren aber durch die vorherige Halbtransparenz kaum wahrnehmbar.

Jetzt sind diese deutlich zu sehen. Am einfachsten säubern Sie diese Stellen mit dem Radiergummi-Werkzeug ([E]).

Die freigestellte Pflanze ist somit fertig und kann im PSD-Format gespeichert werden.

Die Kulisse für das Composing mit wenigen Handgriffen gestalten

1

Es ist für Sie bestimmt schon kein Geheimnis mehr, dass die Composings auf einem „leeren" Blatt Papier – einer neuen Arbeitsfläche – zusammengebaut werden.

Für unser Stillleben verwenden wir eine neue Arbeitsfläche mit einer Größe von 30 x 30 cm. Die Auflösung sollte für einen qualitativ hochwertigen Druck mindestens 300 Pixel/Zoll betragen.

2

Öffnen Sie das Bild mit einem passend strukturierten Hintergrund. Beim Hineinziehen des strukturierten Bildes in die neue Arbeitsfläche mit dem Verschieben-Werkzeug (V) halten Sie die Umschalt-Taste gedrückt. So wird die neue Ebene genau mittig im Bild platziert.

3

Duplizieren Sie die Ebene der Struktur mit Strg+J. Diese eine Struktur verwenden Sie zum Gestalten der Wand und des Bodens.

Benennen Sie die obere Strukturebene *boden*, die darunterliegende *wand*. Damit niemand auf die Idee kommen kann, dass es sich um dieselbe Strukturfläche handelt, hilft Ihnen ein kleiner Trick.

Drehen Sie die Ebene *boden* um 180° – so wird die Ähnlichkeit zumindest auf den ersten Blick nicht zu sehen sein.

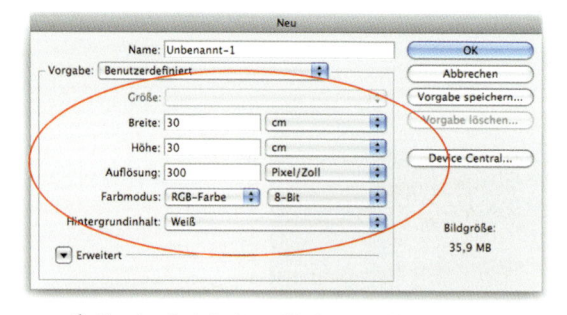

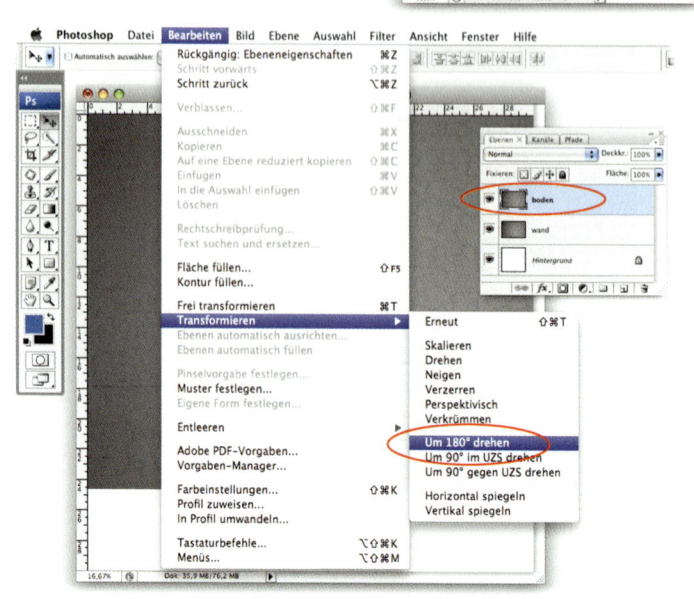

4

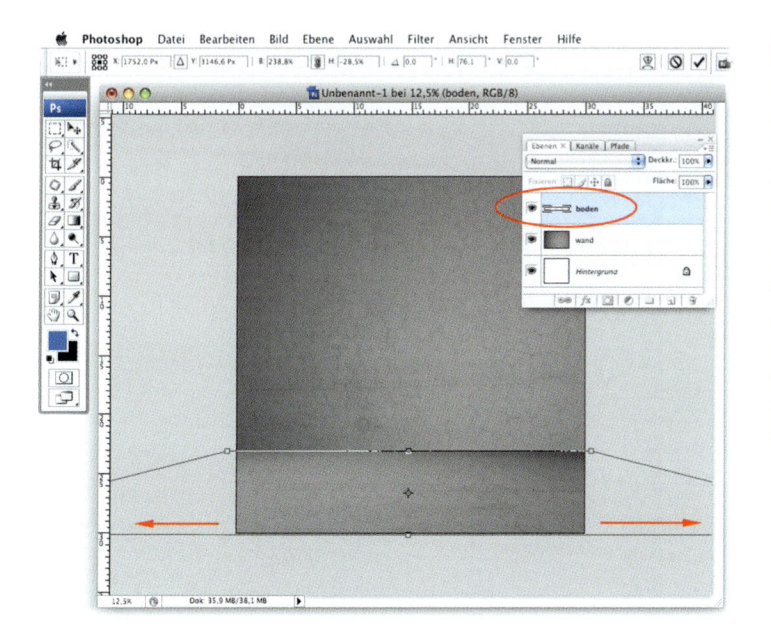

Wie Sie bereits gelernt haben, wird der Boden in einer dreidimensionalen Kulisse mit *Bearbeiten/Transformieren/Perspektivisch* in die passende Form gebracht.

Ziehen Sie dabei die unteren Anfasser des Transformationsrahmens nach außen hin aus der Bildfläche, bis Sie die gewünschte perspektivische Wirkung erreicht haben, und bestätigen Sie dann die Transformation.

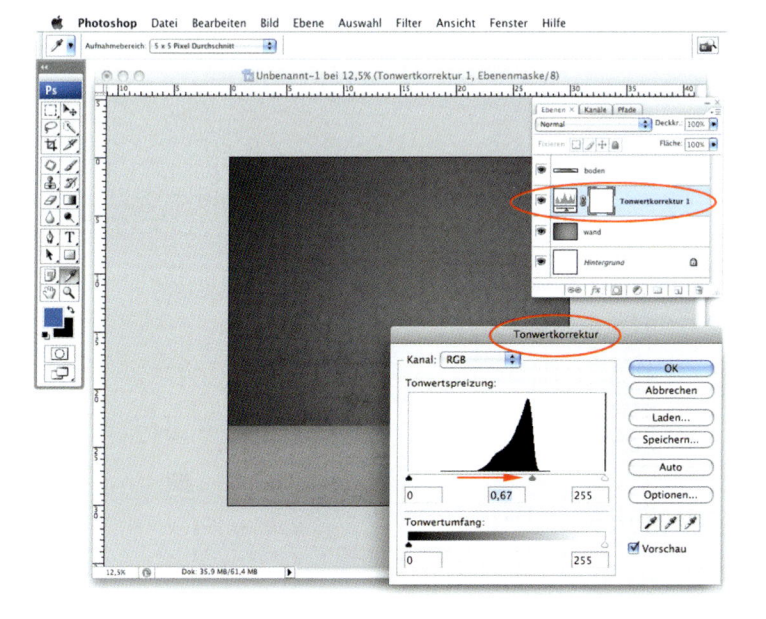

5

Damit die Grenze zwischen Wand und Boden deutlicher wird, erstellen Sie zwischen den Ebenen *wand* und *boden* eine Einstellungsebene *Tonwertkorrektur*, die Sie entweder in der *Ebenen*-Palette oder in der *Korrekturen*-Palette aktivieren können.

Bewegen Sie den mittleren Regler im Bereich *Tonwertspreizung* nach rechts, damit die Ebene *wand* etwas abgedunkelt wird.

Erstellen Sie danach einen Maskierungsverlauf von oben nach unten, sodass die Einstellungsebene nur auf einen Streifen über der Kante zwischen Wand und Boden wirkt.

Klassisches Stillleben in einer 3-D-Kulisse

6

Damit der Übergang zwischen dem Boden und der Wand nicht zu glatt und „steril" wirkt, können Sie diesen durch die Anwendung eines Maskierungsverlaufs mit einer weichen Kante versehen. Oder Sie gestalten die Kante als eine ungerade Linie – das würde sehr gut zu der Steinstruktur passen.

Erstellen Sie auf der Ebene *boden* eine Maske. Nehmen Sie das Pinsel-Werkzeug (B) mit einer Spitze aus der Reihe *Kreide* mit einer Größe von ca. 60–70 Pixeln und bearbeiten Sie die Kante mit der schwarzen Farbe ungefähr so, wie es in dem Screenshot zu sehen ist. Verwenden Sie dazu eine vergrößerte Ansicht von ca. 200–300 %.

Die Vorbereitung der Kulisse ist in der ersten Phase fertig und Sie können mit der Platzierung der einzelnen Bildelemente des Composings beginnen.

Weitere Anpassungen der Bildelemente der Kulisse folgen im späteren Verlauf der Zusammenstellung.

Platzierung der Bildelemente und Anpassung der Kulisse

1

Ziehen Sie das erste freigestellte Hauptbildelement – in unserem Beispiel ist das die alte Taucherlampe – in die neue Arbeitsfläche und aktivieren Sie mit (Strg)+(T) den Transformationsrahmen, mit dem Sie die Lampe auf die richtige Größe bringen. Halten Sie dabei die (Umschalt)-Taste gedrückt, damit die Proportionen nicht verloren gehen.

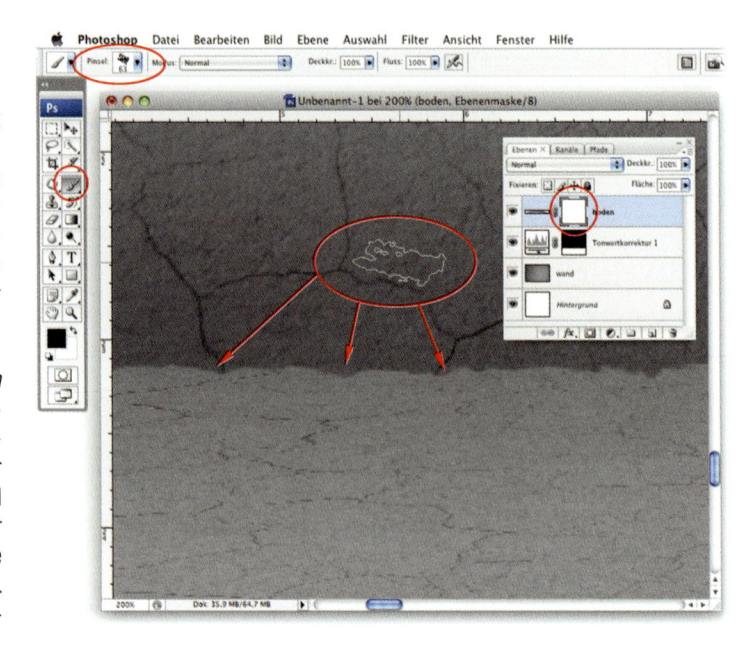

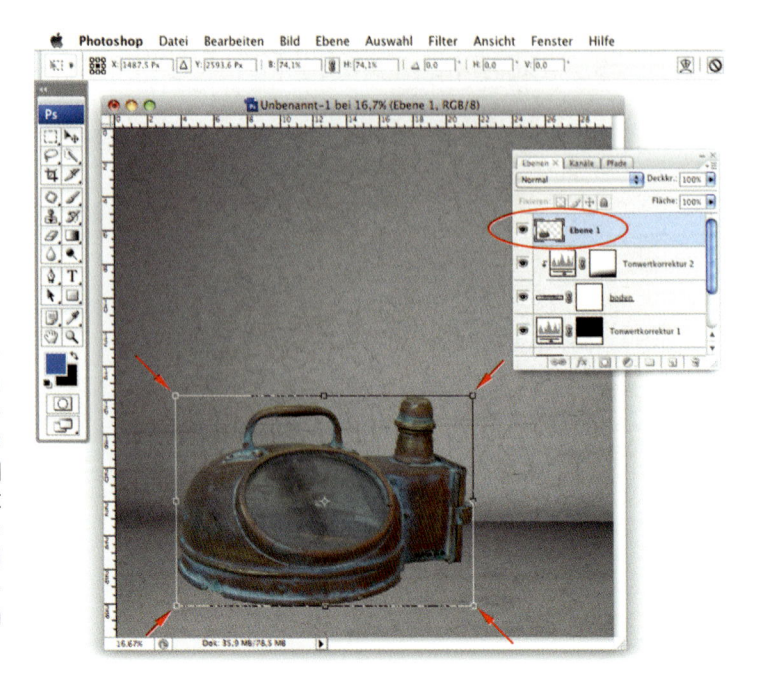

606   KAPITEL 15   Composingpraxis: Stilllebencomposing

Klassisches Stillleben in einer 3-D-Kulisse

2

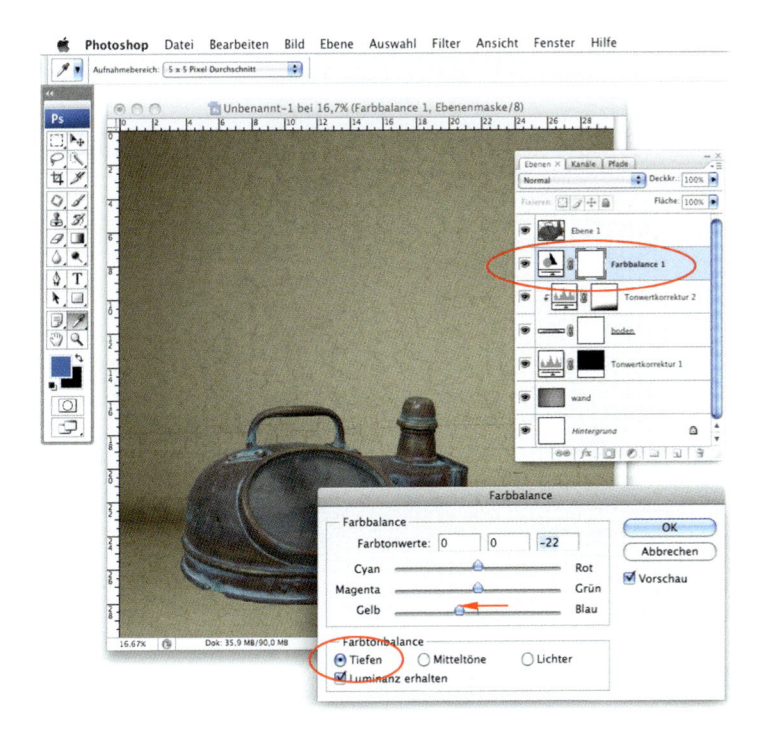

Bereits nachdem Sie das erste Bildelement eingefügt haben, können Sie sich Gedanken über die allgemeine Farbrichtung des Composings machen.

Unser Hauptelement ist eine alte Lampe aus Kupfer, die eine gelbrote Farbe mit einigen grünen Flecken hat.

Das bedeutet, dass eine passende Umgebung für diese Lampe ein in warmen Tönen gehaltener Raum wäre.

Erstellen Sie zu diesem Zweck über den Ebenen, die für den Raum zuständig sind, eine neue Einstellungsebene *Farbbalance* und verstärken Sie in den Bereichen *Mitteltöne* und *Tiefen* die Werte für Gelb und Rot. Der Raum bekommt damit eine Tönung, die gut zur Lampe passt.

3

Bringen Sie weitere Bildelemente ins Spiel und fügen Sie dem Bild andere freigestellte Objekte hinzu. Schmücken Sie die Kulisse beispielsweise mit einem Vorhang.

Sie werden sehen, die Farbrichtung des Bildes stimmt, da andere Bildelemente auch passende Farbtöne aufweisen. Damit der Raum etwas interessanter wirkt, ist es häufig sinnvoll, die strukturierten Flächen mit weiteren Strukturbildern zu überlagern.

Öffnen Sie hierzu weitere Strukturfotos und ziehen Sie diese in das Bild hinein. Platzieren Sie diese jeweils über den Ebenen mit dem Fußboden und der Wand.

Klassisches Stillleben in einer 3-D-Kulisse

Um wirklich schöne Überlagerungseffekte zu erreichen, ändern Sie die Ebenenfüllmethoden der neu eingefügten Ebenen mit den starken Strukturen auf *Weiches Licht*.

Die Strukturen werden sanft auf die vorhandene Raumkonstruktion übertragen und der Raum wirkt jetzt viel interessanter.

Eventuell noch zu erkennende harte Kanten der eingefügten Bilder können Sie mit Maskierungsverläufen „absoften".

Jetzt können Sie dem Raum einige maskierte Einstellungen verpassen, die Ihre Gestaltung tiefer erscheinen lassen.

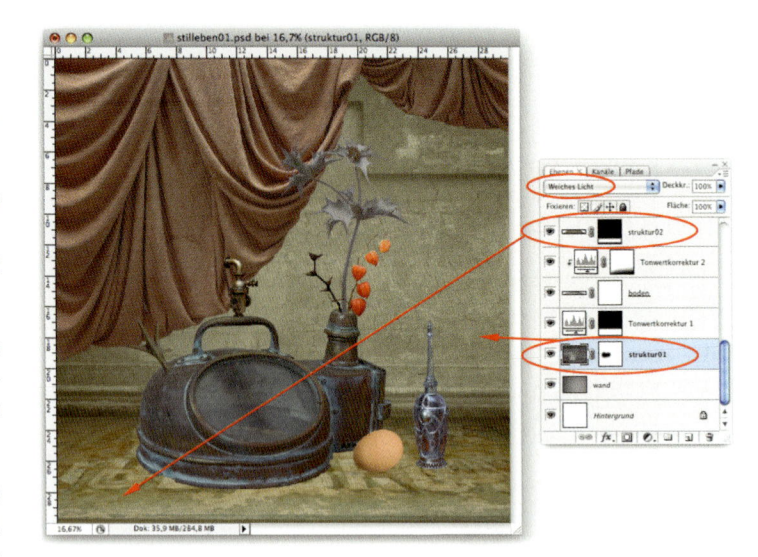

4

Zuerst sollte die Kante zwischen dem Boden und der Wand weich abgedunkelt werden. Am einfachsten geht das mit einer Einstellungsebene *Helligkeit/Kontrast*, die Sie unter der Einstellungsebene *Farbbalance* platzieren, mit der Sie vorher den Raum gelbrot eingefärbt haben.

Im Dialog *Helligkeit/Kontrast* bewegen Sie den Regler *Helligkeit* stark nach links und den Regler *Kontrast* leicht nach rechts.

Der Raum sollte dadurch stark abgedunkelt werden. Erstellen Sie dann die Maskierungsverläufe so, wie es in der Abbildung mit den Pfeilen gezeigt wird.

Die Einstellungsebene *Helligkeit/Kontrast* soll dadurch nur auf einem schmalen Streifen – genau über der Kante zwischen Wand und Boden – wirken.

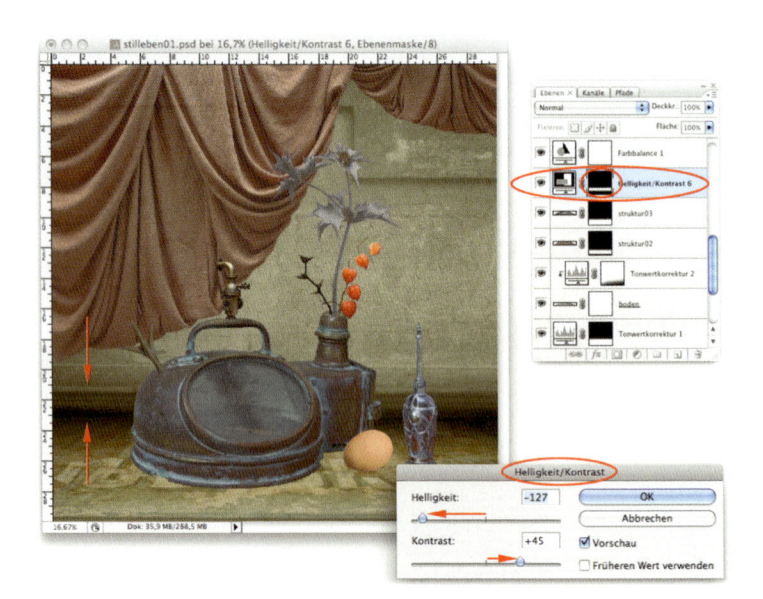

Klassisches Stillleben in einer 3-D-Kulisse

5

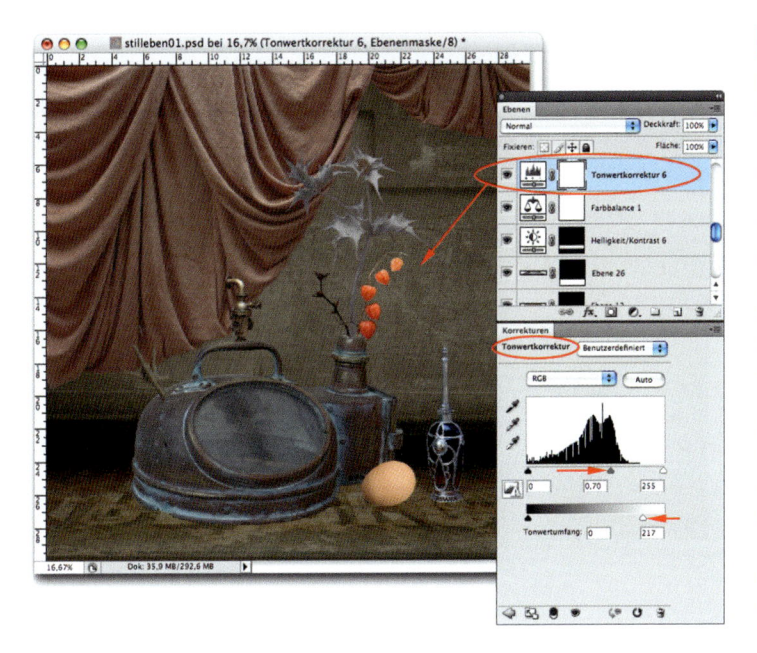

Fügen Sie eine weitere Einstellungsebene *Tonwertkorrektur* hinzu. Diese sollte den ganzen Raum etwas dunkler machen.

Bewegen Sie dazu den mittleren Regler im Bereich *Tonwertspreizung* nach rechts und den rechten Regler im Bereich *Tonwertumfang* nach links, wie es in dem Screenshot dargestellt ist.

Der Raum bekommt eine leichte Abdunklung. Falls Ihnen später die Abdunklung zu stark erscheint, können Sie das Dialogfenster *Tonwertkorrektur* wieder aufrufen und die eingegebenen Werte entsprechend korrigieren.

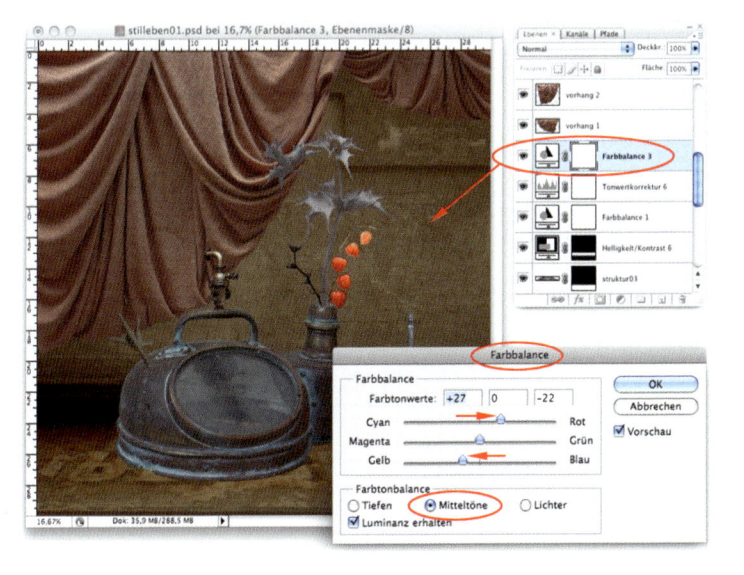

6

Für eine stärkere Tönung können Sie entweder die vorhandene Einstellungsebene *Farbbalance* benutzen oder noch eine zusätzliche Einstellungsebene *Farbbalance* hinzufügen.

Haben Sie keine Angst vor den Einstellungsebenen, diese helfen Ihnen sehr effektiv.

Und wenn Sie die Ebenenstruktur richtig anlegen, korrekt beschriften und Ebenengruppen bilden, wird es für Sie kein Problem sein, in den zahlreichen Pixel- und Einstellungsebenen zu navigieren.

7

Zuletzt das Allerwichtigste beim Gestalten des Raumes für ein Stillleben: die Vignettierung. Erst durch die Vignettierung bekommt der Raum eine perfekte Tiefe und rückt die Gegenstände ins rechte Licht.

Erstellen Sie eine weitere Einstellungsebene *Tonwertkorrektur* und dunkeln Sie den Raum durch Verschieben des mittleren Reglers nach rechts stark ab.

Definieren Sie die Vordergrundfarbe Weiß und die Hintergrundfarbe Schwarz. Mit [Strg]+[Entf] füllen Sie die Maske der Einstellungsebene *Tonwertkorrektur* mit schwarzer Farbe. Die Wirkung wird vorübergehend aufgehoben.

Mit Maskierungsverläufen (Vordergrund-Transparent, Vordergrundfarbe Weiß) – erstellt wie in dem Screenshot gezeigt – lassen Sie die Einstellungsebene an den Kanten des Bildes wirken.

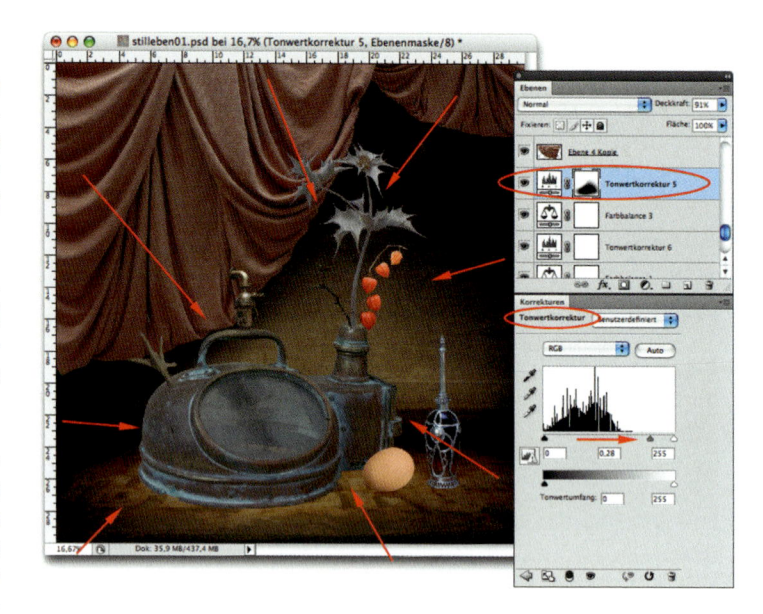

8

Die Grundgestaltung des Composings ist somit fertig. Die Bildelemente sind auf der Arbeitsfläche platziert, der Raum ist komplett fertig. Alle Ebenen, die zur Gestaltung der Kulisse gehören, können Sie jetzt in einer Ebenengruppe zusammenfügen.

Markieren Sie alle entsprechenden Ebenen bei gedrückter [Umschalt]-Taste und ziehen Sie sie auf das Symbol *Ebenengruppe*. Die Ebenen befinden sich in der *Ebenen*-Palette in einem Ordner, den Sie in *Raum* umbenennen können.

Jetzt können Sie sich mit den Details des Composings beschäftigen.

Die Maske der Einstellungsebene *Helligkeit/Kontrast* wird zuerst mit schwarzer Farbe gefüllt.
Die Öffnung wird mit einer kleiner Pinselspitze mit weißer Farbe auf der Ebenenmaske gemalt

Details des Composings anpassen und perfektionieren

1

Zuerst ein kleiner Trick. Sie haben in Ihrer Gestaltung ein Bildelement, in dem Sie eine kleine Öffnung simulieren möchten. In unserem Beispiel wird die Spitze der Taucherlampe als Vase dienen, daher soll hierin eine Öffnung für die Pflanzen kreiert werden. Nichts ist einfacher als die Gestaltung einer Öffnung mithilfe einer Einstellungsebene. Erstellen Sie über der Ebene mit der Taucherlampe eine neue Einstellungsebene *Helligkeit/Kontrast* mit Schnittmaske. (Sie können auch die Tonwertkorrektur oder Gradationskurven verwenden.)

Im Dialogfenster *Helligkeit/Kontrast* wird die darunterliegende Ebene zuerst komplett abgedunkelt (s. Reglerposition im Screenshot). Dann wird die Ebenenmaske der Einstellungsebene mit schwarzer Farbe gefüllt und die Öffnung der Vase mit einem kleinen Pinsel (ca. 5 Pixel) gemalt. Diese Aufgabe braucht ein bisschen Übung, aber wenn Sie ein Grafiktablett verwenden, werden Sie ziemlich schnell erfolgreich arbeiten.

2

Bei den Objekten, die in ein Stilllebencomposing integriert werden sollen, ist es sehr wichtig, dass die Kanten zu der neuen Umgebung (unser konstruierter Raum) passen und nicht zu hell sind. Die Kanten können Sie mithilfe der Einstellungsebenen abdunkeln. Das Rezept ist nicht neu: Zuerst eine Einstellungsebene (z. B. *Helligkeit/Kontrast*) mit Schnittmaske erstellen, das Objekt stark abdunkeln, die

Einstellungsebene durch Füllen der Maske mit schwarzer Farbe vorübergehend deaktivieren und dann die Ränder mit einem großen weichen Pinsel (ca. 100 Pixel, Härte = 0) mit weißer Farbe auf der Maske bearbeiten.

So werden die Ränder abgedunkelt und das Objekt passt perfekt in die neue Kulisse. Verwenden Sie bei Bedarf noch eine maskierte Einstellungsebene, um die Abdunklung zu verstärken.

3

Intensivieren Sie die Farbe der Taucherlampe mithilfe der Einstellungsebene *Farbbalance* mit Schnittmaske und verstärken Sie im Bereich *Mitteltöne* die Werte für Rot und Gelb.

Alternativ können Sie die Einstellungsebene *Farbton/Sättigung* verwenden und die Sättigung erhöhen.

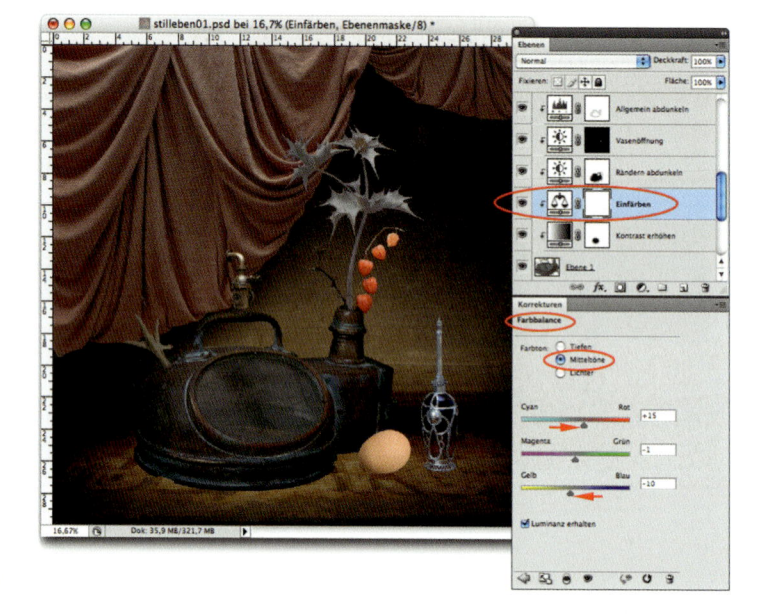

4

Damit die Struktur eines Objekts besser zur Geltung kommt, können Sie einen simplen, aber effektiven Trick anwenden. Erstellen Sie über der Ebene mit der Taucherlampe eine Einstellungsebene *Verlaufsumsetzung*. Wählen Sie die Option *Schwarz zu Weiß*. Das Objekt wird vorübergehend entfärbt.

Ändern Sie die Ebenenfüllmethode für diese Einstellungsebene auf *Weiches Licht*. Die Kontraste der Ebene werden deutlich erhöht. Leider geht dabei auch die Helligkeit ein wenig verloren. Deshalb ist es ratsam, die Deckkraft der Einstellungsebene *Verlaufsumsetzung* auf ca. 30–50 % zu reduzieren.

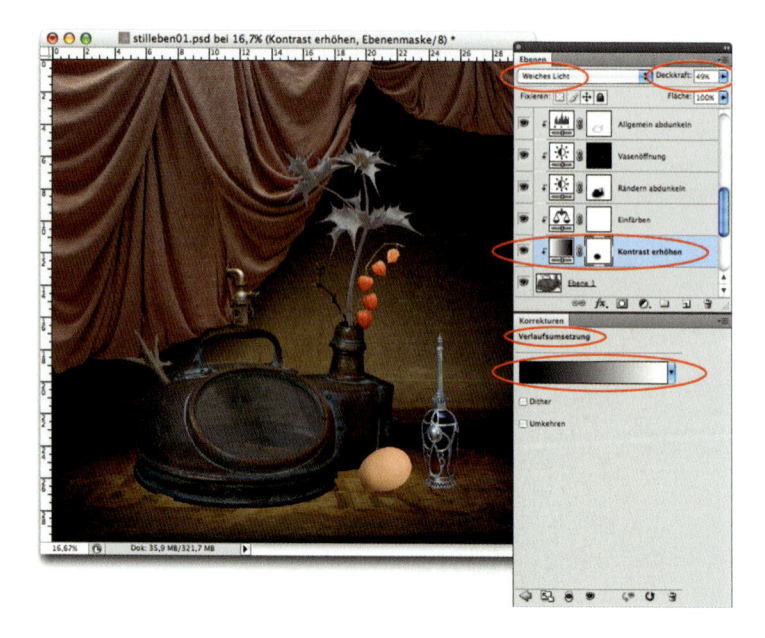

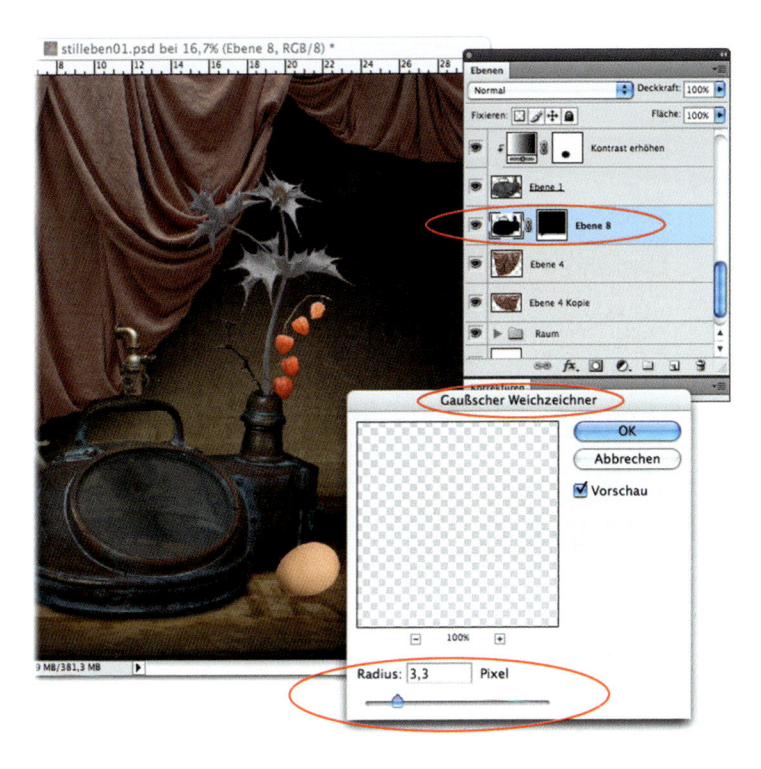

Schatten unter den Objekten erzeugen

1

Ein perfekter Schatten gehört wie bei jedem Composing auch bei einem Stillleben zum guten Ton. Ein Schatten besteht aus mehreren Teilen. Der erste wäre der sogenannte Kernschatten – das ist der dunkle Rand unter dem Objekt, das auf einer Fläche steht. Den Kernschatten erzeugen Sie am einfachsten wie folgt:

Laden Sie die Auswahl des Objekts (*Auswahl/Auswahl laden*). Erstellen Sie unter der Ebene des Objekts eine neue leere Ebene und füllen Sie diese Ebene mit schwarzer Farbe. Heben Sie nun die Auswahl mit [Strg]+[D] auf.

Bearbeiten Sie die Form mit *Filter/Weichzeichnungsfilter/Gaußscher Weichzeichner*. Wählen Sie im Dialogfenster einen Radius von ca. 3–5 Pixeln. Der Schatten soll nur unter dem Boden der Taucherlampe zu sehen sein. Deshalb sollte der obere Teil der Ebene mit dem Schatten auf der Ebenenmaske mit einem Verlauf ausgeblendet werden.

2

Auch ein weicher, diffuser Schatten gehört zum Pflichtprogramm eines Composings.

Erstellen Sie eine weitere leere Ebene unter der Ebene der Taucherlampe. Wählen Sie das Pinsel-Werkzeug ([B]) mit einer größeren weichen Spitze (ca. 400 Pixel, Härte = 0). Stellen Sie für den Pinsel eine geringe Deckkraft (ca. 20–25 %) ein und zeichnen Sie unter der Taucherlampe einen weichen Schatten.

Klassisches Stillleben in einer 3-D-Kulisse

3

Auch unter den anderen Objekten sollte der Fußboden etwas abgedunkelt werden.

Sie können hier genauso verfahren wie beim Erstellen des Schattens unter der Taucherlampe. Achten Sie darauf, dass die Schatten in die richtige Richtung verlaufen.

Objektteile umfärben

In unserer Gestaltung soll die Taucherlampe zu einem Radio umfunktioniert werden. Das Glas der Lampe „verwandeln" wir daher in ein modernes, berührungsempfindliches Display.

1

Eine selektive Umfärbung können Sie an Objekten schon mit einer groben Eingrenzung der Fläche durchführen.

Wählen Sie hierzu das Lasso-Werkzeug ([L]) und erstellen Sie eine grobe, großzügige Auswahl des Glases der Lampe.

Halten Sie dann die [Alt]-Taste gedrückt und erstellen Sie über allen zur Lampe gehörenden Einstellungsebenen eine Einstellungsebene *Farbbalance* (mit Schnittmaske). Verstärken Sie jetzt im Bereich *Mitteltöne* die Werte für Cyan und Blau.

Das Glas im vorher mit dem Lasso-Werkzeug ([L]) ausgewählten Bereich wird entsprechend eingefärbt. Da die Auswahl vorher nicht ganz genau erstellt wurde, sollten Sie die Maske der Einstellungsebene mit dem Pinsel-Werkzeug ([B]) und schwarzer Farbe korrigieren, sodass nur die Scheibe der Taucherlampe blau eingefärbt ist. Bei der

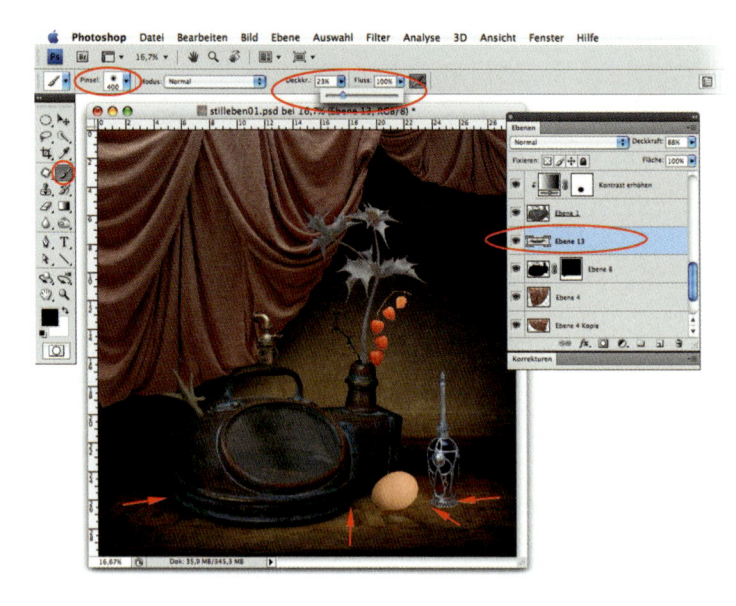

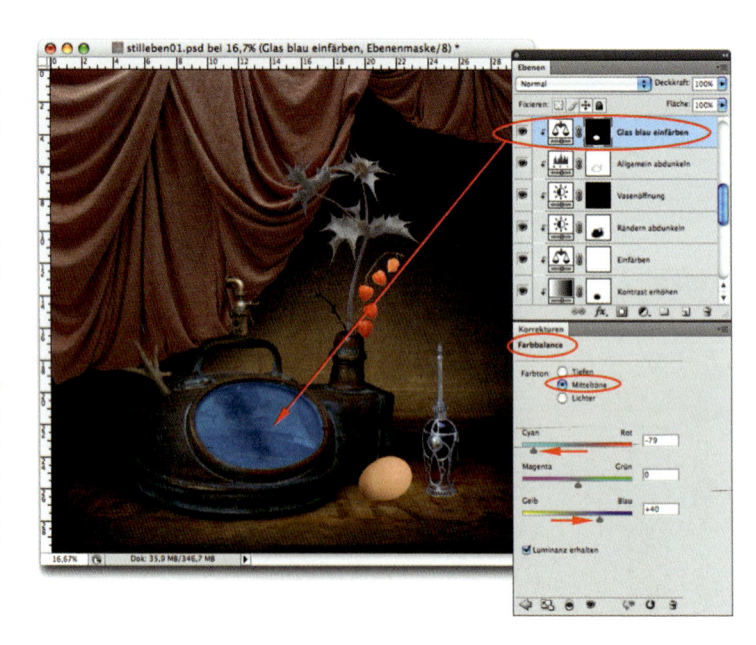

Klassisches Stillleben in einer 3-D-Kulisse

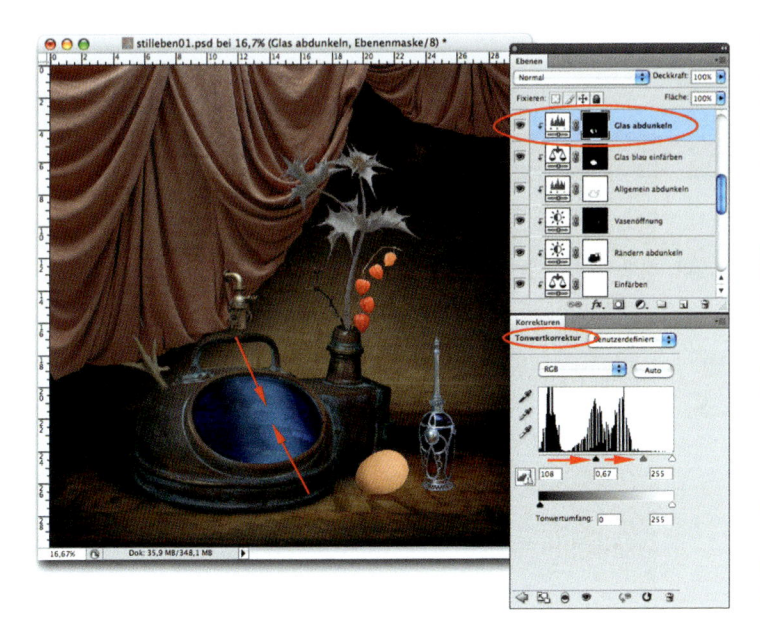

Korrektur der Maske ist es sinnvoll, die Ansicht auf ca. 200–300 % zu vergrößern, damit Sie die Kante besser treffen können. Benennen Sie diese Einstellungsebene *Glas blau einfärben*.

2

Die Glasscheibe wirkt besser, wenn Sie einen Lichtverlauf einbauen. Dazu können Sie die bereits erstellte Maske von der Ebene *Farbbalance* (*Glas blau einfärben*) aus dem vorherigen Schritt verwenden.

Klicken Sie mit gedrückter [Strg]-Taste auf die Maske der Einstellungsebene *Farbbalance*. Die Maske wird als Auswahl geladen.

Erstellen Sie jetzt eine neue Einstellungsebene *Tonwertkorrektur* mit Schnittmaske und bewegen Sie im Dialogfenster *Tonwertkorrektur* die mittleren und linken Regler des Bereichs *Tonwertspreizung* nach rechts, wie es in der Abbildung zu sehen ist. Die Glasscheibe wird dunkler.

Wählen Sie das Pinsel-Werkzeug ([B]) mit einer großen Werkzeugspitze (ca. 200 Pixel, Härte = 0) und maskieren Sie den mittleren Bereich mit einer schnellen

Bewegung von oben nach unten quer durch die Scheibe – wie es mit den Pfeilen auf dem Bild angezeigt wird. Der Bereich wird heller, und das sieht schon nach einer Spiegelung aus. Benennen Sie die Einstellungsebene *Glas abdunkeln*.

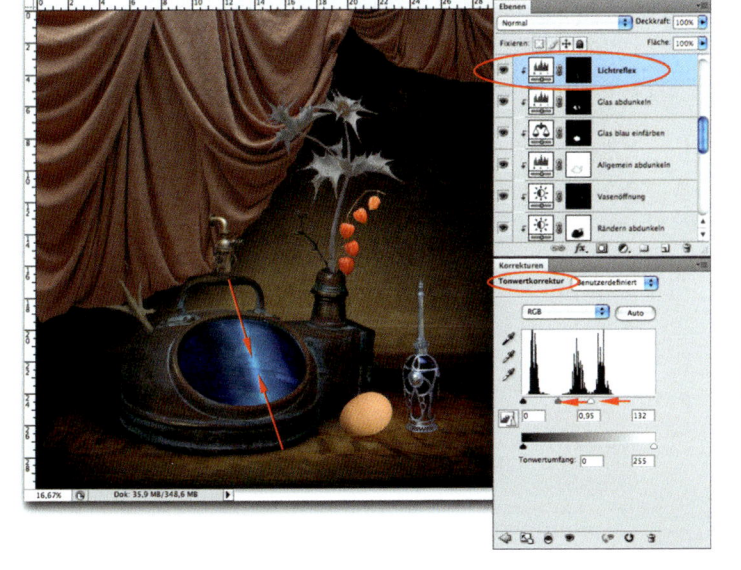

3

Jetzt können Sie der Glasscheibe noch einen scharfen hellen Lichtreflex verpassen. Laden Sie hierzu zuerst die Maske von der Einstellungsebene *Farbbalance* (*Glas blau*

Klassisches Stillleben in einer 3-D-Kulisse

einfärben) und erstellen Sie über der Ebene *Tonwertkorrektur* (*Glas abdunkeln*) eine weitere Einstellungsebene *Tonwertkorrektur* mit Schnittmaske.

Bewegen Sie den mittleren und den rechten Regler im Bereich *Tonwertspreizung* nach links, sodass die Scheibe stark aufgehellt wird.

Maskieren Sie die Ebene so, dass nur ein schmaler heller Streifen übrig bleibt. Diese Maskierung können Sie entweder mit dem Verlaufswerkzeug ([G]) oder mit dem Pinsel-Werkzeug ([B]) durchführen.

Textelemente und Zeichen einfügen

1

In die Glasscheibe können Sie jetzt die Bedienelemente des Radios einbauen. Dazu gibt es eine große Hilfe:

Alle Symbole, die man an einem Radiorekorder, MP3-Player oder sonstigen Aufzeichnungsgeräten finden kann, gibt es in der Schriftart Windings.

Aktivieren Sie das Textwerkzeug ([T]). Geben Sie folgende Zeichen ein: 973548q – die Zeichen werden angezeigt und Sie brauchen nur die Reihenfolge zu ändern.

2

Anschließend kann der Text der Oberfläche der Glasscheibe perspektivisch angepasst werden. Wenn Sie den Text noch editieren möchten, haben Sie allerdings nur eingeschränkte Transformationsmöglichkeiten.

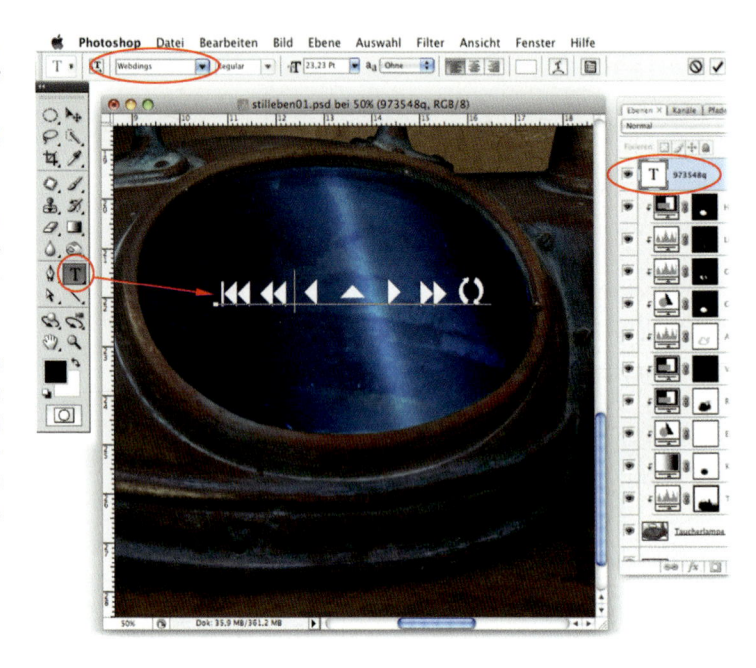

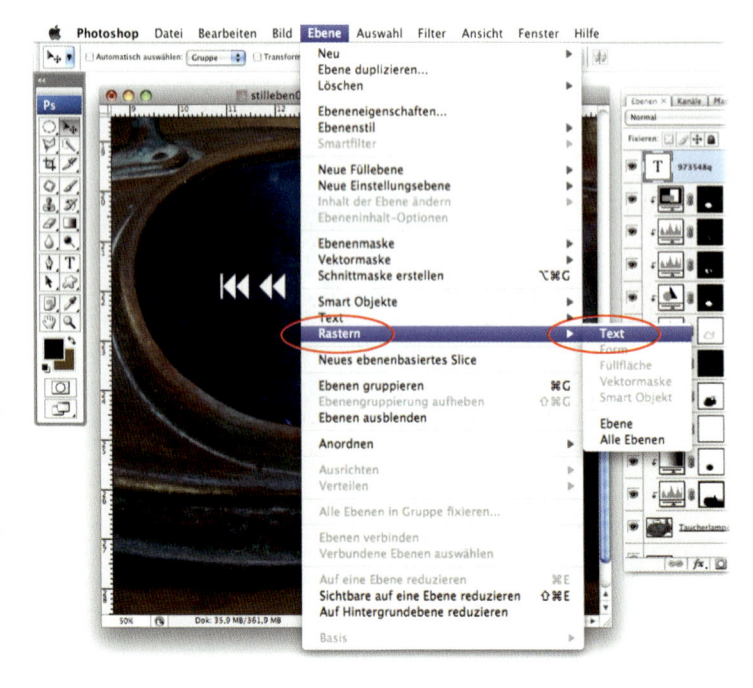

Klassisches Stillleben in einer 3-D-Kulisse

Falls Sie mit dem Text (Zeichen) fertig sind, können Sie die Textebene in eine Pixelebene umwandeln.

Wählen Sie dazu *Ebene/Rastern/ Text*. Textkorrekturen können Sie zwar nicht mehr durchführen, aber die Ebene wird jetzt zur Pixelebene und Sie können die Zeichen transformieren, wie Sie möchten.

Wählen Sie *Bearbeiten/Transformieren/Verzerren*.

Passen Sie die Zeichen so an, dass diese die gleiche Neigung und die gleiche Perspektive haben wie die Glasscheibe.

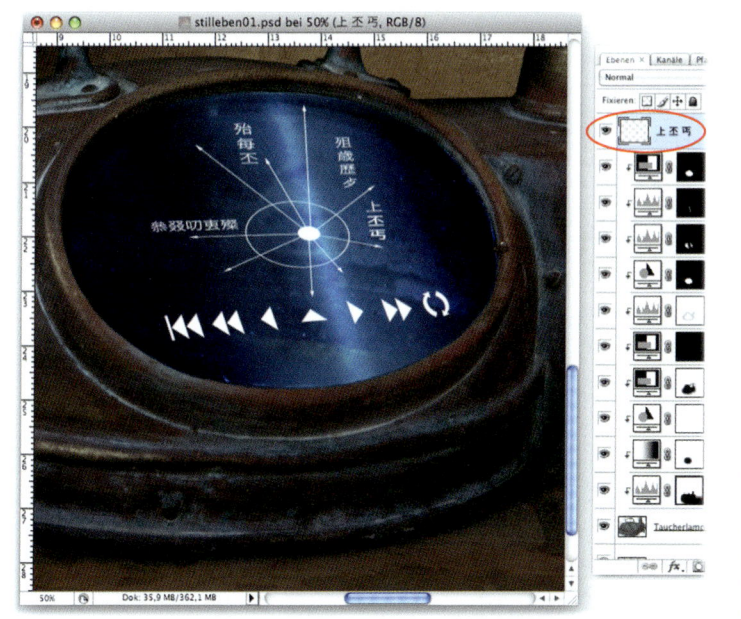

3

Erstellen Sie weitere Zeichen auf der Scheibe. Sie können zum Beispiel asiatische Schriftsysteme verwenden. (Wichtig ist nur, dass Sie ungefähr wissen, was Sie schreiben. Es kann passieren, dass einige Betrachter Ihres Bildes diese Sprache verstehen.

Falls Sie etwas Unsinniges geschrieben haben, wird das den Allgemeineindruck Ihres Bildes ein wenig trüben.)

Auch das Eigene-Form-Werkzeug ([U]) bietet sich zum Gestalten der grafischen Oberfläche eines Gerätes sehr gut an. Wenn Sie fertig sind, können Sie die Textebene genauso rastern wie bereits beschrieben und die Perspektive der Glasscheibe anpassen.

Klassisches Stillleben in einer 3-D-Kulisse

4

Damit die erstellten Zeichen dezent wirken, können Sie die Deckkraft der Ebenen der Zeichen auf ca. 40–50 % reduzieren.

5

Die Umgestaltung der Taucherlampe zu einem Radio ist somit fertig und Sie können alle Ebenen, die zum Gerät gehören, in einer Ebenengruppe zusammenfassen.

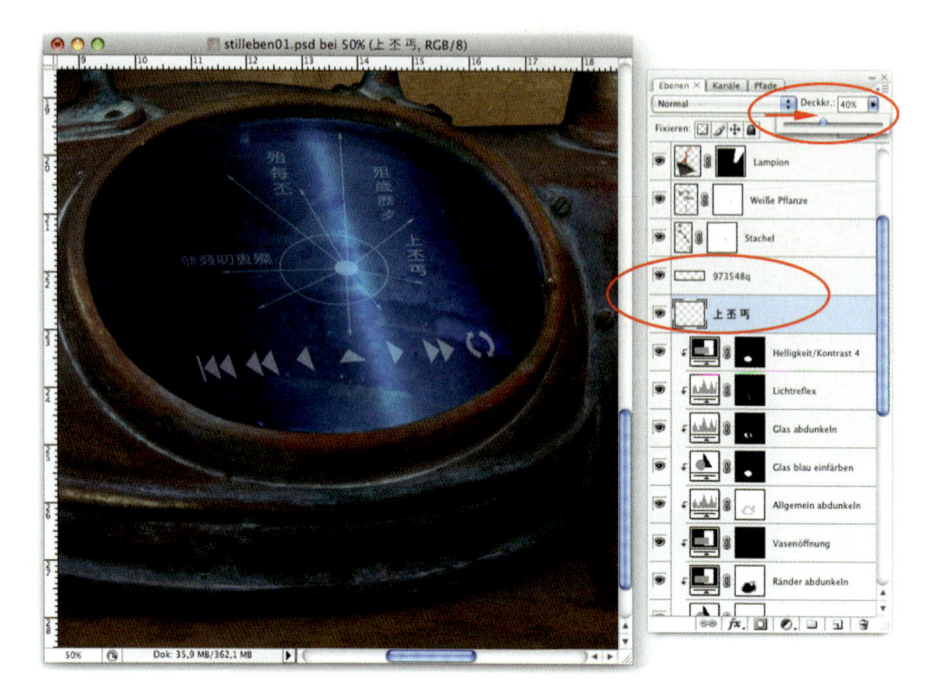

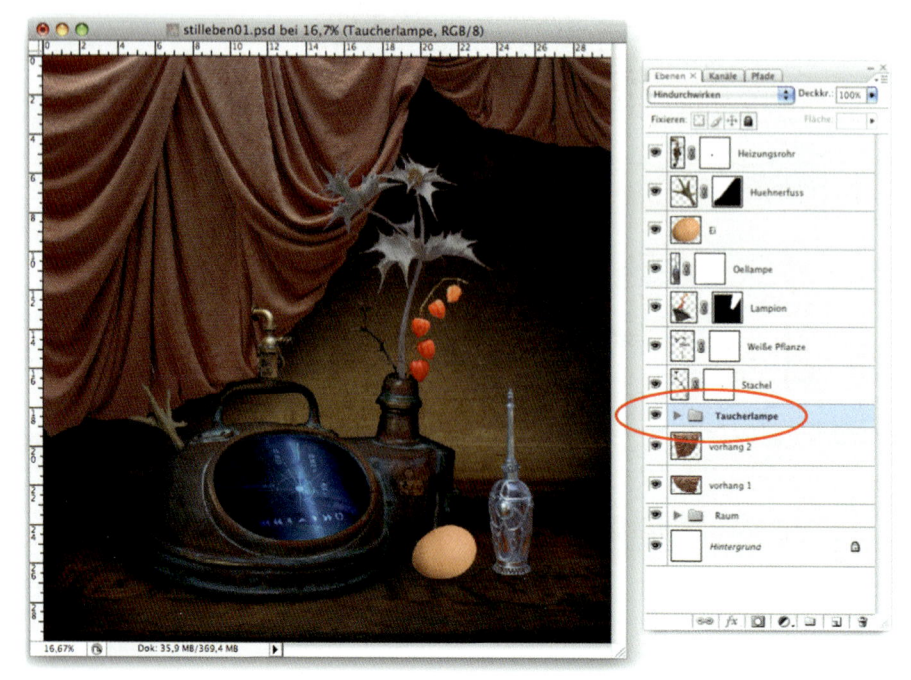

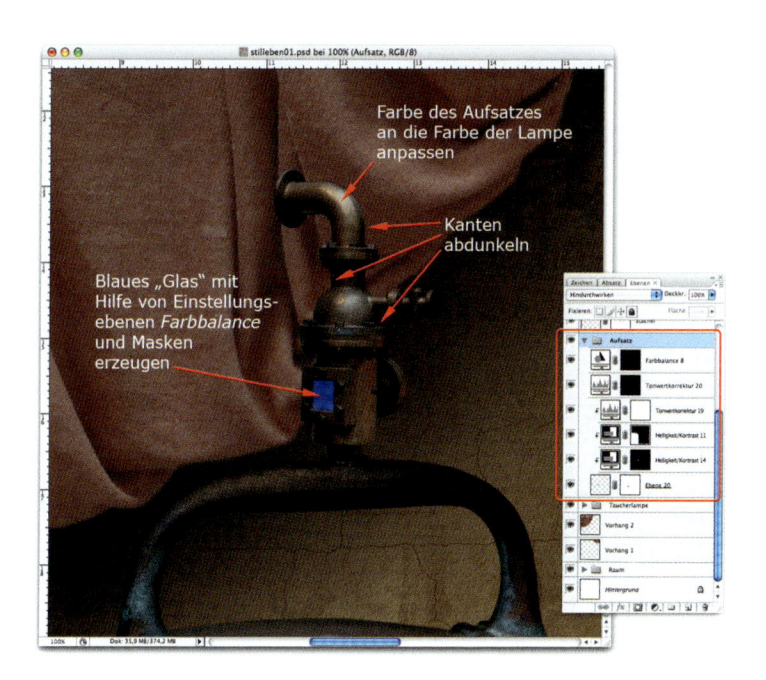

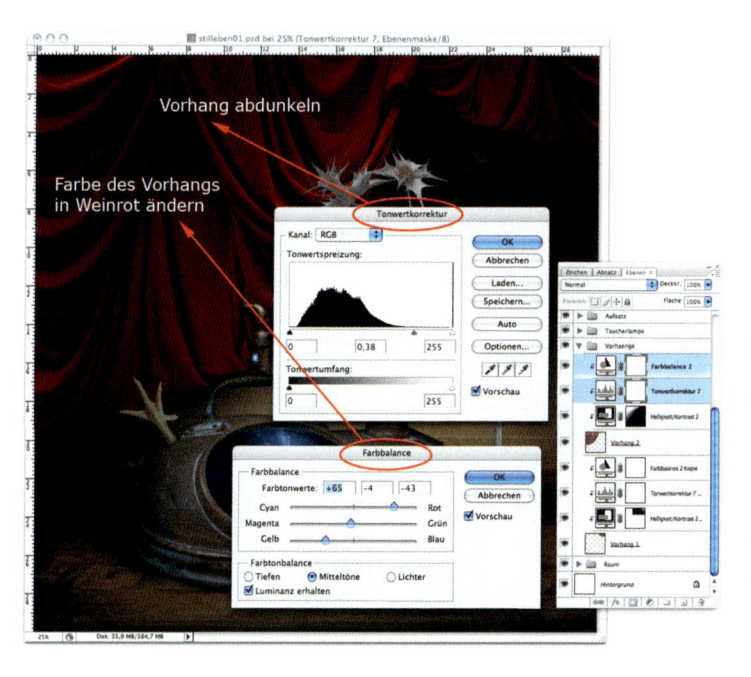

Das ist beim Anpassen der Objekte zu beachten

Das Hauptobjekt des Composings ist fertig und weitere Details können angepasst werden. Bei unserem Radio wurde noch ein Aufsatz – eine „Projektionseinheit" – eingebaut, die den Namen des Senders an die Wand projizieren sollte.

Da diese im Original einem ganz anderen Gerät gehörte, ist es wichtig, dass die Zusammenfügung beider Geräte so verläuft, dass der Betrachter nicht den Eindruck gewinnt, die Geräte würden einfach lieblos zusammengesetzt.

Beim Anpassen des Aufsatzes sollten Sie beachten, dass die Farbe genau zur Farbe der Taucherlampe passt.

Das können Sie wunderbar mit der Einstellungsebene *Farbbalance* erledigen. Die Kanten des Aufsatzes können Sie mithilfe der maskierten Einstellungsebene *Tonwertkorrektur* durchführen.

Wie das geht, haben Sie schon am Beispiel der Taucherlampe gelernt. Im Aufsatz befindet sich eine weitere Glasscheibe, die Sie auch passend zur Glasscheibe der Taucherlampe blau einfärben können.

Wie Sie in dem Screenshot sehen, waren zum Anpassen der Details einige Einstellungsebenen erforderlich.

Die Ebenen des Vorhangs wurden auch mithilfe der Einstellungsebenen *Tonwertkorrektur* und *Farbbalance* bearbeitet, damit diese eine tiefrote, edle Farbe erhalten.

Im nebenstehenden Screenshot sehen Sie die Korrekturen, die mit Ihnen bekannten Techniken durchgeführt werden sollten, damit die Objekte passend zur Kulisse und zueinander aussehen.

Wie Sie sehen, sind alle Pixel- und Einstellungsebenen in jedem Objekt zugeordneten Ebenengruppen untergebracht, was das Navigieren zwischen den Ebenen erleichtert sowie Übersicht und Ordnung schafft.

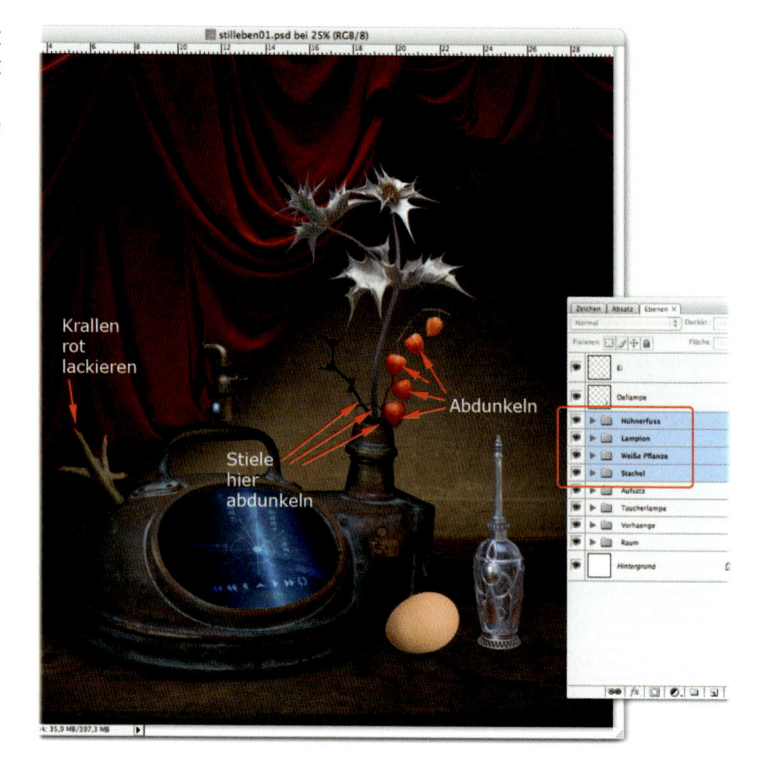

Transparente Gegenstände effektvoll ins Stillleben integrieren

Es ist überdies sinnvoll, etwas über die Integration transparenter oder halbtransparenter Gegenstände in ein Composing zu erwähnen. Hier finden Sie einige Tipps zur Freistellung transparenter Objekte.

1

In unser Composing wird eine alte Öllampe integriert. Wenn Sie diese freigestellt und in die Gestaltungsfläche der Komposition übertragen haben, duplizieren Sie die Ebene mit der Öllampe zweimal mit [Strg]+[J].

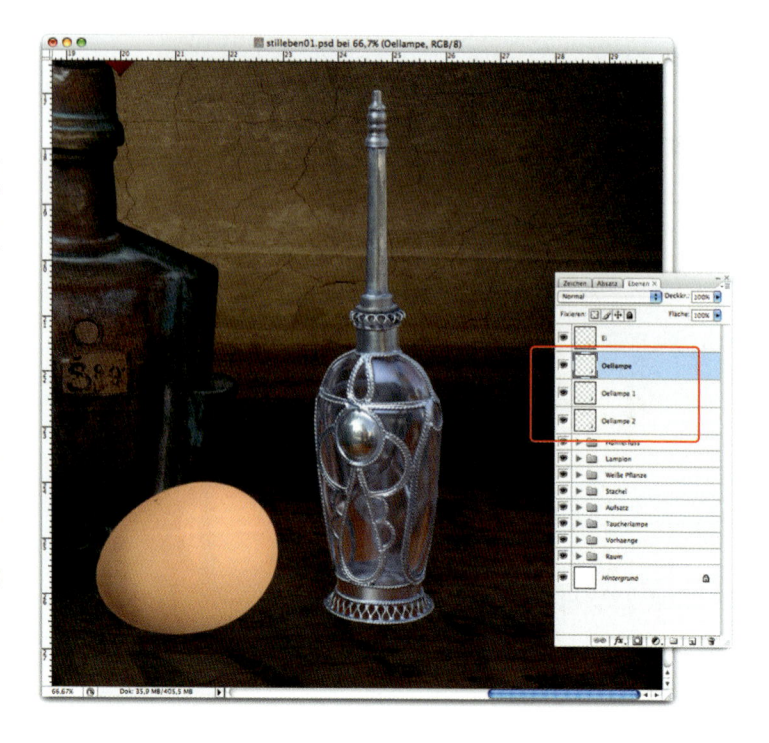

Klassisches Stillleben in einer 3-D-Kulisse

2

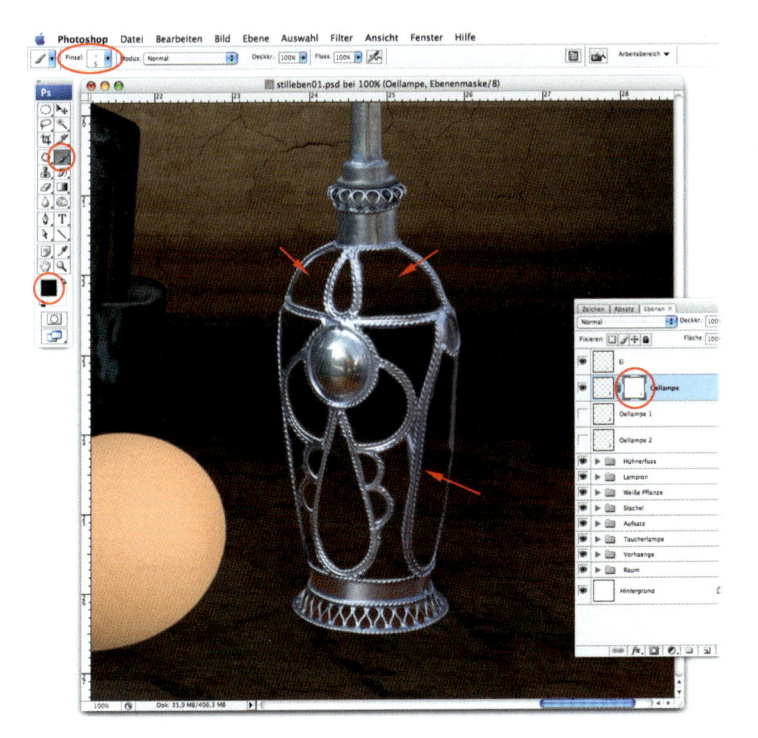

Die obere Ebene mit der Öllampe lassen Sie eingeblendet, die darunterliegenden blenden Sie vorerst aus. Erstellen Sie für die obere Ebene der Öllampe eine Ebenenmaske.

Maskieren Sie alle Bereiche, in denen Glasflächen zu sehen sind. Das können Sie am besten mit einem kleinen Pinsel (Härte = 0, Radius ca. 5–7 Pixel) machen.

Vergrößern Sie die Ansicht stark, auf ca. 200–300 %, damit Sie die feinen Kanten besser bearbeiten können.

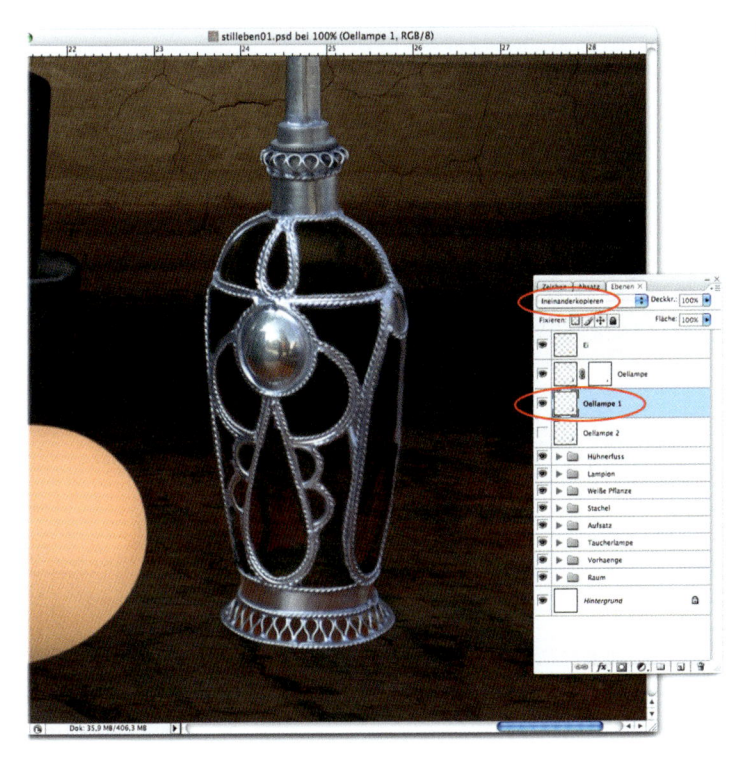

3

Aktivieren Sie jetzt die unter der bearbeiteten Ebene liegende Kopie und ändern Sie die Ebenenfüllmethode für diese Ebene auf *Ineinanderkopieren*. Die Glasflächen sehen jetzt dunkel aus.

Composingpraxis: Stilllebencomposing

4

Aktivieren Sie die unterste Ebene der Öllampe und ändern Sie für diese die Ebenenfüllmethode auf *Hartes Licht*.

Die Glasflächen der Flasche sehen jetzt so aus, als ob sie aus dunklem Glas hergestellt wurden, in der Glasoberfläche sind angenehm wirkende bläuliche Lichtreflexe zu erkennen.

Außerdem entsteht beim Betrachter der Eindruck, dass die Flasche mit Flüssigkeit gefüllt ist.

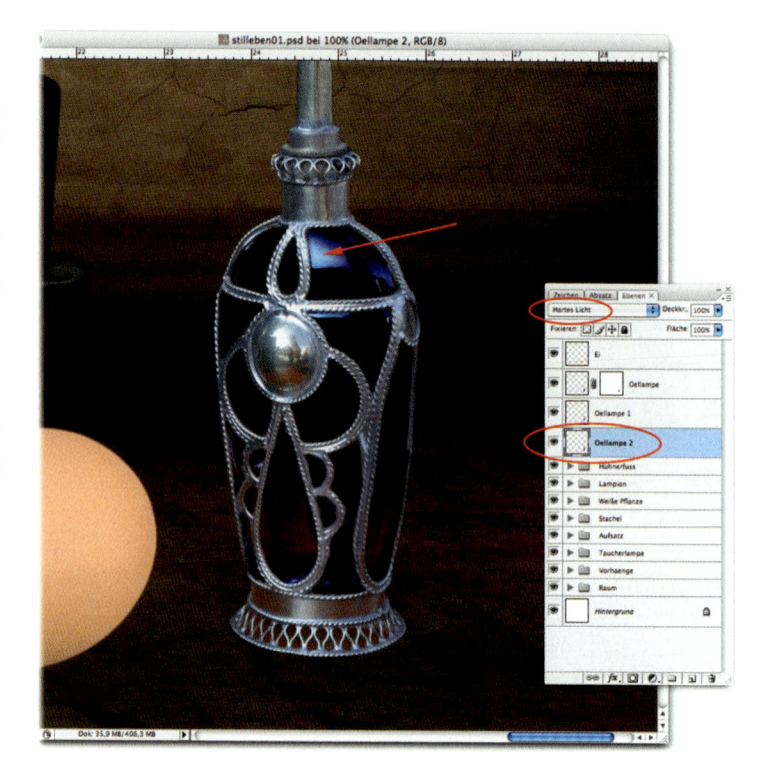

5

Die Metalleinfassung der Flasche können Sie ebenfalls noch etwas bearbeiten. Zur Farbrichtung der Gestaltung würde eine goldfarbene Einfassung besser passen als die Einfassung aus weißem Metall.

Aktivieren Sie also in der *Ebenen*-Palette die obere Ebene der Ölflasche. Halten Sie die [Alt]-Taste gedrückt (für die Schnittmaske) und wählen Sie die Einstellungsebene *Farbbalance*.

Verstärken Sie im Bereich *Mitteltöne* die Werte für Rot und Gelb. Das Gerüst bekommt eine angenehme gelbrote Tönung. Aus Silber machen Sie damit Gold.

Wenn die Oberfläche des Gerüstes zu hell für die Gestaltung ist, können Sie diese etwas abdunkeln. Erstellen Sie hierzu eine weitere Einstellungsebene *Tonwertkorrektur* mit Schnittmaske.

Im Dialogfenster *Tonwertkorrektur* bewegen Sie den mittleren und den linken Regler im Bereich *Tonwertspreizung* nach rechts, damit die Fläche dunkler wird.

Außerdem bewegen Sie den rechten Regler im Bereich *Tonwertumfang* nach links, damit die Kontraste in der Metalloberfläche reduziert werden. Somit werden starke, überstrahlt wirkende Lichtreflexe abgeschwächt.

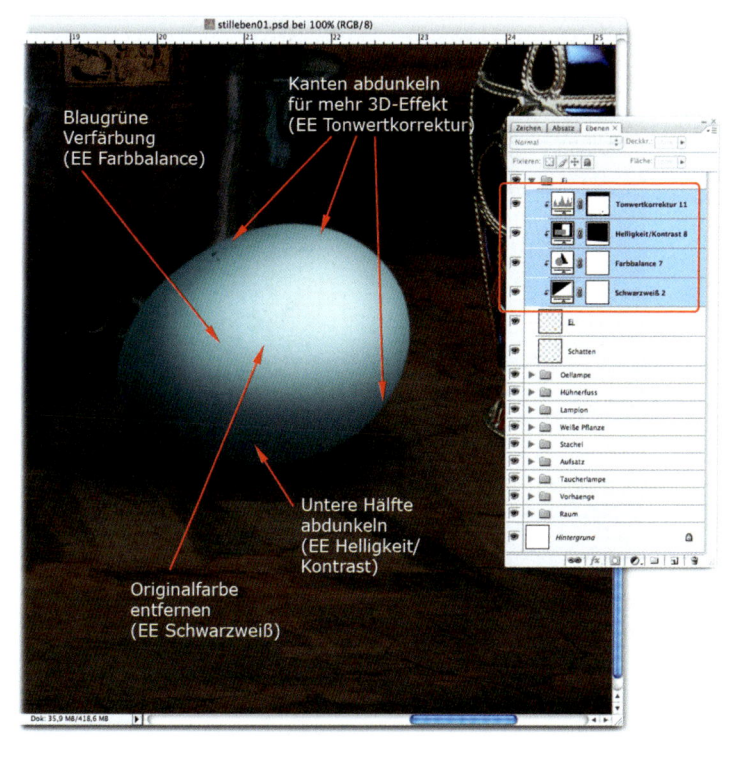

Objekte mit Strukturen überlagern

Sehr interessant wirken Objekte, die mit fremden Strukturen überzogen wurden. In unserem Composing wird das Ei so behandelt, da ein „nur" fotografiertes Hühnerei in einer kunstvollen Inszenierung ziemlich langweilig wirkt.

1

Bevor Sie mit den Überlagerungen beginnen, sollten einige Anpassungen vorgenommen werden. Sinnvoll ist bei solchen Objekten eine komplette Entfärbung. Diese können Sie schnell und effektiv mit der Einstellungsebene (mit Schnittmaske) *Schwarzweiß* machen. Danach kann das Ei in alle möglichen Farben umgefärbt werden.

Klassisches Stillleben in einer 3-D-Kulisse

Die Umfärbung erfolgt mit der Einstellungsebene *Farbbalance*. Außerdem können Sie mithilfe der *Tonwertkorrektur* (maskierte Einstellungsebene) die passenden Schattierungen erstellen, sodass das Objekt lichttechnisch voll in die neue Umgebung integriert wird.

2

Öffnen Sie jetzt das Bild einer Struktur und ziehen Sie dieses in die Gestaltungsfläche Ihrer Collage. Legen Sie die Ebene der Struktur über die Ebene des Eies. Erstellen Sie auf der Ebene der Struktur eine Ebenenmaske und maskieren Sie die Bereiche, die außerhalb des Eies liegen.

Ändern Sie danach die Ebenenfüllmethode für die Strukturebene auf *Weiches Licht*. Die Strukturen werden dadurch auf die Eioberfläche projiziert und das Ei erscheint im Steinzeit-Look.

Lichtstrahlen und Lichtkegel in eine Komposition integrieren

Die Komposition wäre unvollendet, wenn aus dem Einsatz auf der Taucherlampe kein Lichtstrahl käme, mit dem der Name des Senders auf die Wand projiziert werden könnte.

1

Beginnen Sie mit der Gestaltung eines Lichtkreises auf dem Vorhang. Wählen Sie das Auswahlellipse-Werkzeug ([M]) mit der Option *Weiche Kante* mit 1–2 Pixeln. Ziehen Sie eine elliptische Auswahl ungefähr so, wie es in der Abbildung zu sehen ist. Diese Auswahl wird die Maskierung für eine Einstellungsebene sein.

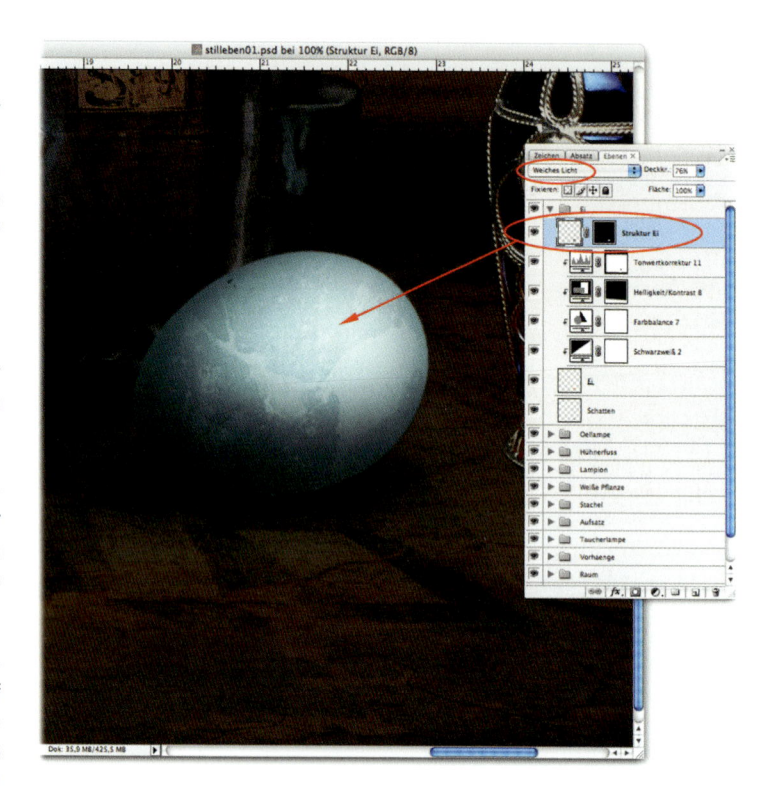

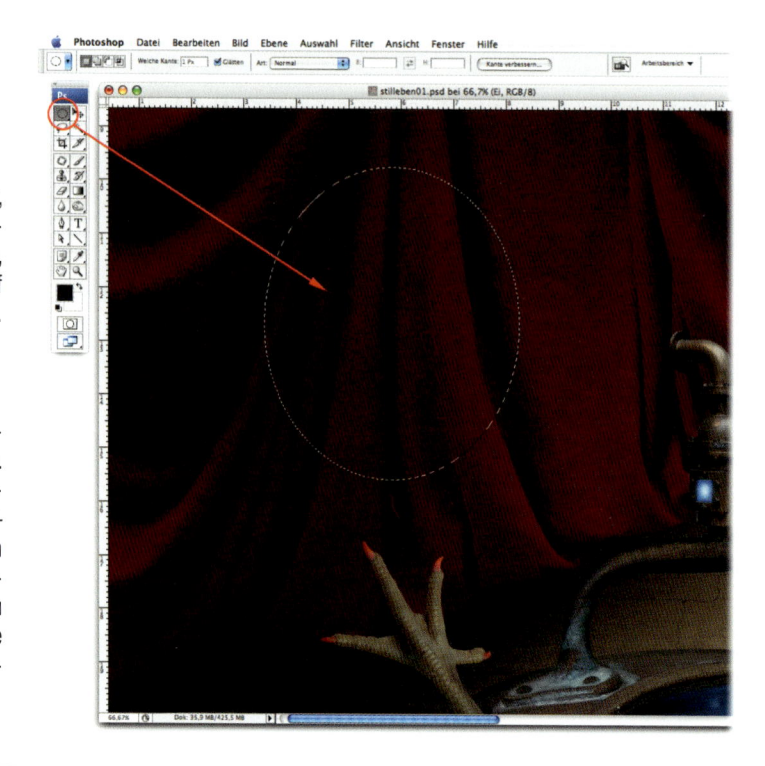

Klassisches Stillleben in einer 3-D-Kulisse

2

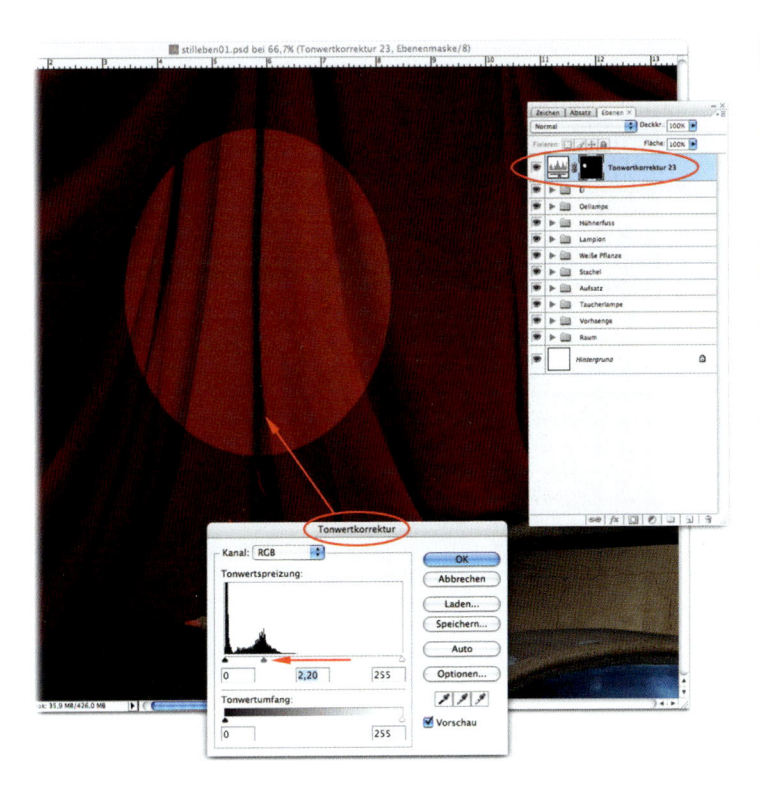

Über allen Gruppen und Ebenen in der *Ebenen*-Palette erstellen Sie eine neue Einstellungsebene *Tonwertkorrektur*. Wie Sie auf der Ebenenminiatur sehen, wird die elliptische Auswahl gleich als Maske übernommen.

Bewegen Sie im Dialogfenster *Tonwertkorrektur* den mittleren Regler im Bereich *Tonwertspreizung* nach links, bis die kreisförmige Fläche die gewünschte Helligkeit bekommt, und bestätigen Sie diese Eingabe.

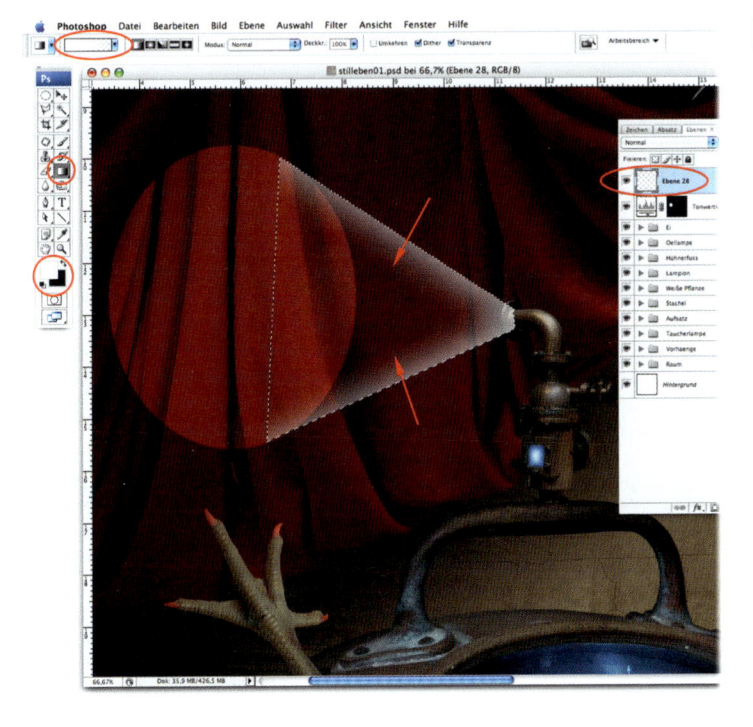

3

Jetzt wird der Lichtstrahl kreiert. Wählen Sie hierzu das Polygon-Lasso-Werkzeug (L). Wählen Sie *Weiche Kante* mit 1–2 Pixeln.

Erstellen Sie damit eine Form, die einen Lichtstrahl nachahmen soll, der aus dem Aufsatz eine kreisförmige Fläche auf den Vorhang projiziert.

Erzeugen Sie nun oben in der *Ebenen*-Palette eine neue leere Ebene und wählen Sie das Verlaufswerkzeug (G) mit den Optionen linearer Verlauf, Vordergrund-Transparent, Vordergrundfarbe Weiß.

Ziehen Sie zwei Verläufe, wie sie mit den Pfeilen in dem Screenshot angezeigt werden.

4

Heben Sie die Auswahl mit ⌃+D auf und erstellen Sie auf der Ebene eine Maske.

Mit dem Verlaufswerkzeug (G) (diesmal ist es die Vordergrundfarbe Schwarz) maskieren Sie den Lichtstrahl von links und von rechts.

Der Maskierungsverlauf von links sollte dabei etwas länger als der von rechts sein.

5

Jetzt müssen Sie nur den Namen des Senders in den Lichtkreis schreiben. Verwenden Sie dazu das Textwerkzeug (T) mit der Schrift Ihrer Wahl und weißer Farbe. Damit Sie den Text beliebig transformieren können, sollte er zuerst gerastert werden.

Wie das geht, haben Sie bereits im Abschnitt zur Gestaltung der Bedienoberfläche des Radios erfahren. Die Deckkraft der Ebene mit dem Text können Sie reduzieren, damit unter dem projizierten Namen des Senders noch der Vorhang zu sehen ist.

Wie Sie sehen, ist eine Stilllebencollage keine Aufgabe für Anfänger. Ein sicherer Umgang mit Ebenen, Ebenenmasken und Ebenenfüllmethoden ist in jedem Schritt dieser Gestaltung erforderlich.

Der Fleiß lohnt sich allemal. Am Ende haben Sie eine sauber ausgeführte Gestaltung, bei der alle Kriterien erfüllt sind: richtige Lichtführung, passende Schatten und harmonische Abstimmung der Farben zwischen den Elementen des Composings. Viel Erfolg!

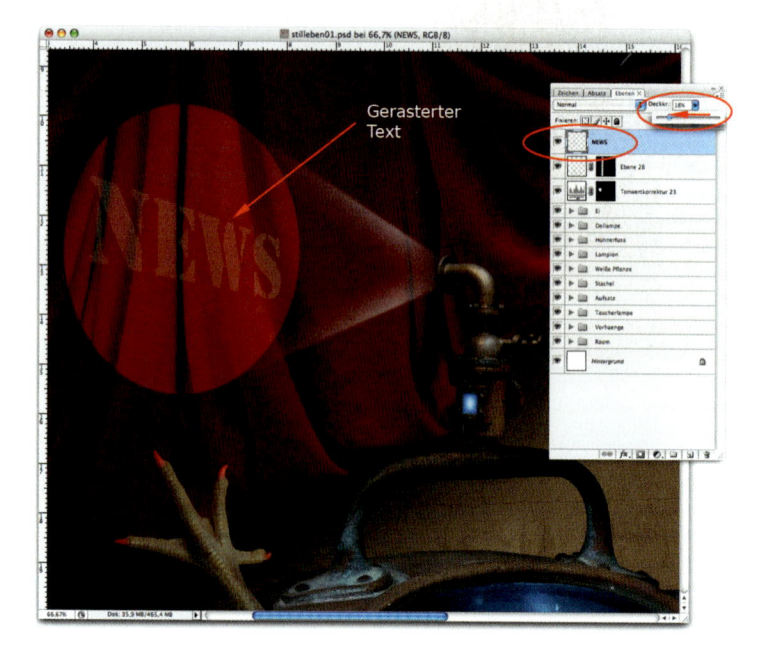

Fotografie, Produktion: Kaplun & Kaplun GbR

15.2 Stillleben im Stil einer Werbebotschaft

Sie haben im vorherigen Abschnitt gelernt, wie Sie ein klassisches Stilllebencomposing im Stil der „alten Meister" erstellen. Heutzutage werden Stilllebencomposings gern auch für Werbezwecke inszeniert. Um vom Produkt nicht zu stark abzulenken, reduzieren die Werbemacher die Gestaltung auf das Wesentliche und setzen stark auf Originalität, Wiedererkennung und Einprägsamkeit.

Wenn wir uns schon mit Hühnerfüßen beschäftigen (im letzten Beispiel die Antenne des Radios), können wir auch im nächsten Beispiel ein derartiges „Objekt" ins Spiel bringen.

Gestalten Sie eine Bildvorlage für originelle Schmuckwerbung. Das Bild wurde bereits mit dem Titel „Alte Diva" in zahlreichen Fotoforen erfolgreich veröffentlicht.

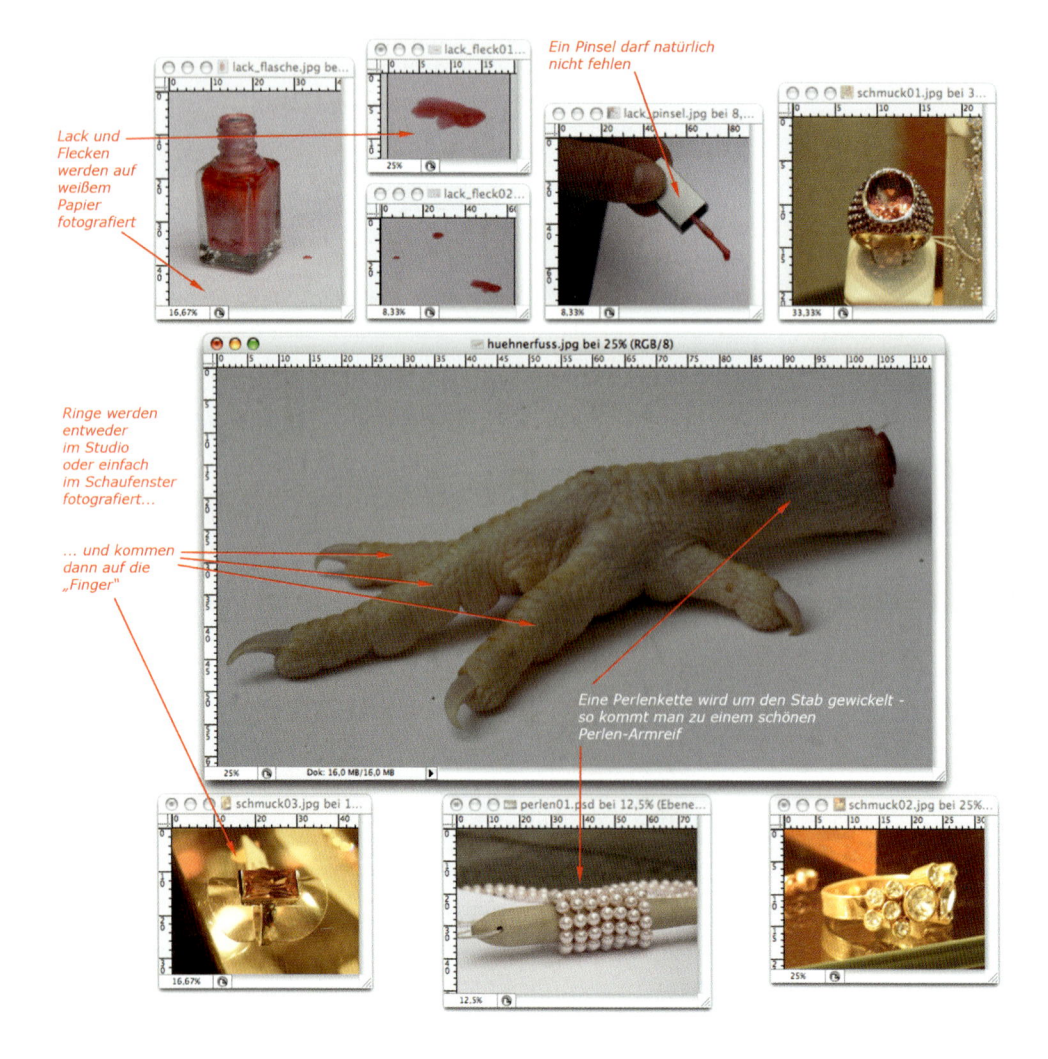

Lack und Flecken werden auf weißem Papier fotografiert

Ein Pinsel darf natürlich nicht fehlen

Ringe werden entweder im Studio oder einfach im Schaufenster fotografiert…

… und kommen dann auf die „Finger"

Eine Perlenkette wird um den Stab gewickelt – so kommt man zu einem schönen Perlen-Armreif

1

Da die Gestaltung auf einem weißen Hintergrund erfolgt, wird Ihnen viel Freistellungsarbeit erspart bleiben. Das Originalfoto vom Hühnerfuß wurde ohne Beleuchtung auf einem weißen Blatt Papier gemacht. Das bedeutet, dass Sie den vorhandenen Hintergrund bereits verwenden können, ohne dass die Schatten verloren gehen – diese können Sie für Ihre Collage im Originalzustand benutzen. Bei dem weißen Hintergrund ist die Anpassung der Tonwerte ein Kinderspiel. Wählen Sie *Bild/Anpassungen/Tonwertkorrektur*.

Im Dialogfenster *Tonwertkorrektur* wählen Sie die weiße Pipette und klicken mit ihr auf eine der hellsten Stellen des weißen Papierhintergrunds. Die Tonwerte des Bildes werden optimiert und das Foto kann so in die Gestaltung übernommen werden. Sie müssen nur noch eine kleine Korrektur vornehmen.

2

Auch beim Fotografieren auf weißem Papierhintergrund kann es vorkommen, dass im Bild Flecken, Staub oder einfach Sensorflecken zu sehen sind. Sie können diese effektiv entfernen. Wählen Sie das Pinsel-Werkzeug (B) mit einer großen Spitze, ca. 150–200 Pixel. Zeichnen Sie mit weißer Farbe die Stellen, an denen die Flecken zu sehen sind. Versuchen Sie, die Schatten nicht zu übermalen – diese benötigen Sie für Ihre Gestaltung.

Auch bei anderen Details, die auf dem weißen Hintergrund fotografiert wurden, können Sie die Korrekturen mit der weißen Pipette der Tonwertkorrektur durchführen. Einige Details können Sie natürlich auch freistellen – entweder mit dem Zeichenstift-Werkzeug (P) oder mit dem Polygon-Lasso-Werkzeug (L).

Stillleben im Stil einer Werbebotschaft

3

Details wie zum Beispiel die Ringe, fotografiert im Schaufenster, können Sie freistellen. Achten Sie hier auf eine besonders saubere Freistellung. Verwenden Sie zum Freistellen das Zeichenstift-Werkzeug (P) und eine starke Vergrößerung der Ansicht auf ca. 300 %.

4

Erstellen Sie eine neue Arbeitsfläche in einer Größe von z. B. 30 x 40 cm. Wählen Sie *Datei/Neu* und definieren Sie im Dialog zuerst den Hintergrundinhalt Weiß, danach eine Auflösung von 300 Pixel/Zoll und dann eine Breite von 30 cm und eine Höhe von 40 cm.

Das Bild des Hühnerfußes, das Sie in den Schritten 1 und 2 optimiert haben, verschieben Sie in die neue Arbeitsfläche. Da der abgehackte Hühnerfuß wenig ästhetisch aussieht, können Sie ihn optisch verlängern.

Erstellen Sie mit dem Auswahlrechteck-Werkzeug (M) eine Auswahl vom rechten Teil des Fußes, machen Sie davon eine Kopie mit (Strg)+(J) und verschieben Sie die entstandene Ebene mit der Kopie nach rechts, sodass das Ende überdeckt wird und der Eindruck entsteht, dass der Fuß von rechts nach links in die Bildfläche kommt.

Passen Sie die Übergänge mithilfe der Masken an.

5

Fügen Sie in die Gestaltungsfläche weitere Elemente ein. Achten Sie dabei auf die Perspektive und Schärfentiefe.

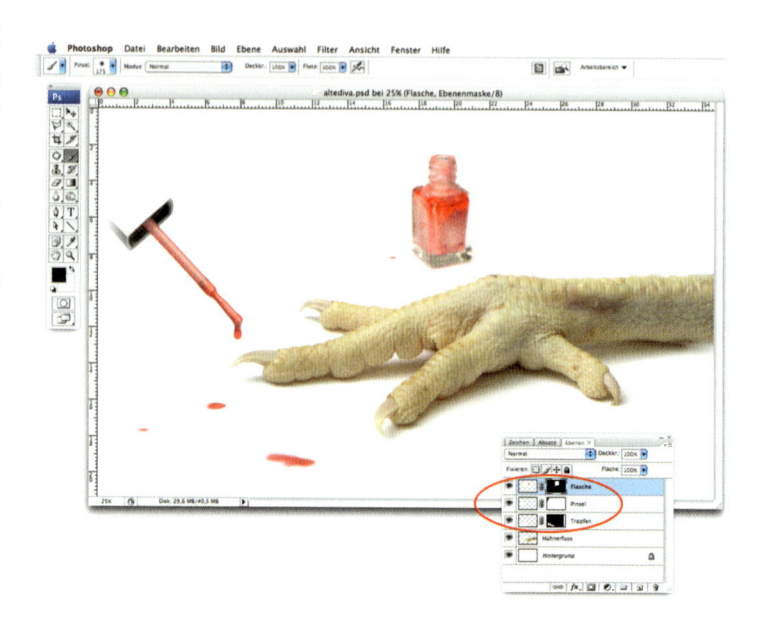

Stillleben im Stil einer Werbebotschaft

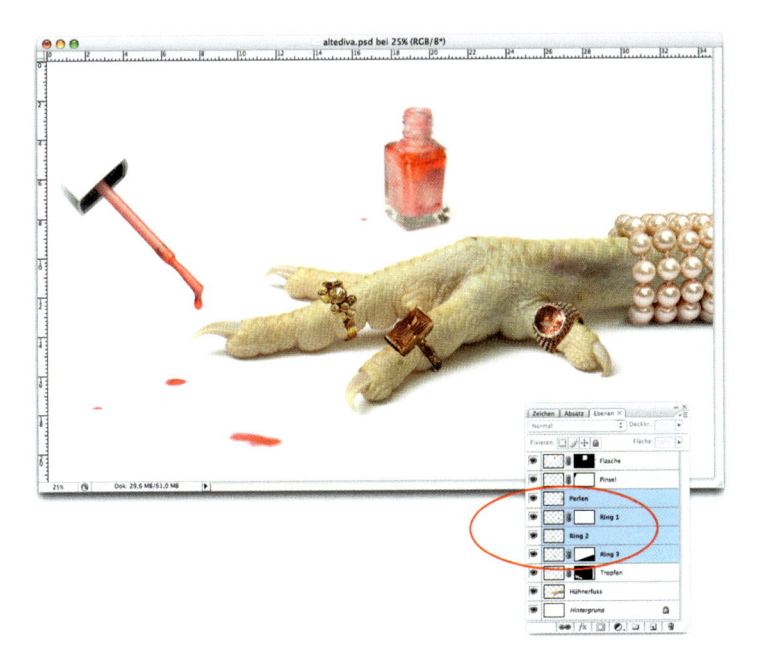

Es ist sinnvoll, die Flasche, die sich hinter dem Fuß befindet, mit dem Gaußschen Weichzeichner etwas unscharf zu machen.

Die Stellen der Ebenen, an denen eventuell noch fremde Details zu sehen sind, können Sie maskieren.

6

Wenn Sie die Ringe mit dem Zeichenstift-Werkzeug freigestellt haben, können Sie diese als freigestellte Objekte über die Finger legen.

Erstellen Sie auf den Ebenen mit den Ringen Ebenenmasken. Mit dem Pinsel-Werkzeug (B), einer kleinen Werkzeugspitze (ca. 5–7 Pixel) und schwarzer Farbe passen Sie die Form der Ringe so an, dass der Eindruck entsteht, dass sie auf den Fingern sitzen.

7

Unter den Ebenen der Ringe erstellen Sie eine entsprechende Anzahl neuer leerer Ebenen und nennen diese Ebenen *Schatten Ring 1* bis *3*.

Wählen Sie das Pinsel-Werkzeug (B) mit einer Größe von ca. 30–40 Pixeln und zeichnen Sie unter jedem Ring auf der entsprechenden Ebene einen Schatten. Die Deckkraft der jeweiligen Schattenebene passen Sie individuell an.

8

Auch für den Schatten des Armreifs erstellen Sie eine neue Ebene. Die Form des Schattens können Sie entweder mit dem Pinsel erstellen oder Sie laden die Auswahl der Ebene mit dem Armreif und füllen

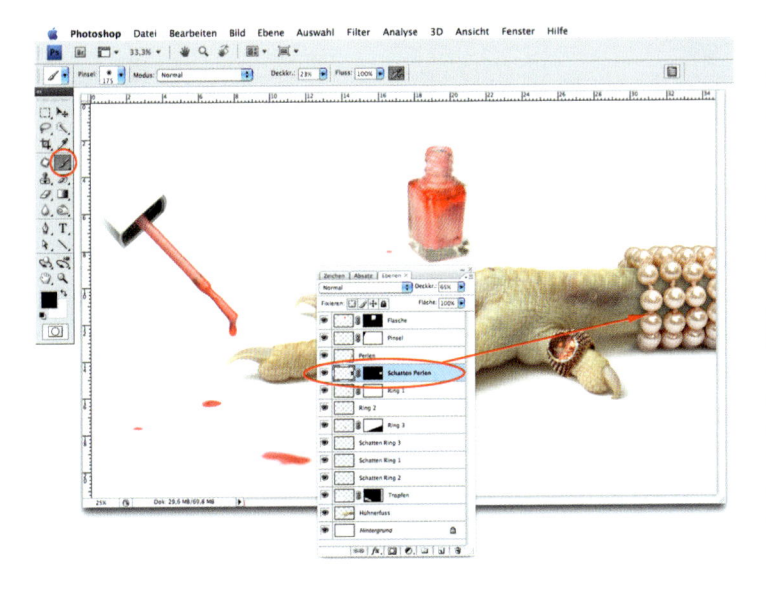

Stillleben im Stil einer Werbebotschaft

die Ebene *Armreif Schatten* mit schwarzer Farbe.

Heben Sie dann die Auswahl mit [Strg]+[D] auf und zeichnen Sie den Schatten mit dem Gaußschen Weichzeichner weich. Bei Bedarf können Sie die Form des Schattens mithilfe von Maskierungen anpassen.

9

Bringen Sie die Ebenen mit den Ringen auf Hochglanz. Beginnen Sie mit dem ersten Ring. Hier können Sie dem Stein eine intensivere Farbe und mehr Glanz geben.

Wählen Sie in der *Ebenen*-Palette die Ebene mit dem entsprechenden Ring und erstellen Sie mit dem Auswahlellipse-Werkzeug ([M]) eine großzügige Auswahl rund um den Stein. Halten Sie die [Alt]-Taste gedrückt und wählen Sie in der *Ebenen*-Palette eine Einstellungsebene *Tonwertkorrektur*. Im Dialogfenster *Neue Ebene* aktivieren Sie die Option *Schnittmaske aus vorheriger Ebene erstellen*.

Im Dialog *Tonwertkorrektur* bewegen Sie im Bereich *Tonwertspreizung* den linken Regler nach rechts und den rechten nach links, wie es mit den Pfeilen im Screenshot gezeigt wird. Der Edelstein bekommt eine intensivere Farbe und mehr Glanz.

Da die Auswahl mit dem Auswahlellipse-Werkzeug ([M]) ziemlich grob war, kann es passieren, dass sich auch das Metall rund um den Edelstein in der Farbe verändert hat.

Diese Stellen können Sie auf der Maske der Einstellungsebene *Tonwertkorrektur* mit dem Pinsel-Werkzeug ([B]) und schwarzer Farbe wieder ausblenden.

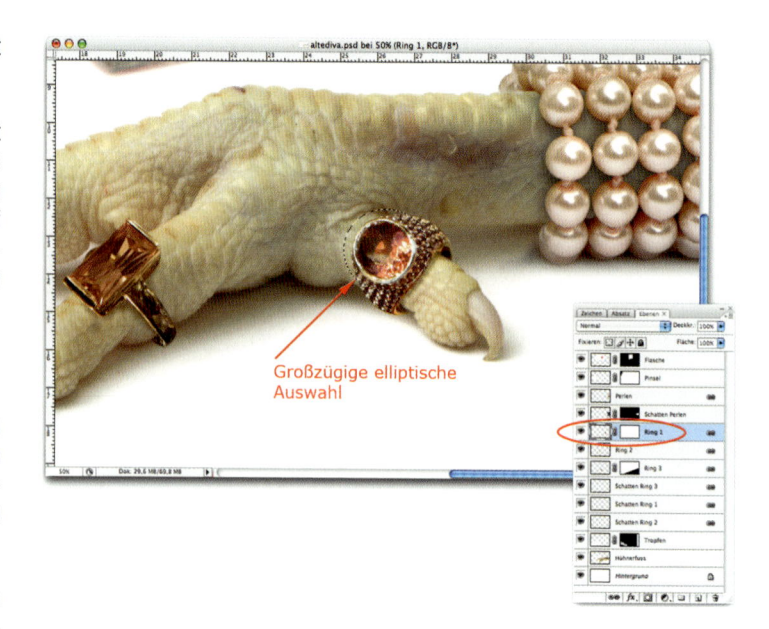

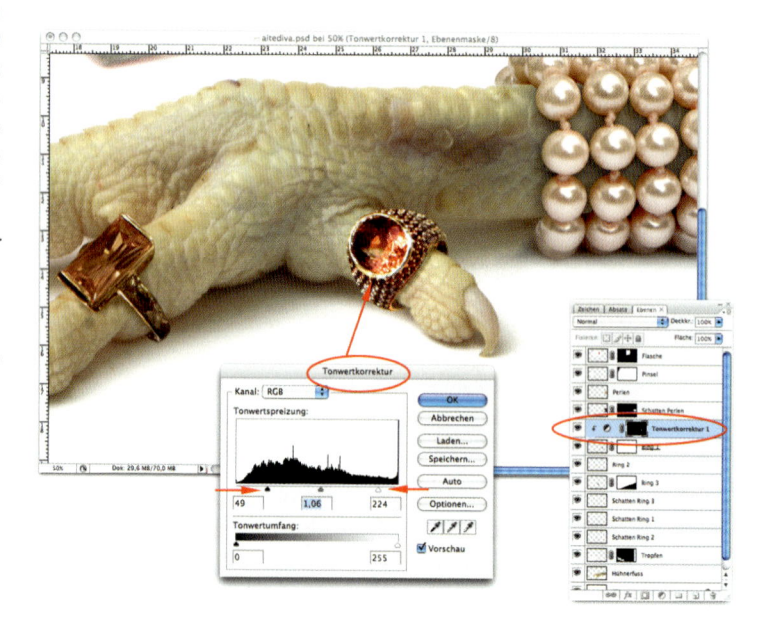

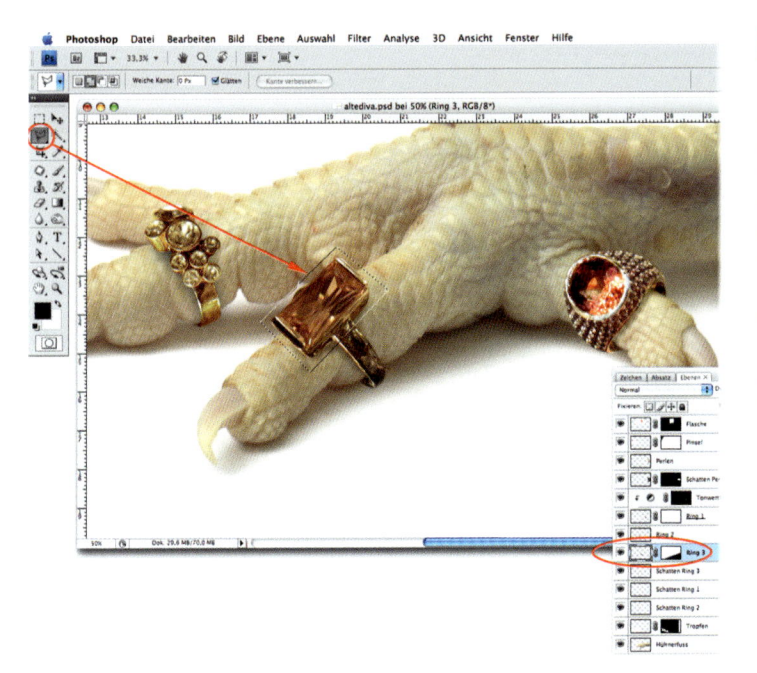

10

Den nächsten Ring mit dem rechteckigen Stein können Sie noch ein bisschen mehr bearbeiten. Da alle Ringe Steine mit gelbroter Tönung haben, können Sie ein bisschen Farbe ins Spiel bringen und die Farbe des Steins verändern.

Erstellen Sie zuerst mit dem Polygon-Lasso-Werkzeug (L) eine großzügige Auswahl rund um den Stein.

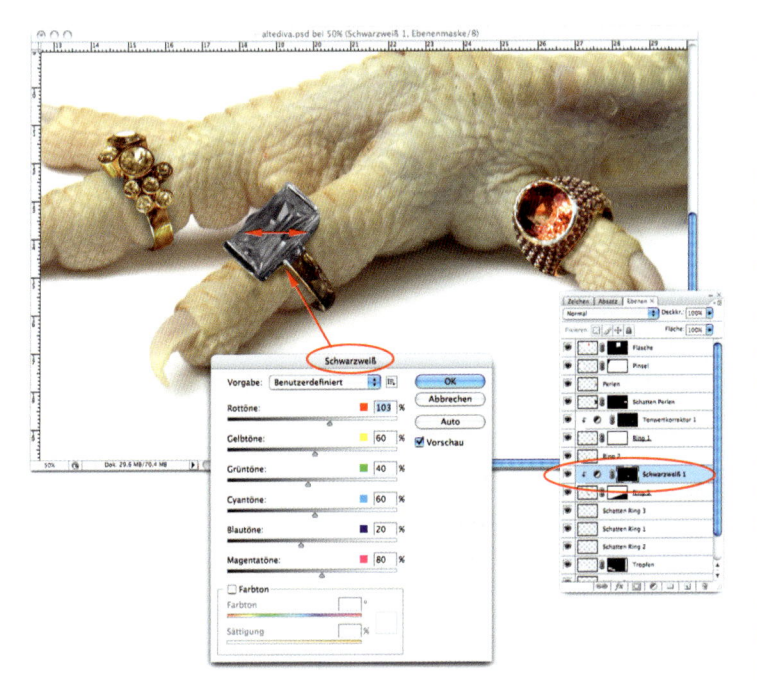

Der Stein wird zuerst entfärbt. Dazu benötigen Sie eine Einstellungsebene *Schwarzweiß* mit Schnittmaske.

Im Dialogfenster *Schwarzweiß* können Sie die Entfärbung zusammen mit der Anpassung der Helligkeit durchführen.

Wenn Sie mit dem Mauszeiger über die Bildfläche fahren, sehen Sie, dass er sich in eine Pipette verwandelt hat.

Wenn Sie mit gedrückter Maustaste über den Stein von links nach rechts fahren, wird der Stein heller, von rechts nach links dunkler.

Wählen Sie so die passende Helligkeit und bestätigen Sie Ihre Eingabe.

Stillleben im Stil einer Werbebotschaft

Genauso wie beim ersten Ring können Sie hier die Maske der Einstellungsebene mithilfe des Pinsel-Werkzeugs ([B]) genau an die Form des Steins anpassen.

Da Sie auf der Ebene des Steins noch eine Einstellungsebene *Farbbalance* mit gleicher Maske anwenden werden, können Sie die Maske kopieren. Laden Sie zuerst die Maske als Auswahl. Klicken Sie auf die Maske der Einstellungsebene *Schwarzweiß* bei gedrückter [Strg]-Taste. Die schwebende Auswahl wird angezeigt.

Mit gedrückter Strg-Taste anklicken

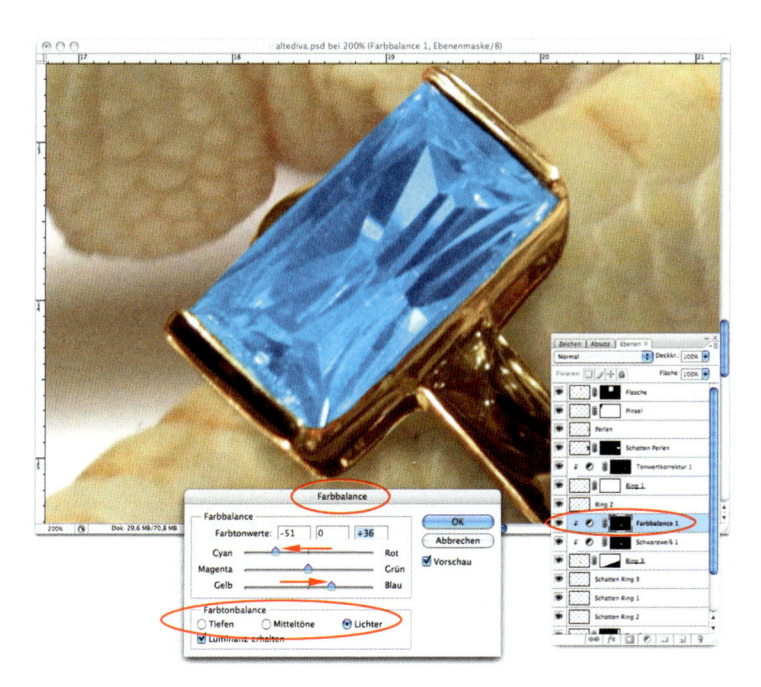

Stillleben im Stil einer Werbebotschaft

Erstellen Sie über der Einstellungsebene *Schwarzweiß* eine Einstellungsebene *Farbbalance* mit Schnittmaske.

Die Einstellungsebene übernimmt die kopierte Maske und Sie können direkt mit der Anpassung der Farbe beginnen.

Wenn Sie den Stein blau umfärben möchten, verstärken Sie die Bereiche für Cyan und Blau in allen drei Optionen der *Farbbalance: Tiefen, Mitteltöne* und *Lichter*.

Auf die gleiche Art können Sie auch die Steine der anderen Ringe umfärben.

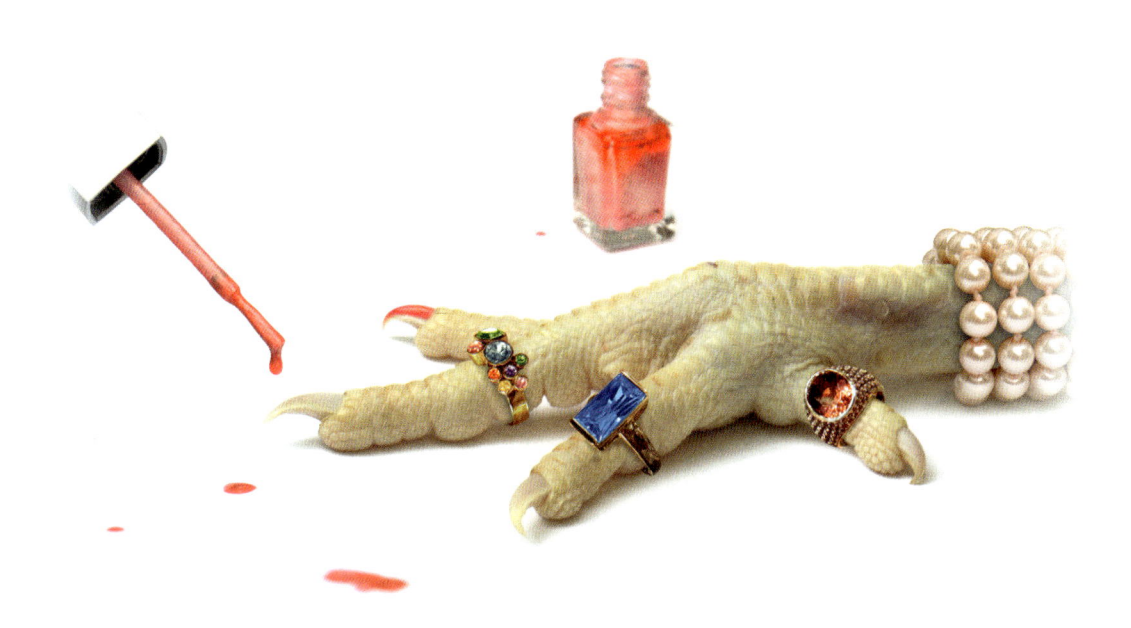

Fotografie: Kaplun & Kaplun GbR, Produktion: Kaplun & Kaplun GbR, Ralf Drischel-Kubasek

Stichwortverzeichnis

A

Abschneiden von Pixeln	326
Abwedler-Werkzeug	132
Additives Farbmodell	436
Adobe Bridge	448, 595
Kollektion	453
Optionsleiste	450
Smart-Kollektion	455
Überprüfungsmodus	452
Adobe Illustrator	49
Adobe RGB	25, 437
Alle Ebenen aufnehmen	94
Arbeitsablauf-Optionen	544
Arbeitsbereiche	448
Arbeitsfläche drehen	602
Architekturfotografie	354
Ausbessern-Werkzeug	109, 330, 351, 368, 600
Ausgabe in Web oder PDF	476
Ausrichten-Funktion	573
Auswahl	
transformieren	78
umkehren	601
Auswahlellipse-Werkzeug	271
Auswahlpfad	597
Auswahlrechteck-Werkzeug	271, 349
Auswahlwerkzeuge	32, 74
Auto-Farbe	139
Auto-Kontrast	139

B

Basis-Funktion	101, 325
Beautyretusche	205, 330
Belichtung	149, 509
Belichtungskorrekturen	504
Bereichsreparatur-Pinsel-Werkzeug	107, 330, 367
Bewegungsunschärfe	208
Bikubisch	67
Bildansicht drehen	590
Bildprozessor	464
Bildschirmmodus	589
Bildtiefe	68
Bildtitelleiste	37
Bildverarbeitung	463
Bridge-Filter	462
Buntstift-Werkzeug	116

C

Cache-Stufen	23
Camera Raw	468
Anpassungspinsel	489
automatisch maskieren	490
Bereichsreparatur	488
Bildansicht	483
Detail-Regler	522
Farbveränderung	499
Histogramm	483
Kamerakalibrierung	540
Maske anzeigen	494
Maskieren	521
nachschärfen	520
Objektivkorrekturen	538
Paletten	502
radieren	490
synchronisieren	550
Verlaufsfilter	498
Vollbildmodus	493
Weißabgleich-Werkzeug	485
Chromatische Aberration	365, 480, 538
CMYK	25, 438
Collagen	55
Comic-Style	517

D

Dateiinformationen	472
Deckkraft	488
DICOM	471
Direktauswahl-Werkzeug	286
DNG-Format	39, 459
Dokumentprofil	37
Dynamik	183, 513

E

Ebenen	
ausrichten	578
markieren	234

Ebenen
- sperren 235
- Transparenz 236

Ebenen-Palette 227
Ebenendeckkraft 146, 227
Ebenenfüllmethode 180, 193, 227, 241
- Aufhellen 383
- Hartes Licht 298
- Ineinanderkopieren 166, 242
- Linear nachbelichten 248
- Multiplizieren 241, 314
- Negativ multiplizieren 244, 302, 316
- Weiches Licht 181, 194, 247

Ebenengruppe 229, 610
Ebenenmasken 184, 228, 259, 319
Ebenenstil 228, 252
- Abgeflachte Kante und Relief 429
- Schlagschatten 429

Eigene-Form-Werkzeug 47, 428, 617
Einstellungsebenen 13, 180, 227, 245, 249
Entfärbung 623
EPS 48
EXIF 466, 468

F

Farbanpassungen 156
Farbaufnahme-Werkzeug 485
Farbbalance 191
Farbbereich 300
Farbbereich auswählen 600
Farbe-ersetzen-Werkzeug 117
Farbeinstellungen 24
Färben 170
Farbkorrekturen 136
Farbmanagement 436
Farbmodus 69
Farbraumsystem 436
Farbstiche entfernen 171
Farbstörungen reduzieren 386
Farbtemperatur 502
Farbton/Sättigung 168, 179

Filter 198
- online durchsuchen 198
- Porträtfotografie 199
- Rauschen reduzieren 385
- Selektiver Scharfzeichner 199
- Verflüssigen 220, 410

Filtergalerie 214
Formspitzen 113
Fotofilter 177
Freistellen 274
- Ebenenfüllmethode 297
- Farbauswahl 300
- Haare 311
- Lasso 280
- Maskierungsmodus 272
- Pinsel-Werkzeug 306
- Rauch 300
- Schnellauswahl 276
- Tiere 304
- transparente Gegenstände 289
- Wolken 297
- Zeichenstift 284

Freistellung 630
Freistellungswerkzeug 36, 102, 270, 358, 486
FTP-Client 559
Fülllicht 504, 516
Für Web und Geräte speichern 42

G

Gaußscher Weichzeichner 199, 202, 316
GIF 44
Glätten 287
Glättungsmethode 397
Goldener Schnitt 595
GPS-Modul 466
Gradationskurve 147, 151, 529
- Bilder aufhellen 372
- S-Form 531

Grafiktablett 273, 611
Grundarbeitsbereich 27
Gummiband 284

H

Haare nachzeichnen	318
Halbtransparenz	620
Halbtransparenz korrigieren	603
Hand-Werkzeug	452
HDR-Bilder	474
Helligkeit/Kontrast	146
Hilfslinien	358, 568
Histogramm	144, 148, 483
Hochpass-Filter	62, 164, 199, 216, 342
HSL/Graustufen	536, 537

I

In-Bild-Korrektur	148, 185
Ineinanderkopieren	62, 166
In Smart-Objekt konvertieren	141
Interpolation	67
IPTC-Angaben	468

J

JPEG-Format	41

K

Kanalkorrekturen	149
Kanalmixer	188
Kante verbessern	98, 278, 282, 601
Kernschatten	613
Klarheit-Funktion	512, 516
Komplementärfarben	171
Kontrast	510
Konturbreite	427
Kopierstempel-Werkzeug	120, 331, 350, 488
Korrekturen-Palette	35, 136
Kunstfilter	214

L

Lab-Farbraum	437
Lasso-Werkzeug	81, 202, 271
Lichteinfall	413
Lichtreflexe	615
Lichtstrahlen erstellen	625
Lichtverlauf	615
Lightroom	595

Lineale	569
Luminanz	527
Luminanz erhalten	177
LZW-Komprimierung	40

M

Magnetische Hilfslinien	584
Magnetisches-Lasso-Werkzeug	81, 280
Maskierungsmodus	99, 272
Maskierungsverlauf	178, 500
Matter machen	199, 205, 332
Metadaten	466
Metadaten-Placard	467
Metadatenvorlage	470
Mitteltöne	293
Monochrome Fine Art	184
Musterstempel-Werkzeug	122

N

Nachbelichter-Werkzeug	132
Nachschärfen	57, 520
Negativ multiplizieren	302

O

Objektivkorrektur	354
OpenGL	14, 22
Optionsleiste	26

P

Panorama erstellen	580
Panoramafotos	474
PDF-Präsentation	561
Pfad anlegen	286
Pfadbereich erweitern	284
Photo-Downloader	458
Pinsel-Werkzeug	33, 100, 112, 180
Pinselform	307
Pinselvorgabe festlegen	116
Pipette	320
Pixel abschneiden	326
Pixelgrafiken	65
Pixelschonende Korrekturen	158

Pixelstruktur	137
PNG	43
Polygon-Lasso-Werkzeug	86, 625
Porträt	516
Porträt, selektives Nachschärfen	339
Porträtfotos optimieren	330
Profil	442
Profil, ECI-RGB	443
Protokoll-Pinsel-Werkzeug	123
Protokollobjekte	22
PSD	45
PSD-Format	464

R

Radiergummi-Werkzeug	125
Radius	164, 488
Raster, Ebenen ausrichten	586
Rauschen	526
Rauschen reduzieren	527
Rauschfilter	198, 385
Rauschunterdrückung	385
RAW-Datei	460
RAW-Format	38, 480, 599
RAW-Konverter	140, 464, 480
Rechnerleistung	22
Reparatur-Pinsel	330
Reparatur-Pinsel-Werkzeug	108, 367
RGB	436
Rotfilter	184

S

Sättigung	183, 515
Sättigung erhöhen	143
Scharfzeichner-Werkzeug	129
Scharfzeichnungsfilter	198
Schatten	613
Schnellauswahlwerkzeug	95, 270, 276
Schnittmaske	251, 309
Schriftschnitt	396
Schwamm-Werkzeug	133, 366
Schwarzweiß	184
Schwellenwert	206
Schwingungen	422

Selektive Farbkorrektur	140, 171, 179
Selektive Korrekturen	56
Selektiver Scharfzeichner	199, 211
Selektives Nachschärfen	339
Hochpass-Filter	342
Unscharf maskieren	339
Selektives Umfärben	614
Sensorflecken	629
Sensorflecken entfernen	367
Sepiatönung	181
Slice-Werkzeug	105
Smart-Ebenen	230
Smart-Objekt	58, 137, 200, 230
Smartfilter	58, 166, 198, 200, 232
sRGB	24
Stapelverarbeitung	457
Stern	306
Stillleben	594
Stilllebencomposing	595
Stürzende Linien	354

T

Tastaturbefehle	50
Tastaturkürzel	31
Textattribute festlegen	393
Texteffekte	402
Textmaskierungswerkzeug	391, 415
Text mit Ebenenstilen	255
Text rastern	421
Textwerkzeug	255, 390, 616
Tiefen/Lichter	138, 150, 382
Tiefenschärfe abmildern	211
TIF-Format	464
TIFF	40
Toleranz	88
Tonbreite	160
Tonemapping	141, 163, 199, 217, 543
Tonnenförmige Verzerrung	362
Tonwerte anpassen	599
Tonwertkorrektur	137, 144
Tonwertkorrektur, selektiv	378
Tonwertspreizung	142
Tonwertumfang	142

Stichwortverzeichnis

Tonwertverteilung 152
Transformationsrahmen 308, 606
Transparenz 620
Typografie 28

U

Überbelichtete Fotos optimieren 375
Überblenden 321
Überlagerungen 623
Umfärbung 624
Umwandlung in Graustufen 536
Unscharf maskieren 201, 213, 339
Unterbelichtete Fotos retten 369

V

Variationen 173
Vektorgrafiken 65
Verflüssigen-Filter 220, 410
Verkrümmen 320, 357
Verläufe 126
Verlaufsumsetzung 166, 189
Verlaufswerkzeug 126, 162, 314
Verlauf und Cache 22
Verschieben-Werkzeug 72, 308, 321
Verzerren 357
Verzerrungsfilter 215, 422
Vignettierung 360, 480, 538, 610
Vollbildmodus 27
Volltonfarbe 180, 319

W

Webfotogalerie 554
Weiches Licht 62, 181
Weichzeichner-Werkzeug 130
Weichzeichnungsfilter 202
Weißabgleich 502, 507

Werkzeug
 Abwedler 132
 Ausbessern 109, 330
 Bereichsreparatur-Pinsel 107
 Buntstift 116
 Kopierstempel 120
 Lasso 81, 271
 Magnetisches Lasso 81
 Musterstempel 122
 Nachbelichter 132
 Pinsel 112
 Polygon-Lasso 86
 Protokoll-Pinsel 123
 Radiergummi 125
 Reparatur-Pinsel 108
 Scharfzeichner 129
 Schnellauswahl 95, 270
 Schwamm 133
 Verlaufswerkzeug 126
 Verschieben 72, 308
 Weichzeichner 130
 Wischfinger 130
 Zauberstab 87, 270
 Zeichenstift 272, 597
Werkzeugleiste 26
Werkzeugspitzen 30, 112
Wischfinger-Werkzeug 130

X

XML 466
XMP-Datei 496

Z

Zauberstab-Werkzeug 87, 270
Zeichenfilter 215
Zeichenstift-Werkzeug 272, 312, 597
Zeigerdarstellung 28